suhrkamp taschenbuch 2477

AF126333

Josef Winkler, geboren 1953 in Kamering (Kärnten), lebt in Klagenfurt. 1979 debütierte er aufsehenerregend mit dem Roman *Menschenkind*, der den ersten Teil seiner Trilogie *Das wilde Kärnten* (st 2477) bildet. Längere Aufenthalte in Italien (*Friedhof der bitteren Orangen*, st 3191) und Indien (*Domra. Am Ufer des Ganges*, st 3094). Für *Natura morta. Eine römische Novelle* (st 3575) erhielt er 2001 den Alfred-Döblin-Preis. Zuletzt erschienen *Wortschatz der Nacht*, ein Wortwirbelsturm des jungen Josef Winkler (2013), und *Mutter und der Bleistift*, ein Requiem auf seine Mutter (2013). 2008 erhielt Josef Winkler die bedeutendste Auszeichnung der deutschsprachigen Literatur, den Georg-Büchner-Preis.

Josef Winkler
Das wilde Kärnten

Menschenkind
Der Ackermann aus Kärnten
Muttersprache

Drei Romane

Suhrkamp

7. Auflage 2026

Erste Auflage 1995
suhrkamp taschenbuch 2477
© 1979, 1980, 1982 Suhrkamp Verlag GmbH, Berlin
Alle Rechte vorbehalten. Wir behalten uns auch eine Nutzung
des Werks für Text und Data Mining im Sinne von § 44b UrhG vor.
Umschlagfoto: Isolde Ohlbaum
Umschlaggestaltung: Göllner, Michels, Zegarzewski
Druck: CPI books GmbH, Leck
Printed in Germany
ISBN 978-3-518-38977-5

Suhrkamp Verlag GmbH
Torstraße 44, 10119 Berlin
info@suhrkamp.de
www.suhrkamp.de

Bauernkinder, die zusahen, wie die Erwachsenen das trockene Erdäpfel-
kraut auf den Feldern verbrannten, zogen an einem windigen Oktober-
nachmittag ein Bündel Heu aus dem Stadel und zündeten es auf der
Tennbrücke an. Der Wind trieb die Flammen in den Heustadel und setzte
das Gebäude in Brand. Das Feuer griff auf die anderen Heustadel, Ställe,
Bauernhäuser und Gesindehütten über und ließ im Jahre 1897 einen
dorfgroßen Aschehaufen zurück. 26 Objekte wurden eingeäschert. Auf
der sogenannten *Sonnseite* – Kamering liegt auf der *Schattseite* – am
anderen Ufer der Drau sahen die Leute das brennende kruzifixartig
gebaute Dorf. Danach wurde das Dorf wieder in Form eines Kreuzes
aufgebaut. Die auf dem Heufuder stehende Magd lief als Kind mit einer
Schachtel Zündhölzer, die es aus einem Bauernhaus genommen hatte,
zur Tennbrücke des Heustadels hinauf.

Menschenkind

Am 29. September 1976 stiegen in meinem Heimatort Kamering bei Paternion, Kärnten, der 17jährige Mechanikerlehrling Jakob Pichler und sein gleichaltriger Freund, der Maurerlehrling Robert Ladinig, mit einem drei Meter langen Kalbstrick über eine Holzleiter des Pfarrhofstadels zu einem Trambaum hinauf. Sie schlangen das Seil um ihn und verknoteten die beiden Seilenden hinter ihren linken Ohren. Der Nerv des Stricks zuckte. Ihre Hände flochten sich zu einem Zopf ineinander, immer schneller im Kreis sich drehend wirbelten sie wieder auseinander und kamen vor ihren blutunterlaufenen Augen zum Stehen.

Kommt ins Zimmer, stellt sich schwer atmend gegen die Tür.

Jungen rennen ins Meer und schreien in dem aufspritzenden kupfernen Wasser, das über ihre schöne rotschimmernde schwarze Haut rinnt. Ihr Geschrei, das zum Himmel aufsteigt, fällt nicht wieder herab.

Paul Nizan, *Aden*

Sie steht sofort auf, sieht niemanden an, ihr Blick ist nach innen gerichtet, ihre Augen flackern unruhig.

In den Eltern unterdrückte, in ihrem Blut zurückgehaltene Lüste werden der Fluch der Kinder.

Friedrich Hebbel, *Tagebücher*

... der Vater der Heimatliebe in Volkstracht hebt das neugeborene Kind vom Boden auf, um zu zeigen, daß er es anerkennt; geschnitzter Pferdekopf am Giebel, Eingang des Bauerntheaters; dichter, wallender Regen statt des Bühnenvorhanges; Geruch vom frischgebackenen Brot; kreuzweise an die Haustür genagelte Roggenähren sollen Unglück vom Haus fernhalten ... helf Gott ... ; Sonnwendfeuer überstrahlt das Scheinwerferlicht; ein halb verfaultes Getreidefeld beklagt sich über die mangelnden Arbeitskräfte, Mägde und Knechte knien betend vor der Erntedankkrone ... helf Gott ... grobgezimmerter Tisch, Bänke an den Wänden, Kruzifixe und Heiligenbilder als Wandschmuck; Äcker, Wiesen und Auen sind in das Bühnenbild, das einen Bauernhof zeigt, eingewebt; ein Kind wuchs zum lebendigen Werkzeug der Hoferhaltung heran, spaltet jetzt mit einer Hacke ein Stück Holz; ein an die Scholle gebundenes Arbeitstier wiehert; links ein Stück herrenloses Feld, asoziales Stück Natur, zwei zankende Bauern; eine Schafschere liegt in der Nähe eines gelben Hahnenfußes, weiße Wolle an den Schneiden der Schere; das Kind füttert ein Stück Weizenbrot mit Milch; zur symbolischen Reinigung von Krankheiten treibt er das Hofvieh durch ein Feuer ... helf Gott ... Kinder tanzen, werfen mit Roggen- und Weizenkörnern um sich, Mägde werden von einem Schleier über ihren Köpfen ziehender schwarzer Raben begleitet; Tiere lecken aus der Hand des Vaters geweihtes Salz ... helf Gott ... ; am Pfosten der Stalltüre die Heiligen Zeichen, die drei Kreuze mit den Buchstaben

C. M. B. ... helf Gott ... ; *charakteristische Geräusche von Schwalben, Spatzen, Totenvögeln, Bienen; in der Mitte der Bühne stehend ißt der Vater ein Ei und streut Eierschalen auf den frisch besäten Acker* ... helf Gott ... ; *deutlich tritt das Mystische in symbolischen Handlungen hervor, Saatkörner besprengt er jetzt mit Weihwasser* ... helf Gott ... *und vergräbt ein mit Milch geknetetes Brot in der Erde* ... helf Gott ... ; *laubfressende Ziegen heben die Köpfe, ihre Bärte wehen im Ostwind, der neuerlich Regen ankündigt; unter dem Regiment des Kindes marschiert eine Kälberherde vorbei, blaues Licht des Himmels; nach der Ernte bindet der Vater die ersten drei Ähren an seine Lende, die ihn gegen seine Kreuzschmerzen und gegen Verwundungen durch Sense und Sichel schützen sollen* ... helf Gott ... ; *zeremoniell gibt er einem Kalb den Namen; trommelfellerschütternde Schreie eines Kindes erschrecken das Publikum, die strickende Mutter, die an der Wiege sitzt, erzählt dem Publikum in knappen, aber eindringlichen Worten den Traum des Kindes, der die Ursache der Schreie ist:* ... ein herrenloser Pflug wollte sich durch sein Herz arbeiten ... der letzte Bauernkrieg wird in der Seele des Kindes nachvollzogen ... ; *eine junge Braut zieht jetzt mit einer Ackerscholle als Hochzeitsschleier durch die kurvenreichen Feldwege; Geruch von frischer Hirschhaut; mit einem Hanfstrick um den Hals geht ein Kind in den Stall und brüllt ein Kalb an, deutet auf die Blutrache der beiden Erhängten an der Moral des Dorfes; samenauflesende Krähen, kultivierter Boden, aufgereihte stramme Erdschollen; eine langwierige Arbeit beginnt er am Tag eines bestimmten Heiligen* ... helf Gott ... ; *Fenster und Türen werden geöffnet, damit die Seelen der beiden Erhängten entweichen können* ... helf Gott ... ;

nach Würde und Besitz werden die beiden Toten abge-
stuft, zankende Bauersleute, Schimpfwörter; die Mutter
schlägt einem schnabelaufsperrenden Hahn den Kopf ab
und legt den Getöteten in die Herzschlagnähe des Kindes;
ein entbundener weißer Blitz im Kreißsaal der Tiere, ein
Ferkel kommt auf die Welt; ein lebendiges Kind kommt
jetzt zwischen zwei Bauernhände; heuende Mägde,
schwerbeladener Erntewagen, quietschende Holzräder;
ein aufkommendes Gewitter widerspricht einer Bauern-
regel, alle lassen entrüstet die Werkzeuge fallen, gehen in
die gute Stube des Bauernhauses, hocken sich in Ecken
und beten . . . helf Gott . . . ; pastetenartiges Gericht auf
dem Mittagstisch; ein Osterlamm wird von einem roten
Ministranten ans Kreuz geschlagen, in einer Prozession
folgen die Dorfleute dem Leidensweg des Lamms; ein
Bischof mit bäuerlichem Strohhut salbt ein mannsgroßes
Kruzifix, versucht durch kosmetische Korrekturen die
leidverzerrten Gesichtszüge zu retuschieren; die Mutter-
hand taucht ins eiskalte Wasser; am Faschingssonntag
trägt das Kind die Totenmaske seines Vaters; murmelnde,
alte Bauersfrauen, schwarze Kopftücher verstecken die
Haare . . . der Erzähler fügt sich ins Bild; seine obsessive
gestische Ordnungsliebe verwirrt ihn: lange lachend, sehr
gewandt, wieder ernst, eisern opportunistisch, erregt, da
er durch seinen Ton alles verdirbt, manches schreit er
heraus, die Hände an den Ohren, hebt abwehrend die
Hand, ist nicht aus der Ruhe zu bringen, faltet sein
Gesicht zusammen, mit lächelnder Pedanterie, sich heftig
rechtfertigend, geht durch den Raum, schließt die Tür, die
Harmonikamusik wird leiser, verstummt endlich, fällt
wieder ins Wort, geht auf ein Buch zu, blättert; hinter der
Bühne ein erregter Wortwechsel, der sich bis zum
Schreien steigert, die Sätze verlieren sich in gemurmelten,

unartikulierten Worten; er ist nicht mehr in der Lage, sich
zu konzentrieren, verliert sich in Details, sein Blick ist
hohl, kehrt nach innen, stülpt sich mit einer verbalen
Geste des Mundes wieder nach außen; zeigt auf das Bild
des Gekreuzigten und läßt seine Füße mit einem Kalb-
strick spielen, der – noch blutig – zur Inspiration seines
Plädoyers dienen soll; und ihre Empörung, die zunächst
Sprachlosigkeit war, wird gemildert durch den Anblick
der Erhängten; während er einen Kaffee zubereitet,
skeptisch, ironisch; ist ein wenig überarbeitet, fähig zur
Güte und zum Leiden; spricht keinen bestimmten litera-
rischen Dialekt.

Die Wortmaschine mit ihrem kleinkarierten Buchstaben-
feld am Labyrinth tausender Schreckenssekunden, ein
schwarzes Leinentuch vor Augen, den zu Gewebe reduzierten Augenblick eines Liebesaktes, diese Wortmaschine, die beschreibt und in der Beschreibung durch
sprachliche Konsequenz die angehäuften menschlichen
Bewegungen in ihrer Ekstase auflöst, wird jetzt in Betrieb
genommen. Die Buchstaben sind geölt, die Hände, ans
Fließband der fixierten Tasten gefesselt, dringen wie
Nadelstiche aufs Leinen, voran mit den spitzen Lippen
des zuckenden Schreibkopfes, der sich nach links, nach
rechts dreht, wie eine Puppe, die sich ihres geölten
Halses, ihrer parfümierten Hand schämt. Die Finger
fahren immer wieder hoch und nieder und weisen mir
den Weg in eine metaphorische Obdachlosigkeit. Das
Geschlecht an eine kalte, vom Eis benetzte Eisenstange
gelehnt, beginnt zu kleben, schlaff zu werden. Der
Samen, der sich im Innern angestaut hat, wartet wie ein
Tier auf seinen Ausbruch. Wie der Stempel einer entblät-
terten Blume steht das Geschlecht spitz aus dem Becken

hervor, der Eichelkopf in der Höhe des Nabels meiner Mutter, grinst. Die Blätter draußen vor dem Fenster nahestehender Bäume blecken ihre grüne Farbe in meinen Augen, die Umrandungen des Geschlechts sind vom braunen Laubwald grün umkränzt. Festlich hergerichtete Hunde tanzen herum, Kühe brüllen, Kälber versuchen sich von ihren Ketten loszureißen, mit Todesahnungen in den blutunterlaufenen Augen frißt das scheckige Pferd unentwegt Hafer. Die Eichel noch am Metall stehend kühlt, absorbiert die Kälte eines Eiszapfens, der am Dachfirst seiner Lenden hängt und mit der Spitze drohend in den Schneeboden ihres tuchweißen Beckens pfeilen will. Die Sonne schmilzt das Eis des Daches und läßt den Eiszapfen schwer donnernd zu Boden fallen. Eine plötzliche Gewichtlosigkeit beschwert seine Hüften, die meine Knie ruckartig auf ihre Scheiben zwingt. Die Augen sehen das Geschlecht wie einen Pfeil im Schnee hin- und herpendeln. Die Hoden, blutlos, weiß, durchfurcht von unzähligen Eissplittern, liegen abgehackt am Boden. Mehrere Schneefäden hängen ihm von den Hüften herunter. Das durstige Himmelszelt überstülpt das geschlechtslose Becken, blaue Stellen leuchten auf, Wolkenbrüche, ein Heer von Eingeweiden marschiert im Stechschritt, die Hände schnurgerade an der Hosennaht, die Lippen gespitzt, mit wunden Stirnen da, wo das Beckenende ist, aus meinem offenen Leib. Mehrere Kinder, winzig klein, aber größer als die Augen meiner Mutter, rosarotfarben bis hellblau, tänzeln vor den Füßen der Eingeweideuniformierten. Die untergehende Sonne streichelt das Licht, abends vor der Dämmerung, und färbt meinen Unterleib mohnblütenrot. Dazwischen stechen schwarz- bis bräunlichfarbene Innereien ins Koma. Eingeweide quellen noch immer und lassen meine Augen im Labyrinth ihrer Verdrehungen, Verflechtungen, einer unendlichen anatomischen Ausweglosigkeit langsam sichtbar werden. Die kreißende Mutter rotiert im inneren Auge meiner Pupillen. Die am Tischende stehende Rose, die ihren Schoß weit geöffnet hält, der gelbe Blütenstaub, die unzähligen winzigen Stempel, die aus dem Stengelansatz in der Mitte, Eichelköpfe, die eng aneinander aus ihrer kelchförmigen Öffnung stehen. Die weichen, hochempfindlichen, halb nach unten gestülpten Blütenblätter – weiter unten, die drahtigen Dornen – lassen meinen bis zur Dimension eines viermonatigen Embryos reduzierten Leib liegen, er wird von den unzähligen Stempeln des weitgeöffneten Kelches aufgepfählt, regiert von den Bewegungen einer hochaufragenden, im Zeitlupentempo wachsenden Wasserfontäne, die den Leib immer wieder ruckartig nach hinten stößt und unzählige grüne Blütenblätter, durch deren Adern Menschenblut rinnt, zum Schreien ermuntert. Die erotischen Lippen, Wortspeichel, lallen undefinierbare, aber in der Sprache der Liebenden gängige Worte der Lust ins Samenzelt, das von Buchstaben geschwängert ist. Die Flanken dieses Mannes noch stärker an mein Becken gedrückt, die Bewegungen, die Schweiß fabrizieren, ich beginne Menschen zu sehen, die sich den Tod vor Augen mit ihren Händen zum Geschlecht des Gottes meiner Kindheit vortasten. Meine Hände, wie zwei grüne, aderndurchfurchte, fahle, mit Fingernägeln besetzte Blätter, halten die halbkugelförmigen, schweißtriefenden Arschbacken fest und zähmen die zuckenden Oberschenkel. Die Zehen der Füße klammern sich wie zum Gebet aneinander und zelebrieren die Hochzeit unzähliger Wolkenbrüche aus unseren Hüften an unserem bis zur Atemlosigkeit erniedrigten Leib. Mit meinem Samen werde ich deinen toten Leib säubern. Kranke Fackeln erschienen vor meinen Augen, Lippen tanzten, Regen kam. Draußen säuseln die Blätter, unsere stummen Beobachter. Fast möchten sie applaudieren, hätten sie Hände, täten sie es; der Asphalt wölbt sich, da die Sonne überheiß ist, käme die Nacht, bräche der apfelgrüne See wie ein Vulkan aus, alles Wasser, das sich in den nächsten fünfzig oder hundert Jahren über die Menschen ergießen wird, käme über uns her, Überschwemmungen würden uns überdauern. Wir müßten schwimmend, mit offenen Augen, zehn Meter unter Wasser unsere auf die Vermählung wartenden Leiber erreichen. Sein Geschlecht lag auf meinem Bauch, mein Geschlecht lag auf seinem Bauch, auf seinen Nabel gedrückt, ehe unsere Mütter schrien. Er drehte das Licht über meinem Kopf an, das auf meinen Leib niederschoß. Ich umarmte diese Quelle, die Schenkel, die Brust, die Augen, die feingliedrigen Hände, die Hoden und das Glied dieses Lichts, das sich in mich wie ein Blitz bohrt und Unruhe in meinen Leib bringt. Die Möbel nahmen die Umrisse männlicher Reize an, ahmten das Aufbäumen der Ekstase mit den Windungen und Verzerrungen von Holz und Kupfer nach. Meine gleißenden Augen sahen Eman noch immer am Lichtschalter stehen, die eine Hand am Knopf, das Gesicht mir zugewendet – Dicht lag er neben mir, streichelte meine Stirn, legte den Kopf auf meine Brust, während meine Hände sich unauskömmlich in seinen Haaren verstrickt hatten. Wir waren die Eingeborenen unserer Leiber und errichteten mit dem Fockmast unserer Geschlechter, den starren Gliedern unserer Beine, dem schweißgeflochtenen Netz, in das ein Seiltänzer fällt – wippendes Becken –, Pfahlbauten mitten im See unserer Leiber. Langsam taste ich seinen Rücken ab. Der Zeigefinger fährt vom Halsrücken über die sich leicht biegende, mit vielen Höckern eines Kamels besetzte Wirbelsäule bis zum After. Mein Finger fährt weiter, bohrt sich ins Bronzeauge, weitet es aus, bis zwei, drei Finger darin parken können. Sein steifes Glied tötet den Nabel meiner Mutter, während meine Hände das Maul dieses Kamels weiten, das den Kopf hin- und herwirft, zu brüllen beginnt, und während die beiden vom Zügel meiner Finger nach vorn getriebenen Arschbacken plötzlich wie zwei grasgrüne Äpfel, gehalten vom Stengel ihres Geschlechts, im Winken der Blätter zusammenwachsen, spielt sich im Innern unseres Beckens, der fleischgewordenen Erdkugel, nördlich und südlich von zehngliedrigen Händen gehalten, das Leben aller Kontinente ab. Weiße, Neger, rotfarbene Indianer, Kosaken, Chinesenmädchen sehen uns zu. Das versklavte Geschlecht des jungen Negers strömt an meiner Stirn aus, rinnt in meine Augen, die ich aufreiße, mich plötzlich wieder mitten im See in zehn Meter Tiefe seiner schwarzen Hüften wiegend. Immer noch Milch ausgießend, an ihre Fußgelenke gekettete, versklavte Milch, als ob meine Mutter, die Handschale wie ein Becken, die Finger wie ein steifes Glied, einen Krug voll Milch aus dem Euter der schwarzfleckigen Kuh schütten würde. Der Negerjunge aß kannibalisch meinen wie eine Wasserfontäne hochgehenden, wieder stockenden, wieder fontänenartig ausströmenden Samen. Ich küßte seine wunde Stirn, die schweißbenetzt war, der Schweiß, den ich wie Blut auf meinen Lippen empfand, ist vom Totengeschmack seines Volkes infiziert. Die wassergefüllten Lenden, in denen unsere Geschlechter schwimmende Bewegungen vollziehen, als hätten sie Füße, hätten sie Hände, und die embryonalen Gesichtszüge des Eichelkopfes, der bis zum Halsansatz aus dem

Wasser ragt, die hin- und herlispelnden Augen unseres Samens, der am Fluß entlang wandert, durch das Labyrinth dieser Stadt, den Horizont erklimmt und in den von Vögeln punktierten, von Wellen durchzogenen, von Wolkenballen geblähten Himmel mündet. An diesem Tag hatte sich der Anblick des Firmaments verändert. Die Tintenwogen hatten sich verflüchtigt und waren versiegt, die Wolkenbarren waren zerschmolzen; der Himmel war einförmig flach und mit einer brackigen Decke überzogen. Allmählich schien diese Decke sich zu senken, Wassernebel hüllte die Landschaft ein; der Regen stürzte nicht wie am Vortag hernieder, sondern er fiel unablässig, fein, durchdringend, spitz, weichte die Auen auf, durchtränkte die Wege, fütterte den Gott meiner Kindheit, verband Himmel und Erde durch unzählige Samenfäden; das Licht wurde trübe; ein fahler Tag schien über dem Dorf, das in einen Schlammsee verwandelt war; die Wassernadeln spießten in das kotige Gewässer der Pfützen quecksilberne Punkte. Ich verweile noch an seiner Hüfte, am Grat seines Geschlechts, und denke an die wunderbaren Bewegungen seiner Hände, das krause Lendenhaar, seine blutunterlaufenen Augen, in denen die Schlagader seiner schwarzen Mutter geplatzt ist, den breiten Mund und seine vollbusigen Lippen, in denen mein Glied rastet. Die Hände umarmen wieder den halbnackten, feingekräuselten Kopf und seinen starken Nacken. In meinem Mund federt sein schwarzes Geschlecht, meine Zunge schlägt Wellen, der Speichel brandet an den Klippen meiner Zähne, und˝ sein Geschlecht federt weiter, bis sich unter seinen Augen das Leichenbegängnis des *kleinen Todes* vollzieht. Gibt es ein Wesen, dessen Modell glänzender und blendender ist als das jener beiden Lokomotiven, die auf den Linien zwischen Klagenfurt und Venedig fahren? Ein junger Neger mit schriller Stimme, von hohem, rankem Wuchs und mit geschmeidigen Katzenbewegungen, dessen außerordentliche Grazie erschreckt, wenn er seine Stahlmuskeln spannt, die lauen Flanken zur Transpiration zwingt und die gewaltige Rosette seines feinen Rades bewegt und lebendig an der Spitze des Blitzzuges meines Leibes dahinrast. Schwarzer Menschensohn, der du bist, mit entfesselter, schwarzer Rauchmähne und sechs niedrigen, gekuppelten Rädern – welch eine Gewalt, wenn er schwer und langsam die Schlange der Güterwagen hinter sich herschleppt und die Erde, die ich bin, erzittern macht. Der Lärm der Zuginsassen dringt zu uns herüber. Scheinwerfer der heranrasenden Lokomotive lachen uns aus, vereinen, verkuppeln mit krachendem Lärm unsere Leiber ... Blaulicht eines ankommenden Kindes im Kreißsaal des Bauernhofes ... an der Böschung im Mondschein schwerverwundete silberfarben blutige Stränge unserer entgleisten Leiber. Uns ist der Tod wichtiger als euch das Leben. Im vierten Waggon, die Hände platt an die Scheibe gedrückt, lacht ein Kind, dessen Körper im schwach flackernden Licht unserer Augen bebt, in die Nacht hinaus. Der überschäumende, milchartige Ausfluß fällt tropfenweise auf meine Brust, seine Augen, vom Zepter eines schwarzen Königs aufgespreizt, beginnen sich zu senken, verlieren ihre metallene Härte und werden leicht wie die Augen der Pfaufedern, die über meiner Brust schweben. Noch vibrieren seine Arschbacken – ein Hahn schrie –, rinnt zwischen den Furchen seiner Hände silberner Schweiß blutrot in mein Gesicht. Und seine Lippen hängen an den meinen, und meine Augen weinen seine Tränen, und seine Augen sehen mich verschwommen, wie ich Eman unter Wasser gesehen haben muß. Gewichtig drückte ich in sein Hinterteil meine Finger, so daß an der schwarzen Haut mehrere Sekunden lang weiße, völkerverbindende Fingerabdrücke zu sehen waren. Wir versuchten, die Musik unserer Körperbewegungen noch weiter zu stilisieren, die Hände, die leise mit dem Speichel spielten, der im Gekreische der Möwen fast unhörbare Ton eines fallenden, über Bord gegangenen Schweißtropfens, und die tanzenden, schleierumhangenen, winzigen Ungeziefer auf unserer Haut hielten dem Rhythmus stand. Auf dem Nachttisch stehen plaudernde Zinnsoldaten, jetzt, da ich außer mir bin, weiß ich, daß ich in dir lebe. Ich bin in dir und du in mir. Unser Samen, Bindemittel zwischen Leben und Tod? Die Nacht mit den schwarzen Augen einer weißen Katze lächelt uns an. Ans Licht geheftete Insekten drehen uns ihre Köpfe zu. Aus den übereinanderfließenden Gesichtern wuchs eine schwere, lebenbringende Wunde. Eine weiße Lilie steckte in seinem Bronzeauge. Wie eine Betfrau, die Jesus zu Füßen liegt, möchte ich seine Zehen küssen und mit meinen tränenden Augen zu seinem schwarzen Gesicht aufsehen. In meinem Geschlecht zirkuliert sein Blut. Wer hält mich nicht dazu an, den Sklavenhalter, der seine wassergefüllten Lenden mit nägelbeschlagenen nackten Füßen tritt, zu ermorden? Ich will einfach den Versuch machen, einen Mörder zu schaffen. Ich bringe dir seinen Kopf, damit du ihn für Augenblicke deiner eigenwilligen Schmähungen in deine Hüften legen, das Haar noch ordnen kannst, bevor du ihm, in der Geste Salomes, ein Begräbnis des Kopfes anbietest. Unsere Hände flechten sich zu einem Zopf ineinander, immer schneller im Kreis sich drehend, wirbeln sie wieder auseinander und kommen vor unseren blutunterlaufenen Augen zum Stehen. Der Himmel, die

Wolkenfedern, die von deinen blauen Augen fallen, alles übergroß. Spürst du meine Hände, meine feuchtklebrigen Finger, wie sie nach deinen Lippen tasten und das Licht in deinen Augen streicheln wollen? Das Hochamt unserer Liebe ist in der Wurzel unserer Geschlechter versklavt worden. Auf der schwarz-weiß gestreiften Brücke unserer Haut wurde der Herzschlag, zitternd wie der zackige Kamm eines laufenden Hahns, übertragen. Dein übergroßes Herz in meiner Brust überholt mich. Es schlägt voran, es läuft mit hochgehobenen Flügeln, ein Kind fällt und hebt das Köpfchen. Das langsame Herannähern, das Vortasten zur andersfarbigen Haut, und unser Speichel, der in unseren zweigleisigen Gedanken den Kopf vom Leib dieses Sklavenhalters trennte. Seine Oberlippe, ein rot-schwarzer, erwürgter Regenbogen, seine Unterlippe, eine tintenblaue, schwere Wolkenfeder, verschlossen den Mund meiner Wörter. Hinter seinen Fingernägeln sah ich zehn Monde aufgehen. Hähne mit zuckenden Köpfen marschierten vorbei. Schwalben überflogen uns und hinterließen schwarze Bleistiftzeichnungen in den Lüften. Meine Mutter betrachtet ihre schwergewordenen Hände und versteckt ihre Augen hinter einem Spiegel. Die Nacht riecht nach quellfrischem Wasser eines Gebirgsbaches, nahe dem schleichenden Wasser eines Flusses, der hinterrücks das Meer überfallen wird, Menschen schwimmen darin, Tiere stehen am Ufer. Blätter tragen Blüten aus, wie Menschen Kinder austragen. Und eine Hand, die nie einem Menschen gehört hat, richtet sich dort wie ein epileptisches Leichentuch auf und entpersonifiziert unsere Geschlechter. Meine Mutter öffnet eine Kastentür. Sie hat Angst vor den Gläsern, bedächtig schließt sie die kleine Tür wieder, dreht den Schlüssel zweimal um. Ansätze eines leichten Lächelns zeigen sich jetzt in ihrem Gesicht. Das eine Glas, leer, in der Hand haltend, geht sie zum Milcheimer, beugt sich vor ... In einer venezianischen Toilette zeigten wir das erste Mal einander unsere Geschlechter, befühlten sie angstvoll, als wären sie wilde Tiere, vor denen man, obwohl unser Alter sie längst gezähmt hat, immer noch ängstlich ist. In der Toilette roch es nach Touristenurin. Wir wählten die Fischerboote, die leer im Canale Grande standen, wählten die Brückendurchlässe, in denen Boote hingen, wie eine Wiege schwankten sie hin und her. Leise rasselten die Ketten. Am Strand des Lido vergewaltigten uns des Meeres Wellen. Sandflitter bedeckte unsere Körper. Das Tönen einer Schiffshupe schreckte uns auf ... Die Mutter füllt das Glas mit Milch.

Mit gespielter Entrüstung, sachlich, aber uninteressiert; mit grenzenlosem Hochmut; die Aufmerksamkeit bleibt den wechselweise im Vordergrund Sprechenden zugewandt; hingerissen, ohne Vorsicht; man lacht über ihn, da er eine komische Figur macht; mit gespielter Entrüstung; gibt ihm die Hand; mit grenzenlosem Hochmut; wieder zuckt ein Licht auf, geht einmal aus, aber sofort wieder an; kommt noch einmal ins Zimmer zurück, stellt sich schwer atmend gegen die Tür; fällt ihm ins Wort, scharf zurückweisend; zwingt sich ruhig zu bleiben; zermürbt vor Nervosität; das Gesicht einer malerischen Attrappe steht wieder neben ihm, die museale Erscheinung zwingt ihn, mit einem Fingerzeig auf die erste Totenmaske seiner Kindheit zu deuten; ganz bestimmt, kalt, vertraulich; spricht lauter und wie gehetzt oder steigert sich zu kurzen Ausrufen, wie jemand, der im Traum aufschreit.
Leise sackten die Krallen in den aufgeweichten Boden, sanken ab und mußten von der Muskelkraft des Tieres

immer wieder an die Oberfläche gebracht werden. Die monotone Stimme des Priesters verlor sich im klatschenden Lärm des Regens, im Applaus der Regentropfen. Die immer wieder vorschnellende Schnabelspitze des gelben Hahns grüßte die lebhaften Augen der Zuseher, der Kopf nach vorn zuckend, als ob er sich immer wieder zum Todesstoß, den er vorerst nur der Luft versetzen konnte, ermuntern wolle, kam er der linken Grabseite bedrohlich nahe, fand seinen Spielraum erst im ängstlichen Ausweichen seines Feindes wieder, der ihn mit seinem gelben Schnabel graziös im theatralischen Gehabe der Friedhofsblumen aufhacken wollte. Die panikbesessenen Augen der Trauergäste feierten den zuhackenden Stoß des roten Hahns, dessen Schnabel wie ein Säbel die offene Wunde einer Säbelscheide schließt und Blut erigieren läßt. Die kleinen Schulterblätter des weißen Hahns vibrierten, der Kamm des roten schwankte schwerfällig, gespreizt wie stockendes Blut, gehalten vom Rückgrat seines Leibes. Ganz so wie der Mesner dem Leichenzug vorangehend mit dem Kruzifix die bäuerliche, gelbe bis hellgrüne, an manchen Stellen sonnenverbrannte, braune Landschaft bedrohte, bedrohte der rote Hahn seinen Todfeind. Er streckte seinen Hals im Stolz des Todes hoch, breitete die Flügel und setzte zum Flug an, schnurgerade, die Füße wie Räder auf einer Eisenbahnschiene, den Kopf geradeaus, stürzte er in einer die Schallmauer durchbrechenden Geschwindigkeit durch die atemlose Stille auf den weißen Hahn zu, placierte ihm seinen Schnabel bis ans Heft ins Herz und grüßte dabei den Gott meiner Kindheit, den Herrscher über Mensch und Tier im Dorf. Ruhig, schamlos, zynisch trieb ihn das Blut vorwärts. Der Blutandrang in den Augen verstellte ihm die Sicht. Der Schnabel arbeitete sich tief ins Herz. Der weiße Hahn schleuderte seinen Kopf in den Windungen des Todes noch einmal auf und ab. Das aufsteigende Blut gewann an Höhe ... Blutsturz im Ikarusflug ... Der rote Hahn mußte um den Enthusiasmus der Zuschauer wissen, da er sich um den ästhetischen Effekt des Sterbens kümmerte. Ein junger Bauer gefiel sich in den anspornenden Gesten seiner Hände; tabakrauchende Lippen und das Gezwitscher eines Vogels, der der himmelhochfahrenden Seele des toten Tieres ausweichen mußte. Das Tier fiel so plötzlich um, wie das Licht ausgeht, wenn man auf einen Knopf drückt, um das elektrische Feuer anzuzünden. Für die glaubwürdige Dekoration des Kampfes sorgte das heraustropfende Blut, rot auf weiß. Der obere, knorrige Teil des rechten Fußes sah aus wie der Knoten eines Kalbstricks, an dem Jakobs und Roberts Jugend baumelte. In den birkenblätterfeinen Zuckungen seiner Füße wollte der sterbende Hahn den Tod täuschen. Er spreizte die nägelbeschlagenen Zehen weit auseinander, bis die Einrisse zwischen den Krallen das Blut zu Wein verwandelten und er zur Himmelfahrt ansetzte. Vergnügungsrufe der Kinder, des Erschreckens, der Mißbilligung und des Entzückens. Die Mutter Jakobs hob den Kopf in die Lendenhöhe des Gottes meiner Kindheit. Ihr millionenblutkörperchenstarker Leib dirigierte in seiner Trauerhülle ein rot-weiß-rotes Streichorchester, das ihre Hände und Füße, ihre Augen und Lippen in Bewegung bringt ... *Jakob!* ... *Jakob!* ... Brustwarzen seiner Mutter verzieren den Grabrand ... Das eine überlebende, außer Atem geratene Tier bleckte mit seinen blutunterlaufenen Augen in weizengelb schimmernde Landschaft. Junge Mädchen betätschelten mit ihren Händen die Nelken anderer Gräber. Deren Farben zogen ins Rote, ins Gelbe, ins Blaue ... himmelwärts ... der überlebende Hahn stolzierte kokett von weiblichem Trauergast zu weiblichem Trauergast und bot sein Geschlecht an ... Zum Zeichen des Sieges der Lust über die organisierte Trauer werden unzählige schwarzdekorierte Hände in die Höhe geworfen. Das Blut war hell und schaumig, das eine göttliche Zeichen, daß der Schnabel schlecht placiert der Lunge anstatt dem einsamen Herzen Gesellschaft leistete. Den Blick in alle vier Himmelsrichtungen schweifend gab der Priester seiner überlebenden Hülle den Segen. Die Augen der umherstehenden Trauermaschinen gingen umstandslos wie Kugelgelenke von Himmelsrichtung zu Himmelsrichtung mit. Das Pochen ihres Herzens war wie das Klopfen eines Scheintoten an der Himmelspforte des Sargoberteils ... Ob Jakob noch lebt? ... Das kindliche, zahnlose Lachen des Hahnenzüchters im Mesnergewand, weihrauchschwenkenden Tabak stößt er aus seinem Mund, als der Hahn den Kopf nach jedem Schluck Wasser, dem Himmel zum Dank, emporhob. Der freigewordene Nackenwirbel des toten Hahns tanzte wie der Flügel einer Windmühle ... wurde langsamer ... leiser ... bis er zum Stillstand kam ... Immer noch standen die bloßfüßigen Ministranten, in rote Mäntelchen gehüllt, in voller Erwartung mit Weihwasserwedel und Weihrauchgefäß am Rande seines Grabes, von dem er nichts weiß. Tränen der Ermutigung steigen meinen Augen auf. In seinem jugendlichen Leichnam staken die Augen meiner Kindheit, blaß und länglich sein Gesicht, doch ziemlich regelmäßig und von langem, kastanienbraunem Haar umrahmt. In diesem Gesicht brannten große, noch feuchte, aber leblose Augen, die in letzter Sekunde meine Gesichtszüge erfaßt haben mußten, Augen mit blauen Rändern, die nahe an der sommersprossigen Nase stan-

den, darunter der kleine Mund, in der Mitte gespalten wie
eine Kirsche. Meine falsche Keuschheit wiehert vor der
scheinheiligen Scham eines Mädchens, vor der künstli-
chen Unberührtheit eines zuchtlosen Bettes, das nach
Jakobs nacktem, überlebendigem Leib riecht.

*Große Gesten, ein lebendiges Spiel seiner Hände, das
übrige sollte der nichtalltäglichen Sprache überlassen
bleiben; legt ihm die Hand auf den Mund; verstörte,
weitoffene, unbewegliche Augen, Hände vor sich auf den
leicht gespreizten Knien; mit großer Geste und Lust am
Theaterspielen wiegt er sich in den Hüften und hält die
Arme wie eine Frau, die ein Kind auf ihrer Brust trägt;
Kulissen der bäuerlichen Welt, in den Bühnenecken
ausgestopfte Hähne und Schwalben, zersplitterte Augengläser zu Füßen eines Hahns, aus dem Lautsprecher hört
man das Brüllen der Kälber, Kinderschreie, wutent-
brannte Bauernstimmen, ein lachendes Kind mit einer
Erntedankkrone auf dem Köpfchen taucht auf, die Kette
des Hofhundes macht sich selbständig und stellt sich wie
eine lauernde Kobra vor dem Publikum auf, eine Frau im
Publikum, die um ihre Kindheit betrogen worden ist,
beginnt zu bellen, sogleich, entrüstet, verschwindet die
Hundekette wieder, ein Hahn tritt aus seiner ausgestopften Askese vors Publikum und zerreißt mit einem Schrei
die morgendliche Stille, während im Hintergrund der
Bühne der rote Ball der Sonne wie der blutende Kopf
eines Kindes, gekrönt mit der Erntedankkrone, aus dem
Wasser emportaucht; lacht pflichtschuldig, mustert mit
seinen Augen unternehmungslustig die Gesichtszüge und
den Körper des Kindes; höhnisch, dann lacht er böse,
dann wieder lächelnd, wechselt die Masken und imitiert
die Gesichtsausdrücke des Publikums; hinter dem Vor-*

hang, man sieht nur seinen hervorstehenden Fuß, maskiert der Bühnenbildner den Tod des Großvaters mit den frischen, rotbackigen Gesichtszügen des Kindes; legt ein Kinderkleid auf den Tisch, wühlt in einem Klingelbeutel und bittet den Gott meiner Kindheit um Almosen; seine träumerische Hand zittert ein wenig, bekreuzigt die Stirn des Gekreuzigten, der aus Elfenbein ist; verschwindet plötzlich wie das Feuer eines Streichholzes, das Kind wirft eine kopfhängende, rauchende Zirpe ins Publikum; lacht mit seinen schwarzen Augen, der Blick flackert und entzündet im rechten Bühnenwinkel ein schwaches Licht; unbeweglicher Mund, dann stöhnt sie auf, nennt in der Erregung auch den Namen des Gottes meiner Kindheit, der jetzt im Herrgottswinkel der Bühne seine Hände zum Gebet faltet; sie ist vor Abscheu ihrer Stimme nicht mächtig; das Kind hustet, das linke Händchen nach der Wegwerfbewegung noch ausgestreckt, hustet sich in ein gewaltiges Husten hinein; ist jetzt geladen mit Energie und Wachsamkeit, was er hinter einem Lächeln, das unecht wirkt, zu verbergen sucht; der Lautsprecher kräht jetzt im Hahnenschrei; redselig vor Angst; jetzt, gegen seinen Vorsatz, boshaft wie üblich; er wiederholt, fast ohne Stimme, das Krähen des Hahns, das Knistern der Strohhalme wird laut, immer lauter, bis das Publikum den Splitterregen einer Bombe hört; selbstgerecht, angewidert, er ist zu keiner Lüge fähig, entschieden, aber noch ein wenig gehemmt, die Wahrheit zu sagen; die Aufregung läßt zwei, drei Personen, darunter ein Kind, durcheinanderreden; lehnt sich erschöpft und erleichtert an die Wand, nicht mehr fähig, einen Schritt zu gehen; hat im Hintergrund mehrmals ihre Finger auf den Mund gelegt, den Kindern bedeutet, sie sollten schweigen ...

Es sitzt eine Eule im Sterben.

Verzerrt hart den Mund, die Augen steinig, verloren, ge-
schlossen, psalmodiert in fremdländischer Eintönigkeit.
Spermatische Vergleiche: Unsere Zeit, der Explosions-
kopf, die lange archaische Zeit, die Geißel, die bald so,
bald so ausschlägt.

Vom Fieber geschüttelt, gelber Speichel schäumt über
seine Lippen.
Warum bringen die Schweigsamen keine stummen Kinder auf die Welt?

Lächelt, lüftet den Hut und zeigt auf seinen rasierten
Totenkopf; neugierig sucht eine Frau aus dem Publikum
nach einer Wunde.
Das Schlagen des Klöppels an Bahnschranken ist wie
regelmäßig klingendes Herzschlagen, das den Wartenden
zum Hinstarren und Verstummen zwingt.

Streckt lächelnd die Hand nach dem Gott meiner Kind-
heit aus.
Eine schmackhafte Sorte von Menschen, die erst im
Blutvergießen die anderen Menschen lieben lernt.

Sie läuft ans Klavier und schlägt mit gekreuzten Armen
Akkorde an, schaut keck.
Ihre Stimme verbirgt Eiskapseln in sich, so kalt ist sie,
voll von niederfetzenden kristallsplittrigen Worten, die
meine Seele augenblicklich zu Eis erstarren lassen.

Langsam läuten die Glocken der Kirche des Bauerndor-
fes, lautes, dumpfes Eisen, Kinderseelen erschrecken.
Ihre Tränen waren satt vom Durst geworden, den zu
verbergen ihre wässernden Augen ohnmächtig werden

mußten, die Augenlider zogen sich wie Leichentücher über die Köpfe der Augäpfel.

Mit einstudierten Gesten, atmet tief und langsam. Seine muskulösen Arme haben das Pathos barocker Plastik. Gesicht und Gebärde verzerrt, stürzt er herein in einer Sturmflut jähzorniger Wörter.
Ich trete dem täglichen Leben mit der Sanftheit und Brutalität einer Meereswelle entgegen, die sich am Felsen schlägt und immer wieder in ihr weites Gehäuse, das Meer, zurückzieht.

Er reckt sich ans Licht, die Zigarette über der Flamme anzuzünden, dreht sie langsam, zeigt die braunen Büschel in den Achselhöhlen.
Leise Stimmen – ich bin wieder in der Gewalt mehrerer Menschen.

Der Lokführer stimmt in eine stumme pantomimische Freude ein und nickt, Kopf und linke Hand aus dem Fenster haltend.
Ob mich das Meer in Venedig verrückt machen kann? Jeder einzelne Tropfen? Tropfen, die sich im Meer zum Totentanz sammeln und in ihrer ständig erigierenden Macht ungeborene Kinder ans Ufer schwemmen.

Mit aufgekrempelten Hemdsärmeln, schreit so laut, daß ihm die Stimme überschnappt, hebt die Arme.
Jemand wird meine Hände auf die Stirn legen und feurig meine Augen betrachten.

Sie blickt verstohlen, zieht von hinten ihr blutiges Tuch hervor und zeigt es schüchtern.

Die vierte Hand wächst allmählich aus dem Rücken. »Wo ist die dritte?« fragte die Mutter wehleidig.

Ihre Hände gleiten leicht über ihr blutiges Brusttuch. Leichter freundlicher Spott in ihren Augen.
Blinkende Bahnhofslichter mahnen mich immer wieder dazu, gebrochene Augen zu belächeln.

In den engen Babykleidern ihrer Kindheit, dickköpfig, mit dunklem Haarschopf, verkleinert, sieht mit großen Augen auf ihr wallendes Kleid, dreht sich um, verstreut Hühnerfutter, ihre feuchte Zunge lallt und lispelt.
Ein Kind mit einem Mundvoll violetter Veilchen – wie bei einem geschossenen Wild, dessen Maul man mit irgendeinem frischen Grün ausstopft, um das stockende Blut aufzufangen.
Der personifizierte Tod, der jetzt ihr Blut wiederkäut; das Kruzifix im Herrgottswinkel faltet wieder seine Hände und betet das Publikum an.

Er ist ein schlanker junger Mann, von langsamer Rede, lakonisch, unbeweglich. In allem, was er sagt, liegt, ungeachtet der Worte, ein Ausdruck von Mitleid und jetzt auch von Angst, hebt den Telefonhörer ab und spricht in die Muschel.
Dieses poetische Chaos ordnen hieße, meine Welt in Unordnung bringen.

Er hat den Rock der Plastikpuppe gehoben, und seine Augen weiten sich vor Staunen und Furcht.
Oft hebe ich ein Kind in die Höhe, um das Fleisch meiner eigenen Kindheit wieder abwägen zu können.

Ein weißgeflecktes junges Kalb streckt sein wiederkäuendes Maul mit den feuchten Nasenlöchern durch das Blattwerk.

Die Seele des Menschen hat ewiges Leben, die Seele des Tieres verwest im Leib.

Eine kindliche Stimme geht in den Geräuschen der Stalltiere unter.

Ob die kleinen Tiere, die in mir leben, den Drang verspüren, an die Weltöffentlichkeit zu kommen?

Aufgeregte Zwischenrufe aus der Stadtbevölkerung, ein Kind schwankt vor innerer Erregung, Gesicht zum Himmel: tintenblaue Wolken.

Haß ist in ihrer milchfiebernden Brust aufgewachsen, der in ihrer Hand so etwas wie eine Verlängerung, seinen Ausläufer findet und den Drang zum Töten rechtfertigt.

Aus einer anklagenden Haltung wendet sie das Gesicht und blickt – wirklich erschrocken – in die Luft, zu den Tintenwolken, hinauf.

An der Spitze des erigierenden Geschlechts schlägt das Herz.

Läuft schreiend, ohne Schleier fort.

Haß werde ich gebären und ein Kind dazu.

Sie trägt einen weißen Trauerschleier, folgt ihrem fahrenden Kind auf Schritt und Tritt, nach links, nach rechts, um die Wegbiegung, wieder ein Stück des Feldweges, den Radspuren vertiefen, die Hände zum Gebet gefaltet, weint, starrt in die flirrende Luft.

In ihren verkalkten Augen ruhen die Pupillen wie

konservierte Eier, die man mit einem schrägen Blick aus dem Glas nimmt und kontrollierend ans Licht hält.

Lachend, wiehernd mit gespaltener Zunge.
Wie sollte ich mein paradoxes Leben nicht in paradoxen Worten äußern!

Mit der genießerischen Liebe des Forschers.
Im Schlaf äußert sich ihre nächtlich wiederholbare Todessehnsucht.

Bringt das Kind mit einer Handbewegung zum Schweigen, ein Scheinwerfer strahlt auf einen zuckenden Hahnenkopf.
Einmal sah ich, wie sich im Roggenfeld das hungernde, schwarze Pferd meines Vaters aufbäumte, seine Hinterbeine weit über die Roggenähren hinaus zum Gebet zusammenschlug.

Starrt schweigend vor sich hin, begehrt seinen eigenen Körper, zieht später den Reißverschluß seiner Jeans wieder hoch.
Wir werden die Schlacht verlieren und im Blut den Sieg über den eigenen Leib davontragen.

Tierlärm im Hintergrund.
Winzige Tiere leben im Menschen.
Ob in den Tieren auch winzige Menschen leben?

Mit kleinen, gespreizten Krallen ergreift die Magd die Hand des Kindes.
Die Augen des Kindes umkreisen inzwischen wie hungrige Vögel den eigenen Körper, der mit seinen Augen

aufgewachsen ist und im Horst seines Kopfes das Morgenlicht dieser Welt ausbrütet.

Licht zuckt, ist es hell, schreit ein Hahn, ist es dunkel, winselt ein Hund.
Des öfteren gehe ich in Entbindungsanstalten, um Hebammen zu sehen, die blutverschmierte weiße Schürzen als todesträchtige Symbole um ihre Hüften geschlungen haben und lächelnd die Neugeborenen prostituieren.

Eine Nonne mit einem Kruzifix auf der Brust geht vorbei, hält einen gelben Plastiksack in der Hand.
Ein Mann trägt jetzt ein Kind auf seinen Armen ins Abteil, seine Frau überbettet es mit einer Decke, als ob es keine Erde gäbe.

Er sieht sich um, versucht sich zusammenzunehmen, aber sein Atem geht schneller, als er spricht; zuckt mit den Achseln, zeigt auf sich.
Solange man keinen Menschen getötet hat, kann man nach unseren humanen Vorstellungen überhaupt als Mensch bezeichnet werden? Es geht mir jedesmal kalt über den Rücken, wenn jemand mit einem Fingerzeig auf mich deutet und denkt. *Hände und Gesicht zucken.* »Mensch?« Soll er mich doch umbringen.

Überall auf seinem Körper sieht man Fußspuren, Ferse neben Ferse, Ferse neben Vertiefung, Zehe neben Zehe, Fuß über Fuß. Vor seinen Augen entfaltet sich ein Schirm aus Pfauenfedern. Er kauert mit gekreuzten Beinen auf seinem wirren Kopfhaar. Mit einer Gerte schlägt er langsam den Takt. Eine Kaffeeschale sitzt auf dem Tischrand, baumelt mit dem Löffel über der Kante, das

gierige, silberne Besteck zeigt spöttisch auf die beiden Liebenden.
Oft fürchte ich mich vor der eigenen Sprache, die zu bekämpfen Wortlosigkeit nicht genügt.

Ein diabolisches, schwarzfunkelndes Grinsen verzerrt sein Gesicht, er streckt den mageren Hals vor, betrachtet sich aufgeregt im Spiegel, dreht sich zu den Zuhörern.
Ich werde dem Donner einen Blitzbesuch abstatten, ehe ich prasselnd auf die Erde falle und den zahnlosen Kindern ausgeliefert bin, die in meiner Blutlache umhertreten.

Die idyllische Musik ertönt jetzt in einem furchterregenden Rhythmus, ein Kind spielt mit den Streichhölzern.
Wenn ein Kind seinen Mund öffnet, fahre ich im Regen leichtfertig über die Stirn einer alten Frau und wische sie trocken.

Mit Betonung und einem forschen Zynismus.
Das Kind mit den weizengelben, lockigen Haaren spie das angeborene Blut in den Schoß seiner Mutter zurück.

Er streckt eine vor Licht flackernde Zunge heraus, seine Hand an meinen gegabelten Beinen.
Ich atme, um das Leben zu verkürzen, deinen aushauchenden Blick ein, der ins Leere geht.

Mit geblähtem Atem und glänzenden Augen, am äußersten Rand des Scheinwerferlichts stampft ein schwarzer Pferdefuß in den Heuboden, zornbebend.
Ein Kind mit diabolisch gezogenen Augenbrauen, das liebevoll gestreichelt wird, bückt sich ängstlich vor der Hand seines Vaters.

Windet seinen Kopf an der Biegung des Kreuzweges,
Schaum quillt aus dem Mund, der Blutfleck auf dem
Schweißtuch, das seine Hüften einhüllt, vergrößert sich
wie ein auf mich zukommendes Auge, das mit der auf-
kommenden Geschwindigkeit, seine Brustwarzen fixie-
rend, weißlich zu flackern beginnt.
Ein Mensch wird mich rufen, nicht Gott.

Ihr Schoß wird jetzt von einem sehr hellen, eigentümli-
chen Licht beleuchtet, ihre Ferse drückt einen verdrehten
Puppenarm in den Holzboden.
Gott soll ihr neun Leben, wie es Katzen in sich herumtragen, versprochen haben, gebracht hat er ihr den Tod mit
seinen üblichen Schuldgefühlen.

Eine Katze reißt das Maul auf, silbriger Speichel rinnt
über ihre Zunge und tropft aufs Kruzifix.
Ihre Augen bewegten sich in ihrem Körper wie Glyzerin
auf der Haut eines sterbenden Kindes, dem der Todes-
schweiß einem Relief gleich auf der Stirn steht.

Aus den Wunden seiner Handflächen fliegen kleine,
weiße Kruzifixe.
Langsam sanken ihre Augen in den Leib, den sie zum
Schluß betrachten konnten, bevor sie blind wurden.

Wieder lacht er auf, wie von einem unsichtbaren Pfeil
getroffen, starrt, dann die Augen zusammenkneifend.
Natürlich kann man nicht spüren, daß die Tage mehr Blut
in sich verbergen, als man im eigenen Leib hat.

Fährt mit der Hand durchs Haar und legt den Kopf in
den Nacken, beugt sich wieder vor und küßt ihre letzte
Narbe.

Mein Haupt ist plötzlich schwer wie Blei. Meine Hände sind federleicht, die ich, eine Keule haltend, den eigenen Leib bedrohend, über dem Kopf zu schwingen beginne.

Augenlos, in weißer Nonnentracht daneben eine Frau, Haube und wehender Schleier, sanft, mit toten Augen in den vorbeifahrenden Zug starrend, das Licht der beleuchteten Waggons durchflitzt ihre Augen.
Dort steht ein Mann im Halbdunkel, seine Hände im Hosensack, abgeschnitten von der Welt, als ob er sie im Krieg in einer Nacht wie heute verloren hätte.

Sie sitzt zusammengekrümmt in ihrem Stuhl und weint, das Gesicht in den Händen.
Soldaten schwitzen zu Ostern Blut, wenn Kampfesstille das Feld beherrscht.

Sein dickes Gesicht schwitzt auf dem Golgathahügel ihrer Brust, eheringgroße Dornenkrönchen umkreisen mit Lichtgeschwindigkeit die Pupillen ihrer Augen.
Es war plötzlich das Meer, das sich vor mir wie der Vorhang einer Bühne öffnete. Keiner der imaginären Schauspieler vollzog die Gesten eines Fischers, der sich triumphierend im eigenen Fischnetz zum mundoffenen Staunen der vorüberziehenden Touristen gefangen hält und zappelt.

Hält, wie um seine Verwirrung zu verbergen, seine Hand fest, während in einem österreichischen Dorf Leute in die Kirche hasten; die Totenglocke pocht im Herzen eines Kindes.
Eine Angsträhne fiel klebrig über mich her, als der Zug quälend langsam über die Seebrücke fuhr, als ob ein

sarkastischer Lokführer den Fahrgästen die tödliche Einsamkeit des Meeres buchstäblich vorführen wollte.

Er hat sie zu sich hochgezogen und küßt sie jetzt mit großer Inbrunst.
Der Gedanke an den Tod ist das einzige, was sie noch am Leben erhält.

23.35 Uhr. In Venedig angekommen, quietschende Zugräder, Türenschlagen, Rufe, Gepäckträger mit blauen Mützen, Lautsprecher, eine Frau streckt ihren Körper durch, spreizt die Finger, greift wieder nach ihrem Koffer, Canale Grande, Vaporettos wiegen.
Das Meer, ein ertrunkenes Tier?

Er steht langsam auf, wie in physischem Schmerz, mit einem übermenschlichen Verlangen, seine Antwort zu finden.
Ich liebe Kinder, keine Menschen.

Sie geht, um einen Rest von Würde bemüht, langsam hinaus, das Kind krault durch ihre Beine.
Gottes Wille ist von den Menschen bis in die Tiefe der Gräber und des Meeres unterdrückt worden.

Den Kopf zur Seite geneigt, segnet er kurz mit Zeige- und Mittelfinger, gibt den Osterkuß auf die blutenden Nägel, seine Bischofsmütze wackelt hin und her. Zwei rotgekleidete Ministranten zelebrieren mit ihren Fistelstimmen klerikale Formeln über das waschechte Tischtuch des Altars. Der eine Ministrant geht mit hängenden Armen um ein Kruzifix herum, beinahe ohne Gebärden, wie ein Tier; aus der linken Handwunde kräht ein Hahn.

Ohne Wunden zu tragen eitert das Meer an der öffent-
lichsten Stelle meines Körpers.

*Die schwarze Mähne weißer Plastikpferde weht in seinen
Hüften.*
Zwei Prostituierte haben an einem Tisch in der Bar Platz
genommen. Die eine spielt mit ihren beringten Fingern
wie ein Kleinkind, das gerade erst, auf venezianischem
Boden, sein Geschlecht entdeckt hat.

*Sachlich, aber mit einem Unbehagen, wie vor etwas
Unwirklichem, mit einem Glas Milch in der Hand.*
Solange das aufwachsende Feuer meine Stirn nicht
erreicht, kann ich beobachten, wie mein Körper im
Fieber brennt, bis die Tränen zischen.

Ohne von seinem Notizbuch aufzusehen.
Ich hasse mich nicht ohne Selbstliebe.

*Bauernkinder beten leise zum Jesuskind. Um das pras-
selnde Kaminfeuer sitzend – weiße Pferde galoppieren
durch ihre Fantasien, fliegende Mähnen, Hufe wirbeln
Erde auf – beten sie den Familienrosenkranz. Ein Kind
drückt sein Gesicht an die Fensterscheibe und spielt mit
der Zungenspitze am Glas. Aller Ohren werden von den
Klängen der orgeltönenden Harmonika, die im Rhythmus der Gebetssätze stecken, bedroht.*
Guten Morgen! Haben Sie Herrn Christi Blut schon
aufgeweckt?

*Er schüttelt amüsiert den Kopf und geht nach links ab. Die
Musik steigert sich, der Vorhang des Regens senkt sich
langsam bis herab, geht dann ebenso langsam wieder hoch.*

Ich liebe sie, mein Herz wiehert und wächst mit jedem Schrei über das Leben frischgeborener Kinder hinaus.

Er blickt sich um.
Sie sah mich an, als ob man sie erst zeugen müßte.

Flüchtigen Schrittes geht eine Nonne im Schneetreiben über einen Zebrastreifen.
Dort drüben, der zahnstochernde Mensch schaut das Fleisch auf dem Holzstiftchen an, als ob es sein eigenes wäre, das er aus dem Mund geholt hat.

Eine Schiffshupe unterbricht die wogende Stille des dichten Nebels. Mit der Seemannsmütze auf dem Kopf kommt ein junger Fischer zur Tür herein. Die Türflügel schwanken. Sein Atem wird tiefer, die Lungenflügel setzen das Schwanken der stillwerdenden Tür fort.
Der Kellner hat mir gerade zwei Kaffee gebracht, anstatt einen; er hat mich wohl übersehen.

Seine Hände versuchen, die Körperlosigkeit der Luft zu ergreifen. Auf der hinter ihm stehenden Plakatwand ist ein Kamel abgebildet. Optisch konkurriert die Wüste mit dem Meer. Seemänner tragen ein Netz voll Muscheln vom Strand weg.
Das Blut rasselt in mir wie eine Kette am Fußgelenk eines Galeerensträflings.

Mehrere Puppen, die im Zuschauerraum sitzen, karikieren mit ihrem Hermelinpelzmantelumhang die Würde des Hohen Herrn, der Aktennotizen diktiert, dessen Augen im Gerichtssaal umherschweifend nach einer plastischen, bluterfüllten Ausdrucksweise suchen. An allen

vier Wänden brennende Lampen sind die Kerzenleuchter
seiner Fantasie. Den Redeüberfluß des Anwalts unter-
bricht das kindesähnliche Weinen einer Katze, die der
Jungmörder im Leib seiner Seele trägt. Die Geschwore-
nen horchen auf. Die klimpernde Resonanz wirbelt leicht
den Staub im Gerichtssaal auf. Der Aktenträger
beschwert seine Hüften mit der Anklageschrift, die im
bürokratischen Sinne auf den Namen eines unsterblichen
Menschen, der Gott werden wollte, lauten müßte. Mit
mechanischer Selbstverständlichkeit, die das Geräusch
ausgelöst haben muß, beginnen die Puppen mit ihren
seidenweichen Füßchen auf den Boden zu stampfen, als
ob sie einen Toten hertragen müßten.

Die Geschlechtsteile, die primären und die sekundären
dieser Erde, wo sind sie?

Der Jungmörder küßt die Wunden des gelähmten Rechts-
sprechers. Seine Lippen spielen mit dem Gegenstand
seiner Verwundung, wenn er das Wort weitergibt. Seine
nach Innen ausweichenden Augen fixieren die Retrospek-
tive des sich vor ihm ausbreitenden Leinenschlachtfeldes.
Am linken Türflügel wartet gierig sein Rollstuhl, den ihm
die verbindliche Auszeichnung des Verteidigungsministers
eingebracht hat. Mit Rechtssprache und Händen fuchtelt
er gleichermaßen, als nach einem ungewollten Fußstoß
des Türstehers der Rollstuhl in Bewegung gerät, nach
vorn rollt, vor dem Richter, der nun den Rollstuhl
anklagt, zum Stehen kommt.

Ich habe lachend am Meer gestanden, bin erst wieder auf
die Füße gekommen, als mich eine Welle zu Boden trieb.
Das Dröhnen meines Lachens trugen die Meereswellen
davon und brachten es wieder an mein Ohr.

*Die gekreuzten Arme liegen inmitten seiner auseinander-
gegabelten Beine. Hilfesuchend hält er Ausschau nach
den Regentropfen, die sich an Fensterscheiben und Kalk-
mauer klammern, Spuren finden und zu Boden sacken,
wie es das Opfer verstanden haben mußte, sich an seinen
Leib zu klammern, zu Boden zu sacken und seine Wange
an die regenbogenfarbige Blutlache zu legen, den Mund
zum Kuß zu spitzen. Sein verwundetes Gesicht spiegelte
den Schlaganfall eines Wärters wieder, der sagen konnte:*
Ich habe mich nicht mehr gekannt. *Seine Lippen sind
geschwollen und trotzig. Die Oberlippe verbindet sich mit
der Unterlippe, so wie sich Mörder und Opfer verbunden
fühlen. Als er seine Genialität verkündigt – zwei Seelen
wohnen in meiner Brust –, wird die Gerichtsverhandlung
zur Entrüstung der Stoffpuppen vertagt, auf den folgenden Tag verschoben.*
Bräuchte ich nicht zu sterben, gäbe ich mein Leben auf.

*Er folgt ihr mit einem Kopfschütteln, das Verwirrung und
Bewunderung ausdrückt.*
Mein Leib wird meine Hand ins Ungewisse dirigieren
und stolz auf die Finger sein, die das blökende Herz des
Kindes entfesseln werden.

*Aus der massiven Dunkelheit hört man das Lachen einer
Frau. Er beachtet es nicht, obwohl die Frau noch lacht,
während er weiter Gedanken konstruiert; alle Zuschauer
beugen sich vor dem Kruzifix, das von einem Lichtstrahl
auffordernd angestrahlt wird, dann nehmen sie wieder
ihre Plätze ein.*
Mitten im grünen Klee sprach er anhand seines Selbstmordes über die unglückliche Vollendung seines von
dieser geheiligten Osterzeit geweihten Fleisches, das er

ins Grab gelegt haben wollte. Wie könnte ich mir, wenigstens für Augenblicke einer Beweinung im Anschluß an diesen Satz, Distanz zu meinem eigenen Leib schaffen?

Seine Mutter öffnet ihren Schoß türangelweit am Eingang des Tores, bleibt stehen, macht eine jähe Bewegung, wieder verfolgt sie ein Traum.
Einen toten Fisch betrachten und dabei die eigenen Leiden beweinen, wie man es sonst nur bei verstorbenen Menschen tut.

Voller Wut auf sich selbst wendet sie sich einen Augenblick ab. Dann, als bliebe ihr keine andere Möglichkeit, als es herauszuschreien.
Als Kind brachte sie Katzen um, nicht aber, um ihr eigenes Leben aufzuwerten, vielmehr, um das Leben derer aufzuwerten, die ihr bei den selbstlosen Tiermorden zusahen.

Er betrachtet ihr offenes Antlitz, jemand kommt aus dem Hintergrund, trägt eine grobe schwarze Mönchskutte, hat einen Kalbstrick um den Leib und Sandalen an den Füßen.
Tagelang wartete sie aus reiner Liebe darauf, daß ich mir in den Finger schnitt, damit sie das pulsierende Blut, wie es aus meinem Leib trat, sehen konnte. Kann man jemanden wirklich bis aufs Blut lieben?

Er wendet sich plötzlich nach einem Geräusch von draußen um. Er will zur Tür gehen, als der tote Jakob hereinkommt. Sowie er seiner ansichtig wird, ist er mit wenigen Schritten bei ihm und greift ihn wutentbrannt an seinem Totenhemd.

Die Sprache hat gelbe Hände.

Er starrt, nachdem seine Erregung sich gelegt hat, in die Lampe, läßt in stummer Verzweiflung den Kopf auf die Brust sinken.
Der geöffneten Brust entspringt das Herz wie Quellwasser, das man über den weißen Nacken laufen läßt.

Sie beginnt sich an den Tod zu akklimatisieren.
Ob das Fleisch in ihr *vegetiert* oder *lebt?*

Eine Blitzlichtaufnahme des Todes wird gemacht. Kleine Kinder werden von den Mägden in die Höhe gehoben und betrachten staunend den Pferdekopf.
Als ich diesen toten Fisch sah, glaubte ich für einen Moment, das Aussehen meines Geschlechts aus dem Gedächtnis verloren zu haben.

Seine Kiefer klappern, springt hin und her, rollt die Augen, macht Tanzsprünge auf dem Parkett seiner Hüften, streckt seine Arme aus, stöbert in der Luft, verwirrt den Nebel, steckt dann sein Gesicht zwischen die Gabel seiner Schenkel, während zehn Finger durch seine lockigen Haare fahren.
Meine zusammengekrallten Finger strecken sich plötzlich wie die Zehen eines sterbenden Hahns. »Gib mir ein Stück Brot, bitte!«

Dekorierter Kopf – maßgeschneiderte, spitze Lippen, ein Rot, das ins Blut zieht, die Stirn hat die Form des Gewölbes einer Krypta, Furchen blasser Wolkenfedern, ackerfurchentief, gesättigt vom Regen, daß federleichte Haare daraus wachsen, den Atem einem Schnitter ange-

paßt, der im Rhythmus des tiefen, fallenden Grases lebt,
eine barocke Mimik, die der Maskenhaftigkeit des Todes
spottet; eine Ringelnatter windet sich um sein rechtes
Schienbein, hebt den Kopf; in einer grauen Perücke und
dem seidenweich fallenden Talar eines Anwaltes, spricht
mit einer Stimme schmerzlichen Protests, während sich
die Ringelnatter in seiner Kniekehle einnistet.
Ich bin zu wenig grausam zu meiner Selbstliebe.

Das Kugelpaar zweier Augen schießt Lichtstrahlen auf
seine Stirn. Nabelimitationen trägt er an seiner Handflä-
che anstatt brennender Wundmale, nimmt das Glied des
Jungen in den Mund. Während der Ejakulation glaubt er
sich verdoppelt zu sehen: Zwillinge rennen in die Dunkel-
heit.
Sagt man die Eiszeit der Augen an, wenn man die Eiszeit
dieser Erde ankündigt?

Seine Zunge leckt meine bloßen Füße wund, blutunter-
laufen blitzt sein immergrünes Auge, salbt jetzt mit
seinem Speichel die verwundeten Füße, meine Hände
strecken sich mit automatisierter Bewußtseinskontrolle
nach vorn, nach einem Menschen, ihn zu umfangen, der
aber nach hinten geht und meinen immer noch fallenden
Körper aus dem Traum reißt.
Als Kind hatte sie im Veilchengarten unzählige kleine
Gräber ausgeschaufelt und wieder zugeworfen, wieder
ausgeschaufelt, zugeworfen, Tag für Tag das frisch heran-
wachsende Unkraut, beginnend bei seinen Augen, zerstört.
Das wenige Menschenleben in der Pflanze zerstört, damit
diese, wie sie sagte, aufblühen, wachsen, wieder abge-
schnitten werden kann.

Sie mustert das Augenpaar, das zur Linken und Rechten seiner Nase wachsam ihren Körper bestaunt. Für Augenblicke verketten einander die inneren Blicke, die bis zum Heft des Augenlichts vorgedrungen sein mußten. Wieder sind es die in Schwebe gehaltenen marionettenhaften Bewegungen, die ihren Blick einholen und an die Oberfläche ihres Augapfels bringen. Der welkende Leib eines aufkommenden Windes streicht durchs Haar, durch den Mund, die Nase und die hohlen Augen, in deren Tiefe der blaue Himmel sich an unzähligen Köpfen delektiert, die sich nach seiner Schönheit richten. Bodenlose Stummheit quält ihren Mund. Aller Augen richten sich in die Tiefe eines Bergschachtes, Unendlichkeit kehrt zur Iris zurück, alles spielt sich wieder an der Oberfläche ihrer Augen ab.
Seit er einem x-beliebigen Menschen auf dieser Welt nach dem Leben trachtet, sieht er sich unablässig im Spiegel an.

Der erste Trommelwirbel erdröhnt und steigert sich zu voller Wucht. Hähne, Milchkühe, Schweine, Pferde, Fledermäuse, Kälber und Schwalben schrecken auf. Sie weint in verzweifeltem Gebet zum Gott meiner Kindheit, der sie zu meiner Mutter machte. Die aufgehende Sonne ergießt sich gelblich, wie abgestandene Milch, über ihr Antlitz, das für mehrere Stunden die Nacht in ihrer Dunkelheit verborgen hielt. Weit spreizt der Hahn seinen Schnabel, im aufkommenden Schrei spitzt er seine Zunge nach vorn, einem Erwürgten gleich, der die Hände hilfesuchend in die Höhe wirft, die Tiere im Stall wachen über ihrem Atem, der Schrei des Hahns schreckt die Menschen und die Tiere des Hofes aus ihrer Umnachtung, die Mutter beendet das Morgengebet, Kälber werfen die Köpfe nach links, nach rechts, schwerfällig atmet das schwarze, in ihr sterbende Pferd, das Pochen des Trom-

melfells im Ohr der Mutter rasselt wie Knochen in der Morgenluft. Zwei, drei Kinder strecken ihre kleinen Hände aus den Gitterbetten, nach Weizenbrot und Milch, warm, frisch vom Euter der schwarzgefleckten Kühe, Schwalben schnellen in bewegtem Flug durchs Stalltor, weite, pyramidenförmig geöffnete Schnäbel, rot, empfangen sterbende oder schon tote Mücken, die im Morgentanz der aufkommenden Sonne säulenartig in die Luft gestiegen sind – ich liebe meine Mutter, als wäre ihr Tod in mir –, der Mückenschwarm wurde für Augenblicke von der durchbrechenden Schwalbe getrennt, sammelt sich wieder und setzt seinen Säulentanz fort. An einem Mauernagel hängen mehrere Kalbstricke, die sich durch den Luftzug der schwenkenden Tür leicht bewegen und die Erinnerung an die jungen Selbstmörder aufsteigen lassen. Am Strick zerrt sie das neugeborene Kalb zur Kuhmutter, es stolpert, bricht zusammen, erhebt sich wieder, noch ein Schritt, das Maul am Steinboden wundgeschlagen, Blut vermischt sich mit der Milch, die jetzt langsam in seinen Rachen rinnt, die Speiseröhre hinunterfließt, die Augen starren in die Tiefe einer erschreckenden Leere. Langsam beginnt der Schweiß in ihren Achselhöhlen zu arbeiten. Noch sind die Augen verschlafen und entzündet, brennen wie aufflackernde Streichhölzer, denen das blasse Gesicht des Kindes ausweicht. Ihre Oberschenkel haben die Form von Heubündeln, blondes Stroh verfault in ihren Hüften. Ihre Brustwarzen erlebte ich wie die stechenden Augen eines schreienden Hahns, entblößt ihre Verwundung an der Mutterbrust, an deren Spitze die kleinen Schmollmünder der Kinder zerrten, Tiere wagten sich nahe heran, junge Kälber und Hähne, ein Fohlen. Mutter, deinen Leib durchwandern hieße, auf die ganze Erde verzichten können. Ein Scherenschnitt ihrer ausschreitenden Füße, ein Tier zähmend, aber den Kopf nach rechts oder links oder über die Köpfe der Tiere hinaus, zu den Kindern schauend. Am Nachttisch ihres Bettes steht in eine Phiole gefüllt die übrig gebliebene Abendmilch, noch lauwarm produziert sie in meinen Träumen die Säfte meiner Reife, Haferflocken fallen hinein, wie Schnee im Winter fällt und die Stirnen der Kinder und Hoftiere kühlt, umgerührt von ihrem Zeigefinger, setzt sie das Getränk an meinen Mund und verstaut ihre Brust in meinem Leib. Für eine Nacht heilte der Schlaf ihr Sterbenwollen. Aber jetzt ist es Tag, der mit dem Kauen frischangebrochenen Brotes beginnt, in Milch aufgeweicht, heiß, die in ihrem Mund schmerzhaft siedet. Wie ein fletschendes Tier wacht der Geruch eines Kalbes an ihren Kleidern, an ihrer Haut. Ihre Finger sind Strohhalme, wenn sie ihre Kinder von früh bis spät bearbeitet, sind Erdknollen, wenn sie die Liebe zu den Tieren, die aus den Hälsen der Kinder schreit, anrühren muß. Ihr Speichel, der gleichermaßen liebevoll und haßerfüllt mein Geschlecht gesäubert hat, den Nabel vom Blut befreit, die Stirn küßt, daß sich ein Speichelfaden über meine Nase, meine Oberlippe, die Unterlippe zieht, am Kinn zum Tropfen sammelt und auf meine kleinen Hände fällt. Speichelfäden nähen unsere Münder zusammen. Das Todeswerkzeug, das Faden für Faden, feucht, um die Spule unserer Lippen gewickelt wird. Riechen ihre Hände nach Erdäpfeln, keimen meine Augen Tränen, wuzeln sich Hausratten um meine Füße, die aus meinen Achselhöhlen kriechen, wieder verschwunden sind, wenn ich aufwache, nach der Mutter schreie und meine Hände nach dem Menschen, der mich geboren hat, strecken darf. Ich wäre nicht überrascht gewesen, hätte sich irgendein Hoftier über mich gebeugt und mich aus dem Gitterbett gehoben wie meine Mutter, so groß und würdevoll war meine Angst. Sie hebt mich in die Höhe, meine Füße pendeln im Morgenschlag der Wanduhr. Mein Köpfchen fällt nach hinten, wird von der Handfläche meiner Mutter aufgefangen. Sie muß ein Netz gespannt haben, ein Körpernetz, in dem der Kopf ihres Kindes wippt. Ausgestreckt liegt im Bett der Vater, abgehärtet von den Hoftieren, mit den Fußgelenken der Dreschmaschine, die nach den Kindern tritt, sein Augenaufschlag könnte mein Blut erschrecken, daß ich aus Angst in den Mutterleib zurückkröche. An der Kniescheibe spüre ich die Mutterbrust, weich wie ihre Lippen, Kopfpolster und Erdhügel meines Grabes zugleich. Wieder dreht die Angst meinen Kopf nach hinten. Der Vater liegt, noch glitzern ihm silbern mehrere Tränen an den Augenrändern, Tränen, die ihn der Tod eines kostbaren Tieres gekostet hat. Sein Gesicht hat die Form des toten Pferdekopfes angenommen, des Pferdes mit schwarzer Mähne, das über den Kleerücken eilte, über morsche Zäune schoß, den Vater auf seinem Rücken, den Heuwagen führte und Hafer aus meiner Kinderhand fraß. Wie ein umgekippter Lastwagen, die Füße in die Höhe, liegt es im Stroh des Stalls, liegt es neben meinem Vater, der die Hand im Schlaf nach dem Pferd streckt und die Füße meiner Mutter berührt, so daß er erschrocken in die Höhe fährt, Augen aufreißt, den Mund verschließt, wie man Sargdeckel auflegt, und erstmals vor meinen kindlichen Augen ein wenig zittert. Grashalme sind es, die da zittern auf einer Erdknollenhand, die sich öffnen und schließen kann. Noch hält mich meine Mutter, noch halsen meine Hände ihren Kopf, noch weht der Geruch des Stallwindes in ihren Haaren, noch riecht ihr Atem nach meiner Seele, noch immer trocknet ein Blick meine aufsteigenden Tränen, immer noch, noch heute. Ihr Tod wird sich in mir verkörpern. Ich weine bei jedem Andenken an sie, innerlich und äußerlich, verschlossen oder offensichtlich für jeden, der seine Mutter liebt. In meiner Stirnhöhle erlebe ich ihre zweite Geburt. Sie ist heute vielleicht fünfundfünfzig Jahre alt, ich weiß es nicht genau, aber mit jedem Jahr verjüngt sich mein Alter. Sie hat mich zu leben verurteilt. In meiner Rolle als Verurteilter spiele ich Richter und werde zum Mörder meiner selbst. Im Sack meiner Jeans liegen drei oder vier Sargnägel, für mich und für meine Mutter, Schraubengewinde, geflochtenen Mädchenzöpfen gleich, oder eine blaue Nabelschnur, noch eine blaue Nabelschnur, noch eine und noch eine, für mich, für zwei meiner Brüder und für meine Schwester. Ihr Tod zirkuliert in meinem Blut. Zwei Brüder bleiben jetzt noch übrig, sechs Kinder hat sie ausgetragen, bei jeder Geburt waren Stroh, meine Tante, Waschschüsseln, lauwarmes Wasser, Ratten in den Zimmerecken, versteckt horchend, ihre Zähne, spitz, waren der Tod und Schmerzen und die Abwesenheit meines Vaters anwesend. Kleine Tierchen im Zimmer mochten auf den Tod eines Menschen gehofft haben. Ich weiß nicht, ob ein Tier den Tod eines Menschen eher fühlen kann als der Mensch den Tod eines Tieres. Die Liebe zu meiner Mutter ist in der weit entfernten Nabelschnur verknebelt, die zu lösen nur der Tod vermag. Die Kinderhände meiner Seele strecken sich nach meiner Mutter, als ob ich zurückkehren wollte, langsam und immer schneller wie ein aufbrechendes Flugzeug, dem die blinkenden Mutterbrüste Landung versprechen. Die schnellen weißen Streiflichter in ihren Augen erschreckten und erschrecken mich noch heute wie die Nachricht vom Tod eines meinem Herzen verwandten Menschen. Ahnungslos durchquere ich den venezianischen Friedhof wie über Stoppelfelder laufend, die die Füße meiner Kindheit verletzten. Am Zaun stehend, drehe ich mich um und sehe auf mein Grab, das das Grab eines Unbekannten sein könnte, wie ein Maulwurfhügel sieht es aus, ungeschmückt, ohne das Zeichen des Kreuzes, aus reiner Erde, durch die Ameisen winzige Feldwege ziehen, rote getrennte Punkte, verkettet zur blutenden Ader meiner Mutter. Hier versprach ich mir Bleibe. Ganz einfach. Hier möchte ich sterben. Als ich vor wenigen Wochen meine Mutter im Bauernhaus in Kamering besuchte – eine ihrer geschwollenen Hände war aufgebrochen, Blutspuren zogen sich bis zum Ellbogen hinunter –, ging ich mit tränenerfüllten Augen in den Heustadel, wo ich einst einige Schwalben getötet hatte mit der Heugabel meines Vaters. Als ich daran dachte, daß ich für meinen Vater mehrere Tiere getötet hatte, oder vielmehr meinen Vater in den Tieren hatte töten wollen, flimmerte mir das Blut meiner Mutter vor Augen, eine Handvoll Blut, die mich liebevoll streichelte, das Blut ins Heu wischte, an meiner Stirn das Stroh meines Kopfpolsters glättete. Ich stand am Siloschacht, wo vor ein paar Jahren die Magd den Boden unter ihren Füßen verlor, stürzte, ins Heu fiel, den linken Fuß am Steinpflaster aufschlug, daß ihre nägelbeschlagenen Schuhe Funken spritzten, der Knöchel gebrochen war. Mein ältester Bruder trug sie, wie einen Hampelmann, der alles von sich hängen läßt, ins Haus hinein. Am Siloschacht stand ich und merkte, wie mir die Tränen meiner Kindheit in die Augen stiegen, mein eigenes Blut beweinten und das Blut meiner Mutter, das noch rote Fäden an ihrem Unterarm spann, in Heimlichkeit und Stille zu liebkosen begannen. Es war eine Stille, die im Schwanken einer brennenden Glühbirne, im trommelfelltötenden Schlagen des Herzens dramatisch zunahm. Das dürre Heu knisterte, das feuchte dampfte, der Geruch des Silos ätzte in der Nasenhöhle, die Maschinen, Lüftungsanlage und Traktor standen still. Draußen an den Astgabeln auseinandergestreckter Beine faulten, noch vorgestern rotwangig, unzählige Granatäpfel. Die Stämme der Bäume knorrig und alt, vom Geschlecht der Urgroßväter, waren im Schoß der Urgroßmutter verwurzelt. Meine Kinderhände langten nach der Frucht, die von halbgrünen, verdorrenden Blättern umwaldet war. Die Milchzähne herzten das Fruchtfleisch des Granatapfels, Kinderaugen sahen ins Blattwerk, drängten die Blätter zur Seite, bis das Auge des Gottes meiner Kindheit heraustrat, lidlos, einem entkernten Augapfel gleich, mit einem klerikalen, messerscharfen Segen in ein Dreieck gespalten, mit einem Blick gesegnet, der die Menschen des Dorfes zappeln ließ.

Dort, wo die Asche meiner Mutter ausgeschüttet wird, werde ich mich schlafen legen.

Der Regen weigerte sich zu fallen. Ausgetrocknet war die Hülse der Dachrinne. Der Dorfbach leer wie der offene Leib eines Kalbes, das an zwei Nägel der Stallwand, den Kopf nach unten, gepflockt worden ist, Roterdeboden vom eingetrockneten Blut, sprunghaft nähert sich eine Katze.

Ein Mensch, der sich haßt, dafür die anderen Menschen lieben muß. Ein Mensch, der die anderen Menschen mit seiner Haßliebe auflöst.

Hysterisch, als wäre das zerrissene Leben ein Stück Papier.

Ich werde den Nebel zum Schweigen und dir sein Blut, sein weißes Blut bringen.

Verzieht verächtlich den Mund, lächelt hochmütig dem Gerichtshof zu, der stimmgewaltige Regen setzt sein Plädoyer an der Fensterscheibe fort, der Anwalt betrachtet seine sprachlosen Hände.
Der Richter in seinen Körperzellen.

Aus Angst und Entzücken laufen mehrere Kinder vor dem folgenden Satz zur Seite.
Ich liebe diesen Menschen (er/sie/es), der jedesmal wie eine tanzende Flamme auf mich zukommt und mein Gesicht hell erleuchtet, die Zähne strahlend und die Augen mit einem Ausdruck unsagbarer Traurigkeit: Sie stoßen Lichtstrahlen in die Hüften.

Seltsamerweise wehrt sie sich nicht, sondern hängt schlaff in seiner Hand, sie trägt tiefe Trauer, ein Sonnenstrahl fällt auf die Monstranz, die der Priester im Zeichen des Kreuzes hochhebt; der Leib Christi beweint den toten Jakob, wie du und ich.
»Der Tote gehört ins Grab, der Lebende an den Brotlaib.«

Ein dunkles, quecksilberfleckiges Gesicht erscheint und führt eine verschleierte Gestalt, Trauergäste besetzen die leeren Tische im Garten. Von der Witterung zerbeulte Steine, manche wie Handschalen ausgehöhlt, liegen im Weg.
Mein Tod ist kein Menschenleben mehr wert.

Haar mit Netz, das Haar, der Gefangene ihres Kopfes, der sich mehr und mehr zur Erde neigt, erscheint sie am Treppengeländer, einen Kerzenhalter schief in der Hand, das blauseidene Nachthemd klebt am schwarzen Dreieck ihrer Hüften, am Horizont ihrer Brust schießen zwei rote

Warzen Milchsperre, weiße Stahlfäden, die in meinen
Mund fahren, mein Kopf in den Nacken gelegt, die Arme
ihren Körper umfassend, wälzen wir uns am Steinboden,
Sandkörner kleben am Haar und an der Haut, die Kerze
verbrennt dieses gerade erst geschriebene Sprach-
bild: . . . blauseidenes Nachthemd . . . schwarzes Dreieck
ihrer Hüften . . . schießen rote Warzen Milch-
sperre . . . in den Mund fahren . . . Sandkörner kleben am
Haar . . .
Der Tod könnte mich von ihrer Liebe entfesseln. Wie
aber, wenn der Haß mich wieder zum Leben erweckt?

Leise, geheimnisvoll, immer schneller, reißt dem Kind den
sterbenden Vogel aus der Hand und läuft in den Wald
hinaus, zwei Truthähne folgen ihr auf Schritt und Tritt.
Ich habe Angst zu leben, Angst zu sterben, Angst den
Menschen zu einem Tier, das Tier zu seinem Embryo
reduzieren zu wollen, so daß die Angst vor dem Leben,
die Angst vor der Todesfurcht von vorn beginnt.

Das aschfarbene Grün der Stromwellen dreht schlackige
Kurbelbewegungen, der Fluß überspült Steinwerk, zieht
durch die hängenden Büsche, Kotstellen an den gegabel-
ten Zweigbeinen.
Ich werde zum Gewitter, zum Donner hinausgehen,
mich von einem Blitz, der mich mit seinem blauen, von
Todeszuckungen durchfurchten Licht neuerlich zeugen
wird, erschlagen lassen.

Ein aufleuchtendes Männergelächter, das in der Akustik
seiner Stimme erstickt. Der Blitz hypnotisiert den Regen.
Wolken schleusen sich durch die Dunkelheit. Aufgefädelte
Regentropfen ziehen einen kilometerbreiten farblosen

Vorhang ins Dorf, er wallt zu Füßen meines kleinen Bruders, der ein totes Ferkel zum Luftschutzbunker trägt. Zynisch, spitz empfindet er die Regentropfen auf seinen nackten Füßen, denkt an ein Nadelöhr, durch das das Leben des toten Ferkels schlüpft.

Jeder Blitzschlag beschleunigt meinen Herzschlag, verkürzt also mein Leben. Wo ist das Land der ständigen Gewitter?

Mücken im Schnabel fahren mehrere Schwalben durch die Luft, reinigen die Luft von den Insekten. Die kegelförmigen Mäulchen der Jungtiere warten geöffnet und kreischend auf das lebendige Futter, die schwarzen, kleinen Flügel wie zwei Menschenohren abstehend. Den Kopf nach hinten gebeugt, wartet das Kind, bis die Schwalben über seine Stirn hinwegfliegen, zum Nest hin, und die Brut füttern.

Ich bin menschenleer!

Wie ein Rezitator, der Sätze betont, geht er aufreizenden Schrittes über den Dorfplatz zu den vollgefüllten Milchkannen. Milchspuren, ädrig, im Kreis der Zinnkannen. Er tritt mit seinen kniehohen Gummistiefeln, die voller Tierkot sind, auf die Milchadern, sogleich verschwindet das Bild.

Oft öffne ich am Morgen die Augen in dem Glauben, Zucker aus meinen Pupillen streuen zu müssen.

Er schließt die Augen, das Bild an der Wand zeigt den Erzengel Michael, wie er den Bösen tötet, geht mit geschlossenen Augen auf das Bild zu und küßt das Todeswerkzeug.

Tiefsinnig genug, um leichtsinnig zu sterben.

Im blassen Mondlicht konnte er erkennen: es war ein schwimmender Mensch. Schwamm auf der rechten Seite liegend, mit einem Totenhemd bekleidet. Am Ufer der Wiese zieht der Draufluß vorbei, eine lange bewegte Schlange der Nacht, rauschend. Als einmal seine Mutter ein Messer vor ihren Körper hielt, nichtsahnend die Schneide befühlte, lief er schnurstracks auf sie zu, preßte seinen Körper an den ihren, umarmte sie und tötete sich mit ihrer Hand. Halbblind lief er den kurvenreichen Feldweg entlang, trieb den Nebel wie ein Stück Vieh, schnaufte, Speichel tröpfelte von seinen Lippen, befeuchtete das Kinn. Jedesmal suchten die Lippen die weiche Erhöhung über dem Herzen. War es Tag geworden, so sah er, wie aus der linken Brustwarze ihm noch ein Tropfen Blut hervorperlte. Seinen Speichel wischte er in den Hemdsärmel, er sickerte zur Haut durch. Man brachte auch seine Leiche, legte sie aufs Stroh. So lag er nun vor ihm mit nassen Haaren, aus denen Flußwasser troff, geschlossenen Augen, kalt, mit erblaßten Lippen, quecksilberfarbenen, durchsichtigen, nebelbleichen Wangen, der schlanke Wuchs seiner Gestalt war noch im Tode schön anzuschaun. Wo ist jetzt der Ertrunkene aus dem Dorf, der sich im Wasserspiegel kämmte, mit dem Wasser spielte wie mit seinem Geschlecht, die Haare im Spiegelbild des Drauflusses ordnete, die Handflächen auf die Wasseroberfläche legte und leicht zu wippen begann?
Ich stieg ins Boot wie in den eigenen Leib und fuhr zum Lido.

Während er mit der einen Hand die Zigarette anzündet, hebt die andere das Glas, führt die Hand überraschend die Zigarette vor dem Glas zum Mund.
Solange er lebt, wird er keine Ruhe im Grab finden.

Mehrere Viehzüchter gehen zwischen den Viehreihen auf und ab. Versteigerungslisten liegen auf dem Holztisch, kondensierte Milch, Brotkrümel, ranziger Speck, zwischen den Tischbeinen kriechen zwei Bauernkinder, Rinder brüllen.

Meinen Tod durch die Hand eines Menschen nehme ich in Kauf, wenn mir mein Mörder (»mein Mörder«, als ob ich sagen wollte »meine Liebe«) inmitten seines Lebens seinen allerletzten Blick zeigen kann.

Die Bauernkinder legen ihre Hände, klein und nach Brot gierig wie die bettelnden Füße eines Hahns, auf die Schulter des Tisches, Milchspuren an ihrem Mund, schlicht geordnetes Haar, weizengelb und kastanienbraun, ein roter Streifen von einem Kalbstrick verletzter Haut auf dem Oberschenkel des einen Kindes, das sich kniehoch an die Füße seiner Mutter klammert, die mit der Last langsam humpelnd zwei, drei Schritte zum Weizenbrot geht, andächtig wie vor einem Altar stehenbleibt, drei Kreuze in die Unterseite des Brotes schneidet, an der Tür steht der Vater, der blutige Kalbstrick pendelt an seinen Knien, das Kind umarmt den Unterschenkel seiner Mutter, beginnt mit tränenden Augen Brot zu kauen.

Die Angst der Ungeborenen vor den Toten.

Glücklich über ein Stück Zucker, das sein Leben verlängerte, glücklich darüber, die Schmerzen süßen zu können, steht das Kind noch immer am Bein seiner Mutter, seine steinigen Augen bringen im Schoß der Mutter eine Schutthalde in Bewegung. Ich war das Kind, das darauf wartete, von seiner Mutter getötet zu werden, klammerte mich an ihren Schoß, der Steinregen näßte meinen Kopf unter dem Himmel ihrer auseinandergespreizten Schen-

kel, Blut dämmerte, Ostwind kam auf, der den Regen brachte.

Vor ihrem schlagenden Herzen wacht diabolisch lächelnd der Kopf ihres werdenden Kindes und nickt im Rhythmus ihres Herzschlages.

Er atmet vorsichtig und geht dann langsam weiter, kommt zur Weggabelung, sieht sich inmitten des Kreuzes der eingezäunten Wiesen, wo Kühe weiden, Pferde laufen, wo Weidenruten an seinen Kopf schnalzen und langsam auspendeln, wo Maulwurfhügel von Pferdehufen und Rinderklauen gestempelt sind, wo morsche Zäune von rostigen Stacheldrähten gehalten werden.

Nichts ist grausamer als die Schönheit der todesschweißtragenden, ackerdurchfurchten Stirn meines alten Vaters.

Schnell, ohne zu zögern, in der Seele des Kindes findet ein Begräbnis ohne Tote statt, eine Weihwasserträne rinnt über die rechte, gerötete Wange; man hört ein metallisches Geräusch, auf der Federmatratze liegt eine sterbende Schwalbe, ihre Füßchen zucken, das Kind runzelt die Stirn.

Während die eine Hand, noch schreibend, voll Schweiß ist, trocknet die andere aus. Die Augen hechten hin und her wie ein Tormann, der aus Verzweiflung sein Herz aus der Elferecke über das jubelnde Publikum hinausschleudert.

Im Lichtkegel des Scheinwerfers steht die schwarzgekleidete Dorfhebamme.

Mit einem vollen Glas Wein erträumt man sich noch lange kein ertrunkenes Kind, das steif wie der entleibte Gott meiner Kindheit am Abendhimmel steht.

Alle entblößen ihre Häupter.
Statt Selbstmord verüben, einfach ein Kind zeugen, und das eigene Leben ist vorläufig gerettet, wächst weiter, wenn das Kind nicht auch stirbt.

Stimmengewirr, versinkt in Gedanken, macht seine Gebärde, als wollte er aufspringen, starrt dem Bibliothekar mit dem Bücherrücken – Wirbelsäule als Lesezeichen – auf den Hinterkopf.
Wer ist denn jetzt der Diktator der deutschen Literatur? Wem außer mir hängt die Sprache wie eine Sträflingskette zum Mund heraus?

Alle Fenster sind dicht mit Zuschauern besetzt. Bläuliches Lampenlicht. Der Wasserhahn tropft nicht. Keine Fensterscheibe klirrt. Keine Kinder- und Tierschreie. Man sucht nach Dramatik.
Jesus ist in ihr aufgewacht, bringt ihren noch schlafenden Körper in Bewegung. Habe ich es richtig verstanden? Der eine Teil steht am Waschbecken, der andere liegt im Bett.

Mit zunehmender Bitterkeit, geht drohend auf sich selber zu, schreit und faßt sich an die Brust, das Kind kommt und starrt lange in die Flamme der brennenden Kerze, die neben der Schreibmaschine steht.
Zu einer Volksversammlung gehen, um unter der Vielzahl dieser Menschen seine Einsamkeit verstecken zu können.

Holt eine Laterne hervor und blitzt damit in eine Ecke des Heustadels, die eine hockende Mutter herbergt, Schwalben zwitschern, Stroh knistert, sie flicht aus ihrem

Haarzopf einen Knoten und steckt ihn mit einer Haarna-
del fest, leises Weinen, versucht würdevoll ihre Gefühle
zu verbergen; dann ein morgendlicher Hahnenschrei.
Das Datum seines Todestages als Gedicht:
29. September 1976.

Sie drehen sich wilder, in loserem Schwung. Reißt sich los
und eilt hinaus, um der ersten Totenmaske meiner
Kindheit, die in der aufkommenden Dunkelheit ver-
schwindet, zuzuwinken. Apfelgeruch in den Hüften.
Zwischen den gespreizten Beinen zittert im Herzschlag
ein fleischiger Ast. Die hellblauen Jeans liegen wie zu
Kreisen gebogene Wirbelsäulen zu ihren Füßen. Im
erregten Geschlecht funkeln mehrere Samenkörner,
korallenartig bewegen sie sich leise in der Tiefe seines
Schoßes, in das sich ein Kind wie über einen Brunnenrand
beugt, im Wasserspiegel nimmt es einen Todesreflektor
wahr, sein Auge nähert sich den pupillenförmigen Wasser-
ringen, die in meilenweiten Schwankungen die Hüften
einkreisen. Das eine Geschlecht erschauert. Ein aus Felsen
gehauener Samen flieht mit den schwungartigen Flügel-
bewegungen frisch geschlüpfter Schwalben aus seinen
Hüften. Der diebische Mund ertränkt das Wasser. Kri-
stallkörner glitzern in der Hitze. Mädchenzöpfe pendeln
in der Tiefe des Bühnenschoßes. Gliedmaßen junggeblie-
bener Toter bilden den Stiegenaufgang zu seinem Herzen.
Das Wasser wird zum blauen Himmel, der seine Tränen
an das Ufer der Augenpforte spült, Füße baden darin,
Füße aus fleischlichem Marmor, weiß mit dem Rosarot
seiner Zehenlippen. In meinen Kniekehlen hockt der Tod.
Wie heißt du? Und du? *Das Auge seiner Brustwarze*
fixiert mein schlagendes Herz. In meinen Träumen legt er
vorsichtig, geheimnisvoll seine Organe in meinen Brust-

korb nach der Ernte seines Lebens, wie es meine Mutter mit Äpfeln, Birnen, Zwetschgen oder Weintrauben getan haben mag. Die weiße, nach Erdäpfeln riechende Schürze um ihre Hüften gebunden, geht sie, mit Handbewegungen die hungrigen Hühner abwehrend, die hochfliegen, wieder aufsetzen, Hubschraubern gleich, wieder hochfliegen, die Flügel spreizen, in den Obstgarten und hält Ausschau nach reifen Früchten. Ihr Kopf liegt im Nacken. Die Früchte pendeln. Die Sonne schickt seidenweiche, strohgelbe Strahlen, in deren Idylle sich zwei Liebespaare mit dem Gold ihres Spermas übergießen, einbalsamieren lassen. Noch an der Oberfläche ihres Schweißes schwimmend, liegen sie sich in den Armen, Lippe an Lippe, verkettete Finger und Zehen, Brust an Brust, der eine Herzschlag den anderen tötend. Einige frühreife Grafensteiner Äpfel verfaulen. Nebel und Reif waren ihre Mörder. Schleichend nähert sich der Nebel der Erde, in dem die Mutter wandelt, warme Eier in der linken, in der rechten eine tote Schwalbe, die die Kinder, spielend, auf die toten Beine stellen werden. Ihre Händchen machen flügelartige Bewegungen, der Kindermund zwitschert, ihre schon am Vormittag tränenentleerten Augen füllen sich wieder, Tränen stocken neuerlich, lassen ihre Augäpfel schwer werden. Den toten Vogel über die Kalbstrickspuren seines rechten Fußes gelegt, hüpft das Kind über den nägelbeschlagenen Holzboden, ritzt sich an einem Nagel die Haut auf, läßt den toten Vogel die Wunde küssen, hüpft weiter, dreht sich um, beginnt von vorn, die Flügel des Vogels zu spreizen, hüpft weiter den Fußboden entlang, bis die Tür aufgeht, der Vater an der Tür steht, der Türflügel an den Kopf des Kindes stößt, das Kind hintenüber fällt, eine Drehung macht, zusammengekrümmt am Boden liegt und sich in das Leben des toten

Vogels verkriecht. Erdeverkrustete Füße, groß und schwer, stehen dicht vor den Augen des Kindes. Das Maul des Pferdes sieht aus wie das aufgerissene Leder des Schuhs. Felderde rieselt über die Fingerchen. Die Zimmerecke verkleinerte sich in des Vaters Augen immer mehr. Wie oft wünschte ich mir ein hinkendes Huhn sein zu dürfen, das über ein Bündel brennenden Strohs fliegt. War ich gestern nicht das Fohlen, das neugeborene der stöhnenden Pferdemutter? Wie oft sind meine Finger mit der Glasur der Mistgabelschärfe überstrichen worden. Wollte ich das Bündel Stroh sein, das brennt, in den Augen meiner Brüder glitzert? Wie oft wünschte ich der Kalbstrick zu sein, mit dem die Jungtiere von der einen Stallstube in die andere gezogen wurden, der Kalbstrick, mit dem sich acht oder zehn Jahre später Jakob und Robert erhängt haben? Wie oft war ich das Augenglas meines Vaters, mit dem er mir allabendlich erschrocken in meine durchsichtigen Augen starrte? Ich betrauerte einen kaputtgegangenen Stuhl wie den Leichnam meiner Großmutter, mit Vergnügen und Entsetzen. In den Hoftieren und Gegenständen fand ich das Leben, das ich in mir vermißte. Nachts weinte ich stundenlang um meine lebende *Mutter. Ich verbarg das Lachen wie das Weinen im Leinentuch, auf dem sie mich geboren hatte. Den Geruch des Waschmittels stülpte ich zum Geruch ihres Blutes um. Sie war in greifbarer Nähe und sank mit mir in den Schlaf. Gemeinsam weckte uns der tiefe Schlaf aus den Träumen. Ich spürte den zweigleisigen Atem in meiner Brust. Ich empfing meine Mutter, wie mein Vater sie empfangen haben mußte. Hähne stolzierten, gingen in meinem Schlafzimmer umher, krähten. Ihre Schnäbel trieben sich in den allesübertönenden Tierlärm, das Brüllen der Rinder, der Milchkühe, das Wiehern der*

Pferde, Kettenrasseln, in die durch Fleisch und Blut wandernden Pfauenschreie. Die schwarzen Haare meiner Mutter lagen ausgebreitet wie ein Teppich auf dem Kopfpolster, Schweißrand an der Gesichtsmaske. Der eine Fuß des Hahns war mit einem silbernen Ring gekennzeichnet, war in meinen Augen der Bräutigam des Huhns, der auf kreischende Hühnerleiber hüpfte, die gemarterten zu Boden drückte, während ich die Schallmauer der Wasseroberfläche durchbrach, mit den Händen, anstatt mit den Flügeln des Hahns, ruderte. Dahinter stand die Körperwucht eines Pferdes mit den handgreiflichen, mörderischen Gesten des Vaters. Leicht wie eine schwarze Lilie bewegte sich der Kopf meiner Mutter auf dem Polster, als ich ihr beim Schlafen zusah. Sie atmete heftig. Ihr Atem vertrieb den Wind. Ihre Kinder mögen in ihrem Hirn herumspaziert sein, Herbstblätter wirbelten durch die Luft und fielen auf ihre Kopfschwarte. Die Kinder liefen. Lächeln spannte ihre Gesichtsfalten. Liefen sie ihrem Schoß zu? Sie wachte auf und umarmte ihre Brust. Erschrocken sah sie mich an. Ich versuchte Abwesenheit vorzutäuschen. Mechanisch klopfte ich auf ihre Füße, als ob ich nicht weiterdenken könnte. Der Schlaf bröckelte vom Felsen ihrer hart gewordenen Gesichtszüge, dunkles, kaltes Wasser lockerte sie wieder auf. So stand sie vor mir, die Beine gespreizt, sie streckte ihre Arme aus, ließ die Müdigkeit wie Speere aus ihren Fingerspitzen fahren, bückte sich nach mir, hob mich zur glühenden Lampe hoch, machte mit ihren Küssen Kreuzzeichen auf meine Stirn, auf meinen Mund, auf meine Brust, indem sich ihre Lippen spitzten, waagrechte und senkrechte Striche zogen. Quecksilberfarbige Kälte ruht auf der Stirn des schlafenden Vaters. Wieder zogen die Pferde herrenlos die Pflüge über die Äcker seiner Stirn. Winzige Tiere waren in seinen Haaren verkrochen. Sie schliefen mit ihm ein und wachten mit ihm auf. Verrichteten mit ihm die harte Tagarbeit, aßen an seiner Kopfhaut, tranken das Fett seiner Haare, während er einen Brocken rotdurchzogenen Specks in seinem Mund zerstückelte, die Finger mit Brot und Messer spielten. Mistgabeln staken in der Erde vor seinen Füßen. Mistgabeln, das Besteck der Hoftiere, die Heu, gedörrt oder frisch, nahe an seinem Körper verschlangen. Eine Sense in den Boden gedrückt, durchschnitt diagonal die Sonne oder den Mond, Frösche hüpften ihm manchmal auf die Schuhe, eine schnelle Bewegung und der Frosch flog wieder in den Sumpf zurück oder lag tot mit aufgespreiztem Maul vor seinen Füßen. Die Sonne schien auf seinen Leichnam, nachts war es der Mond, zu der Stunde, da die Tiere kamen, Käfer und Mäuse, die seine Bestattung in ihren Leibern vollzogen. Hinter ihm wieherte das schwarze Pferd, wälzte sich im taufrischen Gras, Heuschrecken hüpften von einem Sprung zum anderen, der Vater stand auf, gab den übriggebliebenen Speck seinem Pferd, so zogen sie beide, noch kauend, die Furchen im Acker. Sein Atem ging schnell. Manchmal schwenkte sein Kopf nach rechts, links oder nach hinten, dorthin, wo von weitem eine Milchkuh brüllte. Ein lebensgroßes Heiligenbild verkörperte eine göttliche Gegenwart. Die Betten waren durch ihre Hofarbeit Teil für Teil zusammengetragen, durch seinen Samen zusammengeschweißt worden. Sechs Kinder warteten auf Brot und Milch und Speck und Butter. Vierzig Tiere brüllten in den frühen Morgenstunden. Er ging über die Bretter des Stallbodens. Strohhalme reckten sich aus ihrem Schlaf. Die Tiere waren unruhig vor Hunger. Das kranke Kalb zitterte. Kühe wedelten mit ihren Schwänzen. Hühner *hüpften. Schwalben durchzogen die Stalluft. Zwei menschliche Körper begannen zu arbeiten. Mehrere Hähne stolzierten wie Wärter ohne Peitschen die Rinderreihen auf und ab.*

Jemand, der seinen Samen in die Handschale stößt, die Hand zur Faust macht, um den Samen zu erdrücken, plötzlich wie ein neugeborenes Kind zu schreien beginnt, so daß die Leute zum Fenster hereinstarren und er rechtfertigend sagt. *Zwinkert den Umherstehenden zu:* »Kindermord ist im Samen erstickt worden.«

Er entfernte sich von mir. Mehrere Silbermedaillen seines Samens fielen von seinen Oberschenkeln. Die Knie verbeugten sich. Schlaff, in sich zusammengesunken, stand ein Granitkreuz in der Ecke. Kreuzbeinig übereinandergestellt schimmerten bläulich Haferähren auf dem Hals eines Gefäßes. Er stellte den Krug voll Sodawasser auf den Nachttisch. Sein Lächeln hatte den einschneidenden Klang einer Geigensaite, ein Haar vibrierte zwischen Daumen und Zeigefinger. Der Oberschenkel zuckte. Der leichte Schmerz vom ausgerissenen Haar wanderte wie ein verlorener Sohn die Zehenspitzen hinaus. Schmerzen waren unsere Geschwister, die wir liebten. Unsere Köpfe hoben sich: Ein im Spalt kniendes Licht zwischen den Füßen unserer Mutter. Die Köpfe sanken wieder auf das Pferdehaarkissen. Ein Hoffnungsschimmer Liebe – eine Fata Morgana der Lust. Ein Bataillon von Kindertränen marschierten über seinen Brustkorb. Pappeln schlug draußen der Wind. Die Nacht war seine Leibspeise. Windfinger fuhren durch seine Haare. Da, die Schnecke des Todes in seinen Ohrmuscheln – Tschaikowsky, aus Verwirrung noch immer Papier essend, läßt sein Trommelfell wilder pochen: Der musikalische Splitterregen der Hiroshima-

sinfonie ist wieder da. Wieder stand er auf. Sein Gesäß hatte die Struktur eines leicht geröteten halbierten Apfels, der gespaltene, reifbraune Kerne in sich verbirgt, an der Vorderseite, als er wieder auf mich zukam, schwang sein Geschlecht wie ein Pendel hin und her, erstarrt wie Tote saßen die pflaumenartigen Hoden fest. Die Lichtstreifen seiner Augen erhellten die Gegenstände, leuchteten meine Haut, gleich dem Strahl einer Taschenlampe, aus. Sein Kopf war der Kameramann seiner Augen, die er nach allen vier Himmelsrichtungen drehte. Regen kam dazwischen. Die Sonne schien durch. Geköpfte Sonnenblumen lagen zu Füßen einer Guillotine. Reife Körner tröpfelten aus ihrem Gehäuse wie aus leeren Zahnreihen. Der Tod zwängte sich zwischen Messerschneide und Halswirbel. Zwei Wimpernreihen aus blondem Stahl schützen das Bronzeauge seines Afters. Seine nackten Augen gingen unter den Fichtenwäldern, über denen ein Gewitterhimmel aufzieht, vom einen gegabelten Bein zum anderen, Wolkenbäuche, die übereinander liegen, zogen in der Schnelligkeit des aufkommenden Windes wie Indianerkanus über die Iris seiner Augen. Der Mund wartete geöffnet wie eine Regentonne. Katzen schützten sich, dicht an die Hausmauer geschmiegt, vor dem Regen. Das Stahlstück seines Schoßes würde im heißen Eisen schmelzen. Mehrere Würfel Kristallzucker lagen auf seinen Hüften, drei oder vier, überzogen von der Glasur seines Samens. Sein gebrochener, mit Gips überzogener Finger kämmte meine Schamhaare. Draußen im Feld warteten die eingezäunten, an einen Pfahl gebundenen männlichen und weiblichen Geschlechter der bäuerlichen Dorfjugend auf ihre Befreiung. Wie ein Stahlgewinde drehte sich das Glied des kastanienbraunen Milchburschen in einen Maulwurfhügel unserer Mutter Erde. Drei Pferde grasten

in seiner Nähe, ein viertes wälzte sich auf dem Rücken.
Das Schilf wehte im Sumpf, Frösche öffneten quakend
ihre breiten, grünen Mäuler. Der schwarze Maulwurf,
von den Stoßbewegungen getötet, war ihm mit seinem
kleinen Fell zu einem Flecken seines Leichentuches
geworden, das er Stück für Stück auf Wiesen und Äckern,
im Heustadel und im Stall sammelte und irgendwann
zusammenflicken würde. Die Füße des Maulwurfs sahen
aus wie Babyhände. Der Blick seiner Augen, starr, doch
durchdringend im Tod. Der Sturm wehte ein Krähennest
vom Wipfel einer Fichte. Als Kind umarmte er Vogel-
scheuchen und verliebte sich in tote Tiere, da ihm sein
Vater den elterlichen Tod versprach. Allabendlich läute-
ten Totenvögel mit ihren schrillen Rufen seinen Schlaf ein.
Seine Mutter hielt ihm die Hand bis zu dem Augenblick,
wo er in den Schlaf hinabsank, im Traum aufschrie, die
Hände nach seiner Mutter ausstreckte, die den Kopf über
die tiefe Grube seines Schlafes und seiner Träume
gebeugt, gelassen dem fallenden Kind zusah. Die Wipfel
der Fichten vergrößerten sich immer mehr. Ein nadelbe-
hangener Ast schlug ihm geradewegs auf die Wirbelsäule.
Der Vater knechtete wieder mit den Dreschflegeln seiner
Erdbrockenhände den Leib des Kindes. Pferde wieherten,
Haferkörner tröpfelten von ihren Lippen, ein Pflug
scherte aus, die Mutter schrie Worte der Zärtlichkeit, der
Vater schlug, liebend den Kalbstrick, hassend das Kind.
Einmal nahm es das Küchenmesser und rannte es dem
Weizenbrot in den Laib. Gierig betrachtete es den
Einschnitt, zog langsam das Messer aus dem gebackenen
Weizenmörtel, die Wunde schloß sich, kein bäuerliches
Blut floß daraus, lediglich Weizenkörner waren zerteilt
worden. Entmutigt kroch das Kind wieder für zwei, drei
Stunden in die äußerste Ecke der Sitzbank, hündisch

starrte es zur Tür hinaus oder spielte mit seinen Zehen und Fingerchen. Es küßte das Holz der Sitzbank, befühlte die Harztränen wie klebenden Samen an seinen Lippen. Die leeren, auf das Feld hinauszeigenden Fensterscheiben waren ihm Spiegelbild seines Gesichtes. Blut tränte aus seinen Augen. Die kleinen Fingerchen wollten den Hahn grüßen, seine väterliche Haut anfassen, den Hahn, der das Kind doch lieber haben mußte als sein leiblicher Vater, der gerade mit zwei Pferden einen Acker entlangzog. In seinen Kniekehlen ging allmorgendlich im weißen Leinen die Sonne auf. Das Kind streichelte seine Haut, machte den eigenen Körper zu einem unsterblichen Lebewesen dieser Natur. Die Magd betätschelte mit ihren krummen Fingern seinen Kopf, verächtlich. Ganz anders, fast mit erotischer Inbrunst, streichelte sie die Tiere im Stall, das Kalb, das Pferd, die Milchkühe. Starb ein Tier, hockte sie nächtelang im Herrgottswinkel, blätterte in kleinen, schwarzen Büchern, hantierte mit Ketten, die voller Knorpel waren. Sie war auf einem Auge blind, auf beiden Ohren taub. Sie hörte die Tiere in ihrer Seele schreien. Brüllten sie vor Hunger, legte sie Speck und Brot zur Seite, fütterte die Tiere mit grünem Gras oder gedörrtem Heu oder einsiliertem Kukuruz, gab ihnen Wasser zum Trinken, wie die Hunde Lazarus die Wunden, leckten die Kälber minutenlang ihre Hände. Seit sie ihren Fuß gebrochen hat, hinkt sie. Stolz gingen die Milchkühe die Feldwege entlang zum Anger, hinterher stolperte die Magd, die Flanken der Kühe leicht betätschelnd liebkoste sie mit einer Haselnußrute ihre Leiber. Die Milchkühe schnauften. Weißen Atem mit fast unsichtbaren Blutfäden stießen sie aus ihren Nasenlöchern. Die kotbehangenen Schwänze pendelten hin und her. Eilig vorwärtsgetrieben, arbeiteten sich die Kühe nickend *durch den Nebel. Die eingezäunten Felder strichen deutlich den Feldweg heraus. Mit ihren übergroßen, bis zur Halbkugel entblößten Augen lagen sie im Kleefeld, an den rostigen Stacheldrähten der Zäune ritzten sie ihre braunfleckigen Häute auf. Die Magd schloß die Türgatter des Angers, schaute noch auf die Weide, zählte die Tiere, drehte sich wieder dem Dorf zu, vorbei am Friedhof, der Kirche, den feindlichen Nachbarn ging sie in den Stall zurück und atmete das zurückgebliebene Schnaufen der Tiere ein. Sie füllte die Futtertröge, dem Pferd Hafer, den Kühen gedörrtes Heu, den Schweinen zerstampfte, noch heiße Erdäpfel, den Hühnern Türkenkörner, den Hausratten süßes Gift, den Kindern steckte sie öfter Schokoladestücke oder mit Zorn gefüllte Bonbons in die Hosentaschen. Speichelfäden der Hoftiere verbanden ihre Lippen mit ihren Brüsten, die gefühlloser aussahen als die Euter der Milchkühe, hängend und dürr, Strohhalme zwischen den beiden gedörrten Äpfeln, runzelig, mit der jugendlichen Frische des wartenden Todes. Ihr Bauch war blättrig, Falten von Buchseiten, die Hufschwärze der Pferde punktierte ihn. An der Unterseite war ihr Schoß in zwei behaarte Teile geteilt. Sonntags klebte ein Brustbild ihrer Mutter auf ihrem semmelförmigen Nabel. Mit gespreizten Beinen saß sie in der hölzernen Badewanne, mit den Händen keusch ihre Augen verdeckend, die ihre Brüste nicht wahrnehmen wollten. Das lauwarme Wasser, in dem sich schon zwei Kinder gebadet hatten, stand ihr bis zum Nabel, lauwarmes Blut dampfte in ihrem Körper, Terpentinseife verdunkelte das Wasser, Strohhalme schwammen umher, von den Füßen löste sich der Schweiß sechstagelanger Arbeit. Nachdem sie einmal aufgestanden war, nach einer Bürste mit Schweinsborsten gesucht hatte, sank ihr Schoß ins Wasser wie Jakobs Sarg in den Schoß der weinenden* Mutter Erde *gesunken sein mag, in das eigens für seine sterbliche Hülle ausgefaßte Erdloch am Kameringer Friedhof, so ruhte ihr Schoß im dunklen Wasser. Strohhalme klebten an ihren Brüsten, das schüttere Haar stand ihr kraus im Gesicht. Wieder schrie der Hahn, und das Kind blutete, und die Ferkel grunzten leise unter starkem Glühbirnenlicht, das Badewasser schwappte, eine Kornmaschine trennte den Weizen oder den Roggen von den Ähren, auf dem Misthaufen lagen Hühnerköpfe mit den gefährlichen Augen des Vaters, es roch nach heißen Erdäpfeln, Ratten krabbelten wie die Kleinkinder auf dem Holzboden und suchten nach Dreck und Futter, Pferde schlugen aus, Mauer bröckelte ab, Schwalben töteten Mücken, Schwalben nährten die Vogelgeburt, Spatzen saßen nach Futter spähend auf den Pflaumenbäumen, Katzen krochen zwischen dem Werkzeug, Gabeln, Sensen, Schaufeln, und die Magd saß im nackten Badewasser, und das Kind schrie und küßte sein Blut, und die Mutter schlug den Brei des Abendessens, und der Vater warf den ausgedienten Kalbstrick in die Stallecke, an den Pflugscheren klebten Erdbrocken wie an den Händen des Kindes Blut. So geht allabendlich die Sonne mit dem Bauernhof unter. Langsam sterben die Tiere aus. Von Tag zu Tag werden Maschinen morscher, die Hände der Bauersleute schwerer, gebückt, das Kreuz ihrer Leiden auf dem Rücken tragend, schlagen sie morgens Brücken zwischen Haus, Stall und Feld. Mit einem groben Leinentuch trocknete die Magd ihren nassen Leib. Dampfsäulen stiegen aus ihrer Haut. Sie suchte nach ihren Kleidern. Stallgeruch an jedem Stück. Gähnende Schuhe warteten auf ihre Füße, altes, zähes Leder.*

Das Angesicht der Mutter verrät die Tat, wenn ihre Hand

mit einer Hacke kommunizierend über den Kopf des wütenden Huhns hochgeht. Wollte sie ihren zukünftigen Tod aus dem Körper des Huhns schlagen?

Schneefransen zieren seine Schamhaare. Trauer trägt der eisige Mund, die Lippen aufgebrochen, eiszapfenblau, Nebelschaum in den Hüften, die sich leicht bewegen, immer stärker arbeiten, hin und her wiegen, wie eine abgegangene Lawine zu Tal fahren, seine Arschbacken, ein Schneeblock, in dessen Astloch mein Glied Spuren im Tiefschnee seiner Hüften zieht. Mit verschneitem Hänge-busen trägt die Mutter die schweren Milchkannen zur Sammelstelle, wo Katzen die übergegangene Milch vom Asphaltboden lecken, Hunde um die Wette laufen, wo das eine Bauernkind die Fingerspitzen in die Milchlache tupft und an den Mund führt, immer wieder. Auf einer Fensterbank sitzend spielt ein Kind Harmonika, hinter den Eisblumen der Glasscheiben. Der Knecht geht am Fenster vorbei, bleibt stehen, horcht, der Wind treibt auf den Fichtenwipfeln das bekannte Spiel, die Fichtenzapfen pendeln hin und her wie die blonden Hoden des Bauern-jungen, der das strohblonde Mädchen ins Heu drückt. Hähne laufen vorbei. Pferde stampfen an der Stalltür, der angekettete Hund winselt und bellt abwechselnd, der Junge wiehert, seine schweißigen Haare fallen ihm ins Gesicht, zwei Lippen saugen an ihrem Fleisch, ihre Augen küssen seine Lippen, die mehr und mehr anschwellen, die Hähne applaudieren mit ihren Krallen ins Fleisch der Hühner, Blut perlt im Heu und auf dem Stallboden, das Kind rezitiert weiter auf der Harmonika, der Knecht steht steif, die Wipfel der Fichten schwanken wie die Hüften des Mädchens, ein Vaporetto, der auf dem Wipfel einer Fichte in den Nadelwald sticht, der Junge rudert

mit seinen Erdklumpenhänden, wo zwischen den Fingerflossen frische Roterde die Hand färbt, die Sensenwunde
auf dem Knie droht aufzubrechen, sagenhafte Leere
nehmen seine Augenblicke an, eine Milchkuh brüllt, vom
Heuboden rieselt der Staub des Gottes meiner Kindheit,
der in eine Phiole gefaßt auf dem Nachttisch stehend
seinen vorläufigen Tod proklamiert. Die blonden Haare
des Jungen sind mit einer Heuhaube bedeckt, Schwalben
nisten darin, in ihrem Tränenfluß steifen seine gefrorenen
Füße, der Himmel vom Blut seiner Knieverletzung
besprengt, seine Hüften stürmen weiter im Grab ihrer
Hüften, in der Mitte ihrer weißen Schultern ziert ein
schneebedeckter Grat die Wirbelsäule, ihr Mund schreit
Worte der Bauernsprache, ihr Kopf schlägt hin und her,
wie eine Stute ausschlägt, die gebrandmarkt wird. Ihr
Stöhnen läßt die Tiere im Stall verstummen. Zwei
Rebhühner fliegen aus seinen Augen. Ihre tote Mutter ist
in ihrem Herzen wieder aufgeweckt worden. Das Stöhnen verstärkt sich zu einem Geschrei aus Trauer und Lust.
Sie umarmt den starken Oberkörper des Jungen, drückt
ihn mit verbindender Festigkeit an die Grabhügel ihrer
Brust. Heufedern verketten sich in ihren Schamhaaren
und im Achselgewächs. Mit ihrer Faust schlägt sie aufs
Heu, der Handballen sinkt weich ein, rastet, bis er
auffährt und neuerlich das Licht über der Bauernwelt
zerschlägt. Das Pferd frißt Hafer. Das Kind spielt Harmonika. Da! Ein Mißton. Der Bauer taucht aus der
Erdscholle seines Ackers und liebkost den Pflug. Mit
zerschnittenen Lippen lächelt er diabolisch das Kind an.
Der Kalbstrick bäumt sich in seiner Hand auf. Wie ein
steifes Glied hält er ihn zwischen den Fingern und winkt
das Kind herbei. Mit der einen Hand das Pferd strei-
chelnd, schlägt er mit der anderen das Kind. Die eine

Hand weiß genau, was die andere tut. Erdschollen rollen
über den Kopf des Kindes. Auf seine Gehirnerschütterung
setzten sich mehrere violette Engel, die seinen Kopf
beschützen wollten. Flügelschlagend liefen mehrere Hüh-
ner über den Hoferdeboden. Die Magd füttert den
zahmen Raben. Türkenkörner füllten ihre Schoßschürze
aus, gelbe Zähne des Großvaters, der mit leerem Mund in
der Bauernstube auf seinen Tod wartet. Das schwarze
und das braune Pferd werden seinen Leichnam zum
bäuerlichen Friedhof ziehen. Menschenmenge. Tiere hin-
terdrein: die Milchkühe, Hähne, Ferkel, Kälber, Ochsen,
Stiere, zum Schluß: eine lange Schlange von Ratten.
Schwalben werden über seinen offenen Sarg ziehen,
Mücken werden über ihm tanzen, die gezüchteten Bienen
werden mit ihrem süßen Honig seine Lippen benetzen,
Totenvögel bringen das Glockengeläute zum Verstum-
men, die Fichten seines Waldes werden wie fallende
Krieger schwanken, die Maulwürfe seiner Äcker werden
blind in den Sumpf fallen, die Frösche Blasen machen, der
Priester wird die Füße des Gekreuzigten küssen. Der
blonde Junge und das Mädchen zelebrieren weiter ihre
Leiber. Die Totenstimme eines Embryos rührt sich, aus
den Hüften des Jungen blättern in schneller Reihenfolge
blutbeschmierte Hostien. Auf ihre Schulterblätter und
Wirbelsäule gekreuzigt, schreit er nach seiner Mutter. Gib
mir Essig und Galle. *Die Grabhügel ihrer Brüste würden*
sich öffnen, und mit verwundeten Händen und Füßen die
Mutter heraussteigen. Er zerrte an ihren Brüsten, die
schwammig geworden nach Essig rochen. Der Junge
berauschte sich am Savannenduft ihrer Hüften. Kamele
knieten vor seinem steifen Geschlecht nieder. Totenvögel
durchkreuzen die Lüfte, Fischreiher, Schwalben. Spatzen
sitzen auf den rostigen Stacheldrähten und trippeln von

einem Mast zum anderen. Eine Nebelkrähe steht auf der Spitze seines Gliedes, krallt sich am Eichelkopf fest, eine Wasserfontäne schießt sie in den blauen Himmel. Mit den Krallen einer Seidenpuppe, zärtlich, preßt das Mädchen seine Arschbacken stärker an ihre Hüften. Die Spitze seines Gliedes schlug an der heiligsten Stelle ihres Schoßes an. Das Mädchen raste eine kilometerlange Straße mit gelben, unterbrochenen Trennstrichen entlang. Der Junge spülte mit seinem Samen ihren Schoß aus. Die Hüften gurgelten. Das Goldbraun seiner Weizenährenhände fischte im löchrigen Himmel ihrer Augen. An seinen Füßen klammerten sich ihre Hände fest. Die aneinandergepreßten Hüften trennen sie von einem einsamen Tod. Erschöpft schlafen beide, der Junge seinen Kopf in ihrem feuchten Schoß, das Mädchen am Polster seiner Arschbacken. Das Harmonikaspiel wechselt die Rhythmen. Die Füße des Kindes pendeln über dem Fensterbrett. Fliegen punktieren die Scheiben. Katzen lecken aus der Milchschüssel.

Als auf einer leeren Puppenhülle ein frisch ausgeschlüpfter Schmetterlingfuß tanzte, wollte ich zweigestaltig aus mir heraustreten.

Eifrig, zeigt nach rechts, wo der Nebel gewichen ist, lauscht.
Anorganisches Stilleben.

Er streckt langsam die Hände aus, den Kopf beugt er dabei nach hinten, bis beide Hände eine Spanne von seiner Brust entfernt sind; Handflächen nach unten, zwei sich schneidende Ebenen, die Finger wollen sich spreizen, Fingerflossen dehnen sich und schrumpfen wieder zur Gesichtshaut einer alten Frau zusammen.

Für ihn, dem das Sterben reine Lebenslust ist!

Interkontinentale Sender werden aufgestellt, um Botschaft zu empfangen.
Menschen! Menschen versammelt euch, erschafft eine neue Erde aus euerem Fleisch! – Ob sich dieser Fleischball, wie die Erde, wird drehen können?

Ein Flugzeug schießt auf großen, schwerfälligen Bussardflügeln unsicher durch die Luft, dreht sich, stößt Warnrufe aus.
Draußen auf dem Meer treibt ein Schiff in sein eigenes Leben hinaus, sofern es nicht zurückkommt und die Insassen wie ein Schwarm auseinanderstiebender Fische sich verlieren.

Einen Schritt zurückweichend, wie aus Furcht, daß der Vogel gleich niederstößt.
Ihr stummes Herz spricht selbst im Fieber kein wirres Zeug.

Er schreitet über die Schwelle. Rostiger Stacheldraht ringelt sich am Boden immer wieder ein und aus. Stacheln tragen die spitzen Zähne des Gifts. Von Kinderfüßen zertretene Schlangeneierschalen liegen umher. Lange starren zwei Kinderaugen auf die toten Schlangenbabys, ein Katzenschrei, noch einer. Seine Hände fahren durchs Kopfhaar, fünfgleisig.
Mit einem in den Tod galoppierenden Zugpferd werde ich den Gott meiner Kindheit einholen, vor dessen Aufbäumen er sein Gesicht wird schützen müssen, wie sich die Menschen vor der Sonne schützen.

Sie reibt ein Streichholz in seinen Augen an und will die Zigarette anzünden; in Melancholie versunken. Beschriebenes Papier liegt gebändigt zu seinen Füßen. Der Wind öffnet und schließt das morsche Fenster, öffnet und schließt. Ihre Stirn zeigt Müdigkeit, die Augen bewegen sich langsam und träge. Wieder leuchten seine Augen auf, ihr Blick nimmt die Dumpfheit verglühender Kohlen an. Das Gesicht an manchen Stellen aschefarbig, jetzt schreckt sie ihre Haut mit eiskaltem Wasser ab, von den Fingern pendeln die Tropfen. Geballte Dunkelheit verkörpert die Nacht. Auf dem Holzboden glitzert der Silberstreif des Speichels eines Kindes. Ein leerer Stuhl steht vor dem Fensterbrett, im Auge ihrer Seele sieht sie das Kind sterben: Blond liegt es im tapezierten Sarg, ihre eisgekühlten Tränen frieren seinen Leichnam ein, weiße Stirn und dunkelblaue Lippen, wie ein Schoßhündchen hält sie die sterblichen Überreste auf ihren Hüften, legt es wieder in die Wiege, schaukelt und weint mit kindlicher Stimme. An der Spitze einer Nadel hängt ein Blutstropfen. Die Müdigkeit stiehlt ihr das Lächeln. Mit dem linken, unwillkürlich ausschlagenden Fuß stößt sie eine leere Coladose um. Das blecherne Geräusch löst das Bild auf.
Das weiße Blech, wo die Fische wie Karfiol aufgereiht zum Verkauf angeboten werden, hat an seinen vier Ecken einen rohrförmigen Abfluß, als ob das Leben mehrerer halbtoter Fische, die sich noch wie Wünschelruten auf dem Blech biegen, gerade hier ausfließen müsse. Blutunterlaufenes Wasser sickert schwerfällig in die unten aufgestellten Kannen. Jemand wollte ein zusammengeknülltes Papier, das eine Wurstsemmel verpackt hielt, in eine der Kannen werfen, schreckte vor dem roten Wasser zurück, nahm das Papier wie ein Heiligtum in seinen Jeans in Verwahrung und beschleunigte seine Schritte.

Unzählige feine Schauer gehen über seine nackte Stirn.
Nebel verschleiert seine Figur. Das Fruchtfleisch der
Eisblumen kristallisiert seinen Tod. Die Magd füttert den
zahmen Raben, Weizenkörner fallen aus ihrem Schoß.
Hufabdrücke von Pferden am Rand des Bühnenbodens.
Blondes Licht in seinen Augen. Lauwarmer Samen zeich-
net eine astrale Milchstraße in ihrem Leib. Die Füße voll
mit Roterde, gezweigt, Erdäpfelgeruch in ihren Hüften,
Pfauenfederaugen schlagen unter der Stirn das stolze
Rad, die Finger, gespreizt, wie dürre Federn, weiß und
durchsichtig, ihr Strohhaar trägt den Heiligenschein eines
zur Mittagsstunde schimmernden Weizenfeldes, ädrige
Kohlrabikugeln auf ihrer Brust, an deren Spitzen zwei
biegsame, rostige Nägel, ihre Ohren, die Sanftheit einer
nach Milch leckenden Kalbszunge, stählerne Augenlider
automatisieren die Augenblicke ihrer Begierden, Stahl-
fransen an den Augenwinkeln – zerstückelte Tränen –, ihr
Körper bügelt das Stroh zu einem gelben Gebärtuch für
die schwangere Milchkuh, ihre Füße an den nägelbeschla-
genen Holzboden gepflockt, stolz tragen die kleinen
Zehen Holzsplitter vom Heuboden, Hofgeschehen zieht
auf einem Stahlband vor ihren Augen vorbei: haferfres-
sendes Pferd, pendelnde Schwanzbewegungen des ange-
ketteten Hundes, Hähne, die auf Hühnerleibern federn,
Sensenecke voll frischem Gras, dampfender Kot auf dem
Misthaufen, spitze Steine auf dem Hofboden, auf denen
sich ein fallendes Kind die Stirn wundstößt, das im
Blickwinkel ihrer Augen immer wieder zu Boden gezogen
wird, aufsteht, fällt, aufsteht, aus der Waschschüssel voll
Schweinsblut steigt lauwarmer Rauch auf, das Schwein
mit schweren Nägeln an den vier Füßen an ein kreuzför-
miges Holzgestell gepflockt, Immergrün in seinem Maul,
kugelrunde Wunde, hellblau, an seiner Stirn, mit blut-

befleckter, weißer Schürze eilt der Bauer über den Hof, verschwindet im Haus, taucht wieder auf, silbriges, vom Regen gebleichtes Haar steht schütter an seinem Kopf, die Greifer seiner Hände ziehen mit der Spitze eines Messers einen schnurgeraden Strich an der Bauchseite des Schweins, geteilte Zitzen, er weicht nach hinten, steif stehen die Hände vom Körper, die Augen starren auf die kommenden, überquellenden Eingeweide, unverändert bleiben die Gesichtszüge des Schweins, schwarze Schwalben verzieren die Luft, ziehen versponnene, kilometerlange Stromdrähte, die Luft glüht, unruhig drängen sich die übriggebliebenen Schweine an die abbröckelnde Mauer, leergefressener Futtertrog. Die Wangen der Magd brennen. Wie ein Düsenjäger mit Zeitlupengeschwindigkeit sticht sein bluterfülltes Geschlecht in ihren Mund. Ihre feuchten Hände kleben wie grünädrige Blätter an seinen Arschbacken. Erdäpfelgeruch strömt aus dem Bronzeauge seines Afters. Mit ihrem Speichel spinnt sie die Hoden des Bauernjungen ein wie Larven – das sich im Wirbelsturm aufblätternde Leichentuch des Lazarus, aus dem der Leib des Bauernjungen zurück in den Schoß seiner Mutter fällt. Die Magd vergräbt sich unter seinen Arschbacken. Sie vermutet in den Höckern seiner Wirbelsäule ihre Totenknochen, die sie im Karner seines jungen, in ihrem Schoß quicklebendigen Leibes aufbewahren will. Ihre Flanken vibrieren. Der Junge läßt seinen Haß in ihren Schoß fahren. Wie eine aufs Gesicht gefallene Statue liegt er auf ihrer Brust. Dunkelbraune Haare glitzern im Schweiß auf der Unterseite seines Oberschenkels. Die Kniekehle birgt eine Schale lauwarmen Wassers. Geruch vom frischgepflügten Acker an seinen Schuhsohlen. Schweiß perlt in den Rinnen der dicken Sohlenhaut. Über seine Wirbelsäule holpert der Schweiß wie Wasser über die

*Steine eines Gebirgsbaches, Regenbogenforellen schwim-
men darin. Wind atmet in seiner Nase. Das Herz pocht
wieder im Trommelfell. Seine Hände zittern wie vom
Wind geschlagene Birkenblätter. Dürres Heu sonnt sich in
seiner Brust. Er hat einen puppenhaften, ausgestopften
Leib hinterlassen. Strohmann, der auf einem Erdäpfel-
haufen liegt. Er bringt die Spitze ins Rollen, Erdäpfel
kollern über den Hof, ein Kalb reißt sich los und setzt
ihnen nach. Der Hund winselt und leckt an der Kette. Die
Mutter streichelt ihre geschwollenen Füße, stellt dann die
Futterkrippe der Kinder auf die Beine, Holzlöffel, die in
den finsteren Mund ziehen, gierig gabeln die Händchen
nach dem Besteck und verlieren sich in der Hülle und
Fülle heißer Erdäpfel, die auf dem Tisch stehen. Erdäpfelgeruch steigt in den Herrgottswinkel, zum alten Radio, in
die Schalen, die in der Kredenz Parade stehen. Der Herd
glüht, eine Feuerzunge lispelt manchmal aus der kleinen
Luftöffnung der Herdplatte, wo die Kinder gefangene
Fliegen verdorren lassen, wo die Kinder weißes Holz
bräunen, wo die Kinder verbrannte Händchen zurückziehen, wo der Mutterschoß gewärmt wird, wo der
Erdäpfelgeruch verdampft, dort fühlt das Kind Wärme,
wie sie oft im Mutterschoß nicht zu finden ist. Vorbei an
den Kindern hetzt die Mutter zu den brüllenden Tieren,
die Kinder weinen, recken die Hände nach ihren Brüsten,
wollen ihre Gesichter ganz in ihrem Augapfel gefangen
halten, umarmen den Schoß, streicheln die schwerbelade-
nen Füße, putzen ihre Fußsohlen, lecken ihre Wunden
gesund, zöpfen mit ihrem dichten schwarzen Haar einen
Strick, der die Form einer maßgeschneiderten Hals-
schlinge hat. In ihren dichten Haaren weinen sie wie in
einem Wald, der ihre Tränen unsichtbar macht, aus ihrem
Haar stehlen sie vereinzelte Läuse und schmücken die*

ihren damit. An ihrem Mund begraben sie ihr Herz. An ihrem Rücken pochen sie und betteln wie an der Himmelspforte um Einlaß. Violette Engel hocken in der Kinderzimmerecke, die sie mit Katzen, Ratten und Küken teilen.

Von einigen Froschschreien aufgeschreckt, laufen jetzt drei, vier Dorfkinder den Hüften ihrer Mütter zu.

Dreht sich um, die Hand an der gekühlten Stirn, gibt ihr ein Zeichen, spürt, daß sie schwach wird, zu Boden sinkt.

Als sie das Blut von der Stirn einer aufgeschlagenen Wunde wischte, glaubte ich plötzlich, daß sie ihr ganzes Gesicht verloren haben wollte.

Eine Frau schaukelt auf einer über den Bauernhof gespannten Nabelschnur und zählt dabei, stößt einen schrillen Pfiff aus, ein Clownkindchen wackelt daher, schaut nach oben und spricht unverständliche Worte mit seiner Fistelstimme.

Ein Mensch, der schweigen kann, sobald man ihm drohend auf den Mund schaut.

Faßt schnell ein irres Haar und flicht es in ihren Zopf.

In Schönheit sterben, schien ihr die einzige Möglichkeit, den Tod bis zum letzten Atemzug zu erwidern.

Lächelt geziert, während es um den schreienden Hahn dunkel wird, konzentriert sich das Licht aufs weinende Kind.

Ein Mann führte den Mund zu dem seiner Frau, die an ihre Kinder denkend auswich.

Sie runzelt die Brauen und neigt den Kopf, schließt die

Hände zum Gebet, murmelt, ihr Atem geht schneller, der Widerschein des Ewigen Lichts fällt auf ihre Stirn.
Die Auferstehung wird hier in Venedig selbst an den früchtetragenden Verkaufsständen gefeiert, wo die Verkäufer Orangen und Bananen aus knisternden Leichentüchern wickeln und drohend den vorbeigehenden Leuten anbieten.

Lächeln, in dem einen Auge. Im anderen Auge dreht sich auf der Pupille der Haß bis zu einem schwarzen Punkt.
Die Kirche von San Marco ruht in ihren Hüften. Schwarzgekleidete Mönche beten ihr Geschlecht an.

Wind wirbelt die Feldwege entlang, die Staubschwaden verkriechen sich in den Nüstern der Milchkühe. Die Mutter, für ihren toten Sohn dicht verschleiert vom aufkommenden Nebel, das Gesicht zur Erde gewandt. Kälber trotten, nickende Köpfe. Der Wind treibt die Wellen des Weizenfeldes an die Stacheldrahtzäune, manche Ähren bleiben hängen. Die Mutter wiederholt immer wieder die letzten Worte des Mechanikerlehrlings, streicht mit ihrer linken Hand durchs Haar, befühlt ihre Brust und blickt auf ihre ausschreitenden Beine.
Warum richtet sich der Blick, wenn ich einen toten Menschen ansehe, zuerst auf die Augen? Suche ich wirklich immer jemanden, der mir ähnlich sieht?

Wendet sich an die Menge, betrachtet sich kokett im Spiegel einer mannsgroßen Scheibe, der Kopf eines Kindes taucht auf und starrt ihm in die Augen.
Der Gondoliere ruft zum Kampf auf und sticht mir in die Fahrkarte.

Ein Kruzifix wird in einem Rollstuhl hergefahren, dann ein Pfauenschrei, Zischen von Weihwassertränen, die Erntedankkrone macht sich selbständig und tanzt im Kreis um die beiden Totenhäuser.

Es hallt in meiner Brust, als ob Mönche durch die fleischbesetzten Bankgeripper der Kathedrale zum Kruzifix, andächtig und selbsterhaben, schritten.

Sie drückt ihre Stirn an den Nabel des Gehenkten, zieht sie wieder zurück, grüßt seine hängenden Hände, küßt die dicken Fingerspitzen. Seine Fingernägel sind verrostet, tiefbraun, von blutroten Fäden durchzogen. Erdbeerfarben seine heraushängende Zunge, weiße Punkte darauf. Tiefrote Lippen schminken seinen Tod. Sein Haar weht, stellt sich auf, fällt wieder zur Seite herab, zigeunerhaft zieht es vom einen Schädelteil zum anderen, fällt über das Ohr, entblößt es wieder. Verschlossen in den Jeans baumelt das Geschlecht an seinen Hüften. Sie klammert sich an seine Füße, Erde tröpfelt auf ihren Kopf. Die Stille seiner Augen, seiner Finger, seiner Brust verschlägt dem Wind den Atem. Birkenblätter säuseln, stramm wie Soldaten stehen die Bäume in einer Reihe aufgefädelt und halten Totenwache. Erde an den Rändern von vier Hosenröhren.

Und die Mutter ißt jetzt Friedhofserde.

Er plädiert auf nicht schuldig, trägt eine vollerblühte Eisblume in seinen Augen und fängt eine lange, unverständliche Rede an.

Aus katholischer Überzeugung für jeden Herzschlag ein Sündenopfer bringen, die leblosen Freunde Jesus unters Kreuz legen und ihm die Füße küssen.

Sie hebt ihren weizengelben rechten Arm auf seine Brust, knapp über dem Herzen streckt sie die Finger aus.
Einmal wich ich einem sterbenden Tier im Hof aus, lief zur Toilette, entblößte meinen Unterkörper und beweinte mein Geschlecht.

Mit Begierde, mit Widerstreben.
Die Regenergüsse des Himmels aus geschlechtsreifen Wolken.

Milch fließt ihr aus der Brust, ein Augenblick fragenden Schweigens.
In unserer Humanität erkennen wir Menschen uns selbst nicht mehr als Tiere.

Knackt ungeduldig mit den Fingern.
Argument eines Mörders: Morden, zur Wiederbelebung des eigenen Fleisches.

Er schwenkt ein geschossenes Rehkitz. Sein Kopf folgt.
Wie könnte ich, ohne an meinen Tod zu denken, Tierfleisch essen?

Er blickt aufs Wasser.
Ist *das* meine Seele? Violettfarbene Nacht mit den *leiblichen Körpern* von Leuchtkäfern, die meinen Herzschlag punktieren.

Sie errötet und macht einen Knix.
Die pulsierenden Schrecksekunden in meinem Blut.

Beide grüßen mit wilder Freundlichkeit.

Das Weiß in meinen Augen! Feiert das Licht Hochzeit?

Während sich ein Kind im feuchten Stroh wälzt, bricht die Musik ab. Er kehrt langsam ins Schlafzimmer zurück, wo noch im weißen Leinen die Haut ihrer Träume schwebt. Hahnenschreie zerreißen die Stille, das Winseln des angeketteten Hundes wird hörbar. Die Luft riecht nach frischem Heu. Sonne brennt auf die nackten Schultern der Mägde. Die Füßchen des harmonikaspielenden Kindes schlagen mit den Fersen leicht an die Mauer, Mörtel bröckelt ab. Ein Spielflugzeug lenkt seine müden Augen zum fichtengrünen Wald hinauf. Seine Augen sind ein Rehkitz, das von Baum zu Baum, von Fichte zu Fichte eilt und im Dickicht verschwindet, so kehren seine Augen wieder ins Innere zurück und tasten seine Seele ab. Ein Schwarm verlorengegangener Fische findet sich auf der Pupille seines Auges wieder, konzentriert sich auf einen Punkt. Wie Goldbarren schimmert das gebündelte Stroh zur Mittagsstunde an der Heustadeltür. Pferdehufe klopfen in den Asphalt, wie der Specht in den Fichtenstamm schlägt. Die humpelnde Magd geht vorbei. Die Finger des Kindes trippeln über die Knöpfe der Harmonika. In seinen Achseln weidet eine Kalbsherde der Angst, mit der Mistgabel oder mit dem Kalbstrick wird der Vater heute, morgen oder übermorgen nach ihm schlagen. Aus Angst vor den Schmerzen wird sein Glied steif, es bricht das Harmonikaspiel ab, läuft in den nahen Wald und wälzt sich bis zur Erschöpfung im nassen Moos. Dürre Blätter kleben an seiner Haut, kühle Waldluft trocknet seine von Kreuzen des Dorfpriesters, von Magd und Mutter gekennzeichnete Stirn. Die Brüste der Mutter waren steif, voll Eiswürfel, über den Milchhorizont zog sich eine dünne Eisschicht, als der Vater mit seinen schweren

Händen über die Augäpfel ihrer Brust fuhr. Verletzt schloß das Kind die Lider. Die blaue, erdbehangene Arbeitshose flatterte bei jeder Hüftbewegung, Hähne stolzierten vorbei, Ratten krochen in die nägelbeschlagenen Schuhe, seine Finger tasteten ihre vor Lust sich drehende Wirbelsäule ab, umfingen blättrig die Erdknollen ihrer Arschbacken, die sich bei jeder Ekstase aufbäumten, er katapultierte seine Seele in ihre Hüften, sein Mund blutete, und seine blauen Augen schäumten. Schwalben zogen über ihre Köpfe, Stromdrähte surrten. Die Stacheldrähte der eingezäunten Äcker bluteten, an der Straßenecke drehte der Herr der genagelten Knochen seinen dornengekreuzigten Kopf in alle vier Himmelsrichtungen, ihre Hüften schlossen sich, kniehoch standen die Kinder oder kraulten zu ihren Füßen, wieder fühlte sie eine grüne Fichte in ihren Schoß dringen, Rehkitze trippelten vorbei, Holzfäller schlugen am Stamm, eine Nachtigall setzte sich auf ihren Oberschenkel, als die Fantasie des Kindes abrupt abbrach, raketenförmig schoß ihm der Samen aus den Hüften, überrascht tastete er wie ein Blinder um sich, getrocknete Fichtennadeln rieselten von den Baumwipfeln, es sank tiefer ins feuchte Moos, hielt sich an einem Baumstamm fest. Taubenflügelschläge über den zackigen Baumkronen der Fichten. Der Totenkopf eines Samens, lächelnd, schwänzelte wie eine Kaulquappe seinen Schenkel hinunter, an dessen Fußende Ameisen warteten, während die Mutter auf der Holzbank der Küche sitzend einen Schoß voll Erdäpfel enthäutete, heiße Erdäpfel, die sie über den Handboden tanzen ließ und in die Waschschüssel warf. Humpelnd vor Müdigkeit ging das Kind den Waldweg hinunter, vorbei an Himmbeerstauden und Haselnußsträuchern. An der Schwelle des Hofeinganges wartete der Kalbstrick, pen-

delte auf die Knöchel des Vaters. Der angekettete Hund schrie. Der sterbende Großvater reckte seinen Kopf über das Leinentuch zum Fenster hinaus, in seinen Augen glitzerte der Kalbstrick auf der gebräunten Haut des Kindes, als ob man dem Kind seinen Tod aus dem Körper schlagen könnte. Sein Kopf war ins Silberkleid seiner Haare eingehüllt, Weizenähren hinter den Ohren. Sein Lächeln kam aus hohlen Augen, seine sensenschneidedünnen Lippen trugen das Blut des haferfressenden Lieblingspferdes. Die Stirn wölbte sich wie ein Grabhügel, der mit Kornblumen geschmückt ist. An seinen blonden Augenbrauen reiften die letzten Ähren des Weizenfeldes. Aus den Augen schimmerte die Unantastbarkeit des Todes. Sterbend schlug die Zunge im Rachen um sich. Er schloß die Hände zur Faust, als wollte er die Bauernerde erwürgen. Sein rechter Fuß pendelte über die Bettkante aus dem weißen Laken: Er hat nicht mehr sehen können, wie das Kind geschlagen wurde. Die Mutter schlug die heißen Erdäpfel zu Brei. Milchkühe zerrten an ihren Ketten, Kälber nagten an den Stricken, die Hälse und Futterkrippen verbanden. Der Vater ließ das Kind um Schläge betteln: kniend, Hände und Füße gefaltet, den Blick zu seinen himmelblauen Augen erhoben, seine Füße küssend. Er, der das Kind wieder wie ein Stück Vieh schlagen wollte, hob es in die Höhe, verschränkte seine Arme um den Leib des Kindes – Will er mich erwürgen? – und küßte lange mit seinem bleiernen Mund die glühenden Lippen des Kindes. Wie ein Tränensieb wurde das Kind in einem glücklichen Weinkrampf geschüttelt, zitterte und hielt sich am Hals. Der kleine Kindermund bebte an seiner hohen Stirn, die finstere Kohle in sich verbarg. Der Großvater war gestorben. In derselben Nacht ging im Schoß meiner Mutter der Mond auf, sein

Samen hinterließ ein Sternenfeld, das von entzückten Kinderaugen visiert wurde, mein jüngster Bruder war gezeugt, der Hausälteste, der Großvater, starb im Weizenfeld, im weißen, nebeligen Laken seines Feldes, wo das Pferd wieherte, wo die Kälber weideten, wo scheue Rehkitze über Stock und Stein liefen. In Wirklichkeit starb er im Bett, in dem mein Vater gezeugt worden ist, unter einem mannsgroßen Heiligenbild fuhr er in die Hölle oder in den Himmel. Er starb und mit ihm das Pferd, der Hof, die Weizenfelder und alles, was sterblich ist. Zugläuten kündigte seinen Tod an. Bauern liefen aus den Heustadeln, ihre Hüte festhaltend. Rinder wetzten. Priester und Ministranten verkleideten sich. Die Maschinen erstarrten. Petroleum und Kerzenlicht ersetzten die Strombeleuchtung. Hofgesinde, Mägde und Knechte, ließen die Arbeit aus den Händen fallen. Hunde rissen sich von Kette und Lederriemen los. Türen wurden leise und andächtig zugestoßen. Junge Kälber pflanzten sich an den Eutern der Milchkühe fest. Inbrünstig fraß das herrenlose Pferd grünen Hafer. In eine Ecke verkrochen ließ sich das Kind vom Lachen seiner Trauerlust schütteln. Der Vater erledigte Formalitäten, Tränen verwischten Füllfederschriften. Akte wurden auf- und zugeschlagen. Geräusche von Papier. Seelenruhig lag die Großmutter auf der anderen, lebenden Seite des Ehebettes und starrte zum Fenster hinaus, ihrem eigenen Tod entgegen. Die großen Fensterscheiben ließen die Landschaft zu einem Aquarium werden, in dem sich Menschen und Tiere zwischen leicht sich bewegenden Sträuchern tummelten – ein Kind stieß mit offenem Mund an die Fensterscheibe, die Landschaft, gelb bis braun gebacken, stöhnte, der Körper des Kindes, bislang in Schwebe gehalten, fuhr nach hinten – und Geräusche in den nahen Auen und Wäldern

*erstickten. Für ein paar Tage sprach der Tod das Dorf
wieder heilig. Kalbfleisch, Hühner- und Schaffleisch
kamen auf den Tisch. Kinder rührten die fetten Suppen
und fanden an ihren Oberflächen die schwimmenden
Augen des Toten. Dekorierte Trauergäste standen einander im Wege. Schwarze, spitze, zynische Schuhe verschlossen das Fleischwerk ihrer Füße. Umnachtete Augen,
schwarze Eheringe verbundener Trauer kreisten in Lichtgeschwindigkeit um ihre Augäpfel. Die Haare, stroh-
blond, braunerdefarben, kohlrabenschwarz, spatzengrau,
nebelige Spinnennetze, nach Moder duftende Locken,
saßen auf ihren Köpfen fest und klammerten sich an die
Haut. Verschlossene Brüste aus schwarzer Seide, brauner-
denem Leinen hüllten reife Äpfel in Zwillingssäcke.
Kinder lernten das Weinen auf Abruf. In den Winkeln der
Augen saß das süße Harz. Starb jemand, begannen sie zu
lecken. Der Zuckerlutscher verkleinerte sich, Speichelfäden umspannen ihn. Der Tod schlug alle Dorfseelen
weich, der Balg wechselte seine Farbe, aus braun wird
schwarz, das goldschimmernde Weizenfeld erstrahlt jetzt
im bronzefarbenen Nebel. Der Tod riß die Arbeitsbewe-
gungen aus ihrer Angel. Zeremonisierte Gebärden und
Minenspiele ersetzten den Arbeitsrhythmus. Betrunkene
lagen in den Wegen. Weihrauchgeruch über dem Friedhof, verlorene Türkenkörner weisen den Weg zum frischen Grab. Zur Zeit der Trauer des Vaters konnte das
Kind ohne die Furcht vor Schlägen leben. Ohne Schläge,
zwei, drei Wochen lang! Also wartete das Kind auf den
Tod seiner Großmutter, seines Bruders, seiner Schwester,
des Vaters . . .*

Mitten im Sturz von einer Fichte möchte ich Halt
machen, meinen Kopf zum Spiegel drehen, denn ich bin
schön, wenn ich stürze.

Zu sich selbst, fährt sich dabei zärtlich durchs Haar.
Bei jedem Wort, das ich sage, glaube ich, daß sich die
Sprache vor meinen Füßen krümmt und in der selbst-
süchtigen Beschreibung eines Todeskampfes immer wieder zitternd auflebt.

Menschenähnliche Gesichter drängen nach hinten.
Da! Ein grüner, herzerfrischend fallender Baum im
Birkenwald.

Milde, gütig, tadelnd steigt der Kopf wie eine den
Frühnebel schmelzende Sonne aus ihren Hüften. Kleine
blaue Hände der Dämmerung zittern. Sie hört und sieht
die ersten Schreie, Gesten und Grimassen. Warme Kuh-
milch in einer Phiole auf dem Nachttisch. Geballte Fäuste
halten das linke und rechte Ende des groben Leinentu-
ches. Geöffnet starrt ihr Mund ins Leere. Eine in den
Schmerz ausweichende Lust vergrößert ihre Augen. Die
Farbe der Dämmerung glasiert die Haut des Neugebore-
nen, das auf dem Bauch meiner Mutter liegt. Ihre Augen
glänzen jetzt vor Freude und Schmerzen, wirr steht ihr
das Haar, pechschwarz, zu Gesicht. Der weiche Nebel
produziert stillende Schwermut. Schemenhaft erkennt
man in der Bühnentiefe eine trottende Rinderherde,
Hühner hüpfen zwischen den Beinen umher. Peitschen-
hiebe zucken wie neugeborene Blitze an den braun-weiß-
fleckigen Flanken der Rinder. Das Auge meiner Sprache
kehrt in das Gebärzimmer meiner Mutter zurück und
beweint ihre Lust und ihre Schmerzen.
Das Meer ist Frischfleisch für den Gott meiner Kindheit.

Scheu, hinter den gespreizten Fingern.
Wasserselbstmorde würden zunehmen, wenn die Fische

wie die Menschen Warmblüter wären ... und jetzt zieh
einem x-beliebigen Kind die Totenschuhe meiner Mutter
über die Füßchen.

*Vertraulich, dreht sich schnell zu den Zuhörern hin, hebt
segnend die Hand, stellt sich auf die Zehenspitzen und
hält Ausschau nach dem geschändeten Kind.*
Banalität muß als Lebenshilfe verstanden werden.
Ich habe keine Angst vor dem Leben, weil mir der Tod
gewiß ist.

*Hals und Kopf nach vorn gereckt, dem offenen, schwer
mit den Händen blutiger Unschuld beladenen Tabernakel
entgegen. Wundmale drohen wieder aufzubrechen. Mit
seinem Glied durchstößt das in einen Ministrantenmantel,
rot mit vergoldeten Schnallen, gehüllte Kind die seidenweiche Jungfernschaft einer Hostie. Das Blut Christi
graviert tiefe, dicke religiöse Metaphern in seinen Schoß.
Das Blut eines Hingerichteten zirkuliert in seinen Adern.
Wild wütet das Kind in den modrigen Kleidern der
Statue. Sein Kopf hält Totenwache am hölzernen
Geschlecht Christi. Die blonden, langen Haare des Kindes werden zum Schweißtuch der leblosen Hüften. Der
Haß unzähliger Generationen ballt sich in seinen Händen, die den kronentragenden Kopf des Gekreuzigten
erfassen und das Kruzifix zum Schwanken bringen, aber
immer wieder ist es das Kind selbst, das zu Boden fällt,
den Kopf auf die marmorharten Fliesen schlägt. Die
Flamme einer langen Kerze wirbelt nach einer zornigen
Handbewegung des Priesters über den Steinboden. Das
Kind spreizt seine Hände im Aufstehen auf den Boden,
die Beine halb angezogen, den Kopf zum Gekreuzigten
gerichtet, der Dorfpriester hilft ihm auf. Und jetzt heißt*

es wieder, die Füße des Gekreuzigten küssen, einmal, zweimal, dreimal im Zeichen des Kreuzes, und wissen, daß der Schweiß des Gottes meiner Kindheit mein eigener ist. Angst lodert in seiner Brust auf. Der Priester macht eine Kehrtwendung, ohne den Kopf mitzudrehen. Das Kind blickt scheu vor sich hin, spielt mit seinen gottlob lebendigen Fingern und verkriecht sich in der Gebärde des Betens. Den Kopf auf die Brust gesenkt, wie jemand, der am Schafott kniet, tröpfeln im Rosenkranzreigen fürbittende Worte von seinen Lippen. Der Priester hält seine kreuzzeichnende Hand in Schwebe über seinem entblößten Hals, Nackenwirbel stehen hervor wie von einem Zahnrad, das aus Angst immer schneller wird. Die Statuen verhalten sich ruhig. Vor Wut außer sich stößt der Priester immer wieder Weihrauch aus seinen Nüstern. Weihwasser kreist seine Augen ein und benebelt seine Sicht, er zerrt das Kind in den Beichtstuhl, besprengt es mit schlangenartig zischendem Weihwasser, hält ihm ein handgroßes Kruzifix vor Augen, das die Augenbrauen des Kindes verstärkt, die Nase verlängert und schwarz zeichnet. Aus seinem Mund hängen die Fußenden des Gekreuzigten: Der Gott meiner Kindheit nimmt im Gesicht des Sünders, der ich war, Gestalt an. Mit einem Schwall bezaubernder Formeln fuhr der Priester fort. Der Beichtstuhl war plötzlich lebendig geworden. Die an den Holzwänden hängenden Heiligenbilder bekamen Gesicht. In den Händen des betenden Kindes verkrochen sich die gefallenen Tränen, ins Dickicht der aneinandergeklammerten Finger: Ich habe gelogen, ich habe gestohlen, ich habe Vater und Mutter nicht geehrt, ich habe Tiere getötet und gequält, ich habe den Namen Gottes verunehrt . . . Und was noch? Was noch? Die Augen des Kindes waren eisig geworden und starrten dem Priester ins Gesicht. *Er lähmte die Augen, den Körper und die Seele des Kindes im Namen Gottes. Kopf und Körper stocksteif, nur die Hände zitterten wie das hohe Alter eines Greises, das Heiligenbild wirbelte von seinen Fingern zu Boden, der Priester riß den violetten Vorhang zur Seite, stürzte aus dem Käfig, faßte das kniende Kind am Oberkörper und hob es auf seinen Schoß. Schaum quoll aus dem halb geöffneten Mund des Kindes. Seine Lippen hatten die Färbung von Blei. Die Augen weiß, die Hände pendelten links und rechts vom priesterlichen Körper. Der Priester nützte die Bewußtlosigkeit des Kindes aus, rief die Heiligen an und begann ein dramatisches Selbstgespräch, untermalt mit lateinischen Gebetsformeln. Zwischendurch küßte er den Schaum des Kindes am gespaltenen Mund. Zwei betende Lippen, die wieder zu zittern begannen, zusammenklebten, auseinandergingen, stießen bewußtlose Wörter aus dem Mund. Mutter. Nichts als Mutter, Mutter, Mutter. Der Priester streichelte mit seiner Hand Gottes die feuchte Stirn des Kindes. Die sich drehenden Augen kehrten das Weiß wieder nach innen, die Pupillen nach außen. Der Körper des Kindes war ermüdet und hing wie ein gekreuzigter Jüngling am Priester, der sich seiner Schuld wie eine in den Himmel hochfahrende Seele enthob, indem er betete und streichelte, streichelte und betete, den Gott meiner Kindheit und die violetten Engel anrief, schließlich die Dorfglocke zur Mittagsstunde zum Läuten brachte, Hähne erschreckte, Bauern, Knechte und Mägde von ihrer bückenden Arbeit kerzengerade aufstellte, Milchkühe und Pferde unruhig werden ließ, die Großmutter aus ihren Todesträumen weckte und die Regenbogenforellen im Dorfbach wie die Kugeln eines Flipperautomaten zuckend von Stein zu Stein schnellen ließ. Das Dorf war* von Friedhof, Kirchenglocken und dem herrschaftlich am Golgathahügel stehenden Pfarrhof eingezäunt. Die Bauern begannen ihre Arbeit mit Hahnenschrei und Morgenglocken. Ein silbergrauer Mann ging mit priesterlichen Gebärden kontrollierend die frisch asphaltierte Dorfstraße hinunter, links und rechts schauend, das seelische und körperliche Kreuz der Bauern, zuerst der Bauern, dann der Bäuerinnen, der Knechte, Mägde und Kinder segnend. Rote Ministranten liefen ihm zu und bestärkten seine göttliche Einsamkeit, rangen um seine Gunst, bekriegten einander, flochten ihre Händchen in seinen Heiligenschein. Der Dorfälteste und der Dorfjüngste waren dem Tod gleichermaßen nahe, und dort, wo der Tod ist, geht der Priester aus und ein. Unantastbar lassen ihn Weihrauch und Weihwasser im kugelsicheren Glas seiner Aura über die Dorfstraße gehen. Unangreifbar wie der Embryo im Leib meiner Mutter, der sich zur Todesstunde eines Hoftieres verstärkt zu regen beginnt – vor Schmerzen sucht meine Mutter nach dem heilbringenden Segen und den schmerzstillenden Mitteln des Priesters. Immer trägt er ein oder mehrere kleine Kruzifixe in den Hosentaschen, wie Tanten Bonbons in ihren Schürzen tragen, denen bettelnde Kinder hoffnungsvolle Hände hinhalten, der Priester gestikuliert über hundert Braunerdestirnen. Er geht mit dem Kruzifix voran, wie ein wieherndes Pferd einen heubeladenen Wagen den Hohlweg hinunterzieht. Der Balg eines Kalbes, scheckig, in der Mitte ein weißer, breiter Streifen, wo die Wirbelsäule das Tier aufrecht hält, verkörpert die aufs Kruzifix gespannte Seele der Dorfmenschen. Blutflecken, Flecken der Unreinheit und unzählige verwundete Tage, an denen Gott nicht angerufen worden ist, zeichnen jedes Leben. Der Priester, dornengekrönter Häuptling des Dorfes, schreitet mit peitschenartig an seinen Hüften pendelndem Kruzifix die Reihen ab. Der wunde Finger Gottes zeigt manchmal auf das eine oder andere Menschenleben. Die gläubige Dienerin des Priesters trottet hinterdrein, bonbonverlierend, Kinder schwänzeln hinter ihr her. Frische Brotlaibe werden geschlachtet, wenn der Priester mit seinem Dreimanngefolge, Pfarrdienerin und Ministranten, Einzug in einem Hof hält, wo ein Kind geboren wird, wo Bauer, Bäuerin, Knecht oder Magd im Sterben liegen. Am Haustor empfangen ihn eine brennende Kerze und ein Kind, das die Kerze in seinen zittrigen Händen hält, aber die brennende Kerze ist es, die ihn empfängt, der rotzüngelnde Docht, nicht das Kind, das scheu hinter der Kerze steht. Ratten hocken andächtig in den Ecken, Hoftiere brüllen Ruhe, Ruhe aus ihren Leibern. Der Priester schlägt nickend über der Flamme das Zeichen des Kreuzes. Die Flamme zittert. Die Augen des Kindes schnellen hin und her, imitieren das Flackern des Lichts. Der Priester, eine Schneckenspur des Weihrauchs hinter sich herziehend, geht den Flur entlang, die sechzehnstufige Stiege hoch, klopft an die mutmaßliche Sterbezimmertür, erschrickt vor der Kälte der Türschnalle und steht schließlich vor einem tiefatmholenden Menschen, der die Hände nach der priesterlichen Ankunft seiner Gottheit ausstreckt. Die kleinen Hände des Ministranten verjagen Fliegen vom lebenden Totenkopf. Der Priester legt seinen Schal, violett, mit verschiedenen religiösen Zeichen benäht, auf die Hände des Sterbenden, salbt dessen Stirn und läßt mit einer ätzenden Flut Weihrauch das Gesicht in einer erlösenden Totenmaske erstarren. Die Seele muß inzwischen entwichen sein. Der Ministrant kniet, während der Priester routinierte Tränen der Trauer aus seinen Augen wischt. Die Bäuerin öffnet das Fenster, Fichten-

nadelgeruch zieht herein. Noch hat der Tote in Verehrung seines Absterbens mehrere Lebende um sich: den Priester, den Bauer, die Bäuerin, den Ministranten, Ratten in den äußersten Winkeln des Zimmers, und eine Anzahl wirr in der Luft des Zimmers auf- und abtauchende Fliegen. Mit dem Öffnen des Fensters sprengt die Bäuerin das Kruzifix der glotzenden Scheiben. Das Zimmer scheint zu gähnen, die Leiden der Dorfbewohner sickern mit einem Male herein. Taub und weinerlich die Köpfe der lebenden Zimmerinsassen. Brotkrümel auf dem Tisch. Eine offene Schublade, vollgefüllt mit Socken und Hemden des Toten, bedroht die Lebenden. Der Spiegel setzt die reflektierenden Gestalten ab, er will blank sein, kein Gesicht mehr an seiner Oberfläche abzeichnen; Vampire stehen vor Spiegeln unsichtbar. Wie wäre es, wenn man seine Totenmaske an den Eingang eines Bauerntheaters hängen würde? Habt Ehrfurcht, ihr Bauernkinder, vor den geschwollenen und abgearbeiteten Händen des Alters und der Weisheit der Wasserköpfe, die mit Mistgabel und Sense auf ein mit blondem Stroh tapeziertes Totenbett – links und rechts liegen Hahnenköpfe, obschon tot noch immer schreiend – zeigen. Erschreckt nicht vor meiner Sprache; erschreckt jedoch vor meiner noch immer blutenden Seele und meinen inzwischen verheilten Wunden an Füßen und Händen, vor den Striemen des Kalbstrickes und den winzigen Einstichen der Mistgabel, erschreckt vor den Narben, die in meinem Herzen und in meiner Sprache weiterschwären. Das Leben dort spielte sich in den Körperzellen mehrerer Gefängnisse ab, die von Kalbstrick und blutenden Hahnenköpfen bewacht waren. Der Kalbstrick nahm die ihm gemäße Gestalt an, als er einem Doppelselbstmord diente. Die Doppelzüngigkeit mehrerer Dorfbauern wollte den beiden Toten ein christ-

liches Begräbnis verweigern. Der Kalbstrick bäumte sich auf, steif wie ein blutgefülltes Geschlecht schlug er auf die Nacken der Spötter und Selbstmörderbeschimpfer. An den Pfahl ihres Geschlechtes gelehnt, weinten die Bauern Tränen ihrer eigenen von Priesterhand gesegneten Leiden. Kinder wurden krank, aber keines starb. Wie schüchterne Füchse umkrochen sie den Heustadel des Pfarrhofes, wo die beiden, wie ihre Mütter zu sagen pflegten, ein neues Leben begannen. Sie dankten Gott. Ihre Köpfe drehten sich in Richtung Herrgottswinkel, automatisch, wenn sie Küche oder Bauernstube betraten. Ihre Hände höhlten sich zu einem Geflechtkorb von Gebeten aus, die nachts von Arbeitslast und Leiden des hellichten Tages gefüllt wurden. Die bretterbeschlagene Wand des Heustadels bedeutete für die Mutter des Gehenkten das Ende der Welt. Blaue und weiße Weintrauben rankten sich an der Unglückswand empor, kaum saftiger als die Trauben aus den Augen der Mütter. Den Kopf gesenkt, die Hände haltend, als wollte sie ein neugeborenes Kind umarmen, geht sie den Weg, der sie in die Kinderstube zurückführt. Jedesmal, wenn ich im Dorf auftauche, beginnt sie zu weinen, weil sie in mir ihren toten Sohn vermutet. Mond und Sonne gehen für sie nicht mehr in dieser Welt, sondern im Grab ihres Sohnes auf und unter. Sie öffnet den ledigen Kleiderschrank, betrachtet Hemdskragen und Hemdsärmel, denkt an den Hals und an die pendelnden Hände des Jungen, betrachtet Socken und Unterwäsche, denkt an die Füße und an das Geschlecht des Jungen und läßt ihren Blick schließlich an einem Holzsplitter des Kastens verkümmern, lehnt sich an die Tür, droht umzufallen, stolpert zum Bett hin und läßt sich ins Leinen ihres toten Kindes fallen. Frische Blumen, geschnitten von Mutterhand, stehen am Nachttisch,

Kornblumen, die man einem Erkrankten neben ein Glas
Milch hinstellt. Das leere Zimmer verkörpert ihn jetzt.
Die Nägel des Fußbodens, an denen sich seine Beine
verletzten, die Hand, die den Lichtschalter drückte, und
wo waren die Augen, die mittags die weizengelb schim-
mernde Landschaft einfaßten? Die Augen, die an einem
Krähennest hängenblieben, die zitternd, wellenartig an
der Oberfläche des reifenden Weizenfeldes entlangzogen?
Diese empfindlichen Augen, deren Blick sich am rostigen
Stacheldraht, hinter dem Kälber weideten, verletzen
konnten! Auf ihren Oberschenkeln suchte sie nach seinen
kleinen, pendelnden Füßen. Im Bett sitzend, die Füße
auseinandergespreizt, mit Türkenkolben zu ihren Zehen,
befühlte sie spielerisch die Schamlippen seines toten Mun-
des. Ihr steifer Finger senkte sich bis zum Ansatz der
Handfläche in ihr Geschlecht. Mit der anderen Hand
befühlte sie ihre steif werdende Brust. Ihr Mund öffnet
und schließt sich wie an der Glasinnenfläche eines Aqua-
riums das Maul eines Fisches.
Morgens, wenn die Mutter meine Hand ergriff und
meinen kindlichen Leib aus dem weißen Leinen hob,
glaubte ich noch die Galle der Nacht an ihr hängen zu
sehen, erschrak und rollte mich weinend ins Bett zurück.

13.30 Uhr. In einer Pension am Lido nach längerer
Zimmersuche angekommen; ein Kind zieht inzwischen
entschlossen einen Stacheldraht quer über die Bühne,
braune Kälberhaare hängen büschelweise dran.
Kälte im Raum, Hitze in der Stirnhöhle. Ein vielsagender
Blick in die wässrigen Augen des Hausinhabers. *Voller*
Güte, spontan, herzlich. »Wer fischt mein Blut auf, wenn
ich ertrinken sollte?«

Er säubert die Augenwinkel, Lidflügelschlag, das Feld flog mit, ein Haufen störrischer Tiere, Sonnenstrahlen arbeiten sich durch den Nebel.
Am Meeresstrand. 13.45 Uhr. Erotischer Todeskampf der Meereswellen, ein Fuß steht auf einer wasser- und sandgefüllten Muschel.

Im Ton eines militärischen Befehls.
Ich werde in der Nacht aufstehen und stillschweigend, auf leisen Sohlen, die Welt verlassen.

Gesichtsparalyse einer Statue, Heiligenschein kreist um ihren Kopf. Zwei barock eingerahmte Spiegel sehen einander an.
Ich denke so sehr an sie, daß ich dabei todmüde geworden bin.

Katzengeschmeidig schleichen die Nachtstunden über den Hof. Das kettenrasselnde Hundegebell verhüllt sich im Dunkeln. Mehrere Schatten winden sich an der Stalltüre: Kind und Vater. Schemenhaft kann man die Umrisse des Kirschbaumes sehen, an dem eine gespaltene Kirsche hängt. Die Umrisse seines Bettes haben das zerbrochene Mißgeschick eines ihrer Hand entfallenen Kruges. Sie durchsucht, -wühlt, um die eingetrockneten Stellen seiner Ergüsse zu finden, das ganze nach Weihrauch und Myrrhe, nach Totenkleid und frischen Haaren riechende Bettzeug. Aus elender Wut über seinen Selbstmord erstickt sie die Dunkelheit und und zieht lichterloh brennende Strohpuppen aus ihrem Schoß. Über den Köpfen der Vogelscheuchen schweigt ein Block rabenschwarzer Nacht. Die Brüste der Puppen tragen kandierte Kirschen. Grüne Kirschbaumblätter schützen ihre Augen

*vor der Dunkelheit, vor einer schwarzen Sonne. Sie setzt
sich jetzt auf das Bett, greift mit ihren Händen an die
Stirn, zieht das Band einer weißen Mullbinde mit eingetrockneten Blutflecken ihres Sohnes um ihren Kopf, den
Hals, ist Mumie und Nonne, läßt das weiße Band
weiterkreisen, über ihre Brüste, aus denen er als Kind
Milchfäden gesponnen hat. Als sich ihre Brustwarzen zu
härten beginnen, schreckt sie das Brüllen einer Milchkuh
auf. Sie entkleidet sich wieder. Tod und Askese hat ihr der
Sohn zurückgelassen. Wie eine weiße Schlangenhaut, zu
einem Kreis geschlungen, liegt die Mullbinde zu ihren
nackten Füßen. Ihr Oberkörper ist halb vorgebeugt, die
Hände liegen erschöpft auf den Oberschenkeln, sie horcht
auf die Geräusche im Stall.*
Wie alt ist der Leberfleck auf ihrem Kinn? Älter als sie
selber?

Im Ton tragischer Rezitative.
Schau, schau, schau ... eine 70jährige Frau, in deren
Kopf die Augen eines Kindes mit dem Tod spielen.

*In Disharmonie singen mehrere Ungeborene aus vollem
Hals, ein roter Schein fällt grell auf die Bühne.*
Seit sie über das Alter des Gebärens hinaus ist, trägt sie
Vakuum in ihrem Schoß.

*Mit durchdringendem Adlerblick hackt das tote Kind ihre
Seele auf. Die wasserdichten Stellen in ihren Augen
beginnen zu tränen. Ihre Kindheit wird zum Greis, der
auf seinen Tod wartet. Mit gekreuzten Armen, bauchred-
nerischer Embryosprache lallt sie vor sich hin und umarmt
sich. Sie versucht immer wieder, sich zu verkörpern, zu
verdoppeln, um die tödliche Einsamkeit weit draußen auf*

dem Strand galoppierender Pferde zu überwinden. Auf dem Rücken ihres über Stock und Stein hopsenden Kindes, ihre Mittelfinger ziehen seine Mundwinkel clownhaft auseinander, treibt sie es mit den Sporen ihrer Zehennägel vorwärts. Autos flitzen an seinen Augen vorbei, das eine oder andere – blau, weiß oder rot, Volkswagen, Citroën oder Mercedes –, bleibt in seinen Augenwinkeln stecken; Automechaniker gestern, heute das Privileg des Todes am Leib herumtragend. Sie sitzt auf dem Rücken eines Pferdes, weiß, braun oder schwarz, wirft Kopf und Oberkörper nach hinten, hält akrobatisch mit einer Hand die Zügel seiner Lippen, reitet über den feuchten Grabhügel ihres Kindes hinweg, über die Friedhofsmauer, es stellt sich vor einem Kruzifix auf die Hinterbeine, tänzelt unter den Peitschen ihrer Zunge, schwarzdekorierte, trauertragende Händchen und Hände applaudieren. Eine Stimme aus Kristall schreit die ersten und letzten Worte eines Ertrinkenden aus Heinrich Kleists Zerbrochenen Krug. Die eine Mutter, deren Kind vor ein paar Jahren ertrunken ist, beglückwünscht die andere Mutter, deren Kind einem Kalbstrick den Todeskuß abforderte. Noch immer galoppiert das Leitpferd. Die Herde folgt ihm. Unzählige Hufspuren skizzieren die Schmerzen ihrer Gesichtshaut. Aus Verwirrung frißt sie Hafer statt der gerösteten Erdäpfel. Ihre Haare hängen im Schacht des Hafertroges und schreien um Hilfe. Die Seele ihres Kindes turnt sich an den Strähnen hoch. In seine eisgekühlte Stirn ritzt sie mit einer Sprechnadel gängige Worte der Liebe. Mit der Geschmeidigkeit einer Wildkatze kriecht sein Samen die Leiter der Harnröhre hoch und wartet begierig am Eichelkopf auf einen ihrer Lustschreie. Ihr Körper wippt wie der zuckende Kopf eines Hahns, die Hoden pendeln und schlagen ans

Bronzeauge ihres Afters, so pendeln die Kinnlappen des Hahns, der in ihren Exkrementen nach der entwichenen Seele Jakobs scharrte. Türkenkörner liegen verstreut im Bettzeug, grobes Leinen, an dem sich die Füßchen der Kinder wundreiben. Verlorenen Blickes krampfen sich ihre Hände um die Zügel, ihr Kopf richtet sich auf, die Sporen seines Gliedes in ihren Schoß gedrückt, die Schenkel drücken die Flanken, der Schweif ihres Roßhaares wedelt im Wind, die Seele schwarz, mit einem weißen Spiegel auf der Stirn, flieht sie einem Orgasmus entgegen. Der Mund entblößt die Zähne, Schweißtropfen klirren auf seiner Stirn, der Junge bäumt sich über ihrem Körper auf, zwei-, drei-, viermal, bis seine schweren Hüften aus ihrem Schoß fallen. Ihre Augen sehen begierig ins Leere wie eine zerbrochene Fensterscheibe, die ihre Brust frei atmen läßt. Die Schritte seiner Augenblicke, die ihren erschöpften Körper ablaufen, verlangsamen sich immer mehr, stehen still, die Augen starren zur Decke. Ostwind läßt die Augenlider erzittern. Ein Finger liebkoste einen Bettspieß. Ein Kind verletzte sich an ihm, schrie auf und befreite mit der zitternden anderen Hand das Holzstück von seinen Leiden. Das Gesicht auf ihren geöffneten Schoß gedrückt – ihre Körpersäfte hatten den Geruch des verwesenden Leibes Jakobs –, weinte ich regengußschwere Tränen, streichelte ihre Flanken wie die erröteten Wangen eines Kindes, steigerte das Weinen zu kindlichen Schreien, rief einen Toten in ihrem Leib an, erschütterte durch den Lautschwall ihre Organe, bis das Echo zurückkam und meine bebenden Lungenflügel zähmte. Mein Puls galoppierte dem Herzen entgegen wie ein fliehendes Pferd. Ich legte meine beiden Hände über ihr Geschlecht, betete und spürte den Gott meiner Kindheit in mir aufatmen, erhob mich von ihrem Leib, knöpfte das Hemd

zu, streifte den weißen Pullover über, zog den Reißver-
schluß der Jeans hoch, schlüpfte in die leeren Ärmel
meines Lederrockes wie in die Haut eines Toten und
watete mit bloßen Füßen im knietiefen Schnee, lief, lief
der brennenden Kälte davon, weinte wieder und begann
in einem Heustadel mit den steifen Zehen eines Toten zu
spielen. Das Mädchen wartete mit gegrätschten Beinen,
die müden Hände pendelten über die linke und rechte
Seite des Bettes, auf meine Wiederkunft. Wolkenbarren
schoben sich wie langsam fahrende Autos aneinander
vorbei. Mit steifen Jeans stand ich an der geöffneten Tür,
nach hinten stolpernd, stieß ich sie ins Schloß.
Noch immer sieht das Kind, wie die von Vaterhand
getöteten Fische, ihre Flossen sehen aus wie Schwerter,
gegen die Strömung des Flusses kämpfen.

Mit Stolz, fast mit Pathos.
Seit ihr Kind tot ist, hüllt sie mit schwarzfarbener
Unterwäsche ihren Schoß in Trauer.

Allgemeine Aufregung und Mitleid, der drohende Arm
des Vaters verschwindet ruckartig in der Kulisse.
Wieder eine schlaflose Nacht, die mir bevorsteht. Als ob
in meinem Blut Hölzer trieben wie in einem Fjord.
Kannibalische Holzfäller lächeln mir zu mit ihren unbe-
stimmten Gesichtern, die von Menschenfleisch angeschwollen und tiefrot sind.

Beine grätschend und schließend, von Zeit zu Zeit
leuchtet etwas Lüsternes in ihren Augen auf, das aber
schnell wieder verschwindet.
Seit sie ihr Kind sterben sah, bekommt sie öfter Krämpfe
in ihren Augen.

Blutregen zog im heftigen Atem des Kindes über das grasgrüne Fruchtfleisch einer Birne. Am offenen Ende der Ader wartet der Vater, der Kalbstrick pendelt wieder an der Bauernhosennaht, aus der Wunde des Kindes schreit stoßweise die Mutter. Der Strick pendelt, schwingt hin und her wie die kastanienbraunen Hoden des laufenden Kindes. Sein schneller Atem wächst über die Köpfe auseinanderstiebender Hühner hinaus. Ruten, Peitschen, Prügel – Atemwende – Prügel, Peitschen, Ruten. Die toten Hühnerköpfe recken die dazugehörigen Hälse vom Fäkalienhügel in die Höhe und bewundern die blutenden Flanken des Kindes. Ihre Augen starren auf die Wunden. Das weinende Kind verkriecht sich in den äußersten Winkel des Stalls, wo das neugeborene Fohlen liegt, und streichelt die Füße des Tieres trocken. Draußen rasselt die Kette des Hundes, Strahlen der heißen Sonne knistern. Lange starrt das Kind in das Auge des Fohlens, aus dem ein Hahn schreit. Mit seinen Lippen befühlt es das Glas der brennenden Glühbirne im Ferkelabteil, zuckt zurück, den Kopf voll Licht, hebt es ein quietschendes Ferkel in die Höhe, drückt den Hals des kleinen Tieres, bis Mund und Augen offen bleiben. Die Tiermutter schlägt ihren Kopf an das morsche Holzgatter, das Fohlen hebt seinen neugeborenen Kopf, Milchkühe schlagen sich mit ihren Schwänzen auf die Flanken, das Kind, gekränkt, beginnt sich langsam ins ermordete Ferkel zu verlieben, streichelt ihm das Köpfchen, stellt es wie eine Spielzeugpuppe auf die Füße, probiert, läßt es stehen, der plumpe Körper fällt so, wie Bomben mit Schweinsfüßchen des Nachts auf die Seele des Kindes fallen. Der Vater steuert die Maschine seiner Leiden. Die Mutter wartet mit auseinandergepflockten Beinen, rostiger Stacheldraht zieht unter der fliegenden Maschine das Feld entlang. Grasbüschel und

Schafswolle hängen an den Drähten. Geruch von Gummi, Geruch der frischasphaltierten Dorfstraße. Das Geräusch eines schnalzenden Kalbstrickes empfindet das Kind in seinen Ohren wie das taube Ausfließen des Samens aus dem erigierten Geschlecht. Der Himmel sucht die Erde heim. Erschöpft, zusammengeknickt wie ein überfahrenes Bündel Stroh, liegt es inmitten des weiten grünen Feldes, umgeben von Maulwurfhügeln, schwarzen Mutterbrüsten, aus denen manchmal zwei lila Händchen rudern, zwei kohlschwarze Augen ins Freie starren, Milchkühe nähern sich ihm, Kälber wälzen sich im grünen, frischen Klee. Eine Schwalbe streckt zehn Meter über den Köpfen des Kindes und der Tiere auf dem viergleisigen Stromdraht einen Flügel von seinem Körper, wie aufgefädelt hocken die übrigen stillschweigend zur linken und rechten. Heuschrecken hüpfen von einem Finger zum anderen. Mit blauädrigen, geschwollenen Händchen deutet das Kind in den dichten, weit entfernten Wald. Ein Kalb dreht seinen Kopf. Kurzbeinige Lederhosen schützen das Kind vor den Brennesseln, die zwischen den Laubbäumen vom Wind gepflanzt worden sind. Dort, wo manchmal die Kälber über die Zäune brechen, das Kind über Stock und Stein läuft, den Kopf an einen Baum schlägt und im grünen Brennesselbett liegen bleibt. Die Kälber stehen inzwischen mit gespreizten Beinen am Ufer des Flusses und trinken sich satt. Über den Kopf des Kindes ziehen quecksilbrige Flußadern. Käfer sonnen sich auf seiner Stirn. Die Strahlen der Sonne werden biegsam wie Lederriemen, die das Kind über die Tiere, die es ins Feld zurücktreibt, schnalzen läßt. Der reißende Fluß wird ihm zu einem Mensch und Tier bedrohenden Lebewesen. Aussichtslos, ohne zu schreien, mit schwerem Gekeuche schwimmen Kälber darin, bis sie,

von den Wirbeln der Stromschnellen gerädert, untertau-
chen und als Tote wieder an die Oberfläche kommen.
Menschen liegen am Ufer mit ausgestreckten Armen und
offenem Mund, in dem winzige Fische auf- und abtau-
chen. Dort lag auch das Dorfkind mit nassen Windeln,
ohne zu schreien.
Für diese Welt ist der Mensch wie geschaffen.

Eine Kette von Kinderhänden hält sie gefangen. Gefaßt,
aber in höchster Angst, deshalb so große Worte.
Wie sehr ich sie liebe, wie wichtig mir also ihr Tod wäre!

Geht ans Fenster und macht es weit auf, hält einen
Blumenstrauß in der Hand und versucht, ihn vor den
Blicken des Publikums zu verbergen.
Wann werden die Mörder die Richter vor Gericht
stellen? *Spontan, dankbar, will unbedingt die Situation*
retten. »Wie herrlich ist die Grausamkeit in der Lega-
lität.«

Tränen in den Augen, zu ihr.
Die Erde unter seinen Füßen hält Wache über meinem
Leben.

Sie hält seine feuchte Hand, die ihre Brustwarze sucht.
Dort, wo das Weinen zur bloßen Erektionslust wird.

Ihre Augen treffen sich, im gleichen Augenblick ertönt ein
hohles Lachen, das an die Stimme des Gottes meiner
Kindheit erinnert.
Er brachte sich in der Gewißheit um, daß ihn von der
Stunde seines Todes an zwei, drei Händevoll Menschen
für mehrere Tage liebgewinnen würden.

Löst ihre Finger und zeigt ihr seine Handfläche, ballt die
Hand zeremoniell zur Faust. In den Fingernägeln spie-
geln sich die Gesichter.
Die beiden Zwillingsbrüder, die im Schoß ihrer Mutter
einander in den Armen gelegen haben, hassen einander,
seit die Mutter tot ist.

Sein Lächeln wird freier.
Mein barocker Todeseifer!

Er folgt, verschüttet Milch aus seinem tiefgehaltenen
Milchglas. An der Türschwelle kniet der Ostwind.
Als er das Geschlecht dieses Jungen sah, dachte er mehr
und mehr an seinen Tod.

Ins Auge fassen die beiden den armen Fischer, der die
Netze zu den toten Fischen auswirft, um das eigene Leben
wieder einholen zu können; den elegant ausweichenden
Nebel, durch den Möwen die unsichtbaren Drähte ihrer
Flüge ziehen. Fußballspielende Kinder rauhen den rippi-
gen Uferboden auf. Eine Schiffshupe schreckt zwei ver-
schmolzene Lippenpaare auseinander. Zwischen den
Mündern hängen Speichelfäden, verwundbare Seile, die
Brücken schlugen. Die Ortseingänge der Münder sind
von spitzen Zähnen bewacht. Das Meer schießt steife,
blitzende Wellen ans Ufer, Muscheln kollern und fressen
sich schließlich im Sand fest. Das Meer schäumt. Zwei
nackt am Ufer liegende Statuen, eingebettet in Sand,
beginnen sich zu regen. In immer schneller werdenden
Drehungen wirbeln sie über den Sandboden, bis sie zum
Stillstand kommen. Kälber blöken inzwischen, Milchkühe
schlagen mit ihren Schwänzen nach allen Seiten, ein Pferd
zieht einen heubeladenen Karren durch die Gedärme, wo

Kruzifixe verwahrlost und schief im Wege stehen, wo der auf dem Pferd sitzende Bauer seinen Leib bekreuzigt und schwarze Schwalben in Augenhöhe vorbeiziehen. Überallhin schleppt er den Bauernhof mit. Er drückte sich so eng an Emans Nabel, daß ihre Mütter aufschreien. Er setzt den Seiltanz auf dem Trapez meines Leibes fort. Im Netz des Schamhaars wippt sein Sperma unter dem Beifall Tausender Embryos. Peitschenknallende Samenfäden zähmen die tierische Humanität unserer Leiber. Durch die weiten, in schneller Reihenfolge sich auseinanderziehenden Wasserringe hechtet der Löwengeruch seiner Hüften. Dekorierte Pferde ziehen im Kreis, in dessen Mitte sich zwei kupferbraune Körper tummeln. Die Ejakulation in seinem Mund verläuft in einer kilometerlang aufblitzenden Meereswelle. Sein Mund schäumt. Zimmermädchen öffnen die Augenlider der Fenster, die Balken grätschen ihre Beine. Ein oberkörperweißer Kellner eilt zu einem Tisch und hält dem Gast den Silberteller seiner Hände entgegen, der ihm lautlos ein Geldstück drauflegt. Am Meeresufer setzt sich das Spiel fort. Seine Arme verschränken meinen Oberkörper. Wild hockt sein Kopf im Gestrüpp meiner Lenden. Sein After reinigt meine Zunge. Mit der Lässigkeit eines Kartenspielers wirft das Meer schäumendes Wasser über unsere Zehen. Hähne trinken salziges Wasser aus unseren Handschalen, strecken ihre Köpfe in die Höhe, Kinnlappen wedeln, schütteln sich nach dem Trinken. Ein losgerissenes Kalb läuft den aufpeitschenden Meeresstrand entlang. Wir wälzen uns zur Seite wie vor einem Zug, der über die Gleise donnert. Der lachende Vater schlägt mit einem Kalbstrick aus dem Fenster eines Waggons, wirft mit den scharfen Blicken seiner Augen Kieselsteine nach uns. Die Mutter betet im Speiseabteil. Das Kruzifix unter ihren

Achseln schwitzt Blut. Aus dem Fenster schauend sieht sie, wie die Landschaft vor ihrem geöffneten Schoß flieht, in Sechserreihe fliegen Tauben aus einem Käfig. In Österreich, verstreut wie Mohnsamen, arbeiten die sechs Kinder bei ihren Brotgebern. Im Eilzugtempo fährt die Landschaft an ihren Augen vorbei, grün bis tiefbraun. Äcker, gepflügt, sehen wie braune Nabelschnüre aus. Sie tastet ihre Hände ab, das Gesicht, den Schoß. Lehnt sich zurück und atmet still. Steife Fichtenbäume stellen sich in ihren Augen auf, klebrige Tannenzapfen wippen in ihrem Schoß. Die quertreibenden Augen des Holzknechts erschrecken ihre Seele, links rechts, rechts links hacken die Blicke seiner Augen, wenn er sonntags durch den Wald spaziert. Wochentags hält er eine Axt in seinen Händen. Tannen- und Fichtenzapfen fallen ins weiche Moos. Der Kopf der Mutter regt sich. Hände und Füße der Lieben-den spielen verrückt.
Irgendwo im Dorf hat ein Kind die gestohlene Schweiß-tuchimitation des Priesters vergraben.

Mittag läutet die Dorfglocke, augenblicklich fallen Heu-rechen, Sense und Gabel zu Boden; am Zaun stehend, starrt das Kind in die blutunterlaufenen Augen eines Zuchttiers; schweres Schnaufen, Bodengestampfe.
Ich bin endlich dem Tod, der weit von mir entfernt ist, ganz nahe gekommen.

Ein menschliches Gesicht erhebt sich nach der Liebe von seinem Schoß. Der Kalbstrick formt sich zu einem Knoten und schließt ihm die erschrockenen Augen. Durchsichtig wie Glas steht der Strick vor seinen Augen, wenn er ein Kind ansieht und ihm über das Haar streicht. Wie früher unter den Züchtigungen seines Vaters, wälzt sich der

Körper heute in der Lust. Mit den bösen Augen der Kindheit seines Vaters betrachtet er den stöhnenden Körper unter seinem Körper. Sein Glied peitscht immer schneller ihren Schoß. Zu Tausenden schüttet er die Kalbstricke seiner Samenfäden in ihren Rhombus; auseinanderstiebende Pferde. An ihren Lippen frißt er den speichelnassen Hafer seiner Kindheit. Sie wälzt ihren Körper in alle Himmelsrichtungen. Schmerzensschreie der Lust dringen aus dem Kindermund und betäuben die Ohren seines Alters. Die Zuckungen, die er unter dem aufpeitschenden Kalbstrick lernte, setzt er im Rhythmus des Discosounds fort. Du bist der beste Tänzer, Jo. *Blaulicht zuckt wie die Blitze seiner Kindheit in den verweinten Augen, gelbes Licht vom Eiter seiner Wunden, Rotlicht, das seine blutenden Füße wieder aufleben läßt. Nieselregen flittert auf seine Kinderhände. Dünne Schweißtropfen ihrer Stirn fallen auf seine erwachsenen Hände, die nach ihren Hüften langen. Der Wald steht still, dunkelgrün, und schweiget. Die Luft schimmert, Bremsen und Heuschrecken setzen manchmal Punkte: Bruchteile einer quälenden Nacht, in der im groben weißen Leinen sein erniedrigter Leib ruht.*
Ich habe mich an den Tod gewöhnt, sagte sie, ich lebe immerhin schon seit fünfunddreißig Jahren.

Mit unbeweglichem Gesicht, lacht laut weibisch; im Lichtkegel zwei pflügende Kinder, das Pferd in der Mitte, links das Mädchen, rechts der Junge.
Eine Mutter, die ihrer Tochter nur mehr aus dem Spiegel zulächeln kann.

Ein Huhn sitzt brütend in der Stallecke, steht auf, schlägt mit den Flügeln.

Noch ist der Hunger in uns nicht ausgestorben. Noch frißt uns der Appetit.

Erregter Wortwechsel, der sich bis zum Schreien steigert. Zwischen die Wortwechsel, die nur halb verständlich sind, drängen sich Kinder und bittende Worte einer Kriegerwitwe, deren Stimme verrät, daß sie sich gewaltsam bemüht, höflich zu bleiben, 21.15 Uhr, Lido, Ristorante Belvedere.
Noch leben die Toten des dritten Weltkrieges.

Enthusiastisch, naiv; das Kind geht von einer Seite des Stacheldrahts auf die andere.
Seine schwarzen Haare, so lang sie auch waren, wehten selbst im tobenden Wind nicht, steif wie ein Mauergefälle standen sie ihm zu Gesicht.

In der Gestik des Betens hebt er beide Hände hoch, höher, noch höher, zerschlägt wieder Bauernlicht über der Welt. In einem Atemzug leuchten Kerzen und Petroleumständer auf. Das Kind läßt in der Dunkelheit seiner Zimmerecke die frisch aufgeschlagenen Füße vom winselnden Hofhund lecken. Dicht vor seinen Augen stehen die Unterschenkel des Vaters, zwischen denen das Kind zur Tür hinaussehen kann. Nägel an den Fußsohlen glitzern bedrohlich, Grasbüschel in der klaffenden Sohle. Gähnend spreizt der Hund sein Maul.
Ich warte ab, ob mein Körper ermüdet und ich mich ins Bett legen und schlafen kann. Habe Lust, Blasphemien zu schreiben, wie der Gott meiner Kindheit sie braucht.

Erschreckt, setzt seine Mütze auf, geht einige Schritte zurück, schlägt sich an die Brust, hebt den Arm und

macht das Zeichen des Kreuzes über das schlafende Dorf.
Das Kruzifix in seiner Hirnschale bettet sich einmal links,
einmal rechts, kann keinen Schlaf finden, die aufge-
pflockte Gestalt schlägt ebenfalls die Hand an die Brust,
hebt den rechten Arm und macht das Zeichen des Kreuzes
über den schlafenden Dorfpriester.
Der Uhrzeiger muß wie ein Tier geschlichen sein, da
mich rücklings die nächste Stunde überfiel.

Mit rosaroter Brust, springt aus der zweisäuligen Gebär-
maschine.
Ich spüre einen leichten Flügelschlag in der Brust. Das
Herz rüstet sich zum Flug? Der Mund wartet geöffnet . . . jetzt hebt es ab; für Dich.

Sie betrachtet ihn, stumm, mit feuchten Lippen; links
wird die Tür geöffnet, ein Mädchenzopf erscheint.
Sie könnte keinen Menschen umbringen, ohne an sich
selber zu denken.

Mit ihren Bergspitzen und Flußtälern geht in seinen
Hüften meine Welt unter. Nebelhafte Dunkelheit erfüllt
den Raum. Durch den wehenden Nebel überplärrt das
Tonband erhitztes Stöhnen und Fußgescharre der Lieben-
den in einer Strohmulde. Zu ihren Füßen liegt das
getötete Schwalbenkind. Das Kind, das noch vor einer
halben Stunde mit der Mistgabel am hirnlosen Kopfende
der Heustadelecke stocherte, zwei Schwalben zum Flie-
gen brachte, drei andere zu Tode stocherte – wie überreife
Pflaumen klatschten sie auf den Heustadelboden –, spielt
jetzt, die Füßchen pendeln wieder vom Fensterbrett, auf
der Harmonika im Rhythmus der zerstocherten Schwal-
benbrut. Aus seinem Mund tränen die Augen. Ver-

schwommen zieht der Fichtenwald mit den grobschlächti-
gen Händen der Holzfäller und den scheuen Augen der
Rehkitze vorbei. Kreuzottern recken ihre Köpfe, giftsprühend, im Kalbstrick, der sein Glied steif werden läßt. Im
Wald wirft sein Glied Tränen mit den routiniert ausstreu-
enden Handbewegungen des Vaters, der von Ackerfurche
zu Ackerfurche schreitet. Unweit von ihm grast im
Radius seiner angebundenen Möglichkeiten das schwarze
Pferd, fliegenverjagend, bremsenverjagend schleudert es
den Kopf nach links und nach rechts. Wenn der Wind in
seinen Träumen die feingliedrigen Birkenblätter nach
Osten oder Westen treibt, so kommt ihm die Angst, daß es
der Vater sein könnte, der nach ihm schlägt und lächelnd
vor dem tagtäglich wiedergefundenen Tränenquell des
Kindes steht, das mit seinen Fingern spielt, und das Kind
wie einen sich über den Boden windenden Staubwirbel
über das Feld treibt. Das Kind hört vor Schmerzen zu
schreien auf und lauscht dem Blöken eines Kalbes, das es
sein möchte. Vogelscheuchen stehen in der Feldmitte, an
den Rändern picken Nebelkrähen das frischgesäte Korn,
Milchkühe grasen, ein mit schwerfälligem Flügelschlag
über das Feld ziehender Adler durchblickt die Seele des
Kindes, das sich scheu hinter einem Himbeerstrauch
versteckt hält und den Flug des Adlers verfolgt. In der
Heumulde des Stadels spielt der kastanienbraune Bauernjunge mit dem Mundstück der Schamlippen des Mädchens, das mit ihren Händen die Haare des Jungen
durchwühlt. In ihren Hüften sucht er mit lallender Zunge
seine Geburt. Weit dringt sie ins Innere ihres Leibes. Ihr
Schoß hebt und senkt sich. Zwei Häuser weiter salbt der
Priester einen Todkranken und stammelt unverständliche
Worte. Der Sterbende hebt und senkt seinen Kopf. Der
eine Ministrant starrt zum Fenster hinaus in den dunklen

Wald hinein. Der Dorfbach zieht seines Weges, kurven-
reich und steinig. Von den Händen der Magd leckt ein
Kalb ihren Schoßgeruch. Erdäpfelfressende Schweine
mästen ihren Tod. Kinder lecken frische Bauernbutter von
den dampfenden Erdäpfeln. Hähne picken am toten
Küken. Mehrere Hühner fressen beim Tod des Kükens
ihre eigenen Eier auf. Das anstrengende Zerkleinern der
Eierschalen vergrößert ihre Augen, die von den Lidern
wie von einem durchsichtigen Vorhang überzogen werden. Wenn sie die Augen wieder aufschlagen, liegt die
zerstückelte Eierschale im Magen. Die Mutter rührt im
Milcheimer. Der Vater wetzt die Sense, das frische,
halblange Gras brüllt, die von Tag zu Tag wachsenden
Kälber strecken ihre Zunge aus dem Maul und lecken die
Hände der Magd. Ihre Brüste keimen im Kellerloch ihres
Dachbodens, wo in allen Ecken und Winkeln Kruzifixe
stehen und dornige Rosenkränze hängen. In ihrem feuchten Schoß liegen die Furchen eines frischgepflügten Ackers
quer. Pferdeembryos galoppieren aus ihrem geweiteten
Schoß, flugs verlassen sie diese Welt. In schneller Reihenfolge fallen Tropfen aus der verbogenen Dachrinne,
gegorenes Wasser. Wie ein Affenkind an seiner Mutter,
hält sich die Magd am schweren Leib des Pferdes.
Rhythmisch stößt ihr hochroter Kopf nach hinten, ihre
Haare pendeln wie die Hände der erhängten Dorfjungen.
Das Pferd zerbeißt Haferkörner. Der schwarze Pelz
zwischen ihren Beinen ist voller Pferdesamen. Der Wind
weht durch die roten und weißen Fleischblumen am Grab
der Erhängten. Aus der Erntedankkrone des Dorfes fließt
Blut. Gierig fressen die Kälber aus ihren Trögen. Der
Wind schlägt einen losen Fensterflügel auf und zu. Das
Kind mit der Harmonika hüpft vom Fensterbrett auf den
Boden, spitzbübisch sieht es nach rechts, nach links. Die

Halskette des Hundes bellt das stumme Tier an, das den Kopf verschlafen in die Höhe reckt, die Ohren spitzt. Das dürre Heu knistert wie das züngelnde Kerzenlicht. Der Todkranke stirbt, wie es sich gehört: gesalbt mit heiliggesprochenem Öl, mit Weizenähren in den Händen und bleiernen Küssen auf der Stirn. Pferde mit Erntedankkronen auf den Köpfen ziehen die Leichenfuhre. Der letzte Weg meiner Mutter wird meine verfrühte Geburt sein. Als der Junge und das Mädchen das Zugläuten hören, unterbrechen sie ihre Bewegungen, erschrecken vor der toten Schwalbe, die noch immer zu ihren Füßen liegt. Das Gebrüll der Kälber verstummt, vollgefressen harren sie der Treibe aufs Feld. Die beiden Liebenden ordnen einander das Haar, noch immer erregt drücken sie ihre Brüste und Hüften aneinander, ihre Ekstase ist im Tod des Verstorbenen zum Ausbruch gekommen. Das Mädchen streichelt seine pflaumenblauen Hoden. Das Glied, steif wie der Körper des Toten, zittert vor Erregung mit dem schlagenden Herzen. Noch einmal entblößt er ihre Hüften, streift die feuchte Unterhose auf Kniehöhe und pfercht sein Glied zwischen den gegabelten Schenkeln in den strohblonden Schoß. Mit brühend heißem Wasser wird der Tote für seine Himmelfahrt gereinigt. Hitze schlendert durch den Raum. Blumen- und Fichtennadelgeruch kreuzen die Flurwege. In höchster Erregung verlassen der Junge und das Mädchen den Heustadel. Ein Hansaplast klebt über dem Mund des Gekreuzigten, der jetzt wieder zu seiner vollen Geltung kommt. Hocherhobenen Kopfes, wie eine Lokomotive entgleisende Waggons auf den Friedhof zieht, führt er eine lange Schlange von Menschen an.

Wer das Brot durcheinanderschneidet, schneidet dem Herrgott die Fersen ab.

In grünem Kleid und schlechten Herrgottsschlapfen, ihre blaue Schärpe ist ganz schwindelig im Seewind, reißt den Arm ihres toten Kindes hoch und ruft, ihre Augen sind vor Staunen aufgerissen.

Der Stumme dort drüben, dem man so gern in den Mund sieht.

Schließt die Augen, zittert erwartungsvoll und starrt ins Volle; er nimmt eine Weltkugel, stellt sich drauf und singt, wobei er wild gestikuliert, um das Gleichgewicht zu halten.

Wenn ich tot bin, was ist dann? Bin ich noch ein Mensch oder darf ich, bitte, ein Tier sein, klein und niedlich, gezähmt vom Tod?

Sinkt halb in die Knie, hebt den Kopf in die Höhe, senkt die Augen auf die Knie, die immer wieder an den Kopf stoßen.

Jedesmal, wenn ich das Wort Mensch schreibe, löst das Wort den Menschen, den ich beschreibe, auf.

Beginnt zitternd zu gehorchen.

Die Mutter im Kreißsaal. *Mit der Rücksichtslosigkeit derer, die ohnehin alles verloren haben.* Du wirst das Töten noch lernen, ich leide nicht umsonst.

Platschend steigt sie aus ihrer Askese.

Sie wird mir doch einmal sagen müssen, daß sie den Willen mich umzubringen bisher noch immer nicht entwickeln konnte. Ich lebe und ernähre mich einzig und allein von dieser Hoffnung.

Ganz ruhig.
Unter ihren Achseln brütet sie die Ungeborenen dieser
Welt aus.

Sie tritt auf der Schwelle beiseite, morgendliche Sonnen-
strahlen scheinen auf seinen scharlachroten Regenmantel.
Der frühe Morgen war über mich hereingebrochen wie
ein niederstürzender Vogel, der alle toten Kinder dieser
Nacht in seinem Brustkorb über unzählige Baumkronen
hinaustrug.

Jakob spürt wieder den Totengeschmack in seinem Mund,
als er den Hinterkopf in Roberts Hüften legend einschläft
und Roberts Hände zu beiden Seiten seine Knie umfassen,
als müßten sie einen halb Ertrunkenen aus dem Wasser
ziehen. Regentropfen ketten sich an ihre Körper. Im
Augenblick der Erfüllung drohen in Roberts Augen die
schwankenden Fichten zu fallen. Die eine Mutter, die
gerade ihr Kind ins Haus holt, sieht aus dem Fenster in
einer Pfütze die Puppe des Kindes liegen. Der Regen fällt
durch die Augenlöcher und füllt langsam ihren rosaroten
Kopf. Ein Huhn schüttelt sich nach dem Wassertrunk. Er
hebt gereizt die Hand, nimmt ein Stück Bauernbrot, sieht
ihr beiläufig in die Augen, ein Donnerschlag, und wirr
schlägt das Kind mit den Armen durch die Luft, als wollte
es den Blitz fangen.
Sie haßt ihn wie die Pest. Hat sie ihn einmal geliebt, wie
die Pest?

Er hustet aus dem starr gewordenen, geöffneten Mund,
zieht die Brauen zusammen, sieht auf seine knolligen
Füße, die er überkreuzt, wie ein vom Kind losgelassenes
Kruzifix stürzt er zu Boden.

Jetzt trinke ich Rotwein, in dem kannibalischen Wohlgefallen, Christi Blut im Rausch zu erleben.

Rehkitze springen umher, weiden in der eingezäunten Wiese. Der Draufluß legt ein gewelltes saphirgrünes Band in die fließende Landschaft. Mütterlicher Duft erhebt sich über einen geschwollenen Nebelball, ihr starkes Harzhaar knebelt meinen Mund, aus dem ein Schrei in den Himmel stößt, der vom Bronzeflug eines Adlers gespalten wird.

Sieben rote Rosen ragten wie Säulen, die eine in sieben Tagen erschaffene Welt symbolisieren, aus dem Leichenkranz, der auf dem Asphalt vor dem Blumengeschäft zur Betrachtung lag. Und Gott sah, daß es gut war.

Schüttelt einem blinden jungen Mann die Hand, beglückwünscht ihn zu seiner Sehstärke.

Sein Geschlecht, steif wie eine hochgehende Meereswelle, zerschlägt, schäumt ins Becken des Todes.

Als der Dorfbach das Kind an den Füßen über Stock und Stein zog, strichen meine Hände die Bronzeadern deiner Oberschenkel entlang – im Wind, der dazwischen fuhr, hoben meine Hände wie Flugzeuge von deinem Leib ab – zu den Hüften hoch und radierten an deiner Nabelgrube das Leben meiner Mutter aus, der ein Vogelschrei in den weit geöffneten Augen stecken blieb. Meine Wirbelsäule lauschte dem Flügelschlag deiner Füße, die mannshoch über dem Pfarrhofstadel kreisten. Die Bauern setzten die Gabeln ins Heu ab, Knechte klopften den Rinderkot von ihren Stiefeln, die Magd zog ihre Hände aus dem Abwaschwasser und griff mit tröpfelnden Fingern nach dem Kruzifix ihrer Leiden. Mit hocherhobenen Flügeln stürzte der Hahn zur Stalltür heraus, während das Ertrunkene mit dem Friedensengel meiner Kindheit über die Ackerschollen hüpfte.

Sie ißt schmackhaft, dafür wird sie grausam sterben. Ein junger Klagenfurter schrieb. *Nach keiner Verbeugung.* Das, was wir in uns hineinstopfen, wird sich schon noch rächen.

Drängt die Dorfleute zurück. Blauädrige Wolkenfelder ziehen wie Nabelschnüre über die Köpfe hinweg. Mit einem echolosen Schrei aus hundert Mündern zieht ein Gewitter auf.

Jesus ist am Kreuz geboren worden.

Lacht höhnisch.

Mit ihrem Menschlichkeitsdrang wird sie noch zu den Tieren zurückkehren müssen.

Dreht beide Füße gleichzeitig nach allen Himmelsrichtungen, gebietet der Sintflut umzukehren, verdunkelt die beizende Sonne dadurch, daß er seinen kleinen Finger ausstreckt, lockt Wolken herbei, die mit der Unbeholfenheit eines Kleinkindes auf ihn zukriechen.

Ein Kind wird meine Stirn bekreuzigen, kein Priester.

Flüstert ergriffen, Vögel kreisen sehr hoch.

Endlich hat der Gott meiner Kindheit die Herrschaft über sich selbst verloren, mit der er die Menschen gezüchtigt hat. Jetzt schlägt er wie ein sterbendes Tier im grünen Klee, weit draußen auf dem Anger, um sich.

Mit einem Schrei schwingt der Dorfjäger seinen Fuchspelz und läuft weg. Ein Kind mit großen Schritten hinter ihm

her. Es strauchelt auf den Stufen, steht wieder auf,
verschwindet in der Dunkelheit. Leichtes, quiekendes
Gelächter wird hörbar und verklingt mit den letzten
beiden Wörtern des folgenden Satzes.
Da kommt jemand mit einer Zeitung unterm Arm, starrt
mich an, als hätte er die Hände verloren und ich müsse
ihm die Zeitung wie dem Schmetterling seine Flügel
ausbreiten.

Mit Basiliskenblick.
Wieder in der Basilica di San Marco. Die Brust stand
offen wie das hellrot tapezierte Tabernakel, geilen Katzen
gleich kriechen die Mönche ums schlagende Herz.

Er liegt auf der Erde ausgestreckt, das Gesicht nach oben.
Wenn die Wasser der Drau steigen, lege deinen Sohn
unter deine Füße.

Er zerknüllt das Papier, dann zerreißt er es zweimal,
seine Bewegungen sind krampfhaft entschlossen, er ist
völlig verändert, unnatürlich gefaßt, murmelt vor sich
hin.
Seine Hände ruhen in Frieden auf ihrer Brust, blitzendes
Kerzenlicht, das seinen Körper in ihren Augen noch
einmal zum Aufleuchten bringt.

Mit Maulwurfgebärden arbeitet er sich vorwärts, legt ein
Ohr auf den Braunerdeboden.
Seit ich diesen Menschen kenne, tritt des öfteren Blut aus
meinem Gesicht, ohne daß die Haut geöffnet oder
verletzt ist. Morgens erwache ich mit Blutspuren im
Gesicht.

Mit unheilvollem Lächeln.
Aus Verwirrung wollte ich plötzlich meine Füllfeder aus meiner Brust ziehen.

Das Licht zuckt kurz und sehr hell, überstürzt kommen Knecht und Magd die Treppe herunter. Man hört das charakteristische Pfeifen, das zum Orkan anwächst, Kinnlappen des Hahns pendeln.
. . . den Kopf nach hinten, zum tiefausholenden Stoß . . .

Mit dem Einschlag ist das Licht gänzlich erloschen.
Als ich auf der Leinwand diese leprakranke Frau sah, begann mich der Gedanke zu quälen, wie ich meine Gesundheit kränken und als todkranker Mensch, von Tausenden Leuten bewundert, auf der Leinwand wieder-erscheinen könnte.

Zu seinen Knien sitzend, betrachtete die Mutter seine weißen, pendelnden Füße. Der Scheitel nußbrauner Haare in der Mitte ihres Kopfes, das Gesicht ohne Runzeln und Flecken, ein Blick zur heraushängenden Zunge Jakobs, ein Blick, dessen Augen das Lachen des Mundes nicht ergänzten. Ein erhitzter Hund soll zwei Tage und zwei Nächte mit heraushängender Zunge vor dem Heustadeltor gesessen und den Neugierigen den Einlaß verwehrt haben. Wolkenbrüche blähten sich. Mit weit aufgerissenem Mund stand sie vor den hängenden Robert und Jakob, steif war ihr Körper, knickte aber plötzlich wie eine Marionette, der sämtliche Fäden gerissen sind, in sich zusammen. Blutende Hähne eilten ihr zu Hilfe, ihre Füße zuckten im Schlaf. Nabelschnüre baumelten in ihrer Gehirnschale. Wieder erwacht, ergriff sie seine erstarrten Hände und Füße, küßte und wusch sie

mit ihrer Tränenflut. Ihre Haare flimmerten im herein-
fallenden Lichtschein. Heugabeln und Zigarettenstummel
lagen in der Stadelecke, wo sich die beiden Leiber
getummelt hatten. Aus Trauerlust fiel die Mutter mit dem
Gesicht voran wieder ins Heu. Ihre Augen grollten vor
Liebe und Haß. In ihren Fäusten zerdrückte sie das Heu,
bis das saftig tröpfelnde Gras wieder zum Vorschein kam.
Sie schrie aus den Mäulern der offenstehenden Fenster in
den echolosen Wald. Wie ein Schnitter ging ihr Atem in
Windeseile über die Dorfhöhe und weckte die schlafenden
Kinder und Tiere auf. An ihren Lippen klebte das Blut
ihrer Kindheit. Ihr wahnsinniges Lachen öffnete mit den
Händen seinen Hosenlatz. Der Reißverschluß glitt nach
unten wie ein Kind mit hocherhobenen Händen schreiend
ins Wasser gleitet. Die winzigen Metallzähne schrien. Das
geöffnete Stoffmaul atmete den Duft des Todes. An der
weißen Unterhose waren Urin-, Blut- und Samenspuren.
Ihr Körper schwankte, und ihre Hände zitterten im
weißen Fensterschein. Kälber blökten, Zugpferde warfen
ihre Köpfe nach links und rechts, die Magd drückte die
Kuhzitzen. In ihren Schoß prasselte ein schneeweißes
Gewitter. Die Milchkuh wiederkäute das Gras und
starrte mit großen, rollenden Augen vor sich hin. Das
Pferd leckte den Hafer des Mittags aus den Trogecken.
Die Magd schob das Glied einer blutenden Zitze in ihren
Leib. Jakob und Robert waren tot und standen mit
aufgeschnürten Schuhen zehn oder fünfzehn Zentimeter
über dem Heustadelboden. Der Pfau schlug ein Rad und
lenkte von der Schönheit des Todes ab. Die Gesichtszüge
sämtlicher Dorfkruzifixe schienen sich verändert zu
haben. Auf dem Misthaufen scharrten die Hähne nach
den toten Überresten eines Tieres und fraßen Eierschalen,
die vor der Haustür im Hof lagen. In der Ekstase starrt

die Magd mit den gestochenen Augen eines Kalbes vor sich hin, zwei-, dreimal bewegte sich ihr Körper ruckartig, nach vorn, bis er nach hinten fiel und ihre Hände sich an die sehnigen Beine der Milchkuh klammerten. Das Tier schlug mit dem Schwanz, trat vom einen Fuß auf den anderen und zog die erschöpfte Magd mit. Die Kruzifixe in den Ecken der Herrgottswinkel, das lebensgroße Kruzifix, das überdacht in der Mitte des Dorfes steht und die unzähligen Figuren in der Kirche und auf dem Friedhof hatten plötzlich die Gesichtszüge Jakobs und Roberts. Aus den dornengekrönten Köpfen wuchsen Rosen mit blutigen Blättern zu Totenkränzen. Der Wind trieb das Blut der Blätter auf die leerstehenden Höfe. Im Angesicht des Todes hatten sich die Menschen in ihren Ecken versammelt, die Tiere weideten verstreut und fraßen ohne Unterlaß Heu, Gras, Erdäpfel, Türkenkörner und Hafer. Dampfende Erdäpfel standen auf dem Tisch. Schweigsam kauten der Bauer, die Bäuerin, Knecht, Magd und Kinder die butterweiche Frucht. Katzen leckten die übergeflossene Milch vom Holzboden. Jakob ist tot, ich sage es noch einmal, er ist tot und starrt seine unter ihm kniende Mutter an, die seine Hüften nun gänzlich von der Unterhose befreite. Ein weißer Pfau mit der Schönheit seiner Mutter tastete mit seinen Füßen den Bauch des Erhängten ab. Vor den Augen der Mutter schlug er ein Rad, um sie vom Tod abzulenken. Hunderte Pfauenfederaugen sahen sie an. Sie suchte vier lebende Augen. Der weiße Pfau tastete die Höcker seiner Wirbelsäule ab. Im Weiß seiner Augen spiegelte das Sperma. Blutiges Sperma rann über seinen weißen, spitzen Kopf und färbte seine Krone. Der Kopf des Pfaus zuckte, weit sperrte er seinen Schnabel auf und ließ mit seinem Schrei alle Seelen im Dorf zusammenzucken. Seine Augen waren starrer als die der Toten. Er flog zum Trambaum hinauf und pickte am Knoten des Kalbstricks. Unter Schmerzen blökte der blutige Kalbstrick. Die Nägel des Holzstadels bluteten in den Händen und Füßen des gekreuzigten Jesus. Aus ihrer Stirn trat der Schweiß der Ackerschollen, die still auf dem Feld verharrten. Seine augapfelgroßen Hoden hatten die drohende Bläue des aufziehenden Gewitters. Den gemästeten Friedhof krönt die Dorfkirche, in deren Innerem die Schritte des Priesters vom Altar zum Beichtstuhl, vom Beichtstuhl in die Sakristei hallen. Seine aufblitzenden Augen fotografierten das neue Gesicht des Kruzifix. Mit seiner weithin bekannten künstlerischen Veranlagung malte er die Gesichtszüge Jakobs auf die Hostien und schob sie den Bauern, Bäuerinnen, Knechten, Mägden und Kindern andächtig in den Mund. Ein vom Meßwein betrunkener Ministrant hielt sich gequält am Altarende aufrecht, sprach Formeln, die er nie verstanden, heute, erwachsen, längst vergessen hatte. Prasselnder Regen schoß auf die Höcker, Steinpflaster, Kruzifixe und Grabsteine des Friedhofs. Die Betenden horchten auf, der Regen rhythmisierte ihre Gebete, die sich im anschwellenden Mund sammelten. Säcke voll Getreide, die sie auf die Dachböden schleppten oder mit Kälberstricken in der Mitte umschlangen und nach oben zogen. Ein Kopf starrt oben aus dem Fenster und zieht den ankommenden Getreidesack nach innen. Man hört das Blättern, Rascheln der Gebetsbücher, schnelles und langsames Atmen, leichtes Stöhnen. Man sah Lippenbewegungen und Augen, die mit ihren Gebeten das schwarze Innere auskehren mußten. Man sah übereinandergeschlagene Füße und verschränkte Hände, die den Gott meiner Kindheit anflehten, für die Himmelfahrt der Seele der Toten bettelten und nach Getreide Ausschau

hielten. Das gelbe Weizenfeld schien im Regen zu däm-
mern. Die Mutter läuft in den Wald, läßt schwere,
schmerzende Regentropfen auf ihre Kopfhaut, ihre Brüste
und Schultern schießen. Wie Widerhaken fallen die
Tropfen in ihren Mund. Sie schluckt und eilt wieder zum
Toten in den Heustadel. Der Priester zelebriert weiter.
Die Ministranten bedienen ihn. Zu seinen Füßen kniend,
seine Unterschenkel anstarrend, möchten sie ihm manch-
mal die Zehen küssen. Der Priester trinkt geweihten
Rotwein, ißt eine handtellergroße Hostie, kaut. Die
Ministranten beobachten seine Mundbewegungen, wäh-
rend er in den geöffneten Tabernakel starrt. Die Mutter
füttert mit ihrem Speichel die tote Hand Jakobs, Tropfen
fallen von seinen bläulichen Fingernägeln. Der Priester
kniet vor dem Altar, wie die Mutter vor ihrem toten Sohn
kniet. Der Priester hantiert mit Kelch, Hostien und Wein
und mischt Gebete, lateinisch und deutsch, dazwischen.
Die Mutter hantiert mit den Füßen, Hüften und Lippen
des Erhängten und schreit, wie der Hahn frühmorgens die
Dorfleute zum Gebet und zur Arbeit mahnt. Der Priester
atmet inmitten des Kerzen- und Weihrauchgeruches. Die
Mutter spürt im Atem den verwesenden Leib ihres
Kindes. Der Priester inspiziert die Askese der Statuen. Die
Gläubigen folgen seinen Bewegungen am Altar. Kerzen
flimmern und breiten den Totengeruch in den Seelen der
Betenden aus. Die Mutter beobachtet ihre eigenen, hilfe-
suchenden Bewegungen mit den Augen des toten Jakob.
Der Herrgott hat wieder ein Kruzifix ins Dorf geworfen.
Dorfkinder wollen in die Mutterschöße zurück flüchten.
Ein Daumen liegt zwischen den Seiten 34–35 oder
36–37, 38–39 oder 40–41 des Gebetbuches. Der Priester
stößt den Atem aus wie das Weihrauchfaß den Weihrauch.
Die beiden Toten bringen Leben ins Dorf. Übermütig

tollen die Kinder auf den Strohballen umher und fangen Heuschrecken. Übermütig ziehen die Bauern die Pflugscharen über die Äcker. Einsam flackert ein Kerzenlicht auf dem Friedhof, das allabendlich in meiner Stirnhöhle aufleuchtet. Meine Augen weinen klebriges Wachs. Wenn ich in Klagenfurt die Tarviserstraße am grünen Wasser des Lendkanals entlang gehe, glaube ich, in Jakobs Tod zu gehen. Das Kerzenlicht meiner Augen schwimmt an der Oberfläche des Kanals, ich greife zum Wasser hinunter und spiele mit seinen Tropfen, so wie ein Mädchen morgen früh mit meinem toten Samen, blättrig wie der Leib Christi, in ihren Hüften spielen wird. Lasse ich einen Stein ins Wasser fallen, weiß ich, daß er auf den Grund des Toten fällt und an der Oberfläche des Lendkanalwassers meine unzähligen Lebensringe zieht. Am üppigen, grasbewachsenen Rand stoßen sie an und erschrecken mich bis aufs Blut. An der parallel vorbeiführenden Villacherstraße ziehen wie auf einem Fließband, schnell oder langsam, Autos vorbei. Mechanisch wandern meine Augen mit. Es ist jetzt mehr als ein Jahr her, seit Jakob gestorben ist. Wenn ich auf die Tasten meiner Schreibmaschine starre, sehe ich sein Gesicht in einer alphabetischen Konstruktion vor mir. Das H ist vielleicht seine Hand, das J spricht für seinen Namen. Das A – A im doppelten Anschlag sind sicherlich seine Augen, die mich seinerzeit im Dorf mit einem Jubelruf empfingen. Ich schrie stumm zurück. Das G trifft sein Glied mit dem metallenen Schlag der Schreibmaschine, die plötzlich im Kurzschluß stockt. Seine Füße schossen den Fußball an meine Stirn. Und die Glut in seinen Händen trocknete meine feuchte Stirn, als ich über das Feld einem losgerissenen Kalb nachhetzte.

Wenn ich diesen Menschen von weitem auf der Straße

sehe, reiße ich aus kindlicher Freude meine Arme in die Höhe wie ein Soldat, der von einer, seinen Rücken zerfetzenden Kugel getroffen worden ist.

Nimmt sein Notizbuch heraus. Dreht ein Papier in der Hand hin und her. Um das Schweigen zu unterbrechen, zitiert.
Die vollkommene Liebe ist, den Menschen zu lieben, durch den man unglücklich wurde.

Er lacht die kaffeetrinkenden Insassen an, die sich faul und rauchend hingeräkelt haben. Ein ihm gegenübersitzendes Mädchen, rothaarig, mit schwulstigen Lippen, die an den Tod des Mechanikerlehrlings erinnern, lacht pflichtschuldig mit, während ein anderes Mädchen mit unternehmungslustigen Augen unter flügelschlagenden Augenlidern die tapezierten Wände und die barocken Möbel mustert. Leise rieselt aus den Lautsprechern Barockmusik, die in die Möbel übergeht und in den Kaffeetrinkern Bewegungen mit klirrenden Tassen und verstärktem Zeitungsgeraschel hervorruft. Mit graziösen Bewegungen serviert der Ober verschiedene Getränke. Kinder gaffen zum Fenster herein, plattgedrückt sind ihre Nasen an den Scheiben. Die Leute verstecken ihre Gesichter hinter den Zeitungsflügeln, manche beobachtend, bis sie von meinem Blick getroffen werden und erschrocken ausweichen.
In den letzten Wochen wache ich regelmäßig zu einer Zeit auf, zu der gewöhnlich die Hinrichtungen hinter den Mauern blühender Apfelbäume vollzogen werden. Als es einmal früh morgens regnete, glaubte ich im frischen Licht den Geruch des Blutes am Kalbstrick wahrzunehmen.

Das Kind weint ohne Tränen. Acht oder zehn Augenpaare sehen haßerfüllt in die beiden kleinen Augen des Kindes, das vor lauter Haß, den man seinen Augen schenkt, zu erblinden droht.
Ich werde meiner Mutter den Tod aus dem Leib reißen, damit ich mich vom Leben entbinden kann.

Unterbricht die Sprachlosigkeit mit gequälter Ironie, seine Stirnadern schwellen.
In meinen Augen sitzt das Licht der Welt eines anderen Menschen, der blind um mich herumtänzelt und seine Hände nach meinem wilden Atem streckt.

Ihre wachsame Haut fühlt, wie seine Fingerspitzen sich nähern und zittern, nimmt ihm die Sense aus der Hand und beginnt weit ausholend zu mähen; das Kind betrauert das gefallene Gras, grüne Tropfen an seinen Händchen.
Er macht Anstalten, einen Schrei auszustoßen, der aber in meinem Mund erstickt.

Er blickt auf, beginnt seine Hände in Schuld zu waschen. Aus der Dunkelheit tritt eine violette Gestalt, bedeckt ihr mütterliches Gesicht und läßt nur ihre großen, von sechs Kindern ausgerissenen, dunklen Augen und das dichte Totenvogelhaar frei.
Bei jedem Schrei eines Vogels spüre ich das Blut der Mutter in meinem Mund.

Mit unverminderter Vorsicht, langsam; lächelnd, um seine Angst zu verbergen, zwischendurch grinsend, hält inne, nach einem Blick auf die Straße; mit wachsendem Ernst und sehr temperamentvoll; hat sich gesetzt, steht gleich wieder auf; beschwörend, so eindringlich wie möglich; schlägt lachend die Hand auf die Schulter und weicht vor sich selber zurück, ehe die Hand auf der Schulter liegt; von links kommt niemand, von rechts auch nicht, sein Blick hängt in der Luft; denkt an das Vergießen des eigenen Blutes, macht dazu provisorische Handbewegungen in Richtung Herz; mit einer Kopfbewegung zu der wie eine Fata Morgana schimmernden Asphaltstraße hin; gibt sich die Hand und grüßt seine Einsamkeit; ohne Übergang lacht er triumphierend, fällt sich ohne eine Silbe zu sprechen ins Wort; schüttelt den Kopf, zusammenhanglos; er kann nicht länger schweigen, stärker als vorher, entschlossen, alles zu sagen, wird aber, ehe ein Wort von den Lippen kommt, vorerst wieder passiv; mit weit ausholender Verbeugung zeigt er gleichzeitig unbeirrt auf den Widerschein des Feuers, erbittert und belustigt; genießt, was er sagen will, spricht es aber nicht aus, verharrt mit halboffenem Mund wie jemand, dem das Wort mit ausholender Gestik abgeschnitten wird; die Flamme sinkt tief in sich zusammen, sein Blick geht bis auf die glühenden Kohlen mit, dann hebt er den Kopf wieder, nach links, nach rechts; ein Hahnen- und ein Pfauenschrei; beängstigend vor sich hinsehend; erfaßt wieder seinen Arm, kämpft mit den Tränen; die Hände der beiden Erhängten flechten sich wieder zu einem Zopf ineinander; kindliches Lachen, Mädchenzöpfe und blutunterlaufene Augen, Fingerflossen spreizen und schließen sich . . . Jakob . . . Robert . . . vier pendelnde Füße, steife Zehen, Zigarettenstummel; Zuruf, während er wie von einer Kugel getroffen einknickt und zwei, drei oder vier Schritte nach rückwärts geht, sein Blick erstarrt vor einem schwebenden, blutbetupften Watteball; achselzuckend, unsicher, nervös, lautlos, abwehrend, aufbrausend, außer

sich, will plötzlich nicht mehr ermordet werden, stolz hebt
er den Kopf und geht am Zorn der anderen Menschen
vorbei.

Ich bin plötzlich heilfroh, nicht wie im Vorjahr im *Albergo Adua* vom Hotelier mit den weißen Handschuhen empfangen zu werden – weiße Handschuhe, mit denen er die Haut seiner Hände verbergen wollte, die Geschwüre aber leuchteten durch den Stoff wie Kerzenlicht, das man hinter einem Vorhang schimmern sieht. Ich schlafe mit dem Gedanken an diese Geschwüre ein, während meine Hände gekreuzt auf der Brust liegen, als ob ich mit dieser Geste mein schwerschlagendes Herz beruhigen wollte. Das Licht wird mit einer Handbewegung geköpft, schwarzes Blut fließt über mich her; die Hände ringen mit dem Herzen im angeketteten Schlag der Uhr, deren Zifferblatt plattgedrückt auf der verwesenden Brust ruht, währenddessen stürmt unangefochten der Leib im weißen Leinen zum Schlaf. Soll ich jetzt ein Tier oder gar einen Menschen um Hilfe rufen? Ich will aus dem Bett springen, zur Tür heraussehen und den leeren, gähnenden Gang, dessen Boden mit einem roten Teppich ausgelegt ist, ins Zimmer holen. Der zuckende Hahnenkopf und der aufgespreizte Schnabel des weißen Pfaus sind wieder da. Schnell schließe ich die Tür, nur der Schrei des Pfaus dringt ins Zimmer, der Kopf bleibt draußen auf dem Teppich. In den Träumen bewegt, zuckt der Teppich wie eine Zunge und spricht zu mir, lallt unverständliche Worte, auf denen Menschen herumgetreten sind. Menschen mit Zwergaugen, mit den Geschlechtern von Riesen, niedergebrannte, bis zur völligen Unkenntlichkeit verstümmelte anorganische Seelen wälzen sich mit mir im Bett hin und her, heben den Kopf in die Höhe, strecken die Hände nach der Kälbermilch meiner Mutter, an ihrem Brustkorb streckt der Hahn mit jedem Schluck den Kopf zum löchernen Himmel, und meine Tieraugen verkennen die Milch als das Blut ihrer Liebe. Die Milch verschränkt ihre Arme, öffnet die Hände langsam zur Schale, aus der ich und die beiden Erhängten trinken. Mein Kopf liegt, von ihrem roten Haar zugedeckt, auf der Brust, meine Finger spielen mit den roten Locken, die sich wie Würmer kräuseln und meine Stirn kühlen. Eiswürfel schießen aus meinen Hüften, eine erigierende Maschine mit eisenbeschlagenem Herzen, das zum Tam-Tam in meiner Totem-Brust pocht. Wie sehr ich dein kannibalisches Lachen liebe, die Zähne weißer Bergspitzen, in eineinhalb Meter Höhe rinnt der Pulverschnee aus deinen Augen, die roten Haare überströmen mein Gesicht, ich bemühe mich an einem Haar zu ersticken, aber unsere Stirnen stoßen lebendig aneinander, wie ich mich als Kind an die Haut eines Birkenstammes lehnte, der Schweiß an unserer Stirn überschwemmt unsere Leiber, trägt uns in die gottgewollte Sintflut, Arme und Beine auseinandergestreckt, deine Beine wie eine Astgabel, in der leichtbehaarte Pflaumen wippen, weiße Blüten der Lust gehen in deinen Augen auf, das eine überdrehte, weiß gewordene Auge verschmolz eine plötzlich nichtssagende Körperlosigkeit mit dem Tod, und dieser Bienenschwarm um deine Augen, dein Speichel, der den süßen Geschmack des Honigs mit dem bitteren Blut meiner aufgesprungenen Unterlippe vermischte. Mein Leib ist deine Erde. Als ich einmal zwei Buchstaben gleichzeitig zum Anschlag brachte: als ob sich unsere beiden Hände wie zwei Typengabeln aneinanderklammerten und im Todeskampf um das letzte anzuschlagende Wort rängen. Aus unserer Erde wachsen violette Veilchen, die unsere Kinder zertreten werden. Sie ruhte mit hohlen Augen auf dem Sockel meines mit rotem Plüsch überzogenen Herzens und regierte in zwergenhaften Bewegungen, mein Geschlecht wie ein Zepter in der Hand haltend, das Fleisch. Aber in ihrem Schoß ist ein schwarzes Zelt aufgeschlagen.

Leidenschaftlich, lächelt abwinkend, geht mit Entschlossenheit auf sich selber zu, bemüht, sein Widerstreben nicht merken zu lassen; zwei Knie fallen auf eine Gebetbank; die Sprache ist geknebelt.
Einem wurde die Ader geöffnet, Hunderte mußten bluten.

Die Mutter geht an den Leuchter und dreht den Hahn ganz auf. Beide Erhängte werden vom Licht buchstäblich überflutet, eine Katzenpfote schnellt vor.
Ich habe die Füllfeder offen auf dem Bett liegen, damit sie mir in der Nacht, wenn ich mich unruhig hin- und herwälze, ins Herz stoßen und im Innern des Organs *ich liebe dich* schreiben kann.

Die geballte Faust an der Stirn, im Herrgottswinkel strickt eine Spinne ein Netz, ein Kind kriecht aus seinem Versteck.
Als er am Strick hing, das Kinn auf der Brust lag, war es, als ob er eine letzte, starre Verbeugung vor den Dorfleuten, die seinen Tod gezüchtet hatten, machen wollte. *Macht den Versuch zu gehen, erregt.* Ein Gehenkter stirbt sofort, nur sein Herz schlägt noch eine Zeitlang weiter.

Erschauert, wird immer kleiner, nimmt die Hand seines Freundes, zählt seine Finger, spitzt seine Lippen zum Kuß.

Er läßt die Hand küssen, er ist tot.

Er schweigt, hat nach hinten auf den Lautsprecher gezeigt, der jetzt folgende Meldung durchgibt; nach jedem Wort eine hahnenschreilange Pause.
Ihre Angst, daß sie ein Kruzifix gebären wird, auf dem eine embryonale Figur mit aufgepflockten Händen und Füßen fixiert ist, die die Worte *mit absolut täuschender Entrüstung* Mutter, *allmählich überzeugender, eindringlicher* Mutter zu formen beginnt. *Mit steigender Erbitterung und dem Versuch, vom toten Jakob abzulenken.* Mutter.

Mit jedem Satz kommt er einen Schritt näher.
Ich werde für diesen Menschen sterben, damit mein Leben in Erfüllung gehen kann.

Er streckt sich mit gekreuzten Armen unter dem Trambaum und streckt seine Füße vor, die Zehen spielen mit dem Kalbstrick.
An seinem Verwesungsgeruch werde ich erkennen können, ob der Gott meiner Kindheit tatsächlich ein Mensch wie du und ich war.

Das Schreien eines Kindes begleitete mich zur Schreibmaschine, während Horst seinen Kopf auf meine rechte Schulter legte. Seine Augen schimmerten im ruckartigen Pochen seines Herzens. Der weiße Mond zerriß die Wolkenflecken zu Lumpen. Hähne schrien, Kinder langten mit ihren kleinen Händen nach dem Saum des Unterrocks der Mutter. Kälber leckten Milch aus der blechernen Schüssel. Ihre Zungen umkreisten den Rand der Schüssel und nahmen Tropfen für Tropfen auf.

Schwalben zogen Ackerfurchen durch die Lüfte. Spatzen und Hühner vegetierten am Kothaufen. Türflügel schwankten. Von den Lippen des Pferdes tröpfelte der Hafer. Der Knecht drängte mit einer Mistgabel eine Milchkuh zur Seite. Mistgabel ist Knecht geworden. Knecht war manchmal Tier, manchmal Kind und manchmal Mensch: Knecht tötete Katzen und streichelte Kinderköpfe. Knecht schlug Kinderwangen und trat Kinderfüße, Knecht rauchte Zigaretten und brannte die Augen der neugeborenen Katzen aus, die er in einem Jutesack in den Draufluß versenkte. Eine Schnitte Weizenbrot zerriß er wie ein Stück Papier und warf sie in den Herrgottswinkel. Der Dorfpriester betete für ihn. Die Lippen des Knechts murmelten Worte, die das braune, weiße, schecäkige, schwarze Fell der Stalltiere erbleichen ließen. Liefen ihm Kinder durch die Beine, lachte er, wenn er gleichzeitig einen Peitschenhieb auf die Flanken der Milchkühe treiben konnte. Seine Füße und Hände waren voller Tierkot. Vor dem Kinderkot grauste ihm, nicht vor dem Tierkot. Mückentötend fuhren seine Hände in wildem Wirrwarr durch die Nacht, während aus seinen Nüstern der Rauch der Zigaretten stieß. Außerhalb seines Leibes kannte seine Wut keine Grenzen. In seinem Inneren streichelte er das Kind, das er war. Die blonden Locken verdeckten die Augen. Eine erdknollenschwere Hand streifte sie auf die Stirn zurück. Die kleinen, kükenweichen Hände bohrten sich in den Spielsand, der als Bodensatz seiner Kindheitserinnerungen zurückgeblieben war. Vom Sand hinter den Nägeln waren seine Finger schwerer geworden. Seine kindliche Brust weitete sich im Laufe der Zeit zu einem erwachsenen Oberkörper aus. Das Kruzifix war mit ihm und in ihm aufgewachsen. Der Körper des Gekreuzigten reckte sich in die ausgewachsene

Länge des Knechts. Den Kampf, der sich in seiner Seele vollzog, verloren immer die Tiere und Kinder. Mit lidflügelschnellen Bewegungen spritzten die Schwalben das Regenwasser von ihren Federn. Aus den verschwommenen Fenstergläsern sahen zwei, vier, sechs Kinderaugen. Die Zapfen der Fichtenbäume wippten unter dem stramm haltenden Ast. Der Knecht hob die Hand und strafte das Holz des Kruzifix. Die Kinder erschraken und begannen zu beten. Karpfen und Hechte schwammen die Länge der Tümpel ab, drehten am seichten Ufer mit einer Flossenbewegung und schwammen denselben Weg zurück. In Hundeseile liefen Katzen über Maulwurfhügel. Ein Kind hielt den lockeren Pelz der Maulwurfhügelerde in seinen Fäustchen und begann Erde zu essen. Die Augen starrten, während der Mund kaute. Die Mutter eilte zum Kind und riß ihm den Mund auf, Erde bröckelte heraus, das Kind hustete, die Mutter schrie, krümmte wieder ihren Zeigefinger, fuhr in den Mund und warf in weitem Bogen schwarze Erde heraus. Mit offenem Mund und geschlossenen Augen starrte das Kind in das Innere seiner Mutter. Die geleerte Zunge spielte wieder mit dem Gaumen. Schwarz waren die Zahnecken, die mit dem Lachen des Kindes das Grinsen eines fletschenden Tieres entblößten. Unbeweglich standen die Heuschober im wehenden Wind. Nur die äußersten Halme richteten sich wie die Stacheln eines Igels auf. Der Geschmack warmer Kuhmilch in meinem Mund bringt das Blut meiner Mutter in der Halsschlagader des Sohnes zum Aufwallen. In meinem Hals schlägt ihr Herz an einem anderen Ort. Manchmal drohte es mich zu ersticken. Zusammenzuckend, kniebeugend halte ich den Krebs einer Dorfüberschwemmung in der schalenförmigen Hand an meine Brust. Seine Fühler zittern wie die Nerven meiner

Mutter. Ich hebe den Kopf mit dem Stolz eines Pfaus, der seine Federn zur Schau stellt. Vor meinen Augen zeichnen sich hinter der Fensterscheibe ihre Gesichtszüge ab. Ich sehe sie an: Das eine Auge tränt, das andere sieht mich im Fieberblick. Ihre Lippen sind feucht, ihre Gesichtsfarbe rosarot so wie die Farbe ihres Geschlechts sein muß. In ihren Händen hält sie ein Bündel Heu, auf das sie, wie andere unter der Erde, unter meiner Schreibmaschine ihren Kopf legen wird. Meine verschwimmenden Augen werden kaum sehen können, wie meine Hände ihre erstarrten Augen schließen werden. Ich werde ihr Totenkleid tragen, meine Hände werden mit der Kunst eines Totenwäschers ihren Körper säubern. Speichel und Tränen werde ich dazu verwenden. Tränen meiner Kindheit werden mir für mehrere Nächte aus den Augen kommen. Ich werde ihr rechtes und linkes Augenlid heben und ihren Blick anstarren. Meine Tränen werden sich zu Eiskeilen spitzen, die an meiner Hilflosigkeit schmelzen werden. Hähne werden schreiend im Ohr meiner Kindheit das Trommelfell der Mutter zerreißen. Kälber werden an ihren Stricken zerren. An ihren Beinen, die ich als Kind tausendmal umarmte, werde ich meine Finger brechen. Schon jetzt rieche ich ihr Totenkleid: Erdäpfel und Milch. Manchmal drang, während mein Kopf in ihren Hüften lag, durch die Erdäpfelschürze der Geruch des Blutes, dann weinte ich, mein Körper schüttelte sich, wie sich die Hähne nach dem Wassertrunk schütteln, während mir die Mutter Zöpfe in mein langes, kastanienbraunes Haar flocht. Sie gab mir Brot, und ich aß, ich hielt ihr meine Hand hin, und sie nahm meine Hand in ihre Hände und legte sie dankbar auf ihren Schoß. Ihr Speichel säuberte meinen Sand-, Brot- und Schokolademund. Sie liebte meinen Kinderkot, wie ich ihren Toten-

geruch lieben werde. Ferkel grunzten im Stall. Die tiefhängende Glühbirne entzündete ihre Augen. Mit hocherhobenen Flügeln liefen Hähne aus dem Stall, wenn der Knecht mit Mistgabel und Schaufel um sich schlug. Schwalben zogen wie schwarze Blitze davon. Versteckt fütterte die Magd mit ihren Brüsten ein neugeborenes Kalb. Eine Garde Ratten schlich vom Dachboden über die sechzehn Stufen der Stiege zu den keimenden Erdäpfeln in den Keller. Die nägelbeschlagenen Schuhe des Bauern stampften Blut, schwarzes Fell und weit aus dem Kopf glitzernde Augen aus dem Holzboden hervor. Zwei, drei Fußbewegungen, und die Überreste der Ratte waren vor der Schnauze der Katze angekommen. Dem lebenden Tier warf er ein totes Tier zum Fraß vor. Die Angst, daß er einem lebenden Kind ein totes Kind zum Puppenspiel vorwerfen könnte, trieb das Kind für mehrere Stunden in den äußersten Winkel des heuüberladenen Stadels. Eine Zeitlang spielten die Pfoten der Katze mit dem toten Tier, schließlich trennte sie den Kopf vom Körper und ließ beide Teile in einer Stallecke liegen. An den Schnauzenhaaren der Katze hingen ein paar Tropfen Milch. Mit der Schnelligkeit eines Leguans, tauchte sie ihre Zunge in die Milch. Hätte mich meine Mutter gefressen wie die Ferkelmutter manche ihrer Neugeborenen fraß, hätte ich nicht den Tod des Vaters herbeisehnen müssen, könnte aber auch keine Mutter lieben, wie sie mich und ihre anderen fünf Kinder liebt. Wäre ich tot, könnte ich Lichtjahre lang von ihr träumen. So lege ich mich jede Nacht in die Bauchhöhle meines Bettes zurück, manchmal auch des Tags, wenn ich müde bin und mein Kopf die gedankenlose Leichtigkeit eines Kindes mit sich herumträgt. Wenn ich ins Brot beiße, Fleisch esse, überfällt mich der Gedanke an ihren kommenden Tod. Ich sehe zum

Fenster hinaus und bewundere den blütenprächtigen Kirschbaum, der in ein paar Monaten mit unzähligen, von Regen und Hagel gespaltenen roten Früchten übersät sein wird. Eine dieser Kirschen suche ich mir für ihren Tod aus: Sie wird die gespaltene Frucht ihres Leibes sein. In irgendeinem Obstgarten in Klagenfurt, vor einer halb-verfaulten Kirsche, werde ich den zukünftigen Tod meiner Mutter beweinen, den ich als Kind jede Nacht beweint habe. Oft waren ihre Brustwarzen von zwei oder drei Kindermündern verwundet. Vor ihr stand der Landarzt und hantierte mit verschiedenen Geräten. Scheu blickte meine Mutter über seine Schultern hinweg zu ihren Kindern, zu mir, zu meinen Brüdern und zu meiner Schwester. Die Magd stand am Holzofen und wärmte sich die Hände. Holzsplitter zog sie aus der Haut und warf sie ins prasselnde Feuer. Der Landarzt gab der nickenden Mutter Anweisungen. Die Kinder horchten, aber verstanden kein Wort. Der Vater hielt Speck, Brot und Messer in seinen Händen. Der Überfluß der Armut verleitete mich dazu, eine Unzahl von Brotkrumen auf den Boden zu werfen. Vier oder fünf auseinandergebrök-kelte Brotstücke auf dem Boden zu meinen Füßen brachten den Kalbstrick zum Tanzen. Der Knoten war hart und genau gelegt. Das Blut kannte keine Grenzen. Der Mund schäumte, der Körper verfiel in ein epilepti-sches Zucken, der Kopf schlug den Holzboden bewußtlos, und aus den Heiligennägeln der Fußbretter tropfte das Blut der Mutter: Sie entriß dem Vater den Kalbstrick und drängte ihn zu den Tieren heraus. Im Stall war es still: Die Tiere horchten auf das Blut der Menschen. Die Schwalben verharrten an ihren Nestern. Die hungrigen Mäuler der Schwalbenbrut waren verstummt. Der Hund bewachte nur mehr sein eigenes Fleisch und das splittrige

Holz seiner Hütte. Die Milchkühe verharrten in der Schwere ihrer Leiber. Das schwarze Pferd blickte in den weißen Spiegel auf dem Kopf des Fohlens. Katzen drehten ihre Schwänze im Halbkreis um ihren Körper. Erst als zwei Hühnerfüße auf zerbrochene Eierschalen traten, zerriß die Stille und löste wieder den Rhythmus der Stallgeräusche aus. Zwei Liebende kamen bloßfüßig den regenschweren Feldweg entlang, vorbei an morschen Zäunen und rostigen Nägeln. Am Fuß des Gottes meiner Kindheit, der seine blutenden Zehen schwer auf den Häuptern lasten ließ, ging niemand vorbei. Die Dornenkrone des Stacheldrahtes wand sich um ihre Köpfe. Ein Pferd, dessen braunes Fell vom Regen glänzte, hob den Kopf, senkte den Pferdekopf des Vaters, wandte ihn nach links, trottete ein paar Schritte vor, blieb schließlich, den einen Huf in einen Maulwurfhügel gedrückt, stehen, stieß schnaufend den Kopf ins Gras und trennte das Gras schmerzhaft wie Körperhaar vom Leib, kaute das Büschel und faßte die Landschaft und die beiden Menschen darin mit seinen großen, eitrigen, von Fliegen gerahmten Augen ein. An ihren Fußsohlen teilten sich die Wasserlachen wie halbierte Roggenbrote. Sie wälzten sich im Stroh und im Regen wie im Himmel und auf Erden.

Einmal ging mein kleiner Bruder mit einem Spielzeugpflug, das der Vater beim Jahrmarkt kaufte, auf den Friedhof.

Der Pferdekopf des Vaters schlägt wild im Strohbett um sich, wo in einzelnen Halmröhren das Gebärblut meiner Mutter stockt, seine Hände krampfen sich um die Zügel der Bettdecke – ein Fohlen wiehert zum ersten Mal in seiner Stirnhöhle –, er schnalzt und galoppiert über die eingezäunten Kleefelder, hinaus in die Auen, wo der

*Draufluß die beiden Ortschaften teilt. Neben ihm schläft
die Mutter mit dem sechsfachen Atem ihrer Kinder, ein
Mädchen, fünf Buben. Das phosphoreszierende Kruzifix
kreuzigt ihren Schlaf. Das keuchhustenkranke Kind
schreckt die Mutter immer wieder auf. Bellt das Kind,
hebt sich ihr Körper, senkt sich in seinem Atemweg, hebt
sich wieder. Der Gott meiner Kindheit strotzt wieder von
Blut, erschrocken fährt sie in die Höhe, schaut nach dem
Kruzifix, fällt mit tausend Menschen einen Berg hochge-
hend wieder in den Schlaf.*
Seit ihre Mutter tot ist, ist sie die Tochter einer Toten.

*Sie senkt den Kopf. Ihr Hanfstrick löst sich, rutscht, gleitet
über Schultern, Rücken, Arm, Stuhl auf den Boden, sie
hebt ihn wieder auf. Sie umschlängelt den Hals, den mit
einem roten Kreidestrich der Tod Jakobs kennzeichnet,
bleibt ruhig liegen. Ihr zu Füßen liegt der blutige
Kalbstrick. Ihr Blick löst sich nicht mehr davon, bis die
Dämmerung hereinbricht und der Tod Jakobs an jedem
ihrer Körperteile zu schmerzen beginnt. Mit hochge-
streckten Flügeln laufen zwei Hähne über den Platz.*
In dem Leichenzug des Gottes meiner Kindheit werden
die Dorfbewohner wie an Ketten gefesselt mittrotten.
Den wiehernden blumen- und girlandengeschmückten
Zugpferden, die die vorläufigen Augen Gottes in sich
tragen, werden violettfarbene Engel meiner Kindheit den
Eiter aus den Augenrändern schöpfen. Die Menschen
dort werden blinde Seelen in sich tragen.

*Drauflußnebelschlangen kriechen langsam heran, durchs
Dickicht und ins brachliegende Feld hinaus. Rinder brüllen,
stoßen Nebelschwaden aus den Nasenlöchern. Das einge-
zäunte Feld hält Wache über seine tierischen Gefangenen.*

Er geht gebückt und verschlossen, krallt sein Leben in sich zusammen.

Sie keucht, als sie wieder aufrecht steht, neigt sich nach einer Seite, preßt den Kalbstrick gegen die Rippen und stöhnt.
Sobald mich ein Mensch ansieht, zwingt er mich zum Schreiben. Sollte ich meine Seele operativ entfernen und meinen seelenlosen Körper dem Menschen zurücklassen, den ich gerade beschrieben habe?

Legt seine Arme einem Paar auf die Schultern.
In mir ist ein Mensch verankert, der ich oft selber nicht sein will. Er taucht hinab und kommt wieder aus meinem Hals an die Oberfläche der Welt.

Bleibt steif stehen, Krampf hat ihn gepackt.
Wenn die Menschen einmal nicht mehr werden bluten können, wird es keine Toten mehr geben.

Jemand veranstaltet mit großem Zirkus eine Straßensammlung.
Man hätte Jesus, als er gekreuzigt wurde, wenigstens von seiner Haut befreien müssen, wenn ihm schon niemand seine Leiden abnehmen konnte.

Er blinzelt seinen Zuhörern zu.
Mit jedem Menschenleben, das er rettete, verlor er mehr und mehr seine Humanität.

Gezwungen, seinen Finger im Halsband.
Vor Mördern habe ich weniger Angst als vor Ärzten und der Priesterschaft.

Gierig steckt das Kind eine keimende Kartoffel in seine
Tasche, schiebt dann seinen Arm unter den Kopf des
neugeborenen Bauernkindes, liebkost es mit geschmeidi-
ger Wärme. Das größere Kind lächelt unbehaglich, hebt
das Kleinkind auf und geht mit ihm, in die Fußstapfen
seines Vaters tretend, in den Schnee hinaus, zum Drau-
fluß hinunter, vorbei an den reifbehangenen Stacheldräh-
ten, die wie nach einem Sonnenbad glitzern, das ihre
gefährlichen Spitzen, die im Sommer und Herbst voller
Blut und Tierhaare sind, verharmlost, weiter die Feld-
wegschlange entlang, hinunter bis zum weit offenen Maul
des Spitzangers, vorbei an den stechenden Augen eines
Kalbes in den Rachen des Angers, vorbei an den weißen,
gefährlichen Zaunzähnen zum reißenden, an den seichten
Ufern mit Eistafeln belegten Fluß. Das ausgebrochene
Kalb blökt, Schnee an der Schnauze. Mit dem kleinen, auf
seiner Brust schlafenden Menschenpaket geht das Kind
am Drauufer entlang, kehrt wieder um und schaut über
die Stirn des schlafenden Bruders hinaus zu den Strudel-
wellen. Dort, wo Katzen und kleine Hunde, in Jutesäcken
verpackt, jämmerlich ertrunken sind, trachtet das Kind
nun nach dem Tod seines kleinen, zehn Jahre jüngeren
Bruders. Du sollst diese Welt erst gar nicht kennenlernen.
Seine Händchen riechen nach Urin, sein Mund zittert wie
ein Eiskorn, das die Sonne zu schmelzen droht. In seinen
Ohren brüllen die toten Katzen und Hunde nach dem
Leben des Neugeborenen. Bauernblut gegen Katzen- und
Hundeblut. Das Kind haucht seinen weichen, warmen
Atem auf die frierende Gesichtshaut des Kleinen, der
schwer ist wie ein Bündel Stroh, das an der Oberfläche
der Drau entlangzieht: In der Fantasie füllen sich die
Strohhalme mit Wasser und mit dem Leben des Neugebo-
renen. Nein, ich kann es nicht in den Fluß werfen, ich

würde einen Teil meiner Mutter umbringen. Ängstlich umklammert das Baby den Hals des Kindes, das fürchterlich zu weinen beginnt und immer wieder die Stirn, die Nase und den Mund des Babys, seines Bruders, küßt. Am anderen Ufer zertritt klirrend der Gummifuß eines Fischers dünnes Eis, aus dessen Loch die Hand eines Kindes fährt. Der Vater wird mich nach dem Gebet schlagen. Und für mich werden die Kälber, Hähne und Pferde brüllen. Das Stroh wird knistern, wenn ich hineinfalle, und die blutige Nase werde ich mit den Halmen säubern. Die letzten Tropfen des Bluts meiner Mutter werden Kosmetik für meine blassen Lippen sein. Ich danke dir, Vater, daß du meinen Haß aus dem Körper geschlagen hast. Dein Tod wartet auf mich. Du und dein Pflug, deine schneidigen Arme und die scherenden Flügel deines metallenen, besseren Ichs fahren zur Hochzeit die Hohlwege der Ackerschollen entlang, grünes, wehendes Gras ist der Brautschleier, die Lippen des Zugpferdes setzen zum Kuß an, aus dem unzählige Weizenähren wachsen, und wir essen das blutige Brot. Die Mutter trocknet die Perücke deines Kälberbalges, der morgens, wenn du aufstehst, vor deinen Füßen beim Bett liegt. Tritt auf die Augen des Kalbes, damit deine Seele erblindet. Trag dein Holzbett zurück in den Wald, damit Fichten aus dem Kopfpolster wachsen. Leg dich ins Moos und beginn von vorn, aber laß die ertränkten Katzen an deinen ausschlagenden Füßen lecken. Deine Zehennägel sind Rattenschwänze vom Dachboden deines Hofes, die ängstlich vom einen Zeh zum anderen ausweichen, vor den hungrigen Katzen davonlaufen, die entlang der Straße, die völkerverbindende Verkehrstote ins Dorf wirft, oder den Fischen zum Opfer fallen. Mit Kinderstimmen schreien Katzen in mir. Unter den toten Tieren, mein Vater, bist du der einzig Lebendige. Meine Seele haben die menschenähnlichen Tiere im Stall ernährt, für meinen Leib, der hungrig oder satt und liebebedürftig war, warst du verantwortlich. Du brachtest mir mit der Mutterhand Brot, sahst mich neugierig an, aber daran erstickte ich nicht, ich kaute das Brot und glaubte, in deinen Tod zu beißen mit ein wenig Bauernbutter drauf. Jetzt, während ich schreibe, werfen deine müden Hände noch immer den Kot der Tiere in meine Seele, daneben steht der Mistwagen, Gabeln dringen in den Kot wie in meine Eingeweide. Die neugeborenen Ferkel hocken wie frisch gepflückte Grafensteiner Äpfel in einem Korb übereinander. Deine Mutter gebar dich, meine Mutter gebar mich, gezeugt hat mich die Geburt meiner Großmutter väterlicherseits. Die Flanken der Kälber drängen aneinander, Hähne schreien, und der dressierte Hund ist mit fletschenden Zähnen der Hausherr der Hoftiere. Ein Tierarzt geht mit weißem, blutbeflecktem Schleier um die Schultern schnellen Schrittes durch den Flur über den Hofplatz in den Stall hinein. Das Kind steht zu seinen Füßen und mißtraut den Geräten, die in die Scheide einer Milchkuh gestoßen werden. Der Tierarzt zieht eine Gummihaut über seine linke Hand. Er mißhandelt das Kind, indem er das Tier, die Milchkuh oder ein Kalb, vor dem Tod rettet. Das Kind hätte so gern den Tod eines Tieres gesehen, um einmal nicht über den eigenen, schmerzenden Leib weinen zu müssen. Der Arzt aber tut sein Schlechtestes und rettet das Tier, während das Kind lange die blutbeschmierte Gummihand des Arztes betrachtet. Gründlich untersucht das Kind mit einem langen Blick seine Augen. Ein Kind lebt in ihm auf, das sieht man. Die Gebärden des Arztes werden souveräner, bevor noch das Blut von der Hand gewaschen ist. Sein

Körper macht die Wendungen eines Tänzers, der Tiere zum Publikum hat. Die Geräte in seiner Medizintasche applaudieren. Die Strohhalme streiten. Der Vater lächelt mit seinem Ferkelgebiß die überlebende Kuh an, Milchtränen der Freude rinnen aus seinen Augen. Die Magd hält ihre Hand der Zunge eines leckenden Kindes hin, das nichts anderes als ihre Kälberliebhaberei parodiert. Gebt den Menschen im Dorf, was der Tiere ist. Der Tierarzt nimmt ein Kruzifix aus seiner Tasche aus Kälberfell und setzt einen Fingerabdruck Milchkuhblut auf die kleine Gestalt, genauer die Stirn, die Lippen und die Brust, steckt es wieder hinein und klappt schnell und geheimnisvoll die Tasche zu. Tote Mücken fliegen in den Mündern der Schwalben über die Köpfe aller, die auf Leben und Tod des Tieres hofften. Ein rosarotes Ferkel rührt sich und blinzelt mit seinen chinesischen Schlitzaugen, denen man eine Hostie spenden möchte, dem aufreizenden Glühbirnenlicht entgegen, das einige Zentimeter über seinem Kopf schwankt und Wärme spendet. Der Tod im Stall mußte dem Leben Platz machen. Die Tiere bekamen das Futter, das den hungrigen Kindern zustand. Das Leben ist einen Tod wert, mehr nicht, aber auch nicht weniger. Riechen Haus und Mutterschürze nach Erdäpfeln, dann riecht die ganze Welt nach Erdäpfeln, der Tierkot und die Ohren des Kalbes, in die das Kind Worte des Sterbenwollens flüstert. Unentwegt, die Augen zur tröpfelnden Mauer gerichtet, frißt das Kalb frisches Gras. Das Kind sitzt inzwischen auf dem steifen Rückgrat des Kalbes und faßt mit seinen beiden Händen dessen Ohren, reißt den Kopf nach oben, leicht schwingend fallen Gräser vom Maul, das Kalb zerrt an der Kette, auf der steifen Zunge, die aus dem Maul starrt, tanzt der Haß des Tieres, das auf seinem Rücken ein Kind hat. Das Kalb brüllt. Milchkühe und Pferde schwenken ihre Köpfe wie angekettete Kameras und zerren ihre Ketten blutig. Aus den Stallecken starren die lebendigen Augen der Schwalbenbrut. Fledermäuse hocken in ihren eigenen Leibern verbarrikadiert wie kinderhandgroße Pflaumen in der Dämmerung der Nischen. Ein anderes Kalb saugt inzwischen die tödliche Krankheit einer Milchkuh aus dem Euter. In den blutunterlaufenen Augen der Kuh lächelt das Zahnfleisch des Vaters. Die Strohhalme sind voll gelben Eiters. Die dunklen Augen des Vaters voll schwarzer Pest. Seine Gesichtshaut wird zu einem Stoppelfeld, über das Pferd und Kind die legendären Spuren ziehen. Seine Zähne ackern in einem Schwarzbrotstück. Sein Haß überzieht den Rücken des Kindes. Eine blutende Hand teilt seine Seele wie der Priester den Leib Christi halbiert und Zwillingen in den Mund schiebt. Der Haß rudert in ihm, als ob er von einem Leben verfolgt würde, das einen Schiffsanker über dem Kopf immer schneller dreht, bis seine Ackerhand ausschlägt und auf den Rücken des Kindes kracht. Seine Finger halten die Wirbelsäule des Kindes umschlungen, das sich aufbäumt, schreit, der Körper des Vaters stolpert vor, blutiger Speichel tröpfelt von den Lippen des Kindes, es wirft den Kopf hin und her, die Mähne seiner Haare steht lotrecht über dem Staub des Gottes meiner Kindheit, der in schneller Reihenfolge Kruzifixe aus den himmelgebärenden Wolken wirft, bevor das Kind, von den fürchterlichen Schlägen zu Boden getrampelt, stöhnt und nach den wassertrinkenden Hähnen und der Mutter ruft. Der tobende Vater verliert Samen, mit ausgestreckten Händen eilt die Mutter herbei, das Geschlecht des Kindes ist vor lauter Schmerzen wieder steif geworden. Am Ende seines Leibes hockt der Tod, gefiedert wie ein Hahn, aus dessen abgeschnittenem Hals das Blut der hungrigen Dorfkinder tropft. Die gelben Füße nach oben, die Krallen dem hellblauen, schönen Himmelszelt entgegen. Während der Vater das Kind schlug, kam ihm mit dem Zug der ausholenden Hand einmal die Notwendigkeit, ein Kalb zu schlachten. Zwei Tage später war es so weit, das Kind konnte zusehen, wie ein Kalb geschlagen wurde, und es konnte seine Seele am Blut des Tieres wieder reinigen. Ein weihrauchschwenkender Priester trottete in seiner Stirnhöhle umher. Das Kind verpaßte dem Kalb ein christliches Begräbnis. Der weinende Vater und die hungrige Mutter gingen als trauertragendes Paar hinter dem karrenziehenden Pferd her die Dorfstraße entlang in Richtung Kirche. Der Himmel brachte seinen Tropfensegen. Die Regentropfen schnalzten mit der Zunge des Vaters und trieben die überlebenden Kälber in den Anger hinaus. Die Dorfglocke läutete. Zwei Mütter, deren Söhne, zehn Zentimeter über dem Boden, einander liebkosten, schrien und pflockten ihre Handgelenke ans Kruzifix ihrer Leiden. Die Hände der Mütter gingen in die Höhe und fielen mit den Körpern ins Heu. Die Flanken der Milchkühe stießen aneinander, erschrockene Milch tröpfelte kleinweise aus dem Euter. Urin näßte ihre nackten Oberschenkel. An der Unterseite der Schürze, die noch immer nach Erdäpfeln roch, zeichnete sich ein feuchtes Dreieck ab. Aus ihrem Schoß fühlte sie eine Nabelschnur wachsen. Das geknebelte Kind rang im drehenden Fall um Leib und Leben. Jakob ist tot, ich trotzdem nicht. Meine Finger, die die seinen sind, ziehen mit seinen toten Augen über die Tasten der Schreibmaschine, lassen ihn noch einmal aufleben, damit ich leichter in den Tod gehen kann. Manchmal hängt, wenn ich morgens erwache, ein Kalbstrick aus meinem Mund. Des Nachts hatte ich erbrochen, seine Schmerzen, Alkohol und Blut, das ich an den Sehnen seiner Handgelenke sah. Die Lippen stottern und verrichten das Morgengebet des Hasses und der Liebe. Der Hofhund feiert mit einer Schneehaube auf dem Kopf inzwischen Hochzeit, nicht nur in meinen Träumen. Der Morgen hat die Nacht verschluckt. Die Mutter erwacht. Und an ihre Hände klammern sich die erstarrten Finger ihres Kindes. Die Uhr schlägt im aufkommenden Wind zur letzten Stunde des Tages. Eine Festminute des Hasses löst die Stunden der Liebe in Nichts auf. Trockenes Brot liegt zu seinen Füßen am Sargende, wo meine Welt beginnt, ein Krug Wasser, Weihwasser mit einem Fichtenzweigbüschel darin. Sein Hals ist mit einer Kette von weißen Nelken verziert. Angesichts des Toten schneiden die Schmerzen in meine bleierne Brust. Wie eine Kerzenzunge flackert mein Herz und stößt an mein Glied, das steif zu werden beginnt und für den Toten atmet. Der Speichel meiner Kindheit tröpfelt aus meinem Geschlecht. Auf seiner Stirn reflektiert der Spiegel einer Geschlechtskrankheit, die mir sein Tod brachte. Meine Hände zittern wie Birkenblätter, die sich der Last des Schnees entledigen wollen. Dieselben Hände, die im Traum das durchsichtige Lid über das Auge des Gottes meiner Kindheit zogen, flohen, schnell wie eine Ratte trippelnd, vom Kopf bis zu den Zehenspitzen hinunter, um mir zu beweisen, daß ich noch am Leben war. Draußen in der Küche tranken zwei Bauern Bruderschaft. Zigarettenstummel flogen aus dem Fenster. Ihre Hände tanzten über der Tischplatte und griffen nach den Gläsern voll Blut, das rechtzeitig, wenn der Glasrand die Lippen berührte, in Wein verwandelt wurde. Tassen klirrten, heiße Würste lagen auf der Holztischplatte. Die vier Füße des Tisches, auf dessen Altar Schnäpse, Wein, Brot, Wurst und unzählige gestiku-

lierende Hände hin und her geschoben werden, standen steif und haßliebend in den Boden. Meistens wanderten die Augen mit, machten Bergtouren, bis die Trauernden angesichts des toten Jakobs an der Spitze ihrer eigenen Leiden ankamen und vor dem Kruzifix standen und betend murmelten. Jakob ist tot, niemand kann ihm helfen, außer dem Gott meiner Kindheit, der gelassen den flehentlichen Gebeten zuhört und manchmal den Priester dazu ermahnt, das Zeichen des Kreuzes mit den Bewegungen eines schwerarbeitenden Schnitters über das Dorf und seinen Menschen und Tieren zu schlagen. Wolken wandern über den Köpfen aller hinweg, manchmal schütten sie Regen aus, dann brennt wieder die Sonne herab, und in der Hitze schrumpft das Dorf, bis nur mehr ein kleines, verdorrtes Weizen-, Roggen- oder Haferkorn übrigbleibt und das Dorf aus der Geographie des Landes Kärnten gelöscht ist. Jakob flucht, aber die Zunge, die aus seinem Mund hängt, kann keine Worte mehr formen. Die Trauergäste ertränkten sich in Wein, Schnaps und Bier, der aufmunternde starke Kaffee brachte ins Festgelage wieder ein wenig Trauerstimmung, mit der im Grunde genommen kein Mensch etwas zu tun haben wollte. Alles wird auf die Tiere abgeschoben: Die Tiere im Dorf fühlen den Tod eines Menschen, wie die Menschen den Tod ihrer geldbringenden Tiere beweinen. Da lernte ein Kind, das ich war, nicht vor dem eigenen Kopf ein Kreuz zu schlagen, sondern vor dem Kopf des Gekreuzigten, genauer, vor seiner Stirn, seinem Mund und seinem Brustkorb, der offenbar Hunderte Kleinkinder und Tausende alter Menschen und Tiere, Mücken und Schwalben, Ferkel und Milchkühe, trottender Pferde und hafertröpfelnder Mäuler der Zugtiere in sich herumträgt. An einer Rippe dieses Brustkorbes entlang gingen auch Jakob und

Robert, die von der Schlinge der dörflichen Haßliebe erfaßt wurden. Robert hing mit den Füßen nach oben wie ein Schlachtopfer, bis er abgeschnitten wurde und mit Hilfe der Dorfleute den Strick ein zweites Mal um seinen Hals schlang und auch seinen Freund daran kettete. Die beiden ließen sich fallen, bis sie zehn Zentimeter über dem Boden, schreiend und weinend vom Strick erlöst wurden. Der Tod war da und blieb in ihren Leibern stecken, obschon er noch anderswo im Dorf den Menschen und Tieren wie Nebelschlangen um die Füße kroch, eine Mutter in Ohnmacht versetzte und Kinder auf die Weiden der Felder trieb. Gott und Tod waren für die Dorfleute außerirdische Wesen, die immer irgendwo, ob in einer Heustadelecke, in der Feuerglut oder in den geschwollenen Armen und Beinen eines Kruzifixes fest verankert waren. Der personifizierte Gott war der Faustkämpfer gegen einen Tod, den jeder im Leib trug und anbetete. Und ich? Ich höre nicht auf zu weinen und zu lachen. Mit jedem Tod eines Menschen im Dorf verlängert sich mein eigenes Leben. Meine Brüder schicken mir Partezettel nach Klagenfurt, die ich entweder zerreiße oder zum Einwickeln von Speckbroten benutze. Lange sitzend in einem Klagenfurter Park kaue ich am Fleisch meiner Kindheit, das mir noch heute geschickt wird. Wenn ich das Summen der schweren Stromdrähte, die wie schwarze Haarsträhnen aller Dorfmütter über den breiten Feldern schweben, höre, glaube ich, daß meine Mutter mahnende Worte, eigentlich Liebesgedichte nach Klagenfurt telegrafiert. Wenn ich unvorsichtigerweise beim Montieren einer Lampe einen Stromstoß bekomme, ist es vielleicht der ausschlagende Pferdefuß des Vaters. Aber heute weiß ich, daß auch mein Vater mich liebt, nicht nur, weil ich weit weg von ihm bin, vielmehr ist der Haß, den *er in meiner Kindheit wie ein Stück Brot oder manchmal ein Bonbon übrig hatte, schließlich als geballte Liebe zum Ausbruch gekommen.* Aber immer noch brüllt er und schlägt meinen kleinen Bruder, der ich selber bin. *Ich bin dabei, meine Kindheit, die sich zwischen zuckenden blutigen Hahnenköpfen, trottenden Pferden, tänzelnden Kalbstricken bewegte, zu ermorden.* Ich werde das Kind, das ich war, umbringen, damit einmal, wenn auch erst auf dem Totenbett, meine Kinderseele zur Ruhe kommt. *Ich habe in dieser Geschichte, diesem Kindertotengedicht, Tode mehrerer Kinder beschrieben, die mir helfen sollen, meine eigene, mit bitterer Liebe und süßem Haß vollgestopfte Kindheit zu ertragen.* Nicht alle Kindertode, die ich beschreibe, sind fiktiv, manche ereignen sich stündlich. *Ich sehe noch heute die spottende Nachbarsfrau vor mir, als ich in den Heustadel ging, wo die beiden, Jakob und Robert, sich erhängt hatten.* Phlegmatisch: Traust du dich wohl hinauf? Mich würd' es grausen. *Ich ging hinauf und traute meinen Augen, denn ich sah, was ich immer schon wußte.* In meinen Ohren ballten sich plötzlich alle Geräusche des Dorfes, konzentrierten sich auf mein Trommelfell, das zu platzen drohte. In meinen Augen überstürzten sich unzählige Bilder. In meinem Brustkorb schlugen die Herzen der Toten. Ich wollte mein eigenes Herz wieder haben, das ich im leblos baumelnden Körper Jakobs zu finden glaubte. Sein Herz herausreißen und mit blutenden Händen davonstolpernd leblos sein, wenigstens für die Zeit einer Ohnmacht. Jedesmal, wenn ich das Wort Tod schreibe, glaube ich, daß meine Seele wieder einen blutkörperchengroßen Punkt reiner geworden ist. Während meiner Kindheit ist mein Leib nie, meine Seele tausendmal und öfter gestorben. Jetzt fühle ich mich als einer, der auszieht, um das Kind, das ich war, zu *ermorden, und hier vollzieht sich die Humanisierung dieses Mordes. Ich hoffe, daß man mich des Mordes anklagt, denn diese Sätze unterscheiden sich von der tatsächlichen, blutigen Tat wiederum nur durch Ohnmacht.*

»Wir sind Gott einen Tod schuldig.«

Der Dorfbettler wirft ihm seine Almosentasche ins Gesicht und hält ihm mit der Hand den Mund zu, das Kind wehrt sich heftig. In dem Moment tritt die Magd ein, in höchster Wut, geht fasziniert näher, deutet auf den Pferdestall.

Alles Bewegliche fördert am Höhepunkt seiner Beweglichkeit einen Verwesungsgeruch zutage.

Riecht an der Haut eines Kindes, ein herrenloser Pflug zieht über den Acker.

Wegen meines Unglücks erbricht ein Vogel Blut.

Das sommersprossige Gesicht des Kindes wird in der eingegitterten Scheibe des Pferdestalles sichtbar.

Da ich nun schon einmal am Leben bin, bringe ich jemanden um.

Die Tauben rascheln, flattern auf seine Kleider, helle, lichte, schwindlige Flecken mit dunklen Augen aus Türkenkörnern, mit rosaroten Krallen.

Ein Mensch, der ein halbes Leben nur Tiere gefüttert hat. Welch ein Mensch!

In Ölhautjacke und Fischermütze, die Kellertür öffnet sich.

Drei schwarze, eng aneinandergebundene Holzpflöcke

am Rand der See sahen aus wie ein schwarzgekleideter Mönch, der kopflos und steif, gottgewollt auf dem Spiegel des Meeres stand.

Knöpft schnell den Hemdkragen auf.
Wie tiefsinnig ihre Leiden sind! Haben sie den Tod schon überwunden?

Das Kind zeigt seine Brandwunden. Zwei Mütter in schwarzen Gewändern, mit großen Gebetbüchern und langen, brennenden Kerzen in den Händen, knien nieder auf meiner Stirn und beten.
Ein Polizist überquerte von der einen, ich von der anderen Seite den Markusplatz. In der Mitte, wo sich unser Weg kreuzte, wo wir mit gesenktem Haupt aneinander vorbeigingen, wurde Jesus abermals gekreuzigt. O Gott meiner Kindheit, warum hast du mich noch immer nicht verlassen.

Sie tröstet gerade einen Toten.
Sie aß Gottes Brot. Sogar seinen Willen aß sie auf.

Der Duft des ekelhaft-süßen Todes Jakobs strömt in langsamen Wellen auf ihn zu.
Bis zu dem Augenblick, als er starb, hat er mich nicht aus den Augen verloren. Meinen Blick nahm er mit ins Grab. Ob er mit meinen Gesichtszügen unter der Erde weiterlebt? Es ist gut, daß man lebt, über Bäche springt, weit in den saftigen Klee hinausläuft, sich vor Lebenslust wälzt und seine Gesichtszüge unter der Erde weiß. Ich ergehe mich in Lebenslust auf dieser Erde, zerstöre Maulwurfhügel, werfe zwei, drei Händevoll Erde in die Höhe und lasse sie wie schweren Regen auf meinen Kopf, meine

Schultern, gegen meine Lenden prasseln. Meine Lebenslust zerstört die Gräber dieser Erde, die mein Fleisch sind.

Er bedeckt das Fleisch am Gabentisch mit einem schwarzen Tuch.
Eigentlich möchte ich hier in einem Hotel, wo Menschen aus allen Erdteilen hinkommen und für ihr leibliches Wohl sorgen, Ober sein, um das Fleisch der Menschen dieser Zeit begreifen zu können.

Von Erregung übermannt.
Ob mich der tintenblaue Aschenbecher wirklich mehr fasziniert hat als der nackte Schoß eines Kindes hinter dem Seidenvorhang in der Calle delle Vele?

Zwinkert den Umstehenden zu.
Der Tod wird mir unerträglich, wenn ich daran denke, das ganze Leben an diese Erde gebunden zu sein.

Die Mutter nähert sich dem Hackbrett, wie gegen ihren Willen hingezogen, Blutfäden kreisen die Jahresringe des Baumstammes ein.
Dichter lügen alle. In ihren Lügen steckt oft die ganze Wahrheit. Ein Dichter, der nicht lügt, beweist nur seinen falschen Charakter.

Das Kind stößt ein Messer in die Strohpuppe, zum Entsetzen aller fließt Blut heraus; unzählige Armmuskeln im Zuschauerraum zucken.
In einen Spiegel hineinwachsen, um sich selber nie wieder sehen zu müssen.

Die Mutter geht mit einer Schar Zeitungskolporteure
vorbei, die im Chor die Schlagzeilen rezitieren.
Der Selbstmörder ist ein bildender, sein Opfer ein
darstellender Künstler.

Ein Mark und Bein durchdringender Vogelschrei aus dem
Lauf eines Luftdruckgewehrs.
Der Schuß gefiel dem Körper. Was wollen die robenbe-
kleideten Richter noch?

Die mächtige Gestalt des Gottes meiner Kindheit tritt
vor. Schläfrig hebt er die Hand und wirft kleine, phos-
phoreszierende Kruzifixe ins Dorf.
Wild wuchern die Wörter in meinem Kopf.

Er krümmt leicht die Hand, atmet hastig, dreht sich um
und greift sich ans Herz.
An meine Einsamkeit klammern sich tausend Menschen.

Macht eine protestierende Handbewegung, dem Kind
fliegt ein Ei an die rechte Kniescheibe.
Im Museum am Markusplatz bei einer Diamantenausstel-
lung flüstern die Leute wie bei einer Totenwache. Polizisten stehen an den Ausgängen, zwischen den Glaskästen,
Kameras surren in den Ecken. Polizisten tragen in ihren
Köchern Pistolen statt roter Nelken, vollziehen mit ihren
Händen mörderische Gesten statt wie fürbittende Kinder
brennende Kerzen zu halten.

Geht durch das Gedränge dicht an umherspringenden
Kindern vorbei.
Noch während ich zu Boden fiel, lächelte ich über
meinen Höhenflug.

Ein Kind wird mit derselben Eile, mit der man Flaggen hißt, aus dem Wasser gezogen, ein struppiger Hund starrt ins feuchte Bilderbuch.

Humanität können wir auch von den Tieren nicht mehr lernen.

Zieht aus ihrer Brustwarze ein milchiges, zerknittertes Herzstück.

Als sie tot war, setzte man ihr die Augengläser wieder auf, als ob man ihre gebrochenen Augen einrahmen wollte.

Faßt mit der freien Hand sein Handgelenk, hebt die Hand wie zum Zeichen des Sieges hoch.

Er brachte sich um und glaubte, in dem Augenblick, als er sich den Todesstoß versetzte, ein anderes Menschen- oder Tierleben gerettet zu haben.

Ein ungeheures Gebäude mit der anatomischen Konstruktion eines Menschen ist der neueste Todesschrei der Architekten. Im Verlauf seines Wachsens müssen mehrere Menschen niedergerissen werden. Und Kinder werden dem Erdboden gleichgemacht.

Erklärter Wahnsinn eines Dichters, der froh ist, daß einer seiner liebsten Menschen gestorben ist, so daß er endlich über ihn schreiben kann.

An einer Straßenecke erscheinen, flankiert von ihren Schatten, zwei Polizisten, die Hände ruhen auf der Knüppeltasche.

Tierfleisch essen, um die Menschlichkeit zu füttern.

Der Applaus verebbt in der Askese der Statuen,

züngelnde Kerzen, unzählige Hände schlagen Zeichen des Kreuzes, hält sich lange in der Basilica di San Marco auf.
Geld wurde in die Schlitze der Holzsärge geworfen, aus deren Mitte ein Kruzifix ragt.

Mit erhobenem Kopf geht er weiter.
Die vielen lumpenwallenden Bettler in der Basilica kommen einem schon mit vorgehaltenem Kreuz entgegen.

Mit einem Schmerzensschrei.
Ich habe eine wildfremde Frau geküßt, weil sie ununterbrochen den Gekreuzigten angestarrt hat.

Sieht sich um, bleibt wie versteinert stehen; Schiff zum Lido.
Zu Hunderten stürzen die Leute schreiend, vom Lärm der Kinder und der Seelust angetrieben, ins Schiff wie bei einer Fußballschlacht, bei der die siegreich ertrunkene Mannschaft gefeiert wird.

Tritt von einem Fuß auf den anderen, Nebelschwaden.
Ein alter Mann sitzt jetzt neben mir im Schiff, klammert seine abgearbeiteten Hände so aneinander, als ob er sie erwürgen wollte.

Seine Mutter kommt bedrohlich näher, einen Kalbstrick zwischen den Zähnen. Ihre Augen blicken wie die Leuchtkörper der Nachtkäfer. Sie schwenkt ein Bündel Nabelschnüre, raschelt mit der Zeitung, schaut immer wieder mein Gesicht an, sieht den zuckenden Kalbstrick in meinen glasigen Augen.
Was sollen die Blumen, die niemand bricht?

Für alle sichtbar, durchläuft ein Zucken seinen ganzen Körper.
Wieder die alten Kaffeedamen, die löffelabschleckend – Milch gärt an ihrem Mund – die herumlaufenden Kinder beobachten, die sie eigentlich selber sind.

Indem er vortritt und das Knie beugt.
Dort, ein anorganisches Lächeln!

Sie verschwindet von seiner Seite.
Das Kind, das Zucker auf die Stirn seiner Mutter streuen wollte.

Das Kind drängt sich durch den Sumpf in Richtung auf die von der Mittagssonne erleuchtete Dorfstraße.
Ein Wort, das ich eigentlich nicht schreiben wollte, bis zur Unkenntlichkeit verschmieren, wie man einen Menschen, den man haßt, bis zur Selbstverstümmelung überredet.

Seine Hand auf der eigenen Schulter.
Ein Kind in Menschengestalt.

Geht an ihn heran, hebt seinen Mund an seine Lippen; legt sich mit offenem Mund unter den Wasserhahn und trinkt.
Bei diesem asketischen Leben, das ich führe, habe ich oft fürchterliche Angst, daß mir der Samen im Leib faulen könnte. Allein das könnte mich veranlassen, mein Leben frühzeitig aufzugeben.

Sieht hinter sich.
Das vergessene Kind werden sie wiederzuentdecken haben, nicht die Liebe, die ihnen das Kind brachte.

Er läuft davon, will die Straße kreuzen, rot im Gesicht und außer Atem.
Ein zwölfjähriges Mädchen brachte ein Kind auf die Welt, das dafür mit den Gesichtszügen eines greisen Mannes ausgezeichnet war.

Senkt bedeutungslos seine Stimme.
Zusehen, daß man in Verruf kommt, um mit sich selber im Einklang sein zu können.

Mit charmanter Bosheit.
Jetzt ist es Zeit, daß ich das Tier, das so lange in mir geruht hat, auf mich loslasse. *Er flüstert einem errötenden Tier ins Ohr und lacht freundlich.* »Der Mensch, das Tier, das sich merkt, was es mordet.«

Erregt zur Menge; jemand öffnet einem Kind mit Gewalt den Mund.
Ich sehe die Sprache vor lauter Wörtern nicht mehr.

Er wischt sich den Schweiß von der Stirn, sein Haar ist zu einem Zopf zusammengebunden, plötzlich hört man den langen Schrei eines Kindes.
Ich habe die Hand auf dem Herzen, das Herz ist geschlossen, die Hand schlägt weiter und tötet mich.

Fast ohne Stimme, ausschweifende, unerfüllbare Träume plagen ihn, mit bittend erhobenen Händen.
Wenn sie tot ist, wird ihre Menschlichkeit in Gestalt kreischender Katzen den leblosen Körper einholen wollen.

Gestalten gehen, lungern herum, schauen aus den Löchern der Wundmale des Gekreuzigten.

Mit blasphemisch gebückter Körperhaltung geht der Priester, flankiert von seinen Ministranten, in Nachempfindung der Leiden Christi schwerfällig von Leidensstation zu Leidensstation.

Die Mutter torkelt weiter, schleppt ihr Kind mit sich, bleibt verlegen vor dem mannsgroßen Kruzifix stehen.
Die sprachlosen Fangarme der Schweigsamen.

In der Pose des Nachdenkens, einen Ellbogen in der Hand, einen Zeigefinger an der Backe.
Wie kann man denn einen Menschen in seiner geistigen und körperlichen Komposition durchschauen? Lächerlich. *Er schreit es heraus, die Hände an den Ohren.* Ich habe ihn durchschaut.

Wirft stolz, spöttisch den Kopf zur Seite.
Einer, der einfach keine Lust zur Menschlichkeit hat.

Drängt das Kind beiseite.
Der Blick der gebärenden Hündin, dort, in der Sommernachtshitze, deutet allein schon auf ihre Gefährlichkeit hin. Unablässig starrt sie in die Dunkelheit.

Er schlendert umher und mustert alles, verschwindet seitlich, das Licht folgt ihm.
Was heißt das schon, Menschlichkeit, wenn man das bißchen Fleisch, das man hat, ins eigene Leben werfen muß?

Auf trippelnden Bienenfüßen, die Finger am Mund.
Meine Stimme: Ich kann mich nur mehr im Schreien wiedererkennen, die Pflanzen atmen seit einigen Stunden

für mich, assimilieren meinen Tod. Schlingpflanzen gleich leben meine Nerven und strangulieren den Schlaf. Die Nächte durchwachen, an der schiefen, erhärteten Wange Jakobs und mit einem Plastikkamm die strähnigen Haare des Gottes meiner Kindheit ordnen.

Er zeigt mit grotesken Gebärden um sich.
Leg die Innenfläche deiner Hände an meine Wangen, bis das pulsierende Blut deiner Ader in den Gleichstrom meines Blutes übergeht und im Rhythmus eines vor Entzücken sterbenden Hahns wie ein Vaporetto zu wiegen beginnt; fahre jetzt weiter herunter mit den Spitzen deiner Finger; die Haut deiner Finger beginnt an meiner Wange zu kleben, löse sie, damit wir nicht zusammenwachsen; geh jetzt langsam weiter zum Hals und lasse die spielende Sanftheit deiner Finger spüren, jetzt, wo du beim Adamsapfel angelangt bist, streichle ihn wie die Stirn eines Kindes . . . und jetzt, drück zu!

Zeigt langsam nach unten.
Zur Verstärkung ihrer Weiblichkeit kaufte sie sich eine Hündin. Jetzt trinkt sie, mir gegenübersitzend, Cola, stützt ihren Kopf in die Hände und plaudert mit einer anderen Frau über Dinge, die sie offenbar nicht interessieren. Wie wohltuend es ist, wenn sie dann einen kontrollierenden Blick auf die Hündin wirft und alle Menschen ringsherum vergißt.

Er geht weiter, Calle Lunga, ihn trifft der starre Blick des Gottes seiner Kindheit, will zurückweichen.
Ich fürchte mich nicht vor dem, was den Menschen gewöhnlich Furcht einflößt, vielmehr vor der Unausweichlichkeit der Furchtlosigkeit selber.

Das Ewige Licht blendet ihn, lehnt sich an die Schulter einer Statue.
Schritte hallen jetzt durch den Korridor, ganz so als ob Menschen gingen, die ihr Leben in Schritte umsetzen müßten.

Kommt noch näher, berührt ein Pfauenauge, in dem die letzte Träne Jakobs steckt; er trinkt Milch und geht zu seinem Pferd, das er umarmt.
Ich erwarte keinen Dank von dem, der mich umbringen will.

Im zerrissenen Strumpf sieht man ihr nacktes Fleisch.
Sie hat einen verkrüppelten Leib, deshalb ißt sie nur mehr das beste Fleisch. *Sich einmal umwendend, leise.* Sie schmückt ihren verkrüppelten Leib mit den besten Fleischspeisen.

Richtet sich halbwegs auf, betrachtet die Örtlichkeit.
Solange sie noch im blechverkleideten Auto von Tieren auf freier Wildbahn bewundert wird, gedenkt sie am Leben zu bleiben.

Mit dem Schrei der Schwalben.
Heute Nacht glaube ich für diese Welt einzuschlafen, morgen erwache ich in gähnender Leere dieses Zimmers für mich selber.

Er geht schlaftrunken nach links, um sich niederzulegen, sein nackter Körper ist teilweise von einem Laken bedeckt.
Noch suche ich den Menschen, der meinen Tod in seinem Leib tarnen wird.

Mit gut gespielter Sicherheit, barsch, Via Negroponte, Lido.
Ein blinder Bettler mit ausgestreckter Hand auf dem Steinpflaster sagt unablässig im Ton einer Formuliermaschine. *Versucht mitzuspielen.* Guten Morgen, frohe Ostern; guten Morgen, frohe Ostern; guten Morgen, frohe Ostern, während er im Takt mit seinem weißen Stock in den Boden stampft.

Geht mit einem Glas Milch vorbei, ein Fischerkind eilt ihr nach.
Ohne Rechtfertigung hat sie mich angesehen, lieferte mich ihrem leblosen Blick aus.

Wind in den Augen, der zum Sturm anschwillt, denkt an die letzten Zuckungen eines Hahns.
Sich aus der Wirklichkeit verlieren, verstockt schauen, wenn man sich in der Unwirklichkeit auch nicht wiedergefunden hat.

Fischerkinder umringen eine trauertragende Gondel, Schiffshupe tönt, Canaletta delle Sacche, Straßenlaternen flackern.
Eine Blutorange mit Heiligenschein.

Er saß auf einem kohlschwarzen Zugpferd mit langem, wehendem Schwanz. In den Ösen des Geschirrs staken überreife Weizenähren. Die Luft duftete von Essenzen. Der drehende Wind wandte dem Pferd den Kopf. Unter seinen abgewetzten Jeans, an den Beinen, zogen mehrere blaue, angeschwollene Nabelschnüre, Striemen körperlicher Züchtigung, wie aus dem Körper getretene Adern bis zu den Zehenspitzen, wo sich hilflose Blutstropfen gesam-

melt hatten. Die Beine auseinandergestreckt, hockten
seine Hoden, zweikörnig, auf dem Rücken des Pferdes.
Aus seinem Mund drang ein Schrei, der das Pferd antrieb.
Seine Hände krampften sich an die Zügel, die Oberarmmuskeln waren zu stählernen Drehkurbeln geworden.
Verrückt vor Schmerzen, lächelte er aus seiner Brennessel-
haut. Die Augen glänzten wie zwei kastrierte Sterne, die
Hoden waren fest an den Körper des Pferdes gedrückt;
wie fliehende Leuchtkäfer zogen sie den kurvenreichen
Feldweg entlang. Allein schon beim Augenaufschlag des
Vaters bäumte sich das Kind auf. Mit Kalbstrickblitzen
zog ein Gewitter an seinem Körper auf. Der Kopf fiel
links und rechts und rechts und links, nach vorn und
hinten, als er am Boden lag, drangen seine zehn Finger in
die grasbewachsene Erde, zwischen den zusammenbei-
ßenden Zähnen glaubte er das Herz seines Vaters gefangen zu halten, mit jedem Schlag fuhr sein Körper in die
Höhe und brach immer wieder zitternd zusammen. Als er
die Finger voller Erde aus dem Boden zog, glaubte er,
seinen Vater ausgegraben zu haben, der immer noch mit
dem Blöken eines Kalbes den Strick wie ein Lasso über
seinem Kopf schwang und nach der Halsschlagader zielte.
Unbeirrt von den Schlägen stand er mit steifem
Geschlecht auf und ging auf den zurückweichenden Vater
zu. Das Pferd fraß Hafer, der Pflug blinkte im Sonnenlicht, die rostigen Stacheldrähte schienen sich aus Angst
zusammenzuziehen und starrten aus den Feldern. Milchkühe hoben ihre Köpfe, Kälber ließen von den Zitzen ab,
als sie sahen, daß der Junge im Zeichen des Blutes auf den
alten, den Schneepflug der Seele ziehenden Vater zuging
und ihm mit einer schnellen Handbewegung den zitternden Kalbstrick entriß, die rechte Handkante wie eine
Pflugschar schwer und kurz über die Brust des Vaters zog,

der wie ein knickender Baum zusammenbrach – seine Seele splitterte –, wie ein Kalb brüllte, Pferde, Pflug und Milchkühe um Hilfe rufen wollte und schließlich mit einem stolzen Lächeln um den scherigen Mund, mit dem gelben Weizenschimmer in den Augen zu Füßen des Jungen, gekrümmt wie ein vor Angst sich zusammenrollender Kalbstrick, dalag. Zwei, drei Stunden später leckten ihn die Milchkühe und Kälber wach. Der Draufluß trug an seiner Oberfläche Hemd, Socken, Unterhose und Jeanshose des Jungen. Jakob stand, völlig nackt, den Kalbstrick in der Hand, vor einem Sonnenblumenfeld. Zwei Tage später war er tot. Der Wind blies durch die offenen Fenster des Pfarrheustadels, Hähne schüttelten sich nach dem Wassertrunk, Kälber blökten, wie sie es tagtäglich tun; vielleicht sträubten sich manche Kühe, am selben Abend Milch zu geben, der Hund stieß mit der Schnauze die rauchenden Erdäpfel von sich, das Pferd steckte den Kopf in die Haferkiste und schloß für Sekunden seine Augen, der kastanienbraune Bauernbursche pferchte seine Hüften in den Schoß eines Mädchens, das mit blutender Erntedankkrone auf dem Kopf zu ihrer Ekstase kam und taub dem knisternden Stroh lauschte. Angesichts seines Todes scheint mir jede Bewegung, die sich in diesen Augenblicken abspielte, beschreibungswürdig. Der Tod entriß allem die Banalität. In jedem Haus brannten in mehreren Zimmern Glühbirnen, Kerzen züngelten, ein Fohlen kroch unter den Bauch der Pferdemutter. Die Brüste des Mädchens purzelten in Erregung in den Handschalen des Burschen. Seine Hüften schwangen vor Lust wie die beiden Erhängten, sie hielten sich umarmt. An seinen leicht behaarten Arschbacken trennte sie die Spreu vom Weizenkorn seines Afters. Mit der heraushängenden Zunge Jakobs drang sie in die Tiefe seines Afters, sein Becken schwebte mit den ausgebreiteten Flügeln seiner Arschbacken über ihrem Kopf, noch halten sich Jakob und Robert unter den Zuckungen ihres Leibes und ihrer Seele fest. Der Mund des Bauernjungen öffnete sich zum tauben Schrei. In vier, fünf Stößen schoß sein Samen in den Mund des Mädchens. Das Mädchen glaubte keimende Erdäpfelknollen schlucken zu müssen, beugte sich nach vorn über den gefällten Körper des Jungen und organisierte wie eine Spinnerin die Samenfäden an seiner Brust zu einem höchst komplizierten Netz. Das Geschlecht des Jungen hatte den leichten Anflug einer Pflaumenbläue. Jakob und Robert hingen miteinander verschnürt leblos am Trambaum des Stadels. Und das Bellen des Kettenhundes begann von vorn, das Blöken der Kälber, Dreschmaschinen knatterten, und im Bauch der Mutter, wo das erhängte Kind wuchs, geriet ein über Stock und Stein quellender Fluß in Bewegung, zwei Herzen, ein lebendes und ein totes, schlugen in ihrer Brust. Das steife Geschlecht des kastanienbraunen Bauernjungen war längst in Ohnmacht gefallen. Hände, Augen, Füße, Brust und Becken verharrten in erschöpfter Ruhestellung. Jakob und Robert waren tot, aber noch wußte es kein Mensch. Halb leergefressene Weiden. Rings um den Pfarrstadel säuselten Birkenblätter. Kerzengerade Flammen stellten sich in den veränderten Gesichtszügen der Kruzifixe auf. Dort lief schon wieder ein Huhn mit gestreckten Flügeln zur Stalltür hinein. Die asphaltierte Dorfstraße dampfte vor Hitze. Einen halben Tag später detonierte eine Wolke über dem Dorf. Und ich trage das Wunder einer über den Rippenbögen meines Brustkorbs aufgehenden Sonne in mir. Solange ich lebe, werden die Geräusche seines Todes in mir nicht verstummen. Das taube Ausfließen seines Samens weckt mich öfter aus dem Schlaf, und manche Wunden, die meinen Körper öffnen, bluten nicht. In der Nacht seines ersten Todestages träumte ich, ein Kind auf die Welt gebracht zu haben. Ein blutiger Totenkopf brach aus meinen Hüften, wie ein Küken aus dem Ei kriecht. In derselben Nacht schwammen meine Samenfäden im Schoß eines Mädchens und erlösten mich von den Traumqualen. Nebelschwaden ritten vorbei, holpernde Vorhänge, das Seewasser schwappte, ihr Kopf lag auf meiner Brust, am rechten Ohr lärmte ein Zug vorbei, langsam drang die Kälte der Sitzbank ins Fleisch.

Die Hostie in einer Büchse verborgen, stehe ich im eiskalten Pfarrhof und warte auf den Priester, der den Leib Christi zur Konsekration zweiteilen wird.

Er öffnet den Mund, zeigt eine kohlschwarze Kehle mit dem roten Zungenband, schließt seine Kiefer wieder.

Beim Frühstück, Albergo Belvedere: Fühle mich bedroht vom ausgeschlagenen Ei, das wie gelbe Lava eines Vulkans über den Schalenrand schwappt.

Um die Baumstämme schlängeln sich giftige Nabelschnüre aus dem Dorf.

Einer draußen vorbeigehenden Frau in den Mund gelegt. Leise, danach mit einer Bewegung zum rötlichen, abgestandenen Wasser hin. Wenn ich den dritten werdenden Menschen in mir verliere, wird der zweite wachsen können.

Verbirgt ihr Gesicht in den Händen.

Wer zur Hebamme geboren ist, muß als Kind sterben.

Kopf zur Seite geneigt, wölbt den Rücken käferhaft, zieht

*die Schultern hoch, sieht mit verschwommenen, dicken
Augen vier baumelnde Füße.*
Wie großartig dieser alte Mann neben mir zittert, als ob
er sein ganzes Leben daran gearbeitet hätte.

*Sieht bewundernd in die Kopfhöhe der Hängenden,
schließt dann die Augen.*
Als das Kind seiner Mutter das aufgeschlagene, blutende
Knie zeigte, ging der Kellner daran, die Schnittblumen
vom Tisch wegzutragen.

*Fast sprachlos, Blut am Rand des Kruges, die Henkel
gleichförmig und genauso leblos wie seine Ohren.*
Einen leeren Krug ausschütten hieße, ihn füllen.

*Befeuchtet den Mittelfinger mit Speichel, sieht in den
Spiegel seiner leblosen Augen, streicht die Augenbrauen
glatt.*
Ja, das ist mir recht, danke, bitte, ja, doch, ich bitte
darum. Schaufenstergeflüster, wenn man am Meer stehend ein glasperlendes Auge, das in den vorbeistolzieren-
den Kopf eines Mannes eingesetzt ist, ansieht und
erschrocken zu einer schäumenden Meereswelle flüchten
muß.

*Seine Augen werden trübe, dunkler, und bekommen
Säcke, die voll Weizenkörner, feucht sind.*
Das Leben hat mich inzwischen soweit gebracht, daß ich
keine Hoffnung mehr auf einen Tod haben kann. *Varia-
tion: tröstend, wie zu einem Schwerkranken.* Das Leben
hat mir die Hoffnung auf einen Tod vernichtet.

Draußen auf dem Meer richten sich die Wellen wie

Schlangenköpfe in die Höhe und verkriechen sich wieder im Salzwasser. Ein Heer von Muscheln rückt an Land.
Drei Tage lang bis zur Erschöpfung leben, dann wieder von vorn beginnen, bis der Kreislauf erschöpft ist und ich ausgeruht bin.

Hört eine kindliche Stimme, hebt den Kopf.
Soll ich gegen den Gott meiner Kindheit ein Kind zeugen?

Er atmet aufgeregt, schluckt Luft, ist vor Abscheu seiner Stimme nicht mächtig, flüsternd.
Wenn wir zwei oder drei Zentimeter über dem Boden leben könnten, wie Jesus, der seine nackten Füße vom Himmel hängen läßt, brauchte kein Mensch mehr zu sterben. So aber sind wir erdgebunden mit Nabelschnur und Sargstrick.

Geziert.
Seit er einmal scheintot war, das Leben aber fortsetzen konnte, verspürt er keinen Geschmack mehr auf seiner Zunge.

Steht mit blassem Gesicht unter bewölktem Himmel, laut schreiend, so unbeherrscht, wie niemand es ihm zutrauen würde.
Ich habe meinen Reisepaß weggeworfen, um meine Identität nicht verlieren zu können.

Er beobachtet unsicher die sechs Kinder.
Sie könnte tot sein, wenn sie sich umbringen würde.

Gott meiner Kindheit pflückt von einem Baum einen Grafensteiner Apfel.

Eine alte Frau mit einem Rosenstrauß stürzte soeben, im Schiff. Die Rosen fielen ihr auf die Brust. Jetzt pflegt sie ihre anschwellenden Füße und streichelt die Rosen. Als Andenken an ihren Unglücksfall, der mit ihrem Tod seine Vollendung finden wollte, trage ich eine der geköpften, noch umherliegenden Rosen nach Hause, werde sie unserem stolz sterbenden Pferd füttern. – Der eigenartige Geruch der geköpften Rose. – Mein kleiner Bruder beweinte das tote Pferd, nächtelang wachte er bei seinem Leichnam, den Kopf an die Wand gelehnt flocht er mit seinen tränenden, wie Eischalen aufgebrochenen Augen ein Netz unverstümmelter Trauer. Die Zunge des Pferdes lag auf seinem Schoß.

Sie wirft dem Kind ein Stück Zucker zu.
Wie langsam und traurig meine Mutter Schwarzbrot kaut!

Eine kindliche Gestalt kommt die knarrende Treppe herunter. Sie macht einen Schritt nach vorn, schließt im Vorbeigehen halb die Tür, kehrt die Innenseite der Jackentasche nach außen, Türkenkörner fallen zu Boden. Ob mein Blut Federn trägt wie ein Vogel, in meinen Blutbahnen kreist, vor dem Herzen Halt macht und den Kopf nach hinten zum tiefausholenden Stoß streckt?

Schweigend, gedankenvoll hält sie Wache über den Toten, die Finger an den Lippen, an der schattenflackernden Mauer erscheint langsam eine Gestalt, ein Kind, und entführt den nichtssagenden, leeren Bronzeblick seiner Mutter.
Nach einem Tippfehler nicht den Mut haben, das Wort *Mensch* zu korrigieren: *Emnsch.*

Sie läuft zur Tür, läßt sie hart ins Schloß fallen und lehnt sich schwer dagegen. Das Kind bricht in hemmungsloses Schreien aus.

Ob das weinende Kind in der Calle delle Vele unter Tränen gezeugt worden ist, wie ich?

Mit Wogenstimme, wendet sich lebhaft einem toten Tier zu.

Unzählige tote Krebse auf der Salatplatte in der Auslage des Restaurants, daneben ein Spielzeugschiff, das in den Augen des neben mir stehenden Kindes in See sticht; mehrere Krebse fallen rücklings von der Schiffsschnauze.

Er murmelt und beginnt mit niedergeschlagenen Augen, mehrere elfenbeinfarbene Kruzifixe in seinen vollen Taschen unterzubringen.

Der Bischofsmütze, die im lilafarbenen Frühjahrsgarten auf dem Holzblock steht, fehlt der Kopf für zwei, drei Tage.

Sprachgelähmt, verfällt mehr und mehr in Passivität, unaussprechliche Angst vergrößert seine Augen.

Plötzlich fällt mir ein, daß ich mich beim Ober wie ein Bettler, der sich majestätisch für einen Brotgroschen verbeugt, für die Cola bedankt habe.

Auf den Zehenspitzen und mit einem Seitenblick auf das schnarchende Kind geht sie zur Tür und öffnet sie einen Spalt weit, will den zurückweichenden Kopf des weißen Pfaus küssen.

Die Angst, nicht sterben zu können, treibt mich noch zu einem kühnen Selbstmord.

Sieht über die Menge hinaus, der Bauer klammert sich am Hals des schaukelnden Pferdes fest und wiehert, macht das Zeichen des Kreuzes. Jakob verharrt reglos, den Blick starr nach unten gerichtet.
Ich werde in dir den Menschen suchen, den ich in mir verloren glaube.

Ich lache vor Schmerzen.
Ich liebe diesen Menschen so sehr, daß ich als Gegenliebe nichts als meinen Tod durch seine Hand verlange.

Sie zelebrieren mit ihren linken Füßen, fünf und fünf Zehen, die Feldmesse, verwandeln Wein in klares, eisenreiches Wasser.
Wie heißt du?
Und du?

Kleidet die Puppe in ein gelbes Gewand, religiöse Stickereien aus gemalten Flammen des Ewigen Lichts.
Könnten wir Menschen, wenn wir geschlechtslos wären, völlig schmerzfrei sein? *Diabolisch grinsend, packt sie dann am Arm, vor Lachen überschäumend, sehr suggestiv.* »Nur außerhalb des Sexuellen gibt es Liebe; ich wünschte mir ... irgendeinen, der weder Mann noch Frau wäre – und auch kein absolutes Monstrum – einen untertänigen Sklaven, der sprechen könnte, ohne die Harmonie meiner Gedanken zu unterbrechen; für den ein Kuß eine dämonische Schändung wäre.«

Läuft zu ihm, schiebt ihren Arm unter den seinen.
Einer, der seine Einsamkeit einbalsamiert: Jedem am Fenster vorbeigehenden Menschen wie einem geliebten Toten nachtrauern.

Versteckt sein errötendes Gesicht in der Achselhöhle des Kindes und lächelt einfältig, den Ringfinger im Mund.
Die Musik hier, mein Gott, könnt ich sie angreifen wie das halbleere Glas Cola, zerbrechen, daß splittrige Noten zu meinen Füßen lägen.

Kindergesicht an der lächelnden Spiegeloberfläche.
Im überfüllten Speisesaal sah ich im Wandspiegel die Augen einer Frau solange an, bis ich die meinen mit den ihren ausgewechselt glaubte, aufstand und ans Meerufer lief.

Er streckt schüchtern den Kopf vor.
Die beiden Homosexuellen, die ihn im galanten Caféhaus ununterbrochen anstarrten, jede seiner Bewegungen kontrollierten und nachvollzogen, so daß er merkte, er könnte diese Menschen mit seinem Aussehen beliebig zu plüschüberzogenen Marionetten machen.

Hebt die Hand.
Jetzt, wo seine Asche in der Urne ruht, ist tatsächlich eine Spur von seinem Leben übriggeblieben.

Geräusch eines fallenden Körpers, eines Vogelflügelschlages, Trommelschlagen; hebt seinen Kopf zum Savannenduft ihres Schoßes.
Anstatt zu *vegetieren*, *leben* die Blumen am venezianischen Friedhof mit kinderäugigen Kelchköpfen aus den Leibern der toten Menschen.

Eine abgearbeitete Hand liegt am Zaun.
Das schwarzhaarige Mädchen hörte endlich damit auf, Kalbfleisch zu essen, als sie merkte, daß ich sie ununter-

brochen, ohne den Blick auch nur einmal abzuschwenken, anstarrte.

Zwei Lichtpfeile sausen auf den Altarstein, auf dem er nackt, gefesselt von religiösen Beschwörungsformeln liegt, und schüttet sich einen Kelch Eiswürfel in seine Hüften. Ich brauche Hilfe. Hilfe! Hilfe, die schreit. *Deklamiert, mit Angstschweiß.* Wer hilft mir sterben?

Eine Hand erwürgt das Ewige Licht am Kerzenkopf. Das grüne Licht wird malvenfarbig, seelische Rauchschwaden. Mein Schrei und deine Lunge.

Noch salbt der Bischof das mannsgroße Kruzifix im Kosmetiksalon. Bin jetzt in der venezianischen Bahnhofskirche, schreibe im Halbdunkeln auf einem kleinen Nebenaltar weiter. Am Eingang steht eine Jesusstatue mit ausgestreckter, starrer Hand und bettlerischem Blick. Jesus, der Lebemann, gekreuzigt an einen Pfahl übereinandergeschlagener Menschenknochen. Sein ewig verlebendigter Blick wuchert an meiner Stirn, an seinem von Dornen verkleideten Haupt stehen die Rosen in Blüte. Die Stöckelschuhe der andachtsvoll zitternden alten Frauen klopfen blind auf den Marmorboden. Die Unübertragbarkeit der stummen Schreie der Heiligen ins Ohr der Menschen. Jesus vom Kreuz abnehmen und wie eine Hostie zur Konsekration zweiteilen? Ich suchte Ruhe hier in Venedig, finde mich aber erhitzt wie ein gejagtes Reh. Einer der Mönche in der Sakristei streckt plötzlich vor Müdigkeit seine Hände blasphemisch von seinem Körper, steht in der Haltung des Gekreuzigten wenige Meter vor mir.

Meine Blicke schlagen sofort Nägel in die Luft – blutet die Luft? Die Augen in den Köpfen der Mönche onanieren, schwenken das Licht hin und her, schicken ihre Blicke aus und holen sie immer wieder ein, Schaum steht den Mönchen am Mund, ihre Gebete werden endlich zu menschlichen Worten. Mit meinen Tränen wasche ich deine Augen. Einige Touristen setzen hypnotisierende Blicke auf die Statuen an, die diese Blicke reflektieren, und für Sekunden wissen sich die Betrachter versteinert und bestaunt, lauwarme Tränen stechen wie biegsame Plastikgabeln aus ihren Augen. – Die denkwürdige Askese der Statuen. – Ich muß jetzt einen Platz an einem Altar zum Schreiben suchen, wo mir das leuchtende Herz Jesu Licht aufs Papier wirft, damit ich die messerscharfen, blauen Zeilen im Notizbuch finden kann. Die Finger nach hinten gestreckt, schlapft der Mönch zwischen den frierenden Kerzen aus und ein. Das Kerzenwachs beginnt überzuschwappen. Das Ewige Licht verbrennt sich selber. Die Augäpfel des Mönchs überziehen mit der Hornhaut wie eine Pelerine das Ewige Licht. Jesus senkt sein himmelblaues Auge zum Marmorblock, während der Mönch seinen Blick wie eine Jalousie nach oben schnellen läßt. Das Husten eines anderen Mönchs im Sarg der rottapezierten Sakristei durchstößt die Stille wie eine Hand das soeben erst gesponnene Netz einer Kreuzspinne. Im Hinausgehen werde ich Jesus mit einem Stück Menschenfleisch, indem ich meine Hand an seinen Mund halte, füttern. Ob er zubeißt? *Etwas später in einem Restaurant.* Ein Servierwagen steht in der Mitte des Speisesaals. Weinflaschen, Gemüse, Salate, Zitronen, eine Sektflasche, deren Kopf wie der Hals einer Nonne von einem weißen Tuch umschlungen ist, eßbereit gemachte, das heißt tote Fische und rohe Ananas liegen in dieser

Speisewiege. Der Kellner hebt den Vorhang, entzieht ihr Fleisch, Fisch und Salat und serviert den vollen Teller einem mir gegenübersitzenden Mädchen. Eine ältere Frau beugt sich über die Eßwiege ... der brodelnde Schaum der Sektflasche ... Samen keltert noch in ihrem Leib ... Hochachtungslos gehen die anderen Gäste an dieser Wiege vorbei, klauben ihren Geschmack heraus und zeigen mit ihren Händen drohend auf das Fleisch, winken den Kellner herbei, der Kellner geht mit blutender Hostie auf den Lippen, ein paar oberschenkelgroße Fische in den Armen, zur Kirchentür hinaus, mehrere Gäste mit krawattierten Hälsen gehen vorbei, zum Mantelständer, helfen einander in die Röcke. Das Mädchen sitzt jetzt andächtig vor der Wiege, behütet sie wie ihren eigenen Schoß, beginnt wie in Kindsnöten im Speisesaal zu kreißen – sie muß ihre göttliche Sendung erkannt haben –, der Wein beginnt zu bellen, das Gemüse schläft, die Ananas spielt mit ihrer gelben, frischaufgeschlagenen Wunde, die toten (eßbereiten) Fische beginnen zu laichen ... Ein Schiffsjunge leert Muscheln oder Fische in theatralischen Bewegungen aus einem weißen, fast durchsichtigen Plastikeimer, zieht das blaue Stoffdach über den vorderen offenen Teil des Bootes, geht mit entleertem Eimer auf die Straße und verschwindet für eine gute Stunde in meiner, wie ein Tabernakel geöffneten Brust.

Mit verstellter Aussprache.
Ich habe die Nacht am Nabel geküßt, wo heute morgen das Licht entbunden worden ist. Ich war es, der den Vorschlag machte, das Leben noch über den Tag hinauszuschieben und die Nacht abzuwarten, um farblos sterben zu können. Ich möchte dir das Leben aller Menschen auf dieser Welt und meinen Tod geben.

Der Hahnenkamm wabbelt hin und her.
Was in mir aufgeht, ist die Saat des Zorns meines alten Vaters, der sich mit dem sterbenden Pferd um die Wette im gelben Stroh wälzt.

Auf den Zehenspitzen gehend, mit den Fingern die durchsichtige Scheibe, ein spiegelverkehrtes Kind betrachtend, ihre Scheide befühlend, schreit.
Ich habe meine Mutter geboren.

Das Kind neigt sich über den Brunnenrand und ist im Begriff, ins Wasser zu fallen.
Ein Mensch, der mich haßt, ist mir wertvoller geworden als einer, der mich liebt, da seine Liebe nichts anderes als die Ausgeburt meines Hasses ist.

Kind und Großvater sehen einander mißtrauisch an.
Heute ist er ein greiser Mann, der seine Kindheit nicht überlebt hat.

Sie umarmt ihn, er hat sich abgewandt, wieder sehr unruhig.
Meine Verzweiflung ist heute so großartig, so lebendig und groß, daß ich mit ihr, zur Uraufführung meines Todes, den Totentanz auf dem Parkett meines Lebens mit wallendem Blut vollziehen möchte. Das bemitleidenswerte Publikum faltet die Hände zum Gebet, anstatt mit Applaus meinen Eltern zu kondolieren.

Der Schrei des Totenvogels gellt durchs Dorf, Handbewegungen erstarren.
Ich werde kein Fleisch mehr essen, damit endlich die kleinen Tiere in mir verhungern.

Der Lärm von Pferdehufen wird hörbar. Das Kind zieht eine schwarze Stute hinter sich her. Starker Wasserlärm.
Am Strand entlang gehend, fällt mir als Titel für meinen Roman *Humanisierung eines Mordes* ein. *Humanisierung eines Mordes* blättert es dauernd von meinen Lippen. Jetzt heißt es, jemandem lächelnd die Hand geben, sich mit ihm zum Meer drehen, von den Blitzlichtern der schäumenden Meereswellen fotografieren lassen und im Chor sagen. *In großer Angst vor den eigenen Folgerungen.* »Humanisierung eines Mordes.«

Das Pferd steht wie im Dampf. Dichter Nebel. Glasperlen in den kastanienbraunen Haaren des Kindes und an den Spinnweben.
Was willst du? Sterben oder töten?

Mit wilder Leidenschaft.
In letzter Zeit lasse ich alle Freunde beiseite, suche mir nur mehr Feinde, die mein Blut vervielfältigen sollen.

Unsicher, gereizt, empört.
Warum setze ich mich immer in die äußersten Ecken der Kaffeehäuser? Damit die messerscharfen Blicke, die die Kaffeetrinker auf mich werfen, mich richten können?

Ärmel der Vogelscheuchen flattern im Landwind. Das Kind beschmiert ein altes Pferdegeschirr mit Fett.
Ihn interessiert das Leben der Tiere und Sterben der Menschen.

Weit, wie zum Todesschrei, öffnet ein Clown seinen knallroten Mund; dann ein Hühnerflügelschlag, eine Schwalbe punktiert die Luft.

Die Nacht ist heute blütenweiß. Der Tod hat die Finsternis gesalbt.

Eine ärmlich gekleidete Kindergestalt horcht auf das Zischen herabstürzender Wassermassen; die asphaltierte Dorfstraße schimmert in der sommerlichen Hitze.
Die Hand des Gondoliere umgreift den Holm des Ruders wie einen Geigenhals. Daumen und Zeigefinger umspannen ihn. Ein tänzerischer Armschwung bringt den Holm in Augenhöhe, er sieht wie an einem Gewehrlauf entlang. Am Bug der Beerdigungsgondel hockt, den Ellbogen auf eine Laterne gestützt, das eine Bein angezogen, mit ausgebreiteten Taubenflügeln, ein Engel. Die pechschwarzen, zusammengewachsenen Augenbrauen des Jungen, der an der Fischerkiste neben der trauertragenden Gondel Wache steht, sehen aus wie ein steif im Wind stehender, dunkler Vogel, der unterhalb der Stirn schwebt, wenn der Junge seinen Kopf bewegt. Venezianische Kinder treten an die Beerdigungsgondel, in der die Bahre meiner Kindheit steht. Der mutmaßliche Mörder blickt über ihre Schultern. Neugierig warten alle auf das neuerliche Hervorströmen des Blutes.

Eine Kerze, die in einem Flaschenhals steckt, brennt, stumm bewegen sich die Kinder, mit den Füßen schieben sie ein Elfenbeinkruzifix hin und her.
Die sterbliche Hülle Gottes!

Macht seine Hand vom Kind frei und schreibt müßig auf den Trambaum, abwechselnd in nach links und rechts geneigter Schrift.
Ich möchte stumm sein, um die Sprache begreifen zu können.

Steigt steif in die Höhe durch den Fußboden des Pfarr-
stadels, mit einem Kranz verwelkter Fleischblumen und
schwarzem Brautschleier, ihr Haar ist spärlich und dünn, sie
richtet ihre blaugeränderten hohlen Augenlöcher auf den
Erhängten und öffnet sein Hemd; ein Pfauenschrei.
Jedesmal, wenn ich lauthals lache, fällt irgendwo ein
Mensch tot um, deshalb entblöße ich beim Lachen fast
nie meine Zähne.

Sie rückt das Kopfkissen des kranken Kindes zurecht;
Lärm von Mähmaschinen.
Ich erschrak zu Tode, als ich rote und weiße *Fleischblu-*
men auf Jakobs Grab sah.

Wippt in einem Netz, stellt sich vor eine Mauer, klettert
an einem Birkenstamm empor, läßt die Augen inmitten
der wedelnden Birkenblätter flackern, heilt einen Kran-
ken, bis er stirbt.
Gottes knetbarer Mensch: Liebe in Haß umformen. *Wie*
getrieben. »Wir müssen böse sein, weil wir wissen, daß
wir sterben werden.«

In Agonie, Todesröcheln.
Plötzlich der grausame Zwang, den Tod vom Leib eines
gerade erst gestorbenen Menschen (eines Kindes) wegzu-
denken.

Während ich jetzt dieses stumme Theaterstück auf der
Schreibmaschine ins Reine tippe – In einer Pause ging ich
am Satnitzfluß spazieren. Von einem Grashöcker aus sah
ich den spielenden Kindern zu, da stürzte hundert Meter
weiter ein Mädchen mit ihrem Moped und blieb bewußt-
los mit dem Gesicht im Gras liegen. Ich wollte davonlau-

fen, um nicht einen womöglich toten Menschen anrühren
zu müssen. Ich machte die grausamste Kehrtwendung
meines Lebens, so als wollte ich mich weigern, in den
eigenen Tod zu gehen. Ein Mann, der vom anderen Ufer
das Geschehen beobachtet hatte und hilflos sitzen blieb,
als ich tatenlos zusehen wollte, mahnte mich mit fürchter-
lichen, in dieser Situation liebkosenden Worten, nach der
Gestürzten zu sehen. Mein linkes und rechtes Auge faßten
die weizengelbe Landschaft in fiebernder Angst ein, ich
drehte mich zu ihr, beschleunigte meine Schritte, lief, bis
ich aus der Vogelperspektive sah, daß ich vor ihrem Leib
stand, stützte ihren Oberkörper an meine Brust; Pietá;
Maria, die den toten Jesus hält. Urin floß über ihre Füße
und verdunkelte an mehreren Stellen ihre blauen Jeans.
Sie stirbt mir jetzt wohl, dachte ich, und wollte für dieses
Mädchen in meiner bewußten Besinnungslosigkeit für
einen Moment (für länger, immer oder ewig) in den
Erdboden – noch immer zitterte die gelbe Landschaft in
meinen Augen – verschwinden. Plötzlich hob und senkte
sich ihre Brust. Ob sie sonst im Gras erstickt wäre? Als der
Rettungswagen eingetroffen war, murmelte ich im Weg-
gehen fast besinnungslos vor mich hin: Was soll dieses
kleine Drecksstück Literatur gegen das eine Menschenle-
ben? Ich kann jetzt nurmehr von der Vorlage des Stückes
halbblind auf die Maschine tippen. Da habt ihr es! Wo
bin ich stehengeblieben?
Peter in prosaischem, wegwerfendem Ton.
Daß mein Name Fels heißt, konnte mich nicht verwun-
dern, ich wußte, daß ich mir selber in den Weg gestellt,
ein Hindernis bin.

Ein saugendes Geräusch, die Bewegungen des Zuges nach
Klagenfurt beschleunigen sich, 20.05 Uhr.

Schon wieder der Gedanke, daß wir beide ins selbe Leichentuch gewickelt werden.

Schreckerstarrtes Schweigen, während zwei Soldaten das Abteil betreten.
Der Mundgeruch des italienischen Soldaten, der mir gegenübersitzt, hat einen Schießpulvergeschmack.

In seinem Todeskampf konnte ich sehen, wie sein Gesicht mehr und mehr embryonale Züge annahm.
Einwärts gestellte Zehen, öffnet seine kleinen Maulwurfsaugen und sieht verstört um sich, führt eine langsame Hand über die Stirn.

Kindersarg auf einem Heuwagen. Kopfschwenkendes, schwarzes Pferd. Das Geschirr des Pferdes klirrt wie fallende Eiszapfen. Ausgestreckte Mutterhand, langsam spreizen sich ihre Finger wie zwei Lippen, die sich zum Schrei öffnen.
Brüste von Soldaten liegen ungeordnet auf dem Schlachtfeld.

Nervös, freundlich, reißt sich zusammen.
Jetzt verteilt der Soldat deutsche, alkoholgefüllte Bonbons an die drei anderen Soldaten im Abteil, an die beiden Frauen und mich. Ich weiß wohl, daß ich, solange ich sein Bonbon im Mund trage, in seiner uniformierten Macht bin.

Geht blindlings auf einen Polizisten zu.
Man hat mich auf ein Abstellgleis gestellt und rädert mich mit einem Zynismus erster Klasse.

Er schlägt sich vor die Stirn.
Während ich den toten Fisch über meine Lippen in den Mund gehen lasse, merke ich, daß ich sein Fleisch, sein totes Fleisch geküßt habe.

Lacht, zeigt mit dem Daumen über die rechte Schulter auf den Pferdewagen, der neben einem Gerüst steht, an das ein Kalb gepflockt ist.
Seine Beschreibungen erschöpfen sich im Ausstoßen von Geräuschen. Seine Stimme, rauh, reibt sich am Fleisch der Insassen des Zuges. Der eine Soldat imitiert den anderen, abwechselnd lachen sie beide wie zwei rüttelnde Spielautomaten, dann dringt wieder die Kinderstimme des dritten durch. Ich muß an Raymond Roussels Maschinenbeschreibungen denken. Die rotierenden Bewegungen ihrer Augen synchron von einem Kugelgelenk dirigiert, Maschinen mit glattrasierten Gesichtern. Roussel soll verfügt haben, daß ihm nach seinem Tod ein langer Einschnitt in eine Ader am Handgelenk gemacht wird, er befürchtete, lebendig begraben zu werden. Roussel ließ sich dann einbalsamieren. Ob er seinen Tod repariert haben wollte?

Alle Köpfe wenden sich nach der Stimme.
Dichter, Gesellschaftskrüppel mit gebrochenen Sprachkrücken, sitzt im grünen Klee, lallt mit vollem Mund, bis er blau wird und in seine embryonale Dreifaltigkeit zurückkehren kann.
Alle Köpfe senken sich zustimmend.

Kommt näher.
Kinder bestaunen die toten Menschen, tote Tiere beweinen sie.

Sie geht zurück zum Pferdewagen, steigt ein, Pferdege-
schirr klirrt, Bremsen summen, Hafer tröpfelt von den
Pferdelippen.
Wenn ich auch sonst einen verachtungswürdigen Charakter haben sollte, mein Tod wird euch hoffentlich gut
genug sein, die lobenswertesten Taten aus meinem kurzen
Leben herauszuschälen, die ihr andächtig mit gesenktem
Kopf und entzündeten Augen vor euch hinstammeln
sollt.

Er legt ihr die Hand auf die Augen und drückt sie ins
Gras nieder. Das Herz meiner Mutter ist ein roter Zopf,
in dem die klitschnassen Haare meiner Kindheit, nach
dem Auftauchen aus einem Wassertümpel inmitten der
Auen, verflochten sind, dort, wo die Hähne schreien und
den kranken Herzschlag meiner Mutter über den Hof
begleiten, die Kälber aus den Zitzen der Muttertiere ihre
tödliche Krankheit saugen. Wenn ich heute nach meiner
Ankunft im Dorf mein Elternhaus von weitem, vom
Anger aus sehe, zwischen den Pferden, Milchkühen und
Kälbern stehe, spüre ich das stimmgewaltige Schlagen
ihres Herzens. Über die asphaltierte Straße hinauf trotte
ich mit den nacheinander ausschreitenden Beinen des
schwarzen Zugpferdes, mit jeder meiner Körperbewe-
gung, dem anstrengenden Nicken meines spitzen Kopfes,
der die Last meiner Mutter hinter sich herschleppt, ziehe
ich ihre aus meinem Nabel tretenden Eingeweide, wie
eine Ratte ihren Schwanz hinter sich her zieht. Die
Strohhalme, die an den Innereien kleben, sind die Schlep-
pen ihres Hochzeitskleides, das mit reifen Weizen-, Rog-
gen- und Haferähren bestickt ist. Der von der Sommer-
hitze aufgeweichte Asphalt dampft unter meinen Füßen
und der Geruch des Teers steigt mir in alle Sinnesorgane,

während meine Mutter mitten im Schlaf die Hände ihrer Kinder hält, die in der Wiege ihrer Stirnhöhle im Schlaf nach warmen Erdäpfeln, nach warmer Kuh- und Muttermilch rufen. Halte ich heute länger einen Erdapfel in der Hand, keimen meine Finger und werfen mich zurück ins Kellerloch meiner Kindheit, wo an die schwere Eichentür kleine Kinderhändchen patschten und der Kindermund flehende Worte formte. Der kleine Mund hatte die Röte einer Rattenwunde, deren Körper brach auf einer Stufe des Stiegenaufganges lag. Mehrere Blutfäden sind der Wegweiser zu ihrem Tod. Damals in der Finsternis und Hoffnungslosigkeit des Kellers ritzte ich mir die Haut auf, um wenigstens das Erbblut meines Vaters zu sehen, und in der Wunde und in dem kreiseziehenden Blut sah ich seine Gesichtszüge: vier über die Stirn geschlagene Ackerfurchen, in denen der Pferdeschweiß eines blanken Pfluges hockt; in seinen Augen – Vater, paß auf deine blauen Augen auf, wenn du in den unbewölkten Himmel schaust –, in seinen Augen saß das Kugelgelenk der Vorderachse seines Traktors; die braungebrannten, spitzen Wangen, erinnere dich, überzogen mit einer kalten Erdäpfelhaut, verwiesen auf seinen Totenkopf; statt seiner Zähne im Mund: zweiunddreißig gemischte Roggen-, Weizen- und Haferkörner, und an seinem Doppelkinn saß das primäre Geschlechtsmerkmal meiner Mutter. Seine bleiche Brust, ein schneebedecktes Stoppelfeld mit den zwei roten Augen eines vor der Schlachtung zitternden Feldhasen. Sein Unterleib ... Mutter, Mutter, hörst du mich? ... In seinen Gliedmaßen stak die Kraft einer fallenden Fichte, die mit ihren zapfenbehangenen Ästen noch immer in meiner Hirnschale wippt. Seine Zehen, zwei, drei, fünf, zehn, erniedrigten mein Haupt, das vom Rosenkranz meiner Mutter eingefascht war. Jetzt, wo ich bei seinen Füßen angelangt bin, sehe ich, wie du, wieder auf seinen Kopf, wo abermals die eisernen Haltegriffe des Pfluges an seinen Ohren angebunden sind, und hü, hü, mit dem Schnalzen seiner Lederzunge auf dem Rücken, rodet er das trächtige Feld. Eines Tages wird mein Vater statt eines Hoftieres seinen Tod finden. Trotz allem werde ich ihn wie die anderen Menschen und Tiere, die ich zu lieben und zu hassen gezwungen war, beweinen. An seiner eisigen Stirn wird ein Pflug mit eleganten Schlittschuhschritten neuerlich die Wunden meiner Kindheit roden. Kein Blut wird aus der Furchenwunde kommen, Wasser wird es sein, Wasser, das die Stirn des erhitzten Kindes, das ich war, kühlen wird. Rücklings wie das schwarze Pferd mit niedergespreizten Füßen, draußen im Stroh des Stalls, wird er im Sarg liegen: mit den Füßen zur Tür, damit er, ohne daß sein Sarg umgedreht werden muß, das Haus wird verlassen können. Ich werde an der Türschwelle stehen, ein zwei Schritte vorgehen, jetzt bin ich in der Höhe seiner Füße ... Unterschenkel ... Oberschenkel ... Hüften ... Brustkorb, Hals und Kopf. Meine warmen Hände werde ich auf seine kalten, gefalteten Hände legen und mit meiner Wärme das Kind, das noch in seinen ausgetrockneten Blutbahnen kreist, erschrecken, wie man einen Menschen zu Tode erschrecken kann, und mit hoch erhobenem Kopf und Tränen in seinen Augen werde ich die Kammer verlassen. Ich werde wissen, daß er als Toter noch das Kind, das sich vor ihm bücken mußte, beweinen wird. In allen vier Kammerecken werden die Ratten, die er erschlug, als bezahlte Klageweiber, hochaufgestellt, wie wiehernde Pferde, die auf eine Stute zugehen, die ihren speicheltropfenden Kopf in Inbrunst hin und herwirft, vor ihm stehen, die zwei Pfoten gefaltet, Bilder von heiliggesprochenen Tieren haltend, werden sie ihre schwarzen, zugespitzten Köpfe nach seinen geschlossenen Augen und seinem halboffenem Mund hindrehen. Und noch als Toter wird er die Sprache der Tiere lernen. Die neugeborenen Kätzchen, die meine Vaterhand ins Aquarium des Drauflusses hielt, werden als Geburtshelfer mit Juteschürzen auf die Ankunft dessen warten, der meinen Vater gezeugt hat, der dann mich gezeugt hat und der ich jetzt, an der Schreibmaschine sitzend, selber bin . . . immer noch, über den dampfenden Asphalt gehend, tauchen die Rückstände der Erinnerungen meiner schlafenden Mutter auf; ihr strenger Atem, das pechschwarze Haar, spielerisch verzöpfe ich meine Finger darin. Ob noch ihr Fingerabdruck auf dem Einschalteknopf des Radios ist? In embryonaler Lage hocke ich im Bett und kreiße langsam in den Schlaf, wo ich ihr in einem sekundenlangen Traum begegnen werde. Wenn im Laufe meines Lebens mein Herz vier Milliarden Mal schlägt, haben alle Menschen dieser Welt einmal in mir aufgeatmet. Irgendwo unter diesen vielen Herzschlägen wird auch der kranke Herzschlag meiner Mutter zu finden sein, aber all diese Herzschläge werden jetzt von Horst übertönt. In seinem Brustkorb zittert sein Herz wie das Fell eines todkranken Hasen. Ein Schuß, und der Hase reißt noch einmal sein Maul auf, schließt die Augen, reißt sie wieder unter dem Andrang des Blutes auf, zittert wie der Herzschlag auf der Brust von Horst, wo mein Kopf liegt und meine Kinderhände noch einmal die Pfoten des sterbenden Hasen grüßen, Blut rinnt aus dem vergitterten Käfig, mit gestreckten Flügeln laufen Hähne daher und picken nach den fallenden Tropfen, ich greife nach Horsts Rücken und zähle die Knorpel seiner Wirbelsäule, die wie ein steifer, vom Morgentau und Nebel weiß gefärbter Mückenschwarm bis zu seinem Hals hochtanzt, fahre mit der Geschwindigkeit eines verunglückenden Fahrzeugs wieder hinunter, wo die Morgenröte in seinem After schimmert, krümme meine Hand ein wenig und gelange zu seinen Hoden, die auf einem von Kinderaugen fixierten spitzen Stern in einer kilometerlangen schwarzen, in ein Band geschnittenen Nacht die ganze Erdkugel umspulen. Seine Lippen schwangen sich wie zwei Adlerflügel empor und klammerten sich an meiner Stirn und an meinen Haaren fest, wieder ist es das Bild des sterbenden Feldhasen, der für eine Sekunde das Maul aufreißend Blut in unseren Liebestod schüttet und seine Pfoten im Augenblick des Todes nach Horsts Herz streckt. Weich' aus, schnell, ich halte meine Hand vor deine Brust, schütze dich mit meinem Oberkörper, du siehst mir zu, wie ich mich vor Schmerzen wie eine Wünschelrute, die zittert, nach hinten krümme, kreuzhohl liege, meinen Bauch wölbe zum Grabhügel des Kindes, das ich war, statt der Worte des Schmerzes schreie ich dir noch Worte der Liebe entgegen, ich liebe dich so, wie mich der Vater im Augenblick seiner äußersten Wut gehaßt hat, noch spüre ich die letzten Zuckungen der Hasenpfote in meinen Rücken, ich sterbe gern, wenn ich dabei dein Leben retten darf, ich will nicht sterben, um das Leben des Kindes, das ich war, zu retten. Mein kindlicher Mund saugt an seiner Brust und haßt die verfälschte Liebe des Vaters. Die weißen, stählernen Fäden aus den Hüften Horsts balsamierten meine Mundhöhle ein und kehrten als Sonnenstrahl im Brennpunkt eines Vergrößerungsglases meiner Kindheit wieder, aus dem ein drohendes Auge auf meine bleichen Lippen schaut. Wieder tauchen die Fische eines Aquariums auf, in die sich meine Kinderseele verliebt hatte – lieber Fisch sein und vom Vater gegessen werden, als dieses Bauernkind

sein und vom Vater gefüttert werden – dieser Fisch stößt
mit seinem offenen Maul an die Innenseite der dicken
Aquariumsglasscheibe, deine Arschbacken sind die Kie-
men, die sich bei jedem Windstoß meines Atems bewegen
und feucht werden wie herbstlich gefärbte Blätter im
Morgennebel, wenn vorsichtig die Sonne durch die weißen, wallenden Fetzen sticht. Dein weißer Samen galoppiert mit den fliehenden Mähnen seiner Fäden in meinen
Leib und verwandelt mich zu einem Teil von dir. Im
Inneren des Leibes werden schnell und ohne zu zögern
die Fohlen meiner Kindheit geboren. Der Bauer stand
dabei und holte tief Atem, als er den Fuß eines Fohlens,
der aus der Scheide der Stute trat, mit seinen befeuchteten
Fingern bekreuzigte. Mein Glied überquert indessen das
Feld deiner Brust; rot wie Hagebutten, die ein Kind
pflückt und nach der Mutter rufend in die Höhe hält, so
sehen deine Brustwarzen aus. Sie sind schöner als die
Brustwarzen meiner Mutter. In den Grasstoppeln deiner
Schamhaare sucht ein Kalb nach einem Vierklee. Leg dich
jetzt rückwärts. Ich werde dich von oben betrachten,
mein Kopf wird deine Sonne sein, ein Sonnenkopf, der auf
deinem nackten Rücken scheinen soll. Du wirst die
Stimme der Sonne hören, du wirst merken, wie die Sonne
mit ihrer heißen gelben Zunge und einem kindlichen
Fieberblick über deinen Rücken fährt und deine Nerven
aufzucken läßt. Die kaulquappenähnlichen Samenköpfe
drehen die Schlingen ihrer Fäden um den Hals und lassen
noch einmal die vier Augen der beiden Erhängten aus
ihrem Tod schauen, die Samenfäden stocken am wunden
Punkt, wo der Nabel in der Mitte deines Leibes als
Medaille eingraviert ist. Die Erde wird uns umbringen.
Wir müssen vorsichtig sein, paß du auf mich auf, ich paß
auf dich auf. Dort, in der Nabelgrube, liegt zwerghaft die

Mutter und ertränkt sich in meinem Samen. Sie atmet heftig und schlägt wild um sich. An der Wasseroberfläche sieht man, wie zweimal fünf ausgestreckte Finger langsam unter dem Spiegel verschwinden. Durchlauf jetzt meine Lippen als sandiges Speichelkorn, ich nehme dich zwischen meine Zähne und zerbeiße deinen Tod. Dein Samenkorn reflektiert das schwache Glühbirnenlicht meiner Kindheit. Vom Stuhl erhebt sich jemand und stößt in der Erinnerung im Zeitlupentempo sein erhobenes Bein auf den Brustkorb, in dem der vererbte Herzschlag meiner Mutter als computergefütterte Präzisionsmaschine an meinem Tod arbeitet. Eingeknickt bin ich, als ich dich sah, heute, jetzt und gestern, eingeknickt in das halbe, zu einem blutenden Hahnenkopf zerschundene Leben des Kindes. Du hast deine Arme ausgebreitet, ich habe meine Arme ausgebreitet, es war Winter und zwei Schneeflocken umarmten einander, wuchsen zu einem kugelförmigen Eiskorn, das im Augenblick der langersehnten Liebe einen Schreck in der Kinderseele zurückließ. Spürst du noch den Sand in Venedig am Lido zwischen deinen Zehen aufsteigen und über die Nägel deiner Füße fallen? Über Muscheln und röchelnde Fische, über zerknüllte Plastikpuppen und ausgepumpte Fußbälle liefen wir zum äußersten Rand der Brücke. Blutete mein Fuß, war dein Samen die Salbe, die jeden Tod zunichte machte. Unsere Liebe ist stärker als unser Leben, stärker als unser Tod, der sich von Geburt an in unsere Herzen nistete und als hungriger Vogelschrei meine zwei und deine zwei Trommelfelle manchmal erzittern läßt. Der Tod war lächerlich und hatte die spitzbübischen Augen eines Kindes, das sich für einen Augenblick aus der Deckung aufrichtet und gleich wieder niederkauert . . .
Der Tod, nur mehr eine Frage der Formulierungskunst? Habe ich ihn mir vom Leib geschrieben?

Undurchsichtig, vielleicht mit Genugtuung, das einmal sagen zu können.
Was ich in mir füttere, ist immer nur die Sprache, die meinen organischen Hunger stillt.

Mit dem feinen, einen Seidenvorhang erschauernden Lachen der Verrücktheit des Todes.
Wann werden denn die Soldaten in ihrer Volkstracht, tanzende Mädchen vorweg, zu Felde ziehen?

Nimmt eine Hostie aus dem Kelch und hebt sie hoch.
Jesus ist aus Holz und hat uns lieb.

Möwen kommen vom Meer, fliegen auf aus Sümpfen, schweben schreiend, eine Wolke sieht aus wie eine zur Faust geballte Hand.
Der Gewalt eines schweren Gewitters erwidern. *Lachend, dann mit demagogischer Steigerung seines Hohnes.* Hagelkörner essen.

In Wut.
Als sich ihr Kind umbrachte, hatte sie das erste Mal in ihrem Leben fast erotische Lust, einen Menschen zu töten.

Plappert wieder mit marionettenhaftem Zucken.
Lebe so, wie es die anderen wollen, als Dank dafür bring dich dann um, gib ihnen deinen Leib, den sie nie mehr abschütteln können.

Tanzt langsam durchs Zimmer, feierlich, spielt mit dem Kalbstrick und spricht mit milder Zufriedenheit.
Morgens, wenn ich die ganze Nacht geschrieben habe,

geht unter meinen Augen die Sonne auf. Das Licht in meiner Stirnhöhle ist zu einer dunklen Masse zusammengestampft worden.

Mit glimmenden Augen.
Jedesmal, wenn ich fotografiert werde, glaube ich in der seltsamen Starrheit der Bilder umgebracht worden zu sein. Die offenen Augen auf dem Foto starren in den Tod.

Allein steht der rote Ministrant mit seinem gekreuzigten Osterlamm in der Dorfmitte, verbindet ihm mit der gestohlenen Schweißtuchimitation die Augen, hageltrunken liegen Roggenähren kopfüber auf dem Erdboden.
Narziß, der sich selber in Herabwürdigung seiner Schönheit zu Füßen liegt.

Überladener Mittagstisch: Rinderbraten, Rouladen mit Pilzen gefüllt, Kalbsmedaillons in Champagner, Afrikanische Sauce, Rebhuhn mit Thymian, Grapefruit Salat, Kalbsschnitzel gefüllt mit Marzipanhanfstricken – Das Wort war Kalbfleisch geworden; der Herr brach das Brot, brach das Brot den Herrn? – *Apfelsalat mit Feigen, Fastenbrötchen, Linzer Torte.*
Wenn ich satt bin, spürt in Bangla Desh ein Mensch (Kind) meinen Hunger.

Langsam, feierlich, aber undeutlich.
Der alte Offizier wartet schon auf seinen Todeskampf, die letzte Schlacht seines Lebens, von der er noch lange wird erzählen können.

Na, komm schon, kleines Clownkindchen, komm, erzähl weiter.

Einmal sah ich, wie er einen Stein an mein Fenster werfen wollte, sich bückend nach einem umsah. Während ich leise das Fenster geöffnet hatte und triumphierend seinen Blick erwartete, holte er zum Wurf aus, sah mich zu spät, riß den Mund auf, während der Stein meine Stirn traf. Er kam und küßte mein Blut.

In ihren harten Augen funkeln Wut und Begehrlichkeit.
Wie, wenn man einen Menschen mit der Manier eines geschäftstüchtigen Kaufmannes um den Todesstoß bäte?

Mit unzüchtigem Lächeln.
Dort treibt der Bauarbeiter den Kompressor wie einen Phallus in die *Mutter Erde*.

Mit pendelnden Füßen schwebt der Gott meiner Kindheit über den beiden Erhängten, deren Kleider er abwechselnd trägt, sein Heiligenschein zittert.
Die wohlgeborenen Augen der Königin mit ihrem aus den Pupillen herausragenden stacheligen Blick, mit dem sie tötet. Langsam zieht sie den Blick wieder aus ihrem Opfer heraus.

Müde weben die beiden Mütter ein Leinentuch fürs Gebärbett, weben – dort, ein zuckender Hahnenkopf – entweben es wieder, wollen kein Kind mehr in die Bauernwelt setzen, verbeugen sich vor dem Publikum, Erntedankkronen auf ihren Häuptern, drehen sich.
Jedesmal, wenn ich diesem Menschen auf der Straße begegne, kreuzen sich die Blitze in meinem Körper, spüre ich, wie das Fleisch wild zu wuchern beginnt. Durch ein einziges Wort werden alle Gefühle wieder abgehackt, stellt sich die Ruhe in meinem Körper wieder ein.

*Sich fassend, nach hinten gehend, sich abwechselnd die
Hände reibend, fassen sie sich mit gebogenen Armen; das
Kind singt ein Wiegenlied.*
Tun mir die Augen deshalb so weh, weil sie mir dieser
Mensch so weit aufgerissen hat? Oder weil er jetzt schläft
und ich Wache halten muß?

*Er wirbelt in seine Arme, beide kreisen, drehen sich,
wirbeln, tanzen, wirbeln. Himmelhochwerfende Beine,
zuckende Schultern, fliegende Haare, lachende Münder
und weiße Zähne, rotierende Hüften, verkettete Hände,
neugierige Fußspitzen.*
Meine Bösartigkeiten sind Sympathiekundgebungen mit
umgekehrten Vorzeichen.

*Er dreht sich schwindlig, das Zimmer dreht sich anders-
rum, mit geschlossenen Augen, hilfesuchenden Händen,
schwankend torkelt er auf ihn zu.*
Wie sehr ich diesen Menschen verehre, ich habe das
Gefühl, nur mehr Tränen urinieren zu können.

Einen Menschen verehren, einen Menschen Tag und
Nacht verehren, bis man nur mehr stumm vor sich
hinsehen kann, berauscht auf der Straße liegt und im
Staub nach seinem eigenen Herzen sucht ... aus dem
großen Auditorium des Konzertsaales in Paris ist jetzt ein
Stück von Tschaikowsky zu hören ... der Applaus ...
die Leute haben gebrüllt, sag ich euch ... meine Schreibmaschine raucht und ist gleichzeitig eiskalt ... Augenlider im Fegefeuer mit dem Blick auf das Göttchen meiner
Kindheit ... bin wie gefesselt von der Musik ... die
Müdigkeit schlägt stangenweise auf mich ein ... die
schlagende Uhr steigert sich wie ein ständig aufbrüllendes

Herz in ihre metallische Verwesung ... ja, diese Metapher habe ich gesucht: die metallische Verwesung der Uhr ... ich weiß nicht, ob ich weiterschreiben soll ... die Gedanken an diesen Menschen lassen mich alles, alle anderen Menschen und mich selber vergessen ... ich liege in seiner Ohnmacht ... was soll ich tun? ... essen? ... spazierengehen? ... schlafen kann ich doch nicht ... es ist alles noch bitterer als Galle ... die Liebe streitet ständig mit dem Tod ... Sartre hat einmal gesagt, daß man im geliebten Menschen das eigene Spiegelbild des Todes sucht ... was ist das für ein Mensch, von dem ich da spreche? ich weiß es eigentlich gar nicht ... ist es einfach der personifizierte Todestrieb? ... *Etwas später.* Bin um neun Uhr aufgestanden, schade, daß die Welt nicht auf dem Kopf steht ... der Himmel grellblau, an den Ecken des Zeltes Wolken, die ihre blutige Abenddämmerung verschieben ... ständig hin und her ... kaum schaue ich eine Minute später zum Himmel, glaube ich, entweder haben sich die Wolken so schnell verzogen oder ich habe das Gedächtnis verloren ... jetzt noch einen Löffel Honig aus dem Dorf ... ja, ich spüre die beruhigende Kraft ... *Spüre ich sie schon?* Eine Minute später wird mein Mund Bienen gebären, die wie eine schwarze Rauchsäule meine Lippen verlassen ... *Noch mehrere Gedanken zu Papier gebracht.* Ob der Gott meiner Kindheit ein Sieb ist, das die Menschen durchsickern läßt und die Tiere als Satz zurückbehält? ... am Grab des Politikers wird die Gewalt mit roten Rosen geschmückt ... jetzt, da, glaube ich, daß jemand einen Stein ans Fenster geworfen hat ... einen Stein, dem seine Gesichtszüge eingraviert sind: ich biete ihm meine Stirn dar ... mit einem Trauerkaliber schossen Tränen aus meinen Augen ... beweinte ich das leere Geräusch ...

oder den Menschen, den ich gern gesehen hätte? *Wieder etwas später.* Wieder bei ihm gewesen, wieder die bösen Spiele, empfahl mir, ein Kinderbuch mit nach Hause zu nehmen ... *Sommergäste,* ein Film von Peter Stein, hat uns nahezu verrückt gemacht ... dachte plötzlich an einen Menschen, der sich im Laufen umbringt und als Toter weiterläuft ... und diese Bilder! ... ein Mensch zum Beispiel, der auf dem Boden liegt, seine über und über blutige Hand nach einer Frau streckt und um ihre Liebe bettelt ... soll ich jetzt schlafen gehen? ... es ist viertel nach ein Uhr früh, oder sollte ich auch heute Nacht aufbleiben, um bei seinem Schlaf Wache zu halten? ... habe urplötzlich Angst, wie ein Mensch zu sterben ... jenseits der Tiere leben ... sich das Leben nehmen hieße, einem anderen Leben geben ... ein Festival der Humanität ... die göttliche Geißelung Jesu ... wie langsam trottende Tiere schreiten meine Augenlider in den Schlaf, schwerfällig, das Lid, die Gatter des Augapfels, schließen ... grün statt schwarz ... oft bin ich um Mitternacht oder später nach diesen langen, endlosen Schreibereien so müde, daß ich nicht mehr die Kraft habe, die Augen zu schließen ... schlafe ich mit offenen Augen ein? ... ich weiß in der Früh nicht, wenn ich aufwache, ob ich die Augen während des Schlafs tatsächlich geschlossen gehalten habe ... *Wieder etwas später, aus dem Bett gestiegen und den folgenden Satz notiert.* Zugpferde ziehen das Leben aus mir ...

Venedig, Klagenfurt
Dezember 1977 – April 1978

Der Ackermann aus Kärnten

»Die Kraft haben, das zu wählen, was einem am wichtigsten ist, und dabei zu bleiben. Andernfalls ist es besser man stirbt.«   *Albert Camus*

»Wir sind stark genug, um ertragen zu können, was den anderen zustößt.«   *La Rochefoucauld*

Ich nehme vor dem Ackermann Aufstellung, ich umkreise ihn, starre ihn an, aus der Vogelperspektive, und schaue aus der Luke einer Wurzel auf seine Fußsohlen. Manchmal bläht sich mein Hals, der Zorn einer Kobra grollt in mir, und meine Augen starren in die Finsternis. Habe ich getötet, lege ich mich ins Bett zurück und häute mich mit blutunterlaufenen Augen. Verwundet liege ich im Bett und denke an die jungen Toten meines Heimatdorfes. Ich rolle mich zusammen und schlinge die Füße um meinen Bauch. Meine Hände ringle ich um den Oberkörper und meinen Oberkörper drücke ich an meine Hüften. Langsam arbeitet sich ein Kopf hervor. Die Augen starren. Die Zunge lispelt. An der Stirn stehen die Tropfen der Anstrengung, ein Tier werden zu wollen.

Mit dem Pathos der Geschichtsschreiber möchte ich diesen Zwischenbericht aus meinem Heimatdorf beginnen. Wir schreiben das Jahr 1973 ... Der kleingewachsene Bauer trägt den toten sechzehnjährigen Maurerlehrling Hanspeter über den Tennboden seines Heustadels. Hanspeter, Hanspeter, schreit er weinend auf den Kopf des Dorfkruzifix zu. Die Gummihosenleiter des Jungen pendelt über dem Boden wie seine Fußsohlen über dem knisternden Heu. Sein Kopf hängt über dem Arm des Bauern. Mund und Augen des Jungen sind offen, und die tödliche Wunde am Hals ist mit Margriten verziert. Die Schleifspur des Kalbstricks, blau und rot, gewunden wie eine Nabelschnur, ist zu sehen. Die Gummihosenleiter federt im Rhythmus des vorwärtsschreitenden Bauern. Der Bauer küßt den offenen Mund des Jungen. Wer wird denn, wenn ich sterbe, die Pferde und die Milchkühe, die Kälber ins Klee führen, wer wird mit dem Pflug durch den Acker fahren, wenn nicht du, Hanspeter. Nocheinmal, für mich und für den Leser, nimmt Hanspeter das Zaumzeug vom Kopf des Pferdes. Die schwächliche Gestalt des Jungen steht unter dem speicheltröpfelnden Maul des Pferdes. Die Stalltür ranzt, reife Wacholder hängen wie ein dunkler, körniger Schirm über dem rauchenden Misthaufen, vor dem er mit dem Pferd steht.

Drei Jahre, bevor sich Jakob und Robert an einem Kalbstrick gemeinsam erhängten, starb Hanspeter im Heustadel seines Onkels. Nach seiner Maurerlehre hätte er den Hof übernehmen sollen.

Im Jahre 1977 zuckte der Nerv des Stricks wieder. Der Bruder des toten Robert, dessen Namen ich nicht weiß und gar nicht wissen will, nahm einen gewundenen Hanfstrick und erhängte sich in einem dunklen Wald bei Villach, in dem sich die Märchen seiner Kindheit abgespielt hatten.

Ich muß zusehen, wie ich auch in diesem Buch vom Tod der beiden Jungen aus meinem Heimatort berichte. Nun sind sie zu viert. Ich betrauere keinen mehr. Ich bin über ihren Tod glücklich.

Die geographische Anatomie unseres Dorfes läßt sich mit einem Kruzifix vergleichen. Von der Dorfstraße, zu deren linker und rechter Hand Häuser stehen, strecken sich im oberen Teil zwei Arme, auf die die Bauernhäuser wie die Knorpel eines Rosenkranzes aufgefädelt sind. Ganz links, auf der angepflockten Hand stockt das Blut des ersten Hauses. Das Zimmer der verstorbenen Mutter ist rot austapeziert. Am letzten Haus des rechten Armes steht ein roter Kalbstrick für den Nagel, der die rechte Hand des Kruzifix hochhält. Den Kopf dieses Kruzifix bilden Pfarrhof und Heustadel, in dem sich die beiden siebzehnjährigen Lehrlinge umbrachten. Zu Füßen dieses Dorfkruzifix stehen Friedhof und Kirche. In der Mitte, wo sich senkrechter und lotrechter Balken treffen, ist das Herz des Kruzifix, der Knotenpunkt meines Romans, mein elterliches Bauernhaus. Das Herz pocht und stößt Fieber von sich. Die kranken Herzschläge aus meinem väterlichen Mutterhaus fließen in die Adern aller anderen Häuser und stellen den Kontakt mit dem Tod her. *Wer den Tod nicht scheut, dessen Zunge ist auch im Kerker frei. Der Tod geht übers Grab. Vom Tod reden ist etwas anderes als sterben.* Zu Hüften dieses Kruzifix steht ein Haus, in dem erst vor wenigen Jahren zwei Menschen auf ungewöhnliche Weise gestorben sind. Am Fuße des Kruzifix steht neben Dorfkirche und Friedhof das Elternhaus eines der beiden Lehrlinge. Auch hier kann man für den einen Fußnagel einen roten Kalbstrick als Symbol nehmen. Immer noch sieht man rote, ameisenhöhlendünne Streifen vom Elternhaus des Toten zum Friedhof hin, in die Kirche und weiter ins Innere der Kirche, vorbei am offenen Kommuniongitter bis zum Tabernakel mit dem Leib Christi, in dem die Leiden des Dorfes im Wasserzeichen der Hostien rekonstruiert sind. Überall dort, wo die Wundmale des Gekreuzigten eingraviert sind, starb jemand eines ungewöhnlichen Todes. Ein Junge ertrank, ein Kind überlebte das Übergewicht des Traktors nicht, ein Verkehrsunfall, noch ein Verkehrsunfall, am Oberschenkelwundmal steht das zwerghafte Bauernhaus, in dem sich, wiederum mit einem Kalbstrick, ein sechzehnjähriger Maurerlehrling umbrachte. Nur die eine Wunde, die sich an der linken Brustseite in der Nähe des Herzens befindet, ist noch geschlossen. Mehrere Anläufe des Todes haben Angst ausgelöst. Mit einer Lanze gegen sich selbst wollte die Schwester dieses letzte Wundmal öffnen. Eine Überdosis Schlaftabletten der Tochter, und die Mutter träumt nicht mehr, die Heiligenbilder beginnen zu sprechen, treten aus ihrem Rahmen und gehen im Stechschritt vor dem Totenbett auf und ab. Die Pfauenfederaugen öffnen verschlafen die Lider. Die Fußnägel des Gekreuzigten werden zu Sargschrauben. Das Roggenfeld verwandelt sich zu unzähligen, von schwarzen Raben überflogenen Brotlaiben. Die Stunde der Wahrheit löst die Stunde der Lüge ab. *Wer den Tod fürchtet, verliert sein Leben.* Flirrende Kerzenlandschaft im Totenzimmer. Vier Trauergäste geben sich übers Kreuz die Hand. Wer von den vieren wird jetzt sterben?

Du darfst nicht übers Kreuz die Hand geben. Vier Augenpaare starren einander an. *Es ist jeder alt genug zu sterben, sobald er geboren wird.* Erschrocken weicht das Kind von der schwarzgekleideten Hebamme zurück. Sie ist doch sonst immer weiß gekleidet, eine weiße Schürze, weiße Strümpfe, ein weißes Kopftuch, aber schwarz wie die Nacht, die im Morgengrauen das weiße Licht auf die Welt bringen wird, steht sie vor mir und legt ihre Hand auf mein nach unten zuckendes Schulterblatt. Mein Kopf hebt sich, und ihr Kopf senkt sich, zwei Nabelschnüre verbinden unsere Blicke, und ich schreie lauthals nach der Mutter. Mutter, die Hebamme will mich jetzt gebären, Mutter, hilf mir, ich bin blind, seit mich das Auge Gottes sieht, ich bin taub, seit ich nachts im Bett hockend auf das Geröll einer niedergehenden Steinlawine horche, ich rufe nach Hilfe, wenn ich keine brauche, ich horche auf das Getrippel der Ratte, wenn ich über die sechzehnstufige Stiege laufe, und die Ratte horcht auf die Schritte der Kinderfüße, wenn sie über die Stufen trippelt. Aus erdeschwarzen Augen suchen vier Blicke tastend zwei am Ende des Sarges hervorstehende Totenschuhe ab. Rattenfüße, Rattenzehen, Kinderfüße, Kinderzehen, Totenschuhe, Totenschuhe. Mit Totenschuhen lustvoll über die Gräber des Friedhofs schreiten, Namen, Zahlen und Sprüche lesen, mit den Zahlen spielen, dividieren, multiplizieren, zusammen- und wegzählen lernen, besser und einfacher die Grundregeln der Mathematik lernen als in der Volksschule, wo der Lehrer, wutentbrannt heute, morgen zärtlich den Stab aus Haselnußholz auf die schwarze Tafel oder neben einer Kinderhand auf die Bank schlägt. Und die Bilder der Toten, dieses große Fotoalbum des Dorfes auf den Grabsteinen. Die Tulpen nicken mit ihren weißen, roten, gelben und blauen

Köpfen. Die Köpfe der Kinder erwidern. Tragen wir jetzt den Maulwurf auf den Friedhof der Menschen und töten wir ihn dort. Holen wir aus dem Karner, wo die Schaufel und der Pickel des Totengräbers wie zwei müde Menschen an der Wand lehnen, den Totenkopf aus dem rechten Winkel, stecken wir ihn auf die schmiedeeiserne Friedhofstür, und sehen wir den vorbeitrottenden Pferden in die Augen, wenn sich ihr Kopf nach der Biegung des Weges auf das offene, gähnende Tor des Friedhofs richtet. Verbunden ist sein rechtes Vorderbein, mit jedem Schritt vergrößert sich auf der Mullbinde ein roter Flecken, Kreise zieht das Pferdeblut, das gesteinigt worden ist. Der Pflug blinkt in der Sonne, und die schwarze Erde ergraut an der Oberfläche. Die reifen Roggenähren brechen auf und schreien nach Brot. Der Asphalt auf dem Balken des Dorfkruzifix dampft unter der flirrenden Hitze. Die Sonne entzündet die Kerzen auf dem Friedhof, der Ostwind löscht sie wieder. Die Dorfleute wiederkäuen täglich ihre Streitsucht, wie organisierte Marionetten versuchen sie, den eigenen Todeskampf am Leib des anderen auszutragen, schleppen Heubündel, treiben Kälber, bekreuzigen mit ihren abgearbeiteten Händen die Stirnen ihrer Kinder. An den verschiedenen Stellen dieses Dorfkruzifix wurden die Kinder geboren. Die Hebamme in weißer Tracht und der dunkelblau oder schwarz gekleidete Priester reichen einander die Hände. Treffen sich ihre Handschalen, zucken an den Handfalten weiße Kruzifixe auf. An den gleißenden Blicken sieht man es: der eine ist dem anderen feind. Die Hebamme verkörpert das Leben im Dorf in Fleisch und Blut. Der Priester, Halbgott und Träger der Autorität der Leiden Christi, hält mit seinen messerscharfen, überkreuzenden Segen das Dorf in seiner Hand, die auch die Hand Gottes ist. Die Hebamme deutet auf ein neugeborenes Kind, der Priester aufs Kruzifix. Der Schrei eines Neugeborenen und der Todesschrei vermischen sich. Am Anfang des Lebens steht die Hebamme, am Ende des Lebens der Priester. Zur Osterzeit, am Karfreitagnachmittag, nimmt Jesus dieses Dorfkruzifix auf seinen Rücken und schleppt das ganze Gefolge des Dorfes hinter sich her. Und abermals fiel er zu Boden. Der Dorfstraßenkehrer versteckt den aufwirbelnden Staub Gottes in seinen lockigen Haaren. Die kleinen, weißen Kruzifixe, die im Handschlag des Priesters und der Dorfhebamme aufzucken, sind die Symbole für den Kindertod dieses Dorfes. Weiß, aber größer als Zündholzschachteln sind die Särge der Kinder, weiß der Schleier, der aus dem Schließfach der Totenwiege hervorschaut, schwarz ist die Mutter, die dreimal über die Seele des Kindes stolpert, zu Boden fällt und von zwei starken, tiefbraunen Bauernhänden hochgezogen wird. Dennoch gibt ihr der Tod des Kindes die Kraft weiterzuleben. Als rotgekleidete Ministranten mit den Textilien eines verstorbenen Papstes, denn rot ist die Farbe der toten Päpste, küßten wir die Füße des Gekreuzigten. Auf die Anatomie des Dorfes übertragen, ist es das Elternhaus des erhängten Lehrlings, das ich in österlicher Andacht geküßt hatte. Seinem Selbstmord ging mein Todeskuß voraus. Wenn ich heute zu abendlicher Stunde meine Füße wasche, denke ich nicht mehr an den Gekreuzigten, an ein Abendmahl der Hygiene, ich denke an den toten Jakob. An meinem rechten Fuß sehe ich mir genau seinen gläsernen Knöchel an. Spiegelnde Schritte deuten auf den Friedhof, wo ein Hahn mit zuckendem Kopf und pendelnden Kinnlappen auf und ab geht und nach Weihrauchkörnern sucht. Jahrelang habe ich die Füße des

Gekreuzigten geküßt, ich hätte mir dafür wenigstens einmal in meinem Leben meinen Fuß brechen können, aber nie ist es mir gelungen, weder beim Schifahren, noch beim Fußballspielen. Meine Tränen über den Schmerz des angeschlagenen Fußes während eines Fußballspieles waren auch Tränen der Wut, warum durfte ich nicht liegenbleiben. Als ich später vom gebrochenen Fuß meines kleinen Bruders erfuhr, bin ich eingeknickt zu Boden gesunken, wie man vor dem Gekreuzigten langsam und andächtig auf die Knie fällt und betet. Die eine, noch geschlossene Wunde, wo ist sie? Wo ist der Held der Lanze? Sesam öffne dich! In der letzten Zeit haben sich vier junge Menschen umgebracht. Die tödliche Krawatte des Kalbstricks ist in diesem Dorf Mode geworden. Dammübergang, Flußüberschwemmungen und Schneelawinen unterhalten die Natur. Vor kurzem standen aus der linken Ellebogenbeuge des Dorfkruzifix Fichtenhölzer hervor, sie hatten die Straße überquert und im angrenzenden Roggenfeld mit dem Schwung ihrer Lawine eine Grube aufgerissen. War es das Massengrab für das ganze Dorf? Horst sitzt jetzt neben mir. Ich halte mit meinem linken Arme seine Hüfte umschlungen, die linke Hand liegt auf der Schreibmaschinentastatur. Aus Spott über den Text, den er mitliest, spuckt er mir auf die Stirn und zieht mit seinem rechten Zeigefinger ein Kreuzzeichen, einmal waagrecht, links beginnend beim rottapezierten Zimmer einer Mutter, bis zur rechten Seite des Querbalkens, wo sich in meiner Fantasie schnell und elastisch der rote Kalbstrick dehnt. Dann zieht er mit seinem Speichel den lotrechten Balken, beginnend am Pfarrhofstadel, wo vier pendelnde Füße an meine Stirn schlagen, zum Knotenpunkt über die beiden Schienbeine zu den Füßen des Kruzifix, wo Jakobs Vaterhaus, der

Friedhof und die Kirche stehen. Im Tabernakel, wo sein Speichelfaden endet, wird der tote Lehrling zum Leib Christi verwandelt. Als er mit dem Zeichen seines Speichels das Kruzifix vollendet hat, laufen über meine Wangen die Kindertränen, und das Kind, das ich war, ist in der Vitrine meiner Tränen als Erwachsener gefangen. Ich sehe ihm in die Augen und entdecke zum erstenmal einen gelben, an einen Feuerkreis erinnernden Ring um seine schwarze Pupille. Ich weine nur mehr, wenn ich glücklich bin. Das Unglück ist nicht in mir, ich bin Unglück, und ohne Unglück kann ich nicht leben. Ich weine, weil mir im Augenblick des Glücks mein Unglück deutlich wird. Im Corpus dieses Dorfkruzifix bin ich aufgewachsen. Ich spüre, wie ich durch endlose Beschreibungen mehr und mehr hineinwachse, meine Kindheit wiederhole, nicht aber, um von vorne zu beginnen, sondern um einen endgültigen Befreiungsversuch zu machen. Vielleicht werde ich als einer der wenigen, der es überlebt, dieses Dorf verlassen. Diese Hoffnung vertreibt mir Teile meiner Angst. Hier in diesem Buch lege ich testamentarisch fest, daß ich in diesem Dorf nicht begraben sein möchte. Weder als Lebender noch als Toter kehre ich zurück. Ich möchte nicht neben meinem Großvater, neben meiner Großmutter liegen, die es bis auf ein paar halb verfaulte Knochen wahrscheinlich gar nicht mehr gibt. Die Streitsucht der Dorfleute erschreckt noch heute jede Kinderseele. Abwechselnd stehen sie vor zwei Richtern: vor dem juristischen und vor Gott. Die Rippenbögen dieses Kruzifix sind die Brückenübergänge des Dorfbaches. Steigt er nach einem Unwetter, reißt es mehrere Kinderfüße von seinem steinigen Grund und schiebt die Kinder unter die Brücke. Das Becken des Dorfkruzifix war und ist die Spielhöhle der Kinder.

Vogelscheuchen, Strohpuppen und Plastiktraktoren gingen von Hand zu Hand. Hinter ihnen standen Schafe, eine ganze Herde, einsam spazierte ein Haselnußstock hinterher und tippte auf ihre lockigen Flanken. Die Zähne im Kopf des Kruzifix sind Methaphern für die letzten zweiunddreißig Grabsteine. Nachts schleicht der Priester mit der Last der Grabsteine auf dem Rücken aus dem Pfarrhof und schließt mit einem Grabstein das neue Loch auf dem Friedhof. Die Hebamme steht am Fenster, schließt ein wenig ihre Augenlider, um ihren Blick zu schärfen, langsam ergreift ihre Hand den weißen Seidenvorhang und ballt ihn zusammen. Der Streit der Dorfleute um Grundstücke, um Gemeinschaftsmaschinen, um den Vortritt im Gotteshaus und um die schönsten Grabanlagen auf dem Friedhof geht weiter. Sie hassen einander noch viel tiefer als *bis aufs Blut*. Dann bricht wieder ein Unglück über das Dorf herein, eine Lawine stolziert vom Berghang und versöhnt für ein paar Wochen die feindlichen Seelen. *Wenn du in Frieden bist, so denke an den Streit, und wenn du im Streit bist, erinnere dich, daß du Frieden schließen kannst.* Betritt der eine Bauer das Feld des anderen, feindlichen Bauern, werden Maßnahmen ergriffen. Nur eines haben alle gemeinsam: den Friedhof. Manche zäunen ihr Familiengrab kunstvoll ein. Gitterchen vom Kunstschmied statt Stacheldrähten, an denen nicht die Haare scheckiger Kälber, sondern die letzten Haare der Toten hängen könnten. *Gitterchen Kunstschmied*, so sein Name, kreist mit einem Blick den Hügel des Grabes ein. Vor dem Elend eines Dammüberganges, der den Asphalt und die Dorfbrücke aufbrach, standen die Dorfleute mit zum Gebet ineinanderverkeilten Händen, als ob sie dieses Unglück gemeinsam auf die Welt gebracht hätten. Sie hielten nach dem Priester Ausschau, der die Taufe vollziehen sollte. Die Eingeweide des Dorfkruzifix sind die Haus- und Hoftiere, denn in jedem menschlichen Eingeweide befinden sich Tiere. Die Adern des Gekreuzigten verlaufen regelrecht und münden in jedes sich öffnende Haustor: ein Bauernkind schleppt eine leere Milchkanne zur Tür hinaus, mit der anderen Hand schließt es die Tür. Robert lebte am rechten Ende des Querbalkens, der Nagel, den die Hand des Gekreuzigten hochhält, drang ihm ins Herz. Unten am Fußende, wo meine Kinderlippen die Wunden des Gekreuzigten küßten, drang der eine Fußnagel, der beide Füße des Gekreuzigten zusammenschweißt, ins Herz Jakobs, des zweiten Lehrlings. Gehe ich zum Fluß hinunter, überblicke ich das Dorf von unten, gehe ich hinauf in den Fichtenwald und stelle mich an den Abhang des Wasserfalls, überblicke ich das Dorf von oben, verfolge ich eine Schwalbe, die in der Mitte des Dorfes Halt macht und umkehrt, sehe ich in den Augen dieses Tieres das Dorf aus der Vogelperspektive, schließlich weiche ich nach ost- und westwärts aus, stehe am linken und rechten Arm des Dorfkruzifix und spiele mit den verkrampften, aufgenagelten Händen, die Jahre meiner Kindheit zähle ich dort, Finger über Finger, Jahr für Jahr, genau ab, an den Fingern des Kruzifix habe ich das Zählen gelernt. Im Flur des Pfarrhauses steht ein armloser Jesus mit dem Blick auf den Pfarrhofstadel, wo zehn Zentimeter über dem Erdboden die beiden Lehrlinge standen. *Christus ist unser Fleisch und wir sein Gebein. Christus hat durch seine Wunden unseren Schaden verbunden.* Während des Krieges schritt jemand aus dem Dorf, den mannsgroßen Jesus wie eine hölzerne Puppe schleppend, in den Wald und stürzte ihn über den Wasserfall. Steine und Felswände schlugen ihm die Arme ab. Im schwarzen Talar, mit dem er sonst die Toten des Dorfes einsegnete, begleitet von seinen kleinen, ebenfalls schwarz gekleideten Ministranten, suchte der Priester den gestohlenen Jesus tage- und nächtelang. Der Ruf des Totenvogels lockte ihn zum Mordplatz. Das Schreien dauerte an. Erwartungsvoll sahen die Ministranten die scharfen Blicke des Priesters an. Vor seinen Augen schwankten vom Wind bewegt die grünen Fichten. Aus dem weißen Schleier des Nebels arbeitete sich in seinen Gedanken die Dorfhebamme mit einem Kind auf den Armen heraus. Die Heuschrecke in Großaufnahme sieht bedrohender aus als eine Flut nach unten gleitender Bomben. Fallen die Mauern der Häuser, hebt sich der Schwarm vom Roggenfeld. Das Kind der Hebamme färbt sich blau, der Priester ist schwarz, die Hebamme weiß, der Wald grün. Der Priester greift nach dem Kruzifix, die Hebamme umklammert das Kind. Dem einen Ministranten dringt das kleine Kruzifix auf der Brust in die Lunge, es beginnt zu sprechen. Schick mir deine zugespitzten Kruzifixe, schick mir die Pfeile, ich werde lachen und den Leib Christi essen. Schaumig wird mein Blut vor den Lippen stehen, Blasen werden zerplatzen, ich werde mich ins grüne Sternenmoos legen, der Priester wird sich über mich beugen, und der Kopf der weißen Hebamme wird hinter seinem Rücken auftauchen. Jedesmal, wenn der Priester seinen *Erzministranten* rief, verglich ich mich mit dem Erzengel, und ich kam und führte aus, was immer er wollte. Ich tröstete eine Tote, als ich vor dem Leichnam meiner Großmutter stand. Noch heute höre ich die Schritte des Leichenbestatters und des Vaters, als sie die eingesargte Großmutter über sechzehn Stufen in die Rumpelkammer trugen. Die Rumpelkammer war von ihrem Unrat befreit worden. Schwarze Tücher färbten die drei Wände. Der Leichenbestatter runzelte die Stirn und biß die Zähne übereinander: das Übergewicht der Großmutter. Die *Enznbäuerin* ist tot, und ich bin ihr Enkelkind, das glatte Steine über den Draufluß blätterte. Der Oberkörper des Fischers auf der anderen Seite des Flußes weicht zur Seite. Laß die Tiere in Frieden, Fischer, die Großmutter ist gestorben. Sie hat meinen Vater umarmt und mit ihm geweint, als er vom Krieg kam und dem Stahlhelm die Erntedankkrone auf den Kopf setzte. Er hat die Füße des Kruzifix geküßt und sein Haupt zur steinernen Erde des Kirchenbodens gesenkt. Er hat seine Kinder geküßt und geschlagen, geküßt hat er sie, als sie klein und winzig waren und noch nicht wußten, daß der Kuß eine Geste der Zärtlichkeit ist. Geschlagen hat er seine Kinder noch, als sie ihm über den Kopf wuchsen. Das Licht begräbt mein Gehirn. Die Dunkelheit steigt aus dem Wasser und breitet sich in mir aus. Das Bauernhaus riecht nach Fichtenästen, nach Stallmist, Erdäpfeln, Erde, Kinderhaut, Roggenähren, nach einer Toten, nach Weihrauch und Öl. Ledige Totenschuhe laufen über meinen Körper und klopfen an meinem Herzen an. Das Herz will mir aus der Brust springen. Wie ein Leopard setzt es zum Sprung an. Der Tod der Großmutter hat mich nervös gemacht und beruhigt, das Herz pocht schneller, die Haut über der Brust zittert wie ein Haustier, das die Messerschärfe, die in seine Brust dringen wird, kennt. Stich zu, die Füße werden zappeln, bis sich die Zehen zusammenkrallen werden, stich wieder und wieder, wir brauchen Tierfleisch fürs Totenfest, denn Menschenfleisch ist gestorben. Ist das Fleisch oder der Mensch tot? Ist das Fleisch oder das Tier tot? Mensch und Trauergast, mach den Mund auf, damit totes Tierfleisch über deine Lippen gleitet, drüben liegt die Großmutter, sie schläft und wird in den Himmel fahren, aber sie wird ihren Schlaf nicht im ersten Stockwerk des Bauernhauses fortsetzen, sie steigt höher und höher, die Fernsehkamera gleitet mit, und wir Bauernkinder sehen zum erstenmal, wie eine Rakete unter großem Donner und mit einem dichten, weißen Schweif ins Weltall, in den Himmel fährt. Die Großmutter fährt mit, sie schläft, und wir werden sie eines Tages wiedersehen. Sie schiebt mit ihren breiten Händen die Wolken auf die linke und rechte Seite und sieht uns zu. Paß auf, was du tust. Die Großmutter wird es den Engeln und Jesus erzählen. Sie wird dich beschützen, wenn du gut bist, sie wird dich über die Brücke stürzen lassen, wenn du Schlechtes getan hast. Bete. Bete für dich und bete für sie. Arbeite, damit die Speisekammer das Brot füllt. Wirf den Tierkot über die gebrochenen Hahnenfüße. Hilf der Mutter Erdäpfel aus dem Keller tragen. Schreite langsam und andächtig wie der Priester hinter dem Sarg der Großmutter vor dem pflugziehenden Pferd her. Zeig ihm den Weg. Kehre um, wenn du das Feld deines feindlichen Bauernnachbarn berührst, er hat an den Grenzen seiner Äcker Vogelscheuchen und Kinder aufgestellt, die Vogelscheuchen sehen den Krähenfüßen zu. Mäusebussardfüße krallen sich über den Köpfen der aufgestellten Kinder zusammen. Ihr Blick ist scharf und durchdringt das Haupt des Kindes bis in die Tiefe der Erde, wo eine Brut neugeborener Mäuse quietscht. Ihr Kinder seid Soldaten, der Pflug ist der Offizier, nehmt Aufstellung, wenn er an euch vorbei seine Furchen zieht. Seht, wie die rot-weiß-rote Fahne im Wind flattert. Salutiert, wenn die Sonnenblumen ihre Köpfe der Sonne zudrehen. Laßt einen Hahnenschrei frühmorgens in eurer Lunge erwachen, denn aus dem Kopf des Hahns ziehen noch immer Blutfäden. Die

Schneide des Beils ist rot, die Finger der Mutter sind auch rot. Das Blut des Hahns spritzt in der Hofmitte, wenn es auch hagelt und die Kinderaugen die seltsam rotgefärbten Hagelkörner im Umkreis der Mutterfüße anstarren. Wir brauchen Hahnenfleisch, Schweinsfleisch und das Fleisch eines weißen Lamms. Die Totenfeste sind größer und inbrünstiger als Hochzeiten, als die Feiern für ein neugeborenes Kind, größer als Faschingsfest und Erntedankfest. Die Tote zeigt ihre Larve den Lebendigen. Der Priester hebt sie ab, denn er sagt immer wieder, daß sie auferstehen wird. Sie wird wiederkommen und unter euch sein. Sie wird nach ihrer Wiederkunft das Brot austeilen, aber es wird härter sein als frischgebackenes Brot. Es wird aus Stein sein, aber niemand wird daran seine Zähne ausbeißen können, niemand. Es flackert das Kerzenlicht im Totenzimmer, wie die Sonne im Weizenfeld flirrt. Mücken verbrennen augenblicklich unter der Glut der Sonne, Bomben gleiten auseinander und strekken ihre Arme nach den Häusern und evakuierten Bauernkindern aus. Der Tod ist leise, wenn auch ein Auto in die Mauer kracht und ein radfahrendes Kind vor sich herschiebt, wenn auch ein Kalbstrick knarrt und zwei Lehrlinge gefangenhält, wenn auch die Milchkanne des anderen Maurerlehrlings auf den Asphalt der Dorfstraße stößt, wenn auch die letzten Schreie mehrerer Köpfe im Irrenhaus aushallen, wenn auch ein Pferd mit einem Lastwagen zusammenstößt und der Altbauer vom Wagen fällt und schwer atmet und zwei Tage später die Kunde von Mund zu Mund, von Grab zu Grab geht, denn die Toten dieses Dorfes sprechen in meiner Kinderseele, daß der Altbauer seinen Verletzungen erlegen ist. In drei Tagen werden wir anstatt hinter dem Pflug oder hinter einer Heuwagenfuhre hinter einem Leichnam herschreiten. Ist er katholisch oder evangelisch?, soll lauten: Ist er tot oder lebendig, denn für die Katholiken dieses Dorfes leben die Evangelischen nicht, und für die Evangelischen sind die Katholiken tot. Sie haben mit unserer Religionsgemeinschaft der Totenfeste, der Hochzeiten und Geburten nichts zu tun, sie haben eine andere Kirche und einen anderen Friedhof. Das ist ein evangelisches Haus, und du bist Katholik. Dieser Altbauer war evangelisch. Der Ackermann schreitet hinter jedem Sarg, der einen Bewohner dieses Dorfes in Fleisch und Blut hüllt, hinterher. Die Sonne brennt auf seinen Nacken oder der Regen fällt auf die Trauer schwarzer Schirme, die Ministranten schirmen den Priester vom schlossentreibenden Hagel ab, Blitze zucken über dem Trauerhaus, Hähne schreien, Hunde bellen oder winseln, Kühe starren wiederkäuend vor sich hin und wedeln mit ihren Schwänzen, ein Kalb grätscht seine Hinterbeine, und die Augen des Kindes gleiten bis zum Stallboden mit, die Hebamme ist schwarzgekleidet, wenn sie einen alten Toten betrauert, bleibt in ihren weißen Kleidern stecken, wenn ein Kind stirbt. Im Laufe der Jahre sammelten sich die ungewöhnlichen Todesfälle dieses Dorfes: wie ein Schopf zusammengebündelter Roggenähren liegen sie vor mir. Ich fasse alle an, und meine Hände zucken von der Tastatur meiner elektrischen Schreibmaschine manchmal zurück, manchmal kleben sie fest. Mit den Buchstaben auf meinen Fingerspitzen schlafe ich ein, Sätze wecken mich auf und treiben mich zu den Toten und Lebendigen dieses Dorfes. Ich kann mich nicht töten, denn ich trage die Toten dieses Dorfes seit Generationen in mir herum. Ich muß am Leben bleiben, denn in mir verkörpert sich nicht nur meine eigene Kindheit, sondern das Dorf. Blicke ich auf meinen Brustkorb, so sehe ich rechts ein milchtragendes Kind meine Rippen entlanggehen, ist es die linke Seite, so hängt dieses Kind mit einem Kalbstrick an einer Rippe wie am Querbalken des Heustadels. Dieses Kind schießt mir noch heute den Ball zu wie damals. Ich bücke mich, weiche, um die Wucht des Balles zu mildern, nach hinten. Ich falle zu Boden, denn die Wucht war zu groß, ich hebe den Kopf und erschrecke: Über meiner Stirn pendeln seine Füße, meine Augen sehen auf seine Fußsohlen, seine Fußspitzen, die Lederbälle vorgestoßen, mir zugespielt haben, und Tor, Tor, Tor, wir umarmen uns, wir führen einszunull, wir werden gewinnen, noch ein Tor von dieser Seite, noch so ein Querpaß, und die Niederlage des Gegners ist besiegelt. Unsere Arme gehen auseinander und fallen auf die Hosennaht, noch dialogisieren unsere Augen, dann laufen wir wieder in Stellung. Jedes andere Auge treibt meine Augenlider nach unten, meine Seele knickt ein, die Augenlider haben Falten, und wiederum blicke ich mit tränenerfüllten Augen auf den Kugelkopf der Schreibmaschine, der Buchstaben aufs Papierfeld schlägt, und wieder ist es ein gesenkter Kopf, der auf die Tastatur des Buchstabenfeldes blickt, um dem Dorf, meiner Kindheit, den Toten und Lebendigen in Niedertracht und Scham begegnen zu können. Schau auf die Erde, denn in diese Erde wirst du kehren, denke daran, daß diese Erde einmal deinen Mund bedecken wird, zugeschraubt wird diese Erde auf deinen Lidern sein wie der Deckel des Sarges. Nägel sind grausam. Sargnägel sind grausamer, und noch grausamer als Sargnägel sind die Nägel des Gekreuzigten, denn sie verbinden menschliches Fleisch und Blut mit Holz, mit Eisen oder einem anderen Metall, sie sind kunstvoll verziert, manchmal ästhetischer als der Leib, den sie am Kreuz festhalten: Schau dem Künstler in die

Augen, sieh zu, was er ißt, prüfe seinen Geschmack, hör seine Reden an, lock ihn unter die Menschen und treib ihn in die Einsamkeit zurück, dort fühlt er sich am wohlsten, denn er ist gerade dabei, einen Menschen aus Holz zu schaffen, und die Menschen dieser Welt, die aus Fleisch und Blut sind, bedeuten ihm nichts, während er an seinem Menschen, der Jesus und ihm selber ähnlich sieht, arbeitet. Er redet vom Tod und erschafft Menschen. Weit öffnet er seine Tore, und mit einem scheuen Blick ins Dunkle seiner Werkstatt schreiten die Menschen draußen vorbei. Während er den Gruß dieser Menschen erwidert, begrüßt er seine Holzfiguren. Eine gute Gelegenheit, mit ihnen in der Öffentlichkeit laut zu reden. Durch Schweigen habe ich meine Kindheit überlebt, und dieses Schweigen war durch die Sprache des Todes doppelt stumm. Die Sprache der Totenvögel meiner Kindheit ist immer noch größer als meine jetzige Sprache, die versucht, in diese Kindheit einzudringen wie in eine Mauer: Es ist die Wand des Todes, die ich durchschreiten will. Inmitten eines gelben Weizenfeldes drehe ich mich schwindelig im Kreis, lasse mich auslaufen, und wo bleibe ich stehen? Bei einem Totenhaus. Der Strick knarrt, das Rad blinkt in der Sonne, ins Wasser fällt ein Stein, und der Mund des ertrinkenden Jungen wird in den Ringen, die sich um den Stein legen, groß und größer. Groß, größer am größten, so hat uns der Volksschullehrer die Grammatik beigebracht, aber diese Wörter gehören nicht mir; klein, kleiner, am kleinsten, und ein Kinderköpfchen hebt sich im Stolz. Tafelgroße Buchstaben habe ich mit weißer, gelber, roter und blauer Kreide nachgezogen. Ich habe vor der Übermacht dieser Buchstaben gezittert. Auf einem Sitzschemel stand ich, die Kreide in der Hand, und fuhr langsam, wie ein Auto durch die Dunkelheit tastet, die Konturen der Buchstaben ab. Ich zeichnete jeden neugelernten Buchstaben mit einem spitzen Bleistift in meine Hand. Als wir zwei Jahre später mit Tinte arbeiteten, war ich stolz auf die Kleckse, die meine Hand kennzeichneten. Ich hätte am liebsten in der Tinte gebadet. Mutter, warum habe ich denn einen Mund? Damit du sprechen kannst. Mutter, warum schlägt man mir die verkehrte Hand auf den Mund? Damit du schweigen kannst. Mutter, warum muß ich die Sprache lernen, wenn ich besser schweige? *Sprachen sind Seelen.* Einmal hat mir ein Schulkamerad mit einem spitzen Bleistift eine tiefe Wunde an meiner Hand aufgestoßen. Ich war stolz auf diese Wunde. Dennoch habe ich diesen Mitschüler beim Lehrer angezeigt. Er wurde in die Ecke gestellt. Über meiner Wunde klebte ein Hansaplast, und unter ihr war bereits meine heutige Sprache verborgen. Wunden haben mich zur Sprache gebracht: Die beiden toten Lehrlinge haben sie in mir erzwungen. Ich habe die Sprache der Grammatik nie gelernt, die Volksschule hat mir die Grundregeln beigebracht, alle anderen Schulen haben mich mit nicht genügend entlassen. Nicht genügend und Haupt senken, sehr gut und Haupt heben. Dem Vater das Zeugnis über die beiden Zeitungsflügel legen, genau in die Mitte, wo die Falte der Flügel ist, die Krankenkassenaugengläser wandern die Zahlen ab, und ein braungebrannter Kopf hebt sich, und ein Kinderkopf wandert ängstlich die Buchstabenfelder dort ab, wo der Vater gelesen hat, bevor ihm das Zeugnis unters Kinn geschoben wurde. Das Zeugnis verdeckt Schlagzeilen, und die Noten sind gut. Du bist jetzt in der achten Klasse der Volksschule, hast die besten Zensuren nach Hause gebracht, die man dir geben kann, aber es sind nur arabische Zahlen, die römischen Ziffern und Zahlen stehen über deinen Qualitäten, ein *Sehrgut* in römischen Ziffern ist doppelt soviel wert wie ein *Sehrgut* in arabischen Ziffern, draußen warten die Kühe, geh, gib ihnen Silo und Heu, melk die kranke Kuh in der Ecke links, gib dem Pferd Hafer, die Erdäpfel sollen in den Dampfkessel, morgen wird Brot gebacken, Heu wirst du über die Drähte legen, die Sonne soll es trocknen, ich werde Benzin und Viehsalz holen. Unsere Magd, die zeit ihres Lebens schwerhörig, fast taub war, als schwerhöriges Kind auf die Welt kam, hat eine Sprache gesprochen, die sie von den Lippen ihrer Eltern und Brüder und von den Lippen der Bauern, wo sie ihr Fleisch und Brot verdiente, las. Es war eine gebrochene, zerstückelte Sprache. Eine Sprache ohne Fantasie. Mit welcher Sprache sie mit Gott redete, weiß ich nicht. Sie half ihm, und er half ihr. Sie betete ihn an, und im Glück begünstigte Gott sie und nicht der Umstand, in dem sie war. Ihr Bruder war Priester, und sie war Magd, die ich manchmal sehr liebte. Sie hat wochenlang schweigen können, sie hat mit den Tieren gesprochen, es war schön und grausam gleichzeitig, wenn sie am Kopf eines Tieres stand, die lockigen braunen Haare kraulte, mit der anderen Hand eine Bierflasche hielt, aus der das Kalb Milch saugte, und sich mit ihm unterhielt. Ich sah sie nie weinen. Auf einem Auge war sie blind. Sie hat mir Süßigkeiten gegeben, und ich habe ihr manchmal Süßigkeiten gestohlen. Sie hat mir bei schweren und leichten Arbeiten geholfen, und ich weiß jetzt, während ich schreibe, nicht einmal mehr, ob sie lebt. Ich denke sofort ans Telefon, das kürzlich im Elternhaus installiert worden ist, ich sollte anrufen und fragen, ob die Magd, die nun in einem Nachbardorf ist, noch lebt. Nein, du darfst nicht sterben, dein kleiner Körper in einem Sarg, ein Kinderkörpersarg, nein, die wenigen Kleider, die du hast, dein bestes Kleid wird man dir überziehen, man wird dich vielleicht mit Süßmost reinigen, wenn du auf dem Totenbett liegst, Magd, jetzt, während ich schreibe, entdecke ich, daß ich auch dich liebe, wenn mich auch manche Erinnerungen während der Niederschrift meines Romans gequält haben. Weißt du, was eine elektrische Schreibmaschine ist und was sie kann? Ich verwende jetzt einfache Sätze, weil ich will, daß auch du mich verstehst, ich weiß nicht, wie ich mich bei dir bedanken soll, du hast meinen Kinderkot zur Tür hinausgetragen, du warst nicht immer zärtlich zu mir, aber wer war schon immer zärtlich zu mir, ich selber habe gelernt, daß ich zu mir nicht immer zärtlich sein darf, Liebe allein hilft uns auf dem Hof nicht, die Tiere tragen viel Haß unter ihrer Haut, ob sie scheckig, schwarz, braun oder weiß ist, das Feld, das vom schweren Hagelgewitter wie ein Schlachtfeld aussieht und erntelos sein wird, trägt ebenfalls Haß ins sich, die Ernte ist kaputt, der Draufluß kommt wieder und wieder, steigt mit seinen gewaltigen Füßen aus dem Ufer und überschwemmt alles Feld, das Brot als Hoffnung in sich trägt, die Natur hat uns den Haß gelehrt, du trägst einen Stock, und Gott, dein Gott hat dir geholfen, aus dem Sumpf dieses Dorfes zu steigen, du lebst anderswo oder bist anderswo tot. Du trugst den Namen *Pine*, es ist die Abkürzung von *Philippine*. Nie konnten wir dich rufen. Was bedeutet das Wort *Ruf* für einen Menschen, der taub ist? Wenn wir dich nicht fanden, haben wir geflucht. Habe ich dich gefunden, habe ich dir zugewunken, ich bin zu dir gelaufen und habe gesagt, *Du sollst essen kommen, das Essen ist fertig*, du hast mir auf die Lippen geschaut und dabei gelacht, denn du hattest Hunger, du bist gekommen und hast dich auf deinen Stuhl gesetzt, der Teller war noch leer, dein rechtes oder linkes Auge, ich weiß jetzt nicht mehr, welches blind ist, dein Auge sah auf den Glanz des Tellers, es sah, daß der Teller leer war, du mußtest zuerst mitbeten, deine abgearbeiteten Hände falten, dann die Suppe auslöffeln und aufs Fleisch warten. Du hast am Tisch sitzen dürfen, wo Vater, Mutter und Großmutter, Großvater und die Kinder saßen, obwohl der Tisch klein war, sind wir zusammengerückt, meine weiße Kinderhaut berührte deinen tiefbraunen Arm, ich denke daran, wie der Knecht im Nachbarhaus am Nebentisch essen mußte, sein Schlafzimmer befand sich nicht im Bauernhaus, im würdigsten Haus des Dorfes, denn es war das Haus des größten Bauern, es befand sich im ersten Stock eines Gerätehauses, wo Traktoren parken und das Getreide zermahlen werden kann. Über eine knarrende Stiege ging er und schloß die Tür, der *Koratfritz*. Es war dunkel. Eine Bierflasche in der linken, eine in der rechten Hand. Er ist immer wieder aus dem Dorf geflohen, hat einmal dort und einmal dort gearbeitet und ist immer wieder zum selben Bauern zurückgekehrt. Manchmal des Nachts sind wir spitzbübische Kinder in dein Zimmer geschlichen, Pine, du hast geschlafen, wir hörten es an deinem regelmäßigen Atmen, sind auf dem Bauch an dein Bett herangekrochen und haben gekichert. Sie schläft und hört und sieht uns nicht. Das Gebetbuch ist ihren Händen entfallen, wollen wir jetzt sehen, an welcher Stelle sie in den Schlaf sank. Du hast nie eine Tageszeitung gelesen. Wenn man dir das *Kärntner Kirchenblatt* brachte, warst du mit Geschenken, Schokoladenkeksen und Bonbons, freigebig. Zu Weihnacht hast du Geschenke bekommen, wir sind alle unter dem Christbaum gestanden und haben gebetet, die Geschenkepackungen knisterten in deinen

Händen, und deine Augen glänzten. Sei froh, daß du nicht hören konntest, manchmal hätten dich grausame Worte getroffen, wie mich. Unter dem Christbaum stehend, gefiel mir nicht, daß wir Gebete für unsere verstorbenen Großeltern sprechen mußten, sah man dabei den Vater in die Augen, wußte man, daß er mit seiner Mutter und seinem Vater sprach. Sie richteten sich unten im schneebedeckten Grab auf wie Kinder, denen eine flüssige Medizin gereicht wird, streichelten mit ihren toten Händen ihre Füße, lauschten, bis das Gebet verstummt war, und zwei Körper legten sich wieder in die Erde, die mit Schnee überdeckt war. Nicht alle Knechte im Dorf durften am gemeinsamen Familienchristbaum stehen. Aber das kann für dich kein Trost sein, es ist auch für mich kein Trost, wenn ich daran denke, daß ich über die Jahre meines Bürokratenlebens an ihrer Stelle stand. Der Chef duldete beim Frühstück nur seine engsten Diener, und die Diener der Diener waren aus diesem Kreis ausgeschlossen, aber das war gut so, ich hätte mich sonst nicht befreien können. Kindersargstricke sind in den Zöpfen der Mädchen verflochten. Die moderne Bauernjugend trägt hautenge Jeans, Seidenunterhosen, weiße Hemden und Discofrisuren. Die Haare und die Ränder der Jeans riechen nach Heu, Stroh und Stall. Der Regen fällt im Discosound und bewässert das Getreide. Elvis Presley, die Bee Gees und John Travolta im Ohr schreiten sie hinter einem Rinderkonvoi her. Der Rock'n'Roll um die Erntedankkrone beginnt. Die Dreschmaschine entfernt den Spreu vom Weizen. Im äußersten Winkel des Stalls, wo Fledermäuse das Zelt ihres Schlafes aufschlagen, ist ein Lautsprecher installiert. Ihre Bewegungen mit Schaufel, Mistgabel und Futterkorb werden ekstatisch. Der Bauernjunge spricht zwei

Fremdsprachen, dennoch unterhält er sich mit den Tieren. Bleibt ein Kalbstrick unter der Wucht der Vaterhand auf seinem Rücken kleben, fährt die Gabel ins Heu, zwei Oberarmmuskeln spannen sich an und über dem Kopf thront eine graue Wolke aus dürrem Heu. Der Ackermann trägt einen Hitlerbart. Tiere und Kinder bilden sein Volk, das jedem Befehl gehorcht. Die Schare des Pfluges salutieren, wenn er die strammliegenden Ackerschollen entlangschreitet. Millionen von reifen Weizenähren jubeln ihm zu. Heil Ackermann! Er wird den Bauernkrieg anführen, den die Kinderseelen austragen werden. Auf seinem rechten Oberarm trägt er ein aus Getreideähren geschmiedetes Hakenkreuz. Er folgt der Fahne des Windes. Er sagt, daß Gott lebt und Hitler sterben mußte. Frühmorgens, wenn der Hahn kräht, bringt das schwarze Pferd im Kleefeld ein Fohlen zur Welt. Im Gebüsch raschelt es. Die Pferdemutter verdreht ihren Kopf. Blut und Schleim fließen im Klee übereinander. Ackermann und Sohn hocken am offenen Leib des Pferdes. Die Füße des Fohlens zucken. Es reißt die Augen auf und sieht zum erstenmal die Landschaft, in der es leben und sterben wird. Die Sonne enthäutet die Landschaft vom tiefhängenden Nebel. Vater Ackermann liebt seine Kinder, wenn die Tierwelt des Hofes Nachwuchs bekommen hat. Hitler auf dem Bauernhof, Elvis Presley und die Bee Gees, die Rolling Stones und die Beatles, Winnetou und Old Shatterhand in den angrenzenden Wäldern, am Ufer des Drauflusses und im Dickicht der Auen. Old Surehand vom Nachbarbauernhof tötet mit seinem Luftgewehr Spatzen und wirft sie in ein Massengrab, von dem der Ackermann aus seiner Kriegszeit erzählt. Das neugeborene Fohlen versucht aufzustehen, aber wieder und wieder fällt es zu Boden. Der Bauernjunge befühlt seine jeansverpackten Oberschenkel. Er bemerkt, daß sie nach Tierkot und Pferdeschweiß riechen. In welchem Waldteil werden wir Intschu tschuna und Nscho-tschi sterben lassen? Sein Gewehr ist ein kunstvoll geschnitzter Fichtenprügel. Er wird es in die Höhe werfen, die Arme ausbreiten und kreuzhohl in den Tod fallen. Ums knisternde Lagerfeuer hocken wir und beraten den Tod. Wo wird Klekih-petras Leichenbegängnis stattfinden? Sargnägel an Winnetous Silberbüchse. Der Bärentöter Old Shatterhands ist mit Kalbsleder überzogen. Der Tod ist mein Schiff, und ich bin sein Wrack. Du darfst jetzt eine Woche kein Radio hören und schon gar nicht Discothekenmusik, Großmutter ist gestorben. Heute, samstagabend müssen wir auf die Hitparade verzichten. Großmutter, ich wünsche, daß du lebst, ich möchte sie hören, man hat uns diese Musik verboten, weil du tot bist. Klekih-petra ist auch tot. Ich höre ein Geigensolo, Großmutter, aber immer wieder drängen sich die Rolling Stones dazwischen, das Zugpferd wiehert, Kühe brüllen, und aus dem Motor der Lüftungsanlage höre ich die Beatles. Gib dem Frieden eine Chance. Das Stroh knistert, die Schallplatte auch ... *Hey Jude ... Hey Jude ... Hey Jude don't make it bad, take a sad song and make it better ... Hey Jude ...* Dein Tod, Großmutter, verbietet uns die Beatles, ich weiß nicht, ob ich dich lieben oder hassen soll. Lange sehe ich mir deine schwarzen Totenschuhe an. Ich kann meinen Blick nicht mehr davon wenden. Nachts schreiten sie über meine Stirn und fallen in die Ackerfurchen winziger Falten. Ziehe ich meine dunklen Socken aus, starre ich deine geschwollenen Füße an. Der Zehen zuckt, er hat Angst vor deinen starren Füßen, die du im Todeskampf von dir gestreckt hast. Streck sie nocheinmal von dir ... *Hey Jude ...*

streck sie, sag ich dir, streck . . . *Hey Jude* . . . streck sie,
laß den Pfeil des Krampfes an den Spitzen deiner Zehen
explodieren . . . *Hey Jude* . . . ich lege meine warmen auf
deine kalten, geschlossenen Hände . . . *Hey Jude* . . .
meine Hand macht Anstalten zurückzuzucken, aber ich
laß sie schwer auf den deinen liegen, ich klammere mich
an deinen Tod, ich öffne dir die Hände und sprenge das
Gebet im Zerreißen des Rosenkranzes auseinander . . .
Hey Jude . . . Jesus soll für dich beten . . . *Hey Jude* . . .
dein Sarg sieht aus wie eine blumenverzierte Gitarre . . .
im Hohlraum . . . *Hey Jude* . . . liegst du, und mit deinen
zu Saiten gespannten weißen Haaren spielen sie . . . *Hey
Jude* . . . nach Mitternacht, wenn die Klageweiber nach
Hause gehen und sich in ihre Strohmulde legen, die
Schlaftablette langsam wie eine Taubenfeder zum Grund
des Wasserglases gleitet, befreien sich die Tiere im Stall,
die du gefüttert und geschlagen hast, von ihren Ketten
und bereiten dir um deinen Sarg tanzend ein Totenfest, sie
wiederkäuen dein Leben, du schlägst die Augen auf, und
sanft zieht eine weiße Ratte mit ihren Pfoten deine Lider
wieder herunter. Dennoch durchblickst du deine Augenlider, du durchblickst die Decke des Totenzimmers und
gelangst zum Fußboden des Kinderzimmers, wo angstvoll und zittrig meine Kinderfüße zum Bett hintrippeln,
du durchblickst die Decke des Kinderzimmers und
gelangst zum Fußboden des Dachbodens, dort hockt die
weiße Ratte wieder und schließt dir unter dem Dach des
Hauses die Augenlider, ihr ganzes Leben lang wirft sie
weiße Kinderbettdecken über deine Augen, bis sie auf
dem Rücken liegt mit starren Pfoten, nein ich zucke nicht
zurück, ich laß meine Hand auf deinen kalten Händen
liegen, das Blut pulsiert, meine Augen rollen hin und her
und suchen an deinem Körper die eigene Überlebens-

chance ... Gib dem Frieden eine Chance ... die Tiere lassen dich ihr ganzes Leben nicht mehr aus den Augen, als Tote lebst du in ihnen weiter. In mir nicht, ich vergesse dich, sobald ich kann. Wochenlang muß ich jetzt schwarze Kleider tragen. Und eine Schleife am rechten Oberarm, die allen fremden Leuten zeigen soll, daß ich der Angehörige einer Toten bin. Wochenlang darf ich die Beatles nicht hören, Elvis und die Bee Gees nicht, die Rolling Stones kreisen um deine Pupillen, wenn ich dein Augenlid wie einen Bühnenvorhang hochziehe. Ich werde ein Huhn umbringen und eine Katze steinigen. Ich werde den Schwanz der Milchkuh verdrehen, bis sie aufschreit, sie wird ihre Füße nach hinten auf mein Schienbein stoßen wollen, aber ehe sie mich trifft, rutscht sie im eigenen Kot aus. Unter dem Fenster meines Freundes, er ist der Sohn des Dorflehrers, hocke ich und höre leise die Rolling Stones durch die Ritzen des Fensters. Ich rufe ihn, aber er hört mich nicht, nein, es ist gut, daß er mich nicht hört, ich darf ihm doch nicht zeigen, daß ich in Trauer bin, nein, Eman, glaub mir, ich bin nicht in Trauer, ich bin nur schwarz angezogen, man hat mich in diese Kleider gesteckt, wenn ich vor der Bahre meiner Großmutter stehe, weine ich nicht um sie, ich habe einen Anlaß gefunden, öffentlich, neben allen Familienmitgliedern und Trauergästen, um Winnetou zu weinen. *» Winnetou wird sterben!« hauchte er im Niederfallen,* und alle, die vor dir stehen, beten für dich, Großmutter, ich bete für Winnetou, so gut ich kann, ich bin der Erzministrant dieses Dorfes, du nimmst die Kerze und du das Weihwasser, du den Wein und ich das Wasser, dann verwandelst du das Wasser in Wein und reichst mich dem Priester, er wird die Hostie eintunken, und ich gehe in den Leib Christi über, dann stehe ich über dem Priester und werde ihm sagen, mit welchen Formeln er die Großmutter begraben wird. Er wird die Beatles zitieren und Karl May, er wird von Nscho-tschi sprechen, wenn er der Großmutter den letzten Segen gibt. Die schwarze Bahre wird sich senken und die weiße Bahre Klekih-petras wird sich in die Baumkrone heben. Und im Rock'n'Roll werden die Trauergäste ihre Tränen ausschütten. Elvis steht im Hintergrund und lehnt sich lässig an seine Gitarre. Und wir schreiten vorwärts. Mein Bruder neben mir und ich neben ihm. Vorbei am Schulhaus, und ich weiß, aus welchem Fenster Eman den Trauerzug beobachten wird. Ich hebe meinen Kopf, und unsere Blicke treffen sich: ich trauere um Winnetou, glaub mir, ich trauere um dich, Eman, du bist Winnetou, und ich bin Old Shatterhand, du hast eine Kugel in die Lunge bekommen, ich sehe, daß der Himmel rot ist, die Wolkenbarren verschieben sich und zeigen ein blaues Loch, wieder schlägst du die Augen auf, du bist ein Lehrersohn, ich bin ein Bauernsohn, *Hat mein Bruder noch einen Wunsch?* Paß auf unsere Karl-May-Bücher auf, sei vorsichtig, daß sie nicht von Ratten zerfressen werden, paß auf, daß nicht die tote Großmutter auf dem Friedhof Karl May zu lesen beginnt, zieh ihr das Buch aus den starren Händen, nimm das Beil, wenn sie es nicht ausläßt, wenn sie die Augen aufschlägt, stemme deinen Fuß auf ihre Stirn, bis ihr Mund aufgeht und den Totenkopf entblößt, noch ehe sie von der Erde entfleischt ist, ich denke an Intschu tschuna, meinen Vater, er hat mich geliebt, ich denke an Nscho-tschi, sie ist in deinen Händen gestorben, wie ich in deinen Händen sterben werde ... *Hey Jude* ... im Gymnasium wird man eine schwarze Fahne aushängen, jeder Schüler wird wissen, daß ein Mitschüler oder Lehrer gestorben ist, erst im

Laufe der Unterrichtsstunden werden alle wissen, für wen die schwarze Fahne der Totenehre hochgezogen worden ist, zwei, drei Tage lang wird mein Bild auf dem Bild des Bundespräsidenten kleben, das in jeder Klasse hängt, wird der Lehrer die Schüler aufrufen, werden sich dreißig Köpfe heben und mir oder dem Professor in die Augen schauen, ich bin der beste Lateinschüler, stehe in Mathematik in vorderster Reihe, die lebenden wie die toten Fremdsprachen beherrsche ich besser als meine Mitschüler, die mich überleben, meine Gitarre, Old Shatterhand, begrab mit mir, wenn es meine Eltern und der Priester nicht zulassen, komm in der folgenden Nacht nocheinmal, wirf die Erde des Friedhofes über den Haufen, stülp sie um und entkerne meinen Leib, jag die Maulwürfe für ein paar Stunden aus dem Friedhofsgelände, die Käfer, die Mäuse wie die Ratten, du sollst mit mir allein sein. Ruf die Rolling Stones, die Beatles, ruf Elvis, installier meinen Plattenspieler, Stromanschluß kannst du in der Kirche haben, dort, durchs offene Fenster mußt du gehen, zieh den Stecker neben der Jesusstatue heraus, wenn auch ihr rotleuchtendes Herz erlischt, zieh ihn raus und stell den Plattenspieler an . . . *In my life . . . Get back . . . Hey Jude . . . I'm looking through you . . . Yellow Submarine . . . Yesterday . . . Penny Lane . . . Lady Madonna . . . Tomorrow never knows . . .* Heute bin ich Paul, morgen Ringo, übermorgen John, überübermorgen George, öffne nocheinmal mein rechtes Augenlid, wenn du siehst, daß ich dich anstarre, denke daran, daß ich es sehen werde, weil ich es jetzt, während ich noch lebe, sage, du kannst nicht Gitarre spielen, ich weiß es, du hast es nur bis zur achten Stufe der Dorfvolksschule gebracht, aber versuch zu spielen, Mißtöne regen mich an, ich werde manchmal meinen Kopf heben und deine Improvisationen bewundern, mich interessiert keine Perfektion, laß die Saiten zittern, das Dorf schläft, manchmal schlägt ein Kalb mit seinem Schwanz an die Planke, laß dich nicht verwirren, laß den Donner über deinem Kopf grollen, laß ihn, dann leg die Gitarre zu mir in den Sarg, schließ den Deckel, die Sargschrauben hältst du zwischen den Lippen fest, während du die eine ins Holz drehst, nimm die zweite, die dritte und die vierte, zum Schluß prüf den Geschmack der Schrauben, schau um dich, wenn dir jemand zusieht, mach eine schnelle Kehrtwendung, erschreck ihn, und er wird aus Angst dreimal am eigenen Haus vorbeilaufen, er wird nicht mehr wissen, wo er zu Hause ist, und sich im Wald verirren, wo Winnetou und Old Shatterhand um ihr Leben kämpften, dort, wo Winnetou Old Shatterhand in die Zunge stach, wird er liegen bleiben und den Geschmack unseres Blutes finden, er wird schreien und die Totenvögel im Wald aufwecken, die jungen Fichten werden aufmarschieren und ihm zusehen, die Ameisen werden rote Spuren durch den Wald ziehen, es wird der Tag kommen, da werden wir uns wiedersehen, meine Gitarre wird verrostet sein, mein Leib auch, erinnerst du dich: der eine Bauernjunge, ein Komantsche begann zu weinen, als er Blut auf seiner Hand sah, ein paar Tropfen nur, und wir sagten zu ihm, du wirst sehen, du wirst sterben, du wirst sterben, lauf nach Hause, du wirst sterben, er begann zu schreien und lief in den Wald, es war ein wirkliches Greenhorn, ein paar Tage später befand er sich wieder unter den Kriegern der Komantschen, und wenn du bei mir sein wirst, rück das Erdpolster zurecht, dreh dich mir zu und spiel auf der rostigen Gitarre, das Che-Guevara-Poster möchte ich auch bei mir haben, leg es statt der Blumenkränze auf meinen Erdhügel, morgens, wenn die Sonne aufgeht und Licht auf meinen Grabhügel wirft, wird Che mit seinen Augen blinzeln... *Hey Jude* ... Langsam setzt das Leichenbegängnis seinen Weg fort. An der Oberschenkelwunde des Dorfkruzifix steht ein überdachter Gekreuzigter, der wöchentlich mit frischen Blumen geschmückt wird. Ihm gegenüber steht das Schulhaus. Die Schulkinder laufen zur Tür heraus und dem Gekreuzigten in die Arme. Rinder marschieren vorbei, sensentragende Mägde und Knechte. Der Ackermann hebt den Hut, wenn er am Kruzifix vorbeigeht, das Kind kniet davor und betet. Auf den Rücken des Bruders starrend geht der Junge mit der Last des Kranzes im Trauerzug weiter. Unter der Sonnenglut welken die Rosen und Nelken. Eman hebt den Seidenvorhang wie einen Totenschleier und winkt mir zu. Die Lebenden sollen endlich von den Toten auferstehen. Die Toten am Friedhof verhalten sich still, sie wissen genau, daß der Friedhof Zuwachs bekommen hat. Kein Kind kann sich vorstellen, daß die Toten unter der Erde nicht genauso Frühstück, Mittagessen und abends Polenta mit schwarzem Kaffee zu sich nehmen. Abgründig schwarzer Kaffee muß es sein. Sie müssen bis Mitternacht wachbleiben. Sie werden die neue Tote zum Tanz auffordern, während dem größten Kruzifix an der Mauer der Kirche zwei Nosferatuzähne wachsen werden. Aus der Dornenkrone werden rote Rosen wachsen. Zähne von Ratten werden Ober- und Unterteil des Sarges verbinden. Großmutter! Wann ist das Tote Meer gestorben? Das Kruzifix senkt seinen Kopf auf die steifen Brustwarzen. Es ernährt sich von seiner eigenen blutroten Milch. Kinder stecken weiße Kruzifixe in die Maulwurfhügel auf dem Friedhof. Auf einem Grabstein liegt der abgedrehte Arm einer Plastikpuppe. Heuschrecken hocken in den Schalen der Kornblumen. Das Fieberthermometer der Sommerhitze steigt. Die Trauergäste verbeugen sich vor dem Totenvogel. Die Sprache der Toten züngelt in den Flammen der Kerzen, die auf den Gräbern stehen. Die Sonnenblumen fordern die Sonnenfinsternis. Das Dorf lebt auf: es hat eine Tote zu beklagen. Die Ratten verkünden den Jüngsten Tag, und der Priester blättert vor dem offenen Sarg der Großmutter stehend in einem Kalender. Mit nackten Füßen, die Hosen bis zu den Knien aufgekrempelt, steht der Totengräber an Großmutters Grab und legt die Kränze auf den Erdhügel. Nackt sieht der Erdhügel aus, furchtbar nackt, die Blumen sollen ihn schmücken und einkleiden. Wie sehen die Kinder eines Totengräbers aus? Hast du überhaupt Kinder? In meinem Alter vielleicht? Noch einen Schluck Schnaps, stell die Schaufel in den Karner, schwing dich aufs Fahrrad, hol das Geld für deine Totendienste, reich dem Priester und den Angehörigen der Verstorbenen die Hand, iß noch Gulasch mit Semmel, trink ein zweites und ein drittes Bier und fahr zum nächsten Friedhof. Traurig werden dich zwei Kinderaugen verfolgen, bis du in einer Straßenkurve verschwindest. Du hast unzählige Gesichter. Jedem Toten, den du begräbst, siehst du ähnlich. Die Großmutter begrub sich selber, der Großvater auch. Wie einen schwarzen Schleier werfen sie Erde über sich. Der Totenvogel ernährt sich von Raupen und Würmern wie alle anderen Vögel. Man möchte es nicht glauben. Ich hatte auch die Ehre, der Großmutter ans Totenbett die Nachricht vom Tode Papst Johannes XXIII. zu überbringen. *Oma, da Popst is gstorbn.* Früh stand ich am nächsten Morgen auf. Ich ging dem Briefträger entgegen, er soll mir die *Volkszeitung* geben, ich möchte ein Bild vom toten Papst sehen. Ich muß der Großmutter vorlesen. Sie wird sich an ihrem schwarzen Rosenkranz festhalten, während ich lese, sie wird weinen und unzählige *Vaterunser* und *Gegrüßtseistdumaria* beten. Bewundernswert sah der tote Papst aus. Gott ist im Papst tot, aber er wird einen Nachfolger auf die Welt bringen. Als ich die Nachricht vom toten Papst überbrachte und ihr gierig in die Augen sah, entdeckte ich sofort, daß ihr der eigene Tod nicht mehr schwerfallen würde. Nach dem Papst sterben war leicht. Sie rief nach Bildern von Johannes XXIII. Ob auf die Todesnachricht auch der Priester im Fieber lag? Ich brachte der Großmutter die Bilder. Gern hätte ich ein paar von mir dazugemischt. Josef I. Beweint von Millionen Menschen, das ist mir schon einen Tod wert. Eine schwarze, gebrochene Dochtspitze neben dem Kopf einer Toten! Der Tod in diesem Dorf war mein Lehrmeister. Ich hatte Angst, Respekt und großes Zutrauen zu ihm. Zehn Jahre später ging man an einem Heustadel vorbei, von dem jeder wußte: da schlang jemand einen Strick um den Querbalken und prüfte seine Festigkeit. Ein Blutstropfen zerstäubt, wenn er in den milchgefüllten Eimer fällt. Ich habe im Laufe meines Lebens entdeckt, daß Sündigen der Wahrheit des Lebens eher entspricht als dieses grausame Reinhalten der Seele mit einem modernen ideologischen Waschmittel. Wenn ich die Wahrheit nicht finden sollte, dann hoffe ich, daß sie mich findet und sagt: hier stehe ich. Hätte ich die Zehn Gebote Gottes rücksichtslos eingehalten, würde ich vielleicht nicht mehr leben. Wir Ministranten freuten uns auf jede Hochzeit, auf jedes Leichenbegängnis, auf jede Geburt, denn bei außerordentlichen Ministrantendiensten bekamen wir Geld. Die Stange der Karl-May-Bücher wuchs, und mit ihr meine verlorengegangene Sprache. Ich war nie bösartiger als die Religion. Hatten wir Tiere getötet, Frösche, Fische, Vögel, Käfer, Tiere, die niemandem im Dorf gehörten, wendeten sich unsere Kinderseelen befriedigt von ihren Leichen. Manche begruben wir, viele nicht. Die Sonne verdörrte sie, der peitschende Regen vermischte sie mit dem schwarzen Teig der Erde. Lehrte uns der Priester, *Du sollst nicht töten*, gerieten unsere Gefühle ins Schwanken. Wir sollen also gegen unsere Gefühle leben. Als ich den Satz, *Du sollst nicht töten*, hörte, war die Heuschrecke auf meinem Handrücken wunderschön. Heute ist sie schön, morgen ist sie grausam, denn ich sehe sie heute mit Wohlgefühl, morgen wird mir etwas weh tun, was nur der Tod heilen kann. Die Heuschrecke tritt als Priester auf und sagt: Du sollst nicht töten. Ich habe im richtigen Augenblick den Ministrantenmantel ausgezogen, ich habe im selben Augenblick meine Hände entfaltet: ich habe die Plastikgitterstäbe meines religiösen Gefängnisses auseinandergeschoben wie einen Vorhang. Die Augen tun einem weh, wenn man in der Sonne aufwacht. Wenn ich merke, daß ein Kind aus Scheu vor mir nicht wagt, einen Käfer umzubringen, gehe ich hin und flüstere dem Kind ins Ohr: Bring ihn um. Daß ein einziger Satz schon einen Krieg hervorgebracht hat, wissen wir. Daß ihn ein einziger Satz beenden kann, wissen wir auch. Worte haben mich als Kind verletzt und verletzen mich heute als Erwachsenen heftiger als ein Stich ins Fleisch. *Solange Worte töten, werden Hände morden*, sagte jemand. Lange habe ich keine Sätze lesen können, weil ich die Wörter nicht verstand. Ich schlug ein Wörterbuch auf und suchte nach der Erklärung. Ich schlug ein anderes Wörterbuch auf und fand eine ähnliche Erklärung für dasselbe Wort. Von diesem Augenblick an gewann ich Mißtrauen. Sollte ich recherchieren und das gefilterte Material über Leben und Tod der beiden Selbstmörder zu einer passenden Geschichte verpacken? Ich habe Angst vor diesem Material. Ich müßte den Charakter der Überlieferer durchleuchten. Und dafür bräuchte ich mein ganzes Leben. Wie kann ein Mensch wie ich, der nicht frei von Falschheit ist, jemals die Wahrheit finden? Ich lüge nach wie vor. Aber ich weiß nicht, ob ich gegen oder für die Wahrheit lüge. Ich bekenne mich zu meiner Hilflosigkeit, bevor man mir sagt, daß ich hilflos bin. Ein Bild liegt vor mir, auf dem Jakob neben dem Priester stehend als rotgekleideter Ministrant erkennbar ist. Der Priester hebt den Weihwasserwedel und segnet das Kreuz in einer Nische der Kirchenmauer. Ringsherum stehen die Dorfleute, die einen mit leeren Händen, die anderen mit Blumen bepackt, und mehrere Bauern halten ihre Hüte. Ich sehe, wie sie die Hüte kreisen lassen. Die Hutränder sind abgegriffen und zerknittert. Ich erinnere mich, wie Robert auf einem Volksfest, kurz vor ihrem gemeinsamen Tod, betrunken auf Jakob zuging, im Weinen und Lachen schrie, *Du bist mein Freund,* und Jakob umarmte. Ich sehe, wie auf dem Farbfoto der Priester Jakob Kanne und Weihwasserwedel gibt. Die Menge zerstreut sich. Ministranten und Priester treten in den Rhombus der Kirche. Das Farbfoto leert sich. An der linken Seite kann ich noch erkennen, wie eine schwarzgekleidete Frau ihren Fuß aus dem Bild zieht. Jetzt ist das eingerahmte Bild weiß. Dorthinein schreibe ich dieses Buch. Als Ministrant trat Jakob in meine Fußstapfen. Gemeinsam zogen wir den Glockenstrick. Manchmal schreckt mich sein erfrischendes Lachen noch heute aus dem Traum. Heute nacht träumte mir, daß er erst jetzt, nach drei

Jahren, begraben worden ist. Eingesargt wurde er in einen gläsernen Schrein. Im Schlaf hob ich meinen Kopf vom Polster, im Traum beugte ich mich über den Sarg und sah sein zerfallenes Gesicht. Ich schreckte zurück und wachte auf, zündete das Licht an und machte meine Finger aus Angst zu Fäusten. Ich werde zu den Gleisen gehen und die Spiegelreflexe der Sonne ansehen, mein Gesicht in ihrem Spiegel wiedererkennen, bis ein Güterwaggon drüberrast und mein Spiegelgesicht zu tausenden Splittern links zwischen die Gleise, rechts über die Böschung zerfällt. Wieder drehe ich mich Horst zu, ich kann nicht mehr schreiben, ohne daß er in meiner Nähe ist. Das Band meines Speichels umschlingt die Spule seines Halses, als Nonne und Eingekleideter meiner Kindesliebe steht er vor mir, den Kopf im Stolz der Erniedrigung erhoben, die Haare wehen im Wind, und seine Hände spotten wieder über mich: er streckt sie zur leidenden Gebärde des Kruzifix, und mein Kinderkopf lehnt seine Stirn wieder an die Dornenkrone. Im Milchbecher liegt sein Samen, ein Kind schreit, und eine Kuh brüllt. Schnell ist der Priester zur Stelle, voran mit dem Kruzifix, er öffnet das Haustor am Knotenpunkt, ein Kind empfängt ihn mit Kerzenschein, die Mutter steht mit geröteten Wangen und Augen an der Tür oben, über den sechzehn Stufen der Stiege, der Kopf des Priesters taucht auf, die Mutter bekreuzigt ihre Stirn, ihre Lippen und die Brust. Der Priester überschreitet die Türschwelle, dreht seinen Kopf nach links und will seine Hand zum Zeichen des Grußes ausstrecken, kaum hält er die Hand in Brusthöhe, bleibt er erschrocken stehen, mit einem Male spannen sich seine Muskeln, und er geht rückwärts mit halbgeöffnetem Mund und den starren Augen eines Toten zur Tür hinaus. Was jetzt im Bett liegt, ist nicht der sterbende Großvater, die sterbende Groß-mutter, das kranke Herz meiner Mutter ist es nicht, nicht das Kind, dessen Herz rückwärts seiner Geburt entge-genschlägt, nein, im leinenüberzogenen Stroh liegt das Dorfkruzifix und flüstert: Gib mir Essig und Galle. Das Lachen der Dorfhebamme hallt über das ganze Dorf und weckt mich aus dem Traum eines Kindes. Der Priester schlendert mit seinem Meßkleid über den Steinboden der Kirche, wie ein König, der eine Schleppe nachschleifen läßt, die rotgekleideten Ministranten fassen den Saum seines Kirchenrockes und horchen im langsamen Vorbei-gehen auf das Gemurmel der Gläubigen. Hinten, in der äußersten Ecke unter der Statue der Jungfrau Maria, sitzt die Hebamme. Die Lippen des Gekreuzigten in Embryo-größe auf ihrer Brust bedeckt rostiger Speichel. Über dem Dachfirst des Dorfknotenpunktes wechseln sich zur Mittagszeit, wenn die Sonne am höchsten steht, die pendelnden Füße Jesu Christi und die Füße der beiden Erhängten ab. Langsam senken sich die Füße und lasten auf den Köpfen aller Mitschuldigen, auf meinem auch. Es war nicht nur ihre Liebe, die bis in den Tod ging. Es war auch Haß dabei, der den Tod für sie schöner machte als das Leben. Ein Blick des Feindes, der eine Sense in der Hand hält, den rechten Fuß zu einem schneidigen Schritt ausgestreckt, läßt die beiden Menschen wie Strohhalme zusammenknicken. Langsam richten sie sich wieder auf, aber die Falte vom Knick bleibt. Die Religion des Hasses und der Liebe in diesem Dorf zwingt mich dazu, die beiden Selbstmörder in einer sprachlichen Zelebration heilig zu sprechen.

Während ich unter Wasser bin, stelle ich mir vor, wie Panzerfahrzeuge auf Wasserkugeln auf mich zurollen, wie ich mich langsam umdrehe und mit blutunterlaufenen Augen kreuzhohl in der Mitte des Wassers schwebe und mich im Todeskampf schäme, von einer Generation auf die Welt gebracht worden zu sein, die den zweiten Weltkrieg zugelassen hat. Hitler war tot, aber sein Geist lebte in unseren Familien, im Reich des Bauernhofes weiter. Mein Onkel, Herr dieses Hauses, ließ seine Tochter mehrere Tage lang mit rostigen Emaileimern Jauche zu einem Riesenkanister tragen. Ihre Hände waren geschwollen, Haare und Haut rochen nach Exkrementen mordender Soldaten. Vater und Onkel beschworen immer wieder den Führer. Meine Mutter verachtete ihn, für ihre drei toten Brüder. Hitlers Scheiße im Emaileimer, den die Cousine, im Gehen auf die Holzräder des Wagens starrend, weinend zum Kanister trug.

Haus 2
Kein Tier, 3 Kinder, 7 Kruzifixe

Die Welt ist mein, sagt der Mensch bei seiner Geburt und hält die Fäuste geballt. Ich nehme nichts mit ins Grab, sagt die Sterbende und zeigt die geöffneten Hände. Vor wenigen Jahren ist die Mutter, als sie mit ihrem Fahrrad in die Dorfmitte fahren und Milch holen wollte, von einem Lastwagen niedergestoßen und getötet worden. Während einer Omnibusfahrt sah ich ihrer trauernden Tochter in die Augen: Auf ihren Pupillen kreist noch heute das Vorderrad des Fahrzeuges, von dem die Mutter in die Höhe gehoben worden ist; bewegt sie ihre Lippen, blinken die Speichen des Rades im Sonnenlicht.

Haus 3
Kein Tier, 1 Kind, 7 Kruzifixe

Die Frau, mit ihrem Finger auf mich deutend: *Der beweint sogar einen Selbstmörder,* als sie mich am Grab Jakobs stehen sah. Als er tot war, gurgelte ich eines Morgens mit blauer Tinte und zeigte dem unbewölkten Himmel meine Zähne.

Die Tochter der Hebamme zieht ein weißes Leinentuch
über zwei Unterschenkel, über die beiden Kniescheiben,
die wie die hervorstehende Nase einer eingehüllten Büste
aussehen, weiter zieht sie das Leinentuch über die
Oberschenkel, über das schwarze Dreieck der Hüften,
den Nabel, aus dem in ihrer Fantasie schnell ein Sargstrick wächst, aber sofort wieder verschwindet, sie zieht
das Tuch weiter über die Brüste, über den Adamsapfel,
blickt ihr noch einmal ins Gesicht und zieht schließlich
das weiße Tuch über den Kopf der toten Frau. Nur die
Spitze ihres schwarzen Haarzopfes ist freigeblieben.

Im Gasthaus. Es soll, meine Damen und Herren, vom Kalbstrick die Rede sein, mit dem Kälber an Fesseln gebunden und mit Bauernhänden aus dem Mutterleib gezogen werden. Es soll vom Kalbstrick die Rede sein, mit dem sich Jakob und Robert im Pfarrhofstadel erhängt haben, vom Kalbstrick, der rote reliefartige Nabelschnüre auf den Rücken der Kinder, tagelange Brennesselspuren hinterläßt, meine Damen und Herren, hört dem Kalbstrick zu, er hat genug gelebt, er kann selber sprechen, schwingt ihn und laßt ihn schnalzen, auf eine Bretterwand, eine Strohpuppe oder auf eine Glasscheibe, meine Damen und Herren, horcht hin und ihr werdet seine Sprache besser verstehen als die eigene.

Haus 6
3 Tiere, 3 Kinder, 6 Kruzifixe

Als ich einmal Blutspuren nach dem Tod eines Kalbes auf einem grünen Vierklee im Feld sah, schaute ich dieser Dorffrau mit offenem Mund und sperrangelweit geöffneten Augen ins Gesicht, als sie davon erzählte, einen Vierklee, einen Glücksklee gefunden zu haben.

Die Mutter krempelte das Totenhemd des Kindes, das voll Erde war, in die Höhe und küßte die blutgefüllte Nabelgrube. Verschiedenförmige Wolken zogen über die beiden Köpfe und über den umgestürzten Traktor am Hang, der wie ein verendetes Pferd mit rollenden Rädern auf dem Rücken lag. Das Knistern einer Wurzel löste in ihr die Ahnung eines Scheiterhaufens aus, auf dem sie stolz wie Jeanne d'Arc mit dem toten Kind in den Händen, Blutflecken auf den Hüften, stehen und verbrennen wollte. Sie hob das Kind in die Höhe, die Hosenleiter baumelte nach unten und streifte im Gehen die Grasspitzen, trug es über einen Feldhügel und einen zweiten ins Haus hinein, das in diesem Augenblick zu einem Totenhaus wurde. Auf dem lotrechten Balken des Dorfkruzifix ging der Großvater, Vater meiner Mutter, der gestern noch mit pendelndem Kopf am Klofenster stand, an dem menschengroßen Dorfkruzifix mit dem hölzernen Schindeldach vorbei. Manchmal lehnten an der Mauer dieses Kruzifix Sense und Heurechen, Bauern standen daneben und sprachen unter dem Angesicht des Gekreuzigten über ein krank gewordenes Tier. Der Asphalt flirrte unter der Sommerhitze. Der Großvater schob den Hut nach hinten und wischte sich mit der Innenfläche der anderen Hand den Schweiß von der Stirn. Der Pfau folgte ihm, am Rande des Weges Futter suchend, auf Schritt und Tritt. Blieb der Pfau stehen, blieb auch der Großvater stehen und drehte sich nach dem Tier um; die zweite Hälfte eines Regenwurms krümmte sich an dessen Schnabelspitze. Wasserschüsseltragend ging eine Hebamme in seinen Gedanken vorbei. Ein Enkelkind war ihm gestorben. Über die Hausmauer rankten sich dunkler und dunkler werdende Weintrauben. Das Dorfkruzifix trug die Gesichtszüge des toten Kindes. Ein paar Wochen vorher hatte er zum toten Pferdekopf gebetet, der mit heraushängender Zunge und weitaufgerissenen Augen im feuchten Stroh gelegen hatte, jetzt war es der nackte, vom Traktor deformierte Kopf des Kindes, vor dem er, an seinem Spazierstock Halt suchend, stand. Unter dem Scherenschnitt des Mähmessers an der Seite des Traktors fielen dem Kind die Haare vom Kopf. Der Geruch des Holzes im Bauernhaus wurde durch den Tod verstärkt. Die Fensterkreuze ließen den Blick bis ans Ende der Welt gehen. Jedes Auge, das aus dem Fenster blickte, durchdrang die Landschaft, die grünen Wiesen, der Wind schlug Wogen im Roggenfeld, millionenfach zitterten die Haferähren ums tote Kind.

Das Weizenfeld marschiert als komplexer Trauergast mit den gesamten Ähren auf. Hunde rasseln mit ihren Ketten. Hunderte Marzipanjesus gehen bloßfüßig über das Meer. Unter den Peitschenhieben der Galeerensträflinge krümmen sich ihre braungebrannten Rücken. Sie ziehen ein Wrack ins Tote Meer. Der Heukarren, den das Pferd über die Dorfstraße zieht, ist beladen mit Leichenkränzen, an denen weiße, kunstgerechte Schleifen mit Goldaufschriften hängen, Blumensträuße, die peinlich genau an ihren Stengelenden mit violetten Papiermanschetten verziert sind, und in der Mitte des Wagens eine kindsgroße Holzschachtel auf Engelsfüßen. Unter der Anstrengung des Fuders nickt das Pferd, unaufhaltsam vorwärtsziehend, mit seinem Kopf. Fliegen heben sich von seinen eitrigen Augen, setzen sich wieder nieder, das Pferd schüttelt den Kopf, die Riemen und Zügel des Totengräbers, der auf dem glänzenden Rücken des Pferdes sitzt, geraten außer Rand und Band, der Wagen wird erschüttert, die Hinterdreintrottenden horchen auf und fallen aus dem Rhythmus der Gebete. Der Kaubügel ist voll von grünem Speichel. Wagen und Gebete setzen ihren Rhythmus fort. Den Leichenzug führt das Kruzifix an wie ein Feldmarschall mit dem schneidigen Atem eines handkantenscharfen Kreuzzeichens. Alle anwesenden Trauergäste kennen den Weg zum Friedhof genau. Während sie beten und in Gedanken auf den eigenen Tod oder auf den Tod ihrer Kinder zurückfallen, zählen sie die Schritte von ihrem Hausein- und -ausgang zum Familiengrab ab. Die Blumen an den Fensternischen der Häuser geben dem Kind das letzte Geleit, Forellen zur linken Seite des Trauerzugs den Dorfbach entlangschwimmend, ein Schwarm Zugvögel rechts. Mit Strohpuppen und Blumenbüscheln gehen die kleinen Brüder und Schwestern des toten Kindes hinter dem Fuder her. Die Mutter blickt hoch und sieht das Dorf unter dem dunklen Schleier ihrer Trauer. Großvater kehrt Blütenblätter aus dem Totenzimmer; Bestatter wird die schwarzen Dekorationstücher falten.

Nach ihrer erschöpfenden Maurerarbeit badeten Kurt und Hans in einem See. Keuchend schwamm plötzlich Hans an Kurt heran und faßte ihn, bereits sinkend, an den Fesseln seiner Beine. Wie zwei Trapezkünstler, der eine auf der Schulter des anderen, sanken sie auf den Grund. Im Todeskampf befreite sich Kurt mit einem Schlag auf den Schädel des Freundes. Hans ließ los und fiel mit blutendem Mund und gespreizten Fingern auf den Rücken. Kurt turnte sich an die Wasseroberfläche hoch und lag keuchend, seine Finger krallten sich in den feuchten Sand, am Ufer. Hans, so erzählt man, hatte *ein*

Loch im Herzen. Er war mit einem Herzfehler auf die Welt gekommen. Die Feuerwehr barg den Leichnam. Im Elternhaus wurde er aufgebahrt wie sein fünfjähriger Bruder, der vom Traktor zerquetscht worden war. Man erzählte, daß sein Körper *wie ein Krapfen aufgebläht* sei. Andere Tote wurden offen aufgebahrt, die Särge der beiden Brüder waren geschlossen. Man versteckte ihre deformierten Leiber vor den Trauergästen. Stumm saß die schwarzgekleidete Großmutter in einer Ecke des Totenzimmers.

Hin- und herwälzen im Badewasser, unter- und auftauchen, die Faust aus Zorn auf die Wasseroberfläche schlagen, ertränken sollte ich mich, da unzählige Kinder in Bangla Desh und anderswo Durst und Hunger haben. Ausgetrocknet sind ihre Lippen. Es knistert, wenn sich dort Mutter- und Kindeslippen zum Kuß berühren. Wie wenig und wie schlecht auch die acht Kinder zu essen haben, und wie großartig die Familie mit mechanischen und elektrischen Geräten ausgestattet ist. Die Kinder hungerten, durften sich aber als erste im Dorf am neuerworbenen Fernseher satt sehen; niemand außer ihnen hatte damals im Dorf einen Fernsehapparat. Später waren wieder sie die ersten, die einen Farbfernsehapparat kauften: auf dem Mittagstisch standen kalte Milch und Polenta, ohne von der Bildfläche des Fernsehapparates wegzusehen, griffen 16 Kinderhände blind danach. Ihr Vater, der immer wieder seine Kinder mit Selbstmord bedroht – *Ich hänge mich auf, wo ist der Strick,* wie eine Katze schleicht er zur Tür hinaus, die Kinder laufen hinterher und zerren ihn an seinen blauen Arbeiterhosen zurück – arbeitet in einer Fabrik in Ferndorf. Daß er über seine Verhältnisse lebt, zeigen auch die landwirtschaftlichen Geräte, die er gekauft hat, um die paar Quadratmeter seines Feldes zu bestellen. Wie Sträflinge in lumpigen Gewändern hocken die Kinder auf dem Beiwagen des Traktors und überschauen, wenn sie auf die Anhöhe kommen, das ganze Dorf. Die Berge stehen still, der Boden unter den Rädern des Traktors flieht unter ihren über den Bord des Heuwagens pendelnden Füßen dahin.

Staub warst du und zu Staub wirst du, sagte der Priester meiner Kindheit, während wir vor dem Kommuniongitter kniend den Blasiussegen erhielten. Ich erschrak und fragte mich, wer mich dann wohl zur Kirchentür hinauskehren würde. Priester und Pfarrerköchin sind vor ein paar Jahren gestorben. Noch heute hängen in den Häusern die selbstgemalten Bilder des Priesters: *Ich kenne die Kraft der Heiligenbilder, ich habe sie doch selbst gemalt.* Das Dorf K. ertrug der Priester als Lebender, nicht aber als Toter: begraben ist er in seinem Heimatort in Niederösterreich. Nie hatte ich als Kind den Mut, das dunkle Innere des Heustadels am Pfarrhof zu betreten. Manchmal, wenn sich ein Sonnenstrahl zwischen die Bretter zwängte, lugte ich hinein und sah das Innere in der Breite des Lichtstreifens. Schon meine damaligen Gefühle haben diesen Ort gemieden. Ängstlich und schnell bin ich daran vorbeigegangen. In diesem Heustadel hielten sich Jakob und Robert auf. Wie eine dicke, angespannte Nabelschnur sah der Strick aus, an dem sie hingen. Eichkätzchen liefen über den grasverwachsenen Weg in den Stadel hinein, blieben unter den vier Fußsohlen stehen und sahen hinauf, wie sie auf einem Baum hinaufsehen, bevor sie mit einem Sprung auf dem Stamm hocken und mit schnellen, am trockenen Rindenholz knisternden Sprüngen zu einem Ast fliehen, der die geschwollene, rechte Hand Jakobs ist. An seinen Fingern krallte sich das Tier fest. Als Jakobs Mutter von seinem Tod erfuhr, fiel sie mit einem herzzerreißenden Schrei zu Boden, erschrocken zwängte sich das Eichkätz-

chen durch einen Bretterspalt und lief einen Fichtenstamm hoch. Heute ist der Pfarrhof renoviert und von
einem menschenscheuen jungen Priester mit einem zir-
kusreif dressierten Hund besetzt. Er salbt die Stirn des
armlosen Kruzifix im Flur des Pfarrhofes mit heiliggesprochenem Öl, das er mit weißer, taubenfederleichter
Watte aus einer goldenen Schatulle nimmt. Jesus hat in
diesem Dorf keine Arbeiterhände. Im Osten beginnend
zeichnet er den linken Querbalken des Dorfkruzifix auf
die Stirn des armlosen Jesus, den rechten und den
lotrechten Balken, das zweitemal auf seinen Mund und
das drittemal auf die Holzbrust. Dieser verkrüppelte
Jesus, der im Flur des Pfarrhauses an einer Mauer lehnt,
ist ein Symbol für die stotternde Sprache, die erst flüssig
wird, wenn es darum geht, Gebete nachzusprechen, für
den toten Jakob und den toten Robert, für Hanspeter, für
das Kind, das in meiner Stirnhöhle noch immer unter
dem Traktor liegt. Die Genitalien wurden von spitzen
Steinen abgeschlagen, seine Knie sind schwer verwundet,
das Holz blutet. Ein Buntspecht hackt in der Seele des
Jesusmörders und dringt bis zu seinem Tod durch. Ich
weiß, daß ich tot sein werde, bevor ich neugierig die
kugelrunden blauen Wunden an Hals und Brust werde
beobachten können. Ich spreize meine Füße in den
Boden und rufe meine Mutter um Hilfe an, vor allem
aber das Kind, das mich versteht, das Kind, das ich war,
das weder Mensch noch Tier ist. Der Pfau trägt eine
Bischofsmütze auf dem Kopf und spaziert peitschend mit
dem Kind durch die Rinderreihen.

Aus dem Wörterbuch des Teufels: *Mitleid, ein versagendes Gefühl, selber zu den Verschonten zu gehören, eingegeben vom Gegensatz.* Der einzige, gemeinsame Sohn dieses Ehepaares – der Vater ist pensionierter Maurer – wurde bei einem freiwilligen Militärdienst im Nahen Osten das Opfer eines Verkehrsunglücks. Der Vater ist von großer, schwerer Gestalt, hart wie eine Mauer, die er selber Ziegel für Ziegel aufgeführt hat. Seit dem Tod ihres gemeinsamen Sohnes haben sie die Bilder ihrer unehelichen Kinder von der Wand genommen. Vier handtellergroße Flecken an der Wand sind das Bild ihres gemeinsamen Sohnes. Lange Minuten wartete ich am Fenster stehend auf den Leichenzug. Ein Polizist stand an der Straße und gebot Ruhe. Als der Leichenzug auftauchte, warfen alle den Blick zuerst auf die Westseite meines Elternhauses. Ich glaubte, daß mich die Mutter des Toten am Fenster suchte, und ging noch einen Schritt zurück, während ihre Augen den Fensterrahmen entlangglitten. Ich war weder – mit Kaffee, Tee, Zucker oder Salz – zur Totenwache gekommen, noch beim Begräbnisritual anwesend. Ich hatte Angst vor dem Toten. Ob die Mutter innerlich darüber klagte, daß ihr Sohn tot und ich am Leben war? Mir war, als wollte mich der über den Hügel des rechten Brustkorbes daherkommende Leichenzug heimsuchen, als wollten sie lieber einen Lebenden als einen Toten begraben. Mein blonder Cousin trug auf seiner linken Schulter ein Viertel des Toten, während ich am Fenster stehend, den Vorhang in meiner schweißfeuchten Hand zerknüllend auf seine ausschreitenden Beine blickte.

Zwei alte Geschwister leben in dieser Holzhütte. Bis zum heutigen Tag verweigern sie den elektrischen Strom. Das Petroleum beleuchtet ihre gemeinsamen Abende. Oft saß ich mit der Frau allein hinter dem Küchentisch, abends, wenn ich zum Wochenende die Kirchenblätter von Haus zu Haus trug. Sie erzählte mir Geschichten von bösartigen Faschingsnarren, vom Krampus- und Nikolaustreiben in ihrem Geburtsort, erzählte, wie jemand von einem Krampus schwer verletzt wurde, erzählte von der *Habergeiß*, die kleine Kinder in ihren Bastkorb versteckt und mit ihnen fortgeht, während sie, die kinderlos ist, mir in die Augen blickte. Ängstlich klammerte ich mich ans Kirchenblatt. Nachts werde ich mit einer Faschingslarve vor dem Gesicht die Holztür aufstoßen und dir den blutigen Kopf einer deiner Ziegen vor die Füße legen.

Haus 12
Kein Tier, 1 Kind, 6 Kruzifixe

Ein junger Sterbender stößt mit den Füßen.

Haus 13
30 Tiere, 4 Kinder, 10 Kruzifixe

In diesem Bauernhaus wurde Robert als Knecht, Sohn und Findelkind aufgenommen. Während des Tages ging er dem Beruf eines Maurers nach; abends horchten die Tiere, die hungrig waren, auf seine Schritte. Er wird seine Maurertasche ablegen und in den Stall gehen, das wissen nicht nur die Tiere. Er wird nach der Stallarbeit ins Dorf zu Jakob gehen, niemand wußte, daß sie an diesem Abend im Stall nach einem Kalbstrick suchen würden. In der Küche saßen sie und nahmen ihr letztes Abendmahl zu sich. Wenige Wochen vorher nahm niemand die Worte Jakobs ernst, als er zu Robert während der Speckjause sagte: *Wenn dir etwas passiert, dann will ich auch nicht mehr leben.* Robert verabschiedete sich von den Eltern seines Freundes, wie er es tagtäglich getan hatte. Er sah dabei nicht in die Augen der Eltern, er sah Jakob an und verschwand zur Tür hinaus. Wenige Minuten später folgte Jakob. Mit schweren Schritten ging er die Stiege, die zum Schlafzimmer führt, hinauf. Die Eltern sollten es deutlich hören. Auf seinem Bett saß er und wartete auf die Schritte der Eltern. Eine halbe Stunde war vergangen, und der Mond schien zum halboffenen Fenster herein. Die Schritte der Eltern gingen in den Schlaf. Weit spreizte Jakob das Fenster auf, aus Angst, daß er mit einem Kleidungsstück hängen bleiben könnte, und sprang hinunter. Halb fing ihn der wartende Robert auf, er erhob sich, und noch während er sich vom Boden abstützte, sah er Robert an. Durch ihre leisen Geräusche weckten sie mehrere Tiere im Stall auf. Jakob kannte die Stelle, wo ledige Kalbstricke hingen. Schnell, als ob er den Tod von seinem Freund verbergen wollte, zog er das Hemd aus seinen Jeans, knüllte den Strick und versteckte ihn unter dem Hemd. Die Stalltür knarrte, so wie zehn Minuten später die Tür des Pfarrhofstadels knarrte.

Der Altbauer starb an den Verletzungen eines Verkehrsunfalls mit einem galoppierenden Pferd. Sein Sohn, der nun die Landwirtschaft führt und winters Liftwart am Goldeck ist, wurde von meinem Vater einmal in eine Falle gelockt. Durch ein Feld, das eine weite Umfahrung erübrigt, fuhr der Jungbauer immer wieder mit seinem Traktor und zerstörte das hochgewachsene Gras. Vater hatte das Schild *Durchfahrt verboten Der Besitzer* anbringen lassen. Ich erschrak vor der großlettrigen Handschrift meines Bruders. Vater legte ein nägelbeschlagenes Brett in den Boden und tarnte es mit Gras. Ein paar Tage später sprang genau an dieser Stelle der Jungbauer mit bloßen Füßen vom Traktor. Tief preßten die Spuren der Traktorräder das Gras in den Boden. Dann zogen Blutspuren an seinen Fersen entlang.

Zehn Meter über dem Boden, wo die Schwalben wie
schwarze, aufgefädelte Knorpel eines Rosenkranzes hok-
ken, kam der Mann, der Angestellter bei den Kärntner
Elektrizitätswerken war, durch einen Stromstoß ums
Leben. Seine Haare klebten an den Drähten. Er fiel und
hinterließ den trauernden Vorhang seiner Haare. Die
Erde wurde vor seinen Augen größer und größer. Sein
zweitgeborener Sohn starb an der unübersichtlichen
Einmündung eines Weges in die Bundesstraße, die zum
benachbarten Bergdorf führt, durch einen Verkehrsunfall. Blindlings, lachend, die Füße gehoben, fuhr er auf
die Straße hinaus, fest hielten seine Hände den Lenker
des Fahrrades, er spürte den Fahrtwind, auf der Straße
stoppte ein schnelles Auto das Leben dieses zwölfjährigen Kindes. Was ich jetzt noch sehe, ist ein zerbeultes
Fahrrad, Speichen, die in der Sonne glitzern, das Rad
dreht sich weiter, fassungslos steht die Mutter vor ihm.
Ein Bogen Packpapier liegt über seinem Leichnam. Links
kommt die ausgerissene Gummihosenleiter vor. Alle
Autos verringern ihre Geschwindigkeit, sie haben Ach-
tung vor den Verkehrstoten. Die Mutter fällt im feuchten
Gras auf die Knie und erhebt sich wieder. Ein vorbeifah-
render Autoinsasse fotografiert. Die Zeitungen kopieren
das Bild. Die Mutter will ihre Hände vors Gesicht
werfen, aber wieder ist sie fotografiert worden, in dem
Augenblick, als ihre Hände fünf Zentimeter über ihrem
Gesicht lagen. Auch ich kann nicht sagen, daß die
Innenflächen ihrer Hände tatsächlich auf ihrer Gesichtshaut lagen und daß durch ihre Finger die Tränen rannen,

weil ich nur mehr das Bild dieses Fotos in Erinnerung habe. Hier hakt das Zahnrad meiner Sprache ein und bringt die Familie in einem letzten Bild zum Stillstand: Schwarz ist die Schlange der Menschenmenge, bekannte Gesichter sind darunter.

Stoß mir das berühmte Messer ohne Klinge, dem der Griff fehlt, dreimal in Meaculpagebärde in die Brust.

Stolz, links und rechts schauend, das Gewehr abwechselnd links und rechts über den Arm gelegt, geht der Jäger die Dorfstraße hinunter. Die Kinder drücken ihre Gesichter an den Fensterscheiben platt, mit ihren flachen Händen patschen sie daran, die Fensterscheiben klirren, leise wie Eiszapfen, die vom Dachrand auf den hartgefrorenen Schnee fallen und ineinander zerbrechen. Im Hintergrund hört man die Mutter, die ein Litermaß Milch in die Erdäpfelbrühe schüttet. Der Jäger dreht seinen Kopf zur Seite und sucht das Geräusch, geht weiter und sieht das Kind erst, als er gerade mit zwei Schritten am Eck des nächsten Hauses angelangt ist und die große, breite Mauer vor Augen hat. Er ist herzkrank, jeder weiß es, dafür tötet er Tiere, Rehe und Hirsche, Füchse und Auerhähne. Stunden später geht er mit einem Bündel geschossener Tiere auf dem Rücken die Dorfstraße wieder hinauf. Der Stolz des Todes vergrößert ihn. Seine toten Tiere tragen ihn – jeder Schritt im Rhythmus ihres Herzschlags. Kein Kind, niemand hat vor ihm Angst, wenn er das Gewehr in den Händen trägt. Angst hat man vor ihm, wenn er mit leeren Händen die Dorfstraße hinuntergeht. Was wird er tun? Er haßt meinen Vater, mein Vater haßt ihn. Jedenfalls wird er kein Tier schießen, er hat ja das Gewehr nicht bei sich. Hat er es auf ein Kind abgesehen? Auf das Kind seines Feindes? In seinen Händen wurzelt die Kraft eines Roggenfeldes. Brotlaibe fliegen aus seinem kranken schlagenden Herzen. Seine Frau ruft ihn, die Kinder greifen nach seiner weiten, im Wind flatternden Bauernhose und zerren ihn in den Stadel hinaus, die Tiere hungern, schieb den hängenden, aus dem Maul blutenden Fuchs beiseite, bring den Kälbern die Milch und den Pferden den Hafer ... spreiz das Maul des Fuchses solange auf, bis aus deinem offenen Mund deine Seele fährt und sich im toten Leib des Tieres verkriecht, und dann töte den Fuchs nocheinmal. Seit ich als Kind einmal während einer Überschwemmung einen Fuchs bis zum Hals im braunen Wasser schwimmen sah, liegt mir an deinem Tod mehr als am Leben des Fuchses. Ich habe geweint und bin gelaufen, so schnell mich meine Kinderfüße trugen, bis in meiner Tränenflut der Fuchs ertrank. Er war schön, er atmete wie ein sterbender Mensch, der mein Vater sein könnte. Jäger, ich schenke dir mein Leben, wenn du den Fuchs in den Wald entläßt. Trug er sein Gewehr bei sich, hoffte ich, daß er mein Leben in der Hand hatte. Ging er dann aber mit einem toten Tier auf dem Rücken die Dorfstraße wieder hinauf, hatte er mein Leben verloren. Das Herz des Kindes schlägt hinter der Fensterscheibe, der kleine Kopf dreht sich nach hinten, zur Mutter hin, die Kinderhände winken, die Mutter kommt näher und sieht, daß ihr das Kind eine tote Fliege, die es sanft zwischen der Spitze des Daumens und der Spitze des Zeigefingers hält, zeigen will. Die Mutter drückt die Hand des Kindes zur Seite. Ein paar Zentimeter über dem Herzschlag hält es die tote Fliege, hebt sie prüfend gegen das Licht, läßt sie zu Boden fallen und denkt gar nicht daran, sie nocheinmal zu töten, nocheinmal auf sie zu treten. Sie soll in ihrem ersten Tod weiterleben. Der Jäger steht oben bei den Milchkannen, die Fliege ist tot und lebt im Kind, das sie zuletzt angefaßt und berührt hat, weiter. Seine Gedanken bekommen Flügel und schauen auf den Wipfel eines Baumes. Lange hält es seinen Blick auf einen Zweig, wie man eine Kamera ausrichtet, sich schnell ins Gruppenbild fügt, bevor der automatische Auslöser das Bild schießt. Kleine Äste und Blätter zittern: Ein Vogel hat sich aus dem Blattwerk befreit, bis er hinter der nächsten Hausmauer verschwindet, gehen die Augen des Kindes mit, fallen wieder in den Fensterrahmen zurück und sehen in den blinden Spiegel ihrer Scheiben. Dort oben verschwindet jetzt auch der Jäger, einen Auerhahn auf den Rücken gebunden, die zwei ausgespreizten Flügel federn im Rhythmus seiner Schritte. Eine schwere, gußeiserne Milchkanne in der Hand, geht er den rechten Querbalken des Dorfkruzifixes entlang blind zu seinem Bauernhof, zur Tür stürzt gerade sein Sohn heraus, er dribbelt mit einem Fußball. Er ist achtzehn Jahre alt. Er war es, der den toten Robert und den toten Jakob im Pfarrstadel entdeckte. Seine Großmutter sagte zu ihm: *Christian, geh, schau in den Pfarrstadel hinein.* Zuerst stand er, nachdem er die Stadeltür geöffnet hatte, knapp zu ihren Füßen, sein Körper zuckte, und noch bevor ihn seine Füße nach rückwärts begleiten konnten, suchten seine Hände nach hinten um Hilfe. Langsam, sein Schreckensschrei ist längst im offenen Mund erstickt worden, ging er nach hinten, drohte zu stolpern, auf ein Brett, aus dem rostige Nägel ragen, zu fallen, aber mit plötzlicher Geschmeidigkeit wichen seine Beine aus. *Es sah zuerst aus, als ob Jakob und Robert in der Mitte des Heustadels stehen würden, und ich rief, kommt raus, versteckt euch nicht länger, erst als ich näher hinblickte, sah ich, daß Robert und Jakob an einem Strick hingen,* erzählte Christian. Von diesem Augenblick an waren der Heustadel und seine nahe Umgebung in einer gläsernen Vitrine verschlossen. Polizisten beschlagnahmten einen Teil des

Stricks und die beiden Toten. Den anderen Teil des Stricks, an dem sich der fürchterliche Knoten befindet, habe ich zu Hause. Die beiden Toten habe ich nicht mit nach Hause nehmen dürfen. Man hat sie mir weggenommen. Auf meinen Rücken hätte ich sie gebunden, vier Beine würden auf dem Boden schleifen und den Staub Gottes im Dorf aufwirbeln. Meine ausschreitenden Beine und mein aufrechtes Rückgrat hätten den beiden Toten stolz eine Prozession über die Dorfstraße ermöglicht. So wie Jesus auf dem Golgathahügel flankiert von zwei anderen Menschen gekreuzigt worden ist, wäre ich in der Mitte gewesen, Robert am linken und Jakob am rechten Schulterblatt meines zu einem Kruzifix erhöhten Leibes. Ein Kranz Blut kreist als Heiligenschein um mein Haupt. Tief drücken die Stacheln der Erntedankkrone in die Kopfhaut. Mein Mund schnappt und zerbeißt an einer herabhängenden Ähre das Brot Gottes. Das Maul erschossener Rehe wird mit Grünzeug, mit Klee oder bloßem, frischem Gras ausgestopft, aus den Mündern der beiden ragt ein Buschen Edelweiß. Kinder wissen um die Seltenheit dieser Blumen. Sie laufen aus den Häusern und versuchen, sie aus dem Mund der beiden zu pflücken. Mit den steifen Ohren eines Pferdes, das einen Heuwagen hinter sich herzieht, trotte ich weiter, meine Füße schlagen zornig aus und verscheuchen die Kinder. Noch trägt der Jäger die Last seines toten Auerhahns auf dem Rücken. Denkt er, daß man die Menschen in diesem Dorf gar nicht erschießen muß, die bringen sich doch selber um? Nach dem Tod von Jakob und Robert ziehe ich mich zum Schreiben zurück, wie ein todkrankes Tier sich zurückzieht, so verschließe ich die Tür meines Zimmers, das kleine Kind klopft manchmal mit Händen und Füßen daran, ziehe den Vorhang vors bleiche Fenster und taste

mich zitternd an meine Schreibmaschine heran; wir
ergänzen einander: sie ist elektrisch und ich bin aus
Fleisch und Blut. Ich schreibe und lasse die beiden
Freunde aufleben, ich sehe nicht ein, daß sie tot sind,
genausowenig wie ich mir vorstelle, daß ich einmal tot
sein werde. Als ich gestern, an einem Regentag, in
Klagenfurt auf dem Alten Platz stand und die unzähligen
Lichterreflexe in den Wasserlachen sah, war mir plötzlich
danach zumute, lauthals über den Platz zu schreien:
Nein ... nein, ich will nie sterben. Ich möchte nicht
leben, aber schon gar nicht sterben. Wenn ich immer
wieder auf den Tod der beiden zurückkomme, wehre ich
mich gegen meinen eigenen Tod. Es muß mir doch
gelingen, daß die beiden vor mir auferstehen, hier in
meinem Zimmer, der eine im Polstersessel und der andere
auf dem Bettrand Platz nehmen, nach einem Buch oder
dem Kalbstrick greifen, mit dem sie sich aufgehängt
haben. Werden sie lachen? Werden sie mich beweinen?
Stelle ich, wenn ich über die beiden schreibe, einen
Kontakt zum Tod meiner Kinderseele her? Manchmal
glaube ich einen doppelten oder dreifachen Herzschlag
zu spüren. Meine Hand greift auf die Brust, meine Augen
starren in den Spiegel und sehen die Gesichtszüge Jakobs,
im Hintergrund fällt nocheinmal seine Mutter schreiend
nach hinten, Jakob fängt sie auf, weich legt er sie aufs
Bett und läßt sie ausschlafen, bis morgens der Hahn kräht
und die Tiere im Stall unruhig vor Hunger an ihren
Stricken und Ketten zerren. Ein Strahl aus seinen Hüften
blendet mich, ich werfe die Hände vors Gesicht, schließe
die Augen zu einem winzigen Schlitz und taste mich
langsam an ihn heran. Warum weichst du aus, bist du
vielleicht tot? Stolpere ich deshalb nach hinten, weil du
nicht mehr rückwärts und schon gar nicht vorwärts

gehen kannst? Werfe ich deshalb meine Hände vors Gesicht, weil ich blind sein will? Will ich blind sein, weil du mich nicht mehr sehen kannst? Seit du mich nicht mehr hören kannst, flüstern meine Ohren, wie es dein Mund getan hat, deine Hände schoben den Vorhang meiner dunklen, langen Haare zur Seite und spielten mit dem Knorpel meiner Ohrmuschel. Hörst du noch die Beatles, die Bee Gees und Elvis Presley, zieh jetzt wieder den Reißverschluß deiner Jeans hoch und schließ den Hosenlatz, deine Füße zu einem Dreieck ausgestellt stehst du wieder über dem Körper des Mädchens, sie hebt den Schoß in die Höhe, für dich und für mich, der Auerhahn bolzt in ihren Hüften, und dem Knarren des Kalbstricks kann man noch lauschen, als sich zwei siebzigkiloschwere Körper vom Balken nach unten fallen lassen und den Strick, streng und steif wie einen in gelber Roggenlandschaft stehenden Regenfaden, der den Himmel mit der Erde verbindet, aufziehen, jetzt wiegt euch der Wind, ich stehe in einer Milchlache, bis eine Kuh im Stall vor Schmerzen zu brüllen beginnt, deine Hände, Jakob, verkrampfen sich noch einmal in die Finger Roberts und lösen sich. Warum zeigst du mir deine Zunge? Bin ich der Kasperl deines Todes? Was hast du aus mir gemacht? Eine Spinnerin, einen Sätzeweber? Schnürlregen aus Tränenfäden, die ich mit den Füßen zu einem Leichentuch webe, mit der Geschwindigkeit einer routinierten Weberin, die ihre Hand- und Fußbewegungen maschinell einsetzt, jetzt liegst du in diesem Tuch, blütenweiß, mit abgestepptem Rand. Ich bin der schwarze Mittelpunkt eines Spinnennetzes, das Netz bist du. Das Netz wippt, und mein Kopf fällt wieder auf die Brust. Der Schrei der Mittwochnacht wird lange nicht schweigen. Er hat das Dorf verändert. Die Realität erschlägt die Fantasie, ich kann nur die Wahrheit sagen. Wenn ich ins Dorf komme, höre ich immer wieder den Ruf des Totenvogels, oben neben dem Pfarrstadel sitzt er auf einem Ast und ruft mir zu. Wie ein Erdbrocken fällt der Vogel ins Moos, langsam und zitternd stellt sich das rote Sternmoos wieder auf. Das Blut des Vogels rinnt in die kleine Wasserlache, wie Samenfäden schlendern die Blutfäden auf den Grund des Tümpels. Der Vogel streckt nocheinmal seinen Flügel, der Tod läßt ihn zurückschnalzen. Indem du dich umgebracht hast, hast du mein Leben gerettet. Es wäre ein Spiel gewesen für mich, die Figuren zu vertauschen, jetzt wärst dann du es, der an der Schreibmaschine sitzen müßte. Hat nicht gestern das kleine Kind zu seiner Mutter gesagt: *Warum bin ich nicht du?* Ich habe diesen Satz übernommen und um Mitternacht in der Discothek *Petit Fleur* einem Jungen ins Ohr geflüstert. Er lachte mich an und küßte mich am Doppelkinn. In einer Woche werden wir uns wiedersehen, und meine Hand wird den Schweiß seiner Stirn trocknen. Heute, Jakob, kann ich natürlich sagen, daß ich froh bin, daß du tot bist, weil ich froh und glücklich bin, daß ich lebe und wieder einen Menschen gefunden habe, der seine Finger in meine auseinandergespreizten Finger fügen wird. Hand in Hand werden wir über die Stoppelfelder laufen, die wie Eissplitter deinen Tod verwunden werden. Hast du den Reißverschluß deiner Jeans schon hochgezogen, knöpfle dein Hemd zu, tripple hinauf mit deinen Fingern bis zum Hals, erschrick nicht vor den Kalbstrickspuren an meinem parfümierten Hals, komm her, ich richte dir deinen Scheitel zurecht, was, eine neue Beatles-LP hast du dir gekauft. Erinnerst du dich an deinen Rock'n'Roll-Tanz um die Erntedankkrone? Wie du bei diesem Fest das Messer ins Spanferkel drücktest

und dabei nach dem Vater Ausschau hieltest? Die Zieh-
harmonika des kleinen Bauernjungen verstummt. Eine
zahme Krähe hockt auf der Schulter einer Vogelscheuche.
Ich gehe weiter, das eine Heubündel auf der rechten, das
andere auf der linken Schulter. Und abermals falle ich zu
Boden. Meine Schwester Maria hilft mir wieder auf die
Füße. Ich drehe meinen Kopf zur Seite und schaue ihr
dankend in die Augen. Das Gefolge des ganzen Dorfes
trottet hinterher. Die Last der beiden Erhängten ist
schwerer als Jesus am Kruzifix gewesen sein mag. Mein
Haupt, das mit der Erntedankkrone meiner Kindheit
gekrönt worden ist, hebt sich und ruft über den Pfarrheu-
stadel hinaus: Vater, vergib ihnen, denn sie wissen ganz
genau, was sie tun.

Als ich am Bett stand, war es ungeheuer still. Als eine Nähnadel fiel, regte der Tote seinen Kopf und flehte um den Herzstich.

Oft spüre ich an der linken Seite meines Hinterkopfes einen Schmerz, der erst aushallt, wenn ich aus der Nase blutend mit einem Papiertaschentuch in der Hand am Fenster stehe und den hochfliegenden Vögeln zuwinke. Der schönste und älteste Laubbaum steht vor diesem abbruchreifen Haus, das in sich zusammenfällt. In seiner dicken knorrigen Rinde haben sich meine Kinderhände versteckt. Nahe dem Baum läuft der Dorfbach vorbei. Gebückt eilt der kleine Kinderkörper unter die Holzbrücke, ein heuwagenziehendes Pferd donnert drüber, und der Staub der Straße rieselt auf den Scheitel des Kindes, die geschlossenen Augenlider zucken und warten, bis der Donner des trampelnden Pferdes und die Holzräder des Heuwagens, die von Eisenreifen umspannt sind, die Brücke verlassen haben. Bis zu den Knöcheln steht das Kind im farblosen Band des Dorfbaches, dem an dieser Stelle ein Betonbett errichtet worden ist. Das Haus steht unter Denkmalschutz. Der Bauernsohn, der aus dem Dorf gezogen ist und in der Nähe von Villach ein Hotel bewirtschaftet, hat seiner Mutter nebenan ein neues Haus gebaut. Sie verbringt ihre letzten Tage damit zu beobachten, wie das alte Haus zusammenfällt. Lange steht sie auch des Nachts am Fenster und hält den weißen Seidenvorhang zu einem Bündel Heu zusammengedrückt in ihren Fäusten.

Jedesmal, wenn ich auf einer Kinoleinwand oder auf einer Bühne einen Menschen spielenderweise sterben sah, dachte ich in Liebe an dich. Versteh mich nicht falsch, der Tod hat mich gereizt, zärtlich mit dir umzugehen. Dein grober Umgang mit meinem Kopf, meiner Brust, meinem Rückgrat, dem Kruzifix meines Rückens: Schulterblätter links und rechts als Innenflächen zweier Hände und die lotrechte Wirbelsäule, du hast draufgeschlagen, aber das Kruzifix im Herrgottswinkel hast du angebetet. Deine Augen streuten Viehsalz über meine Wunden. Vieles hast du an mir gehaßt: ein Pferd, das mit seinem Huf dein Schienbein getroffen hat; meine Mutter, die sich im Strohbett von dir drehte und stundenlang in die Glut des Ofens starrte: morgens, wenn sie meine Hand ergriff und meinen kindlichen Leib aus dem weißen Leinen hob, glaubte ich noch die Galle der Nacht an ihr hängen zu sehen, erschrak und rollte mich weinend ins Bett zurück; wenn sich ein Kalb im Stall losriß, hast du, aufs Feld eilend, mitten im Getreide meinen Leib gefangen und an den Haaren die Dorfstraße lang nach Hause gezogen; du hast nach rechts und links und immer wieder nach hinten geschaut, ob nicht jemand hinter einem Fenster oder an einer Tür stand und sah, wie du mich an den Pranger stelltest. Über eine deiner Zärtlichkeiten, die ich an dir nicht für menschenmöglich gehalten habe, habe ich stundenlang geweint, und ich weine wieder, während ich jetzt schreibe. Ich lag im leinenüberzogenen Strohbett und hatte hohes Fieber. Die Mutterhand weilte bei den keimenden Erdäpfeln. Vor der runden Pupille meiner fiebrigen Augen schimmerte ein Heiligenschein, durch den meine Kinderseele springen wollte. Du hast ein krankes Tier wie einen bettlägerigen Menschen beschrieben, und ich hatte Fieber. Wenn du von den Tieren sprachst, hast du mir nie in die Augen gesehen. Als du mich schlugst und dein Schlagen nichts half, hast du, anstatt mich zu töten, mit deinem halbsteifen, nach Erde riechenden Finger auf das Kruzifix gedeutet: das war schlimmer als ich meinen Tod empfunden hätte. Ich habe auf meinen Tod gewartet, allein die Vaterhand wäre würdig gewesen, mich zu töten. Ich war das *Schwarze Schaf* mit Asche und dunklen Erdklumpen auf der Haut, du hast mir das Sprechen in deiner Anwesenheit verboten, und ich habe das Blöken gelernt, ich ahmte die Tiere nach, um die Sprache der Menschen begreifen zu lernen. Das phosphoreszierende Kruzifix brennt mir das schwache, giftgrüne Licht, das die Konturen des Gekreuzigten und seine durchleuchtende Seele zeigt, auf die Stirn. Wie ein Pferd oder ein Schaf, das zu Boden gedrückt worden ist, um gebrandmarkt zu werden, aufschnellt und an der Umzäunung eines Feldes entlanghetzt, ging meine Stirn hoch, mein Körper ging mit, die Füße spannten die Muskeln zum Sprung, und ich fiel in die Tiefe meiner Seele. Du bist an der Tür gestanden und hast die Klinke bis zum Anschlag niedergedrückt, sie quietschte, und das Geräusch zog meinen Kopf in die Höhe. Ich hoffte, daß du meine Krankheit beenden würdest. Ich wollte deine Faust sehen, das Werkzeug deiner Kraft. Mit hohlen, leeren Händen, wie Tote diese Welt verlassen, bist du vor mir, zu Füßen meines Bettes gestanden und hast gezittert, dich an den Eichenkasten gelehnt, und ich sah, wie zwischen deinen dem Gesicht vorgehaltenen Fingern hervor die Tränen rannen und vom Ellenbogen als

Tropfen auf den Holzboden fielen. Ich hätte gern mit dir geweint, meinen Kopf auf deine harte Brust gelegt und die Schmerzen aus deinen zwei behaarten Brustwarzen gezogen. Du bist am Kasten stehengeblieben, die Tür, die aufging und die Kleider entblößte, schwankte ein wenig. Das Gitter des Fensterkreuzes war rostig, der Landwind strich herein, der Geruch von Heu, von geölten Maschinen, der Geruch des Misthaufens, der Geruch der Sonnenstrahlen, und der Geruch meiner Krankheit, der der Odem meines Todes war, drängten zum Fenster hinaus. Das Kruzifix schwitzte Blut. Deine Hand kam und fühlte den Schweiß meiner Stirn. Ich schlug die Augen auf und erschrak vor dem Sargdeckel deiner Innenhand. Ich sah den Geruch von Tierfell, Silo, feuchtem Heu, nicht dich. Ich spürte, daß dieser Geruch du bist. Bewegte ich meine Kopfhaut, ahnte ich die Haare auf deinem Kopf, schütter waren sie, du hast im Krieg lange den Stahlhelm getragen. Wieviel Menschen hast du im Krieg getötet? Beweinst du die getöteten Menschen an deines Sohnes krankem Leib? Waren es zwei, drei, vier, zehn oder hundert Menschen, die du getötet hast? Das Blut der tödlichen Wunde, die du einem deiner feindlichen Menschenkameraden zugefügt hast, ist noch immer warm. Greif nur meinen fiebrigen Schweiß an, dann wirst du es spüren und vor deinen jetzt in mir sterbenden Kameraden vielleicht zum ersten Mal erschrecken. Immer, wenn du im Kerzenschein des Mondes beim Abendmahl – wir waren sechs Kinder, also die Hälfte der zwölf Jünger, eine halbierte Hostie, und in deiner Familie waren ebenfalls sechs Kinder und jetzt schließen sich die beiden halbierten Hostien und liegen im Ziborium der Monstranz, die der Dorfpriester aus dem Tabernakel nimmt, um die Hostie zweier Generationen zur Konsekration zu teilen –, bei Polenta und Milchkaffee vom Krieg erzähltest und aller Ohren und Augen auf dich gelenkt sahst, spürte ich den Geschmack des Blutes deiner Kameraden in meinem Mund. Oft bin ich nach draußen gegangen, habe in den Staub gespuckt und mich gewundert, warum mein Speichel weiß und nicht rotgefärbt war. Als dich ein Kamerad unabsichtlich zur Seite stieß, hast du ihn böse angesehen, aber diesem Zufall verdankst du dein Leben. Erst als die Kugel haarscharf an deinem glattrasierten Stahlhelm vorbeipfiff, legtest du die Maske des Hasses ab und umarmtest weinend deinen Kameraden, wie es deine Kinder oft ersehnten, wenn wir auch nicht dein Leben vor dem Tod retteten. Ich verdanke dir mein Leben. Verdanke ich dir nicht auch meinen Tod? Vater, dir leb ich, Vater, dir sterb ich. Warum drehst du dich jetzt von mir weg? Ich hätte kaum den Mut gehabt, mich umzubringen. Dein Haß würde mich in der Tiefe des Grabes einholen. Ich liege als Kind in einem weißen Sarg oder werde auf dem weizenähren-dekorierten Totenbett zur Säuberung auf den Bauch gedreht, kommt der Ackermann mit der hilfe- und lebensbringenden Hand Jesu und weckt mich auf, wie Lazarus. Ich müßte dir in die Augen sehen, *danke Vater* sagen, aufstehen, die nach Stall riechenden Kleider anziehen und die Kälber mit Milch, Erdäpfel oder Silo füttern. Wie wären erst die Trauermaschinen in die Einzelteile ihrer Tränen zerfallen, wenn ich inmitten der Trauerfeierlichkeiten auferstanden wäre? Die Klageweiber hätten das Geld zurückgeben müssen. Vielleicht hättest du mich zu einem Tier wiedererweckt, das im Stall angebunden wird, Milch geben muß, oder wenn aus meinem kindlichen Selbstmord ein Zugpferd geworden wäre, hätte ich, den schweren Pflug ziehend, vor dem Ackermann hertrotten und die Furchen in den Acker ziehen müssen. Bremsen und Fliegen umkränzten die Augen des Pferdes. Du würdest mir leichthändig auf die Flanken tippen, aber in einem tierischen Wutanfall meinen Kopf zur linken Seite zerren, weil ich rechts ausscheren wollte. Vielleicht würdest du aber das Tier einbalsamieren und auf den Giebel des Stalls stellen. Ein anorganischer Gegenstand würde auch genügen, mein Kinderleben zu ersetzen. Du sagtest doch öfter, *Du bist Luft für mich.* Vielleicht eine Sichel oder eine Sense, eine Mistgabel oder ein Heurechen, mit dem du deine Wiesen kämmen, den Scheitel in der Mitte ziehen könntest. Oder sollte ich als Mensch mit den Gesichtszügen deiner Kindheit wiederauferstehen? Ich könnte weder als Tier, als Gegenstand, noch als Kind von den Toten auferstehen, aber auch nicht in ewiger Ruhe tot sein. Deine grausamen und zärtlichen Spiele mit Mensch und Tier könnte ich als Toter noch weniger ertragen. Du ließest mich nicht leben, aber auch nicht tot sein. Ich empfand mich selber, denn ich sah in deinen Augen ein Stück Vakuum, das in der Gestalt eines Kindes die Stalluft verwirrte. Als dieses Vakuum schwamm ich in den Tümpeln der Drau, führte die Milchkühe und Pferde auf die Weide und wußte, daß ich der einzige luftleere Raum in diesem Dorf bin. Vakuum schreitet hinter einem Rinderkonvoi her und läßt mit einer Lederpeitsche aus Ackermannshaut graue Blitze an den Flanken vorwärtsdrängender Tiere aufzucken. Die Landschaft sieht mich, und ich bin blind. Ich gehe im hüfttiefen Gras. Bücke ich mich, sehen mich nur mehr die Raben und Flugzeuge, schließe ich die Augen, siehst auch du mich nicht mehr. Dort im tiefen Gras grabe und grabe ich, bis mich die Maulwürfe hören. Wenn es Abend wird, die Dunkelheit langsam immer dichter in die Landschaft sickert und die

Dorfglocken vom Mesner in Bewegung gebracht werden, muß ich zu Hause sein, die Strohpuppe ruft mich und weint nach mir, der zugenähte Mund der Mutter blutet, aus dem Mund des Ackermanns quellen grausame Worte, trink jetzt deinen Milchkaffee, er ist noch kuhwarm, trink ihn und geh dann schlafen, bevor du zur Tür hinaus ins Schlafzimmer gehst, dreh nocheinmal deinen Kopf zur Tischmitte, wenn du in Vaters Auge schaust, stell dir vor, wie du mit dem linken Fuß ins Bett steigst, sieh der Mutter in die Augen, stell dir vor, wie du den rechten Fuß nachziehst, sieh dem Kruzifix in die Augen und du legst dich aufs Kreuz, falte deine Hände zum Gebet, schließ die Mutter ins Herz, den Vater in die Faust und beginne zu beten, bis deine Müdigkeit deine Lippenbewegungen lähmt. Dein Atem wird regelmäßig, und einen halben Meter über deinem Kindeskörper schweben flügelschlagend die violetten Engel, und wisch das Blut, das aus den Wunden des über dir schwebenden Kruzifix herausrinnt, aus deinen Augenwinkeln, ruf nach deiner Mutter, wenn sich eine Horde Ratten aus dem Dachboden befreit und vor deinen Ohren Getreidekörner zerbeißt, ruf nach ihr, wenn sich die Gestalt vom Kruzifix befreit und zu dir legen will. Das Lendentuch wirft sie kokett zur Seite, wie die Mutter deine urinfeuchten, mandelkernweißen Hüften von der Windel befreit, zuerst die linke Seite des Lendenschurzes, dann die rechte Seite, und der Mittelteil befreit sich, da dein kleines Kindergeschlecht aus Angst steif wird, langsam von selber. Er legt seinen dornengekrönten Kopf auf deine Brust und will mit seinen Lippen genau an der Stelle, wo eine Lanzenwunde Wasser und Blut zum Vorschein brachte, an deiner Brust eine Wunde aufstanzen. Die Dornenkrone sticht an deinem Hals wie Vampirzähne. Hebt er seinen Kopf und sieht dein schneeweißes Gesicht, starrst du auf sein blutrotes Haupt, du weißt nicht, ob du Blut verloren hast, seine Hände sind angeschwollen, und dir gab man Eisentabletten.

Dann stehst du am nächsten Tag am Rohrbrunnen und siehst verliebt dem eisenreichen Wasser zu, wie es einen fingerdicken Wollfaden in den Trog spinnt, dort von den Bergen kommt es her, der Damm ist satt, und in ein paar Tagen wird er übergehen, die Ferkel werden im Stall schwimmen, Kühe werden brüllen und mit ihren Schwänzen, die auf der Oberfläche des Wassers liegen, hin- und herpendeln. Die Gräber werden sich bewegen und die Toten schwimmen. Ein Kruzifix schwimmt über dir, und in der Mitte des Dorfes steht ein Kind bauchtief im Wasser und schreit, die Hände gehoben, bereit, die Mutter oder den Tod zu empfangen. Der Damm ist übergegangen, die Eltern und Brüder sind auf dem Feld, und meine Schwester und ich starren zum Fenster hinaus, wie ein breiter Wasserstreifen aus dem Wald schießt, den engen Flur unseres Hauses zu seinem Bachbett macht und die Küchentür durchbricht. Die Schwester weint, und auch ich beginne zu weinen, die Schwester beginnt zu beten, und auf Abruf bete ich mit. Der Großvater ist draußen im Stall und rettet die neugeborenen Ferkel, die Großmutter liegt drei Meter über dem Dorfwasserspiegel im ersten Stock des Hauses, betet und spielt mit dem Rosenkranz, aus ihren Augen zieht sie die Tränentropfen, die an einer zwirnfadenstarken Spinnwebe aufgefädelt sind, und ruft den Gott des Dorfes an, ein Krebs krault ein Tischbein hoch, eine schnelle Fußbewegung und auf der Wasseroberfläche des Küchenbodens ziehen Ringe im Kreis, immer größer werdende Ringe, bis sie an die Füße des Herds anstoßen, das Holz der Herdkiste beginnt sich wie ein Taucher zu befreien, schwimmt und stößt am Tischbein an, und wir beten, bald zeigt uns lachend der Laubbaum sein entwurzeltes Unterteil, Äste und Fichtenprügel, Kinderpuppen, Ferkel, Kruzifixe, Totenblumen, Apfelbutzen, Erdäpfelschalen, alles stößt an die Haustür, macht auf, macht auf, wir wollen begraben und gegessen werden, macht auf, Brüderchen und Schwesterchen, wir wollen in die Stube, an der zitternden Oberfläche, im Wasserspiegel möchte die Strohpuppe ihre Haare kämmen, mach auf und bete für uns, damit ein paar Ferkel ertrinken, bete, damit die Überschwemmung weiterquillt, denn erst im Tod und in den Dorfkatastrophen fühlst du dich wohl, mach auf, bevor Vater und Mutter und die immerzu arbeitenden Brüder kommen: das Kind hält sich an den Füßen des Kruzifix mit der linken Hand und mit seiner rechten Hand an der Schulter der betenden Schwester fest. Die Zöpfe der Schwester pendeln über den Rücken und schlagen leicht mit jeder Kopfbewegung an ihren Fußsohlen an, heute morgen sind sie von der Mutter, die noch immer nichts von der Überschwemmung weiß und Heubündel auf den Wagen wirft, mit Speichel und lauwarmem Wasser geflochten worden. In der Mitte des Kopfes: ihr Scheitel, weiter ziehe ich den Faden der Sprache und komme zur Nasenspitze, zum Doppelkinn, zu den gescheitelten pflaumengroßen Mädchenbrüsten; der Faden zerteilt den Nabel und die Mitte des Geschlechts, das den linken vom rechten Oberschenkel trennt. Aber ihre Füße sind geschlossen, und ihr Körper zittert, aus den Achseln des Gekreuzigten wachsen Weizen-, Roggen- und Haferähren, ein Pferd stampft ins Wasser, das den Hufschlag, der sonst hörbar ist und klingt, unterdrückt, das schwarze Pferd auf dem Feld wirft insektenverjagend den Kopf zur linken Seite, eine Weidenrute der Bruderhand schnalzt auf seinen Hals, und das Pferd zieht den heubeladenen Wagen gekrönt mit Vater, Mutter, Magd und Knecht und einem Kind die Feldwege entlang, der andere Bruder hockt auf dem Rücken des Pferdes und schlägt wieder lustvoll die Fersen gegen die Flanken des Tieres, das seinen Kopf unter der Anstrengung der Last immer wieder senkt und hebt und mit seiner im flimmernden Weizenfeld sich mühsam vorwärtsarbeitenden Kraft die Fuhre nach Hause bringt. Der Mesner hat die Glocke in Bewegung gebracht, und niemand auf dem Feld weiß, was passiert ist, wer ist gestorben oder brennt ein Haus?, die Mutter sieht sich nach ihren Kindern um, zwei sind da, das eine auf dem Rücken des Pferdes, die Hand des anderen liegt auf ihren Oberschenkeln, die anderen beiden sind zu Hause, das letzte Kind ist noch in ihrem Bauch, den sie jetzt, als sie die Glockenschläge des Zugläutens hört, erschrocken abtastet, ist mein Kind tot?, Herrgott hilf meinen Kindern, sie sollen Brot und Speck nehmen, wenn die Tiere im Stall Hunger haben, sie sollen beten, es wird doch nichts passiert sein, treib das Pferd an, schneller, treib es, und die Kopfbewegungen des Pferdes werden tiefer, Schaum steht an seinen Nüstern, für Sekundenbruchteile zeigen immer wieder seine Hufe die glänzenden Eisen, die schwarzen federgroßen Ohren winken, und die Fersen des Bruders schlagen kräftiger an die Flanken, vorwärts, die Mutter vergewissert sich ihrer Kinder und starrt die trockenen Augen des Ackermanns an, sein Mund kaut Speck, und seine groben Hände liegen auf den Kniescheiben der angewinkelten Beine. Seine blaue Arbeiterhose hat zwanzig oder mehr geflickte Stellen, und manchmal fährt sein kleiner Finger die Naht einer Flickstelle entlang. Die

Sonne heizt. An sechs Stirnen stehen Tropfen, dort mehr, dort weniger. Die Füße der Magd pendeln über dem Heuwagenrad. Der Knecht umschließt mit seinen Fingern den Stiel der Heugabel, vor Kraft rot angelaufen sind die Fingernägel. Das Heuwagenholzrad überspult eine totgefahrene Maus.

Ich bin tot, rief ich meinem kleinen Bruder zu, der das Spiel vom Totsein noch nicht verstand. Das Kind begann zu schreien und schlug mit seinen Fäusten auf Brust und Kopf, aber schnell, wie nach einem Genickbruch, drehte ich unter den leichten Schmerzen der Kinderfaust meinen Kopf einmal nach links, einmal nach rechts und ließ statt Blut weißen, von Luftblasen gefüllten Speichel aus dem linken Mundwinkel rinnen, der Bruder schrie nach der Mutter, die Milchkühe verdrehten ihre Köpfe, die Ketten rasselten, die Hanfstricke zurückweichender Kälber knarrten. Mit schnellen Schritten ihrer nägelbeschlagenen Schuhe und wie vorauseilend ausgestreckten Händen lief die Mutter in den Stall und schlug die Flügeltür hinter sich in dem Augenblick zu, als eine Schwalbe durch die Tür schnellen wollte, in der Luft haltmachte, ihre Flügel und ihre roten Füßchen streckte, mit kurzem Flackern der Flügel zitterte, das Köpfchen zum Giebel drehte und sich schließlich auf den obersten Balken des Heustadelbalkons setzte, der grau, verwittert und voller Spinnweben ist. Das Holz meines Kindersarges ist nicht teuer, ein halbes oder dreiviertel Schwein vielleicht, die Schweine füttert ohnehin die Mutter; statt des weißen Trauerflors nimm den Hochzeitsschleier der Mutter, ich helfe dir, Vater, noch im Tod sparen. Und die kleinen Totenschuhe? Die großen Zehen des eben für mein Leichenbegängnis geschlachteten Schweins, zwei nur und mit einem Zwirnsfaden unter meine Füßchen geschnallt. Werde ich wie der Großvater in der Bauernstube und nicht wie die Großmutter in der Rumpelkammer aufgebahrt? Die Mutter ruft nach dem Kind, der kleine Bruder zerrt sie an der Erdäpfelschürze zur Stelle des Futterbarrens, wo ich mich totstelle. Erschrocken sieht das Kind, wie der größere Bruder unter den Rufen der Mutter die Augen öffnet, mit einem elastischen Beinschwung auf dem Stallboden steht und die Mutter listig, den Bruder spöttisch anlacht. Und ich sah es in seinen Augen: mein kleiner Bruder wünschte mich tot, er wollte seine Trauer in die Tat umsetzen.

Aber vergebens, ich lebe und werde dich an der Hand in die Auen führen, ich werde dir die Fische zeigen und die Rehböcke, das Gewehr des Dorfjägers, aus dessen Lauf Hirsche röhren. Ich möchte die austretenden Kugeln an meiner Brust stillen, zwei Gewehre, eines rechts und eines links, und alle Bauernkriege dieser Welt säugen: Das Reh hetzt einer Gewehrkugel nach und tötet sie. Dein silberner Schußapparat war eingewickelt wie ein in Fieber liegendes Kind, ich hatte mich im äußersten Winkel der nach Salz und Knoblauch riechenden Küche verkrochen. Eine verirrte Kugel war die Angst in meiner Stirnhöhle; ich verbeugte mich vor der Mutter, als wollte ich sagen, nimm die Kugel meiner Angst aus der Stirnhöhle, Mutter, nimm sie, und ich setzte die Augengläser des Ackermanns auf, um den Schußapparat verschwommen zu sehen, denn ich bin klarsichtig. Alle versammelten sich vor dem dampfenden Schweinstrog. An einem Kalbstrick wurde das Schwein aus dem Stall gezerrt. Es schrie: es roch seinen Tod. Und jetzt die Gelegenheit ausnützen und Geld stehlen, ich möchte *Winnetou III* lesen. Ein Buch ist mir der Tod des Schweins wert. Du hast mir die Sprache weggenommen, *halts Maul,* und ich habe zu reden aufgehört. Mit derselben Gewalt hast du sie in mir wiedererzwungen, *red oder scheiß Buchstaben,* und ich habe zu stottern begonnen. Ich habe auch deshalb gestohlen, weil ich Hunger hatte und nicht immer bitten durfte, denn wenn ich bat, waren es die Worte *nutzloser Fresser,* die mir dein Brot reichten. Der Diebstahl hat mir das schlechte Gewissen des Hungers genommen. Du sollst stehlen, wenn man dir droht das Leben wegzunehmen. Draußen fiel der Schuß, langsam streckte das Schwein, ich habe schon wieder Geld gestohlen, seine Beine von sich, zweimal zuckte ich zusammen, einmal das tote Schwein, einmal den Diebstahl bewundernd. *Eine halbe Minute später hatten wir den Boden erreicht, zu gleicher Zeit aber blitzten uns aus der Spalte einige Schüsse entgegen. Winnetou stürzte zu Boden. – Ich stand starr vor Schreck. »Winnetou, mein Freund«, schrie ich auf, »hat eine Kugel getroffen?« »Winnetou wird sterben!« hauchte er im Niederfallen. Da erfaßte mich eine Wut, der ich nicht zu widerstehen vermochte . . .* Das Wasser im Haartrog dampft, der Ackermann befreit mit einem Brotmesser den Körper des Schweins von den Borsten. Ein Kinderkopf starrt aus der Sauküche durch die fliegenpunktierten Scheiben zum Hof, draußen bewegen sich blutige Hände und Schürzen, das Schwein ist reglos. *Als der letzte Ton verklungen war, wollte Winnetou sprechen – es ging nicht mehr. Ich brachte mein Ohr ganz nahe an seinen Mund, und mit der letzten Anstrengung der schwindenden Kräfte flüsterte er: »Scharlih, ich glaube an den Heiland, Winnetou ist ein Christ. Leb wohl!« Es ging ein Zucken und Zittern durch seinen Körper, ein Blutstrom quoll aus seinem Mund. Der Häuptling der Apachen drückte nochmals meine Hände und streckte seine Glieder.*

Ich blätterte in Davids Telefonbüchlein und stieß auf meinen Namen. Wer hat dir meine Telefonnummer und Adresse gegeben? Über meinem Namen lasen meine Augen die Konturen eines Totenkopfes ab. Du kennst mich nicht, wir haben uns heute zum zweiten Mal gesehen, und du zeichnest einen Totenkopf zu meinem Namen? Ich ließ an diesem Abend keinen Blick mehr von ihm. Tage später gingen wir aufs Kreuzbergl zum Golgathahügel, hockten uns auf die Mauer, sahen abwechselnd auf die Lichter der Stadt und dem Gekreuzigten ins Gesicht und erzählten einander unsere Kindheit. Sterben oder schreiben, was willst du. Die Beatles auf dem Bauernhof, Elvis Presley, die Rolling Stones und die Bee Gees, Winnetou und Old Shatterhand. Als Großmutter starb, hat uns der Ackermann wochenlang die Hitparade verboten. Ich habe um Winnetou geweint und nicht um die tote Mutter des Ackermanns ... Hey Jude ... Die Beatles schultern den Sarg der Großmutter und tragen ihn zum Friedhof ... Hey Jude ... Du fährst mit nach Rom? Betrunken gingen wir spät, zerwühlt durch eine gegenseitige Scheu, die immer wieder Annäherungsversuche machte, nach Hause. Wir lagen auf dem Teppich, zuerst Haupt an Haupt, dann Stirn an Stirn, Nase an Nase, Mund an Mund und Auge in Auge. David! Ich bete dich an und verfluche meine gefalteten Hände.
Alle Tiere, die ich als Kind getötet habe, stehen während meines Schreibens wieder auf. Erschrocken sehe ich sie an und rufe einen Menschen zu Hilfe. Du sollst töten, wenigstens ein Tier töten, wenn dich, *du Tierquäler*, dein Vater schlägt. Als mein Kinderfuß auf den Rücken eines Frosches trat, seine Augen wie Kugeln aus einem Repetiergewehr unter der Wucht des Kinderfußes aus ihren Höhlen schossen, raschelte es im Gebüsch meiner Stirn-

höhle, ein schwerverletzter Kamerad des Ackermanns schleppt sich zum Sterben in meinen Kopf, stöhnte mit meinem Mund, atmete mit meiner Nase und hörte mit meinen Ohren den sprudelnden Draufluß, während im Traum der Kugelkopf meiner elektrischen Schreibmaschine statt meines Kopfes auf dem Hals thronte, mit blutunterlaufenen Augen starrte der Ackermann während meiner Zeugung aufs mannsgroße Heiligenbild, und ich mich im Schlaf wälzte, der Kugelkopf drehte sich mit und organisierte die Bilder, der Eispuck ließ eine Kinderstirn anschwellen, das Kind brach in die Knie und schleuderte im Fall den Eishockeyschläger zwei, drei Meter von sich, wieder höre ich das Schreien meines kleinen Bruders, den ich damals unter der Lust der Todesangst in den Fluß zu werfen drohte, die Angst kehrt zurück, und ich habe tagtäglich den Drang, ein Menschenleben zu retten, der armlose Jesus im Flur des Pfarrhauses streckt seine Hände, umarmt mich, und ich verliere meine Hände, die vielen Igel, die auf der Straße von den Rädern der Traktoren und Autos zu stacheligen Totenfellen ausgewalzt wurden, ich hatte ihnen Kuhmilch gegeben, sie laufen gelassen, und zwei Stunden später bereiteten ihnen mein kleiner Bruder und ich mit den Klagelauten von Witwen ... Hey Jude ... ein Leichenbegängnis und versenkten sie mit den Nabelschnüren neugeborener Ferkel in kleinen Särgen am Schnittpunkt des Dorfkruzifix in die Erde. Unter meinen Sohlen knistert das Stroh, das Kalbsleder fällt mir von den Füßen, wenn ein Kalb blökt, dort unter den lebenden und toten Tieren, zwischen Pfau- und Hahnenschreien wagte ich meine ersten Totengänge. Wäre der Ackermann aus Holz, so wäre er aus den Leiden Christi geschnitzt. Vakuum! Hörst du mich?

Als du, nachdem ich gezeugt war, mit meiner Mutter wieder eine fleischliche Erfüllung gesucht hast, ich wuchs und wuchs und assimilierte bereits die Geräusche der Bauernwelt, stieß dein Geschlecht in ihren Schoß, ich wich als Embryo weit zurück und wehrte mich mit meinen schleimbedeckten Händen gegen deine vorwärtstreibende Kraft, die Augen des Embryos vergrößerten sich aus Angst vor deinen gläsernen Pferden, die auf mich zu galoppierten, und jetzt ein Pfauenschrei im Schneetreiben, dein Körper fiel auf den Rücken in die leinenüberzogene Strohmulde, und ein Ertrinkender schnaufte, blind um sich tastend, mit der Nase meiner Mutter. Ich wehrte mich gegen das Leben, aber als Embryo hatte ich nicht die Kraft, mich zu töten. Das Eis glitzert auf dem Weiher meiner Fingernägel, erschrocken verstecke ich meine Hände in den Jeans, schreite mit adernblauen Roggenähren hinter den Ohren, Elvis Presley am Trommelfell, die neuasphaltierte Dorfstraße entlang zum Rock'n'Roll um die Erntedankkrone. Die Stalltür öffnet sich. Eine Milchkuh, die der Nachbarjunge aus Lust am Sterben getötet hat, rutscht in meinem Gedächtnis in ihrem Kot und in der Lache meiner Gehirnblutung immer wieder aus, erhebt sich, fällt und erhebt sich, beginnt das Sterben im Drehen des Kugelkopfes mit den Augen eines gestochenen Kalbes, das sie geboren hat, von vorn, und ich blicke, während ich an der Schreibmaschine sitze, auf meinen Hemdsärmel, habe Angst, daß ihr Blut meinen Unterarm entlangrinnt und meine Handschale füllt, die ich wie zum Geschenk ausstrecke. Wieder, wie im Kloster von Assisi, knöpfe ich Davids Hemdsärmel auf, David machte die Hand zur Faust, die Ader in der Ellbogenbeuge schwoll an. David nahm das Skalpell und machte Andeutungen, einen Schnitt an seiner, einen

Schnitt an meiner Hand, und wir rückten blutend näher aneinander, zerrten das Kruzifix Giottos von der Wand und legten es zu unseren nackten Füßen. Es soll unsere Füße waschen, bevor wir sterben. Draußen ging eine Nonne vorbei, öffnete quietschend eine Tür, schloß sie wieder und ging denselben Weg zurück, wir hockten da wie zwei an der Tür horchend sich aufstellende Ratten, bis ihre Schritte aushallten. Leicht wippte ihr violetter Schleier auf der Schulter. Das Fenster ist offen, das Radio spielt Discosound. Tropft der Wasserhahn? Das Skalpell klirrte auf dem Steinboden und wir weinten. Am nächsten Morgen sagte David, es ist gut, daß wir leben; großartig, wir leben, ich nickte und starrte dir, meinem siebenhundert Kilometer entfernten Vater, in die Augen.

Als du vor einigen Monaten auf deinem gekrümmten Rücken einen getreideschweren Jutesack zur Mühle trugst und ich sah, wie sich unter der Last die Furchen in deinem Gesicht vertieften, Adern anschwollen, traten mir Tränen in die Augen und verschleierten den Blick. Ich nahm mir für einige Augenblicke vor, was ich über dich geschrieben habe, zu zerstören, weil mir dein Leben, mein Vater, das zur Neige geht, wichtiger ist, aber ich kann meine Literatur nicht zerstören, weil ich mich dann an mein Kindsein anhängen und die Vaterautorität, die ich zerstört habe, wiedererschaffen würde.

Die Tiere haben dir mit ihrem Schlachtfleisch Geld gebracht. Man hat mich anziehen, mir zu essen geben müssen, blutarm war ich und meine Hände so schwach, daß ich kaum eine Mistgabel halten konnte. War ich mehr wert als eine Mistgabel, die wenigstens dazu dienlich war, den Kot der Tiere auf den Misthaufen zu werfen? Täppisch tasteten sich meine Kinderhände in den äußersten Winkel der Sitzecke, und die Äuglein glitzerten aus der armen Kinderhaut. Ich streckte die Arme nach einer toten Regenbogenforelle, die in der Waschschüssel lag. In dieser Waschschüssel, wo morgens die schwarzen Zöpfe der Mutter angefeuchtet wurden, wo das Schweinsblut gesammelt wurde, das die Magd mit ihren Fingerspitzen nach der Temperatur des Schweins abtastete, wo sich die Kinderhände vom Rest der Sandburgen befreiten, wo an den Rändern lange, schwarze Haare vom Mutterschopf hängenblieben, dort liegt jetzt die tote Regenbogenforelle. Nimm das Herz der Forelle aus dem Leib, Mutter, und setz es mit einem chirurgischen Liebesgriff deiner Mutterhände in meine Brust, laß mein Herz im kalten Gebirgswasser weiterschlagen, laß mich in dem wehenden Grasbüschel, das vom frischen, fließenden Wasser durcheinandergebracht wird, mich verstecken, laß mich dorthin kehren, die Tiere sind mir näher als die Menschen, du kannst mir Butterbrote in den Tümpel werfen, ich werde selbst noch als Fisch deine Mutterhände riechen, hab keine Angst, wenn ich manchmal an einem toten Frosch herumkaue, ich tue es dir zuliebe, Mutter, denn ich weiß, daß auch du als Kind Frösche getötet hast, laß mich gehen, wohin ich gehöre, sterben will ich nicht, leben kann ich nicht mehr als Mensch, aber als Tier, Mutter, als Tier. Oft habe ich zu dir gebetet, nicht zu Gott; wenn ich Gott anflehte, daß er dir helfen sollte, so war es nur aus Liebe zu mir selbst. Wenn du einmal deine Hände in den Teich hältst, werde ich, wenn ich auch im äußersten Winkel mit einem Grasbüschel oder mit einem in die Tiefe des Tümpels hängenden Zweig spielen sollte, wie ein grauer Blitz auf den fünfgliedrigen Auswuchs deines Armes zuschnellen und mich in deiner Handschale baden. Ich war doch ein *Nichtsnutz*. Oder nicht? Ich stehe mit wedelnder Schwanzflosse vor dir und fresse aus deiner Handschale meine Kindertränen. Als Tier bin ich wenigstens wert, von einem größeren Fisch gefressen zu werden, oder vielleicht komme ich auf den Karfreitagtisch, dann lieg ich wieder vor dir, vor dem Vater, vor meinen Brüdern und der Schwester. Du wirst das Mittagsgebet sprechen, und dann werde ich gegessen. Mein bestes Fleisch iß du, Mutter, wie die Magd immer das schlechteste bekommen hat. Dort, wo sonst ich immer sitze, lege den Abfall hin, auf einen Kinderteller bitte, die Gräte, mein blaues Herz, der Kopf, meine Lippen, die sich, die große Eßgabel vor Augen, zum Kuß spitzen, und die kleine ungenießbare Schwanzflosse leg auch noch dazu. Trag den Abfall zu deinem Nachttisch, leg meine toten Überreste zu deinen blutbeschmierten Wattebäuschen, die ich als Kind immer wieder in einer Lade fand oder unter dem Bett neben deiner Prunzkachel. Du hast der Magd immer das schlechtere Fleisch gegeben, dem Vater nie das beste. Das beste Stück haben meine Brüder, meine Schwester oder ich erhalten. Manchmal, wenn du unachtsam warst, habe ich der Magd ein schönes Stück zugeschoben. Sie hat mich dabei angelacht und ich sie auch. Manchmal beweinte meine Mutter die Schönheit ihres Leibes am Körper der Magd. Wenn sie sich gegenseitig beschimpften, sah meine Mutter verachtungswürdig auf den deformierten Körper der Magd, und die Magd blickte verachtungswürdig die Schönheit meiner Mutter an. Kinder liefen manchmal zwischen den beiden Körpern und trennten ihre Seelen. Stolz hob die Mutter ein Kind in die Höhe, und die Magd wandte sich ab, wie man sich von einem Kruzifix abwenden würde, auf dem kein Herrgott, sondern ein Teufel gekreuzigt ist. Das Kind hält den Kopf seiner Mutter fest und spielt mit den

Zöpfen. Die Magd steht am heißen Herd und wärmt die Suppe ihrer Kuhmilch auf, stellt die heiße Schale auf ein Heiligenbild und beginnt zu schlürfen. Ihre Füße pendeln einige Zentimeter über dem Holzboden. Aus ihrer Schürze zerrt sie ein abgegriffenes Gebetbuch. Ihre Augen schnellen mit der Geschwindigkeit einer Bleikugel im Rüttelautomaten hin und her, an manchen heiligen Stellen zucken sie wie elektrisiert und fahren nach oben, um den Satz nocheinmal zu lesen. Manchmal blickt die Magd auf, schaut den Jesuskindern, die zum Abendmahl um den Tisch hocken, in die Augen oder auf den schmatzenden Mund und verkriecht sich wieder wie ein sterbendes Tier, das auf die Letzte Ölung wartet, ins Gebetbuch. Unermüdlich kommt die Mutter aus der Speisekammer mit einfachen Gerichten, die in meiner Kinderfantasie oft so armselig waren, daß die Speisen selbst hungerten, wie sollten sie den Hunger der Kinder stillen. Verletzte sich ein Kind, ging die Mutter in die Speisekammer und weinte unter dem hängenden, geräucherten Fleisch der Tiere. Schlafend schreckt manchmal den Ackermann der Traum auf, den Kopf eines Stieres mit sich herumzutragen. Hebt den Kopf und sieht dabei die Mutter an, legt den Kopf wieder auf den stoffüberzogenen Strohballen und schläft mit den Krallen eines Hahns und den Hufen eines Pferdes ein, Hafer tröpfelt von seinen steinharten Lippen. Rinder sieht er von seiner Alm kommen, mit Blumen gekränzt, in der Mullbinde des gebrochenen Fußes eines Kalbes steckt eine absturz-gefährdete Edelweißblume. Das Gebetbuch fällt aus der Hand, die Lesezeichen der Heiligenbilder flattern auf die getrocknete Haut des Rindes, die zu Füßen des Bettes liegt. In den Träumen des Kindes treten nachts aus den Herrgottswinkeln der Zimmer die Heiligenfiguren auf.

Schlägt das Kind mit seinen Händen auf die Flanken eines Pferdes oder Kalbes, tauchen in der Nacht Hände auf, die auf die Sitrn des Kindes tippen, manchmal versuchen, die Hirnschale einzudrücken. Wenn das Kind schreiend erwacht, haben sich alle Heiligen zurück in die Askese ihrer Bilder verflüchtigt. Die Mutter steht am Bett und hebt das Kind in die Höhe. Das Kind streicht ihr verwirrtes Haar von der Stirn und setzt seine Lippen daran. Die Zunge will in ihr Gehirn stoßen, wie die Soldatenhand eine Lanze in Jesu Brustkorb sticht, Blut und Wasser treten aus dem Körper, während der Urin des Kindes die Mutterbrust näßt und die Mutter das Kind im Wohlgefühl der warmen Flüssigkeit stärker an ihre Brust drückt. Unter der Erschöpfung der Angst sinkt das Kind wie ein hängendes Bündel Heu, den Kopf über der Mutterschulter, in den Schlaf zurück. Die Zügel des Pferdes schnalzen, das Geschirr klirrt wie Eiszapfen, der Fuß des Ackermanns zuckt, seine Zunge hängt über die Unterlippe. Das Pferd zieht mit stampfenden Füßen unter sengender Sonne vorbei an den aufgeschütteten Erdhügeln, den eingezäunten Grasfeldern und freien Äckern den Heuwagen zum Heustadeltor hinein, bis zuletzt verfolgt von Mücken und Bremsen, die sich vom Eiter, der aus den Augen des Pferdes tritt, ernähren. Langsam wachsen aus dem Mund des Ackermanns gelbe Weizenähren, wieder reißt er seinen Oberkörper vom Bett hoch und blickt nach rechts, auf seine schwer atmende Frau. Mit einer Handbewegung zertrennt er einen Speichelfaden von seinem Mund zur Überdecke des Bettes. Ich erinnere mich, wie ich als Ministrant mit einem Messer aus der Sakristei und aus dem goldenen Kelch des Tabernakels Hostien stahl, mit einem Eßmesser viertelte ich sie und wunderte mich, warum aus dem

Corpus Christi kein Bluß floß. Ritzte ich mit demselben Messer in meine Hand, ließ ich die Tropfen meines Blutes auf die gestohlenen Hostien fallen. In der Küche wärmt die Mutter Erdäpfel und starrt unablässig auf die heiße, gleißende Oberfläche des Küchenherds. Der Leib Christi öffnet seinen Mund und spricht das Vaterunser. Der Ackermann geht mit dem Pflug seines Weges. Wie schwarze Nabelschnüre sehen die Schollen aus. An seinen Fußsohlen klebt saftige Erde, manchmal bäumt sich ein Regenwurm auf, wenn er mit seinen Fersen auf einen Stein tritt. Die Tiere im Stall schlagen mit ihren Schwänzen nach den Mücken und Fliegen. Ohne Unterlaß stieben die Schwalben aus dem Stalltor, umzüngeln den Hof, bis eine Mücke am Speichel hängenbleibt, und stieben wieder zum Stalltor hinein, auf ein Nest zu. Die Hostie schwitzt Blut. Sie geht auf den Golgathahügel. Sie wird ein Lamm schlachten. Der Hund rasselt mit seiner Kette, Katzen miauen, setzen über den leeren Hof, mit der Geschwindigkeit ihrer Angst stieben Hühner auseinander, während das Kind am Zipfel der Mutterschürze auf Schritt und Tritt folgt, in die Sauküche, die Rumpelkammer, den Stall, auf den Heuboden. Vor der Klotür wartete es und schrie aus Angst, daß die Mutter ins finstere Loch fallen könnte, wälzte sich am Boden, krallte seine Händchen in die Erde, manchmal in den Kot der Tiere. Hörte es das Rascheln der *Volkszeitung*, hob es das Köpfchen und blickte erwartungsvoll auf die Klotür. Mit rosigem Gesicht kam sie aus der ranzenden Tür und entfernte Speichel und Tränen aus dem Mund, aus den Augen des Kindes. Auf dem Misthaufen, auf dem die gelben Füße geschlachteter Hühner lagen, auf dem Igel verendeten, auf dem die verstorbenen, aber neugeborenen Ferkel von den Menschenhänden meiner Mutter geworfen wurden, dort wollte ich manchmal liegen, ausgestreckt, mit halboffenem Mund, damit mich die Hühner, der Hahn, die Kälber und Milchkühe, der Hund, die Pferde und über meine Stirn fliegende Schwalben, die aufsitzenden Spatzen, die nach meinen Augen pickten, bewundern könnten. Die Augen des toten Hahns starrten in die Augen des Kindes. Freute es sich über den Tod der Großmutter, beweinte es den Tod jedes Tieres. Die Füße des toten Hahns lagen zu Füßen meiner Mutter, die lebte. Eine blutverschmierte Waschschüssel, mit rauchendem, heißem Wasser gefüllt, stand auf einer Holzkiste im Stall. Die Mutter tauchte den halbierten Leib des Hahns in die Wasserbrühe, schnelle Blutfäden schlängelten sich am Hals entlang. Sie wich einen Schritt erschrocken aus, als sie fast auf den Kopf des Hahns, der in ihr weiterlebte, getreten wäre. Dann hob sie ihn auf und warf ihn mit dem Schleudergriff eines Diskuswerfers auf den Mist. Katzen und Hühner eilten herbei und betrachteten den geöffneten Schnabel. Kein Laut, nichts, die Tiere umsäumten den Kopf, traten vom einen Fuß auf den anderen, fraßen ringsum die Fleischstücke aus dem Kot und pickten schließlich dem Hahn die Augen aus, saugten am bluttropfenden Hals und hoben wie beim Wassertrinken ihren Kopf, Gott zum Dank, in die Höhe. Das Kind hielt sich an den geschwollenen Füßen der Mutter, löste manchmal das Strumpfband spitzbübisch, die Mutter schloß es wieder. Beide trotteten in die Waschküche, wo der Körper des Hahns mit flinken Messerschnitten auseinander genommen wurde, von seinen Eingeweiden befreit, die unter die heißen Erdäpfel, den Fraß der Schweine geleert wurden. Die Magd ging mit einer Heugabel vom Hauseingangstor her den Flur entlang, sah die Mutter mit schrägem Blick an, ging zur

Hintertür hinaus, über den Hof, vorbei am Kopf des geschlachteten Hahns, der noch auf dem Misthaufen lag, und zur Stalltür hinein, umkreiste ihre Milchkühe und Rinder, Pferde und Schweine, hockenden Hühner, ihre Stiere und Ochsen, die kleinen Kälber, die mit ihren Zungen ihr auf die Hände schlugen. Sie kraulte mit ihren Fingern an den Stirnen der Ochsen und Stiere, wie der Priester für den Blasiussegen mit aschebetupfter Fingerspitze die Stirnen seiner Gläubiger berührt, sie stellte die Heugabel in eine Stallecke und blickte sich zum Pferd um, das mit seinen Hufen an die bröckelnde Mauer schlug. Das unruhige Fohlen hockte manchmal unter dem Bauch der Pferdemutter oder hob links oder rechts seinen Kopf, die Mähne fiel ihm dabei auseinander. Soll der Ackermann zur Magd hinaus in den Stall gehen und ihr zusehen, wie sie vor dem sterbenden Kalb mit Gebeten hockt und auf den Tod der Mutter hofft, sie wird ihm ins Gesicht lachen, das Gebetbuch wird ihr zu Boden fallen, und das Kalb wird nicht mehr todkrank sein. Die Beschwörungsformeln der Gebete haben ihr nicht geholfen. Meine Mutter ist zwanzig Jahre jünger als mein Vater, die Magd hat das Alter des Vaters und wäre für sie, die Kinder werden nicht gefragt, der beste Mutterersatz, und alle Tiere, die im Stall mutterlos leben, hätten nicht nur eine Magd zur Mutter, sondern auch die Mutter von sechs Kindern. Der Ackermann steht auf und geht zur Magd in den Stall. Die Mutter schaut nach den schlafenden Kindern. Der Atem ist regelmäßig, das Zimmer dunkel. Die Gedanken der Magd unterstützten das Herzleiden der Mutter. Der Ackermann steht vor ihr, und sie läßt das Gebetsbuch fallen, lacht, und das Tier gesundet für den Augenblick ihrer Freude, aber der Vater blickt sorgenvoll auf das Tier. Ein kinderhandgroßes Fieberthermometer liegt im Stroh, der Vater greift danach und hält es dem Tier unter den Schwanzansatz. Das Quecksilber steigt, die anderen Tiere werden unruhig, die Magd nimmt wieder ihr Gebetsbuch aus der Schürze, wie sie den Kindern Bonbons vor die Nase hält, weil auch sie geliebt werden will, denn die Süßigkeiten am Hof sind rar, und liest weiter. Oft habe ich aus ihrem Zimmer Süßigkeiten gestohlen, waren sie blättrig, wußte ich, daß ich sie in einer Seite des Gebetsbuches finden konnte, und meine Sünde sühnte ich ab, indem ich die beiden Seiten las, zwischen denen der Keks gelegen hatte. Während die Kekse zwischen meinen Zähnen knisterten, wanderten die Augen die Zeilen ab. Die Sonne geht auf, und der Ackermann erhebt sich, er dreht sich zur schlafenden Mutter und klopft ihr auf die Schulter. Das Kruzifix ist wach geblieben und frühstückt Hostien, während der Ackermann seinen bettwarmen Fuß auf den Holzboden setzt. Unter dem Kruzifix stehen eine Vase frisch geschnittener Blumen und das Bild des Vaters meiner Mutter. Ich war dem Kruzifix neidig, denn nie hat meine Mutter einen Strauß Blumen auf meinen Nachttisch gestellt. Andererseits kann ich froh sein, daß sie nicht während einer Krankheit mit einem Strauß Blumen an mein Bett gekommen ist, vielleicht hätte ich diesen Strauß als Totenblumen verkannt, ich hätte zwei Tage und zwei Nächte geweint. Draußen im Stall ist die Magd zu Füßen des todkranken Kalbes in den Schlaf gesunken. Das Gebetsbuch liegt zu ihren Füßen, der Ackermann wird sie wachrütteln. Sie überhört jeden Hahnenschrei, denn sie ist taub. Mutter, du erinnerst dich, als meine Tante starb, kam ich mittags von der Handelsschule aus Villach. Ich wußte noch nichts von ihrem Tod. Triumphierend deutetest du auf meine schulterlangen Haare. *Haare schneiden!* Warum? *Leichgehen!* Wer? Wer ist gestorben? *Deine Gote.* Warum sagtest du mir nicht gleich, daß Gote gestorben ist? Warum haßtest auch du meine schulterlangen Haare? Sollte mich der Tod der Tante dazu bringen, daß ich frisch frisiert und gestriegelt im Corpus des Leichenbegängnisses mitmarschierte, mit geschorenem Kopf wie ein Sträfling ihres Todes? Aber weder der Tod der Tante noch euer Wille wird mich dazu bringen. Ich lasse meine Haare weiter wachsen und fahre nach Villach zur Schule. Ich werde Jeans beim Leichenbegängnis tragen. Ich kleide mich, wie ich will, und trage Haare schulterlang wie John Lennon oder Ringo Starr, nicht kurz und glattgeschoren wie der Vater oder der Bruder, der ihm auf Schritt und Tritt folgt. Es muß eine Lust am Tod meiner Tante gewesen sein, daß ich es wagte, meine Mutter, die ich doch sehr liebte, anzuschreien. Die Zeiten sind vorbei, Mutter, wo man mir sagt, wer ich bin und was ich tue. Immer noch schreiend, warf ich Messer und Gabel klirrend auf den Teller und verließ das Mittagessen. Bevor die Tante starb, sagte sie einmal, als ich sie besuchte und am Tisch mehr oder weniger verlegen Zeitung las und mit Kuchen herumbröselte, da ich bereits ihren Totengeruch einzuatmen glaubte: *Seppl, wirst du wohl zu meiner Leich gehen, wirst du wohl hinter meiner Leich hergehen.* Ich sagte nicht ja, ich sagte nicht nein, ich nickte mit dem Kopf und blickte auf die schwarzen, vor meinen Augen flimmernden Buchstaben. Ich sah, wie sich die Seele der Mutter nach meiner Verteidigungsrede zu einem Knäuel wand und als kleine harte Kugel zu Boden fiel. Wir haben wieder eine Tote, großartig, zwar nicht im eigenen Haus, aber ein paar Häuser weiter, aufstehen, Vater, die Pferde frisieren, die Locken an den stahlharten Schädeln der Ochsen kürzen, gestorben ist wieder jemand, ihr Kinder, euer Lebensraum wird größer, nützt ihn aus.

Mutter, warum muß ich dich und meinen Vater immer wieder ansprechen? Warum kann ich nicht erzählen wie jeder andere, beschreiben wie jeder andere beschreibt? Als wollte ich einen Brief in Romanform schreiben, aber es sind keine Briefe, die ich schreibe, keine Romane, keine Erzählungen, Gedichte oder Sprechstücke, es ist die Sprache, die während meiner Kindheit abgewürgt und stumm gemacht worden ist. Diese unterdrückte Sprache ist aufgebrochen, wie sie abgewürgt wurde, mit derselben Kraft, der Liebe und des Hasses. Alles, was ich beschreibe, wird neu. Manchmal lache ich, manchmal weine ich, manchmal gehe ich, entrüstet über den Vater, oder über mich selber, von der Maschine weg, schlage eine Tür zu, öffne sie wieder und setze mich hin und sage, was gesagt werden muß. In der Stadt laufe ich Kindern nach und sitze stundenlang in den Sandkisten der Kinderspielplätze, um mehr über mich zu erfahren. Die beiden Haustore meines Elternhauses sind offen, und durch den Flur läuft das Kind, das ich war, noch immer auf einen Hahn zu. Der Kopf des Hahns schreckt zurück, die Kinnlappen pendeln, er wird sich mit dem Gekrächze der Angst zur Hintertür hinausschleichen, vorbei an einer grauen Katze, an einer Hausratte vorbei, die ihren schwarzen dünnen Schwanz wie einen zusammengedrehten Trauerschleier nachschleppt, vorbei an dem Zimmer des Knechts, aus dem es nach Zigaretten, Stroh und Alkohol riecht, vorbei am plätschernden Wasser, das die Magd in einem Schwung aus dem Bottich stürzt. Die Magd zieht ihre Augenbrauen hoch. Sie blickt aus dem Fenster und sieht schemenhaft den zuckenden Kopf des

Hahns, wie er sich zum Misthaufen vorarbeitet, langsam, fast maulwurfhaft. Alle Kindheitserinnerungen sind Vorboten meines Todes.

Die Mutter meiner Mutter ist jung gestorben, und meine Mutter glaubte, daß auch sie ihrer Mutter folgen, *nachkraten* würde, wie sie es immer wieder sagte, wenn die blanke Glühbirne über den Milchgläsern hing und in der goldfarbenen Polenta schimmerte. Sie erzählte von ihrem Leben immer als Verstorbene, nie als Lebende. Ich war zehn Jahre alt, als mein kleinster Bruder auf die Welt kam. *Soll er Kindermädchen spielen, wenn er schon nicht arbeiten kann, wenn er zu schwach ist . . . Das Blut fehlt ihm.* Ich war das schwächste Kind und in den Augen des Vaters der personifizierte Tod der Mutter, das Kind, das sich immer wieder an ihre Füße und an ihren Schoß klammerte. Während eines Mittagessens sagte er zur kranken Mutter: *Du siehst schon gleich aus wie der da drüben.* Wenn du, mein Vater, auf dem Rücken im Sarg liegst, werde ich in der Ecke deiner Totenkammer einen schwarzen, an deinem Leichengeruch verstorbenen Käfer suchen und ihn auf den Rücken legen, ich werde dem Käfer die vier Beine zum Gebet falten und ihn in einer Zündholzschachtel aufbahren. Ich werde nach einer Stunde das Totenzimmer wieder betreten, auf den Käfer zugehen und ihm ins Gesicht sagen: Du siehst schon gleich aus wie der da drüben. Vater, mein Henkertod wird sich, wenn nicht äußerlich mit einem Kalbstrick, so innerlich durch einen Lymphknoten vollziehen. Oder werde ich zwei, drei Zentimeter über dem Erdboden in die Fußstapfen von Jakob und Robert treten? Weißt du noch, wie du mir eine Mistgabel in die Hand drücktest und mich zwangst, die Spitzen in das Heu zu treiben und die Fuhre in das Maul einer Michkuh, die uns abends den Magen erwärmte, zu werfen, du weißt wohl nicht, daß ich, während ich mit meinen kindlichen Händen die kotbehangene Mistgabel ins Heu drückte, in deinen Eingeweiden herumfuhrwerkte. Im selben Zimmer, in dem ich geboren worden bin, wirst du sterben, denk dran, wir werden dir Weizenähren hinter die Ohrlappen stecken und mit einer Erntedankkrone dein Haupt würdigen. Wenn ich heute meiner Mutter beim Zöpfen ihrer Haare zusehe, sehe ich die flechtenden Hände meiner Kindheit, die eine Erntedankkrone herrichten. Der eine Zopf liegt genau über dem anderen. Stell dir vor, dein schütteres Haar wird mit einem Mutterzopf ergänzt, der wie bei einem Utah-Indianer auf deinem Totenpolster liegt. In den Karl-May-Büchern sah ich dich oft genug sterben und wieder aufleben. Dort sah ich dich unter den Bösewichten, die ich mit Winnetou und Old Shatterhand gemeinsam bekämpfte. Ja, ich habe mich vor dir verbeugt, ich habe mich für jeden Schlag bedankt, wie du es wolltest, und wenn ich zu wenig Schläge bekam, hast du mich gezwungen, vor den Gekreuzigten zu treten und meine Hände zu falten. Vierzehn Jahre war ich alt, als ich die Handelsschule besuchte und für gute Noten betete, aber dennoch schlechte bekam. Da hörte ich zu beten auf. Die Literatur hat die Bibel abgelöst, Peter Weiss, Wolfgang Borchert, Saint-Exupéry, Ernest Hemingway. Du hast mich hinaus aufs Feld getrieben, störrisch habe ich mich nach hinten gedreht, aber deine Hand, die jede meiner Seelenbewegungen im Griff hatte, drehte meinen Kopf langsam wieder nach vorn, wie man eine Puppe einrichten, mit einem Schlüssel aufziehen und im Sonnenblumenfeld spazieren lassen kann. Manchmal mußte ich vor den Tieren gehen, sozusagen als Kreuzträger, der eine trauernde Tierherde anführte. Manchmal drängte mich deine Hand zwischen die Rinder, dort fühlte ich mich wohl, und du sahst mich wahrscheinlich gern zwischen denen, die dir Geld brachten, ich war ein Tier, das den Körper eines Menschen mit sich herumschleppte. Zwischen den Rindern gehend atmete ich die Luft aus ihren Nüstern ein. Menschenatem war meiner nicht würdig. Streichelte ich die Flanken eines Kalbes, war mir manchmal, als fahre meine Hand über die höckrige Wirbelsäule eines Menschen. Eingekreist von den zuckenden Hahnenköpfen, dem Kruzifix an der Stallmauer, dem dampfenden Mist- und dem knirschenden Sandhaufen, dem Grabstein deiner Verwandten, der noch heute verkehrt an der Rückseite des Hauses lehnt, der Tür des Klosetts und dem Eingang deiner Mühle standen wir wie Sträflinge im Hof, hier schlugst du mich, und ich fiel zu Boden, erhob mich wieder, hatte den gestreiften Schlafanzug am Leib, die Nummer vier, das viertgeborene Kind, ich wollte liegen bleiben, aber du zerrtest mich hoch, hattest vielleicht Angst, daß ich sterbe, ich spürte den faulen Atem deines Mundes an meiner Nase, hielt deine Seele zerknüllt in meinen Kinderfäusten, die eine sonnenwarme matschige Birne hätte zerdrücken können, aber deine Faust war in der Lage, einen Knochen zu teilen, einen Menschen vom Tier zu trennen, mich von dir. Mir gehörte nichts, nicht einmal mein eigenes Leben, du hattest jeden Brotgroschen in der Hand, auch meinen mageren und weißen Kindeskörper. Du hast meiner Mutter ein Kind geschenkt und mir das Leben, daß ich nicht lache, Vater. Wenn du tot bist, werden wir, mein kleinster Bruder und ich, an den Sarg herangehen, deine Prothese aus dem Oberkiefer nehmen und, die Zacken nach oben, auf dein Haupt stellen, dich krönen, Vater, das Zepter deiner Mistgabel in die rechte Hand, dir den Rosenkranz entreißen, raus mit dem Kruzifix, den Gekreuzigten runterlösen und das Embryo, das ich war, kreuzigen, und rauf damit und auf deine Brust gelegt, mein Vater, die wenig behaart ist. Zwei Ferkel an deiner Brust, so sollst du unter der Erntekrone auf einem Thron hocken, die Füße übereinandergeschlagen, dein Blick traumverloren. Wenn du dann am Karsamstag auferstehen solltest, werden wir dich an ein ausgehobenes Grab führen, werden dir zeigen, wo du gelegen hast. Das weiße Leichentuch werden wir mit dem Ewigen Licht verbrennen. Einmal als Kind wollte ich mich wegen meiner Fantasien umbringen. Wer sagt denn dem Kind, daß die Füße des Tisches die ganze Nacht über auf dem Küchenboden stehenbleiben und nicht mit ausschreitenden Beinen den Wald roden, aus dessen Holz sie geschnitzt sind? Wer sagt ihm, daß Jesus mit seinen Jüngern nicht aus dem Heiligenbild steigend am Tisch Platz nehmen und das Abendmahl einnehmen wird, während das Kind schläft. Niemandem wagte ich meine Fantasien anzuvertrauen, niemand konnte mir Antwort geben. Wo ist der Priester mit seinem Karfreitagsmahl, das dem ganzen Hof aufgetischt wird? Die Tiere des Hofes verwandeln sich zu Menschen und nehmen das Abendmahl ein. Die Kälber strecken ihre Zungen heraus und falten ihre Füße zum Gebet und beten den Gott der Tiere an, der der Gott der Menschen ist. Die Mutter hockt unter dem Flügel einer Schwalbe und weint. Schwarze und durchsichtige Tränen rinnen hervor und fallen auf die roten Füßchen der Schwalbe, die hin und wieder zwitschert, in den Rhombus ihres roten Mundes schauen läßt. Die Stalltiere heben die Köpfe, kamelartig kniet das schwarze Zugpferd nieder und betet in den Augen des Kindes die Schwalbe an. Aus dem Euter der Kuh tröpfelt Milch zu einer Rosenkranzkette hervor. Die Magd blättert laut in ihrem Gebetsbuch. Die Füße hochhebend geht ein Pfau wie ein Clown, der die Bewegungen eines Balletttänzers karikiert, über den Stallboden. Ich ließ meine Fantasie, die mir Freude und Angst machte, spielen, wie ich wollte, bis ich ihr Werkzeug wurde. Vor dem offenen Bauch eines Kalbes wirst du stehen, mein Vater, und dem Kind, das ich war, nocheinmal sagen, daß es achtgeben soll, damit sich die Katzen nicht ans Fleisch heranmachen. Lange starrte ich in den roten, ausgehöhlten Körper des Kalbes. Ich hätte einen warmen Sarg, wenn ich mich in seinen Rumpf legen würde, könnte essen und trinken, wenn mich Hunger und Durst plagen. Wie eine blutige Hand-schale sieht es aus, an den Rippen könnte ich mich hochturnen, das Herz herausreißen, wie man, den Stamm des Maibaumes zwischen den Beinen, nach einer Weinfla-sche langt. War ich auf der Toilette, schaute ich manchmal nach, ob es vielleicht dein Glied war, das ich aus dem Körper schied. Gerne sah ich zu, wenn du eine Milchkuh oder ein störrisches Kalb schlugst. Ich sah keine Tränen über die Wangen des Tieres rinnen, sah aber, daß sich mit jedem deiner Schläge die Augäpfel und Pupillen des Tieres für einen Moment vergrößerten, schnell wieder zusammenschrumpften, wieder größer wurden. Wenn ich dich vom Feld kommen sah, senkte ich mein Haupt in Ehrfurcht, da ich wußte, daß du unser tägliches Brot, verkörpert in einer Weizenähre, nach Hause trugst. Mein kleiner Bruder ist noch immer dein Sklave, der genau weiß, daß er nur auf deine Schuhe und nie in deine Augen schauen darf. Mit geschlossenen Augen schiebt er das Butterbrot zwischen die Lippen. Draußen surren immer noch die Dreschmaschinen, Traktoren fahren am

Küchenfenster vorbei, Jesus beugt sich vom Herrgottswinkel runter und schaut dem Traktorlenker ins Gesicht. Der kleine Bruder hat die tote Katze beweint, und du hast ihn ausgelacht. Du hast das tote Pferd beweint, und wir haben gelacht. Die Katze war bereits starr, als sie der Bruder aus der warmen Holzkiste hob und, so wie ich ihn, als er ein Baby war, an meine Brust drückte, zur Tür hinaustrug. Er begrub sie unter einem blühenden Apfelbaum. Meine Schuhe, mein Vater, die du mir kauftest, sind aus Schweinsleder, und ich füttere ein Schwein mit heißen Erdäpfeln, aber ich verstecke meine Schuhe vor dem Tier. Es kann sein, daß es die Haut seines Bruders riecht und mir mit der Lasche seiner Zunge die Füße wäscht. Weil du mich gezeugt hast, mein Vater, kannst du mich jederzeit lieben und töten. Ich gebe dir das Messer, die Sense, die Mistgabel, den Flügel des Pfluges, ich gebe dir meine Lippen für den Todeskuß, meine Hände geb ich dir, die dein Messer, deine Sense oder deine Mistgabel halten, damit du mich durch meine Hand töten kannst, bück dich nach mir und schaufle ein Grab aus, bück dich wie sich der Olympiasieger bückt, um die Trophäe zu empfangen, Hostien in Gold, Silber und Bronze. Die Sommerolympiade der Heiligengestalten. Zu Ostern weiß der Priester, was er zu predigen hat. Die Kinder laufen auf den Friedhof, hocken hinter einem Grabstein und warten auf die bilderreiche Auferstehung der Toten, dein Vater ist auch dabei, deine Mutter und deine Schwester, der ich Patenkind war. Sie trug um ihren Hals das silberne Band eines Hundes, der mit ihren Zähnen in meiner nächsten Nähe das harte Brot zerbiß. Sie hat mich zu Ostern eingekleidet, eine neue Hose, eine neue Unterhose, ein Hemd und Schuhe aus Schweins- oder Kalbsleder. Sie sagte immer, aus welchem Material die

Schuhe bestanden. Was blieb mir, mein Vater, als hinaus in den Stall zu gehen und den Brüdern und Schwestern der Tiere, die um meinetwegen ihr Leben lassen mußten, in die Augen zu blicken. Siehst du, ich trage die Haut deines Bruders an meinen Füßen, sonst wären sie nackt, Bienen würden mich stechen, Glasscherben könnten in die nackte Fußsohle dringen. Küß meine Füße, Tante, küß sie. Du gabst, mein Vater, deiner Schwester die Hand und sagtest *danke* zu ihr, sahst ihr in die Augen. Wenn du ihr als junger Bauer befohlen hast, die Speckbrote herzurichten und auf den Tisch zu legen und den gegorenen Most zu holen, hast du sie nicht angesehen. Auf der anderen Seite des Tisches saß sie, und du blicktest spöttisch durch die gelbgrüne Flüssigkeit des Mostes auf ihre verzerrten Gesichtszüge. Breitbeinig stand der Ackermann in der Küche und kaute Speck und Brot. Ich schlüpfte in die Kleider, die mir die Tante im Zeichen der Kreuzigung und Auferstehung geschenkt hatte. Die Hose flatterte wie die Flügel eines Schmetterlings. Warum hast du meine Magerkeit beschimpft, mein Vater, *dürres Krüppel, du*? Darf ich das Geldstück, das mir die Tante in den Guglhupf gesteckt hat, herausnehmen? Nein, später, wenn niemand mehr im Zimmer ist, werde ich diebisch und leise nach dem greifen, das mir geschenkt worden ist. Ich werde den Zehnschillingtaler der klaffenden Wunde des Gekreuzigten im Herrgottswinkel opfern. Hattest du dein abendliches Zeitunglesen beendet, schlich ich mich zur Tür hinaus, ich hatte Angst, daß du dich auf mich konzentrieren könntest. *Straßenkehrer wirst du werden,* später sagtest du einmal, *Bettelstudent,* aber wer nicht arbeitet, soll trotzdem essen. Das Sonnenblumenfeld blüht, und das ist schön. Das Getreide reift, und das ist schön. War ich dein *elender Hund,* lief

ich zur Haustür hinaus und suchte nach einer Hunds-
hütte, um in aller Ruhe schlafen und fressen zu können.
Du sollst den Hund des Nachbarn schlagen, während ich
in der Hundehütte meine Hände streichle, mich zu lieben
beginne, auf den Kirschbaum blicke und das Spinnennetz
in einer Astgabel fixiere. In den Stall werde ich gehen,
dort kann ich unter dem Bauch einer Milchkuh liegen,
meinen Mund öffnen und aus dem hängenden Turm einer
Milchzitze mit dem Saugnapf meiner Lippen die Muttermilch des Tieres in meine Speiseröhre ziehen, meine
weißen Lieblingspferde galoppieren die Milchstraße meiner Speiseröhre entlang. Laßt mich wenigstens zu eurem
Tier werden. Das Herz meiner Mutter will ich sein, weil
es krank ist und bald tot sein wird. Die rechte Hand des
Vaters will ich sein, die mich tötet. Vater, wir wollen
unseren Todeskampf gemeinsam austragen. Bereits als
Kind, mein Vater, habe ich das Familiengrab der Familie
Winkler vulgo Enz verachtet. In dieses Grab, sagte ich
der Mutter, will ich nicht hinein. In diesem Grab habe ich
nichts verloren. Verschlossen blickte die Mutter vor sich
hin. Du wirst sehen, Mutter, ich werde der erste Tote in
unserer Familie sein, nicht du. Einmal faltete ich vor
meiner Mutter die Hände und schenkte ihr in aller
Heimlichkeit ein Gebet, erschrak und drehte meinen
Kopf nach hinten, aus Angst, daß du, Vater, mir die
Hände auseinanderreißen könntest. Daß meine Mutter
kein Kind mehr auf die Welt bringen kann, erfüllt mich
mit großer Genugtuung. *Mein Vater würde sich im Grab
umdrehen*, hast du öfter gesagt. Wenn dein Hof einmal
ein glattgebügeltes Fußballfeld oder ein einziger Obstgarten sein wird, werde ich sagen, mein Vater würde sich im
Grab umdrehen, wenn er wüßte, was mit seinem Hof
passiert ist. Eidechsen und Ringelnattern, Kreuzottern

werden über die Fußspuren kriechen, die deinen Hof geprägt haben. Ich höre den Herzschlag einer Kreuzotter, mein Vater, er ist lieblich. Du hast sechs Kinder gezeugt, und jedes deiner Kinder war eine Arbeitskraft, die die Tiere fütterte und den Hof besorgte. Du hättest mit ruhigem Gewissen sterben können. Wie viele Kinder haben Kinder gezeugt, um sich von ihren Eltern entbinden zu können. Erinnere dich, mein Vater, als ich siebzehn Jahre alt war und mit meinem Bruder im Schlafzimmer deiner Eltern einen Hahnenkampf austrug, er schlug mich und ich ihn, bist du unter den Hilferufen deines ältesten Sohnes herbeigeeilt und wolltest mich schlagen, nicht meinen jüngeren Bruder, nur ich konnte schuld sein. Es waren die letzten Schläge, die du mir gegeben hast, denn meine Worte, *schlag nur, schlag zu, ich spüre nichts mehr,* haben dich so erschreckt, daß mein Bruder und ich mit offenem Mund das Zusammenknicken deiner Seele in deinen Gesichtsfalten betrachten konnten. Beinahe hätte ich dich umarmt und hätte gesagt, nein, mein Vater, du bist noch stark genug für die Tiere, aber deine Kraft für die Kinder ist verfallen. Mit der Gewalt unseres Streites haben wir eine Tischplatte des großelterlichen Schlafzimmers zerbrochen, auf der der Arzt die Totenscheine für deine Eltern ausfüllte und auf der mehr als ein Jahrzehnt der Christbaum stand. Warst du deshalb so wütend, weil mein Bruder und ich dieses Erbe geschändet hatten? Einmal sah ich, wie du ein Tier unter Tränen schlugst. Ach, Vater, hättest du mich einmal unter Tränen geschlagen, aber du hast nie geweint, wenn du mich schlugst. Der Tod deines Vaters war eines deiner schwersten Unglücke. Der Tod deiner Mutter hatte nicht mehr dieses Gewicht. Wir standen vor ihren schwarzen Totensocken und weinten gemeinsam, Hand in Hand. Ich war glücklich über ihren Tod. Ich weinte aus Glück, dich, meinen Vater, einmal weinen zu sehen. Meine Seele hatte die feingesponnene Zartheit eines Spinnennetzes, das Tiere tötet, Schwalben, Frösche, Käfer und Fliegen. Als deine groben Hände nach mir faßten, warf ich die Netzhaut meiner Augen über den Körper eines Frosches und hockte blindwütig, aus meinem Kindermund blutend, über dem Frosch. Solange du lebst, mein Vater, verzichte ich auf meine Männlichkeit. Oder sollte dich mein Kind töten? Aus meinem kindlichen Totenpolster wachsen mit der Geschwindigkeit des Todes die Weizenähren und produzieren das Brot, das mir die fütternde Vaterhand noch ins Maul schiebt. *Machs Maul auf.* Das Brot, das du mir mit der Kraft deiner Arbeit gegeben hast, speie ich wieder heraus. Dort stehen die Brotlaibe, die ich verschlungen habe, in der von dir gewollten militärischen Ordnung. Deine Schwestern haben den Sarg deines Vaters umstanden und haben an seinen Händen geschüttelt, als wollten sie ihn aufwecken, *Vota, Vota, Vota.* Vota sagen wir Kinder zu dir. Werde ich vor deiner Bahre stehen und Vota, Vota rufen? Wie lange haben es deine Tiere bei dir ausgehalten? Wie alt sind sie geworden? Wie alt ist das Tier in dir? Wenn du, mein Vater, sterben wirst, wird man mich mit vier Zugpferden von deinen Lippen wegziehen müssen, jeder wird nach deinem Tod sehen können, daß ich stärker als vier Zugpferde geworden bin. Die Pferde ziehen mit nickendem Kopf den Pflug, die Erdschollen wälzen sich und begraben das üppige Gras, das an ihrer Oberfläche wuchs. Du wirst mit nickendem Kopf meinen Kindersarg an deiner Nabelschnur die Dorfstraße langziehen, zum Friedhof hinunter, wo der Totengräber wie der Pflug die Erde umwälzt. Wollte ich nicht einmal, mein Vater, in der

Kirche Jesus den Lendenschurz von seinen Hüften reißen, als ich rotgekleidet vor ihm stand? Ich wollte sein Geschlecht sehen, ich wollte wissen, ob Jesus denselben fleischlichen Auswuchs zwischen seinen Beinen trägt wie ich. Dein Geschlecht habe ich nie gesehen, mein Vater. Wäre ich zu Tode erschrocken wieder zum Samenkorn geworden, aus dem ich wuchs, wenn ich dein Geschlecht gesehen hätte? Einmal bin ich mit zerrissenen Schuhen in die Kirche gegangen und vor dem Allerheiligsten gestanden. Am Dorfweg hast du zischend *du Lumpensammler* zu mir gesagt, weil du mir keine neuen Schuhe gekauft hast. Sagtest du, *ich schlage dir das Kreuz ab,* schaute ich stolz in den Herrgottswinkel zum Kruzifix hinauf. Wäre doch schön gewesen, Vater, wenn du die Wunden der Soldaten, die du im Krieg getötet hast, wieder gesundgeleckt hättest. Unter Lebensgefahr hättest du ins feindliche Lager schleichen müssen. Wäre doch schön gewesen, wenn du damals nach dem Fahrradunfall mit meinem Bruder meine Wunde gesundgeleckt hättest, wäre schön gewesen, wenn du uns nicht geschlagen, wenn du das Blut, das über meinen Unterschenkel rann, mit deinen Lippen gestillt hättest. Wie viele bösartige Blicke hast du eigentlich in dir, mehr als um tausend Kinderseelen abends nach der Stallarbeit in den Strohsarg zu legen und morgens mit Gewalt wieder rauszuholen? Und dazu natürlich Gebete zu sprechen, den Kopf in die Himmelsrichtung des Kruzifix zu drehen und *für den schönen Tag zu danken, für eine schöne Nacht zu bitten,* so sagtest du doch weihnachts unter dem Christbaum mit gefalteten Händen, oder nicht? Sah ich nicht gestern in einem Antiquitätengeschäft eine Hitlerbüste? Soll ich sie kaufen? Dem Antiquitätenhändler Menschenblut statt Geld geben? Darf ich sie dir schicken, mein Vater? Verpackt wie eine Bonbonniere? Sah ich im selben Schaufenster nicht einen ausgestopften Leoparden, der sich über ein schwaches Tier beugt und Blut aus den Fleischfetzen saugt? Die Hitlerbüste stand daneben, ich davor und du dahinter, mein Vater. Mit auseinandergebreiteten Händen im Bett wartete ich, bis mir das Kruzifix auf den Rücken wüchse. Immer noch blickte der Gekreuzigte auf meinen feuchten Schoß. Er hatte alles gesehen. Blutgierige, violette Engel standen um mich, während ich mein steifes Kindergeschlecht in den Händen hielt. Der Gekreuzigte wird mich strafen, er wird *Knittel schmeißen*. Im Streit sagte ich einmal zu meinem jüngeren Bruder, *ich erschlag dich*. Der Vater saß am Tisch, hob langsam den Kopf von den Zeitungsflügeln und starrte mich mit seinen von den Krankenkassegläsern vergrößerten Augen an. Ich erschrak und suchte nach einer kleinen Wunde an meinem Körper. Sein Blick war verletzend. Mit der anderen Hand streichelte ich meinen Bruder, den ich beschimpft hatte. Er duldete es nicht und stieß meine Hand zurück. Nur du, mein Vater, durftest meinen Bruder oder mich schlagen. Wenn ich dich töte, bist du in meiner Schuld. Manchmal schlug ein Tier meinen Fuß wund, dann kam die Mutter und verband mit einer Mullbinde die Wunde, dann kamst du, Vater, und schriest mit mir, *paß besser auf*. Liegt der kleine Bruder wie kürzlich mit einem Bänderriß im Krankenhaus, löst du die Fahrkarte in die Stadt und besuchst ihn, *sei vorsichtiger, paß besser auf*. Vater, bis aufs Blut hast du uns geliebt. Manchmal lebtest du für mich nicht, dann konntest du auch nicht sterben. Einmal kam ein Zigeunerjunge, der um einen Becher Milch und Weizenbrot bettelte. Wie ein stolzer König, der den Bettlern die abgenagten Knochen vorwirft, gabst du ihm zu essen und schautest lange und durchdringend in seine Augen, während der Junge von seinen Streifzügen und vom Leben im Planwagen erzählte. Ob du mich im Jungen, der die Straße hochging und aus deinem Leben verschwand, liebgewonnen hast? Es könnte sein, daß dich manchmal nicht der liebende Blick meines Alters, sondern mein ängstlicher Kinderblick streift, nicht um dich zu erschrecken, nein, um dir die Liebe zurückzugeben, die ich als Kind gebraucht hätte. Während meiner Kindheit habe ich dir nie den Mutterschoß vergönnt, mein Vater. Ich versuchte, die Betten auseinanderzurücken. Ich stand dazwischen und wehrte in meinen Träumen jeden Versuch, zum Körper der Mutter zu gelangen, ab. Als ich während des Schreibens in einen Spiegel sah, erschrak ich vor mir selber, da ich deine bösartigen Gesichtszüge wiederfand. Wenn ich vor dir liegend vom Boden aufstehe, so ist mir, als ob man mich wieder als dreijähriges Kind in die Höhe höbe und mir die tote Mutter meiner Mutter zeigte, und ich erschrecke vor deinem lebenden Angesicht.

Der Ackermann mit Fichtennadelhaaren und blättriger, harztragender Haut taucht in den Bergen auf. Ein Felsenvorsprung ist seine Nase, zwei übereinanderliegende Steinplatten sein Mund, sein schütteres, weißes Haar ist das Schneefeld dort. Sein Doppelkinn ist die Gebirgsbachgabelung, über die ein Steg zum anderen Ufer führt. Und ich bin sein aus Pferdeaugen, Fichtengrünzeug, Haferähren für die Haare, Zuckerwürfeln für die Augen, aus fingernägelscharfen Sensen und aus Maiskörnern für die Zähne, Mutterbrustspitzen für die Hörner auf dem Kopf, *du Teufel, du verfluchter,* und aus blonden Ähren des Roggens für die Augenbrauen zusammengestückeltes Wesen. So gehen wir gemeinsam in die Berge und aufs Feld.

Die aufgestaute Luft des Stalls wurde durch das plötzliche Aufstoßen der Stalltür zerrissen. *Kim Mandl, steh auf und dua Milch saufn,* sagte der Ackermann zu einem Kalb und kraulte den lockigen Schädel. Hätte er doch einmal zu mir oder zu meinen Brüdern in ähnlich zärtlichem Ton gesagt, daß wir aufstehen und Milch trinken sollten, aber nein, die Schlafzimmertür flog auf, der Geruch seiner Kinder schlug ihm entgegen, der Kopf schwenkte nach rechts, wo der älteste Bruder schlief, der Ackermann rüttelte an seiner Schulter. Er griff zu den Euterzitzen einer Kuh und trank das stählerne Gewinde der Morgenmilch. Drohend warteten die Greifer des Heuaufzuges darauf, sich wie Anker auf den Grund des Heubodens zu senken. Geh zur Seite, die Gabeln sind spitz und größer als du. Du könntest stehenbleiben, wenn sich eine Gabel in Kopf, Hals, Brust, Füße und schließlich in den Boden senken würde. Sie könnte sich das linke oder das rechte Bein aussuchen. Der Vater rief, das Kind lief zur Seite, die Greifgabeln sackten nach unten und bohrten sich ins feuchte Heu. Der Ackermann warf die Speckschwarte auf den nahen Ameisenhügel und sah den Tieren zu, wie sie das Fett eines anderen Tieres hastig ins Innere zerrten. Seine Hände lagen noch immer im feuchten Gras, der eine Zeigefinger lag über dem Daumen und drückte auf den Nagel, der leicht gewölbt war und an seiner Oberseite einen Halbmond schwarzer Erde verbarg. Er war stolz darauf, ein Stück Land unter seinen zehn Fingernägeln herumzutragen. Er wusch sich selten, roch immer nach Heu, nach Stroh, nach Erdäpfeln, nach Pferdekot oder nach frischem, grünem Gras. Er sagte selten, welche Arbeit er verrichtet hatte, man ging an ihm vorbei und roch die Arbeit. Nie habe ich meinen Vater nackt gesehen. Einmal, als ich, während er in der flachen Zinnwanne lag, die *Schwarze Küche* betrat, legte er sofort seine Hände auf sein Geschlecht. Ich zog den Schritt wieder zurück und schloß leise, wie um niemanden aufzuwecken, die Tür. Mit plötzlich erhitztem Körper und Kopfschmerzen irrte ich im Haus umher. Die Mutter stand nackt neben der Zinnwanne. Ich sah ihre hängenden Brüste, und es tat mir leid, daß sie nicht mehr die Schönheit ihrer Jugend hatten, ich sah das Dreieck ihrer Hüften und wie sie scheu ihren Kopf verdrehte.

Die Katastrophenmeldungen in der *Volkszeitung* sind für den Ackermann keine Katastrophenmeldungen mehr, zwischen den Zeilen sieht er die schwangere Kuh, die breiter werdende Scheide, bis der Kopf des Kalbes wie ein Kinderkopf aus einem Teich auftaucht mit großen, schwarzen, weit hervorstehenden Augen. Er sieht die blutigen Schnüre des Stricks, mit dem die aus der Kuhscheide stehenden Waden des Kalbes angebunden und von vier Bauernhänden aus dem Leib gezogen werden, er blickt vom Zeitungsblatt auf und sieht mir in die Augen. Er weiß nicht mehr, was er gelesen hat. Die Zeitungsflügel knistern. Lange sieht er sich das Bild mit dem Verkehrsunfall an. Die Menschen bewegen sich. Die Zeilen beginnen zu schwimmen. Er nimmt die Augengläser von seiner Nase, legt den Kopf auf den Tisch, hebt ihn wieder, zieht eine Decke vom Diwan, legt sich hin und beginnt zu schlafen. Er schnarcht mit offenem Mund. Mein Bruder und ich flüstern oder schweigen. Ich setze mich auf einen anderen Stuhl, um den schlafenden Vater ununterbrochen, bis er wieder aufwacht, anstarren zu können.

Das Fleisch auf dem Mittagstisch ist eine gute Gelegenheit zu töten oder zu essen. Wenn es noch lebendig ist, töten wir es, wenn es schon tot ist, sehen wir zu, daß es lebendig wird, damit wir es töten können. Wohin war das Tier verschwunden? Gestern war es noch im Stall. Liegen Teile von ihm auf dem Teller? Reich mir das Fleisch, Mutter, ich sehe dabei meinen Vater an, als wollte ich ihn auffordern zu sagen, was er immer wieder sagte, *du nutzloser Fresser*. Schuldig sehe ich ihn an, obwohl er in diesem Augenblick nichts Böses im Sinn hat. Ich gehe raus in den Stall und werde dem Schwein sagen, daß ich am Mittagstisch gehört habe, daß es morgen geschlachtet wird. Ich weiß, daß du sterben mußt. Bruder, Vater, Magd und Onkel werden dich mit einem Strick aus dem Stall zerren. Morgen mittag werden Teile von dir gegessen. Aber ich wußte als Kind, daß das Schwein die Worte nicht verstehen konnte, daß es keinen Sinn hatte, dem Schwein zu sagen, daß es morgen auf dem Teller liegen würde. Ich begann es zu verachten, weil es die Worte meiner Todesdrohung nicht verstand, und schlug ihm den Kalbstrick auf den Kopf.

Ich bin dem Ackermann immer ausgewichen, so wie ein Mensch um ein sterbendes Tier einen Bogen schlägt. Tauchte er am Mittagstisch auf, lastete sein Körpergewicht auf meinem Rücken. Ich hockte auf meinem Stuhl und versuchte in hündischer Untergebenheit so zu essen, wie Tiere essen, ohne einen Laut, mit großem Hunger, die Umgebung vergessend. Eigentlich war er nicht einmal fähig, mich als lebendiges Werkzeug der Hoferhaltung zu mißbrauchen. Erst als mein älterer Bruder sah, daß unser jüngster Bruder als billiger Knecht mißbraucht wurde, sah er dasselbe an sich und begann seinen Blick auf die Vergangenheit zu richten wie ich. Ich war in der Kirche, in der Sakristei, im Pfarrhof, nie wagte es der Vater, mich von diesen heiligen Stätten zu holen. Nur der Priester kann die Monstranz aus dem Tabernakel nehmen, nicht der Vater.

Im Naturgeschichteunterricht erzählte uns der Dorflehrer, daß das Innere des Apfels das Fruchtfleisch des Apfels ist. Kaum hörte ich das Wort *Fruchtfleisch*, dachte ich an mich, der am blühenden Apfelbaum hängt und vom Vater abgenommen wird. In einem Obstbottich soll man mich aufbahren, mit einem Kranz Apfelblüten um den Kinderschädel. In einer Bauernstube, wo Vater und Mutter sterben oder ihr Totenbett finden werden, hat man mich entbunden. Blut, Tränen, Schmerzen, Kruzifixe, Weihrauch, Heiligenbilder, gefaltete Hände, Waschschüssel, dampfende Tücher, Immergrün sind die gegenständlichen Merkmale der Geburt und des Todes. Fliegen in der Luft, das kruzifixartige Fenstergitter schließt den Toten ein. Ein mit Menschenfleisch und Menschenblut ausgestopftes Kruzifix mag im Herrgottswinkel stehen.

Schlug das Kind ein Tier im Stall, schlug der Ackermann das Kind, weil es das Tier geschlagen hatte, das gestern noch der Ackermann mit peitschenden Handbewegungen vom einen Kettenende zum anderen getrieben hatte. Dreizehn oder vierzehn Jahre war ich alt, als ich hundertmal sagen mußte, Jesus, du Schwein, Jesus, du Schwein, Jesus, du Schwein, um überhaupt einschlafen zu können. Aber bevor ich einschlief, fielen die Worte, nein, das darf ich nicht sagen, nein, das darf ich nicht sagen, Jesus, du Schwein, von den Lippen, genausooft.

Eine Kreuzspinne ringt mit einer Heiligenstatue. Warum hängen weder Holz- noch Strohpuppen in der Kirche, warum immer nur er, er, er? Meine Holzpuppe mit den Mutterkleidern, statt der Geburtspatronin. Die Erntedankkrone von seinem Kopf nehmen und den König zum Knecht machen, der nach der Mistgabel und nicht nach dem Zepter des Dorfes greift. Stroh in die Kirche tragen und in die Krippe des Jesukindes legen, vielleicht dringt ein scharfer Strohhalm ins Innere der kleinen Wachsfigur. Weiße Kittelmänner der Chirurgie halten die blutgefüllte Strohröhre ans Licht. Marzipanjesuskinder in den Schaufenstern der Konditorei zur Weihnachtszeit, zur Osterzeit die verlorenen Schafe, die mit Geld wiedergefunden werden können. In Angstzuständen rief ich damals Gott an, *Herrgott hilf mir*. Während ich jetzt schreibe und mich in meine Kindheit versetze, rufe ich ihn wieder an, Herrgott hilf mir, um meine damaligen Hilferufe rückgängig machen zu können. Manchmal beobachtete ich unter dem Pfeifen der Orgelröhren die Statuen, ob sie nicht doch in einem Augenblick meiner Unachtsamkeit in Bewegung gerieten, die Hände zum Fluch erhoben wie der Ackermann. Es sollten die Heiligengestalten mit dem Vater in den Krieg ziehen. Vielleicht redeten die züngelnden Kerzenflammen miteinander und beschlossen den Tod eines Fohlens, redeten über die Dekoration eines Kindertotenbettes. Rund um die weißen, blauen und schwarzen Totenbahren standen sie wie Soldaten aus dem zweiten Weltkrieg und wurden immer kleiner, etikettiert waren die Kerzen mit Offiziersabzeichen, Oberleutnant, Major und General. Nur eine abgebrannte Kerze konnte General sein.

Mit Knoblauch hätte ich mich einreiben, ständig eine Bibel in der einen und ein Kruzifix in der anderen Hand halten sollen. Wenn er schlagend auf mich eingedrungen wäre, hätte ich ihm das Kruzifix vor Augen gehalten. Wie eine Ballettänzerin auf Zehenspitzen tritt das Pferd an die rote Körperöffnung der Stute heran. In den tiefen Fichtenwald blickend legt Vater Ackermann Sichel und Sense zur Seite und faltet seine Hände zum Gebet, während das Pferd die Stute besamt. Jesus, der Holzfäller, geht in den Wald und schlägt Holz für sein Kreuz. Entblößte der Vater seine Beine, ging ich in die Bauernstube und starrte auf die Füße des Gekreuzigten. Dieser Nagel! Er sollte ihn rausziehen und jetzt draußen am Holzblock mit einem Hammer in ein zentimeterdickes Leder schlagen, Schweins- mit Kalbsleder verbinden. Ein Schlag, noch ein Schlag, er hebt den Lederfleck und sieht auf der anderen Seite die Spitze des Nagels an. Er krümmt die Spitze und geht in die Scheune. Ich sehe auf seinen vorwärtsschreitenden Körper, seinen Rücken, er wird einbiegen und im Augenwinkel mich sehen, ich muß sofort verschwinden. Jetzt lebe ich für meine Mutter, aber gegen meinen Vater, und wenn meine Mutter tot sein wird, werde ich mich für meinen Vater umbringen und gegen meine Mutter sterben.

Die Angst vor dem Ackermann war manchmal so groß, daß ich mich im Verborgenen aufhalten mußte, nicht nur vor ihm, sondern im Verborgenen vor mir selber. Ich spreche ihm hier meinen Dank aus für alles, was er mir getan hat. Es wäre gut, überraschenderweise an seinem Geburtstag auf dem Hof aufzutauchen, während er einen Sack Getreide zur Mühle schleppt. Im allesübertönenden Lärm der Mühle schreie ich ihm meinen Dank entgegen. Er nickt mit dem Kopf und senkt seine Augen zum staubigen Boden. Seine Hände schlagen den Staub aus seinen weiten Hosen, und ich habe Angst, daß er seinen Oberkörper und mit ihm seinen Kopf heben und mir unter seinen spitzen Hut hervoräugelnd ins Gesicht blicken wird. Danke, Vater, danke. Die Hühner liefen nach allen Richtungen, wenn sie vor der Mühle fressend seine plötzlich an der Türschwelle auftauchenden Beine sahen. Wenn sie mit ihren Krallen den Misthaufen durcheinander brachten, schlugen die Hofsteine wie eigroße Hagelkörner neben ihren geflügelten Körpern auf.

Jedesmal, wenn ich dem Vater am 24. Dezember zu seinem Geburtstag gratulieren mußte und sich meine Kinderhand in seine große, grobe Hand verfing, wälzte ich mich zappelnd in einem Fischernetz, mein Mund öffnete sich, die Kinderaugen starrten, *Alles Gute zum Geburtstag.* Jeder seiner Geburtstage war mit einer Ermahnung für das ganze Jahr verbunden. Ich soll vorsichtig sein, ich soll brav lernen, ich soll zusehen, daß aus mir einmal etwas wird. Jährlich einmal habe ich die Haut meines Vaters berührt, zu seinem Geburtstag, der mit dem Weihnachtstag zusammenfiel. Oft habe ich aber mit meinem Kopf auf dem Schoß der Mutter gelegen, während sie am Brot kaute oder mit ihren Zähnen vorsichtig die heißen Erdäpfel zerstückelte und mit der Zunge in den Rachen transportierte. Ich glaubte zu spüren, wie die Erdäpfel die Speiseröhre hinunterwanderten und sich ihr Bauch wie ein kleiner Luftballon blähte. Ich sah, wie sie mit Erdäpfeln und Messer hantierte, die Haut von den Erdäpfeln zog, wie der Vater den Balg vom roten Körper eines toten, von seiner Hand erschossenen Kalbes befreite. Da der Ackermann von seinen sechs Kindern mich am wenigsten liebte, war ich es, der beim monatlichen Zeremoniell des Haareschneidens die meisten Haare lassen mußte. Die Haarschneidemaschine hinterließ rote Spuren der Schmerzen auf meiner Kopfhaut. Ich war stolz darauf, eine Beatlesfrisur zu tragen, bis wieder ein Samstagnachmittag kam und Vater mit Schere und Haarschneidemaschine aus meinem Beatleskopf einen Sträflingskopf schneiderte. Mit dem Sträflingskopf im Zimmer meines gitarrespielenden

Freundes sitzend beugte ich mich über die drehende Schallplatte und sah Eman auf die Finger, wie sie auf den Saiten der Gitarre die Töne suchten, die aus dem Lautsprecher kamen. Mein Sträflingskopf nickte im Takt mit, während er den Kopf mit seinen schulterlangen, schwarzen Haaren hin und her schwenkte. Du kannst Gitarre spielen, du sprichst Englisch und Latein, du gehst ins Gymnasium, und ich bin in der achten Klasse der Volksschule. Dein Vater ist mein Lehrer. Deine Schule, deine Baßgitarre kosten viel Geld. Dein Vater verdient es an uns, an meinem blonden Cousin, an meinem Bruder, an mir und an den anderen, die er in der Oberstufe der Volksschule zurückbehält. Er braucht natürlich eine gewisse Anzahl von Schülern, damit seine Oberstufe in der Volksschule existieren kann und er ein höheres Gehalt bekommt. *Besser ein gutes Volksschulzeugnis als ein schlechtes Hauptschulzeugnis.* Dafür lernen wir von der fünften bis zur achten Schulstufe in wenigen Abweichungen und Variationen immer dasselbe. Ich nicke mit meinem Sträflingskopf und höre deine Klänge, sehe deinen angestrengten Blick, während deine feinen Hände nach den Saiten suchen. Es sind meine auf deine Gitarre gespannten langen Beatleshaare, die unter meinen Tränen musizieren. Ich sammle meine Beatleshaare vom Holzboden, bevor die Haare des Bruders drüberfallen, und schicke sie nach England. An George Harrison, Ringo Starr, Paul McCartney und John Lennon, London. Der Vater sagt, daß Eman ein *Hippie, ein Gammler, ein Arbeitsscheuer* ist wie ich. Der Onkel, der jeden Tag am Bauernhof Milch holt, sagt, daß *diese Figuren ausgeräuchert werden sollen, daß es so etwas unter Hitler nicht gegeben hätte, daß wir wieder eine starke Hand brauchen,* und kaum höre ich das Schlagwort *starke Hand,* blicke ich auf die Hände meines Vaters und vergleiche sie mit den Maurerhänden meines Onkels, braungebrannt, mager, aber muskulös, Fichtenprügel mit blättriger Haut, durchzogen von hervorstehenden Adern. Vater und Onkel spielen Hitler, Eman und ich Winnetou und Old Shatterhand. Verletzt blickt die Mutter, an ihre drei im Krieg in einem Jahr gefallenen Brüder denkend, um sich. Den Körper des einen schüttelte es, wie ein Huhn nach dem Wassertrunk den Kopf schüttelt. Ihr zweiter Bruder stand kurz vor der Priesterweihe. Der Kopf eines Kruzifix in seinem Elternhaus sackte mit einem Male nach unten. Noch heute liegen seine Schuhe auf dem Dachboden, seine Schriften über Gott, seine Kleider, groß und weit, drei Tote könnte man darein verpacken. Die Dachbodentür quietschte, wenn mein Cousin und ich sie öffneten, als verspotte sie im Quietschen den Todesschrei der drei Soldaten. Der dritte war Mechaniker. Ich errichte ihm hier in meinem Zimmer das Totenbett. Er war meiner Mutter liebster Bruder. Ich werfe die Decke zurück und lege mich hinein. Anstatt der Hände lege ich meine Füße zum Gebet übereinander, denn in den Händen halte ich den Gekreuzigten mit gebrochenem Genick. Wie sich die vielen Kruzifixe in der Kirche anstarren. Wie schön die gemeißelten Buchstaben an der Totentafel der Gefallenen des Dorfes sind. Mein Kinderfinger fährt die goldenen Buchstaben entlang. Zur Geburt Christi sammeln sich unter dem Christbaum die Leiden des Jahres. Drei schön verzierte Geschenkpakete weniger. Auf seinem Bild sehe ich das Grab des Soldaten. Der Stahlhelm hängt auf dem Holzkreuz. Sternspritzer brauchen wir jetzt, der Christbaum soll flimmern wie der Schwanz einer Rakete. Soldatenherzen aus Lebkuchen wird das Christkind bringen. Mit einem Male schwieg der Großvater, mit einem Male schwieg die Mutter, Vater und Tochter verloren die Sprache, als drei Söhne und Brüder nicht mehr mit ihnen um den Christbaum stehen konnten. Wenn jemand starb, legte man Jesus auf die Brust des Toten. Den Toten wird er helfen, den Lebenden nicht mehr. Der Gekreuzigte zieht mit seinem Mund die Nägel aus der linken und rechten Handfläche, spuckt sie aus und faltet die Hände langsam und andächtig zum Gebet. Beten die Flügel eines Schmetterlings die tote Larve an, aus der er schlüpfte? Vater Ackermann erzählt vom Krieg schöner als vom Leben. Überall haben die Fußspuren des Traktors die Hufe der Zugpferde abgelöst. Das Holz des Gekreuzigten ist morscher geworden, die Spinnweben wachsen, man vernachlässigt den Gekreuzigten in der Mitte des Dorfes. Ein ganzes Leben haben die Dorfleute dafür gebraucht, um zu erkennen, daß er ihnen doch nicht geholfen hat und daß es keinen Sinn hat, von einem Toten zu sagen, daß *Gott ihn bei sich haben wollte.* Gott kann ohne die Toten nicht leben. Wie man eine Torte mit Rumkugeln schmückt, lege ich leere Patronenhülsen um das Totenbett des Soldaten. Jede dieser Hülsen trug eine Kugel, die unzählige Köpfe von Soldaten ruckartig auf die Schulter zurückwarf oder auf die Brust senkte, den einen Mund zum Schreien, den anderen augenblicklich zum Verstummen brachte. Motorgeräusche höre ich aus einem Lautsprecher. Der tote Soldat war Mechaniker. Johann hieß er, und Johann heißt mein älterer Bruder. Stefan hieß der tote Soldat vor seiner Priesterweihe. Stefan Winkler stand auf dem einfachen Grabkreuz. Stefan heißt mein jüngster Bruder. Die Schwester trägt denselben Vornamen wie meine Mutter, Maria. Der älteste Bruder heißt wie mein Vater, Jakob. Was mich betrifft, so heißt auch mein Großvater väterlicherseits Josef. Ich sollte werden wie er. Ich bin aber nicht geworden wie er, er sah in mir nicht das Kind, das er war. Ich werde meine alten Schuhe vom Dachboden meines Elternhauses holen, ich werde ihre Sohlen riechen, ich werde nach alten Kleidern und Puppen kramen, ich werde die Schwänze der Rattenleichen wiederfinden, ich werde scheu den Kleiderkasten meiner Großmutter öffnen und heimlich ein weißes Totenkleid unter die Textilien meiner Mutter mischen. Todesängste habe ich um meine lebende Mutter ausgestanden. Tagtäglich hatte ich Angst, daß sie sterben würde. Es war natürlich auch ein bißchen Hoffnung dabei, sie sollte sterben, damit sich mein Unglück vollendete, damit ich morden, mein Leben in ein Leichentuch hüllen konnte, damit ich Sträfling war, damit aus mir ein *Straßenkehrer* wurde, wie es der Vater immer wieder prophezeit hatte. Wenn ich das Wort *Straßenkehrer* in den Mund nehme, spucke ich Staub vor meines Vaters Füße. Alles Unglück sollte über mich kommen, damit ich endlich wurde, was ich war.

Hals über Kopf stürzte die Mutter aus dem Stalltor und schlug sich an den spitzen Steinen die Stirn blutig. Sofort war sie von ihren Kindern umringt, die ihre Hände auf ihr krankes Herz legten und mit ihren Zungen nach ihrem Blut leckten. Wie Fliegen und Bremsen die Augen der Pferde umranden, hockten die Kinder im Kreis um die verletzte, noch immer am Boden sitzende Mutter. An eine Mistgabel gelehnt, stand am Stalltor der Ackermann. Mein Bruder und ich horchten auf, drückten unsere Münder an die Mutterbrüste und verflochten die Hände in ihrem pechschwarzen, strähnigen Haar. Als Kind fand ich öfter im Nachtkasten oder im Bett meiner Mutter blutgetränkte Wattebäusche oder mehrere Tropfen auf dem Leinentuch. Ich hatte nicht den Mut, zu fragen, warum sie blutete, wo ihre Wunde war. Am frühen Morgen, wenn sie aufstand, legte ich meinen Leib in ihr noch warmes Bett, meine Füße oder meine Hüften lagen über dem eingetrockneten Menstruationsblut. Ich legte die Hand drauf, schlief ein und erwachte mitten am Vormittag. Zwischen der Wand und den aufgehängten Heiligenbildern staken Pfauenfedern, ich lag in ihrem eingetrockneten Blut und schaute lange in die Augen der Federn, während ich draußen ihre Schritte hörte, wie sie die Stiege heraufkam und die Stiege wieder herunterging. An ihren Schritten maß ich die Länge meines Lebens. Ich zählte immer mit. Wenn sie die Stiege heraufkam, sah ich das Fieber im Thermometer steigen, ging sie die Stiege herunter, fiel das Quecksilber. Wenn ich sie unbeobachtet betrachten konnte, sah ich sie manchmal als eine schöne Gestalt aus Milch und Blut, mit pechschwarzem Haar, manchmal bleichen, manchmal glühendroten Wangen unter der Mittagssonne gehen. Ein Heurechen aus Fichtenholz liegt über ihrer Schulter, das Ende des Stiels hält ihre rechte Hand, sie wandert die schlangenförmigen Feldwege entlang und verschwindet im mannshohen Getreidefeld oder im grünen Kukuruz. Manchmal steigt sie unter der Begleitung quakender Frösche aus dem grünen Wassertümpel wie die Venus aus dem Meer und hält ihre Hand, die voller Viehsalz ist, den leckenden Kälbern hin. Ich zerschlug eine Fensterscheibe mit dem nachgeahmten Fußtritt des Vaters, der seinerseits den Fußtritt eines Pferdes, das seine Knöchel traf, imitierte, und noch bevor seine Hände oder seine Blicke mit der Klinge des zitternden Wellbleches nach mir langten, kam die schützende Hand der Mutter, ihr Körper, den sie vor meinen stellte, um den Schlag, der mir gegolten hätte, aufzufangen. *Willst du den Buben erschlagen?* Sie stellte sich schützend vor mir auf, wie Winnetou seine Hände ausbreitend vor Old Shatterhand stand, als die Kugel für den Weißen dem Indianer in die Lunge drang. Mutter, du hast mich geliebt, bevor ich gezeugt worden bin. Und in dir bin ich gestorben, mein Vater, ehe mich meine Mutter auf die Welt gebracht hat. Drüben am Ufer des Baches stand ich und hielt Ausschau nach den Fischen. Ich weiß, daß mich die Fische überleben werden. Es kann nicht mehr lange dauern, und der Ackermann tauscht ein nutzbringendes Haustier gegen einen nutzlosen menschlichen Körper ein. Ich hätte es verstanden. Meine Mutter hätte dieses Tier entweder umgebracht oder geliebt wie mich. Hätte sie das Tier umgebracht, hätte sie in ihm meinen kindlichen Todesschrei gehört. Die Sonne scheint in den offenen, roten, immer bleicher werdenden Mund. Fällt Regen oder schneit es, ist der Mund bald gefüllt, und auf der Nasenspitze ein Zuckerhut Schnee. Nachts hätte sie den Ackermann mit gegabelten Beinen empfangen wie sich eine todmüde Gazelle dem Leoparden hingibt. Kürzlich sagte meine Mutter zu mir, *ich war streng zu euch Kindern.* Ich habe aufgelacht. Hättest du mich umgebracht, Mutter, wärest du immer noch nicht streng genug zu mir gewesen. *Ich laß dich mit den Kindern allein,* rief die Frau aus dem Haus 15 ihrem Mann zu und eilte über einen Hügel zur Bundesstraße hoch. Hinter ihrem Rücken schrien ihre zwölf Kinder, manche wälzten sich weinend im Sand. Damals war ich vielleicht zehn Jahre alt, als ich dies hörte, bekam sofort Angst und lief nach Hause, trat an meine Mutter heran, zupfte sie an der Schürze, Mutter, du verläßt uns doch nicht, oder? Dasselbe fragte ich wieder, als einmal der

Vater mit ausholender Hand vor ihr stand und schrie. *Schlag mich, dann siehst du mich nicht mehr,* rief die Mutter unter Angst und ging ein paar Schritte zurück. Schlag sie, Vater, schlag sie, dann gehen Mutter und ich endlich von dir fort. Spitzbübisch verdrehte ich meinen Kopf und blickte der schweigsamen Mutter ins Angesicht. Was ist, wenn wir ihn gemeinsam töten, du und ich, Mutter? Nicht mit schlechten, billigen Messern, mit denen er in Schweinshälse sticht, mit scharfen Edelsteinklingen töten wir ihn oder mit einer Rasierklinge, auf der noch ein paar Härchen festsitzen. Wir verstecken seine Leiche im Bauch des großen schwarzen Zugpferdes. Niemand wird ihn finden. Die Polizei nicht, die Magd und auch der älteste Bruder nicht, die das Pferd füttern. Nur der Atem des Pferdes wird ein wenig nach Vaterhaut riechen.

Wenn ich beim morgendlichen Hahnenschrei aufstand, war es der Großvater, der vor meinem Leib stand und mit seinen kalten, knochigen Händen über die Knöpfe meines Hemdes trippelte, das Kleid öffnete, meine weiße Brust und mein Geschlecht betrachtete. Seine kalten, knochigen Hände klirrten wie Eiszapfen an meinem Leib. Ich stellte mich in den äußersten Winkel des Gitterbettes, aber seine Arme waren lang genug, um mich wieder einzufangen, an sich zu zerren und mir die Strümpfe über die Beine zu ziehen. Faßte er meine Unterhose an, begann ich zu schreien und hielt mich an den Stäben des Gitterbettes fest wie ein Sträfling in einem Kindergefängnis. Ich hörte das Schreien der Schweine und wußte, daß die Mutter vor dem Schweinsglitsch auf und ab ging, um die Tröge mit dampfenden Erdäpfeln zu füllen. Waren die Tröge gefüllt, verstummte das Schreien der Schweine, ein fernes Schmatzen konnte man noch hören. Ging die Mutter über die Stiege, schlug mein Herz schneller, der Großvater hob den Kopf und blickte sich zur Tür um. Die Mutter darf mich ankleiden, sonst niemand. Während sie mir das Hemd über den Oberkörper zog, streckte ich meine Arme und arbeitete mich vom Schlüsselbein zum Ellenbogen durch den Ärmel des Hemdes, bis die Fingerspitzen und schließlich die ganze Hand durchschlüpfte. Der Großvater fühlte sich verdrängt und ging in sein Sterbezimmer. Während sie mir die Hose über die Hüften zog, lehnte ich mich an ihre Brust und hob, ihren Kopf und Hals umarmend, die Hände. Gemeinsam gingen wir über die sechzehnstufige Stiege, die Mutter schützend voran, ich hinterher. Zwei-, dreimal verlangsamte sie den Schritt und drehte sich nach mir um. Zehn Jahre später ging ich, die quietschende Tür öffnend, über dieselbe Stiege, zwei, drei, vier Stufen hoch, als sich vor mir plötzlich eine Ratte wie eine Fledermaus im Flug ausbreitete und auf mich zustürzte. Verkehrt, die vier Beine von sich gestreckt und mit offenem Maul liegt die Ratte vor meinen Füßen, beugt sich im Traum über mich und blickt auf die Innenflächen meiner gespreizten Hände und auf meine ausgebreiteten Beine. Noch immer schmücke ich mit der Hand meiner Mutter meine Kinderleiche. Immergrün gehört dazu, der Duft der Nelken würde dem Kind guttun, der Duft der Fichtennadeln auch. Tannenreisig aus meinen Lieblingswäldern, Mutter, dort, wo ich gewandert bin, geschlafen und gegessen, mit den Ameisen das tägliche Speckbrot geteilt habe. Aus nächster Nähe schauen wir einander in die Augen. Wie ein Fisch aus dem Aquarium starrt und sein Maul an die dicke Glasscheibe heftet, hefte ich meine Lippen an den gläsernen Sargdeckel, fest und stanzend, um noch vor dem Begräbnis die Mutterlippen zu verwunden. Mach das Kind auf dem Totenbett schnell gesellschaftsfähig, Mutter, und begrab es. Dem, der am besten und schönsten um das Kind trauert, leg einen Kranz mit weißer Schleife auf die Schultern und laß ihn mit den Gebärden eines Rennfahrers den brodelnden Sekt auf die vor Trauer schäumende Menschenmenge gießen. Stoße ich mit meinem Kopf an den oberen Balken des Bettes, stößt drüben im Schlafzimmer meine Mutter mit dem Kopf an den oberen Balken ihres Bettes, sie denkt wie ich, daß unsere beiden Köpfe, ihr Mutterschädel und mein Kinderschädel leicht aneinanderstoßen, nur die Mauer trennt uns. Rechts blickt sie zum schlafenden Ackermann, links zum wärmenden Ofen, geradeaus aufs phosphoreszierende Kruzifix, nach hinten auf die Wand, die unsere Köpfe trennt, aber dennoch schlafen wir Kopf an Kopf ein, und Kopf an Kopf wachen wir gemeinsam auf. Ich verstecke den kleinen, zündholzschachtelgroßen Sarg von Schneewittchen unter dem Polster. Wenn die Mutter zur Tür hereinkommt, krieche ich unter die Decke und atme mit höher schlagendem Herzen den Geruch meiner Kindeshaut ein. An der Mutter gemessen bin ich klein wie ein Zwerg. Sieben Zwerge von den sieben Bergen. Einer ist zuviel, denn wir waren nur sechs Kinder. Einer muß sterben. Die Mutter tastet das Polster ab und fragt, wo ihr Zwerg ist, sie tastet das Bett meines Bruders ab, klopft auf das Polster, auf die glatte, leere Bettdecke und fragt, wo ihr Kind ist, indem sie meinen Namen ruft, so zärtlich, als lauschte sie den melodischen Schwingungen ihres eigenen Rufes. Laut und deutlich rückt sie den Stuhl zur Seite, um mich hören zu lassen, daß sie mich selbst unter dem Tisch und unter dem Bett suchen und finden will. Sie dreht sich um. Ich höre ihre Fußsohlen, die voller Sandkörner sind. Als zärtliche

Aufforderung, mich an der Fußsohle zu kitzeln, strecke ich ein Bein aus der Bettdecke. Ihre Fingerspitzen berühren meine Fußsohlen, der Fuß zuckt zurück, die Beine angezogen liege ich in embryonaler Lage unter der Bettdecke. An der kühler werdenden Körperhaut merke ich, wie die Mutter langsam die Bettdecke von meinem nackten Körper zieht, enttäuscht, da sie spitzbübisch blitzende Augen erwartet hat, zieht sie den restlichen Teil des toten Zwerges unter der Steppdecke hervor. Mein Kopf fällt auf die Brust, Speichel rinnt über meine eingetrockneten Lippen, schlaff hängen die Arme und Beine vom Leib. Die Mutter schreit, *Seppl, Seppl,* schüttelt meinen Körper in Angst, daß ich wirklich tot sein könnte. Plötzlich hebe ich den Kopf und spucke der Mutter ins Gesicht. Sie umarmt mich, *du lebst ja, Seppl, du lebst ja.*

Mit Schweißausbrüchen stand ich vor der Mutter, die Hüften vorbiegend, als sie einen Knopf am Hosenschlitz annähte, die Angst, daß sie die Wölbung meines Gliedes bemerken, daß sie mit ihrem Handrücken meine Hoden berühren könnte, lähmte mich. Schwer schnaufend stand ich vor ihr. Immer wieder hatte ich Angst, daß sie die Nadel statt in die Knopfösen in mein Glied oder meine Hoden stechen würde. Tief könnte die Nadel in meinen Nabel dringen, aus Rache dafür, daß sie mich auf die Welt bringen mußte. Noch ein paar Stiche, und sie wird den Faden um den Knopf herumspulen. Sie sitzt auf dem Stuhl und ich stehe in der Schere ihrer Beine, blicke auf ihren schwarzen Scheitel und zucke zusammen. Was ist denn? Mehrere Male hat sie die Wölbung meines Gliedes an ihrem Handrücken gespürt, jedesmal zuckte ich zusammen. Wo ist die Schere? Die Mutter zieht den Faden hoch und beißt ihn ab. Ich gehe hinaus in den

Obstgarten und stelle mir vor, wie sich der Bauernjunge in Siegfried verwandelt, ein Blatt vom Baum nimmt und seine Adern genau betrachtet, sich fragt, ob diese Adern bluten können. Er klebt sich ein Blatt zwischen seine nackten Schulterblätter und wirft das Hemd schnell wieder über den Rücken. Seine Finger trippeln die Knöpfe des Hemdes erfassend hinunter. Er will die Unterhose hochziehen und sieht, daß sich in der Mitte des Leinens ein Kotflecken befindet. Ich werde zur Wasserleitung gehen und den Kot aus der Unterhose waschen, wenn ich auch eine Zeitlang die feuchte Unterhose am Leib tragen muß. Die Mutter darf nicht sehen, daß ich Kot in der Unterhose habe. Sie darf sich nicht vor mir ekeln, sie darf nicht einmal wissen, daß ich Kot wie sie in meinem Darm habe. Während ich im Bett liegend langsam vom Schlaf in den Traum falle, bade ich mich in den Tümpeln der Drau im Drachenblut und sehe, daß ein Blatt auf meinen Rücken fällt, meine Füße zucken zusammen, der Körper schüttelt sich, und ich weiß plötzlich wieder, daß meine Mutter einmal, irgendwann einmal, wird sterben müssen, und ich schreie auf, Mutter Kriemhild! Vater Hagen schleicht auf Jungsiegfried zu und will mich töten. Eine Hand streichelt über meine Stirn, Speichel rinnt aus dem Mundwinkel, viel Speichel wird auf dem Polster liegen und die erhitzte Wange kühlen.

Einmal ging im bäuerlichen Elternhaus ein Polizist aufs Klosett. Nie benützten wir das flaumweiche Toilettenpapier der Städter, immer nur das Papier der Zeitungen, der *Volkszeitung*, des *Kärntner Bauern*, des *Kärntner Kirchenblatts* und der *Bunten Illustrierten*. Mit welcher Andacht habe ich dem Polizisten die Zeitungen, die von Mutterhand schnell mit einem Brotmesser zu handlichen

Blättern geteilt worden waren, unter die Klosettür geschoben. Ihm, der mich jederzeit in Handschellen legen könnte, damit meine Diebstähle und Lügen gesühnt würden. Niemand in der Familie glaubte mir ein Wort, was immer ich sagte, alles wurde bezweifelt: Wer einmal lügt, dem glaubt man nicht, und wenn er auch die Wahrheit spricht. Vielleicht war der Polizist irgendwo bei einer Totenevakuierung dabei, von der die Zeitungen, die nun auf seinen Oberschenkeln bereit lagen, berichteten. Vielleicht trug er das abgebildete tote Kind in einem Zinnsarg von der Straße weg und ließ nun die Schlagzeilen über seinen weißen Arsch gleiten. Zwanzig Meter vom Klosett entfernt placierte ich mich im Stall unter den Vogelnestern hinter den Hals des schwarzen Zugpferdes und lauschte dem Geraschel der Zeitungen. Aus dem vergitterten Fenster blickend sah ich, wie der Polizist das Klosett verließ, sich bei meiner Mutter händeschüttelnd bedankte und aus dem Haus trat, freier und unbeschwerter über die Straße schritt. Es wird ihm jetzt leichterfallen, einen Verkehrssünder zu stoppen.

Von Monat zu Monat mit jedem Fußschlag des Pferdes immer weiter rückte ein Heer von Nägeln aus den Planken des Stalls. Der Heuaufzug hob das Heu hoch und transportierte es in den ersten Stock des Heustadels, wo die Magd unter dem Schutz des Heustadelbalkens stand und das gefallene Heu in die äußersten Winkel zerrte, den Heustadel, wie eine Puppe mit Stroh, ausstopfte. Der Duft des frischen, halbgetrockneten Heus, der Staub- und Erdäpfelgeruch der Magd traten in meine Nase. Immer wieder flogen Schwalben aus und ein, immer wieder hörten wir das Brüllen einer Milchkuh, das Grunzen eines Schweines und die Maschinengeräusche des Heuaufzuges. Die Geräusche wuchsen mit mir auf und erschrecken mich noch heute. Wenn ich an einem Bauernhof vorbeigehe und das Blöken eines Kalbes höre, ist es das Kind, das ich war, das draußen in den Auen zwischen den Sumpfdotterblumen einem Kalb nachhetzt. Kräht ein Hahn oder höre ich das Flügelschlagen einer Henne, ist es die Mutter, die in meiner Erinnerung mit einer wassergefüllten Schüssel in den Stall geht und nach einem Huhn Ausschau hält. Das Messer blitzt im Sonnenlicht, während sie über den Hof geht. Höre ich ein Pferd wiehern, setzt sich auf den glänzenden Rücken des schwarzen Zugpferdes das Kind, das ich war, faßt die Zügel und stößt die Fersen in die Flanken. Rieche ich verbrannte oder frisch gemolkene Milch, stößt meine Kinderstirn an die Brüste der Mutter, der Kopf fährt langsam in die Höhe und läßt den Mund mit geschlossenen Augen ihre Zitzen suchen. Die Mutter starrt vor sich hin, geduldig wie man mit halbgeschlossenen Augen am Kommuniongitter kniet und auf den Leib Christi wartet, läßt sie das Kind Milch aus ihren Brüsten saugen. Zuerst blickt man aufs größte Kruzifix in der Altarmitte, schließt beim Herannahen des Priesters die Augenlider, empfängt ihn, den Leib Christi, und senkt andächtig den Kopf, während das Mehlblatt auf der Zunge liegt. Ich versuchte die Dornenkrone von seinem Kopf zu nehmen, um mein eigenes Haupt zu krönen. Anstatt der Vaterlippen legte ich meine Lippen auf den Mund des Gekreuzigten. Ich streckte die Hände, und aus meinen Fingerspitzen fuhren die Leiden Christi. Ich schloß meine Hände und Füße zum Gebet. In eine alte, mit Fleischblumen ausgestopfte Wiege am Eingang eines Bauernhauses blickend, stelle ich mir vor, wie der Kopf meiner Mutter erschöpft unter dem Körper des Ackermanns zurücksinkt, der wiederum die Schwere seines Körpers spürt, als ob sein Vater wie eine Krähe auf seinen Schulterblättern hockte und sein Kind dazu antriebe, so viele Kinder zu zeugen, wie er selber, so viele billige Knechte herzustellen, damit der Hof in die Höhe schwirrt und das Geld an die Pforten des Himmels anklopft. Wie oft stand unsere sechsfache Mutter vor einem geschlachteten Hahn und weinte?

Der Fichtenwald war winters ein eisiger Block miteinander verbundener Bäume und Sträucher, mit Spinnennetzen aus Eisfäden, erstarrte Spinnen in der Mitte. Scheue Rehe lecken das Eis an den Füßen eines Erfrorenen warm, ihre Brustkörbe sind mager wie das Gerippe eines Kindergitterbettes. Schwere Eisbrocken trägt der Draufluß an seine Ufer. Die Augen eines Fischers gleiten mit. Seine Blicke überspielen die sprudelnden Wasserwirbel, die in einer kilometerlangen Säule den Fluß hinunterziehen. Mit den Eisbrocken sieht der Fluß wie ein auf dem Bauch liegender Mensch mit weißen Schulterblättern und höckriger Wirbelsäule aus. Das Kind legt seine Wange auf den Wasserspiegel und zieht Flüssigkeit in den Mund. Am Eisrand zeichnet sich die Figur seiner warmen Hand ab. Finger für Finger wie ins Eis gemeißelt erstarren in der winterlichen Kälte. Weidenäste sind ins Eis gewachsen, die Fische heben ihre Köpfe und blicken hoch zu dem verschwommenen Gesicht des Kindes über dem Eis.

Meine Mutter ist sechsmal ans Kreuz geschlagen worden, Jesus nur einmal: Maria, Jakob, Johann, Josef, Peter, Stefan.

An meinen Händen zählte die Mutter die sechs Körper ihrer Kinder ab. Ein weiteres, siebentes Kind verweigerte sie. Das letzte hätte ihr das Leben kosten können. In meinen Träumen entfernte ich chirurgisch die vier übriggebliebenen Finger meiner zweiten Hand.

Tötete die Mutter einen Hahn, fielen für Augenblicke ihre Hände ab. Sie blieb stehen und horchte, wie sie wieder anwuchsen. Auf ihrem Handteller trug sie den toten Hahnenkopf auf den Misthaufen.

Die Katze hockte vor dem Brunnen auf dem Mutterschoß. Sie wußte, daß die Katze sterben würde. Der Neid des Kindes taucht wieder auf; Haß auf die Katze. Sie darf an der Mutterbrust sterben, ich nicht.

Der eine ihrer drei auf dem Schlachtfeld gestorbenen Brüder trat in einem Keller auf eine Mine, sein Körper zerstäubte die dumpfe Kellerluft. Langsam setzten sich seine Kleidungsstücke auf den Boden, erschrocken liefen Ratten und Mäuse darüber.

Sie sagte kein Wort, wenn ein Kind sich die Stirn blutig schlug, warf die Hände, die genauso stumm sind wie ihr Mund, in die Höhe und stillte mit ihren Lippen oder einem Wattebausch das Blut an der Wunde.

Starb in ihrer nächstliegenden Nachbarschaft ein Mensch, zündete sie eine Kerze an, deren Flamme sie abends bis zum gänzlichen Abbrennen verfolgte.

Sie hält das Ei ans Ohr, schüttelt und prüft, ob es Dotter und Eiweiß sind, ober ob sich das plitschnasse Leben eines Küken darin rührt. Die Kinder schauen der Mutter neugierig in die Augen und auf den Mund. Da sie wenig spricht, ist es besser, wenn man ihr in die Augen schaut. In ihren Augen sieht man das Nicken des Wortes *ja* im Kopf ihrer Sprachlosigkeit.

Die Sprache ist heilig. Ich glaube an sie. Im Namen meines Vaters, der sie mir weggenommen hat und im Namen meiner Mutter, die schweigsam wie eine Stumme war. Aus dem Schweigen meiner Mutter und aus dem Tod von Jakob und Robert habe ich mehr gelernt, als ich in den Hörsälen für mein Leben lernen könnte.

Jedesmal wenn ich ein Blumengeschäft betrete, denke ich an den Totengeruch der Bauernhäuser. Wenn ich Anstalten mache, schnell am Blumengeschäft vorbeizugehen, zieht mich ein Schritt zurück, und ich bleibe stehen, starre durchs Fenster, indem ich schützend vor der Widerspiegelung der Scheibe mit der Hand die Stirn schattiere, und schaue mir die lebendig aufgebahrte Verkäuferin an. Soll ich ihr sagen, wofür ich die Blumen heute brauche? Ich habe geträumt, daß meine Mutter gestorben ist, und an der Stätte meines Traumes möchte ich diese Blumen einfrischen. Erst wenn die Blumen in meinem Bett verwelkt sind, werde ich mich wieder schlafen legen.

Die Sehnsucht nach Angst war es, die mich manchmal auf den Friedhof hinunter drängte, als liefen auf den Friedhof Zündschnüre zu und ich wäre ihr Feuer. Die Mutter schöpft kühles Wasser aus dem Friedhofbrunnen, Wasser, das nach allen Toten dieses Dorfes riecht, Wasser, in dem sich Frösche baden und eine Kinderhand. Den Kopf verdrehend blickt sich das Kind scheu um, es hat wieder gemordet. Die Froschleiche schwimmt an der Wasseroberfläche, Blut verteilt sich im Wasser und wird unsichtbar. Nichtsahnend schaut die Mutter nach dem Kind, das hinter einem Grabstein hockt und den Frosch begräbt, während sie wieder eine Gießkanne füllt. Aus der Weidenrute, die gestern die Mutter dem diebischen Kind auf den Rücken schnalzen ließ, bindet es ein Kruzifix zusammen und steckt es in den maulwurfgroßen Erdhügel, in dem nun der Frosch zu Häupten des Großvaters begraben ist. Der grüne Frosch ist die Krone seines Totenschädels. Mit zerrissenen Schuhen springe ich über die Grabhügel, während die Mutter die Blumen der Familiengräber gießt. Das Wasser schwappt über den Rand der

Gießkanne, rinnt zu ihren Füßen und kreist sie ein, als wäre sie immer noch die Gefangene ihrer Mutter, deren Blumen sie nun, wenn die Sonne scheint, Tag für Tag gießen muß. Hand in Hand gehen wir wieder nach Hause. Manchmal hüpfe ich ihr auf den Fuß, damit sie mich wegstößt. Ich will wieder einsam und traurig sein, in einer Ecke hocken und warten, bis die Ratten kommen oder die Mutter.

Mit den Kleidern der Schwester, die es aus dem elterlichen Schlafzimmer genommen hatte, ging das Kind in die Wäschekammer, knöpfte die Lederhose auf, zog das Hemd, zog seine Unterwäsche aus und kleidete sich ins Mädchengewand, streckte zuerst den linken, dann den rechten Fuß aus und rollte die Nylonstrümpfe über seine Beine. Die mandelkernbraunen Augen blickten aus dem Fenster und sahen auf die Äste und Blätter eines Baumes. Hoch zieht ein Vogel, die Augen des Kindes gleiten mit, bis sie vom Fensterrahmen abgeblockt werden, zwei Zwergenhände streichen das blumige Kleid glatt, aufgeschürft ist ein Bein, Blut sickert durch den weißen Schwesternstrumpf. Was wird die Schwester sagen, wenn sie Blut an ihrem schönsten Strumpf entdeckt? Erschrekken, daß die Angst vor ihrem Tod schnell drei oder vier Herzschläge aus dem geöffneten Mund stößt? Erschrokken drehte sich das Kind nach hinten. Das Schloß der Tür war seit Jahren defekt. Die Mutter stand an der Türschwelle. Seit Tagen stand ein erfrorenes Insekt, steif, als würde es noch leben, auf der Fensterbank. Mit dem Blick des toten Insekts sah ich der Mutter in die Augen. Lachend schloß sie die Tür. Ich wagte nicht mehr, vor ihren Augen zu erscheinen. Bereits am späten Nachmittag ging ich ins Schlafzimmer und bereitete mich für die Nacht vor. Morgen werde ich aufstehen und mit dem

kleinen Bruder auf dem Rücken die Dorfstraße entlanggehen, hinunter zu den Fischen, zu den Vogelscheuchen
und Krähen. Wir werden am Ufer der Drau stehen. Ich
werde ihn fest an mich drücken, damit ich ihn nicht in
den Fluß werfen kann. Sollte er an meiner Brust verbluten, trage ich ihn nach Hause und lege ihn der Mutter vor
die Füße. Mutter, ich habe ihn zu fest an mich gedrückt,
er ist dabei erstickt, Blut quoll aus seinem Mund, aber ich
habe ihn nicht in den Fluß werfen können, ich habe ihn
festgehalten, ich habe ihn gerettet, Mutter.
Natürlich habe ich als Kind auch mit dem Tod desjenigen
spekuliert, den ich am meisten liebte. Den Menschen tot
vor mir liegen zu haben, den ich liebe, weckt grausamere
Gefühle, als die gefalteten Hände desjenigen zu streicheln, den ich verachte. Vor dem Gedanken, meinen
Vater im Grab zu wünschen, hatte ich als Kind Angst. Ich
konnte um meine Mutter weinen, wann immer ich
wollte, ich stellte sie mir einfach tot vor. Ich besorge die
Totenwäsche, nehme Blütenblätter von Lilien dafür, ich
feuchte sie mit meinen Tränen an und säubere ihre
Oberschenkel und ihr Geschlecht, das nach einem neugeborenen Kind riecht. Vielleicht sagt mir meine Sprache,
daß ich eigentlich meinen Vater lieben und meine Mutter
hassen muß. Vielleicht muß ich alles umkehren, um zu
sagen, wie es hätte sein sollen, und nicht wie es war und
in mir immer noch ist. Ich schneide der Mutter die Haare
ab, damit sie wie ein Sträfling aussieht, und mit ihren
Haaren wasche ich ihren toten Leib. Ich hasse ihren
Körper, weil ich sie nicht lieben kann. Mutter, du hättest
mich hassen und schlagen sollen wie es mein Vater getan
hat, du hättest mich nicht vor meinem Vater beschützen
sollen, wenn seine Hand Rotz, Blut und Tränen aus dem
Kopf trieb, du hättest mit einem toten Ferkel auf meine

Brust schlagen sollen, da Ferkel und Kinder dir so viele Nächte geraubt haben. Du hättest dem Vater erzählen sollen, wie schlimm, frech, diebisch ich war, du hast nie von meinen Untaten erzählt, du hast sie vor ihm für mich verheimlicht. Du liebtest mich vielleicht mehr als ihn. Mutter, ich habe als Kind auch dir Geld gestohlen, ich habe mir Süßigkeiten gekauft. Ich bin in Hungerstreik getreten, bis mich die Magenschmerzen zum Diebstahl zwangen, damit ich Süßigkeiten, anderes Brot, andere Wurst, anderes Fleisch kaufen und heimlich im Fichtenwald essen konnte. Ich bin in eine falsche Welt geboren worden. Mein Körper hat die Bauernwelt von sich gestoßen. Immer wieder stellte ich mir vor, David zu sein, der Goliath, den Vater, zu Boden zwingt. In den Staub fiel ich, um mich über den Vater zu erheben.

Draußen im Stall wedeln Vaters Milchkühe mit ihren kotkolorierten Schwänzen. Die Haare sind zusammengeklebt. Von weitem glaubt man, die Milchkühe trügen Zöpfe an ihren Schwänzen, wie die Mädchen, die manchmal draußen im Wind stehen und stolz ihre Zöpfe schwingen lassen. Die Mädchen beginnen zu tanzen, und der Wind tanzt mit, und die Tiere sehen zu und werfen hinter der Umzäunung, Stacheldrahtspitzen an der Kehle, ihre Köpfe im Rhythmus links und rechts und rechts und links.

Soll ich dem Bestatter sagen, daß er ihre Schamhaare wegrasiert, wie sie von der Hebamme entfernt wurden, als ich auf die Welt kam? Soll ich in ihren schwarzen Zopf meine Blicke miteinflechten, verdrehen, daß ich nur mehr schielend ihre Leiche ansehen kann? Soll ich den Vater vor Mutters Leiche anklagen, weil er aus ihrem kranken Körper mich exhumiert hat? Soll ich den Leichnam der Mutter nackt auf die Erde legen? Soll ich ihn einsargen?

Soll ich ihn in ein Boot legen und vom Wind aufs Meer hinaustreiben lassen? Oder soll ich sie auf den Rücken eines Kamels legen, in die Wüste gehen und warten, bis ein Sturm kommt und meine Mutter mit Sand zudeckt. In ein paar Minuten wird man nur mehr an den Konturen erkennen können, daß hier ein Mensch zugedeckt wurde. Daneben liegen die Knochen eines Wüstenfuchses. Sie sind blendend weiß wie die Zähne, die auf dem Bildschirm Werbung für eine Zahnpasta machen. Ich drücke auf den Ein- und Ausschalteknopf des Fernsehapparates, und das Bild mit der toten Mutter im Wüstensand sinkt in sich zusammen.

Unter der linken Schläfe hockt die Großmutter, und unter der rechten Schläfe hockt der Großvater. Sie kriechen im Sterben aufeinander zu. Keiner von beiden will allein sterben. Sie kriechen und sterben händehaltend in der Mitte meines Kopfes. Auf dem toten Kopf des Großvaters kreiste die Erntedankkrone wie eine Erdkugel, auf der nichts als braune, grüne und gelbe Stoppelfelder zu sehen sind, um ihre eigene Achse. Seine offenen Augen starrten zur Decke des Zimmers, auf dem Dachboden trippelten die Ratten in allen Ecken und Enden. Seine toten Hände lagen auf der Steppdecke, als wollte er sie seiner Frau, der Großmutter, die daneben lag, zur Hochzeit reichen. Der eine bleiche Fuß des Großvaters hing über das Totenbett. Der gekrümmte Zehennagel hatte die Form eines Adlerkopfes. Mein Vater und ich standen nebeneinander, die Hände auf den Rand des Bettes gestützt. Ich drehte meinen Kopf in sein Angesicht, um zu zeigen, daß auch ich am Tode seines Vaters weinte. Aber es war nur der bittere Gedanke: Warum liegst nicht du, mein Vater, hier auf dem Totenbett. Die

Großmutter hockte im Bett und streckte ihre Hand nach dem unrasierten Gesicht des Großvaters. Keine Menschenseele ließ sie während ihrer Trauer an sich heran. Ihr linker, bleicher Fuß wehrte alle und alles ab. Die Fliegen fanden zwischen dem toten und dem lebenden Menschen keinen Unterschied. Dort und da saßen sie, auf der bläulich sich verfärbenden Nasenspitze des toten Großvaters und auf dem Augenlid der Großmutter, das nach unten gedrückt wurde, wie man einem Toten die Augen schließt. Der Landarzt stellte den Totenschein aus. Seine Bewegungen waren graziös. Einen Blick zum Kind, einen Blick zum Toten, den Blick vom Toten zum Kind. Die Mutter hob es zum Antlitz eines Spiegels und deutete mit dem Zeigefinger spöttisch auf sein verweintes Gesicht. Die Großmutter legte den Zeigefinger auf den Mund des Toten und stülpte die Unterlippe nach unten. Das Kind griff nach einem Stab des Gitterbettes und hielt ihn umfangen wie den Finger seiner Mutter. Vorbei zogen mehrere Dorfbauern, mit Sensen auf dem Schlüsselbein, drehten ihre Köpfe zum Totenhaus und gingen weiter, den Feldweg hinunter, vorbei am rieselnden Feldbach, wo schwer atmende Karpfen von Kinderhänden mit Gabeln verletzt wurden. Das aufspritzende Wasser war mit Fischblut gemischt. Am Totenhaus vorbei zogen auch zwei Dorfmägde, die vor der Feldarbeit zu Füßen des lebensgroßen Dorfkruzifix knieten, die Hände falteten, die Köpfe hoben und senkten. Steht der Tod mit einer Sense auf dem Schlüsselbein hinter ihrem Rücken? Oder ist er bereits voraus aufs Feld gegangen. Nach einer Zeit der Besinnung begannen sie wieder zu reden und blickten einander ins Gesicht. Noch immer standen die beiden Brüder am Feldbach und warteten auf den vorbeischwimmenden Hecht. Ungeduldig stocherten sie mit der Mistgabel ins leere Wasser. Die kleinen Löcher am Grund schlossen sich sofort wieder, Sand rieselte hinein. Die Wasserpflanzen wehten unter einem Wellenstrudel. Wo ist das Fischblut des Ackermanns? Wo? Zwei Gestalten lösten sich aus dem Nebel. Die beiden Mägde schritten auf die Brüder zu. Der Vater faßte die Füße des Toten und legte sie unter dem Wirrwarr seiner Schmerzen über Kreuz, so daß die eine Kniekehle auf der Kniescheibe des anderen Beines lag. Er spürte die Knochen seines eigenen Kopfes. Der Totenkopf seines Vaters lag vor ihm. Kerzen wurden angezündet, und das elektrische Licht hatte sein Werk getan. Das Kerzenlicht hielt züngelnd die erste Totenrede, denn der Großvater hatte als erster in der Dorfgemeinde ein elektrisches Kraftwerk gebaut. Die Großmutter säuberte seinen Leib. Sie sah nocheinmal seine Geschlechtsteile, die meinen Vater, der mit seinen Geschlechtsteilen mich und meine Brüder, meine Schwester zeugte. Das goldbraune Feld schimmerte und hüllte sich morgens in eine feingewobene Taulandschaft. Der Klee naß, die Füße der Kühe, die ich an Großvaters Totentag aufs Feld trieb, stampften im Kot des Bodens. Mit ihren Hörnern zogen die Stiere gegen den Nebel zu Felde. Der Großvater ist tot, wollte ich über die Felder und Wiesen rufen, der Ruf erstickte aber in meinem Mund wie unter Wasser. Was ist leichter, auf ein Kreuz am Golgathahügel genagelt dämmrig unter den Schmerzen der Hand- und Fußnägel aufs Feld hinauszublicken oder vor seinem toten Vater stehend in Gedanken mit der kleinen Kindergestalt noch einmal zwischen seinen zu einem Dreieck geöffneten Beinen durchzulaufen?

Jedesmal, wenn ich als Kind Rindfleisch aß, bekam ich Kopfschmerzen. Es war, als hätte ich als Kind schon

gefühlt, welche Rolle Rindfleisch, Kalb und Kalbstrick einmal für mich spielen würden. Das Wort war Kalbfleisch geworden. Waren es nicht Kopfschmerzen, die mich quälten, so erbrach ich das Fleisch. Ich stahl Hostien aus der Kirche, um nicht immer Bauernbrot essen zu müssen. Ich wollte mehr: ich wollte den Leib Christi. Ich aß eine Schachtel Hostien und trank Meßwein dazu. Ein kleiner, rotgekleideter Ministrant torkelte des Abends zwischen den Grabsteinen herum. Beim Anblick eines toten Kinderbildes auf einem Grabstein erstarrte ich. Beim Anblick eines alten toten Mannes freute ich mich, daß ich ein Kind war. Zwischen den Gräbern lag ich und ermordete Ungeziefer, Käfer und Würmer, die aus der Erde der Toten kamen. Sie sollten bleiben, wo sie aufgewachsen waren. Die Toten dieses Dorfes konnte ich damals in der Gestalt der Käfer und Würmer nicht ertragen. Aus ihrem Fleisch wuchsen und zu ihrem Fleisch wurden sie wieder. Mit einer Weizenähre zwischen den Zähnen stieg nachts der Großvater in meinen Träumen aus dem Grab und wusch mir die Füße. Mein Körper thronte auf dem schwarzen Totenkleid eines glänzendes Pferdes. Ein Fuhre Heubündel und eine Fuhre Leichenkränze müssen wir nach Hause fahren, Heubündel für den Vater, Leichenkränze für den Großvater. Im Tod des Großvaters sah ich in meinen kindlichen Augen den Tod des Vaters. Ein paar Jahre später sah ich im Tod der Großmutter den Tod der Mutter. Im Tod meines Vaters werde ich meinen eigenen Tod sehen und im Tod meiner Mutter den Tod meines Kindes. Der Himmel rückt mit jedem Tag näher, immer tiefer sinkt er, und meine nackten Füße zucken vom heißen Erdboden hoch.
Zwischen den Grabsteinen irrten Kälber umher und fraßen Blumen von den Gräbern. Wild durcheinander,

unter den Peitschenhieben mehrerer Bauernjungen drängten die Kälber zur Friedhofstür hinaus. Zwei, drei kindliche Gestalten gingen den Weg vom Spitzanger zurück zum Friedhof und ordneten die Blumen auf den Gräbern, während unten am Ufer der Drau die Kälber die Beine spreizten und sich mit Flußwasser sättigten. Gekennzeichnet sind die Knochen des Großvaters im Karner mit dem Familienband. Hafer und Getreidekörner füllen die hohlen Knochen des verschwundenen Bauern dort auf dem Friedhof, wo sich das Leben der Kinder in schöner Traurigkeit, aber ohne Gewalt abspielte, wo Spielzeugpflüge die Gräberhügel ackerten und kleine handgroße Plastikeggen über die Köpfe der toten Bauern, Bäuerinnen, Kinder, Mägde, Knechte, Keuschler hinwegzogen, wo Ministranten Weihrauchkörner in die Furchen legten und zueggten. Die zahme, hinkende Krähin steht davor und sieht mit zuckendem Kopf zu. Mit klirrendem Geräusch stellt der Totengräber die Schnapsflasche auf den Grabstein des Großvaters, und mit schnippenden Fingerbewegungen ängstigte er die ringsherumstehenden Kinder. Speckjause hat man ihm hingebracht, er soll sich anessen, er soll sich stärken, bevor er wieder ein Grab aushebt. Welches Grab wird es sein? Mein eigenes? Wer ist es, sag mir, Mutter, sonst kann ich nicht mehr von deinem Schoß weichen, bis das Grab wieder zugeschüttet ist und mich ein hügeliges Blumenfeld schützt. Wird der Frosch begraben, den ich heute morgen, während ich die Kälber ins Klee trieb, mit einem Haselnußstock zu Tode gestochert habe? Oder der Maulwurf, der vor ein paar Tagen quietschend unter dem Pferdehuf getötet worden ist? Bleibt das ausgehobene Grab über Nacht offen? Laß mich in deinem Zimmer schlafen, Mutter, ich habe Angst, daß ich ins offene Grab falle. Sag, wer gestorben ist, ich will mir den Toten ansehen, damit ich heute nacht von ihm und nicht von mir träume. Womit beschäftigt sich im Augenblick der Priester? Er weiß doch, daß es einen Toten im Dorf gibt. Kniet er zu Füßen des Gekreuzigten und küßt seine Wunden? All diese Fragen, Mutter, habe ich dir nicht stellen können, weil ich wußte, daß deine Sprache stumm ist, ich habe mir die Antworten selber gegeben, die Angst war auf der Suche nach Fragen und Antworten. Das Dorf steigt langsam mit seinen Kinderfüßen aus dem Blut und trottet aus der Geographie des Landes Kärnten.

Im Fichtenbett liegt die Großmutter und spielt mit ihren Fingern. Am Fensterkreuz windet sich unter der sommerlichen Hitze das Kruzifix. Das Gesicht der Großmutter nimmt die schmerzverzerrten Züge des Gekreuzigten an. Fliegen punktieren die Fensterscheiben. In den Fensterecken breiten Spinnen ihre Fangnetze aus. An der Zimmertür knabbert eine Ratte, bis sie ihr spitzes Maul hereinstrecken und den Krankengeruch schnuppern kann. Betritt der Priester den Raum, platzen die Fensterkreuze. Die Scherben fliegen in meiner Stirnhöhle in Zeitlupe umher und landen weich wie auf Daunenpolstern. Der Priester fixiert den offenen Mund und die fahlen Augen der Mutter des Ackermanns. Mit Augen und Händen macht der Priester, eine Hostie zwischen den Fingern, das Zeichen des Kreuzes. Er salbt und ölt ihre Stirn, bricht den Leib Christi, ihre Zunge streckt sich aus dem Mund und bleibt für ein paar Sekundenbruchteile auf der bronzenen Lippe liegen. Sie vertraut dem Priester ihr absterbendes Leben an. Er setzt sich auf einen Stuhl und legt seine Hand auf ihre gefalteten Hände. Mit brennender Kerze stehe ich vor dem Priester und der

Großmutter. Meine Handinnenfläche fängt das heiße Wachs auf. Halb einbalsamiert ist die Hand. Stückweise schlossen sich die gesprengten Fenster wieder, als der Priester die Sterbezimmertür schloß. Ich begleitete ihn zur Haustür. *Gelobt sei Jesus Christus.* In Ewigkeit Amen. *Komm, kratz meinen Buckel,* flehte die Großmutter, und meine Fingernägel waren voll von ihrer Haut, wenn ich über ihr Kreuz rieb. Die Mutter fuhr ihr mit einem feuchten Kamm durchs Haar und ließ Veilchenöl auf ihre Kopfhaut tropfen. Sie wollte nach den Blumen riechen, die über ihr wachsen würden. Vielleicht habe ich im elterlichen Heustadel auch deshalb Schwalben getötet, weil mir die Großmutter immer wieder von den Rufen des Totenvogels erzählt hat. *Die alte Grillenbergerin ist gestorben, ich habe in derselben Nacht ihren Totenvogel gehört.* Die Völkerwanderung der Ratten ging von diesem Hause aus. Großmutters Rücken kraulen und sich dabei die Totenvogelgeschichten anhören, aus dem Fenster blicken und das Haus der alten Grillenbergerin ins Auge fassen. Eines Nachts ging eine Horde Ratten über die Straße und holperte die Stiegen unseres Hauses hoch. Alle schliefen wir unter dem Narkotikum des Rattengeruchs ein. Öffneten wir die Dachzimmertür, schlug uns der Geruch entgegen und drang augenblicklich ins offenstehende Kinderschlafzimmer. Blut an der vierten Stufe der Dachbodenstiege, Blut am Ende eines Besenstiels. Wer hat wieder eine Ratte getötet? Während dem Mittagessen blicke ich allen in die Augen, Vater, Mutter, Geschwistern und Großmutter. Vielleicht hat sich eine Ratte in Großvaters Sarg gebettet. Drei Tage lag er im Haus. Vielleicht ist sie mit ihm begraben worden. Der Vater legt den Löffel neben den Teller und geht nach draußen. Ich bücke mich, um auf seine Fußsohlen sehen zu können. Zeigen sie rote Flecken? Schlug er mit seinen nach unten stampfenden Füßen zwei Nägel aus seinen Schuhen in die Mitten meiner Handflächen? Josef von Nazareth, König der Ratten. Im Spiegel der Rattenaugen sehe ich die auf mich zukommende Gestalt der Mutter. Sie wird mich unter den Achseln fassen, wird mich hochheben und mir keinen Kuß geben, dafür aber küsse ich den Spiegel, denn ich war ihr schönstes Kind. Immer größer wird ihr Kopf im Rattenauge, und ich spitze meine Lippen, um mir einen Kuß zu geben.

Ich sah, wie der Arzt auf der Straße den Volkswagen heranbremste, hektisch ausstieg und ins Haus lief. Aber der Tod war schneller. Gänsehaut überzuckerte meinen Körper. Ein paar Stunden später kam mein älterer Bruder, der damalige Elektrikerlehrling, nach Hause und konnte sein Fahrrad nicht mehr in der Rumpelkammer abstellen, denn eine Tote sollte in diesem Zimmer aufgebahrt werden. Er stellte es an die Hausmauer. Während er zur Küchentür hereinkam, saß ich auf dem Sparherd, der noch lauwarm war, und wärmte mein Gesäß. Meine Schwester und ich nickten ihm zu, sagten aber kein Wort. Ein schmerzhaftes Lächeln überzog sein Gesicht. In derselben Nacht schlief ich im Kinderzimmer, wo ich manchmal das Fließen und Tropfen des Urins in die Emailschüssel hörte, und ich lernte angestrengt lauschend unterscheiden, wenn die Schwester auf dem Topf saß, breit und flächig, wie wir es im Stall bei den Kälbern und Kühen sahen, und den Strahl der Brüder. Die Schwester zeigte uns ihren Hintern, lachte, warf die Bettdecke über ihren Körper, ihre Zöpfe schwangen mit und lagen ruhig auf dem Polster. Das Haus roch nach Fichten, nach Totenfäulnis, nach Asche, nach Kerzen, nach schwarzen, modrigen Kleidern; Kinderhände rie-

chen nach Urin, die Hände des Vaters nach der Totenfäulnis seiner Mutter.

Großmutter, wenige Jahre nach dem Tod der Mutter
meiner Mutter sagtest du, daß jetzt schon fünf Jahre her
sind, seit *deine Muata hin is.* Warum konntest du nicht
sagen, daß sie *gestorben* oder daß sie *tot* ist. Du hast
Wörter verwendet, mit denen man von toten Tieren
spricht. Die Katze ist hin, das Kalb ist hin, das Pferd ist
hin, die Großmutter ist hin. Immer wieder von neuem
gekränkt hat es mir meine Mutter erzählt, wenn wir, als
du längst tot warst, über dich sprachen. Du weintest, als
der Arzt über dir stand, die Spritze in die Höhe hielt und
ein paar Tropfen aus der Nadelöffnung schoß, sich zu dir
beugte mit Watte und Alkohol, dein Gesicht wurde zur
weinenden Grimasse eines Kindes, während er die Nadel
in deinen pferdeflankengroßen, weißen Arsch stach.
Anläßlich deines Todes haben die Dorfleute meiner
Mutter Lindekaffee, Melanda, Jacobskaffee, Staub- und
Kristallzucker gebracht. Ich habe alles in einen Kasten
geschlichtet und stolz der Mutter die Aufschriften vorge-
lesen. Wenn alles ausgeht, dann soll der eine Großvater
sterben, die Dorfleute werden wieder Kaffee, Zucker und
Salz bringen, lange können wir davon leben, Mutter,
lange. Trat eine Sterbepause ein, kam eine allgemeine
Todesangst im Dorf auf. Wer wird der nächste sein? Es
muß schlimm für meine Mutter gewesen sein, als es dein
Tod mit sich brachte, daß aus ihrem Garten viele Blumen
geschnitten und du und dein Tod damit geschmückt
werden mußten. Wenn sie *deinen Tod* geschmückt haben
wollte, dann nahm sie die Blumen gerne aus dem Garten,
wenn sie aber *deinen toten Leib* damit schmücken sollte,
wahrscheinlich nicht. Dein Tod war einfach. Eine Fichte
fiel, zwei Tage lang war dein Atem schwer, der Mund war

offen, und aus dem Rohrbrunnen trank mein kleiner Bruder während deines Todeskampfes, *paßt auf, daß er nicht ertrinkt*, klares Bergwasser. Als dein schwerer Atem begann, spitzte im Haus alles die Ohren. Schwalben überflogen die Schlange des Leichenzuges. Der Ackermann blickte links und rechts, hob den Kopf, um zu sehen, ob nicht einer seiner Todfeinde mitmarschierte. Während deines Leichenbegängnisses durfte ich nicht ministrieren. In Zivilkleidern wurde der Erzministrant in den Corpus der Trauergemeinde eingenäht. Mein Körper lief zwischen den Beinen der Trauernden hindurch, stolperte und erhob sich wieder, um zuvorderst an deiner Bahre stehen zu dürfen. Wie eine automatisch sprechende Maschine flüsterte ich, auf das Kruzifix des Sargdeckels blickend, in dich hinein. Ging der Faden der Gebete, die ich auswendig kannte, seinem Ende zu, begann ich von vorne. Am liebsten wollte ich in meinem schwarzen Ministrantenkittel bloßfüßig in der Kirche vor deinem Sarg stehen. Ich hebe den Sargdeckel ab und spritze dir Weihwasser ins Gesicht, aber du zuckst nicht mehr zurück, als Lebende drehtest du scheu lächelnd den Kopf zur Seite, wenn ich dir Wassertropfen ins Gesicht spritzte. Nach deinem Begräbnis hatte ich den ersten Rausch meines Lebens. Ich nippte an den umherstehenden, halbvollen Rotweinflaschen. Den zweiten trank ich mir am Altar an. Betrunken spielte ich deinen Tod nach. Ich legte mich auf die Holzbank und faltete die Hände, den Mund öffnete ich, und die Augen starrten gegen die weiße Decke. In meinem Kopf kreiste dein Sarg wie ein dürres Blatt im Wind. Herrschaftlich stellten sich die goldenen Füße deines Sarges auf meinen Bauch. Hand in Hand liefen mein Cousin und ich auf die Tür deines Sterbezimmers zu, stießen sie mit den Füßen auf, wie

Westernhelden mit gezückten Pistolen einen Saloon betraten. Wie ein Faustschlag warf dein Totengeruch uns zurück. Aber wir drängten einander ins Zimmer. Der Cousin wollte mich und ich ihn auf dein leeres Totenbett werfen.

Welche Bewunderung schenkte ich dem Leichenbestatter, als er damit beschäftigt war, Großvater und Großmutter für das letzte Erdenfest zu dekorieren. Fuhr er später mit seinem Leichenwagen die Straße entlang, in eine andere Ortschaft zu einem anderen Totenhaus, winkte ich ihm zu. Er winkte zurück und bewegte dabei seine Finger wie ein Klavierspieler, der schnell über die Tasten gleitet. Aus Angst und Respekt vor dem Totengräber bringen ihm die Dorfbäuerinnen Speck, Brot, Wurst und Most auf den Friedhof, während er arbeitet, oder laden ihn in die Bauernstube. Er erzählt von den Toten des Nachbardorfes, der Anlage der Friedhöfe, von den halbwüchsigen Kindern, die Gräber schänden, und von denen, die es als ihre Pflicht verstehen, alle verlassenen Gräber zu pflegen, mit Blumen und Kerzen zu schmücken. Er redet von den Toten dieses Landes. Er verdient sein Brot damit, sagt er stotternd. Wir drei Kinder hocken auf der Bank und beugen die kleinen Oberkörper über den Tisch, riechen den Schnaps, den Speck und das frische Brot, sehen seinen Kaubewegungen und seinen halbierten und holprigen Worten zu. In seinem Stottern und in seiner Arbeit sehe ich die souveräne, stumme Sprache meiner Kindheit. Seine Kleider sind voll Erde, voll vom Duft des Totengeruchs, verfaulter Kirchhofblumen, voll von eingetrockneten Kerzenwachstropfen. Er trägt die Schuhe der Toten, wenn er über den Gottesacker schreitet. Er nimmt Schaufel und Erdpickel aus dem Karner, schiebt einen vom Erdmantel umhüllten Knochen zur Seite, der zwischen Angel und Tür liegt, und dreht den Schlüssel im Schloß um. Er atmet tief, wenn er von weitem eine schwarze Schlange über den Querbalken des Dorfkruzifix sich bewegen sieht, wenn die Glocken zu läuten beginnen und er im nächstliegenden Heustadel verschwindet, um von dort aus einem Fenster beobachten zu können, wie der kleine weiße Sarg oder der große blaue oder schwarze Sarg in seinem Werk versinkt. Der Augenblick des Verschwindens des Sarges ist für ihn der schönste. Wenn die Sterbeglocke einen Toten angekündigt hatte, wagte ich nie, allein über die Dorfstraße zu gehen.

Am wohlsten fühlte ich mich im Dorf auf dem Friedhof. Beliebig konnte ich auf ihren Köpfen, Brüsten und Beinen herumtrampeln. Ich stellte mir vor, wie alle Toten dieses Friedhofes auf meine Fußsohlen blickten, der eine oder andere seinen Kopf mit den Händen schützte. Die Namen auf den Grabsteinen lesen, erschrecken, wenn jemand denselben Vor- oder Familiennamen trug. Vor den frischen Gräbern hatte ich Angst, der Tote, der dort lag, war vor ein paar Tagen noch lebendig, das konnte doch nicht sein, daß er meine Schritte nicht hörte, das konnte doch nicht sein, daß wir beide uns voneinander unterschieden. Nachts schleiche ich auf den Friedhof und hole mir einige Brustbilder, sonst kann ich nicht einschlafen, und lege sie unter das Kopfpolster. Ich brauch mein Brustbild auf dem Grabstein, sonst hole ich in der nächsten Nacht dein Gesicht und klebe es in den Rahmen. Schnell drehe ich öffnend und schließend den Schlüssel im Tor um. Der Atem der Brüder beschützt mich. Ich fasse die Hand des Bruders, der im Bett liegt, und halte mich fest, sie zuckt, beruhigt sich aber wieder. Kommt der Tote, um sein Brustbild zu holen, muß er auch meinen Bruder mitnehmen, einer von uns wird

aufwachen und den anderen aufwecken, dann schlagen
wir den Toten auf den Friedhof zurück. Als der Totengräber ein Grab für die Großmutter schaufelte, kam er mit
seiner Schaufel zu nahe an den Großvater heran. Ein
Knochen stand hervor. Schade, daß er den Knochen
entfernte, der Großvater wollte in den Sarg der Großmutter greifen und ihr die Hand geben. Der Totengräber
geht zielsicher auf den Karner zu, der Vater unsicher. Der
Totengräber trägt die Taschenlampe. Ein aufgeschlagenes
Ei, Dotter und Eiweiß rinnen über die Eckzähne der
Schalen. Vater und Totengräber schreiten darüber hinweg
und öffnen die Tür des Karners. Der Strahl der Taschenlampe zeigt auf den Knochen des Großvaters, sie bleiben
andächtig davor stehen, blicken einander an, schließen
die Tür wieder, und im Weggehen schmerzt es den
Ackermann, daß der Knochen seines Vaters ins Eigentum
des Totengräbers übergegangen ist, er befühlt im Hinausgehen die Rippen seines Brustkorbes und geht mit dem
Totengräber die Dorfstraße hoch. Am Ärmel zerrt mich
der Bruder ans Fenster der Speisekammer. Dort kommen
sie. Der Totengräber wird Schnaps trinken. Die Mutter
fragt ihn, ob er etwas Warmes zum essen haben will. Der
Totengräber verneint, die Toten sind kalt. Alsodann eine
Scheibe durchwachsenen Speck, Wurst, Essiggurken,
selbstgebackenes Brot, Messer links, Gabel rechts oder
umgekehrt, wenn er Linkshänder ist wie ich, und ich
hocke vor ihm und blicke ihm ins Gesicht. Ich beobachte
jede Regung, jede Bewegung seiner Hände. Wie schnitt er
den Speck? Wie brach er das Brot? Wohin schaute er,
wenn er die Lippen öffnete? Welche Worte gebrauchte
er? Der Geruch seiner Kleidung? Ich hockte vor ihm,
wollte meinen kugelrunden Kopf in seine Handschalen
legen und einschlafen. Die Haßgefühle zwischen Toten-

gräber und Leichenbestatter sind mir schon als Kind aufgefallen. Gerade ihre Gemeinsamkeit ist es, die sie trennt. Ähnlich ist es bei einem Priester und einer Hebamme, bei einem Chirurgen und einem Seelenarzt, beim Dichter und bei seinem Leser. Nur den Menschen, den ich im Augenblick meines Todes geliebt habe, werde ich hinter mir hergehen lassen, und dieser Mensch, der sich in seinem Todeskampf in mich verlieben wird, werde ich sein, und ich sehe, wie ich als 25jähriger Mann hinter dem 36jährigen Leichnam meines älteren Ichs hinterdreintrotte.

Ihren Kopf streckte meine Mutter über die Sterbende. Vom vorvorletzten zum vorletzten und vom vorletzten zum letzten Wort wurden ihre Mundbewegungen schwerfälliger, ihr Atem schneller. Das letzte Wort sprach sie aus wie ein Kind, das zum erstenmal ein Wort auf seinen Lippen formt und dabei lacht, aber anstatt zu lachen, starb sie mit einem Wort auf den Lippen, das von Mund zu Mund ging. Sie roch ihre letzten Atemzüge, hörte ihre letzten langgezogenen Wörter, sah zum letztenmal das Zittern ihres Nachthemdes über der Herzgegend. Sie spürte, wie sich unter ihrem Körper zwei Füße nocheinmal im Todeskampf durchstreckten, hörte den Wind an die Fensterscheibe scheppern. Unter ihr wieherte ein Fohlen, das mit seinem tagelangen Gestampfe die Bretterwand brennholzreif schlug. Meine Mutter liebte ihre Mutter. Nun liebte meine Mutter eine Tote. Langsam hob die Mutter den Kopf, bis der Adamsapfel hervortrat, und blickte einem Heiligenbild lange in die Augen. Ihr milchweißes Gesicht errötete. Mäuse und Ratten rüsteten sich für ihren nächtlichen Totengesang. Die Herzen der Heiligenbilder schlugen. Die Regenfäden vermählten sich und spannen sich zu Abertausenden

Nabelfäden, die von der breiten, grauen Wolkenschicht bis zum Boden des Dorfes fielen. Die Zähne der Eggen bissen in die Erde und krabbelten wie Tausendfüßler über den Acker. Noch weiß der Großvater nicht, daß seine Frau gestorben ist. Den quadratischen Acker kreisten unzählige schwarze Raben ein. Der eine hockte auf einem Zaunstempel, die anderen punktierten die Stacheldrähte. Mehrere Heuschober standen schief, und ein schwertgroßer Hecht kämpfte gegen einen Karpfen. Die Weintrauben rankten sich hoch und starrten neugierig ins Totenzimmer: Zwei Hände halten Totenwäsche an einem nackten Körper. Auf dem Feld wendet das Pferd mit der Egge zur nächsten Spur. Die Gummistiefel des Bauern sind voller Erde. Schwere, vom Regen klebrige Klumpen schleppt er hinter sich her. Über einem gewölbten Bauch reibt die nonnenweiße Hebamme ihre Hände. Ein kirschroter Kindermund öffnet sich zum Schrei, und eine Hand sucht zitternd nach der Wunde. Eine ihre Beine spreizende Milchkuh befreit sich von der Schwere ihres Kots. Eine Hand greift nach einer Totenkerze, eine andere zündet den weißen, zungenlispelnden Docht an. Das Wasser in der Waschschüssel färbt sich vom braungelben Schmutz der Toten. Schütt es über den Balkon, aber laß vorher den Kinderkopf dort unten ausweichen. Leise und andachtsvoll öffnete ich die Tür und sah die tote Großmutter väterlicherseits nackt im Bett liegen. Die Tante strich mit einem feuchten, dampfenden Handtuch, in dem vielleicht zwei Tage später wieder ein Kinderkopf getrocknet würde, über die Brust der Toten. Ihr Mund war sperrangelweit offen. Der Adamsapfel stand hervor wie ein spitzer Stein aus der Erde. Verkrampft lagen ihre Hände auf dem groben Leinen. Die Tante hatte eine weiße Schürze um den Leib gebunden. Sie hatte einen

Zwergbuckel, und ihr Kopf lag fast ohne Hals auf dem Oberkörper. Sie bückte sich nicht, wenn sie nach einem Kind langte. Ihre Hände sind lang. Die eingefallenen Wangen der Großmutter erinnerten an aschgraue, erloschene Krater. Die Erde drehte sich um die Welt. Irgendwo zersplitterten ein paar anonyme Kinderknochen. Geräusche aneinanderreibender Steine in der Seele eines Kindes. Das Kruzifix hing im Herrgottswinkel und vervielfältigte Gebetsbücher. Die Möbel, der gähnende Kasten, die Stühle und der Diwan, die beiden Betten und die Füße der Tante schwebten zehn Zentimeter über dem Boden, wie eine Prothese im wassergefüllten Milchglas schwebt und grinst. Und die Tante wusch und wusch, und ihre Tränen salzten und wuschen den nackten toten Körper der Großmutter. Hat den toten Großvater einer seiner kinderlosen Söhne gewaschen? Es waren ebenfalls sechs Kinder. Ein Sohn und eine Tochter sind kinderlos geblieben. Wer wird von uns Kindern kinderlos bleiben? Meine Schwester und ich? Dann wird mich die Leiche meines Vaters zum Totenwäscher anstellen. Staubfetzen formierten sich zu Wattebäuschen und rollten über den Boden. Hält sie ein Kinderfuß gefangen, sind sie plattgedrückt wie ein Käfer mit übereinandergebissenen Zähnen oder eine Ratte unter dem Kruzifix eines nägelbeschlagenen Fußes, der auf den Stelzen von Erdklumpen geht. Leise und andachtsvoll auftreten, denn wir haben jetzt zwei Tote im Haus, die meine Prosa zusammengebracht hat. Schritte werden hörbar. Meine Kindheitserinnerung setzt in dem Augenblick ein, wo mir die Tante die tote Mutter meiner Mutter zeigte, mich hochhob und mein Blick auf das Angesicht des Leichnams fiel, der in einem immergrün verzierten Sarg lag. Damals war ich drei Jahre alt. Mein erster Mensch ist eine tote Frau, nicht Adam oder Eva oder ein Menschenaffe. Die Tante hebt mich in die Höhe, zwei, drei Zentimeter pendeln meine Kinderfüße über dem Boden, ein Ruck und meine Füße pendeln zehn Zentimeter über dem Holzboden, höher, Tante, höher, die weiße steife Kerze hoch, aber zünd meine Füßchen nicht an, die heiß sind vom engen Schuhwerk, die Knöchel sind rot und brennen vor Schmerzen. Immergrün schmückt den Sarg, dicht wie Mutterhaar auf dem Kopf ist es an den Sarg gebunden. Zwei Mutterhände greifen nach den Ästen des Immergrünstrauches im Garten und reißen, die Äste wippen, der Kopf liegt im Nacken, wieder wippt ein Ast, und ein Büschel Immergrün wird einem Kind, das neben dem Mutterbein steht, heruntergereicht.

Ich denke an die Schlampigkeit des Priesters, der eine Selbstmörderin zu begraben hätte. Mit welchen Ehren wurde der Großvater ins Grab gelegt. Auf einem schwarzen Polster waren die Abzeichen seiner Kriegsverdienste zu zählen, zu bewundern oder zu verachten. Wo mehrere Ärzte sind, ist der Tod nahe. Der Eiskasten im Krankenhaus beginnt zu schwitzen. In den fünf Minuten, in denen sie zählend die Tabletten schluckt, spielt sich ihr ganzes Leben ab bis zum Augenblick, wo die Trauergäste auf dem Friedhof nach den Feierlichkeiten ihr Grab verlassen. Sie sieht, wie der Totengräber die Schaufel von der klebrigen Erde befreit, wie die Ministranten ihren Trauerumhang ablegen, kichern, wie der Priester andächtig, einen Toten im Kopf, die Stola über sein Haupt hebt, im weißen Unterkittel in der Sakristei steht, den Strick löst, die Truhe öffnet und die Zelebrationskleider hineinlegt, Rosenkranz drauf, Blumen, Kranz und Kleider begraben. Mit einem Mal bekommt sie die ganze Welt in den Griff, denn wenn sie stirbt, stirbt die Welt mit ihr. Als Lebende ist sie nur eine Bauerntochter, als Sterbende eine Königin, die einen Kontinent regiert. Die Erntedankkrone glitzert, und die Sonne vergoldet sie. Sie hält das Zepter der leeren Tablettenphiole. Sie ist allwissend. Die Heiligenfiguren treten aus den Bildern und bleiben in ihr stecken. Die Schere des Wahnsinns hat sie herausgeschnitten. Sie sieht in den Spiegel, der wie ein Engel über ihr schwebt. Während sie sieht, wie sie mich als Kind vom Boden hebt, wie sie lächelt und mir auf die Hinterbacken klopft, wie sie ein Kalb verscheucht, weil zwei Kinder in der Nähe stehen, während sie einen Korb Holz aus der Hütte trägt, um unsere Hände und Füße zu wärmen, während sie das Badewasser für die Geschwister mit ihrem Fieber erhitzt, während sie die Milch aus den Zitzen der Kühe drückt und zwei Paar Kinderlippen eine Schale hinhält, während sie mit plitschnassem Kopf fröstelnd, verfolgt vom Gewitter, durch den Regen läuft, während sie das erstemal spürt, wie sich Menstruationstropfen lösen und Angst und Schweiß und Schwindel auftreten, während sie um unseren kleinsten Bruder, dem ein Erstickungsanfall droht, weint und uns, meine zwei Brüder, einen Cousin und mich, die wir beim Schachspielen über einen aufregenden Zug lachen, mahnt, wir sollten zu lachen aufhören, mache ich in ihren Augen einen wagemutigen Zug und gehe zur Küchentür hinaus, mit dem Schleier meiner Tränen an der Magd vorbei aufs Klosett und weine, und meine Fäuste zerknüllen das alte Zeitungspapier, die Kirchenblätter, die Bauernzeitung, die Tageszeitungen und die Partezettel, die unter dem bedruckten Papier liegen, und zerreißen sie, ich nässe in meine Hose und sehe die unregelmäßigen, dunklen Adern im Lodenstoff, und ich sehe, daß der Kot der

Hausleute die Haube zerfetzter Todesanzeigen trägt. Das todkranke Kind auf dem Tisch inspiriert den Cousin zum Sieg auf dem Schachbrett. Die Spiegeloberfläche pocht. Mutter und Vater schlafen, die Brüder auch. Die Mutter nähert sich dem Tod. Ihr Herz klammert sich an den schmerzstillenden Inhalt einer Tablettenphiole. Das staubbedeckte Wasser im Glas auf dem Nachttisch zittert. Die Pfauenfedern hinter ihres Vaters eingerahmtem Kopf reißen ihre Augen auf. Das phosphoreszierende Kruzifix blutet grünes Licht aus seinen Nagelwunden. Die Mutter dreht sich zur Seite, Schweißtropfen fallen ihr von der Stirn und landen leichtfüßig wie Tänzerinnen in des Vaters Schuhen, die voll von Strohhalmen sind. Mit in- und übereinandergreifenden Händen verwirrt der Wind die Äste und Blätter der Eiche. Der Vater sitzt auf dem Rücken eines Pferdes, dem sein Traum die Sporen gibt. Die Ratten träumen von einem toten Menschen. Schweinsaugen glitzern im feuchten Stroh. Die Träume sind es, die das Dorf hell erleuchten. Langsam, sie nehmen zwei Schritte für einen, tragen die Bauern Heubündel, die Bäuerinnen Kinder auf ihrer Brust. Alle sind sie weiß angezogen. Im Nachthemd oder im Totenkleid laufen sie von der einen Stadelecke in die andere. Das keuchhustenkranke Kind bellt, und der Wind schlägt das Immergrün an die scheppernde Fensterscheibe. Im Haus 19 will ein Mensch sterben, seine Achseln sind feucht wie ein offenes Grab, in das Regenwasser fällt. Mit kotigen Schuhen passieren Trauergäste das Friedhofstor. Der Pfau hebt seine Brust und reißt weit seinen Schnabel zum Schrei auf. Er hebt seinen Fuß und krallt seine Zehen zur Faust. Die Bilder an der Spiegeloberfläche werden chaotischer und schneller. Sie kaut an ihrer letzten Tablette. Die anderen schluckte sie unter Wasserzufuhr. Sie will ihren Tod hinauszögern. Sie betet für ihre Brüder, für Mutter und Vater. An der Tür wird die Todesanzeige hängen. Begleiten unsere liebe Tochter zur letzten Ruhestätte, und ein paar Tage später in den Tageszeitungen die Danksagung für die vielen Blumenspenden und aufrechte Teilnahme und Mitleid, das uns allen geholfen hat, den Tod unserer Tochter mit Geduld zu ertragen. Was ist mit meinen Fußspuren auf den Äckern? Wie lange werden sie bestehen? Bis der nächste, schwere Regenguß kommt. Wer wird sich in mein Bett legen, wo ich seit dem Tod unserer Großmutter einquartiert bin? Und der Totengeruch, der in der Matratze zurückbleiben wird. Auf Hände und Füße brenne ich Wunden, dort soll man die Nägel meines Sarges bohren. Niemals zeigt der Bestatter seine Nägel. Er geht mit diesem Wunder durch das Dorf, vorbei an Haus und Stadel, durch den Flur, in die Küche und ins Totenzimmer. Gibt ihm der Priester ein Zeichen, zückt er sie. Er dreht sich um. Sein Blick sagt alles. Niemand darf sehen, wie er mit Nägeln und Schrauben den Sargunterteil mit dem Sargoberteil verbindet. Die Mutter weint und streckt ihre Hände. Augenblicklich wachsen ihr Fingernägel. Schneetreiben über meinem Grab. Färbige Blätter über meinem Grab. Geköpfte Blumen mit Mädchenzöpfen, gebrochen von der Hand des kleinen Bruders. Ob mich die Mutter einmal, zweimal oder öfter aus Gewohnheit zum Essen rufen wird? Und die Blumenbeete im Garten der Mutter? Mit ihren breiten Schuhen teilte sie den Garten zu 15 oder 20 Gräbern auf. Niemand durfte die Blumen verletzen, *paß auf die Blumen auf, paß auf.* Wenn ich tot bin, soll Stille herrschen. Am Ende des Leichenzuges werden Kinder mit Plastiktraktoren und kleinen Plastikpflügen spielen. Am Anfang des Leichenzuges der Mesner, der Priester, die ersten zehn oder zwanzig Leute hinter dem Leichenwagen, dann kommt das Spiel, die vorderen murmeln, die hinteren murmeln und verkaufen mit einem Handschlag im Leichenzug ein Stück Vieh, würden sie doch Menschen verkaufen, Kinder vielleicht, die ich nie auf die Welt bringen konnte. Soll ich das Totenkleid anziehen? Soll ich vorher ins Bad gehen? Man könnte mich hören. Wirst du meinen Leib säubern, Mutter? Oder wird mich die Tante, deren Patenkind ich bin, waschen? Schließ mir den Mund mit einer Binde und verschlüssle sie am Haupt. Während du an der Binde arbeitest, sollst du mich ansehen, als hätte ich Zahnweh und könnte vor lauter Schmerz nichts mehr sagen. Der Pfau ist schön, wenn er unter einem reifen Reineclaudenbaum steht und ein Rinderkonvoi im Regen vorbeimarschiert, hinterdrein geht mein ältester Bruder mit einer Peitsche in der Hand, soll er doch mit einer Peitsche hinter meinem Sarg hergehen und im Rhythmus der Gebete auf den Sargdeckel schnalzen, die Rosenköpfe guillotinieren, das goldene Kruzifix peitschen, so daß Jesus zu Boden fällt und ich ihm wieder aufhelfe und stolz die Peitschenhiebe meines Bruders zu tragen helfe, vorwärts, die Tote will Friedhofserde essen, vorwärts. Als der Großvater starb, habe ich seinen Nadelstreifenanzug putzen müssen. Und die Falten in meinem Totenkleid? Sie werden ein neues Bügeleisen kaufen müssen. Ob meine Frisur noch bis zum Begräbnis halten wird? Der Wind wird unter der Erde wehen, er wird meinen Totenschleier davontreiben, und ein Mädchen in Zöpfen wird ihm nachlaufen.

Ich schritt die leere Mitte des Riesenkrankenzimmers ab, links und rechts standen, lagen oder hockten die Irren wie Bettler auf den Straßen. Sie saß in einem Gitterbett, schmal und blaß. Zwei unbeschriebene Buchseiten ihre beiden Hände, die sich falten und öffnen konnten. Gerade gestern durch einen Fernsehbericht über Bauersleute, die eine ganze Schulklasse mongoloider Kinder in ihrer Umgebung beherbergten, habe ich wieder erfahren, daß die Bauersleute besonders mitleidig sind, da auch sie wenigstens ein geschädigtes Kind in ihrer Familie haben.

Der Spiegel hört mir zu. Ich habe mich in einen Spiegel verwandelt. Wenn meine Mutter kommt und mich tot sieht, wird der Spiegel zerspringen. Wäre ich doch die Tochter des Papstes, gingen rotgekleidete Ministranten vor meinem Sarg, so bin ich nur die Tochter eines Bauern mit Nylontotensocken. Könnte ich rote Totenschuhe tragen wie die toten Päpste. Werden die Totengräber nicht stolpern, so daß der Sarg aufbricht und mir die Tabletten aus dem Mund fallen wie Schneewittchen der giftige Apfel? Zwerge roter Ministranten. Ich steige aus dem Sarg, hebe den einen Fuß, graziös und vorwurfsvoll sehe ich den Trauernden in die Augen. Die Scheintote. Sie hassen mich, weil ich wieder am Leben bin. Sie liebten mich, als ich tot war. Jetzt zerstreuen sie sich. Der Priester flüchtet zum größten Kruzifix des Dorfes. Er hält sich an dessen Füßen und spricht zu Gott. Und meine Mutter Maria öffnet die Laken, wie ein Schmetterling krieche ich aus der Larve des Totenkleides, nackt liege ich über dem Schoß der Mutter. Sie sitzt auf einem Melkschemel und streicht mir das Haar glatt.

Obwohl wir nur in den Tageszeitungen von Stierkämpfen lasen, Berichte in farbigen Illustrierten, die uns der Postbote ins Haus brachte, in unserer Kinderfantasie waren es die Stiere im Stall. Nachts trugen sie Kämpfe aus. Einmal war ich der Torero, einmal jemand aus dem Publikum, der lieber den Tod des Toreros beklatscht hätte als den sterbenden Stier. Als Kind rührte ich im Stierblut. Es sah anders aus als Schweins- oder Kalbsblut. Es riecht nach Menschenblut, sobald dieser Stier einen Menschen umgebracht hat. Für ein Tier ist es vielleicht ein schöner Tod, wenn es durch Menschenhand sterben muß, nachdem es einen Menschen umgebracht hat. Ein Pferd schleppt den toten Stier aus der Arena. Der Torero schreitet zur Ehrentribüne, um den Handrücken der Königin zu küssen. Die Königin nimmt ihre Krone vom Kopf und setzt sie dem Torero aufs Haupt. Das *Haupt des Toreros* und der *Kopf der Königin*. Als der Torero mit offenen Armen einem Stier entgegenläuft, läßt er sich die beiden Hörner in die Brustwarzen stoßen. Mit der Krone auf dem Kopf stirbt er für die Königin von Spanien. Im Todeskampf schreibt er mit seinem Blut in den Sand, daß die Stiermorde unter der Maske sportlicher Wettkämpfe beendet werden müssen. Madame . . ., ruft er, Kopf und Oberkörper noch einmal hebend, zur Tribüne hinauf. Er kann den Satz nicht vollenden. Ein Blutstrom schießt aus dem Mund. Auf einer Bahre wird der Torero zum Totenbett getragen; gestickte Stierköpfe auf dem Leichentuch. Ich gehe in den Stall und schlag dem Stier die *Bunte Österreich Illustrierte* über den Schädel, die seit mehr als einem Jahrzehnt gratis geliefert wird, weil an einer Heustadelwand große Tafeln für diese Wochenzeitung werben. Im Konkurrenzkampf mit meinem Bruder stand ich am späten Vormittag am Anfang der Dorfstraße und wartete den Briefträger ab. Wir schlugen uns um die Bilder. Übersahen wir den Briefträger, hetzten wir in die Küche und rissen sie der Mutter aus den Händen. War es der Vater, der sie gerade las, blieben wir stockend an der

Türschwelle stehen und gingen rückwärts wieder hinaus. Sah der Vater, daß ich seinetwegen das Zimmer verließ, geriet ich ins Schwanken. Die Mutter fing mich auf. Der Vater hat wieder gesehen, daß ich ihn nicht liebe, Mutter, muß ich jetzt sterben? An ihren braunen Strümpfen, die ihre Krampfadern verdeckten, hielt ich mich fest. Die Schwester schüttete mir kaltes Wasser über den Kopf. Ich schrie auf, lief zur Tür hinaus und verkroch mich im Heu des Stalls. Der Brustkorb des Toreros ist offen, und ich sehe Porzellanstiere aus seinem Herzen marschieren. Langsam umschließen meine Finger das leuchtende Glas der Glühbirne wie den Kopf eines Geliebten und zerdrücken sie.

Wie die Mutter während der Schweinsgeburt ihre schleimbedeckten Hände in ein grobes, halbverdrecktes Handtuch wischt, säubert der Junge seine samenfeuchte Hand in einem Heubüschel. Niemand darf es wissen, daß ich wieder hierherkommen und ununterbrochen auf die grünen Baumkronen der Zwetschgen blicken werde. Die Schwalbe, die es gesehen hat, wird sterben müssen. Ich werde sie töten. Zwei Hände stoßen die Heugabelspitzen nach unten, ein Blutfaden zieht aus der Schnabelspitze, die Krallen öffnen sich, und der Vogel ist tot. Ängstlich lasse ich die Heugabel fallen und laufe mit dem schnellen Getrippel einer Ratte die Stiege hinunter ins Haus, an der Mutter vorbei schnell über die Stiege hinauf, den Gang entlang, noch einmal links, vorbei an der quietschenden Dachbodentür, wo die Nasenspitze einer Ratte zu sehen ist, schnell zieht sie ihre Schnauze zurück und trippelt die sechzehnstufige Stiege hoch, links den Gang entlang, noch einmal links auf die offene Schlafzimmertür zu, und Junge und Ratte stehen einander vor den Kinderbetten einen Augenblick erstarrt gegenüber.

Der Speck hängt in der Dachbodenkammer an Schnüren eines Kalbstrickes. Schwalben schlüpfen zum offenen Fenster herein und drehen wieder um. Der Wind bringt das Fleisch zum Schwanken. Der Junge sieht im Schwanken des Fleisches die Bewegungen des toten Tieres. Der Bruder ist mit einem Knüppel nachgekommen. Sie werden Ratten töten, Spinnweben zerstören, die Fledermäuse aus ihrer Behausung locken und die tütenförmigen Wespennester mit einem Schlag vom Querbalken trennen. Das Maul aufreißend wird die Ratte enden, die Beine von sich strecken wie ein Mensch im Dorf. Ob Tier oder Mensch, wer im Dorf stirbt, ist egal, wichtig ist der Tod, der einem am Leben erhält. Den Atem angehalten, hocken die beiden Brüder mit gezückten Knüppeln zur linken und rechten Seite des Dachbodenkastens.

Das Leben im Dorf war human, wenn der Dorföffentlichkeit ein Toter präsentiert werden konnte, wurde kein Tier geschlagen, kein Mensch gezüchtigt. *K. ist ein aussterbendes Dorf. Der Herrgott schmeißt Knittel ins Dorf.* Kein Mensch stirbt ohne Gott, und kein Gott stirbt ohne einen Menschen im Dorf. Die Dorfleute glauben an Gott, an Wahrsager und Sprichwörter. Ich könnte ihnen zu Füßen fallen, sie anbeten und mich zerstören lassen, aber es ist besser, ich gehe ans Ufer der Drau, hocke stundenlang auf einem Stein, tauche die Füße ins Wasser, bleib ruhig und zittere nicht, dann wagen sich die Fische an meine Füße heran und schnuppern an meinen Zehen. Es ist besser, wenn ich einsam auf einer Weide bei einem kniehohen Feuer hocke, Erdäpfel brate und darauf achte, daß die Kühe den Anger nicht verlassen, mit einem Weidenstock hin- und herspaziere, auf die Berge zeige, wo ich meine Fantasieschlösser sehe, wo ich Prinz und Bettelknabe bin, und weinend zu Flanken einer Milchkuh stehe und das kotbehangene Haarbüschel des Schwanzes betrachte.

Fuhr ein Rotkreuzwagen mit Blaulicht oder schriller Sirene vorbei, kniete ich neben dem Straßenstein nieder und begann, für den Verletzten zu beten. Ich hoffte, daß er mit dem Leben davonkäme, ich hoffte aber gleichzeitig, daß er stürbe. Manchmal weinte ich, manchmal sprang ich in den Straßengraben und schlug in Meaculpagebärde dreimal meine Faust auf die Brust, mea maxima culpa. *Weiße Mäuse* nannte man die fahrenden Polizisten, die die Kinder auf dem Sandhaufen erstarren ließen, wenn sie langsam links und rechts blickend über die Dorfstraße fuhren. Sobald ich einen Polizisten sah, fielen mir alle Untaten ein, genauso, wenn ich in der Kirche den Beichtstuhl betrachtete. Als einer der wenigen im Dorf trug ich Todsünden in mir herum. *Das ist eine Todsünde*, donnerte der Priester von der Kanzel. *Liebe Gläubige,* so begann er jede Predigt, und mit einer Todsündendrohung hörte er auf. Die Hände gefaltet, stand ich neben dem Priester und suchte mir die Gesichter aus den Reihen der Bänke, denen ich eine Todsünde zutraute. Ich freute mich auf die religiösen Riten am Karfreitag und Karsamstag, und diese Riten führt meine Prosa fort. Wurde ein Lamm in der Osterwoche geschlachtet, ging ich zum Dorfkruzifix, kniete nieder und erzählte Jesus von der Blasphemie. Ich werde wieder eine Untat vollbringen, damit ich so heftig geschlagen werde, daß meine Nase blutet. Du wolltest gekreuzigt und ich wollte immer geschlagen werden, so haben wir beide überlebt. Mein Bruder und ich werden morgen ein Kruzifix auf dem Friedhof begraben. Er wird die Erde öffnen, ich werde sie schließen, Fleischblumen auf den Grabhügel pflanzen und am Kopf ein Kruzifix aus dem Vaterhaus aufstellen.

Oder sollten wir das Kruzifix vorher aufbahren dort, wo Großmutter und Großvater aufgebahrt worden sind, und dieselben Zeremonien vom Totenbett bis zum Totenschmaus fabrizieren? Den Arzt, den Priester, den Totengräber, die Verwandten benachrichtigen? Ein Pferd mit seinem Geschirr beladen, den Heuwagen aus der Scheune ziehen, Blumen bestellen, Plastikblumen, Immergrün und Fleischblumen, Partezettel drucken lassen, Jesus ist gestorben. Der Priester legte seine rechte Hand mit dem gestickten Heiligen Geist auf die Brust meines neugeborenen Bruders und spürte seinen Herzschlag. Dieses kleine Menschenstück trug schon einen Herzschlag in sich, und der Gekreuzigte nicht. Enttäuscht senkte er seine Hand, der Heilige Geist klammerte sich mit seinen Krallen am weißen Ärmel des Priesters fest. Er hätte lieber Jesus getauft als diesen Bauernjungen.

Das aufreizende Glühbirnenlicht schwankt über den Köpfen der Kinder, die ihren Eßtrott fortsetzen und nach den dirigierenden Bewegungen des Ackermanns geschlossen im Stechschritt seiner militärischen Fantasien nach oben gehen werden, den Körper entblößen, der Hagere spottet über den Dicken, der Dicke über den Hageren, der Älteste wagt nicht, unter dem Kruzifix seinen Leib zu entblößen. Wenn er sein steifes Glied in den Händen hält, wirft ihm Gott in schneller Reihenfolge Kruzifixe auf die Erde. Schützend hält er die Hände über seinem Kopf, kriecht unters Bett, um dort in aller Ruhe mit seinem Geschlecht spielen zu können, aber die Unterseite des Bettes hat Kreuzgestalt. Im Klosett gibt es keinen Herrgottswinkel, dorthin wird er morgen gehen, niemand wird es sehen.

In der Sakristei hockten wir, versteckten uns hinter einem Kruzifix, niemand würde wagen, uns anzufassen, auch der kleine bucklige Knecht nicht, der sonntags in einem Kärntneranzug am Glockenstrick zog, bis alle Kirchengänger die Türschwelle überschritten hatten. Ärgerten wir ihn, trat er uns mit seinen kurzen Beinen, hielten wir ein Kruzifix vor seinen Leib, schreckte er zurück wie ein Vampir.

Damals, wir waren zu fünft, bekamen wir von den Eltern goldene, feingliedrige Halsketten mit einem Engel ohne Unterkörper und ohne Brust, nur mit Kopf und zwei Flügeln an den Schultern. Er soll mich vor Schlangen und vor dem Vater schützen. Er soll mich nicht ertrinken lassen, wenn ich in den Tümpel gehend meinen Freunden mutig zeigen will, daß ich nicht schwimmen kann. Er soll mich vor dem Blutegel schützen, der auf mich lauert. Ich liege im Bett und fasse nach meinem Geschlecht, aber der Blutegel lauert in den Auen. Mein Glied haltend frage ich mich, ob die Engel geschlechtslos sind. Vielleicht hält mein Schutzengel sein Geschlecht hinter den weißen Flügeln verborgen. Vielleicht sieht es wie die Zitzenstange einer Schweinsmutter aus, unter der ein Kind liegt und mit seinen spitzen, roten Lippen Milch saugt. Manchmal greift der violette Engel des Nachts unter die Bettdecke und liebkost meinen kindlichen Leib. Soll ich über das Geländer der Draubrücke springen? Ich möchte wissen, ob mich der Engel beschützt. Ich möchte es darauf ankommen lassen. Trat ein Stier oder ein wildgewordenes Pferd über das Bettzeug, kam schützend einer meiner violetten Engel und ließ sich für mich zu Tode trampeln. Morgens wollte ich aufstehen und die blutigen Federn aus dem Zimmer räumen.

Wir müssen ihm die Ader öffnen, Bruder, damit Blut aus dem Herzen fließt, es kann sein, daß er scheintot ist, wir müssen ganz sicher gehen. Der Bruder, der den Hof erbt, wird die Totenwaschung zelebrieren. Ich werde vielleicht scheu im Hintergrund stehen und die sauberen Tücher reichen. Die schmutzigen Tücher wird er mir vor die Füße werfen, sie werden sich türmen, ich werde mich draufstellen und immer größer werden, Bruder und Vater von oben sehen, Tücher austeilen, frische Tücher für den Vater, frische Tücher, werde ich ausrufen wie eine Jahrmarktfrau mit einem um den Kopf gewundenen, bunten Schweißtuch, frische Tücher für den Vater, frische Tücher.

Ich gehe mit geschorenem Kopf gebückt im gelbgrünen Silo im Kreis, es schneit Grünzeug auf den schützenden Jutesack, und zerre mit der Mistgabel einen Berg zerkleinerten Kukuruz auseinander und gehe mit nackten Füßen weiter und weiter mit der Magd und dem Bruder im Kreis. Die Kukuruzkolben donnern auf unsere Schädel, und wir weinen vor Freude über die Schmerzen, und ich umarme die Magd und den Bruder unter dem grünen Strahl des zerkleinerten Kukuruz, während im Heustadel der Vater die grünen Stangen in die Maschine schürt, zerkleinert spuckt sie der Schnabel auf unsere Köpfe und nackten Beine. Wie Sträflinge im Silo gehen wir weiter und zerren den nächsten Kukuruzturm auseinander. Fast ohnmächtig werden wir vom Geruch des Teers und gehen wie rauschig im Kreis und stampfen. Der Bruder blickt mir haßerfüllt auf den Kopf, und ich blicke dem Bruder verachtend auf den Kopf. *Glatzkopf, Glatzkopf,* bespotten wir einander, und ich sehe mich in der Schere der Vaterbeine stehen und die Haarschneidemaschine über meine Schläfen fahren. Während die Mutter mit einem Wiegemesser Knoblauch zerkleinert und den Säugling beruhigt, richte ich den Jutesack auf dem Kopf zurecht und gehe und gehe mit der Magd und dem Bruder, den

Kukuruz mit nackten Beinen feststampfend, im engen Silo im Kreis.

Vor dem Stalltor stehend, rief der Ackermann Gott an und flehte, laß nicht zu, daß der Hagel die Ernte zerstört, laß den Roggen, den Weizen und den Hafer weiterwachsen, den Kukuruz auch. Dein Land ist unter der Sonne schön, wenn alles wächst, blüht und gedeiht. Sag der Drau, sie soll im Flußbett bleiben, sie hat genug Platz, sie soll die Felder, die Wiesen und die Äcker in Frieden lassen. Wir brauchen den Roggen wie den Hafer, die Rüben wie die Erdäpfel. Wenn die Drau übergeht, ist das Heu voller Dreck und Kot, wir können es keinem Tier mehr füttern. Zwei große Überschwemmungen waren Strafe genug. Laß jetzt alles blühen und gedeihen, wir bitten dich darum. Aus dem Klofenster auf den Ackermann blickend bete ich flüsternd das Unglück an. Komm Hagel, komm, deine Schlossen sind schön, wenn sie durch die Kinderhände tröpfeln. Komm Blitz und schlage. Komm aus deinen Ufern, liebe, böse Mutter Drau, und laß die Felder zu einem einzigen grauen See werden, komm, der Traktor steht an deinem Ufer. Der Ackermann müßte schwimmend sein wichtigstes Werkzeug erreichen. Voller Kot werden die Räder sein, der Motor voller Sand, Sandkörner hinter dem Uhrglas und im Geschwindigkeitsanzeiger, vollgestopft der Auspuff mit Sand und Kot. Gib den Fischen die Freiheit. Laß sie zu uns kommen, vor die Haustür, ich verspreche dir, ich füttere sie, wo ich nur kann. Es war ein großes Erlebnis, als du das erstemal aus deinen Ufern tratest. Hubschrauber waren in der Luft, Füchse schwammen an deinen Ufern, der Ackermann war friedlich, alle hatten zu tun, schöne Bilder sah ich in den Zeitungen und auf den Gemeindeblättern. Erst wenn die Felder überschwemmt sind, werden die Stacheldrähte sinnlos, dann gibt es keine Grenzen mehr, dann wird Friede einkehren, denn im gemeinsamen Unglück stehen und beten sie, reichen sich die Hände, und ihre verfeindeten Pflüge blitzen in ihren Augen auf, scheu drehen sie ihren Kopf zur Seite, wenn sie einander die Hände reichen, aber ohne Unglück kein Händedruck. Lieber Gott, schenk uns Kindern den Dorffrieden. Laß den Damm wieder übergehen, laß es drei oder vier Wochen lang regnen, damit die Sintflut der Lügen und des Hasses in diesem Dorf endlich losbricht. Verkleide den Vater Ackermann als Tod. Gib ihm die Sense, hörst du, er schmiedet sie scharf, er wird ins tiefe grüne Gras ziehen, der Vater, mit der Sense, er ist mager, mein Vater, und hat ein knochiges Gesicht, er ist unberechenbar wie der Tod. Er schreitet über die Erde, und die Schnauzen der Maulwürfe beben. Er ist alles in einem, Tier und Mensch zugleich. Er kann lieben und hassen. Wenn er mit einem Hammer die Schneide der Sense hämmerte, hob ich im Kinderzimmer meinen Kopf und lauschte. Er wird die Sense aufs Schlüsselbein legen und mit ihr über die Dorfstraße gehen. So sah der Tod im Dorf aus. An der Sense kann man den grünen Saft des Grases sehen, er mäht und mäht, bis der Holzwagen voll ist, dann taucht er, das Pferd am Zügel haltend, wieder auf. Das Gras bringt er den Milchkühen. Erst wenn die Tiere satt sind, kommt er in die Küche, geht in die Speisekammer und hält Brot und Speck und ein Stück Wurst in den Händen, er sucht sich einen Platz am Tisch und beginnt zu essen. Laß, lieber Gott, dem Ackermann die Totenglocken läuten, gib ihm Geld für seinen Sarg, für einen neuen Kärntneranzug, für die Totenschuhe. Lieber Gott, ich habe dir oft gesagt, daß ich dich mehr liebe als meine Mutter und meinen Vater. Ich küßte doch deine hölzernen Füße und versuchte, das Blut deiner Wunden aus deinem Körper zu saugen, als müßte ich dich vom Gift einer Schlange befreien. Ich bin dein Retter, und du rettest dafür die ganze Menschheit. Bring uns die Lawine vom Vorjahr wieder, aber diesmal stoße sie in die Mitte des Dorfes, wo die Kinder spielen, laß die Kinder vorher zur Seite laufen, aber laß sie nicht in die eigenen Elternhäuser flüchten, sondern in die Häuser der verfeindeten Bauern, bis der Schnee und die Fichten von der Straße geräumt sind, werden sie die Kinder aufziehen und lieben lernen. Laß ein Kind auf dem breiten, weißen Leichenbrett einer Lawine in den Friedhof fahren, stell dir einfach vor, daß ich dieses Kind bin.

Als ich *Die Leiden des jungen Werther* von Goethe las, fuhr ich in die Stadt und stand lange an der Auslage eines Waffengeschäftes. Ich sah mich im Spiegel des Schaufensters, erschrak, ging einen Schritt zurück, kam wieder näher, um mich nicht mehr in voller Gestalt sehen zu können, an die Glasscheibe heran. Der Waffenverkäufer blickte in mein Gesicht, bis die Tür aufging und ein eintretender Kunde seinen Blick von meinem löste. Der Kunde legte die linke Hand aufs Pult. Die Hände des Verkäufers müssen nach Schießpulver riechen, dachte ich mir. Sollte ich ihm die Hand geben? Vielleicht würde er zurückschrecken wie vor einem Gewehr, das ihn bedrohte. Und immer wieder ging mir der folgende Satz aus dem Werther durch den Kopf, … *und der älteste, den er immer am meisten geliebt, hing an seinen Lippen, bis er verschieden war und man den Knaben mit Gewalt wegriß.* Meine Lippen hingen an der wandgroßen Fensterscheibe, der Speichel rann über das Glas, sollte ich mir diese oder jene Pistole kaufen? Die Munition sah aus wie kleine Raketen oder Bomben. Ängstlich hob ich den Kopf und blickte auf die grauen Wolken. Was sage ich ihm, wenn er mich fragen sollte, wofür ich die Waffe verwenden will? Brauche ich einen Waffenschein, um mich selber töten zu können? Soll ich Goethe ein Kompliment für seine schöne Geschichte machen? Meinen Sarg stellt bitte aus dem Fichtenholz her, auf dessen Wipfel der Totenvogel meiner Kindheit nach mir rief. Der Vater soll mit der Axt in den Wald schleichen und die Fichte schlagen, bis ich falle. In meinem engen Bett schläft mit mir der junge Werther, wie ich jahrelang mit meinem jüngeren Bruder, als wir einander am meisten haßten und liebten, in einem Bett lag. Ich muß jetzt die ganze Nacht Werthers Blut stillen. Mutter, Werther ist tot, und dein Sohn sitzt aufrecht im Bett im Sterben. Schlag die Buchdeckel meiner Augen zu, wenn ich dich ansehe. Komm, bring das Fieberthermometer, steck es in meinen rechten Mundwinkel. Lesen wir gemeinsam den Werther, Mutter, und du erschießt mich dann. Ich kann dich nicht lieben, deshalb mußt du mich umbringen. Häng deine Lippen an meine, bis ich tot bin und man dich mit Gewalt von mir wegzerren muß. Beobachte genau meine letzten Zuckungen, meine Hände, wie sie erstarren, die Augenlider und die Tränen, die über die Wangen rinnen, damit du später auf deinem Totenbett meinen Geschwistern alles erzählen kannst. Geh ins Detail. Laß nichts aus. Alles ist mir wichtig. Wenn du es richtig verwenden kannst, wirst du merken, wie gewaltig das unscheinbarste Wort ist. Es gibt keine Banalitäten. Du kannst alles sagen. Sag, wie ich als Kind vor dir auf dem weißen, kalten Emailtopf saß und meine Augen immer größer wurden, erzähl, wie du in meine Leistengegend das Fieberthermometer gelegt hast und wie meine

Oberschenkel vor der Kälte des Glasstabes zurückzuckten, erzähl von meiner Wut, meinem Haß, meiner Liebe, sprich aus, was zu denken du dich bis heute geschämt hast. Einmal habe ich dir gesagt, daß du am selben Tag Geburtstag hast wie Goethe, du hast mich angelächelt und etwas schneller gebügelt. Du hast dein ganzes Leben kein Buch gelesen. Du weißt nichts von Goethes Werther. Du weißt nicht, daß ich gestern am Schaufenster der Waffenhandlung stand, du kannst nicht ahnen, daß ich heute abend leise an deine Schlafzimmertür pochen werde. Du hast mich zu sehr geliebt, dafür muß ich büßen. Oft sind wir beide Hand in Hand zum Friedhof spaziert, um die Blumen, die aus dem Leib deiner toten Mutter wachsen, zu gießen. Spitzbübisch habe ich dich angelächelt. Ich habe die Wasserkanne geschleppt, bis du sie mir abgenommen hast. Es hätte mir gefallen, in die Knie zu brechen wie das Jesuskind, und meine junge Mutter Maria hätte mir aufgeholfen. Als ich vor kurzem auf dem Bauernhof war und mit dir vor dem Spiegel im Schlafzimmer stand, dir erzählte, wie mir die Tante deine tote Mutter in der Bahre zeigte, sagtest du, das hätte sie nicht tun sollen, das war dumm von ihr, so einem kleinen Kind zeigt man keinen Toten. Vielleicht muß ich deshalb soviel über den Tod schreiben, Mutter. In deiner Anwesenheit habe ich es kaum gewagt, das Wort *Tod* auszusprechen. Du warst herzkrank und ich dein schwächstes Kind. Erinnere dich, wie ich im Roggenfeld unterging, wie sich die Ähren in der Mitte des Ackers bewegten und du wußtest, daß sich an dieser Stelle mein Kinderkörper aufhält, wie meine Händchen bis zum Ellenbogen in den Mauslöchern staken und warteten, wie ich horchte, das Köpfchen hob und über mir die in der Sonne flirrenden Ähren sah, wie auf meinem Oberschenkel ein Käfer lag und mit seinen unzähligen flimmernden Füßchen mich anflehte, ihn wieder umzudrehen. Du kannst dir das Leben, das ich dir, mein Käfer, gebe, aussuchen, entweder ich lasse dich auf dem Rücken liegen, bis du verhungerst, oder ich stelle dich auf die Beine und trete dafür auf deinen Rücken, dreh den Fuß einmal links, einmal rechts, bis du tot bist und ich doppelt lebe. Erinnere dich, wie ich schon von weitem deine Erdäpfelschürze roch, mit ausgestreckten Händen auf dich zulief, weinte und lachte, dir listig die Masche deiner Schürze am Rücken löste und einen liebevollen Ärger in dir erzeugte, deine Hände streckten sich nach hinten, ein paar schnelle Bewegungen deiner Finger, und ich schaute dabei neidig auf deine roten Wangen. Jeder spottete über meine Blutarmut, er wird nicht lange leben, aber seine Mutter liebt ihn trotzdem. Alle spotteten sie über mein Gesicht und meine schwächliche Gestalt, die Brüder wie der Knecht vom Nachbarhof, er soll Schnaps trinken und Polenta essen, sonst wird nichts aus ihm, Speck soll er essen. Mutter, wenn ich jemandem auf der Straße begegne, beginnt mein Herz zu zittern. Schau durch die Löcher des Drahtzaunes und sieh die roten Augen eines angstvollen Hasen in meinem gläsernen Brustkorb, er weiß genau, daß er jetzt sterben muß, die Handbewegungen und die Schritte des Mannes, der auf den Käfig zuschreitet, sind anders, als wenn er zur Fütterung schreitet, der Hase wälzt sich aus Angst vor dem Tod, er ist gescheiter als ein Kleinkind, das Kleinkind merkt nicht, wenn sein Mörder kommt. Verletzte ich mich, war ich glücklich als ich sah, daß auch aus meinem Fleisch Blut rann. Ich fragte mich, ob das Blut meiner Brüder, meiner Feinde und Freunde ein tieferes Rot hatte als das meine. Sie sagten, ich sei *katzenbleich*, und meine Blicke suchten nach einer Katze, und ich wunderte mich, warum man das Wort *katzenbleich* anwandte, die eine Katze ist grau, die andere rot, die dritte schwarz, ich wußte, daß ihre Sprache nicht einmal ausreichte, um meine Gesichtsfarbe zu beschreiben, man steckte mich in falsche Kleider, alles war entweder zu groß oder zu klein, und ich war glücklich über die Unantastbarkeit meines Leibes und meiner Seele, man verstand mich nicht nur falsch, man sah mich sogar falsch, alles war falsch, und am Ufer der Drau begann ich selber, die Wahrheit zu suchen, als ich die Gesteine des Katzensilbers zusammentrug und immer wieder an meine Gesichtsfarbe dachte. Du bist mit mir zum Arzt gefahren. Wir haben die Fähre über die Drau genommen. Mein Vergnügen an der Angst, daß wir beide, Mutter, du und ich im Strudel der Stromwellen umkommen. Wir können beide nicht schwimmen. Solange ich könnte, würde ich unter Wasser nach dir schreien. Ich ertrinke mit einem Fisch im Mund, einem Hecht oder einem Karpfen, besser mit einem Hecht, Hechte habe ich lieber getötet, weil sie gefährlicher sind als Karpfen, der Karpfen ist dick und faul, gerade wert, auf den Karfreitagstisch zu kommen, selbst die Handbewegungen, wenn wir ihn entgräten, werden faul, aber noch der tote Hecht fordert einem Lebenskraft ab, er ist zynisch, schnell, spitz, er kann schießen, er schnellt seinen Leib vor wie ein Pfeil, der aus meinem Mund dringt und dich mit Worten tötet, die Wellen würden uns ans Ufer spülen, ich ertrinke da, du dort, aber am Ufer kriechen wir nocheinmal aufeinander zu, wenn wir auch tot und ertrunken sind, unsere Liebe hat die Kraft, uns als Tote noch zu vereinen. Noch heute dringt mir der Geruch der Steine, die zwischen den Gleisen liegen, in die Nase. Du schautest links und rechts, du hattest Angst, daß uns ein Zug überrollen könnte. Ich nicht. Die Fahrt mit der Fähre über die Drau dauerte noch Tage und Nächte in meinem Kopf an. Soll ich Werthers blutigen Kopf mit Drauwasser säubern? Ich hänge meinen Mund an meine Lippen, bis ich tot bin und man mich mit Gewalt von mir wegzerren muß. Meinen Vater habe ich nur in den Buchstaben geliebt, wenn ich ihn und mich in Goethes *Erlkönig* fand, . . . *erreicht den Hof mit Müh und Not, in seinen Armen, das Kind war tot.* Mit Fäusten schütze ich meine Schläfen. Öffne ich die Fäuste, liegen die glatten Hände auf der linken und rechten Gesichtshälfte. Will ich die Hände auf den Tisch oder auf meine Oberschenkel legen, habe ich Angst, daß mit meinen Händen auch der Kopf auseinanderfällt und die rechte Gesichtshälfte in der rechten Handschale und die linke Gesichtshälfte in der linken Handschale liegen bleiben. Ich rieche Werthers Blut. Handwerker sollen mich tragen. Kein Geistlicher darf mich begleiten.

Hungrige Kinder aus dem Nachbarhof starrten auf ein ausschlagendes Pferd. Sie haben nichts zu essen als Polenta und getrocknetes Weißbrot, aber sie haben als erste im Dorf den Fernsehapparat bekommen. Dort unter den hungrigen Kindern saß ich und sah zum erstenmal in meinem Leben Bilder auf einer Mattscheibe. Jede Bewegung faszinierte mich. Ich lernte Werbesprüche auswendig, um in die Sprache des Hofes andere Worte mischen zu können. Den Kindern dieses Hauses brachte ich abgetragene Kleider oder Speck, und dafür durfte ich stundenlang vor dem Fernsehapparat sitzen und Bilder, neue Bilder sehen. Ich verwandelte mich sofort in die Gestalten, die ich auf dem Bildschirm sah. Ich war sechs oder sieben Jahre alt. Ich sah Menschen und Tiere auf dem Bildschirm sterben. In diesem Kasten steckte das ganze Leben. Die Stoffpuppen der Kindersendungen tauchten in meinen Träumen wieder auf und erzählten neue, von meinen Träumen erfundene Geschichten. Während ich auf einem offenen Anger die Milchkühe hütete, deutete die Weidenrute in meiner Hand auf einen hohen Berg, dort oben, im Schloß dieser Almhütte bin ich ein Prinz auf hohem Roß, dort gehe ich für die Liebe durch die Dornen, auch wenn ich vor den Füßen der wartenden Prinzessin verblute. Ich war immer ein Prinz mit einem Schwert, der bereit war, für die Gerechtigkeit und Menschlichkeit durch die Hölle zu gehen. Ich sah mich oft sterben, in einem Sarkophag liegen mit einer goldenen Krone auf dem Kopf, und alle Menschen beweinten mich, keiner durfte mich hassen. Ich fand in meinen Fantasieschlössern, daß ich in meinem Kopf gezeugt und neugeboren wurde. Wenn meine Füße auch auf der Bauernerde ausschritten, wenn ich auch mit meinem jüngeren Bruder in einem Strohbett lag und allabendlich mein steif werdendes Kindergeschlecht auf seine Wirbelsäule drückte, so daß er sich manchmal umdrehte und mich schlug, manchmal mein Glied an seinem Rücken ertrug, wenn meine Augen auch abends in der Wärme des Stalls an den Flanken der Tiere hin- und herglitten und am liebsten eine Mistgabel in ihr Herz gestochen hätten, wenn auch mein Kopf sich an den Nägeln der Dorfbachbrücke verletzte, weil ich aufstehend vergaß, daß ich mich unter einer Brücke befand, ich baute in meinem Kopf eine Ersatzwelt auf, die jede andere besiegte. Von nun an atmete ich tausendfach. Bevor die Mutter der brotarmen Kinder in den Stall geht, um die Tiere zu füttern, wird sie den Fernsehapparat einschalten, damit Ruhe unter den sechs Kindern herrscht, sie werden gespannt auf den Bildschirm starren, und ich werde dabeisein. Der Ansager, der wie ein guter Vater der Bilderwelt zu den Kindern spricht, wird auch mir freundlich gesinnt sein, und die Bilder, die er versprochen hat, wird er bringen. Wenn ich ihn auch nicht immer verstand, da ich eine andere Sprache in der Kirche, von Vater und Mutter lernte, so sah ich an den Bildern, ob er die Wahrheit sagte oder nicht. Und sie kamen. Elefanten, Leoparden, Frauen in Seidenkleidern, Männer in Reitstiefeln. Der Zeichentrick ließ die Erdkugel sich um ihre eigene Achse drehen, so schnell, daß ich kaum sehen konnte, wo Österreich lag, das Land Kärnten, und das Dorf, wo ich in einem Armenhaus saß und auf den Bildschirm starrte und die sich vor mir mit der Geschwindigkeit meiner rollenden Augen drehende Erdkugel ansah. Daß die Mutter draußen im Stall arbeitete, sollte der Bildschirm aber nicht zeigen. Daß der Vater am Kopf eines Pferdes stand und ihm mit dem Kamm seiner zehn Finger durch die Mähne fuhr, auch nicht. Zeigte der Bildschirm die Welt auf dem Lande, ging ich zur Tür hinaus weinend in mein Zimmer. Am besten sich jetzt unter das Bett legen, die Hose öffnen und aus Verzweiflung mit dem Geschlecht spielen. Warmer Schnee fällt auf den Nabel, der Kopf tut mir weh, die Füße zucken wie die Beine eines verendeten Huhns, das die Mutter zwischen die beiden Kniescheiben klemmt, bis der letzte Tropfen Blut gefallen ist. Ich rieche Waschpulver, sobald ich mir vorstelle, daß in diesem Augenblick die Werbung Waschmittel auf dem Bildschirm feilbietet. Ich rieche Pferdeschweiß, sobald ich mir vorstelle, daß ein Zugpferd die Hürde meines Rückens auf dem Bildschirm überspringt. Ich fühle Haß, sobald jemand auf dem Bildschirm kokett die Lippen öffnet, um ein Stück Schokolade einzuführen. Sie sollen Brot und Speck essen wie wir Kinder, sie sollen keine Schokolade gegen unseren süßen Hunger essen. Sie sollen uns nicht zeigen, daß es eine bessere Welt gibt. Alle sollen sie einen Vater haben, der sie liebt, aber dafür schlagen muß, sie sollen alle eine Mutter haben, die herzkrank ist, eine Magd, die nichts hört, einen Priester, der lateinisch spricht, sie sollen alle einen Knecht haben, der mit brennenden Zigaretten einschläft, Katzen tötet, wenn es seinem Oberarmmuskel gefällt, und Mehlspeisen in den Herrgottswinkel wirft, sie sollen fünf Geschwister haben, eine Großmutter, die dick ist und Veilchenöl auf ihrem weißen Haar trägt, einen Großvater, der mit dem Schienbeinknochen seines Vaters als Stützstock über die Dorfstraße spaziert, alle sollen sie zwei Zugpferde haben, Ratten auf dem Dachboden und unter der Kopfhaut. Zeigt mir nicht die andere Welt auf dem Bildschirm, die so gut riecht, nach Waschpulver und Hautparfums, aber führt mir auch die Welt der Bauern nicht wie eine Neuigkeit vor.

Wir waren bei Arbeiten auf dem Feld, kamen zu Mittag nach Hause und hörten in den Nachrichten, daß Robert F. Kennedy angeschossen und lebensgefährlich verletzt worden war. Sollte er überleben, war nicht sicher, ob er seinen normalen geistigen Zustand wiedererlangen würde. Auf dem Feld am Nachmittag weiterarbeitend, betete ich um sein Leben und gleichzeitig um seinen Tod. Ich könnte es nicht ertragen, Robert F. Kennedy zu Lebzeiten auf einem Rollstuhl gefesselt sehen. Bilder aus den Illustrierten und Tageszeitungen liefen mir durch den Kopf. Robert Kennedy will eine Rede beginnen, aber das jubelnde Volk läßt ihn nicht zu Wort kommen. Robert Kennedy kniet vor seinem ermordeten Bruder, das

Haupt in Andacht gesenkt, als ahne er seinen eigenen Tod. Ich hebe mit der Heugabel einen Schopf auf den Wagen und sehe dabei, gegen die Sonne blinzelnd, den schwarzgekleideten Robert Kennedy an der Bahre seines Bruders. Schossen mein Bruder und ich Steine auf die Werbeblechtafeln der *Bunten Illustrierten*, blitzten in meinem Kopf sofort die wichtigsten Bilder aus der vergangenen Woche auf. Wenn ich an den Tod des Großvaters denken mußte, so meistens in einem Zustand der Kopfschmerzen. Ich lehnte mich über das leere Bettzeug im Nebenbett meiner Großmutter. Der Großvater war seit Monaten begraben. Ich klopfte verlegen das Polster glatt und brachte ihr aus dem Mund eines Radiosprechers die Nachricht, daß Papst Johannes XXIII. im Sterben liege. Es war schön, ihr erschrockenes Gesicht zu sehen. Es war schön, ihr nach Stunden zu sagen, *er lebt noch*, und es war genauso schön zu sagen, *er ist tot*. Die *Kärntner Tageszeitung* und die *Volkszeitung* mit den Todes- und Begräbnisberichten John F. Kennedys trug ich in mein Schlafzimmer. Die *Kärntner Tageszeitung* war voller Fettflecken, und ich wünschte mir eine neue, die frisch aus der Presse kam und nach Druckerschwärze roch. Ich sah den sterbenden John F. Kennedy auf der Titelseite in einem Auto, seine schreiende Frau daneben, und wußte, welches Mittagessen die Familie, die mir diese Zeitung schenkte, auf dem Tisch hatte. Totengeschmack John F. Kennedys und der Geschmack der fetten, marmeladegefüllten Krapfen mischen sich in meinem Mund. Noch vor dem Einschlafen, die Mutter wird gleich kommen und das Licht abdrehen, sehe ich mir die Bilder an und lese den Text. Die Mutter kommt und dreht das Licht ab, ich sage ein paar quälende Worte zu ihr, ich möchte noch lesen, nein, du sollst schlafen, du mußt morgen in die Schule gehen, morgen kannst du wieder lesen, und das Licht geht aus. Es ist immer dasselbe klickende Geräusch des Schalters neben der Tür, das mich tausendmal verärgert und tausendmal beruhigt, das mir tausendmal Angst gemacht hat. In der Dunkelheit arbeitet sich die Angst wie eine Spirale aus meinen Augen. Angst wegen des Mordberichts und Angst, weil ich mich mit meinem Bruder gestritten habe und seine Haut, seine Beine, seine Arme, seinen Rücken, seine Körperwärme nicht spüren kann, die mir die Angst nehmen würden. Mit dem toten John F. Kennedy im Kopf liege ich nun neben meinen regelmäßig atmenden Brüdern. John F. Kennedy, den ich als Kind verehrte, da ich sah und hörte, daß ihn auch die Neger liebten. Ich liege neben einem Mann, der mein Vater sein sollte, allein im Bett, und er ist tot, und ich springe aus dem Bett und drehe das Licht wieder an, und das Knistern der zwei Zeitungen beginnt von neuem. Aber ich höre im Hof bereits das Quietschen einer Stalltür, ich weiß, daß Vater mit schweren Schritten über die Stufen ins elterliche Schlafzimmer gehen wird, er wird in unser Zimmer kommen, sich sorgend nach unserem Wohlbefinden erkunden, aber ich werde schnell aus dem Bett steigen und das Licht abdrehen. Die Zeitungen knistern, ich lege sie im Dunkeln zusammen, Bilder und Buchstaben fallen übereinander, Tod und Leben in ihnen, sonst habe ich nichts. Ich halte den Atem an, und schon geht die Tür auf, der Vater dreht das Licht an und blickt zuerst auf mein Bett. Ich sage *mein Bett*, denn zu dieser Zeit wollte ich mit meinem jüngeren Bruder nichts, kein Stück Brot und schon gar nicht das Bett teilen, aber wir lagen aus Platzgründen nebeneinander, wärmten uns und entfernten uns, aufeinander einschimpfend, vom Bewußtsein des

Wachens in die Bewußtlosigkeit des Schlafes. Der Vater blickt hinter die Tür, dort steht noch ein Bett, in dem der älteste Sohn, der Hofnachfolger schläft. Er mustert das Haarbüschel, das unter der Bettdecke hervorsieht. Während ich noch immer den Atem anhalte, höre ich wieder das Klicken des Schalters, die Tür geht zu, und seine schweren Schritte werden leise, noch eine Tür schließt sich. Er dreht den Schlüssel um und entledigt sich seiner Kleidung. Vater und Mutter sperren sich immer ins Schlafzimmer, heute noch. Vielleicht hat Vater Angst, daß ihn jemand im Schlaf ermordet. Vielleicht der Knecht oder der Sohn? Aber nein, einer seiner Söhne nie, schon aus Liebe zur Mutter nicht. Es sei denn, Mutter und Sohn nicken und stechen – den Vater in der Mitte – einander zu.

Alle Knechte aus der Nachbarschaft sind gekommen, um Maier, einem toten Knecht, der auch auf Vaters Hof gedient hat, das letzte Geleit zu geben. Mägde aus der Umgebung versammeln sich um den Sarg des Toten, trinken Kaffee und Tee, essen Kuchen und beten für die Seele des Knechts. Während ich schreibend vor einem Fernsehapparat sitze, zeigt das österreichische Fernsehen Nachrichten. Vom Tod des Knechts werden sie wohl nichts berichten, er ist weder Präsident noch Minister, weder bildender noch darstellender Künstler. Er hat zeitlebens auf den Feldern gearbeitet, hat unter den Zugpferden bessere Freunde gefunden als unter den Menschen. Auch die Zeitungen berichten nichts vom Tod des Knechts. Niemand hätte eine Todesanzeige bezahlt. Die Kunde über seinen Tod eilt wie ein Lauffeuer von Mund zu Mund. Bevor der Stock des Knechts fiel, fiel sein Körper im breiten Hof zwischen auseinanderfliehenden Hähnen auf den Erdboden. Vergeblich suche ich, vor seiner Bahre stehend, seinen Spazierstock. Vielleicht wird dieser Stock nun zum Kälbertreiben verwendet, vielleicht spaziert ein Kind damit und schlägt auf die Äste eines Baumes, Früchte fallen zu Boden, das Kind weicht zur Seite, hebt einen Apfel auf und beißt hinein, verzieht unter der Säuerlichkeit der Frucht seinen Mund, sieht sich die Konturen seiner Zähne im Fruchtfleisch an und wirft den Apfel in weitem Bogen den Hang hinunter. Ich blicke auf die Uhr, sehe den tonlosen Sportreporter und weiß, daß er jeden Moment die Übertragung eines Fußballänderkampfes zwischen Österreich und Norwegen ankündigen wird. Lockige Haare sehe ich auf dem Bildschirm während einer Haarshampoowerbung und denke an die Haare des Knechts, die nach verfaultem Heu riechen. Zeichentrickfiguren tanzen um den Sarg des toten Knechts. Für einen Kugelschreiber wird geworben, der Arzt unterschreibt mit diesem Kugelschreiber den Totenschein des Knechts. Die Sonne scheint aufs Holz des Sarges, bis er morsch und brüchig wird, bis die Seitenteile abfallen und die vermoderte Leiche des Knechts inmitten eines Sonnenblumenfeldes auf dem Bildschirm sichtbar wird. Wieder taucht eine Fernsehsprecherin auf, und schon sehe ich das Wiener Stadion. Die Kapitäne schwenken Blumensträuße, das Publikum klatscht, johlt, pfeift. Es werden die beiden Nationalhymnen gespielt. Für den Knecht. Ich bereite dem Knecht ein Staatsbegräbnis ersten Ranges. Rund fünfzigtausend Zuseher sind gekommen. Ein österreichischer Fußballer wird unfair attackiert, fällt zu Boden und erhebt sich wieder. Ein Kind schrie, als es den sterbenden Knecht fand. Der Plastikball des Kindes kollerte über den Hügel und blieb in einer schwarzbraunen Lache nahe dem Misthaufen liegen. Zügenläuten. Die Arbeitenden recken ihre Köpfe. Wer ist wieder gestorben? Wer ist der Älteste, wer der Jüngste des Dorfes? Beide sind dem Tod am nächsten. Jeder sieht einen bestimmten Toten vor sich. Maier ist tot, und übermorgen wird er zu Grabe getragen.

Kannst du dich noch erinnern, mein Vater, einmal drückte ich die Glasscheibe eines Heiligenbildes ein, das im Kinderzimmer an der Wand zum Schlafzimmer der Eltern hing, als ich die Geräusche euerer Paarung hörte, aufstand und mein steifes Kindergeschlecht an die Glasscheibe des Heiligenbildes auf das Gesicht eines Engels, der mich durch das Leben begleitete, drückte und Schaum aus meinem Mund kam, mein ganzer Körper zitterte, und ich schlug mit meinen Knien wie mit Fäusten aufs Heiligenbild, bis die Scheibe brach. Ich verletzte mir den Finger, und du kamst, und ich glaubte an deiner Stirn den Schweiß der Anstrengung zu sehen, und du sahst die zerbrochene Scheibe auf meinem Kopfpolster, dort ein Splitter, da einer. Wie Fledermäuse hockten meine Brüder und meine Schwester in ihren Betten und horchten auf die Geräusche der aufgehenden, der zugehenden Tür, es waren deine nackten Füße, die über den Holzboden schritten wie über Ackerschollen, den hervorstehenden Nägeln ausweichend. Du standest vor mir wie eine Statue. Ich nehme Meißel und Hammer, mein Vater, voll Staub ist meine Zunge, und schnitze deine Gestalt aus meinem Grabstein. Du standst da und blicktest auf den Engel, der von den Glassplittern verletzt worden war. Ich habe meinen Schutzengel getötet, während du auf dem Leib meiner Mutter lagst, um unseren jüngsten Bruder zu zeugen. Mein jüngster Bruder war dein letzter Knecht. Es tut mir leid, daß ich ihn damals nicht getötet habe. Wie oft sagte er zu mir, daß er sich umbringen wolle, *dann haben sie es.* Dann haben wir seine Leiche und deine nicht, mein Vater. Wir brauchen deine Leiche nicht, mein Vater, du bist uns als Lebender wertloser als du es als Toter wärest. Wärst du, mein Vater, tot, würde ich deine guten Eigenschaften herausschälen, aber du bist mein Leben, und ich schäle das Schlechte heraus. Ich habe mich bemüht, aber ich habe wenig gute Eigenschaften gefunden. Es gab einen Augenblick, wo ich zu Lügen bereit war, aber diese Lügen wären nichts als die Sehnsüchte meiner Kindheit, einen Vater zu haben, wie es der Lehrer ist, einen Vater zu haben, wie es der Priester ist, wie der Priester das Kruzifix, so müßtest du mich lieben. Statt mich zu schlagen, hättest du mich anbeten müssen, denn ich bin ein Mensch, und er ist aus Holz. Er ist aus dem Holz deines Fichtenwaldes, hol das Holz fürs nächste Kruzifix aus deinem Wald, und du bleibst vor dem Unglück eines Waldbrandes verschont, mein Vater. Neidig war ich dem Gekreuzigten, der Priester hat ihn angebetet, die Gläubigen, du, die Mutter. Vielleicht war aber das Kruzifix mir neidig, der ich gehaßt wurde, vielleicht brauchte er, der aus dem Holz deines Waldes geschnitzt war, auch ein wenig Haß, nicht immer nur Liebe. Warum liebtest du den Gekreuzigten mehr als den Menschen. Wieviel Menschen wurden im Namen Christi umgebracht, mein Vater, heidnische Kinder in Chile im 17. Jahrhundert, nur um ein Beispiel zu erwähnen. Kürzlich sagte mir ein junges Mädchen von der Glaubensgemeinschaft der Mormonen, daß ihr die Bibel das Leben gerettet habe, und ich lachte und klopfte mit meinen Fäusten auf die Brust, wie damals vor dem Gekreuzigten, vor mir selber, Corpus Christi. Später

hielt mich ein junger Mann von derselben Glaubenge-
meinschaft an, ich winkte ab, worauf er sagte, *Ja, dann
bring dich um*. Diese Gewalt, die Hände und Wörter in
sich haben, sobald es um Leben und Tod geht. Verglichen
mit den anderen Bauern warst du sprachlich gewandt,
mir hast du die Sprache weggenommen, vielleicht deshalb. Ob du Konkurrenz gewittert hast? Niemand
erzählte so färbige Geschichten aus dem Krieg, niemand
war so sprachwitzig wie du. Nur vor dem Vater meiner
Mutter hattest du Angst, denn er war im ersten Weltkrieg
Unteroffizier, du warst im zweiten Weltkrieg Rekrut, ich
war Rekrut beim Bundesheer. Meine Wehrdienstmedaille
lehnte ich nicht nur wegen des dritten Weltkrieges ab,
sondern auch wegen des zweiten, mein Vater, in dem du
als Soldat dientest. *Patsch, patsch*, sagtest du, wenn die
Geschosse neben dir in die Erde schlugen, patsch, patsch
hallten die Geschosse wider an meinem Gesicht von
deinen Händen, und patsch, patsch, fielen dort draußen
ein paar deiner Feinde. Natürlich verliebte ich mich in die
Soldaten, die du im Krieg umgebracht hast. Ich schnitzte
mir ihre Gesichter zurecht, jeder sah mir ähnlich.
Wütend warst du, als ich einmal im Fotoalbum herum-
kramend die Bilder, auf denen du zu sehen warst, auf die
andere Seite des Tisches meinem Bruder zuschob, da ist
er, schau ihn dir an, vor uns sitzt er, hat seine Soldaten-
uniform aus- und eine andere angezogen. Du hast
gesehen, wie ich deine Bilder und Fotos verachtete. Du
bist zum erstenmal vor mir erschrocken. Als ich, während meiner Pubertät, in ein Mädchen verliebt meine
Mutter haßte, mit ihr schrie, *Warum stellst du kein
besseres Essen auf den Tisch, wenn ich den ganzen Tag im
Büro arbeite*, kamst du schnellen Schrittes zur Tür herein
und hast mich zurechtgewiesen. Sie hat dir den Kinder-

arsch sauber gemacht, hat dir Milch gegeben und dich und euch alle aufgezogen, und jetzt schreist du mit ihr, du Dreckskerl, sagtest du, mein Vater, dafür danke ich dir heute noch. Geliebt hast du mich, als ich beim Bundesheer diente, ich hielt die Waffen, mit denen du Menschen getötet hattest. Umarmt hast du mich nie, aber mir kameradschaftlich auf die Schulter geklopft, wenn ich mit der Bundesheerkleidung nach Hause kam. Aber ich erzählte dir nicht, daß ich als Soldatensprecher, zu dem ich gewählt wurde, rebellierte, ich erzählte dir nicht, daß man mich ins Büro aufnahm und später, da ich mir keine formelhaften Sätze diktieren ließ, wieder hinauswarf, ich erzählte dir nicht, wie ich um ein Haar den Kasernenoffizier vor das Militärgericht gebracht hätte. Er hat vor mir gezittert, und das erfüllte mich mit Genugtuung. Ich sah in diesem Offizier Eigenschaften von dir und zwang ihn auf die Knie. Jetzt ist der Augenblick gekommen, wo ich dich und auch mich auf die Knie zwinge. Manchmal habe ich vor deinem Tod Angst, manchmal warte ich vor dem Telefon in der Hoffnung, daß es läutet, in der Hoffnung, daß man mir die Todesnachricht übermittelt. Ich stelle mir vor, wie meine Mutter die Ziffern meiner Telefonnummer wählt, läuten läßt, zweimal, dreimal und öfter, wie ihr Herz, das krank ist, schneller schlägt, als sie hört, daß ich abhebe, und wie würde sie es sagen, in welcher Sprache verständigten wir uns, als ich Kind und sie meine junge Mutter war. *Seppl, da Tate is gstorbn,* würde sie sagen. Die Zeiten sind vorbei, wo ich blindwütig, die fünfte Sinfonie von Gustav Mahler im Ohr, durch die Stadt zum Bahnhof ging und eine Fahrkarte nach Venedig löste, um in einer vornehmen Stadt zu sterben. In der schönsten Stadt der Welt soll das kleine Bauernkind mit der kinderhandgroßen Erntedankkrone auf dem Kopf sterben, am Strand des Lido vielleicht, wo der geschminkte Aschenbach seinen Kopf in meine Handschalen fallen ließ. Mein erster Freund war Oscar Wilde. Mein zweiter Freund war Karl May. Mein dritter Freund war Albert Camus. Der glückliche Prinz, Winnetou und Die Pest. Mein erstes Gedicht schrieb ich als Kind, als ich im Schlaf- und Wohnzimmer deiner Eltern hauste und aus dem Fenster auf das gegenüberliegende Haus blickte, wo Vorbereitungen für ein Kinderleichenbegängnis getroffen wurden. Ich zeigte diesen Prosatext meinem älteren Bruder, dem Elektriker, er lobte mich zum erstenmal, er fand den Text gut, weil er betroffen war, hast also auch Todessehnsüchte, du Drecksskerl, wollte ich zu ihm sagen. Von diesem Augenblick an wußte ich, daß ich einmal ein Buch schreiben würde. Als ich zum erstenmal in *Winnetou III* die Stelle las, wo der Häuptling der Apachen stirbt, hocktest du, mein Vater, die Beine angezogen, auf dem ausgekühlten Sparherd. Deine tägliche Zeitung knisterte, deine groben Hände sah ich links und rechts an den Flügeln des Zeitungsblattes, deine gebrochenen und schmutzigen Fingernägel. Ich blickte auf die Buchseiten und weinte, immer wieder blickte ich hoch, um zu sehen, ob du meinem Weinen nicht zuschautest, bis sich die Tränenflut verstärkte und ich dich nicht mehr sehen konnte. Ich legte meinen Kopf auf die Tischplatte, und Tränen tropften auf die Zeilen. An meiner Stirn entstand ein roter Streifen von der Tischkante. Ich blätterte zurück und begann von vorn zu lesen. Ich ging schlafen und weinte, bis ich einschlief und morgens mit geröteten Augen, *Winnetou III*, auf dem Gulter aufwachte und scheu, wie einer, der die Welt mit neuen Augen sieht, um mich blickte. Ich stand auf, um Vorbereitungen für das Totenfest zu treffen. Niemand hatte mich beim Weinen ertappt, man hätte mich ausgelacht, eitel war ich immer, ich hätte den Tod Winnetous nicht überlebt, wenn ich ihn nicht in aller Ruhe hätte betrauern können. Selten sah ich meine Mutter wütend, aber als du einmal von einem Führer sprachst, der diese Welt regieren sollte, und wahrscheinlich Hitler meintest, warf meine Mutter Brot und Speck und das Messer dazu in die Kommodenecke. Erstaunt hobst du den Kopf, spitztest den Mund wie eine Ratte das Maul, bevor sie es aufreißt. Ganz langsam wuchs der Kopf mit einem Hitlerbärtchen, der deinem nicht unähnlich ist, aus deinem Rachen. Die Ratten, unsere Blutsbrüder starben unter unseren Füßen, und am liebsten hätten wir uns beide umarmt, als wir einmal gemeinsam Ratten fingen und töteten. Wir lachten uns das erstemal an. Der Tod verband uns in Liebe. Einen Kuß dir, mein Vater, auf die Nasenspitze oder auf die Prothese deines Oberkiefers, ich ginge mit dir, mein Vater, wenn du siebzehn, achtzehn, zwanzig Jahre alt wärest, schlafen, nähme deine steifen Brustwarzen in den Mund, mein Vater, dein Glied auch, das mich in zwanzig Jahren zeugen würde, läge nur eine tote, blutende Ratte zu unseren Füßen, alles wäre möglich, alles könnte wieder eintreffen. Als ich in Venedig war, sah ich, wie ein Kind eine Ratte tötete, sah, wie die Augen der Umherstehenden funkelten, übersah den Todesstoß, weil mir das Blitzen der Augen der Umherstehenden den Atem verschlug, am Tag der großen Überschwemmung, dem 24. Dezember 1979, an dem du Geburtstag hast, mein Vater, an dem ich in der Aufbahrungshalle eines Krankenhauses neugierig in einen offenen Sarg blickte und den Fuß- und Handbewegungen der Leichenbestatter aufmerksame Beobachtung schenkte, aber es war eine Frau, die dort lag und kein Mann, lieber hätte ich einen toten Mann am 24. Dezember, an deinem 74. Geburtstag gesehen und daneben ein sich vor Schmerzen windendes Jesuskind in einer Krippe und einen vor Hunger brüllenden Ochsen in deinem Stall, mein Vater. Der Mann der toten Frau hätte mich beinahe aus der Aufbahrungshalle gejagt, forschend blickte er mich an, dann spitzte sich sein Blick zu, und er vergaß, auf das Angesicht seiner toten Frau zu blicken, während der Bestatter den Zinndeckel aus der Ecke holte und den Schweißapparat anzündete. Die blaue Flamme des Ewigen Lichts kam raus, und ich ging den Canale Grande entlang und erbrach mich nicht, ich hätte gerne gebrochen, so trug ich den Totengeschmack mit mir herum, und dann, du erinnerst dich, rief ich das Elternhaus an und wünschte euch allen alles Gute, wie wir immer sagten, zu Weihnachten, einmal im Jahr und dann genau auf den Tag ein Jahr nicht mehr, alles Gute. Diese venezianische Ratte erinnerte mich an unsere Zeit mit den Ratten im Elternhaus. Vor dem Kellerloch warteten wir, du und ich, daneben die Süßmostflaschen mit ihrer undeutlichen Flüssigkeit, ich blickte sie an, als suchte ich das Embryo, der ich war, während du den Knüppel erhoben auf die Rattenspitze wartetest, schlag zu. *Die Pest* von Camus las ich damals und hätte mit dem Taschenbuch auf den Dachboden gehen sollen, um die Ratten zu erschlagen. Nichts hat mich mehr fasziniert als die Beschreibungen der Rattenbrut in diesem Buch, wie sie kamen, zuerst eine, dann zwei, dann zehn und hundert und tausend, und wie die Menschen gingen, als die Ratten kamen. Vater, schau mich an. Du hast blaue Augen. Wie schön. Deshalb verachtete ich die Farbe des Himmels, wenn er unbewölkt war, deshalb war mir der Regen, die Traurigkeit, der Nebel, der Dunst im Kopf lieber als das klare Bild der Landschaft. Ich habe braune Augen, das erfüllte mich mit Genugtuung. Die Brüder meiner Mutter hast du geliebt, das weiß ich, sie waren tot, gefallen im Krieg, man spürte es, wenn du von ihnen erzähltest, daß du sie liebtest. Ob du die lebenden Brüder ähnlich geliebt hast? Meine Mutter saß neben dir, als sie von ihren toten Brüdern erzählte. Ich sah, wie deine Augen anschwollen und schließlich Tränen über das Leder deiner Gesichtshaut rannen. Hast du dabei an die Soldaten gedacht, die du umgebracht hast? *Hitler war ein Schwein*, sagte einmal meine Mutter, und du trugst ein Hitlerbärtchen. Wie du es pflegtest, am Sonntagvormittag, wir hockten rund um den Tisch, und du blicktest in einen Vergrößerungsspiegel, hantiertest mit einer Rasierklinge, ein Ruck mit dem Tisch und ein Schnitt in die Oberlippe, Heil dir, Vater, Leukoplast drauf, Mutter, Leukoplast. Die toten Brüder meiner Mutter, wie sehr liebte ich sie, weil sie tot waren. Was lebte, verachtete ich, was tot war, liebte ich. Die dir überlegen waren, verachtetest du, mein Vater, die dir unterlegen waren, liebtest du. Den Priester verachtetest du, du hieltest der Konkurrenz nicht stand, den Totengräber liebtest du, er war ein Stotterer, der bei uns beim Abendmahl saß und Schnaps trank, eine Pulle nach der anderen, wir lachten, während er lachte und zwischen seinen Zähnen die Friedhofserde zeigte. Ich weiß, daß du den dritten Weltkrieg gerne miterleben würdest, aber das vergönne ich dir nicht, mein Vater, du wirst sterben, ohne daß die ganze Welt mit dir zugrunde geht.

Zwei Minuten nach meiner Geburt öffnete der Totenvogel des Dorfes seinen Schnabel und ließ alle Seelen zusammenzucken, aber mein Schrei war lauter als der

Schrei des Totenvogels. Er schrie nicht, um meinen Tod anzukündigen, nein, aus Angst, sein größter Feind sei auf die Welt gekommen, klein und blau, wie ein Astronaut die Erde aus dem Weltall sieht. Bei meinem Geburtsschrei zuckte der Totenvogel zusammen, wie alte Leute zusammenzucken, wenn sie den Totenvogel schreien hören. Der Tod ist schuld daran, daß ich manchmal bösartig bin. Ich weiß, daß ich ihn nicht besiegen kann, aber der Kampf gegen den Tod erhält mich am Leben. Ich möchte den Saum der Totenhemden küssen. Ich möchte meine Schreibmaschine auf den Buckel nehmen, ich möchte bettelnd mit einem Totenhemd und Totenschuhen von Dorf zu Dorf gehen und mir die Alten und Jungen, die Kruzifixe, die Gesichter aller Tiere und Menschen genau ansehen. Verkörpert sich der Tod in einer Puppe, die am Ufer der Drau liegt? Hockt er hinter dem Rücken des Gekreuzigten und ist versehentlich mitgekreuzigt worden? Lebe ich noch, oder bin ich schon tot? Der Priester sagte, das Leben fange erst im Tod an. Im Traum drehte ich den Kopf meinen schlafenden Eltern zu, sah ihnen auf die Gesichtszüge und las, was dort stand, nein, du darfst nicht mit dem Tod fortgehen, du bist unser. Aber Mutter, er ist zärtlich zu mir, ich brauche einen Vater, der mich liebt. Er ist magerer als unser Vater Ackermann, er trägt die Sense auf dem Schlüsselbein wie er, eine spitze Nase und einen spitzen Hut hat er wie unser Vater. Beim Gehen klappert er ein bißchen, aber auch der Vater hat nägelbeschlagene Schuhe. Manchmal wagte ich es nicht, in einer Regenpfütze mein Spiegelbild zu suchen, ich hatte Angst, daß mein Totenkopf auftauchen könnte. Auf vier Schultern wird man mich hinaustragen. Der Augenblick, in dem mein Tod noch mit dem Leben kämpft, wie wird er sein? Blutandrang, Fieber, Hahnenschreie. Der

Schrei zweier Erhängten aus dem Maul eines Totenvogels. Bruderhand hält ein Stück Bauernbrot an meinem Mund. Eine quietschende Ratte, die von den Schuhnägeln des Vaters gekreuzigt wird. Der Priester schiebt mir eine blutende Hostie in den Mund. Unzählige Augäpfel kommen als Kugeln und Geschosse auf meine Stirn zu. Nadelstiche von der Kälte in Kinderfingern. Menstruationsblut am weißen Leinen, das ich in meinen kindlichen Augen als den monatlichen Tod meiner Mutter und ihre morgendliche Wiederauferstehung verstanden hatte. Ein Kruzifix, das eine Kinderstirn bekreuzigt. Zuckende Forellen im kugelsicheren Glas des Dorfbrunnens. Schwarzer Klee arbeitet sich langsam durch die Erde. Der Pfau verstellt einer Hebamme den Weg. Ein dorfgroßer Blutstropfen fällt aus den Wolken und sickert in die Erde. Ein Mund, der ans Eisblumenfenster haucht und im freigewordenen sichtbaren Fensterring eine schwarzgekleidete Gestalt mit verhülltem Gesicht über die Dorfstraße gehen sieht. Eine fallende Fichte, die noch im Fallen den krustigen Schnee von ihren Ästen schleudert und auf dem Boden wippend die letzten Schneereste abschüttelt. Vaterhand nimmt ein Fieberthermometer aus der Scheide der Milchkuh, Mutterhand legt dasselbe Fieberthermometer in die Kinderbeckenleiste. Ein Kinderfuß, der auf einen Krötenbauch tritt und weit das Maul des Frosches, bis zum erstickenden geräuschlosen Schrei aufsperrt. Halbzerbrochene Bienenwaben, die wie kunstvoll bearbeitete Embryosärge aussehen. Tausende roter Füße eines Vogelschwarms fliegen über den Kopf hinweg. Ein einbalsamiertes Gebetsbuch wird aufgeblättert. Die Nabelschnur des letztgeborenen Kalbes trägt der Vater wie einen Skalp an seinen Lenden. Eine birnenförmige Glühbirne hängt am Baum und beleuchtet mein Totenbett. Gewitterblitze schlagen weiße Nägel in meinen Sarg. Meisen fliegen aus meinen Nasenhöhlen, eine davon bleibt stecken, und ich ersticke. Alles in meinem Gesicht wird sich zuspitzen, die Nase, die Backenknochen werden stärker hervortreten, die Lippen, zwei bläulich übereinandergelegte Messerschneiden. Ich werde einen weißen Anzug tragen. Anstatt eines Rosenkranzes, der die Finger verflicht und gefangenhält wie ein Tier, das zwischen fleischfressende Pflanzen gekommen ist, wird meine rechte Hand mit ihrer Totenstarre ein Zepter umklammern, auf dem der Totenkopf des Vaters als Büste mit glattrasiertem Schädel steckt.

Du hast im Schlaf aufgeschrien, als ich mich mit deiner Mutter paarte, um deinen jüngsten Bruder zu zeugen. Du hast dem Todeskampf des alten schwarzen Zugpferdes mit verschränkten Händen zugesehen. Du hast deinem jüngeren Bruder den Tod gewünscht wie mir. Und warum? Hör zu. Du wolltest mehr Sonntagsgewänder, du wolltest die bessern Kleider an Werktagen tragen. Mehr Schuhe, mehr Strümpfe wolltest du haben. Du kannst auch Großvaters Totensocken haben, mein Sohn. Wir hatten nicht soviel Geld, um dich wie einen Prinzen einkleiden zu können. Ich hätte auch lieber von Silbertellern gefressen als aus Blechnäpfen. Jede Nacht hast du aus Angst um deine Mutter geweint, aber auch in der Hoffnung, daß sie sterben wird und du allein gelassen, verzweifelt sein, Lust zum Töten entwickeln kannst, und wenn dich jemand fragt, warum, Meine Mutter ist gestorben. Kam ich zur Küchentür herein, gingst du zur Tür hinaus. Immer war die Tür zweimal in Bewegung, wenn ich hereinkam und du auf dem Sparherd oder anderswo dein Arschfleisch gewärmt hattest. Tauchte ich am Dorfanfang auf, sah ich eine kleine Kindergestalt am Dorfende verschwinden. Ich nehme an, daß du zumindest einmal jeden deiner Brüder, deine Mutter, die Magd wie deine Schwester, den Großvater wie mich, in deinen Träumen tot gesehen hast. Alles, was lebte, wolltest du töten, um wiederbeleben zu können. Lazarus wolltest du sein und Jesus gleichzeitig. Du warst Erzministrant, hocktest in einer Stube und schriebst Predigten mit deinem Kinderkopf. Du wolltest uns allen überlegen und erhaben sein. Als Kind trugst du immer einen Bleistift mit dir herum. Er war dein elfter Finger. Ich habe nur neun. Ein Kalb hat mir den kleinen Finger meiner rechten Hand abgebissen. Du hast gelacht, wenn ich euch Kindern vom Krieg erzählte und mit meiner rechten Hand salutierte, wie damals vor den Offizieren. Ich kann mir vorstellen, daß es grotesk aussieht, wenn man mit einer Hand salutiert, die nur vier Finger hat. Aber der Krieg war das einzige Erlebnis meines Lebens. Dort, wo ich auf engstem Raum aufwuchs, mich Meter für Meter ausbreitete, werde ich sterben und mich Meter für Meter, wie ich mich ausgebreitet habe, zurückziehen und genauso plötzlich, wie ich aufgetaucht bin, verschwinden. Du hast gegen die Zehn Gebote Gottes gelebt und hast mit gesenktem Haupt ehrfürchtig vor dem Kruzifix gekniet. Alle im Dorf hatten vor dir Respekt, du warst der Erzministrant, hattest bereits als Kind Untergebene, zwei oder drei andere Ministranten, und warst dem Priester am nächsten. Wie Vater und Sohn gingst du mit dem Priester die Dorfstraße lang, und da sollte ich, dein Vater, nicht genauso oben am Dorfanfang verschwinden wie du verschwunden bist, als ich von oben nach unten und du von unten nach oben gehen wolltest. Öfter als du glaubst haben wir, deine Mutter und ich, uns im Bett zueinander gedreht, haben einander geküßt und gedankt für die Söhne und die Tochter, die wir einander geschenkt haben. Du hast deiner Mutter bereits als Kind gesagt, daß du deinen Vater verachtest. Nie hat mir deine Mutter abends vor dem Einschlafen davon erzählt. Was ich liebe, verachtest du, was ich verachte, das liebst du. Du hast die Familiengeheimnisse, während du Kirchenblätter von Haus zu Haus trugst, lieber bei unseren Feinden als bei unseren Freunden ausgeplaudert. Du hast Lügengeschichten erzählt, aber hinter jedem Wort hast du sagen müssen, daß es die Wahrheit ist, sonst hätte man es dir wahrscheinlich auch noch geglaubt. Zu Ostern lagst du neben dem Priester kurz vor dem Kreuzigungsgang vor dem Altar, alle bewunderten dich in deinem roten Ministrantenmantel, aber die Augen eines Teufels funkelten unter dem Heiligenschein dieses Erzministranten. Vor dem Spiegel bist du gestanden und hast dich geschminkt wie die Schwester. Gingst du an einem anderen Haus vorbei, spiegeltest du dich in den Fensterscheiben. Die blutjungen Selbstmörder dieses Dorfes hast du beweint, wie du weder mich noch deine Mutter beweinen wirst. Aber noch lebe ich, mein Sohn, und wenn ich sterbe, dann geht mein Leichnam vor dir auf die Knie, mein Sohn, und betet dich an. Die Atmosphäre eines Gruselfilms hast du in die Familie gebracht, nicht umsonst stand ich mit dem bloßen, hartgelegten Kalbstrick breitbeinig vor dir, als du spätabends von der Schule aus Villach kamst und *Die Schlangengrube und das Pendel* im Kino angesehen hattest. Lieb waren dir die Filme, die dir Angst machten, da du selber ein Strohbündel Angst bist, zusammengeschnürt mit den sechs Nabelschnüren deiner Mutter. Du hast dem Totengräber auf die Hände und gleichzeitig mir in die Augen geblickt. Hast du Friedhofserde unter meine blonde Polenta gemischt? Neugierig hast du auf die bläulich werdende Nasenspitze deiner toten Großmutter geblickt und dabei an meine Geburt und an ihre Mädchenzopfjahre gedacht. Du lachtest, als sie, der ich mein Leben zu verdanken habe, starb. Ich weiß, wieder war ein Teil von mir unter der Erde. Vor den Ferkelleichen auf dem Misthaufen hast du gestanden und hast unter Tränen in ihre offenen Augen geblickt. Du wolltest ihren Augapfel küssen, weil ich dir nie einen Kuß auf deine Augen gegeben habe. Ich bin alt. Heuer werde ich fünfundsiebzig. Ich werde bald gehen müssen. Mein Vater ist neunzig geworden. Ich bin mir nicht sicher, ob ich sein Alter überleben werde, aber noch sitze ich auf dem Hof, wenn auch einer meiner leiblichen Söhne glaubt, meine Totenblumen zu riechen. Wenn ich an meiner Hofarbeit verkrüppeln sollte, dann begrabt mich mit meinem Rollstuhl. Dein Intschutschuna, dein Winnetou und deine anderen roten Brüder sind doch auch auf dem Pferd sitzend begraben worden. Pferd haben wir keines mehr, auf dem Traktor sitzend möchte ich begraben werden. Ich weiß, mein Sohn, in unser Familiengrab willst du nicht hinein, aber du wirst in Venedig auf der Friedhofsinsel als Toter sicher besser leben als auf einem kleinen unbekannten Dorffriedhof. Dort bist du in besserer Gesellschaft als bei uns Bauern und Keuschlern, geh nach Venedig, stirb dort und werde. Denk daran, jemand, der sich besonders um dich bemüht, macht sich verdächtig. Ich sage dir, du wirst zu uns zurückkehren, nicht ins selbe Dorf, aber du wirst die einfachen Menschen bis an dein Lebensende suchen, und nirgendwo wirst du mehr einen Vater finden, mein Sohn. Du wirst über deinen toten Vater ein anderes Buch schreiben als über deinen lebenden. Du wirst verstehen, mein Sohn, und dafür schenke ich dir mein Leben: bring mich um. In deinem Vater hast du dich geirrt, wie ich mich in dir geirrt habe. Ich stehe in deiner, du stehst in meiner Schuld. Keiner von uns beiden ist besser oder schlechter. Du hattest immer jemanden, mit dem du im Kampf standest, das erhielt dich am Leben. So habe ich mit der Erde des Roggens, des Weizens und des Hafers gekämpft und bin 75 Jahre alt geworden. Der Tod, das ist dein Thema. Mein Thema ist das Leben, das Brot, die Milch und die Butter, der Kukuruz und das Getreide. In dem Augenblick, wo ich tot sein werde, wirst du das Thema wechseln. Du hast deinen kleinen Bruder mit dir gegen mich herumgetragen, als hättest du ihn gezeugt und nicht ich. Wollte ich dich schlagen, drehtest du dich augenblicklich zur Seite, damit mein Schlag den Kopf deines kleinen Bruders traf. Anders hast du dich verhalten als deine Mutter, die sich vor dich hinstellte, als ich dich schlagen wollte. Du hast den Vergleich mit Winnetou und Old Shatterhand gebraucht, nicht ich. Winnetou schützte sterbend Old Shatterhand. Wie sich ein Tier zum Sterben ins Gebüsch schleppt, hast du dich zum Lesen deiner Karl-May-Bücher zurückgezogen. Eine Küchenscheibe hast du im Raufhandel mit deinem Bruder zerschlagen, raffiniert bist du zu mir in den Stall hinausgekommen, Vater, wir haben eine Küchenscheibe zerbrochen, und ich habe mit dem Kopf genickt, seid das nächstemal vorsichtiger. Einmal habe ich gesehen, wie du das Klofenster mit Tageszeitungen abgedeckt hast. Was hast du getrieben? Es war gut, daß ich dich und deinen Bruder, während ich auf dem Klo saß, vor der Klotür die Zehn Gebote Gottes habe aufsagen lassen. Du sollst nicht Unkeuschheit treiben. Ich war streng, aber gut in meiner Bösartigkeit. Stolz sein wollte ich auf dich, deshalb wollte ich dich nach meinem Ebenbild schaffen. Als du dich einmal beim Radfahren mit deinem Bruder am Fuß verletzt hast, habe ich euch geschlagen, weil ich euch liebe, ich kann kein Blut an eueren Händen und Beinen sehen. Wenn ich dich mit dem Totenvogel bedroht habe, Paß auf, wenn er dich sieht, merkt er sich dein Gesicht, so wollte ich, daß du ins Bett gehst, betest vor dem Einschlafen für Vater, Mutter und für dich. Ich wollte nicht, daß du am Waldrand, wo der Totenvogel auf einer Tanne hockt, vorbei zu den Verwandten gehst, um einen Kriminalfilm anzusehen. Gegen meinen Stallgeruch hast du dir Parfums gekauft. Der Bauernjunge geht in den Kosmetiksalon und bestellt Parfums und Salben, wie sie die Lollobrigida verwendet. Du hast zeitweise deine Brüder verachtet, weil sie meine Eigenschaften angenommen haben, sie waren fleißig und arbeitsam. Nicht umsonst hast du den Beinamen *Der Arbeitsscheue* erhalten. Gut, ich habe oft zu dir gesagt, *Halts Maul, red, wenn du gefragt wirst, red oder scheiß Buchstaben,* ich habe dir also die Sprache weggenommen, um deinen Ausdruck zu gebrauchen, aber du hast Bücher gelesen, während deiner Mutter und mir, deinen Brüdern wie deiner Schwester bei der Arbeit der Schweiß von der Stirn rann. Wie oft hast du die Stelle, wo Winnetou stirbt, durchgelesen? Waren die Schmerzen über den Tod Winnetous nicht stärker als die Schmerzen, die dir meine gerechte Vaterhand zugefügt hat? Drehen wir den Spieß um und drehen wir den umgedrehten Spieß wieder um. Du wirst zu uns zurückkommen, mein Sohn. Ich werde auf dem Totenbett meine Hände heben, und mit ausgestreckten Armen wirst du auf mich zukommen, meine Stirn küssen, in meine bleiernen Lippen beißen, Vater, wirst du schreien, Vater bleib am Leben. Die Welt ist wieder im Lot, wenn sich der Sohn im Vater erfüllt. Mit gestohlenem Geld hast du mir zu Weihnachten eine Weinflasche gekauft, der Mutter Bonbons und ein paar Nylonstrümpfe. Wer sagt denn, daß du mir eine Weinflasche schenken mußtest. Wenn du aus deines Vaters Kellerloch eine Mostflasche gestohlen und deinem Vater geschenkt hättest, das wäre mir lieber gewesen als ein großes, eitles Geschenk, Frohe Weihnachten und Alles Gute zum Geburtstag, Vater. Ich werde sterben, bevor der dritte Weltkrieg in mir ausbricht. Ein ganzes Leben lang habe ich Tiere gefüttert, Stiere, Pferde, Kühe und Kälber. Schweine, Hühner und Kinder hat zeitlebens die Mutter gefüttert. Die Tiere, die ich fütterte, hast du verachtet. Die Tiere, die deine Mutter fütterte, liebtest du. Nachts, wenn die Mutter unter der kotbespritzten Glühlampe hockte und die neugeborenen, rosaroten Ferkel aus dem Mutterleib der gebärenden Sau schälte, hocktest du mit betenden Händen unter dem Kruzifix im Herrgottswinkel, deine Augen tränten, die Lippen eines epileptischen Kindes zitterten aus Todesangst. Kam die Mutter zur Tür herein, fragtest du, Wieviel Ferkel leben und wieviel sind tot? Zehn leben und drei sind tot. Eingewickelt in einen Jutesack sind die Toten, die Lebenden zerren bereits an der Zitzenstange der Saumutter. Du gingst in den Stall, schlugst das Totentuch des Jutesackes auseinander und blicktest lange auf die Ferkelleichen. Am liebsten hättest du im Totenzimmer deiner Großmutter übernachtet, dich zu ihr in den Sarg gelegt wie ein Kind, das einen toten von einem lebenden Menschen noch nicht unterscheiden kann und mit den Fingern der Leiche zu spielen beginnt. Du wolltest die Knospen der roten Tulpen abbrechen und der Großmutter in den Mund stecken. Ihre toten Hände hast du geküßt, die mit einem

Rosenkranz umflochten waren. Du wolltest die toten Ferkel in den Sarg der Großmutter legen, du wolltest nicht einsehen, daß die toten Kleintiere auf dem Misthaufen und die toten Menschen auf dem Friedhof begraben werden. Wer hat mit rotem Lippenstift die bleiernen Lippen der toten Großmutter verziert? Ich wagte damals nicht zu fragen, wie ich jetzt frage, ich habe das Lippenstiftrot entfernt und bin, weil der Leichnam meiner Mutter geschändet worden ist, weinend in den Stall gegangen und habe den Kot der Tiere auf den Misthaufen geworfen. Der Gedanke an den Tod ist es, der dich am Leben erhält. Ein halbes Jahr lang hast du in Sprichwortbüchern nach Sätzen über den Tod gesucht, bei den Dichtern und bei den Philosophen. Du bist gestraft genug. Du bist der lebende, über den Tod schreibende Leichnam. Wer hat von der Bahre des toten Großvaters gelbe Narzissen genommen und in den Garten zurückgetragen? War nicht ich es, der euch Kindern unter Tränen sagte, Geht in den Garten, bringt noch ein paar Blumen dem toten Opa, er wird es euch vergelten? Hättest du den nackten Großvater gesehen, wäre dein Glied steif geworden wie der Leichnam. Schlag dein Sprichwörterlexikon unter dem Stichwort *Tod* auf und töte mich mit einem Messer, eins, zwei, drei, vier, fünf Stiche, und ich falle blutüberströmt über dich her. Im Todeskampf werde ich versuchen, dir einen Finger zu brechen oder mit Blut deine Füße zu waschen. Buchstaben werde ich scheißen, du wirst die Totenwäsche an meinem nackten Leib zelebrieren. Ich bin mager, und du bist mager, deshalb habe ich immer wieder deinen mageren Kindeskörper beschimpft. Iß mehr, mager bist du, sagten auch die Verwandten und Unbekannten zu mir und stopften dann und wann aus Spott meine Rocktaschen mit getrocknetem Brot. Warum reagiertest du so empfindlich auf meine Worte, *dürrer Krüppel* und *elender Hund?* Zeitlebens haben dich Worte mehr verletzen können als Schläge. Schlug ich dich, weintest du eine Stunde, sagte ich ein grobes Wort zu dir, warst du drei Tage unansprechbar. Ich habe deine Freunde verachtet, wie du meine Freunde verachtet hast, besonders den einen, der die Beatlesmode ins Dorf gebracht hat, die Gitarrenklänge und die schulterlangen Haare. Morgens krähte der Hahn auf dem Misthaufen, und die Gitarren-klänge mischten sich dazwischen, der Pfau ging vor dem Stalltor auf und ab, Hühner verließen schreiend ihre warmen Eier, während ich im Stall den lockigen Kopf des Stiers kraulte und auf das Geräusch der stählernen Milchfäden im leeren Eimer hörte. Einmal wird der Tod seine eiszapfenkalte Knochenhand auf dein rechtes Schlüsselbein legen. Augenblicklich wirst du vor dich hinstarren, wirst es nicht wagen, dich nach rechts zu drehen, du wirst dich nach links drehen und deinen Arm nach einem Kind ausstrecken. Hast du nicht vor kurzem eine mit Schweinsblut gefüllte Plastikpuppe im Schnee begraben? Mit Kinderblut wolltest du sie füllen, aber dafür hättest du einen Mord begehen müssen. Soviel sind dir deine mystischen Spielchen nicht wert. Aber du willst doch ohnehin ins Gefängnis kommen. Begeh einen Mord, töte mich oder einen anderen. Wenn du nicht in einem Leichentuch lebst, kannst du nicht schreiben, du brauchst das Unglück, um dich überhaupt ausdrücken zu können. Du bist liebesunfähig, aber hassenswürdig. Den Toten schüttelst du die Hand, und an den Lebenden gehst du grußlos vorbei. Ich klage dich an, weil ich die Angeklagten liebe und nicht die Richter, von denen ich nun einer bin. Hätte ich die zehn neugeborenen Katzen nicht in einem beschwerten Jutesack in der Drau ertränkt, wer hätte sie gefüttert? Wie lange hast du dem jungen, lockigen Vatermörder gestern in der Tageszeitung in die Augen geblickt? Mit einer Hacke spaltete er seinem Vater den Kopf wie ich des Winters die Eisplatte auf dem Brunnen, und verlegen, das Hackbeil in der schwachen Hand haltend, stand er vor seinem Opfer. Hättest du nicht deine Romane geschrieben, wäre ich unter deiner Hand gefallen. Deine Mutter hätte aufgeschrien, wäre über mich hergefallen, hätte meinen Kopf auf ihren Schoß gelegt und das Blut in meinem Gesicht verschmiert, als hätte ich eine rote Maske in meinem Gesicht, die mein Sohn, der mich getötet hat, abheben darf, um das leichenblasse, eingefallene Gesicht seines Vaters herauszuschälen. Einen Kuß bitte auf die rote Maske des Teufels deiner Kindheit, die zu meinem blutüberströmten Gesicht geworden ist. Du hättest mich auf *Befehl von unten* erschlagen. Deine Geschwister hätten dich wahrscheinlich zu einem Staatskrüppel, mit rot-weiß-roter Mullbinde um die Augen, geschlagen. Noch in meinem Todeskampf hätte ich deine Geschwister angefleht, Bringt ihm Speck, Bauernbrot und Butter ins Gefängnis, laßt ihn nicht hungern, ich lebe in ihm bis zu seinem Todeskampf weiter. Schlägt ihn ein Wärter, wird mein Sohn seinen Mund öffnend mich aus seinem Rachen schreien lassen. Ich werde den Mörder ins Opfer verwandeln und das Opfer aus dem Mund des Mörders um Hilfe schreien lassen. Junge Vatermörder erotisieren dich. Im Krieg habe ich feindliche *Soldaten* getötet. Man kann nicht sagen, daß ich *Menschen* getötet habe. Ich habe töten müssen. Hätte ich nicht getötet, wäre ich getötet worden. Du hast Judas geküßt und wolltest Jesus entkreuzigen. Du wolltest seinen hölzernen Lendenschurz von seinen Hüften reißen und sein Geschlecht betrachten. An Großmutters Leiche hattest du als Kind deinen ersten Rausch. Den zweiten vor dem Altar in der Kirche, betrunken vom süßen Meßwein. Und was war mit deinen Hostienfrühstücken in der Sakristei, während sich der Priester in die Zelebrationsgewänder kleiden ließ. Den Leib Christi einmal täglich essen war dir zu wenig, du wolltest ihn zehn- und zwanzigfach. Deinen damals zweijährigen Bruder wolltest du in die Drau werfen, nicht um ihn zu töten, nein, sondern um ihn im letzten Augenblick vor dem Tod zu retten. Als deine Großmutter im Sterben lag, habe ich mehrere Nächte in ihrem Zimmer geschlafen. Du hast die Gelegenheit ausgenützt und währenddessen in meinem Bett geschlafen. Natürlich hast du gehofft, daß ihr Todeskampf solange wie möglich dauert, damit du solange wie möglich neben deiner Mutter einschlafen und aufwachen kannst. Vor der zurückgebliebenen Haut meines Stallgeruches hast du dich nicht geekelt? Während wir, deine Brüder und ich, das Getreide einbrachten, mit gezückter Sichel im Roggenfeld standen und uns wieder und wieder zu den Ähren niederbeugten, hocktest du im Sonnenblumenfeld und spieltest mit deinem Geschlecht. Standen wir Bauern nach einem alles niederschmetternden Hagelgewitter weinend im Feld, gingst du lachend in deinem Zimmer im Kreis. Ich habe gegen die Dorfkatastrophen und du hast für die Dorfkatastrophen gebetet. Deine Diebstähle für deine Bücher haben mir einen ganzen Ochsen gekostet. Ich könnte in meine Fäuste weinen, wenn ich deine Bibliothek ansehe und mir vorstelle, welchen Ochsen ich bei der letzten Versteigerung kaufen wollte. Ich habe dafür arbeiten müssen, daß deine Bücherstellage mit verpönten Dichtern gefüllt worden ist. Aber du irrst dich in mir, wenn auch der Vater einen rachelüsternen Sohn hat, so hat der Sohn keinen rachelüsternen Vater. Ich liebe dich für alles, was du für und gegen mich getan hast. Ich habe dich gezüchtet, so wie du jetzt bist, aber du mich auch. Wir haben von denselben Wurzeln gelebt. Erst jetzt hat sich die Pflanze entzweit. Du gehst deinen Weg, und ich gehe meinen. Mein Weg ist kurz, ich gehe im Dorf im Kreis und klopfe an die Friedhofsmauer, frage um Einlaß, wenn ich nicht mehr leben will. Du schliefst mit einem Karl-May-Buch auf der Brust ein, es war an der Stelle aufgeschlagen, wo Winnetou stirbt, Winnetou wird sterben, hauchte er im Niederfallen. Ich werde im Niederfallen hauchen, daß ich sterben werde, weder in der Prärie noch in deiner Bibliothek, sondern im Stalldreck zwischen zwei brüllenden Kühen. Wie bei einem Irren tröpfelte der Speichel von deinen Lippen, als du mit dem Karl-May-Buch einschliefst. Du kehrst auch zu den Karl-May-Büchern zurück. Du wirst auch in die damalige Sprachlosigkeit zurückfallen. Jetzt wählst du die Kunst statt der Kriminalität. Wenn dir die Kunst abhanden gekommen sein wird, werden dir die Verbrecher in Zelebrationskleidern die Hände reichen. Du wirst ihren modrigen Saum küssen, ihre zerflickten Pantoffel, vor einem Verbrecher wirst du mit Nadel und Zwirn knien und an seinem Hosenschlitz einen fehlenden Knopf einnähen. Als Kind hast du geflickt, genäht, Kuchen gebacken, Kindermädchen gespielt, manchmal gern, manchmal ungern, aber alles gegen unsere Männerarbeit im Stall, auf dem Feld und am Berg, wenn dein Bruder und ich eine Fichte schlugen. Ans Pferd haben wir den Fichtenstamm gespannt und durch den krustigen Schnee nach Hause gefahren, das Holz mit der Hacke gespalten, damit auch du über dem prasselnden Feuer deine Hände wärmen konntest. Wie vor einem Altar hast du vor ein paar Jahren in Klagenfurt, als ein Verbrecher aus der Haftanstalt entflohen war, auf den Stufen des Gefängnisgebäudes gekniet, während dir Sätze von Genet durch den Kopf liefen, *Die Ketten der Galeerensträflinge hießen Ranken, welche Trauben trugen sie?* Du hast durch die Sprache und ich habe durch die Sprachlosigkeit überlebt. Der sprachlose Bauernjunge hat den Ehrgeiz, einmal Professor für deutsche Literatur zu werden, daß ich nicht weine. Das Lachen ist mir vergangen. Du warst als Kind so sprachbesessen, daß du die Tiere schlugst, weil sie die menschliche Sprache nicht verstanden. Die Menschen haben mich enttäuscht, sagtest du. Du hast die Sprache den Menschen vorgezogen. Die Sprache war über Jahre dein einziger Dialogpartner. Sie hat dir mehr geholfen als die Menschen. Der Haß hat uns vereinigt, die Liebe wird uns trennen. Selbst die Totenwache der Großmutter hast du ausgenützt, um mir Geld zu stehlen. Wir standen an der Bahre. Plötzlich entfernte sich mein Sohn. Er ging die Stiege hoch, der silberne Schlüssel lag in seiner schweißgebadeten Hand, steckte ihn leise ein, erschrak vor dem Geräusch, drehte sich um, ging hinein, der Sohn, leisen Schrittes, öffnete die Schublade meines Nachtkastens, nervös und schnell, die Brieftasche, nahm einen Schein nach dem anderen heraus, sperrte wieder zu, schlich sich über die Stiege runter in die Küche und hängte den Schlüssel auf, ging in die Speisekammer, nahm Brot und Speck, kam wieder ins Totenzimmer, stellte sich neben seinen Vater, speckkauend, während ein totes Stück Fleisch vor ihm lag. Wie tröstest du deinen jüngeren Bruder, den ich, um deinen Ausdruck zu gebrauchen, wie einen billigen Knecht verwende? Hab keine Angst, es kann nicht mehr lange dauern, er krepiert ohnehin bald. Heuer feiern wir seinen 75. Geburtstag, mit Inbrunst und Sternspritzern, je näher er dem Tod kommt, desto größer wird das Fest, das wir steigen lassen. Aus dem Sperma eines Nobelpreisträgers wolltest du wachsen und nicht aus dem eines Bauern. Dein Größenwahnsinn spricht Bände. Noch bin ich nicht tot, und noch stehst du nicht mit zwei Füßen im Leben, mein Sohn. Und wenn ich tot bin, wirst du den Partezettel wie ein Bürokrat zur Kenntnis nehmen, wirst aus dem Corpus des Leichenzuges treten, dich schämen, der Angehörige eines Toten zu sein wie damals, als der Großvater starb, du rissest die schwarze Schleife weinend von deinem Ärmel, du wolltest nicht der Angehörige eines Toten sein. Dein erstes Gefängnis war der dunkelrote Mutterbauch, dein zweites das schwarze Kellerloch, und dein drittes Gefängnis fandest du hinter den Gitterstäben deines Brustkorbes, das vierte wird aus Stahl sein, Gefängniswärter werden vor deine Füße spucken wie ich, als du nicht wolltest, daß ich in deinem Zimmer fernsehe, der Vater darf keine Nachrichten sehen, die Kriegsmeldungen aus dem Nahen Osten lassen ihn nostalgisch werden, nahezu vierzig Jahre ist es her, seit er im Schützengraben lag, den Zeigefinger am Gewehrabzug, den rechten in einer Fischdose, und während er fraß, tötete er. Dein letztes Gefängnis wird dein Sarg sein. Ich liebe dich, damit du mich nicht mehr verachtest. Du wirst gegen niemanden mehr kämpfen können, du wirst keinen Todfeind mehr haben, der dich am Leben erhält, das ist mein eigentliches Todesurteil, das ich über dich ausspreche.

Die Tiere brauchen Futter. Sie brauchen Wasser. Wer wird das Eis an der Brunnenoberfläche zerhacken, damit die Kälber ihre warmen Schnauzen ins dampfende, eisige

Wasser stecken und trinken können. Die Hacke federt im Eis, die Splitter fliegen durch die Luft und fallen gegen die Fensterscheibe des Hauses. Das Kind, das am Fenster hockt, erschrickt und weicht zurück, obwohl es weiß, daß die Eissplitter von der Glasscheibe abgefangen werden. Langsam, verfolgt von wieselflinken Augen, rutschen die Eissplitter von der warmen Fensterscheibe. Immer schneller werden die hackenden Bewegungen des Vaters, und die Eissplitter trennen sich spritzend von der spiegelnden Scheibe des Hackbeils. Wie zum Gebet sind seine Hände geschlossen, dazwischen die Hacke, er flüstert Gebetsformeln, er aktiviert seine ganze Kraft. Er stellt sich auf die Zehenspitzen. Wie ein Blitz fährt von seinen Zehen die Kraft über den Fußknöchel, zieht über das Schienbein, holpert über die Kniescheibe, über die Oberschenkel, springt im Brustkorb von Rippe zu Rippe, bald wird sie ins Herz dringen, wo Haß und Liebe wuchern. Das Kind, am Fenster hockend, sieht, wie unter der Hackenschärfe das Eis gespalten auseinanderfährt. Die Hacke pendelt zu seinen Füßen, federnden Schrittes geht er den Weg über den flaumweichen Schnee zurück, in die Fußstapfen der Kälber tretend, die er aus dem Stall holen und zur Tränke führen wird.

David und ich gingen zu mitternächtlicher Stunde mit einem von Mutterhand getöteten Huhn und einem Leinentuch zum Golgathahügel des Klagenfurter Kreuzbergls. Der Weg war beschwerlich, eisig und voller heimtückischer Wurzeln. Zweimal glitt ich auf dem Eis aus, stürzte zu Boden und suchte an den Wurzeln Halt – *du willst schon wieder mystifizieren, du Schwein,* sagte David –, kamen auf eine Anhöhe und blickten auf die Stadt, die von unzähligen, gelbleuchtenden Punkten verziert war. So konnte der Fieberblick Jesu die Umgebung eingefangen haben. Ich sah das Kopfnicken der Stadt. Sie war einverstanden. Noch ein paar Wegkurven und wir standen am Golgathahügel, leerten das Huhn aus der Plastiktasche und schnitten einen Streifen vom Leinentuch. Aus der tödlichen Halswunde des Huhns glaubte ich langsam die Hand meiner Mutter hervorkommen zu sehen, wie sie in Zeitlupe mit der Hacke, die sie wie zum Gebet in den Händen hält, kommunizierend in die Höhe fährt und den Hahnenkopf vom zitternden, flügelschlagenden Körper trennt. Sofort rinnt das Blut in die Einschnittstelle des Holzblockes, in die ihre linke Hand mit der Kraft ihrer Muskeln vom Scheitel weg – ein wenig Zorn aus der Stirnhöhle mitnehmend – das Beil fallen läßt. Mit der Geschmeidigkeit der Tintenfischarme krallen sich die Füße des Hahns zusammen und strecken sich wieder. Die getöteten Hühner und Hähne sind meiner Mutter Totentatenruhm. In meiner Lunge hörte ich wieder den morgendlichen Hahnenschrei meiner Kindheit. Wir sahen zum Gekreuzigten auf und einander in die Augen. David zog das Skalpell. Die rechte oder die linke Hand? Die linke! Ich spreizte die Finger mit einer Kraft auseinander, daß mir Schwimmhäute hätten wachsen können, ins Feld zwischen Daumen und Zeigefinger ritzte er mir den Buchstaben *D* für David ins Fleisch und zeichnete den lotrechten und senkrechten Querbalken fürs Dorfkruzifix ein. Nun nahm ich das Skalpell und zeichnete an der gleichen Stelle seiner linken Hand den Buchstaben *J* für Jo und das Kruzifix ein. *Wir stellten uns zu beiden Seiten des Sarges von Klekih-petra auf, und Intschutschuna entblößte den Vorderarm seines Sohnes, um ihn mit dem Messer zu ritzen. Es quollen aus dem kleinen, unbedeutenden Schnitt einige Blutstropfen, wel-*

che der Häuptling in die eine Wasserschale fallen ließ.
Dann nahm er mit mir dieselbe Prozedur vor, bei welcher
einige Tropfen in die andere Schale fielen. Winnetou
bekam die Schale mit meinem Blut und ich die mit dem
seinigen in die Hand . . . David leerte meine Schale und
ich die seinige. Mit dem Leinenstreifen fesselte ich die
Füße des Huhns und band es an den untersten, weit
hervorstehenden Fußnagel des Gekreuzigten, das weiße
Leinentuch wand ich um den hölzernen Lendenschurz.
Jakob und Robert haben sich am 29. September 1976 im
Pfarrhofstadel, dem schwärenden Gehirn meines Heimatdorfes, an einem Kalbstrick erhängt. Das Elternhaus
Jakobs steht im Dorfkruzifix genau an der Stelle, wo der
eine Fußnagel *beide* Beine hält. David und ich sind die
Überlebenden. Während meiner Kindheit sind meine
Seele und mein Körper mißhandelt worden, heute antworte ich mit einem Sakrileg. Noch in derselben Nacht
saßen wir im Zug, der uns nach Rom brachte. Unter der
Last der Koffer brach die Wunde der Blutsbrüderschaft
am Bahnhof in Rom wieder auf. Eine Woche später, zur
selben Zeit, als sich die *Schwarze Witwe Leichenbegäng-*
nis des Republikaners Ugo La Malfa mit Transparenten
schlangenartig durch die Straßen Roms bewegte, warteten wir im Petersdom auf die Audienz des Papstes. Die
Büste des Staatspräsidenten ist aus kugelsicherem Glas.
Fußvolk! Zieht endlich euere Schuhe aus! Werde ich bei
seiner Beweinung dabeisein? Ihn quer über meinen
Schoß legen und den Ackerstaub mit Kinderspeichel aus
den Furchen seiner Stirn wischen? Eine bäuerliche Pietà
aus meinen im Kreis stehenden Geschwistern errichten?
Wir gingen in die Gruft der Päpste. Tote Päpste links, tote
Päpste rechts, ein Arbeiter- und ein Bauernsohn in der
Mitte.

Wer seinen Nächsten hassen muß, vergießt kein Menschenblut. Lieber verdursten als den Kinderkopf unter die nachbarliche Wasserleitung halten. Genußvoll sahen die Erwachsenen aber zu, wenn die Tiere, die Kühe und Kälber, die Pferde aus der nachbarlichen Wasserleitung tranken. Euere Tiere dürfen von unserem Wasser trinken, ihr nicht. Der Bauer zeugte solange Kinder, bis ein Sohn kam und die vorangegangenen Töchter null und nichtig machte, nur der Sohn kann das Erbe des Hofes und des Familiennamens antreten. Vor kurzem wäre dieses Kind beinahe durch einen Badeunfall gestorben: Bewußtlos lag es unter einem Sprungbrett. Dieses Sprungbrett diente ihm als Versteck. Ein Turmspringer ließ seinen Körper drei- oder viermal hochfedern, bevor er ins Wasser hechtete, das Kind, das darunterlag, wäre fast erdrückt worden. Keiner ahnte, daß sich dort ein Kind versteckt hielt. Lange Zeit spazierte es mit eingegipstem Hals und Oberkörper durchs Dorf, den Kopf hoch erhoben wie aus Stolz, dem Tod entgangen zu sein.

Der Sohn starb an einem Mopedunfall. Seine Mutter, so erzählt man, lief an die Unglücksstelle, rief weinend seinen Namen und verbarg seinen zerdrückten Kopf in ihrer Schürze. Ihre Tochter stand dabei und schrie um ihr eigenes Leben: *Der nächste bin ich.* Ein paar Tage später führte mich mein kleiner Bruder zur Unglücksstelle. Mit seinem kleinen rechten Zeigefinger deutete er auf den Boden. Die zweite Tochter war mit einem Trinker verheiratet, den der Alkohol zu einer Wein-, Schnaps- und Bierflasche verwandelt hatte: Einmal spritzten die Glassplitter nach allen vier Himmelsrichtungen, im Mittelpunkt stand sein Körper und fiel, nachdem er wie ein Kegel links, rechts, nach vorn und nach hinten geschwankt war. Mit Blumen, Tränen, Weihwasser, Weihrauch und Priestersegen begrub man ihn. Volle und leere Weinflaschen, Bier- und Schnapsflaschen umkränzen die Gaben des Leichenschmauses. Ihr gemeinsames Kind starb nach wenigen Monaten. Der Leichenzug sah wie ein Hochzeitszug aus, weißer Zündholzschachtel- sarg, weißgekleidete Kinder spielten am Sandhaufen vor dem Trauerhaus. Zwei Gestalten erschienen rückwärtsgehend am Hauseingang. Der Totengräber stützte sich auf den Stiel der Schaufel und sah verträumt ins ausgehobene kleine, nach frischer Erde riechende Loch.

Im Kuhstall dieses Bauernhauses war ein Lautsprecher
angebracht. War das Radio in der Küche eingeschaltet,
hörten die Söhne, die Töchter und die beiden Knechte
Rock'n'Roll-Musik. Der jüngste Sohn lernte den Rock-
tanz im Stall, vorerst mit einem Heurechen, dann brachte
er seine Erfahrungen in die Discotheken mit. Er war der
Spatzenjäger des Dorfes. Oft sah man ihn mit einem
Luftdruckgewehr hinter dem Pfosten des Heustadels
hocken. Er wartete, bis sich die Stromdrähte über dem
Heustadel mit Vögeln füllten, seine Schüsse zischten,
zehn Vögel flogen auf, einer saß oben wie angebunden,
fiel dann zu Boden wie ein eigroßes Hagelkorn, das
zerspringt. Einmal zeigte er mir die Gruft, in der er seine
tote Vogelbrut bestattete. Bei einem Flügel faßte er den
letzten Vogel, wie das Band einer Harmonika zogen sich
die Flügel auseinander, man sah das Gerippe, das mit
einer hauchdünnen, grauen Haut überzogen war, aus
dem Schnabel tropfte Blut, eine Fledermaus, die einen
Hilferuf in die Nacht hinausschreit, noch hing das Tier
mit blutendem Schnabel an seiner Hand: lange schaute er
mir in die Augen. Er sah, wie mein Blick das tropfende
Blut verfolgte, er sah, daß ich selber den Vogel gern
getötet hätte, aber nein, meine Seele spürt noch immer
das kranke Herz der Mutter, wenn ich daran denke, wie
ich einmal im Heustadel mit einer Mistgabel ein Schwal-
bennest leerte und die zuckenden Vogelhäupter vor mir
liegen sah. Noch immer schwirrt in meinem Kopf die
Vogelmutter, die zur Heustadeltür hereinschoß, vor der
leeren Stadelecke haltmachte, flatterte, in allen Ecken das

Nest suchte, als ob sich das Innere des Heustadels verdreht hätte, zwitschernde Schreie ausstieß und zur Heustadeltür wieder hinausflog. Schnell lief ich die Treppe hinunter, als wollte ich im Schrei der Schwalbenbrut meinem Todesschrei davonlaufen. Der Vogeltöter hält das Gewehr in den Händen und weiß, daß das Gewehr töten wird, nicht er. Das Gewehr ist der Vogelmörder und sein sich krümmender Finger nichts als ein Fingerzeig auf das Leben eines Kindes. Unter einem zerbrochenen Ziegel am Fuße des Heustadels, der dem Menschenfriedhof des Dorfes am nächsten liegt, hat er sein Nest gemacht, in dem tote Vogelkinder mit aufgespreizten Schnäbeln auf Futter warten. Er stellt das Gewehr daneben, zieht seinen Pullover über den Kopf und wirft ihn in eine morsche Futterkrippe, die am Fuße des Heustadels unter dem Vordach der Wagenbrücke abgestellt worden ist. Seine Finger trippeln über die blauen Knöpfe seines Hemdes. Die Sonne tigert seinen nackten Körper, und zittrig, mit geschlossenen Augen greifen seine Hände in das Nest der ermordeten Vogelbrut. Eine Schwalbe lebt noch. Die durchsichtigen Augenlider zieht es immer wieder wie einen Seidenvorhang über die kleinen Augäpfel. Wenn ich die letzten Tropfen Blut rinnen sehe, schieße ich meinen Samen auf das Tier und balsamiere es ein. Unter seinen Hinterbakken liegt feuchtes, nach Vaterhänden riechendes Stroh. Die Mesnerfrau geht gesenkten Kopfes mit ihrer Milchkanne den kurvenreichen Feldweg entlang. Sie kommt näher. Ihre Schritte werden lauter und lauter, und ihr vorbeistreichender Atem wird spürbar. Die Sonne wirft einen Strahl in den Holzverschlag. Sein Luftdruckgewehr macht sich selbständig und hält Ausschau nach weiteren auf der Stromleitung hin- und hertrippelnden Punkten.

Ein wieherndes Pferd nähert sich. Die Hufe klopfen auf dem Asphalt. Geräusch eines herankommenden Traktors. Traktorgeräusch. Geräusch eines davonfahrenden Traktors. Es ist Ostern, und die Toten sind auferstanden. Jesus auch. Ein Schokoladenlamm mit Kruzifix um den Hals spaziert vorbei. Es ist frisch gewaschen und geschert. Der Asphalt galoppiert über den Rücken des Pferdes, fällt zum schwarzen dichten Schwanz hinunter und fügt sich wieder unter die Hufe des galoppierenden Pferdes. Der Junge und die Schwalbe kämpfen, der eine mit seinem Körper, die Schwalbe mit dem Tod. Ein Düsenjäger überfliegt das Dorfgeschehen. Die Erdscholle ackert den Pflug. Der Großvater stirbt mit dem Schrei eines Neugeborenen auf den Lippen. Ziehharmonikaschwänze von Düsenjägern durchdringen die Wolken. Blaue Flecken sind die vergrößerten Spiegelbilder der tödlichen Wunden. Als der Düsenjäger mit seinem weißen Schwanz in eine Wolke tritt, ejakuliert der Junge, und für ihn brüllt eine Milchkuh im Stall, stoßweise tritt sein Samen aus, während er den Vogel erwürgt. Auf einem Grabstein hockt eine Ratte und putzt mit ihren Füßchen den Kopf, während der Spatzenjäger mit einem Fernrohr auf der Brust aus dem Fenster eines Heustadels blickt und langsam anlegt.

Als Kind hörte ich, *ins Gras beißen* heiße *sterben*, ging auf die Wiese, biß ins Gras und kaute an ihm. Der Mann dieses Hauses ist Jugoslawe. Die Dorfgemeinschaft, falls es eine solche gibt, stieß ihn aus. Wir nannten ihn *Tschusch*. Er wurde zum Trunkenbold, der Frau und seine zwei Kinder bedrohte. Er spricht schlecht Deutsch. Sein Sohn stottert. Er ist sehr religiös. Einmal streute er auf dem Kirchenboden unter einem Kruzifix Reißnägel aus und legte sich drauf. Laut rief er Gott an. Betrunken kam er nach Hause, betrunken ging er in die Kirche. Mit Umschlägen heilte seine Frau die Reißnägelwunden. Oft saß ich bei seinem stotternden Sohn, um ihm Sprechen und Schreiben beizubringen. Einerseits fühlte ich mich hingezogen zu seiner Stottersprache, andererseits haßte ich sie. Beide rüttelten wir an unseren Sprachgittern.

Haus 24
Kein Tier, 1 Kind, 10 Kruzifixe

. . .

Damals, in der Dorfvolksschule, habe ich einen Globus zerrissen. Ich wollte in den Bauch der Welt blicken. Der Lehrer behielt die achtklassige Volksschule aus Existenzgründen bei. Sie hätte zu einer vierklassigen Unterstufenschule reduziert werden sollen, aber der Lehrer verstand es, die Gescheitheit seiner Schulkinder bis zur achten Volksschulklasse hinauf zu fördern. Er hat mir, meinem Cousin und anderen Schulkameraden die Möglichkeit, in die Hauptschule zu gehen, genommen. Vier Jahre blieben wir in der Volksschule sitzen und wiederholten den Stoff aus den ersten vier Jahren. Mit großartigen Zensuren verließen wir die Volksschule. Erst später, in der Handelsschule, fiel mir ein Rückstand allen anderen Schulkameraden gegenüber, die wenigstens eine Hauptschule besucht hatten, auf. Die erste Klasse der Handelsschule repetierte ich. Meine Liebe zu seinem Sohn – er war Winnetou, ich war Old Shatterhand – war so groß, daß es mir heute noch schwer fällt, meine verlorenen Jahre von seinem Vater zurückzufordern. Wir lasen Bücher und spielten mit dem Tod. Wir begruben Sandvipern, die die Opfer unserer elastischen Hände und Füße wurden. Wir ließen das Brot des Spermas in der Mittagshitze trocknen, nahmen sie als Hostien auf unsere Lippen und beteten den Gott in uns an. Wie die Funken der Sternspritzer vom Christbaum fielen die feinen Tropfen des Wasserfalls auf unsere erhitzten Körper. Über die eckigen Steine sprangen die Forellen, manchmal schlug ein Kinderfuß nach ihnen, stocherte eine Hand, verlängert durch einen Haselnußstecken, und drängte den geschmeidigen Körper des Fisches in den Boden. Die kalkbeschmierte

Marienstatue, die der Priester mit Gebeten und die Pfarrerköchin mit frischen Blumen schmücken, schaute unentwegt auf unsere Hüften. Die Eichelköpfe schrien und ließen den gummiweichen Samen in fünf, sechs Würfen hervorschießen. Warum hat die Marienstatue ihre Hand gehoben? Ist es das Zeichen des Sieges oder wird diese Hand auf unsere kindlichen Köpfe donnern? Emans Zunge hatte den Geschmack eines Fischherzens, das in meinen Hüften pochte. Seine Hände waren graziöser und schöner als der Fingerzeig Gottes. Spricht er im donnernden Wasserfall zu uns? Grollt er? Eman, wir müssen unser Geheimnis mit ins Leben nehmen, solange uns kein Tod etwas anhaben kann. Unsere Kinderhände streckten sich aus dem Kommuniongitter und bettelten um Liebe. Emans Liebe zu mir kannte keine Grenzen, meine Liebe zu ihm kannte keine Freiheit zu einem anderen. In der Kirche knieten wir vor dem Kruzifix, aber wir drehten unsere Körper und beteten einander an. Griff ich zu den Holzwänden des Kruzifix hinauf, sah ich dabei auf seine Finger, tasteten seine Hände nach den Lippen des Kruzifix, fixierten seine Augen meinen Mund. Sah ich auf das Lendentuch des Gekreuzigten, begann sich mein Körper zu schütteln. Leicht lehnte sich Eman an mich, um mein Vibrieren zu dämpfen, niemand durfte es sehen. Nichts ist größer als die Liebe zu Gott. Nichts dauert länger als das Ewige Licht. Kein Geschmack ist grausamer als Essig und Galle. Kein Blut ist dickflüssiger als das Wasser, das aus den Wunden des Gekreuzigten auf unseren Nacken plätschert. Immer trage ich ein Gebetbuch bei mir, um den Priester beeindrucken, um mich hinter dem kleinen schwarzen Buch verstecken zu können. Ich schaue auf das Kreuzzeichen des Einbandes, während ich ihm das

Buch vor Augen halte. Kann er die Bibelstelle auswendig, schlage ich das Gebetsbuch laut und deutlich zu, so schnappt auf dem Dachboden des Pfarrhofes eine Rattenfalle und das quietschende Tier mit dem Pelzgeruch von Weihrauch und Wasser beißt seine Zähne quer wie ein zertretener Käfer übereinander. Das Kruzifix im Herrgottswinkel breitet seine Hände aus wie eine Turnerin. Immer wieder schlägt sie ihre Hände auf der Brust kreuzweise übereinander und streckt sie weit von sich. Noch rezitiert der Priester, noch rinnt das Blut der Ratte aus der Schnauze und sickert in den morschen Holzboden, noch falten die Gläubigen ihre Hände, noch knien Eman und ich vor dem Kruzifix und sind in Gedanken längst wieder dort, wo der Wasserfall den Fichtenwald berauscht. Die Hoffnungen auf einen gemeinsamen Tod paaren sich in unseren Leibern. Eine Katze reißt ihr Maul auf und zeigt die Spitzen ihrer Zähne, schnell überschlägt sich ihr Schrei. Hundert Meter weiter windet sich eine Sandviper unter den Krallen eines Mäusebussards. Unsere Augen weinen trockenes Salz. Durch unsere Hände rieselt der Sand. Alle Meere dieser Welt schicken Fische aus, die unsere Träume in Netze fangen sollen. Zu unseren Füßen türmt sich ein Salzberg, Kälber trotten des Weges und lecken rotes Salz aus der Hand des Vaters. Viehsalz streut er auf das Bauernbutterbrot seiner Kinder. Die Mutter dreht den Kopf nach links, wo die Kinder stehen, aufs Brot schauend an einer harten Rinde kauen. In ihren Träumen rotten die Fichten den eigenen Wald aus. Die glatzigen Stellen ergänzen die beiden im Gewälze ihrer Körper, übersät von Brennesselspuren wachsen kleine, rote Knollen aus der Haut wie Blasen des Germteigs, den die Mutter von ihren Fingern schält. Mit ihren Fingerspitzen befühlen die beiden das Wachsen der

Brennesselwunden. Ihre Hände riechen nach verbrannten Fichtenprügeln. Weiße Rauchschwaden steigen auf: zwei Flammen, die züngeln, zusammenwachsen und sich über das Dorf ausbreiten werden, schon einmal, vor 40 Jahren, ist das halbe Dorf niedergebrannt. Erschöpft lehnt sich der eine an des anderen Brust. Dort unten bewegt sich etwas, der Aufsichtsfischer kommt, wirf ihm den sterbenden Fisch auf den Kopf. Sie springen auf. Katzensilber spannt die Haut ihres Bauches. Er kommt näher, läuft, zündet seine Seele mit Brennesseln an, stellt ihm den Fuß des toten Großvaters, er soll uns den Karpfen und den Hecht lassen, die Mutter wartet drauf, es ist Karfreitag, und wir wollen Fisch essen. Dürfen wir nicht stehlen, wenn wir dem Gott unserer Kindheit ein Opfer bringen wollen? Mit dem Lassofang seiner Paragraphen und der Schnelligkeit seiner Füße holte er uns ein. Er packte uns am Kragen und brachte uns wie zwei plitschnasse Hündchen zu unseren Eltern. Unsere Beine brannten von den Brennesseln, als ob wir bis zu den Hüften im Fegefeuer gelegen und uns geliebt hätten. Hand in Hand gingen wir wie zwei Kälber, die Durst haben, zum Dorfbrunnen und weinten ins schwappende Glas des Brunnenwassers. Wie ein breiter, farbloser Faden zog der Wasserstrahl aus dem Rohr in die Tiefe des Brunnens, wir betasteten die Oberfläche des Wassers und ließen unsere Handflächen vom Spiel der Wellen vom einen zum anderen Brunnenrand treiben. Seine Abwesenheit, heute, riecht nach meinem Tod. Er studiert in Wien Mathematik. In einem Brief schrieb ich ihm: Ich schreibe nur mehr, um dem Leben aus dem Weg gehen zu können. Ich bin wie ein Todkranker, der nichts mehr erträgt, die Wolken wie den Regen nicht, den Wind nicht, das Kind in mir, das immerzu deinen Namen ruft, möchte stumm sein, wie es während meiner Kindheit war. Aber es spricht mit dir und weckt unsere Kindheit auf. Aufstehen, die Leiden des Kruzifix müssen eingesegnet werden, es ist Ostern, Karfreitag ist's, das ganze Dorf riecht nach Weihrauch, bevor Jesus zu Grabe getragen wird, sollst du die Kälber in den Klee führen, geh, geh voran mit einer ledernen Peitsche, tritt in ihre Fußstapfen, die am Nikolaustag des Teufels sein werden, der den Kindern auflauern wird. Die Dorfblumen reißen in Zeitlupe mit der Wucht eines Vulkans ihre gelben Köpfe auf und lassen sich in den Kelch schauen, wo der Priester Wein zu Kinderblut verwandelt und den Leib Christi im Zeichen einer Hostie ertränkt, zieh ihn raus, schnell, leg ihn auf den Altar und trockne ihn mit meinem roten Ministrantenmantel, nackt ist mein Rücken und fertig für die Kreuzigung, die übereinandergelegten Schulterblätter beten, und meine Seele ist dein Ewiges Licht. Laß den Neumond in den gespreizten Schnabel eines Totenvogels rollen, der dort oben auf einer Silbertanne hockt. Er wird nie mehr schreien. Sein Lockruf wird keinen Kinderkopf mehr verdrehen. Erschlag ihn mit dem Ringfinger deiner Liebe, mit den Schreien der Steine unten am Ufer der Drau, die Kälber strecken ihre Köpfe ins saure Wasser, von ihren Schnauzen tropfen die Tränen, die uns aufs Kleefeld hinausgetrieben haben. Dein Kinderblut hört mir zu, und du, der dazugehörige Mensch, bist weit entfernt, kannst mich nur mehr hören, wenn ich auf dem Totenbett liege und meine Kinderhände nach dir ausstrecke, deine Haare fallen wie ein Vorhang auf meine herzzerschlagene Brust, und für mich atmen die goldene Faust und die tiefschürfende Hand des Heurechens meines Vaters. Du stehst noch immer an einer Mauer, und die Wolken schützen dich vor dem Blau des Himmels. Die Tanne hebt ihre Arme und betet den Wald an, Tiere, Rehe und Hirsche, die Füchse, Dachse und roten Ameisen, die das Gefolge einer Rosenkranzkettenreaktion deiner roten Blutkörperchen waren, drehen ihre Köpfe und knien als Gläubige vor dem Altar unserer Fantasie. Der einzige Sterbende dieses Tages ignoriert den Toten in sich. Die Sonne brütet den Tod in mir aus, und der Adlerhorst greift nach den Krallen des Vogels, ein Flügelschlag hebt sich in die Höhe, und vier Kinderaugen verfolgen den Bronzeflug. Ich habe dein Lachen gehört, obwohl sich nicht einmal mein Mund bewegte, ich habe deine Stimme gehört, obwohl kein Wort von mir zu dir gedrungen ist, ich habe das auf deiner Stirn zuckende Blut nach einem Steinschlag aus dem Nachbarhaus gestillt, obwohl deine Stirn vierhundert Kilometer von mir entfernt ist, ich habe um dein Leben gebetet, obwohl ich von deinem Tod nichts wußte, du bist dreihundert Jahre alt und ich noch immer nicht am Leben. Vor meinen Augen steht dein Bild, du bist es aber, der mir in die Augen schaut, ich bin es, der den Blick nach innen gekehrt auf der Suche nach seiner Kindheit ist. Küß unser Brunnenwasser, ein Frosch hält in Ellebogentiefe seinen Körper in Schwebe und wird mit einem Aufzucken seiner Oberschenkelmuskeln in die grünbewachsene Ecke fliehen. Siehst du in den Augen des Frosches das Wetterleuchten der Meteorologen? An deiner Brust streckt eine schwarze Schwalbe ihre Flügel und hält sich in Schwebe wie der Frosch im Brunntrog. Von ferne spürt man den dampfenden Atem der Milchkühe, tief sacken ihre Füße in den Regenboden, und mit ihren Schwänzen wehren sie die beiden hinterherlaufenden Kinder ab. Am Ufer des Meeres laufen wir wieder, Hand in Hand, hinein in die Tiefe, und erst die Meereswellen sind es, die unseren Lauf stoppen, eine Welle wirft uns rücklings zu Boden, wie unsere Stirnen früher am schwarzen Bauch des Pferdes abprallten und gegen die nägelbeschlagenen Bretter stießen, rauschendes Wasser schwemmt unsere Körper zusammen und bringt unsere Seelen durcheinander. Durch das Milchglas der Fensterscheibe einer venezianischen Toilette siehst du das Meer, und meine Kinderhände verlangen nach dem Salz unserer Tränen, das auf die Bauernbutterbrote fiel. Winters waren wir Schneefeld und spürten die Kinder mit ihren Schlitten und Schiern über unseren Rücken fahren, jedesmal, wenn sie fielen, waren die Kinder der Haufen Schnee und wir die beiden Kinder, die über das Schneefeld fuhren, wir verwandelten uns zu Kälbern, zu Schnee und Klee und Regenfäden, stampften im Tiefschnee hinter den Kälbern her, die bis zum Bauch im weißen Pulver standen und sich mühevoll vorarbeiteten. Scharenweise flogen aus unseren Augen violette Engel und peitschten mit ihren Heiligenscheinen die grünzeugumkränzten, im Tiefschnee stochernden Köpfe der Kälber, vorwärts, der Vater wartet an der Stalltür, die Mutter schält neugeborene Ferkel aus dem Mutterleib, vorwärts, der Bruder dreht mit schraubenartiger Geschicklichkeit seinen Zeigefinger ins Herz einer Ratte, vorwärts, oben liegt die Großmutter und spielt mit ihren Fingern, bis zurück zu ihrer Geburt dreht sie den Ring ihrer rechten Hand, über die schiefe Holzstiege des Dachbodenaufganges holpern fünf Ratten, das spitze Glied des Bruders schnüffelt die Wirbelsäule hinunter und zwängt die Backen des anderen auseinander, im Schoß der Mutter liegt ein neugeborenes Ferkel und befreit sich von seinem Schleim, ein graues Tuch fährt über den feuchten Kopf des Tieres, das seine Augen aufreißt, die Welt erblickt, schnell wieder schließt, wieder aufreißt in dem Augenblick, als in die Gedärme des einen Bruders mit acht oder zehn Hechtsprüngen der Samen fällt und einen neuen, besseren Vater zeugt. Wer wird den Vater, den Kinder brauchen, auf die Welt bringen, unsere Mutter oder mein Bruder? Der Mutter gehören die Ferkel und die Kinder. Dem Vater die Stiere, die Ochsen, die Milchkühe und die Pferde, und der Mutter gehören noch die Hühner und Hähne, und dem Vater gehören die Kinder, bis er sie der Mutter blutend wieder in den Schoß zurücklegt. Da, nimmer wieder, was du mir geschenkt hast, dann brauch ichs nicht zu stehlen, nimm und geh damit hinaus in den Schnee, sechs Bündel im Strohkorb, köpfchenverdrehend, eines der Kinder greift ihr mit seinem Händchen auf die Brust und zieht weiße Fäden heraus, spinnt sie zu einem Hochzeitsschleier, der plötzlich zu einer abgehenden Lawine wird und die Füße der Mutter in die Höhe reißt. Der Rücken der Mutter wird von der weißen Maschine, die sich selbständig gemacht hat, gerädert. Kälber bäumen sich auf wie sonst nur Pferde, ihre Schnauzen werden von den Schneewächten wie zerfetzte Papiere zu Boden geschleudert, ihre Füße bekommen Flügel, so drehen sie sich inmitten eines Schneeknäuels bis ins Tal hinunter, wo an der Kirchenpforte der Priester steht und Ausschau nach einem neuen, längst erahnten Unglück hält: Die Mutter erwacht aus ihren Tagträumen, sie schreit nach ihrem Kind, sieht ein weißes Häubchen auf seinem kastanienbraunen Haar, den Rest der sterbenden Lawine, wo bist du, komm her, hilf mir das eine Ferkel noch aus dem Bauch der stöhnenden Mutter treiben, da, schau wie unter den Schmerzen sich die Augen des Mutterschweines vergrößern, siehst du, wenn die Augen wieder klein werden, liegt ein neugeborenes Ferkel im Stroh, ein wenig

Schnaps und Essig aufs Maul, und das Tier reißt die Augen auf, wie sich eine Lawine vom Schneebrett löst, komm her und hilf mir. Breitbeinig steht die Magd in der Stallmitte, schwingt die Nabelschnur einer Kuh, lacht, bedroht das Kind mit dem Strick des Lebens und des Todes, das Heu knistert, und noch zwei- oder dreimal flackert das Glühbirnenlicht, erstickt schließlich, im Dunkeln hört man fluchende Stimmen, das Geräusch der Tiere wird größer, Kettenrasseln, Zungenschnalzen, Fledermäuse spreizen ihre Flügel, Fensterscheiben zittern und scheppern im Wind, der an die Stallmauer stößt und durch die Ritzen zieht. Die Mutter sitzt nun im Dunkeln, der Vater stößt die Stalltür wieder zu und dreht eine neue Glühbirne in die Fassung, Licht zuckt auf und erleuchtet nun endgültig den Stall. Im Schweinsglitsch blinzeln die Augenlider der Mutter, mit Stroh dunkelt sie die Augen ab, gewöhnt sich wieder ans Licht, indem sie durch die Röhren der Strohhalme schaut und dann das Bündel Stroh in den Kot wirft. Wieder liegt ein neugeborenes Ferkel im Stroh. Wieder fahren ihre Hände über Bauch, Kopf und dünne Beine des Ferkels. Wie gern würde sie ihren übermüdeten Körper zur Schweinsmutter legen. Bald werden die Kinder wieder aufwachen und nach warmer Milch schreien. Sollen die Maschinen Milch geben und gefüttert werden, sollen die Tiere geölt und geschmiert werden? Soll der Vater der Großvater sein, der vor ein paar Tagen, Wochen oder Monaten gestorben ist? Das Hofgesinde samt Mutter und Kindern soll in einem Block aus Eis in einer Großstadt als Attraktion auf einem geheiligten Platz stehen. Augen sollen aus dem Eis schauen und eine neugierige Menschenmasse anstarren. Macht doch unseren Bauernhof zum Museum des Todes. Laßt alle Städterkinder hinpilgern, sie sollen ihre kleinen

Sandhaufen aus den Stadtparks mitnehmen, Platz ist ja genug, draußen am Anger, in den Auen oder am Ufer des wasserwirbeldrehenden Drauflusses. Dort unten am Ufer liegt eine Plastikpuppe, nimm sie, ein Bauernkind, das dort ertrunken ist, hat sie gestern noch geküßt, denn die Puppe ist aus Plastik und gehört nicht zum Fußvolk des Bauernhofes, das nach den kleinen Kindern der schönen Bauersmutter tritt. Mutter, die Magd hat mich schon wieder geschlagen, meine Nase blutet auf mein weißes Hemdchen. Laß dieses Hemd zum Totenkleid der Magd werden und treib sie in den Stall hinaus, ihre Seele ist finster, und aus ihren Augen leuchtet das gelbe Stroh einer Vogelscheuche, eine Krähe hockt auf ihrer Schulter, ihre Haltung ist gebückt, ihr Fuß krumm, ihre Ohren taub, und das eine Auge, das mich lieben könnte, ist blind, das andere ist voll Haß, schau einmal auf ihren Mund, eine Blase steigt auf, zerplatzt sie, ist meine Kinderseele in Gefahr, verscheuch sie, sie ist gefräßig, selber hat sie keine Kinder, ihre Lüste haben die Rosenkranzgebete unterdrückt, jetzt liebt sie Tiere, Kälber und Pferde mehr als die Milchkühe, weil ja die Milchkühe den Kindern die weiße Flüssigkeit spenden, die den Leib und die Seele der Kinder aufrecht hält. Die Pferde ziehen den Heuwagen, und die Pferde liebt sie, denn das Heu fressen die Tiere und nicht die Menschen. Schenk mir ein paar Bonbons, Magd, ich habe Hunger nach Süßigkeiten, wenn auch ein wenig Rattengift in den Hülsen steckt. Zieh dich wieder aus und lächle keck, wenn du in die heiße Brühe der hölzernen Badewanne steigst. Rauchschwaden steigen auf, und aus den Ritzen der zusammengestückelten, von einem Eisenstreifen gehaltenen Wanne, die die Größe eines ausgewachsenen Pferdebeines hat, rinnt das heiße Wasser, deine geschwollenen Füße zucken zurück, da dir das Wasser zu heiß ist, schütt kaltes nach, du greifst wieder nach dem Eimer, deine Brüste heben und senken sich während deiner Schritte zur Wasserleitung. Das eine Bein schreitet aus, und das Kind fixiert den grauen Pelz zwischen deinen Beinen. Hahnenfüße strecken sich aus deiner Scheide, gelb sind sie, Krallen haben sie, die deine Gebärmutter töteten. Pferdesamen wird im Wasser schwänzeln, zu Boden sinken, sich wieder in die Höhe heben und deiner nie geborenen Kinder spotten. Hörst du das Quietschen, siehst du die schnüffelnde Schnauze, die sich aus einem Haufen Getreidekörner hervorarbeitet, schnell wieder zurückzuckt, weil ein Kind seine bloßen Füße in die Roggenschütte gestoßen hat? Die Ratten schleppen die Pest, Seuchen und andere Krankheiten mit sich herum und verteilen sie an die Kinder und Haustiere, wie du Bonbons in die Kindergitterbetten streust. Erkrankt ein Tier, kommen dir die Tränen, erkrankt ein Kind, geht dein Schmollmund in die Breite, und deine schönen Zähne, ja, deine Zähne waren die schönsten auf dem Hof, das Lachen deines Totenkopfes vollendet sich vor den fiebrigen Augen des Kindes. Schau mich jetzt wieder an und lache, denn du bist nackt und ich bin immer noch das Kind, das zum erstenmal eine lebende nackte Frau sieht und vor dir, der Magd des Hofes stehend, lüstern deinen Leib betrachtet. Einerseits wolltest du deinen nackten Leib vor mir verstecken, andererseits wolltest du dich vor mir ausbreiten wie ein Leinentuch, in das sich das Kind legen sollte. Deine Koketterie verwirrte mich. Nachts in meinen Träumen tauchte immer wieder das graue Dreieck auf: Mäuse mit Herrgottsschlapfen an den Füßen krochen hervor und quietschten, als wollten sie sagen, komm mit, im Mäuserattennest wird es dir besser gehen als unter dem Stiel der Heugabel. Sie hatten deine Stimme, sie klang verführerisch und nach Trost. Ratten folgen den Mäusen, die Ratten werden groß und größer, statt der Schwänze tragen sie die Samenfäden meines Vaters, manche verirren sich in deine Haare und bleiben hängen. Wieder zwängt sich eine Ratte aus deiner Scheide, aber diese Ratte hat menschliche Gesichtszüge, und diese Gesichtszüge waren die Gesichtszüge meiner Kindheit, nein, nein, habe ich aufgeschrien, die Mutter steht bereits an der Tür, mit zwei, drei Schritten geht sie zum Gitterbett und legt ihre lauwarme Hand auf meine Stirn, bin ich aufgewacht? Wo sind die Ratten, Mutter, schließ die Tür ab, damit sich keine durch das angefressene Holz zwängen kann, schließ die Tür und schenk mir deine Hand, sie soll mich beschützen, die violetten Engel, die mir der Gott meiner Kindheit zum Schutz gegeben hat, verkriechen sich in den offenen Wunden des Kruzifix oder sie überfliegen mich wie Düsenjäger, violette Rauchfäden schwingen wie Stromdrähte in der Luft und peitschen meine Kinderseele, Mutter, bleib hier und laß deine Hand auf meiner Stirn liegen, bis ich wünsche zu sterben, aber morgen will ich noch meinen Freund sehen, ich möchte ihm den Schweiß von der Stirn wischen, wie du es jetzt tust, ich möchte meinen Mund auf seine feuchten Haare legen und weinen, alle Dorfleute sollen sich versammeln, und ich werde hinausschreien über den Hof, über den Anger, über die Felder und Wiesen, tief in die Auen hinein, bis zum Draufluß hinunter, auf den Grund des Flusses, und meine Worte werden sich in die Tiefe des Sandes bohren, bis sie im Erdinnern von einer heißen Glut verbrannt werden, ich werde schreien, daß ich einen Menschen liebe, ich werde schreien, und meine Liebe wird die Erde durchbohren, schnelle, flüchtige

Pfeile werden sich in die Erde bohren und auf der anderen Seite des Erdballs auf den Lippen eines Negerkindes wiederkehren: Ich liebe dich, heißen diese Worte, die mich ein Leben lang gequält haben und nun vor einem einsamen Tod in Schutz nehmen sollen.

Es ist vollbracht, murmelte ich vor mich hin, während ich neben die Mutterfüße einen kleinen grünen Laubfrosch legte und wartete, bis sie drauftrat und erschrocken den Kopf hob, bevor sie zu Boden blickte. In diesem Haus ist meine Mutter aufgewachsen. Was habe ich gestern in meinem Tagebuch über die Mutter meiner Mutter geschrieben?: *Sie war Lumpensammlerin, drei ihrer Kinder sind im Krieg zerfetzt worden.* Der Vater meiner Mutter war während des Krieges Unteroffizier, in Friedenszeiten war er Bürgermeister der Gemeinde und Bauer. Mit seinem Enkel, der mein Cousin ist, spielte ich unter seinen Anweisungen Schach. Er zeigte uns die Züge auf dem Schachbrett, wie er sie im Felde als Unteroffizier konstruiert hatte: Auch auf dem Schachbrett schickte er die Bauern voraus. *Schachmatt,* sagte er triumphierend und lachte seinen beiden kleinen Buben ins Gesicht. *Schachmatt,* sagte mein Cousin ein paar Jahre später, an der Bahre seines Leichnams stehend. Die Verdienstabzeichen aus seiner Kriegszeit waren auf ein schwarzes Seidenpolster geheftet worden und lagen zu seinen Füßen. Noch als Toter hätte er drauftreten sollen, aber er hat es ja als Lebender nicht getan. Alle, die zur Tür hereinkamen und Totenwache hielten, erschraken zuerst vor den vielen Abzeichen, die schon beim ersten Blick den Leichnam ehrten und würdigten, im Namen der Republik, der Kniefall der Trauergäste ging tief, schnell fielen ihnen Gebete in ihre Sätze der Begrüßung anderer Leute, die in allen Ecken und Winkeln des Totenhauses hockten, untermalt von den Apokalypsen aus dem Krieg, die ihm die Ehrungen gebracht hatten ... da reißt jetzt ein Soldat, getroffen von der Kugel meines Großvaters, seine Hände in die Höhe und versucht noch, als sich seine Hände über dem Kopf zum Gebet schließen, meinen toten Großvater anzubeten ... dann fällt er, Staub hebt sich in die Höhe und dreht schnelle Wirbel, in seinem Leib schreit die blutige Lunge, stumm, niemand kann sie hören außer dem Tod, der eingetreten ist, nur ein paar Spuren Blut aus dem Mund, ein roter Faden aus dem linken Ohr und der Herzgegend deuten auf einen Soldaten hin, um den Mutter und Vater, Brüder und Schwestern weinen werden, denn dieser Soldat ist einer der Söhne meines Großvaters, der im Krieg *gefallen* ist. Natürlich war es nicht mein Großvater, der seinen eigenen Sohn umgebracht hat, aber irgendwo anders hat ein Unteroffizier den Sohn meines Großvaters vorangeschickt, in den Tod. Gefallen sind sie wie Kegel auf einer Holzbahn, *Die Gefallenen.* Noch bückt sich der Großvater, der die Holzkugel mit aller Kraft nach vorn gestoßen hat, und erhebt sich stolz wieder, wenn alles gefallen ist, was aufrecht stand. Den Tod ihrer drei Brüder hat unsere Mutter in unsere Erziehung mitgenommen. Aber wir sitzen jetzt vor dem Leichnam unseres Großvaters, wohin soll ich schweifen, der Tod ist so nah. Jetzt, wo ich dieses Bild vor mir aufstelle und meinem Cousin auf den Kopf schaue, bin ich ihm wieder um seine blonden Haare und um seine schönen blauen Augen neidig. Die Tochter meines Großvaters geht draußen vorbei, meine Mutter. Als ich meine Mutter immer wieder um ihren Vater weinen sah, bekam ich Angst, daß auch ich als Erwachsener meinen Vater beweinen würde. Meinen Vater beweinen, der mich so oft zum Weinen gebracht hat! Weinte die Mutter, war auch meine Welt untergangsreif. Weinte ich als Kind und wußte ich, warum ich weinte – ob großer oder kleiner Schmerz, er konnte nie die Größe der Mutterschmerzen haben, von denen ich eigentlich wenig wußte. Stört den Großvater nicht im Tod, seid leise, es machen ohnehin draußen im Stall die Tiere genügend Lärm, es könnte ihn ja die Lust packen, wieder aufzuwachen und als Scheintoter mit einem seiner Lieblingspferde über den Acker zu stolzieren wie ein Hahn. Aber holen wir jetzt sein Lieblingspferd herein, es soll glauben, daß sich in der Bahre, in der Futterkrippe des Todes, noch ein Maul voll Hafer finden läßt, lassen wir es schnuppern, lassen wir es wiehern, lassen wir es ausschlagen, ein Hufabdruck auf einer dicken, brennenden Kerze wäre nichts als eine Brandmarkung des Ewigen Lichts. Vielleicht findet das Pferd zwischen den Fingern ein paar übriggebliebene Weizenkörner, vielleicht hätte es seinen Leichnam oben in der guten Bauernstube säubern sollen, die Zunge des Pferdes ist doch groß wie die Handfläche meiner Mutter. Hätte das Pferd mit seiner schwarzen Mähne nicht den weißen Bart meines Großvaters kämmen können, nein? Dann haben es die Hände meiner Mutter getan, die mich heute mit Milch und Brot gefüttert haben, gestern von einer Kälberzunge sauber geleckt worden sind, morgen an der Stirn des toten Kalbes kraulen werden, und heute, wo mein Cousin und ich an der Türschwelle der Totenkammer stehen, ist es meine Mutter, die ihre rechte Hand auf seine geschlossenen Hände legt, ihren Kopf über seine Brust beugt und zu weinen beginnt. Wer ist das eigentlich, der hier gestorben ist, und was hat der Tod für ihn zu bedeuten? Komm, Hans, treiben wir das Pferd wieder in den Stall hinaus. Gib ihm noch eine Hand voll Hafer, laß die Innenfläche deiner rechten Hand von der Pferdezunge sauberlecken, bis du ein Speichelnetz drauf siehst, steck die Hand wieder in den Futterbarren und du wirst sehen, wieviel Haferkörner an deiner Hand kleben werden, komm und bring sie dem Großvater, vielleicht weckt ihn der Geschmack des Hafers auf. Vielleicht erschrickt er davor, wie ich als Kind, daß er kein zweites Mal wird sterben können. Steck dem Großvater die Haferkörner in den Hosensack, er soll damit begraben werden. Sein Tod wird unter der Erde auf seinem Rücken die Hafersäcke schleppen, die er als Bauer über den Hof zur Mühle getragen hat. Mutter, dein Vater ist nur für dich tot, nicht für uns, für mich und für meinen Cousin, es ist heute so, als ob er nie gelebt hätte, auch der Grabstein kann mir nicht helfen, nur du kannst mir helfen, indem du erzählst, wie er dich als Kind in die Höhe gehoben hat, sag, daß dich dein Vater geküßt hat, Stirn, Nase und Mund im Zeichen des Kreuzes, sag es bitte, mein Vater hat es bei mir nie getan, ich möchte hören, daß dich dein Vater oft geküßt hat. Weich jetzt das Weißbrot in der heißen Milch ein, beginn dran zu kauen und schau lange vor dich hin, wie du es immer getan hast, zahm wie eine weiße Krähe. Ein Kind läuft dir mit auseinandergebreiteten Armen entgegen, wird dir mit seinen Händchen auf deine Oberschenkel tippen und dich aus den Tagträumen wecken. Hans, noch ist unser Großvater nicht tot, er muß erst begraben werden, dann wird er tot sein, solange er vor uns liegt, schläft er; wir sahen uns doch selber nie schlafen, und der Schlaf ist eine Abart des Todes. Wie groß ist heute deine Todessehnsucht? Ich meine, wieviel Stunden Schlaf brauchst du? Wo hast du das Schachbrett? Rekonstruieren wir noch schnell die Züge meines Groß-vaters, bevor er begraben wird. Ich eröffne mit dem Pferd, nein, das geht nicht, zuerst den Bauern da raus, im zweiten Zug wird das kleine Holzpferdchen den Tod unseres Großvaters überspringen, hörst du sein Wiehern? Draußen vor der Tür hebt sich das schwarze Pferd und geht schnaufend auf seinen Hinterfüßen auf die Stute zu und zwängt sein rotes, wie ein langer Rettich mit Haaren aussehendes Glied in die Scheide des Tieres. Rechts tänzelt der Bauer, links die Bäuerin, beide halten eine Weidenrute in den Händen und tippen leicht auf den Rücken des Pferdes, wir brauchen ein Fohlen, der Großvater ist tot, und das eine Lebewesen wird durch das andere ersetzt, der Hof dreht sich in den Augen des stöhnenden Pferdes wie ein Kreisel, ein Ziegel fällt vom Dach, aber niemand weicht aus, weil der Ziegel vom äußersten First gefallen und in den Wassertrog gestürzt ist, ein paar Vögel sind erschrocken von den Baumästen geflohen . . . und die in Position stehende Dame auf dem Schachbrett schlägt mein Pferd, das dem König, flankiert von einem Bauer und einer Bäuerin, bedrohlich nahe gekommen ist. Vor dem Leichnam unseres toten Großvaters drehen die Frauen, es sind überwiegend ältere, die Daumen ihrer verschlossenen Hände. Ängstlich hocken sie auf den knappen Stühlen und rücken immer näher aneinander, niemand wagt, allein in einer Reihe zu sitzen oder einen Stuhl zwischen zwei Trauernden leer stehen zu lassen, man würde sich mit dem Toten alleingelassen fühlen. Der Rosenkranz der Gebete der beiden Klageweiber reißt nicht ab, er wächst zur Tür hinaus und schlingt sich mit seinen klerikalen Heimtücken um die Füße des Kindes, das dem Gemurmel lauscht und sieht, wie an der Fensternische, erschüttert vom Tod des Großvaters, die Mauer wie eine Sanduhr abzubröckeln beginnt. Wie lange wird es noch dauern, bis das Haus zusammenfällt? Erst als das Kind den Rasierapparat des Vaters hört, bemerkt es, daß der Bart auf Großvaters Gesicht weitergewachsen ist. Das Kind geht den Geräuschen des Rasierapparates nach, in die *Schwarze Küche*, und sieht dem Vater zu, blickt ins graue Wasser der Waschschüssel, der Geruch des Tierkots ist drinnen, ein paar Strohhalme, geht nach hinten und schaut dem Vater auf den Hinterkopf, sein Blick holpert über die Halswirbel zum Rücken und zu den Beinen, die wie zwei Pfluggabeln auf dem Holzboden stehen, das Kind geht nach links und nach rechts, manchmal, nach einer Bewegung des Vaters, zuckt die Spitze seines Ellenbogens nach hinten, das Kind weicht einen Schritt zurück und sieht, wie sich der Vater die rechte Achsel säubert. Wieder geht das Kind zur Tür hinaus, die quietscht, der Kopf des Vaters verdreht sich und sieht den nachgezogenen Fuß des Kindes, er ruft, der Körper des Kindes verdreht sich und geht wieder in die *Schwarze Küche* zurück. Hol Blumen vom Garten und leg sie dem Großvater in die Bahre, dorthin, wo noch Platz ist. Der Vater wollte es, daß ich die Blumen eigenhändig vom Garten pflückte und dem Großvater in die Bahre legte. Mein letztes Geschenk für ihn, da ich ihm manchmal Süßigkeiten gestohlen hatte. Soll ich die Blumen zu seinen Füßen legen, neben den Oberkörper oder an seine Schläfen? Ich weiß nicht mehr, wohin ich sie gelegt habe. Ich sehe mich noch den schwarzen Schleier heben und wieder sinken lassen. Totengeruch fällt hervor. Ich hätte den Schleier am liebsten ausgebügelt, mit meinen Kinderhänden gestrafft, wie es meine Mutter mit meiner Bettdecke tat, unter der ein kleiner, kränklich blasser Kindskörper lag. Nebeneinander saßen mein Cousin und ich auf dem Holzstuhl, ja, beide auf einem, gerade als er den einen Fuß über den anderen schlagen wollte, gingen zwei Schwestern meiner Mutter vorbei, sie zogen meinen Cousin, der jetzt der Jungbauer dieses Hofes ist, und mich an den Händen aus dem Aufbahrungszimmer. Wir stemmten unsere Füße gegen den Boden.

Während ich in einem Dorf in der Nähe von Klagenfurt die Reinschrift dieses Buches anfertigte, waren es plötzlich Tier- und Menschenlärm, die mich aufhorchen ließen. Ich trat vor die Tür meines Zimmers und sah, daß eine Frau fluchend die Stiege des Hauses hinunterlief. Ich erschrak vor der Stiegenwand, die Frau war bleicher als der Kalk. Sie lief zur Tür hinaus und stellte sich vor dem eingezäunten Anger auf. Eine Stute trampelte auf einem Dackel herum, kniete sich nieder, biß ihn, stand wieder auf, schlug ihn mit den Hufen, faßte ihn mit ihrem Maul, galoppierte durch den Garten und ließ im Lauf den Hund fallen. Als wollte sie Hafer aus der Hand der schreienden Frau lecken, lief die Stute zum Zaun, drehte wieder um und trampelte neuerlich auf dem bewußtlosen Hund herum. Ein zehnjähriges Mädchen schrie und rüttelte an den Zaunbrettern. Sie wollte das Pferd von ihrem Hund trennen und machte Anstalten über den Zaun zu steigen. Die Frau hielt sie zurück. Ich dachte daran, wie mein kleiner Bruder eine verendete Katze aus der warmen Holzkiste in der Küche hob und hinaustrug. Er weinte um sie. Der Vater lachte den Bruder aus. Bilder, wie mein kleiner Bruder vom Vater geschlagen wurde, wachten auf, als ich sah, wie die Stute auf den Hund mit ihren Hufen einschlug. Das Kind schrie immer noch, es lehnte sich an die Bretter und stampfte mit den Füßen auf den Boden. Ich sehe mich Geschirr zerschlagen, werfe eine Tasse durch die Fensterscheibe, ziehe die Tasse aber sofort wieder zurück, nein, die Fensterscheibe soll nicht durchbrochen werden. Ich beginne mit dem Vater Ackermann zu schreien, dränge ihn zur Seite, habe ihn vom Mittagstisch gejagt, ich gönne dir dein Fressen nicht, wenn du meinen Bruder schlägst, faß ihn nicht mehr an. Wieder zerbricht ein voller Suppenteller vor den Füßen des Vaters, ich blicke zum Fenster und sehe, daß die Scheibe unzerbrochen ist. Ich werfe Stühle um, mein ältester Bruder will meine Hände festbinden, aber vor meinen Drohungen schreckt er zurück. Nun weint der kleine Bruder an der Umzäunung. Niemand wagt sich in die Nähe des Pferdes. Das zerschlagene Geschirr fügt sich von selbst wieder zusammen. Es steht mit Suppe und Fleisch gefüllt auf dem Tisch. Alle essen wortlos, das Klirren der Teller, Kratzen von Messer und Gabel auf Porzellan. Ein Erwachsener zerrt den Hund unter dem Körper der Stute aus der Umzäunung. Mehrere Leute stehen um den Hund herum, ich weiß nicht, ob er tot ist oder ob er lebt, erkenne aber, daß er lebt, als ein Mann den Kopf des Hundes streichelt. So streichelt man kein totes Tier. Der Hund bewegt sich nicht, starrt vor sich hin, wahrscheinlich hat er gebrochene Rippen, er wird überleben. Während ich das Mädchen um den Hund schreien höre, hebt wieder mein kleiner Bruder die tote Katze aus der warmen Holzkiste und trägt sie hinaus, zum Grab. Die Stute frißt Gras, hebt den Kopf, blickt auf die umherstehenden Menschen, senkt den Kopf und hebt ihn mit einem Büschel Gras im Maul. Ich steige in den ersten Stock des Hauses und überblicke alles von oben. Die Katze hebt ihren Kopf und kriecht wie ein Maulwurf aus der Erde, der Bruder trägt sie wieder zurück in die warme Holzkiste, soll sie sterben, damit er sie weinend hinaustragen kann, der Vater wird ihn wieder auslachen, weil er ein totes Tier beweint, aber wie oft hat nicht der

Vater ein totes Tier beweint, ich erinnere mich an das Pferd, das wie ein umgekippter schwarzer Lastwagen im Stroh des Stalles lag. Sein Hufe leuchteten im elektrischen Abendlicht. Die Magd wäscht in der Sauküche mit tränenden Augen das Geschirr sauber, es ist dasselbe Geschirr, das ich in meinen Gedanken zerschlagen habe. Man sieht die gebrochenen Stellen des Porzellans, sie sind rot, es sind rote Blutfäden, die aus meiner Nase kamen. Du hast mir ins Gesicht geschlagen, ich blute. Ich beginne als Kind zum erstenmal mit dem Vater zu schreien, der Vater erschrickt, nimmt ein Taschentuch und stillt das Blut. Ich will mich nicht von ihm verarzten lassen, laß mich lieber sterben, ich will ohnehin nicht leben. Ich habe auch deshalb Schläge provoziert, weil ich auf einen tödlichen Schlag hoffte. Ich wollte den Tod in mir haben, ich wollte beweint werden, ich wollte gestreichelt werden, wenn auch erst auf dem Totenbett. Der Bruder hebt die Katze aus der Holzkiste, sie ist starr, er schaufelt ein Loch, aber die Erde ist ebenso starr wie die Katze. Die Brüder beschimpfen mich, weil ich sterben will, sie stehen im Hintergrund und blicken in den Spiegel. Sie sehen mir im Spiegel in die Augen. Die Schwester steht im Hintergrund, sie weiß noch nicht, daß sie in zehn Jahren in diesem Bett, in dem der Vater gezeugt wurde und der Großvater starb, ihren ersten Selbstmordversuch verüben wird und daß ich es sein werde, der in den Spiegel blickend ihr in die Augen sehen wird. Immer wieder ruft sie, Da ist *er*, dort ist er, in mir ist er, außer mir ist er in mir, er ist außer sich, er läuft mir weg, die ich vor ihm gehe, er sieht schwarze Gesichter, rote und gelbe, er steigt aus dem Taxi, Mutter, er steht hinter dem Spiegel, Mutter, er durchschaut den Spiegel und sieht mich, die ich hier im Bett im Sterben sitze auf der Oberfläche des Spiegels. Der Großvater pocht in der Erde des Friedhofs an, er nimmt sie in die Faust und zerquetscht sie. Mutter, ich hasse die Friedhofserde, begrab mich in der Erde des Feldes, wo das Getreide blüht, mach Brot aus meinem Leib, teil es auf, gib meinen fünf Brüdern ein Stück, dem kleinen nur ein halbes, er läßt es ohnehin liegen. Ein Clown mit Pferdekopf verdreht mir den Hals, die Schubladen öffnen sich, die Tabletten tanzen mit den Insekten ums Lampenlicht. Es ist so schön zu sehen, wie eine Mücke ihren Stachel in mein Fleisch senkt und sich ihren Hinterleib mit Blut vollpumpt, ein halber Tropfen vielleicht, und ich lächle, wenn ich Blut verliere, tausend Mücken sollen kommen. Was werden sie im Dorf wohl sagen? Ihr Bauch ist angeschwollen, dort liegt sie im Sarg. Sie trägt rote Schuhe. Sie ist die Tochter des Papstes. Ihr gescheiteltes Haar liegt gezöpft über den beiden Brustwarzen, und über dem Nabel sind ihre Hände gefaltet. Die Kaffeetassen klirren, scheu wagen sich die Leute ins Selbstmörderhaus, sie bringen Kaffee und Tee, Zucker und Spirituosen, sie schütteln mitleidig die Hände, wagen es aber nicht, den Trauernden in die Augen zu sehen, denn in Wirklichkeit ist sie nicht gestorben, sie hat die Überdosis Schlaftabletten überlebt, ihr Magen ist ausgepumpt worden. Die Zähne bissen so kraftvoll ins Gift, wie sie nie ins Brot gebissen hatten. Der Anger ist frei, der geschlagene Hund ist weg, die Stute auch. Ich stehe im ersten Stock des Hauses und suche nach etwas Lebendigem. Der Anger atmet. Die Gräser galoppieren über die Maulwurfhügel. Der Ackermann seilt sich mit einem Regenfaden aus den Wolken, blickt auf die Erde, die unter seinen Füßen immer größer wird, setzt auf, schwankt ein wenig und blickt um sich. Wo ist das Kind? Das zehnjährige

Mädchen steht schreiend am Zaun, aber diese Schreie kommen nicht mehr aus ihrem Mund, sie laufen auf ihrer Zunge zurück. Wie ein Film, der rückwärts gespielt wird und alle falschen Bewegungen zurücknimmt, nehme ich meine Sprache zurück, und die Bilder verbarrikadiere ich wieder in ihr wirkliches Geschehen. Der Tierarzt beugt sich über den Hund, hantiert mit Geräten, dasselbe Geräusch, wenn sich Messer und Gabel auf dem Mittagstisch unter dem Kruzifix treffen. Aus dem Maul des Hundes rinnt Speichel. Der Ackermann geht rückwärts zum Heuwagen. Der Heuwagen entfernt sich rückwärtsfahrend vom Ackermann. Ich blicke aus dem Fenster, eine Frau zerrt einen Hund an der Leine. Ich wage nicht, der Frau in die Augen zu blicken. Es könnten die gebrochenen Augen des gepeinigten Hundes sein. *Ich habe zu meinen zwei Hunden eine engere Beziehung als zu Menschen,* sagte vor ein paar Tagen ein junger Mann im Gasthaus. Warum sitzt du dann noch da unter uns Menschen? Er zuckte zusammen, trank seine Cola leer und bewegte sich hündisch nach draußen. Ich war erleichtert und schlug meine Hände über der Brust zusammen. Rückwärtsgehend entfernt auch er sich von mir. Rückwärtsgehend gehe ich auf mich zu, beginne zu laufen, laufe dem Kind, das ich war, nach, bleib stehen, sag ich dir, bleib stehen, ich will dich schlagen. Ich will dich in mir totschlagen, mein liebes Kind. Die Regenfäden kommen aus der Erde und ziehen sich in die Wolken zurück. Rückwärts trippelt die kalkbleiche Frau die Stiege wieder hoch und geht in die Küche, aus der sie gekommen ist. Rückwärts eilt der Hund über den Dorfplatz auf seine Holzhütte zu. Rückwärts geht das Mädchen auf die offene Haustüre ihres Elternhauses zu. Rückwärts gehe ich in mein Zimmer auf die Schreibmaschine zu und blicke das beschriebene Papier an, als ob ich es erwürgen wollte.

Draußen an der Wand hängt ein Kruzifix. Zwischen seinem Brustkorb und der weißen Wand eine Spinnwebe. Die Spinnerin liegt tot in ihrem eigenen Netz. Millionen Gesichter hat Jesus, jedes ist anders. Ich kann an keinem Kruzifix vorbeigehen, ohne ihm ins Gesicht zu blicken. Ich kann an Menschen vorbeigehen, ohne ihnen ins Gesicht zu blicken. Ich habe gelernt, meine Augen niederzuschlagen und die schwarzen Schuhe zu betrachten.

Ich frage mich, in welchem Dorf ich gelandet bin. Vor ein paar Tagen ist jemand gestorben. Ich wage nicht, mich nach seiner Todesursache zu erkundigen. Ich habe Angst zu hören, daß es nur ein gewöhnlicher Tod ist. Aufrecht sitze ich im Bett und lausche. Ich taste meinen Leib ab und bemerke, daß diese Totenglocken nicht für mich läuten. Ich stelle mir vor, daß es der Vater Ackermann ist. Ich gehe um den Sarg herum. Ich bin glücklich darüber, daß er tot ist. Ich gehe in sein Schlafzimmer, sehe sein Bett an und werfe die Decke, unter der er starb, zurück. Totengeruch schlägt mir entgegen. Am Fußende seines Sarges hockt ein schwarzer Schmetterling. Die trauertragende Mutter geht vorbei. Die Schmetterlingsflügel bewegen sich. Mit der Vorstellung, daß er im Sarg bäuchlings liegen könnte, bricht der Wunsch, ihn tot zu sehen, plötzlich ab.

Mein kleiner Bruder stürzte zur Küchentür herein und rief, *Hanspeter hat sich aufgehängt.* Keiner von uns wußte, ob er lachen oder weinen sollte. Ich war dem Lachen näher als dem Weinen, mein Bruder war dem Weinen näher als dem Lachen. Mit offenstehendem Mund starrte er durch mich und ich durch ihn hindurch. Wir lauschten und wagten nicht, den Mund zu schließen. Ich legte meine Füße übereinander, mein Bruder spreizte seine Füße auseinander, wie ein Hahn den Schnabel aufsperrt, wenn er kräht und den erhängten Hanspeter frühmorgens aufweckt: Er soll in den Stall gehen, den Tierkot aus den Rinnen werfen und die Köpfe der Kälber kraulen, er soll den Kalbstrick streicheln, der ihm – mein kleiner Bruder stürzt zur Tür herein – das Leben nehmen wird. Er soll wiehern, blöken soll er, alle Tiere soll er nachahmen, die er gehaßt und geliebt, gefüttert und geschlagen hat. Er soll noch schnell vor seinem Tod die Räder des Heuwagens schmieren, damit morgen der Bauer wird sagen können: Vorher hat er sogar noch den Heuwagen geschmiert.

Der kleingewachsene, wegen seines Buckels und seiner halbverdrehten Beine verspottete Bauer im Dorf trägt nun den toten, sechzehnjährigen Jungen über den Tennboden des Heustadels. Wer wird, wenn ich sterbe, die Pferde und die Milchkühe, die Kälber ins Klee führen, wer wird mit dem Pflug durch den Acker fahren, wer? Nocheinmal, für mich und für den Leser, nimmt er das Zaumzeug vom Kopf des Pferdes. Mit einer Krähenfeder verjagt er die Fliegen von den Augen des Pferdes. Das

Pferd kaut Heu, zieht seine Oberlippe immer wieder hoch, seine gelben, halb ausgebrochenen Zähne werden sichtbar. Es ist alt, wird aber trotzdem älter werden als der Junge, der es jetzt in den Stall an den Barren führt und mit einem Strick anknüpft. Ich sehe noch, wie er am Fenster unseres Bauernhauses vorbeigeht: in der Linken eine Bierflasche, in der Rechten eine leere, gußeiserne Milchkanne.

Als einziges Bild von der lebenden Großmutter Hanspeters ist mir geblieben, wie die hagere Frau vor dem Ziehbrunnen steht und Wasser in den Eimer pumpt. Als sie tot war, sah ich zum erstenmal ein großes silbernes Kreuz über der Stirn eines Toten auf einem schwarzen Tuch, zum erstenmal sah ich elektrische Kerzen, ich blickte lange auf die Füße der toten Frau, die von schwarzen Wollsocken umhüllt waren. Unzählige Kränze mit schwarzen Schleifen lehnten an der Mauer des Zimmers, das wie eine Theaterbühne aussah, die für einen Totentanz geschmückt wurde. Ich verbarg meine Zugehörigkeit zu den Toten, wo immer ich konnte. Der Tod war das erste Geheimnis meines Lebens. Ich faßte die Blumen an und sah, wie ein Tautropfen auf meine Hände fiel, schnell schüttelte ich die Hand der Toten, um den Tropfen zu verlieren. Nichts will ich von ihrem Tod in mein Leben mitnehmen, nichts. Ein alter, großer Viehwagen fuhr vor. Ich sah, wie die Verwandten die Kränze in den Wagen trugen. Die Schleifen knisterten, wie Rattenschwänze schleiften sie auf dem Boden und wurden schmutzig. Es war der Sohn der Toten, der Laglerbauer, der fünfzehn Jahre später den toten Hanspeter im Heustadel vom Strick nahm, der nun die Tür zu ihrem Totenzimmer offenließ und, wenn er vorbeiging, ein

Kreuzzeichen schlug, zuerst vor der Stirn, dann auf seine geschwollenen, gesprungenen Lippen, schließlich über dem schlagenden Herzen vor der Brust. Die Kränze waren in den Viehwagen geschlichtet, die Männer gingen ins Haus. Ich sah, daß in der Mitte Platz gelassen worden war, Platz da für den Sarg. Ich wische mir den Schweiß von der Stirn, steige auf die morschen Bretter des Zaunes, lange zu den reifen Pflaumen hoch, brocke eine ab und beiße, während ich vom morschen Brett springe, in die Pflaume und, als ich auf dem Boden auftreffe, in die Zunge, ich merke, wie meine Zunge anschwillt und spüre bereits den Geschmack des Blutes auf den Lippen und am Gaumen, stocke und habe augenblicklich den Schmerz vergessen, denn ich sehe wie vier Männer im Flur des Hauses mit einer großen schwarzen Schachtel sich tastend rückwärts bewegen. Wieder mit Schmerzen im Mund sehe ich, wie sie mit dem Sarg aus dem Haus treten, und ich will ihnen zurufen, Ich habe mir in die Zunge gebissen, während ich die Hand vor den Mund halte und ein Blutfaden zwischen Zeigefinger und Mittelfinger meiner Linken auf den Handrücken rinnt. Im Zeichen des Kreuzes drehen sie dreimal den Sarg vor der Haustür, bevor er in den Viehwagen geschoben wird. Einige Leute setzen sich ins Führerhaus neben den Fahrer, die anderen in den Viehwagen zum Sarg und zu den Kränzen. Ich sehe noch immer, wie sie in den Steigbügel traten, ein Querbalken des Wagens wurde hochgeschlagen, die kleinen Eisenkeile auf beiden Seiten wurden in die Ösen gesteckt und mit einer Kette umwickelt. Der Wagen fuhr los. Ich blickte ihm nach, bis zu dem Hügel, wo sich die Balken des Dorfkruzifix überschneiden, nach links abbiegend fuhr er in die nächste Ortschaft zum evangelischen Friedhof. Ich stand vor dem leeren Haus und sah, wie der Leichenbestatter die schwarzen Tücher wegräumte, die goldenen Eisenkruzifixe und die elektrischen Kerzen in seinen Wagen verfrachtete, Nelkenköpfe, die auf der Türschwelle lagen, stieß er mit dem Fuß zur Seite.

Erwarten die Angehörigen des Toten von mir, daß ich mich umbringe, damit Jakobs Selbstmord gesühnt ist? Ein weißer Volkswagen stand vor der Haustür. Der Regen fiel und durchwässerte die Nelken, es war Mitternacht, und noch immer brüllten die Kälber. Ich stand zu Füßen seines Grabes mit gesenktem Kopf. Das religiös erzogene Kind in mir hatte mir die Hände gefaltet, ohne daß es mir auffiel. Ich betete ihn an. Er war tot, und ich lebte. Die Kälber wetzten ihren scheckigen Pelz am Futterbarren, ihre Halsketten klirrten. Vor ein paar Tagen noch schoß er den Ball zwischen zwei Haselnußstangen und warf seine Hände in die Höhe. Heute läßt ein Kind einen Lederball über sein Grab rollen. Er sollte leben und mein Grab mit den Sätzen der Literatur schmücken. Sein kleiner Bruder kam zu mir auf den Friedhof. Er wollte mich an der Hand nehmen und ins Elternhaus führen, dort warteten Mutter, Vater, Schwester, ihre Arme aufs Fensterbrett stützend, auf mich. Aber ich konnte nicht ins leere Haus gehen und das Speckbrot essen, das für den Toten bereitgestellt worden war. Ich ging am linken Schienbein des Dorfkruzifix entlang, vorbei am rostigen Zaun, am Misthaufen, seine Schwester öffnete die Tür des weißen Volkswagens, sein rothaariger Bruder schwang sich auf das Fahrrad. Die scheu gewordene Mutter stand an der Tür und winkte ihrem Sohn zu, der hundert Meter weiter begraben worden war. Der Vater klopfte ihr auf die Schulter, *Was ist mit dem Brot, dem Speck, hast du auch ein paar Essiggurken?*
Seit Jakob nicht mehr lebt, ist das Dorf für mich

ausgestorben. Die Häuser sind kahl. Die Bäume tragen *Äste* und keine *Flügel* mehr. Gestern war ich wieder dort. Die Höfe waren kinder- und tierlos. Die Bauern hockten in den warmen Stuben, blätterten in Kirchenzeitungen, Landwirtschaftszeitungen oder beugten sich über ein Krügel Most. Manchmal drang ein Wort durch die Spalte der Haustür oder das Brüllen und Kettengerassel eines Kalbes aus einem geschlossenen Stalltor. Ein Hund bellte. Es war der Hund des Vaterhofes. Er erkannte und begrüßte mich. Ich verfiel sofort in Trauer, da ich von einem Tier wiedererkannt worden war. Seine Kette schlug metallisch auf den Schnee. Ich hatte das Grab des toten Jakob vor Augen und schritt über den winselnden Hund hinweg. Vor seinem Grab stand ich und schloß die Augen. Es war das einzige Grab, auf dem eine Kerze brannte. Sie mußte angezündet worden sein, als ich mich auf den Weg machte. Meine Hände blieben in meinen Jeans stecken. Ich schwebte wie eine Schneeflocke, die sich den Spalt des Erdreiches ausgesucht hat, um schnell verschwinden zu können. Unten angekommen, riß ich meine Augen auf. Hartgefrorener Schnee in den Achselhöhlen, Eiszapfen hingen vom Lendenschurz Jesu Christi. Ein Eiskorn glänzte in seinem linken Auge. Ich habe Sehnsucht nach den sommerlichen Geräuschen. Nach dem Fußball, den seine Fußspitze zwischen zwei Torstangen schoß. Ich habe Sehnsucht nach ein paar geröteten Wangen, über die totkalte Tränen einen Eiszapfen spinnen, der sich durch die Erde seines Grabhügels bohrt und sein Herz aktiviert. Ein Herzschlag nur und ich bin erlöst von einem Schuß, der mich mitten ins Herz getroffen hat. Ich habe Sehnsucht nach den Kinderjahren seiner Schwester, als mein Cousin und ich ihr im Heustadel mit Bonbons, *Mund auf und Augen zu*, die Unterhose vom

Leib rissen. Wir atmeten wie zwei gestochene Kälber und faßten nach ihren kahlen Genitalien. Der Cousin hielt die Arme zur Vorbereitung für die Kreuzigung fest. Nägel schlug ich ein. Seine Hand erstickte ihr Schreien zu einem Gemurmel. Ihr Körper bog sich, bis die Augen starr wurden und sich auf den kruzifixartigen Giebel hefteten und erst wieder abglitten, als drei schweißgebadete Kinder über den Tennboden des Heustadels am ausweichenden Pfau vorbeiliefen, über die gelben Reineclauden und die rotblauen Zwetschgen, über die Mistgabel des buckligen Knechts, daß die Hühner auseinanderstoben. Grafensteineräpfel fielen in den Käsebottich, in dem wir badeten, Jakob, Hans und ich. Mit einer silbergrauen Haarnadel stocherte jemand täglich nach dem schwertgroßen Fisch, bis er einmal frühmorgens, als der Tau die Blätter des Grafensteinerbaumes näßte, tot an der Wasseroberfläche lag. Zwei Tage und zwei Nächte suchten wir den Fischmörder. Wir suchen ihn noch heute, bis wir ihn in uns allen finden werden.

Im Traum legte ich mich quer über das ausgeschaufelte Loch des Dorffriedhofes, hier laß ich dich nicht rein. Wie in Roman Polanskis *Tanz der Vampire* ein Tiermensch mit einem Knüppel den schlafenden Vampir bewachte, werde ich vor dem Erdloch hocken. Den Totengräber töten. Den Priester kreuzigen. Den Toten wie einen Lebendigen unter eine Heiligengestalt setzen und die Hände falten. Auf dem Dorfplatz sollen sie dich aufbahren, bis du verwest, kein Knochen und kein Krümel Staub von dir geblieben ist. Die Zornesfalte auf meiner Stirn tut mir weh. Nachts erbreche ich Friedhofserde. Die Toten stehen auf. Sie streicheln mich. Sie zählen mich zu den ihren.

Vor der Omnibusfahrt nach Villach ging ich noch einmal

zum Grab Jakobs. Sein Vater kam zu mir und sagte, daß seine Familie *grausame Weihnachten* erleben mußte. Einzelne Funken der brennenden Kerze auf dem Grab trug der Wind davon. *Als ob er noch aufrecht vor mir steht, so kommt es mir immer vor.* Den Kot eines Kalbes an seinen Stiefeln tragend ging der Vater vor dem weißen Grab seines Sohnes auf und ab. Ich möchte viel lieber ein Menschenleben retten als einen Roman schreiben. *Ihn wenigstens im Grab zu wissen,* sagte er und starrte in die Erde. Sein Blick durchdrang die Friedhofserde, den Deckel des Sarges, die Sargnägel zogen sich in meinem Gedächtnis wie die Zähne des Patienten, der den Kopf nach hinten gebeugt in die Handschale der Krankenschwester fallen läßt. Beide blickten wir auf sein weißes Gesicht, auf seine gekämmten Haare. Jakob ist tot. Das wissen sogar die Fichten, die er gefällt hat. Das wissen die Tiere, die Kälber und die Schweine, bei deren Schlachtung er Blut auf den Misthaufen trug. Die Steine, die tief in der Erde stecken und unter der Hitze schwitzen, wissen es auch, und die Würmer wissen es, die ihre empfindliche Haut an einem Stein im Schatten kühlen. *Jakob ist tot.* Mit dem Kot der Tiere an den Fußsohlen zog sein Vater die Fährte vom Stall zum Friedhofseingang bis zum Grab, immer wieder hin und zurück. Steht er mit der Scheibtruhe, die beiden Armhebel in seinen Händen haltend, auf dem Brett, das brückenähnlich über dem Kot liegt, hebt er manchmal seinen Kopf und blickt auf den Friedhof, auf seines Sohnes Grab.

Seine Mutter fiel mir in die Arme und weinte an meiner Brust. Immer fester drückte sie mich zu sich, als wollte sie mich zerquetschen. Hinter meinem Rücken schlossen sich ihre Hände zum Gebet. Eine Falte ihrer Gesichtshaut bedrohte mich wie ein Stromwirbel des Drauflusses.

Die Angst vor dem Aufblitzen ihrer Augen, wenn sie mir ins Gesicht blicken würde. Die Trauerrunde am Tisch trank brasilianischen Kaffee mit Kärntner Kuhmilch und kaute, immer wieder teilnahmslos in mein Gesicht blickend, Marmorkuchen. Leere Schnapsgläser standen zwischen ihren Händen. In ihre Augen blickend sah ich mich tot und Jakob am Leben. Als ich im Flur des Totenhauses nervös von einem Fuß auf den anderen trat, verstand ich zum erstenmal das Wort *Totenstille*.

Schnauft ein Pferd, sehe ich mich erschrocken um, ob es vielleicht Jakob ist, der hinter mir herläuft. Aber das Pferd galoppiert zu schnell, er kann mir nicht nachkommen, er stolpert und bleibt liegen. Ich lebe mit seinem Tod besser als mit einem Lebenden, der mir tagtäglich das Frühstück ans Brett trägt. Wenn ich die Tiere gefüttert habe, lockt mich der Tanz der Mücken aufs Feld hinaus, wo er sich nackt im Sonnenblumenfeld tummelte. Ich bekleide mich mit seinen Jeans und wate in der Drau wie er, damals. Wie oft ich die Windungen des Stricks schon untersucht habe. Faden für Faden habe ich auseinandergenommen und wieder versponnen. Öfter habe ich ihn auf meine Brust gelegt, ein schneller Ruck, und heiß gleitet der Strick über die Brustwarzen.

Die Blicke seines Großvaters trafen die meinen, ich wich mit der Schnelligkeit vorbeibrausender Autos aus, die gelben Striche der Asphaltstraße stiegen meine Stirn hoch, wie ein Tausendfüssler einen Baumstamm hochläuft. Er nahm im Schaukelstuhl Platz und begann, seinen eigenen Tod zu wiegen, ohne mich aus den Augen zu lassen.

Einmal glaubte ich in meinem Kopf Jakobs Augen zu haben. Ich öffnete sie, schloß sie wieder, öffnete sie und sah mich vor mir stehen, wie er mich gesehen haben mußte, und schlug die Augen zu Füßen seines Grabes nieder.

Mit Heimaterde ist also Jakob zugedeckt. Wir werden den Kärntneranzug nach dem Tag der Volksabstimmung in die Putzerei tragen. Er ist voller Dreck und Blut. Ausgestopfte Austrofaschisten in Kärntneranzügen stehen links und rechts am Tor des Kärntner Heimatdienstes. Ich werde ein totes Ferkel in den Kärntneranzug des Ackermanns kleiden und ihm eine rot-gelb-weiße Fahne um die Augen binden. Manchmal bücke ich mich auf den Boden der *Heimaterde*, nehme einen und noch einen Erdbrocken und lasse sie auf den flachen Händen liegen. Der Kopf von der Brust der Erniedrigung erhoben, schließe ich meine Hände zur Faust, als wollte ich die Heimaterde erwürgen. Links und rechts von meinem Mundwinkel rinnen die Speicheltropfen der Anstrengung.

Jakob ist tot, geht aber trotzdem über den Schnee, der unter seinen Füßen knirscht, und bricht abermals in die Knie. Ich stehe auf und stampfe weiter. Weinend esse ich Schnee, lutsche an Eiszapfen. Der Wind weicht erschrocken wie eine Katze, die vor einer übergroßen Ratte in Panik gerät, zurück. Die Blätter schneebeladener Bäume nimmt er mit.

Heute nacht träumte ich, wie Jakobs Vater mit seinem weißen Volkswagen die Dorfstraße nahe dem Kruzifix entlangfuhr. Als er mich passieren wollte, war es plötzlich Jakob, der mit einem anderen Auto den Volkswagen überholte. Schwarze Schwalben stifteten Verwirrung in der Luft. Die schwarzen Gummiräder des Autos radierten über Asphalt. Der Volkswagen hielt, und Jakobs Vater erzählte mir, daß der Tote in einem Kosmetiksalon einbalsamiert und zur Besichtigung freigegeben würde.

Ein paar Tage, nachdem Papst Paul gestorben ist. Jakob wird die Kleider des Papstes tragen. Die Trauerfarbe der Päpste ist rot.

Jakob und Robert sind im Tod durch die Konfession getrennt worden. Jakob ist katholisch, Robert evangelisch. Jakob wurde auf dem Friedhof meines Heimatdorfes begraben, Robert auf einem anderen.

In den Träumen taucht immer wieder der Kalbstrick auf, einen Teil hat die Polizei konfisziert, der andere Teil ist in meinen Händen. Im Kleiderkasten liegt er in einem Plastiksack. Ich öffne die Kastentür und greife ängstlich, wie man mit einem Lederhandschuh ins Loch eines Iltis greift, nach unten, der Kopf dreht sich zum Fenster, und die Augen starren ins grüne Blattwerk der Bäume, bis der Strick durch meine Finger gleitet und ein scheuer Blick die Stelle des Einschnittes abtastet. Kleinere Stricke sind ineinandergedreht, und die unzähligen Fäden, die in den einzelnen Stricken nebeneinanderher laufen, haben die beiden über den Holzboden gehalten. Robert schleppte Wasserkübel mit Mörtel von Baustelle zu Baustelle, auf dem Bauernhof trug er Sensen auf seinem Rücken wie andere Heubündel. In der linken Hand hält er einen Hammer, in der rechten eine Sichel, die Hände überkreuzt und breitbeinig steht er auf einem grünen Hügel. Oft saß der Mechanikerlehrling Jakob auf einem Straßenstein und zählte die Autos, ordnete sie nach Farben und Gestalt. Krähen stutzten wir die Flügel und hielten sie als Wächter vor den Fenstern des Hauses und des Stalles. Unten am Bach hockten wir gemeinsam, die Fahrräder waren im Gebüsch untergebracht worden, und warteten auf den Flossenschlag der Fische. Mit hochgekrempelten Jeans durchwateten wir die Tümpel der Drau. Manchmal war es der Splitter einer Glasscheibe, die unsere Füße hochzucken ließ, sofort tasteten seine Hände meine Wunde ab und stillten das Blut. Ich muß endlich wahrhaben, daß er tot ist. Dein Körper, den ich esse, ist in mir aufgebahrt, solange ich lebe. Soll ich, wenn ich sterbe, zusehen, daß auch mich jemand ißt und wir beide, du in meinem und ich in seinem Körper weiterleben? Jakob, du Schwein, du Drecksau, du verdammte. Du hast dich umbringen müssen. Ich schlage dich zum Krüppel dafür. Ich schlage auf dich ein, bis du wieder aufwachst und am Leben bist.

Sieh dir die aktuellen Meldungen in den Zeitungen, die an diesem Tag im Kontext deiner Todesnachricht stehen, einmal genauer an: *Drei junge Waffendiebe verhaftet. Erdbeben in Griechenland. Kärnten hat die meisten Arbeitslosen. Hausmüll wird zu Rohstoff. Unsere ruhige Erde. Offene Särge schossen aus den aufgerissenen Gräbern. Nestroy einmal hochdeutsch. Kleinschreibung. Justizhaß gegen Südtiroler. Grün ist das Leben . . .*

Ein Kruzifix ist in meinem Leib aufgewachsen. Wenn ich die Hände ost- und westwärts strecke, erstarre ich und laß die Raben links und die Totenvögel rechts auf meinen Armen sitzen.

Es wird besser sein, ich höre auf zu schreiben und beginne als Mechanikerlehrling in einem Betrieb, in dem Jakob gearbeitet hat. Ich bringe mich dann um wie er, meine Arbeitskollegen und mein Chef kommen, und alle stehen in schwarzen Anzügen kopfnickend vor dem Grab und sagen, Wir können es nicht fassen, er war so ein lieber Mensch, er war hilfsbereit und zuvorkommend, eine Woche vorher hat er sich um einige Tausend Schilling mit Mechanikerwerkzeug ausgerüstet, und jetzt liegt er tot vor uns.

Man sagt, daß Robert bei einer Landwirtfamilie, Haus 13,

ein neues Heim gefunden habe und daß er von ihr wie ein eigener Sohn behandelt worden sei. Ich bin von meinem Vater auch wie sein eigener Sohn behandelt worden. Robert schrieb im Abschiedsbrief, den er in seiner Schultasche hinterließ: *Seid mir nicht böse, mich mag ja keiner. Grüßt mir Ulli.*

An Jakobs Totenbahre erzählte man, daß er einmal, nachdem er die Berufsschule in Villach besucht hatte, an einer Ampel wartete, während sich ein fremder Mann daneben stellte, der ihn anblickte und sagte: Du wirst nicht älter als einundzwanzig Jahre werden. Was soll ich tun, sagte Jakob später zu seiner Mutter, ich werde doch nicht älter als einundzwanzig Jahre.

Ich lese dir einige Auszüge aus meinem Tagebuch vor, das ich unmittelbar nach deinem Tod begonnen hatte:
Ich habe meine Socken zum Wärmen über meine Füße gezogen. Ich erschrak nicht, als ich sie in den ersten Sekunden wie Jakobs Totenschuhe über meine Zehen, aber wieder als Wollsocken über meine Knöchel zog.
Eine Frau spielte während der Totenwache mit einem Hund, gib Pfötchen, nimm das Stück Marmorkuchen, gib Pfötchen.
Was soll ich tun? Meinen violetten Anzug überziehen, dunkelbraune Krawatte um den Hals binden und nach seiner Wunde tasten? Soll ich in eine Tierhandlung gehen und alle Vögel mit hängenden Köpfen und blutenden Schnäbeln zurücklassen?
Als ich zwei Wochen nach seinem Tod das erstemal onanierte und ihn dabei vor Augen hatte, glaubte ich, nach dem Samenerguß meine Füße verloren zu haben, und schrie getrost nach einem Rollstuhl.
Der Selbstmord wird dir leichter fallen, wenn du dir

vorstellst, daß du nicht dich, sondern einen anderen in dir umbringst. Er ist es, der dich am Leben hindert. Du hast keine Wahl mehr.

Als ich ihn zu lieben begonnen hatte, hatte er nichts anderes meiner Liebe entgegenzusetzen als zu sagen, daß ich sehr früh sterben würde.

An der Bahre sitzend trank er Coca-Cola. Wie Nadeln stach ihm das kalte, kohlensäurehaltige Getränk in die Kehle. Schloß er die Hand zum Gebet, umklammerte er die Coladose.

Kirilow in Dostojewskijs *Dämonen* tötete sich, um zu beweisen, daß es keinen Gott gibt.

Worauf warten diese dreitausend Menschen beim Lend-hafenfest noch? sagte er und sah uns fragend an. Auf einen Toten natürlich, gab er sich selber zur Antwort.

Ich möchte dem Menschen, in dem der Todeskampf eines Tieres stattfindet, eines Bandwurms wenigstens, lange in die Augen sehen und ihm die Hand schütteln, wenn das Tier tot ist.

Ich kenne einen Kaiser, der nur junge Leute in seinem Reich duldete.

Einem Menschen, der das Höchstalter überschritten hat, gestehe ich den Tod nicht mehr zu.

Die Seele des Menschen hat ewiges Leben, die Seele des Tieres verwest im Leib, sagte er.

Ein Tier sah mich auf der Straße an, als wollte es sagen: Menschsein! Nicht einmal um einen Schlachtpreis.

Zwei Menschen hassen einander. Aus unlösbarem Gram gegeneinander, begehen sie beide Selbstmord und sterben, ohne daß der eine vom Tod des anderen weiß.

Kerngesunde Patienten nehmen im Vorzimmer des sterbenden Arztes Platz und warten, bis sie aufgerufen werden.

Während ich andächtig den Katastrophenmeldungen des Radiosprechers lausche, esse ich Tierfleisch und denke an meinen Tod.

Ob der Papst am Karfreitag im Vatikangelände ein Holzkreuz auf seinen Rücken nimmt und es mit einem Tausendmanngefolge durch Rom schleppt? Ich möchte ihm unter die Achseln greifen, wenn er einmal, zweimal, dreimal hinfällt. Jesus stellt sich breitbeinig mit einem Kalbstrick vor dem Gotteslästerer auf.

Der Mutter, die vor Gram fast stirbt, als ihr Sohn aus dem Bad kommend triumphierend sagt, *Ich fühle mich wie neu geboren,* einen Kuß geben.

Das Kind erschrickt vor dem Geschlecht seines Vaters, wendet sich ab und bleibt ruhig, den Unterkörper einer männlichen Plastikpuppe abtastend, auf dem Teppich sitzen.

Ein kleines Kind die Worte *Gott, Tod, Mord* nachsprechen lassen und genau auf sein Lautgemälde achten.

Ein Kind sitzt im Wohnzimmer eines Blockhauses und preßt die Puppe gegen die Fensterscheibe, um ihr die Stelle zu zeigen, wo es einen Laubfrosch umgebracht hat.

Einen Menschen solange ansehen, bis er Angst bekommt, weiterzuleben.

Immer nur das eine quält mich, warum ich Mensch und kein Tier geworden bin.

Es ist so leicht, an die Menschen zu glauben, wenn man weiß, daß es keinen Gott außer dem Gott im Menschen gibt.

Ich fühle mich allein auf der Welt, wenn ich esse. Wenn ich keinen Hunger mehr habe und Messer und Gabel klirrend auf den Teller lege, sehen mir plötzlich tausend halbverhungerte Kinder in die Augen und lachen mich aus.

Wenn ich als Junge im Feld einen Samenerguß hatte, fragte ich mich, ob den Pflanzen und kleinen Tieren nun menschliche Köpfe wachsen würden.

Wenn ich nur einmal zwischen zwei Menschen schwanken würde. So schwanke ich immer zwischen meiner eigenen Person, falle um, nie auseinander.

Mit dem roten, tiefhängenden Ministrantenmantel trat ich als Prinz verkleidet den Weg zum Altar an, um Wein zu trinken, Hostien zu essen, Kerzen anzuzünden oder auszulöschen, mit meinen kurzen Händen über den Altar zu langen und in die Vitrine des Tabernakels zu greifen und nach der goldenen Monstranz zu langen, ich will sie haben, das Ziborium enthält die große Hostie, den größten Leib Christi will ich essen. Ich wollte in ihn einverleibt sein, wie ich ihn mir einverleibt hatte.

Wenn jemand Tierblut vergießt, dessen Blut soll durch Tiere vergossen werden.

Während ich den Mund öffne, um von einem Faschingskrapfen zu beißen, stirbt jemand in dieser Stadt und läßt seinen Mund offen wie ich, der unter der Vorstellung dieses Gedankens den Krapfen anstarrt, den Germteig ausspuckt und drei Tage nichts mehr ißt.

Versucht der schwarze Star auf dem Dachfirst sein Herz unter seinem Flügel herauszupicken? Wartend stehe ich mit vorgehaltenen Handschalen und glitzernden Augen unter ihm.

»Ein Gedanke, der nicht gefährlich ist, ist es nicht wert, ein Gedanke zu sein.«

Seine beschriftete Geburtsurkunde trägt er immer bei sich, die unbeschriftete Sterbeurkunde ebenfalls. Wer ihn tötet, muß die Sterbeurkunde beschriften und seinen Namen auf die punktierte Unterschriftenzeile setzen, um sich vom vergossenen Blut zu befreien.

Seit ich die Kriminalität der Bürokratie kennengelernt habe, liebe ich die Menschen, die von der Hand in den Mund leben, ein Schaufenster zerschlagen und Lebensmittel oder ein paar Goldringe herausholen. Wo ich kann, werde ich ihnen behilflich sein.

Es war ein Freund von mir, solange er lebte. Als er sich umbrachte, wurde dieser Tote mein Todfeind. Er wollte nicht mit mir sterben und ich nicht mit ihm.

Der Priester nahm den Leib Christi aus dem Tabernakel, zerteilte ihn, so daß von der Bruchstelle die weißen Splitter der Hostie auf mein schwarzes Schuhwerk fielen.

Ratlos sitzen die Trauergäste in den Bänken, sie wissen nicht, ob sie beten sollen, wissen nicht mehr, ob die Tiere im Stall Hunger haben, spüren den eigenen Durst nicht und fragen einander unanständig, ob sie mitbegraben werden wollen oder nicht.

Erst als er tot war, schlug er wirklich auf ihn ein, das heißt, daß er ihn eigentlich nicht töten wollte.

Mit dem Heuwagen, auf dem die Särge aller Selbstmörder dieses Dorfes versteckt waren, trottete das Pferd zum Friedhof. Erst als die Lederriemen auf meinen Rücken schnalzten, beschleunigte ich meinen Lauf und wachte, mit meinen Händen Fliegen verjagend, auf.

O Berge, eure Herrschaft macht mich groß, sagt der letzte Zwerg meiner russischen Puppe in mir.

Nach einer Enttäuschung komme ich oft nicht umhin, meine samennasse Hand am Leinen abzutrocknen.

So wie ich mir meinen Tod wünsche, lasse ich einige meiner sprachlosen Figuren sterben.

Eine kleine, geschorene Marienstatue wachte am Hauseingang des Priesters. Noch während er den Schlangenweg entlang nach Hause ging, machte ihn der Tod besinnungslos. Er konnte der Marienstatue nicht mehr die Hand küssen. An seinen Händen falteten sich die Gebete. Mit *Küß die Hand, Madame,* schloß er das Gebet ab und starb.

Lippenstift am Mund eines Kalbes.

An meiner Brust hängt das Kind, das ich war. Auf meinem Rücken hängt der Greis, der ich werden will. Er gleicht das Gewicht aus.

Ein Hund steht mit einem alten, zerfledderten Schirm im Maul am Horizont und läuft auf mich zu. Er läßt den Schirm vor meinen Füßen fallen. Als die Regentropfen auf meiner Kopfhaut spürbar werden, beginnt mich der Gedanke zu beschäftigen, ob ich den Hund umbringe oder den Schirm aufspanne.

Der Kopf des Huhns fiel in den ausgepolsterten Apfelkorb und färbte für ein Märchen meiner Kindheit eine Apfelhälfte rot und ließ die andere gelb.

Haben Sie Feuer, fragte mich heute jemand in der Stadt. Erschrocken, den Blick in seine brennenden Augen und auf seine tabakfarbenen Lippen gerichtet, sagte ich, daß ich Nichtraucher sei, daß ich kein Feuer mit mir herumtrage. Lassen Sie mich weitergehen, ich kann nicht stehenbleiben, irgendwo liegt ein Toter, der mir nahesteht, ich kann mich nicht mehr hinlegen, ich muß gehen, ich kann nicht einmal stehenbleiben.

Ich werde nie vergessen, wie mein Kind, das weder auf der Welt noch gezeugt ist, in einem meiner Träume auf der Brust der Mutter lag und mit ihren Warzen spielte wie ich.

Im dunklen Zimmer hocke ich in einer Ecke und schreie ununterbrochen um Licht, bis es Tag wird und ich mich gegen die Hand- und Fußbewegungen aller aufwachenden Menschen schlafen legen kann.

Der Tod einer Fliege, die ich nun schon seit Stunden beobachte, bedeutet mir heute mehr als mein eigenes Leben.

Wie viele parfümierte Hälse verdrehen sich jetzt in diesem Augenblick in Stolz, und wie viele Hälse verdrehen sich jetzt in diesem Augenblick sterbend in die Gegenrichtung?

Wie vor einem Tier, das mir Angst einflößt, weiche ich vor einem leeren Blatt Papier zurück. Wie einen Spiegel, auf dem ich mich erst sehen kann, wenn ich das Blatt vollgeschrieben habe, blicke ich es an.

Wirbelnd fegt der Straßenkehrer den Blätterwald von der Straße und küßt den freigemachten Asphalt, blickt links oder rechts, hört die Schuhe der Schritte, die zuerst den freigekehrten Asphalt betreten werden.

Da er nachts die Augen offen hält, sieht er tags wie eine schläfrige Mumie aus.

Wie ein Kind mit bittenden Händen stehe ich vor ihm und frage ihn, ob ich noch eine halbe Stunde seine Hände ansehen darf. Einmal blicke ich auf den Handrücken, einmal auf die Innenhand.

Ich habe den Samen meines jungen Vaters aus dem Mund gestoßen, als ich noch gar nicht lebte.

Stumm habe ich geschrien wie ein Hahn, dessen Kopf vom Holzblock fällt. Die Mutter drängte die Kinder mit der einen Hand zur Seite, mit der anderen Hand streute sie Sägespäne über das Hahnenblut und über meinen weißen Ausfluß.

Gespannt horchen wir auf Katastrophenmeldungen, Zitate, verrückte Ideen, und hie und da schleicht gottseidank wieder ein Mörder durch die Zeilen der Tageszeitungen. Farbbilder für den Mörder, damit man ihn besser hassen kann.

Die vielen Züge, die um diese Zeit vorbeifahren. Wie Maulwürfe schießen sie in meinem Kopf in die Höhe und tauchen in die Nacht ein.

Wenn der Salat aus Eisen wäre, ich würde trotzdem Essig und Öl drauf gießen.

Als Kind glaubte ich, daß Gott über den Wolken hockt, heute glaube ich es immer noch. Der Glaube hat mir nie geholfen.

Wenn ich in diesem Haus ein Licht anzünde, glaube ich, daß alle Toten, die einmal gelebt haben, sich zu regen beginnen. Sie heben ihre Köpfe und blinzeln dem Licht entgegen. Scheu mache ich das Licht aus und verkrieche mich im Bett, in dem mehrere von ihnen gestorben sind, und schlafe mit Totengeschmack auf der Zunge ein.

Sie erzählte, daß der Gesichtsausdruck ihres abgetriebenen Kindes restlos zufrieden gewesen sei wie bei einem alten Mann, der die Schwere seiner Lebenslast abgelegt hat und mit einem Lächeln auf den Lippen gestorben ist. Die Plastikpuppe drückt ein verstorbenes Kind an ihre Brust.

Sein lauwarmer Samen ergoß sich auf meine Hand und verteilte sich, als ob ich in den Plastikhandschuh eines Chirurgen geschlüpft wäre. Sofort hielt ich nach einem Seziermesser Ausschau und blickte auf seinen nackten Unterkörper.

Erst seit zwölf Stunden liegt Jakob unter der Erde. Ich will ihn ausgraben. Ich muß mich bei ihm entschuldigen. Als er starb, ging ich in eine Entbindungsanstalt und bat, bei der Geburt eines Kindes zusehen zu dürfen. Man wies mich ab. Pferde stürzten in meinen Träumen und verbluteten in rostigen Stacheldrähten. Heimlich tötete sein todkranker Großvater in dieser Nacht eine todkranke Katze.

Für einen unserer toten Hähne möchte ich ein Begräbnis arrangieren wie für einen Staatspräsidenten. Alle grüßen die Fahne, doch die Fahne grüßt nur das Staatsoberhaupt und den toten Hahnenkopf.

Mägde und Knechte kleideten sich in ihre schönsten Gewänder. Pfauenfedern lagen in seinem Sarg, warm noch an ihren Enden und blutig. Ein Kind hatte sie dem Pfau ausgerissen.

Wie zwei Messerschneiden sieht der Mund meines Bruders aus, wenn er stumm bei Tisch sitzt, unauffällig Atem holt und aufmerksam der Mutter beim Schwarzbrotschneiden zusieht.

Ein paar Tage nach Jakobs Tod rasierte ich mich am Tag zwei-, dreimal und hockte stundenlang wie gelähmt auf einem Sessel mit dem ständigen Seitenblick zum Spiegel, wie um Totenwache an meinem reflektierenden Körper zu halten. Am 3. Oktober schnitt mir das Messer meiner Unaufmerksamkeit in den Finger. In der Wunde sah ich Jakob mit Totenkleidern aufsteigen und aus meinem Fleisch treten. Ich konnte an diesen Tagen kein lebendes Gesicht mehr sehen, nur sein totes in den Kärntner Tageszeitungen. Auf dem Foto lacht er. Ernst ist sein Gesicht unter dem Sargdeckel, geschlossen die Augen, die Hände in Gebetstellung auf der Brust. Verdeckt ist die Wunde an seinem Hals mit Margriten, weißen winzigen Rosenknospen oder mit den schwarzen Knöpfen meines Hosenschlitzes.

Zwei Tage nach seinem Tod sitze ich immer noch mit hängendem Kopf und nassen Haaren im Park. Es fällt etwas vom Himmel, was die anderen *Regen* nennen.

Um einige Augenblicke höher zu stehen als die verschlingenden Wogen der Sintflut, legten die Söhne Noahs in Entsetzen vor dem eigenen Tod ihre Söhne unter ihre Füße.

Die Hände im Nacken verschränkt, schreie ich im Grünen nach Wildwechsel in meinem Leib.

Wie ich früher in die Kirche gegangen bin, pilgere ich jetzt an sein Grab. Man hatte die halb verfaulten Kränze von seinem Grab bereits entfernt und auf den Müllhaufen des Friedhofs, wo wir als Kinder nach Plastikblumen suchten, geworfen. Sein Grab war eingesunken wie der Bauch seiner Mutter, als sie ihn auf die Welt gebracht hatte.

In Ägypten kommt es vor, daß Kinder einzelne Schlangen, um sie zu quälen, in einen Sack mit ungelöschtem Kalk bringen und mit Wasser übergießen.

Ein pensionierter Offizier flüsterte seiner Kaffeepartnerin im Moser-Verdino zu: Ich habe der Krankenschwester einen Kuß auf die Wange gegeben, als sie durch die versehentliche Überdosis einer Injektion den Tod meines 87jährigen, schwer leidenden Vaters beschleunigt hatte.

Mit den ohrenbetäubenden Schwingungen eines Kupferbleches zog ein Schwarm Vögel über meinen Kopf.

Die aufgetriebenen, vor Arbeit schweren Hände meiner Mutter lagen *mächtig* über einem Stück Schwarzbrot, als wollte sie sagen, Das Brot und das bin ich.

Als Kind wollte ich einen Fisch eigenhändig töten und dann essen. Die Fische, die Vater aus den Auen brachte und tötete, verweigerte ich.

Die giftigen Pilze im Wald sahen mich an, als ob sie Angst hätten gegessen zu werden.

Jedesmal, wenn ich am Nachmittag nach einem Kurzschlaf aufwache, tut es mir leid, daß ich nicht den Mut, wohl aber das Bedürfnis habe, mich umzubringen.

Unten stehen meine Schuhe. Umgefallen sind sie und warten auf mich. Ich werde hineinschlüpfen, sie werden fortgehen mit mir, und ich werde nicht wiederkommen können.

Eines Traumes befreite ich mit einer Schere die Haare vom Kopf Jakobs. Kahlgeschoren leuchtete unter der Glühbirne sein Totenkopf durch, der mich maßlos faszinierte. Meine Hand zuckte, als im Traum das Mündchen eines zahnlosen Kindes meinen Zeigefinger, mit dem ich am meisten gestikuliere, einzwängen wollte.

Wäre ich in der Stadt aufgewachsen, hätte ich tausend Bilder einmal gesehen, so bin ich auf dem Land, in einem kleinen, abgeschnittenen Dorf aufgewachsen, wo ich ein Bild tausende Male gesehen habe. Aber immer wieder veränderte sich dieses Bild, indem es in meiner Fantasie weiterwuchs.

Eine plötzliche Kreislaufstörung überfiel mich, als ich einem schwarzen Kruzifix ins Gesicht blickte. Sein Kopf hing auf die Brust wie bei einem Erhängten. Wie zum Gebet waren seine Füße übereinandergeschlagen und mit einem rostigen Nagel fixiert.

Lebend, nicht sterbend diese Welt verlassen ist mein allerletztes Ziel.

Jemand malte den Kopf des Gekreuzigten an die Kirchenwand und zeichnete mit einem weißen Kreidestift eine Zielscheibe über den Kopf.

Wenn ihr nicht werdet wie die Kinder, wird euch euer Tod schwerfallen.

Mitten im dichten Nebel am Meer unterhalten sich zwei Blinde über das Auge Gottes.

Ein Moped steht auf der Straße am Lido. Zwei Hände sind an den Griffen der Lenkgabel zurückgeblieben. Ein Armloser küßt mir die braungebrannten Füße und spuckt mir ins Gesicht. Verbeugend bedanke ich mich bei ihm und will ihm einen Zopf Weintrauben schenken. Blut der Wut schäumt über seine Lippen. Er hat keine Hände, die die Trauben erfassen könnten.

Diejenigen im Dorf, die abschätzig über *den Selbstmörder* Jakob reden, verurteile ich zu ewigem Leben.

Fischernetze werden wir unter unsere nackten Leiber legen und eines über unsere Köpfe werfen und zappeln, bis wir erschöpft, Stirn an Stirn, übereinander liegen.

Welch schattenhaftes Häufchen Angst ich hier am weiten Meeresstrand im dichtgeballten Nebel bin. Kaum höre ich das Bellen eines Hundes, schlägt mein Herz schneller.

Wer jemanden am Sterbenwollen hindert, bringt ihn auf umgekehrte Weise um und könnte genauso des Mordes angeklagt werden.

Spazierengehen, ja, das ist es, um mir selber in verachtender Haltung an der Tarviserstraße zu begegnen.

Ich möchte mich in einen Hund verwandeln können, damit du mich räudig schlagen kannst. Ich möchte wenigstens das Tier sein, das dir am ähnlichsten ist. Ich möchte die Wurzel deiner Haare sein, um in dein Gedächtnis flüstern zu können. Ich möchte dein Glied sein, das du täglich anfassen mußt. Wie ein Eichkätzchen möchte ich von Oberschenkel zu Oberschenkel hüpfen und deine Hoden betrachtend in die spitzen Finger nehmen. Einer deiner sterbenden Zähne möchte ich sein.

Das Gewehr im Anschlag, suchte ich im dunklen Waldstück meines Vaters nach mir, verbarg mich hinter einer Fichte und wartete auf mein Erscheinen am Felsenvorsprung.

Das Licht des Zündholzes, das plötzlich im Spiegel der Fensterscheibe wie die lispelnde Zunge einer Kreuzotter auftauchte.

Mehrere Tauben auf dem Markusplatz laufen neben der humpelnden Frau her, verdrehen ihre Köpfe und schauen ihr immer wieder ins Gesicht.

Als ich einmal instinktiv mit meinem Zeigefinger meine Halsschlagader entlang suchte, hatte ich plötzlich Angst um sein Leben, griff zum Telefonhörer und hörte statt des Besetztzeichens Hilferufe aus meinem eigenen Mund.

Es ist ein junger Gott in mein Leben getreten, der den Jesus meiner Kindheit entkreuzigt hat.

Die Schönheitskonkurrenz der unzähligen Kruzifixe in der Kathedrale von San Marco.

Der Bettler in der Kathedrale betet mit geschlossenen Händen um einen Brotgroschen zu den Menschen, die anderen hocken vor den Altären und beten zu Gott. Ein Bettler steht an der Säule und hält seine offene Hand über den Schlitz des Opferstockes.

Am Arm des Priesters spaziert eine alte Frau, die heute Witwe geworden ist, von Kruzifix zu Kruzifix und küßt Fuß für Fuß.

Die Liebe ist es, die mich töten könnte, aber der Haß ist es, der mich am Leben erhält.

Der Knicks der Nonne vor dem Kruzifix und der Knicks der frischgebackenen Witwe vor der Nonne zu Füßen des Kruzifix.

Ein Polizist in der Kathedrale, der Weihwasser auf seine Uniform strotzt.

Mit schnellen Schritten schiebt eine Frau den Kinderwagen auf einen Altar zu.

Einer tastet mit einem Blindenstock zum Kopf des Gekreuzigten hinauf.

Die junge Frau hebt ein Stück Kugeleis aus ihrem Fruchtgetränk, wie sich eine Hebamme um den halb ausgetretenen Kopf eines Kindes bemüht, und beginnt, das Eis in den Händen, an einer neuen Weltkugel zu formen, während ich daran denke, daß die Illustrierten und die Katastrophenwissenschaftler eine neue Eiszeit ankündigen.

Neuerdings stehen auch die Tauben auf dem Markusplatz unter Polizeischutz. Ständig kreisen zwei Polizisten mit Maschinenpistolen um den Platz.

Die Selbstmörder haben füreinander dieselben Gefühle wie die Homoeroten.

Einmal werde ich aufwachen und meinen Nabel voller Blut sehen und wissen, daß meine Mutter gestorben ist.

Das Kind betrachtete seinen Nabel und begann lauthals zu schreien, als ihm die Mutter einen Kuß auf die Stirn drückte.

Als ich mit meinen Händen in der Hosentasche in der Kathedrale stand, zog mir jemand liebevoll, aber dennoch zynisch die Hände von hinten heraus, so daß sie zur linken und rechten Hosennaht hinabfielen. Ohne mich umzudrehen, steckte ich meine Hände wieder in die Hosentasche und lauschte den Geräuschen hinter mir.

In Ravenna, so erzählt Camus, entfernte das Volk die Kerzen vom Altar, um sie Dante darzubieten: Du bist ihrer würdiger als der andere, der Gekreuzigte.

Auf einem Plakat sehe ich ein Mädchen mit weißem, engem Busenhalter und einer durchsichtigen Seidenunterhose über dem dunklen Dreieck ihrer Schamhaare. Mit einer Erdbeere in der Hand blickt sie trotzig auf die Passanten. Das nächste Plakat ist ein Partezettel mit dem Bild des Verstorbenen. Gestorben ist er heute, am 23. Dezember, begraben wird er am 27.

Mit Wattebäuschen, die zu Buchstaben angeordnet sind, steht *Buon Natale* am Schaufenster eines pharmazeutischen Verkaufsladens.

Mit wirrem Haar und funkelnden Augen hält der Hund seine Pfote auf die kaputte Scheibe einer lauttickenden Uhr.

Die Sprache zeigt mir den Tod, wie er ist, kein Leib kann es mir deutlicher machen.

Weiche Unglück, ich bin dein Vater.

Ich: Ich möchte ihr Sohn sein. Sie: Das hätte mein Kind werden müssen. Sie bringt ihren Sohn um, und ich meine Mutter, damit wir beide weiterleben können. Er wird ins Gefängnis gesteckt und ist neugierig, die Welt ein paar Tage lang am Gitter stehend beobachten zu können. Ein paar Tage später mordet er wieder, in der Einzelzelle. *Selbstmord,* sagen die Wärter, die ihn vom Strick seiner Schuhbänder schneiden oder ihm die Rasierklinge aus der starren Hand nehmen und sie in einen Wassertrog werfen. Die Rasierklinge sinkt, wie eine fallende Feder in der Luft, im Wasser zu Boden. *Selbstmord,* rufen die jungen Kolporteure, durch die Gasthäuser streifend. Die Tischgespräche wechseln das Thema und konzentrieren sich auf die Schlagzeilen der Zeitung. Spöttisch sitze ich im Kreis und frage nach zwei Minuten, Wo waren wir stehengeblieben?

Ein Literaturprofessor sagte mir, ich sollte lieber Stifter als Genet lesen. Aber Herr Professor, Stifter hat sich trotz allem umgebracht und Genet trotz allem nicht.

Störte uns jemand bei der Liebe, blickten wir auf wie Löwen, die mit blutiger Schnauze vom Menschenfleisch ablassen, senkten die Köpfe und verschmolzen die Lippen wieder.

Stolz auf Kärnten war ich, als ich im Vergnügungspark der Klagenfurter Holzmesse einen Invaliden im Kärntneranzug sah.

An der Wand einer Bahnhoftoilette las ich: Gott ist tot (Nietzsche). Nietzsche ist tot (Gott).

Mit einem Jagdgewehr tötete ein Junge eine Kuh. Die Gemeindepolizisten kreisten ihn ein und beobachteten sein Treiben. Wenn er in die Volksschule kam und Polizisten ihn zu einem Gespräch luden, sah ich die Konturen seiner Gestalt mit Blutfäden ausgelegt. Ich hatte nie den Mut, mich neben ihn zu setzen. Vor bloßer Milch ekelte ihn. Ging er nachts über die Dorfstraße, drehte er sich schnell nach einem heranpreschenden Stier um, der sich aber in dem Moment auflöste, wo der Junge nach hinten blickte. Seine Nächte im Dorf rochen nach Stierblut und Kuhmilch, die sich von einer Glühbirne aus über sein ganzes Schlafzimmer ergoß.

Wenn ich ermordet werde, dann soll man mich feige von hinten niederstechen. Ich werde im Fallen das blutige Messer um Vergebung für meine Mörder bitten.

Im Frühnebel trottet ein Pferd mit einem Kruzifix auf der Brust über die kurvenreichen Wege der Auen.

An einer Spiegelwand entlang krieche ich, schaue nach unten, erschrecke vor dem Anblick meines weißen Bauches zu Tode und falle auf die Heimaterde, die mit tretenden Füßen gesegnet ist.

In der Luft gehalten von einem Kalbstrick, hockten Jakob und Robert ineinander verkrallt. Erschrocken wich Christian zurück und lief. Die Angst beflügelte seinen eilenden Fuß, sprichwörtlich. Vorbei an den ausgebreiteten Pfauenaugen und dem diskusscheibendünnen Kopf mit den stahlblauen Augen, den pendelnden Kinnlappen und der stolzen Krone, die sich leicht, fast in Zeitlupe bewegte wie die Farne am Grunde eines Sees, die Jakob als Kind, auf dem durchsichtigen Eis liegend, beobachtet hatte. Vorbei an Brombeersträuchern und Ribisel, den Hohlweg hinunter, die Schleppe des grünen Grases hinter sich herziehend, seine langen Haare flogen im Wind seines Laufes. Vorbei an den wie

Morsezeichen mitrasenden Zwiebeln des Stacheldrahts, hinter dem im Klee eine Kuh kälberte. Hinter der wie ein Leinentuch hängenden Eihaut sah er den Schatten des Ackermanns, der sich bewegte. Der Junge schrie ein paar Worte, der Ackermann drehte den Kopf. Weit über dem Kopf des Jungen surrten die Stromdrähte, und die Angst vor den hängenden Stromdrähten drängte sich ihm wieder auf. Der Blitz könnte vor meinen Füßen knien und ein Loch in die Erde reißen. Ich müßte mich hineinlegen und auf den zweiten Blitz warten, der das Loch wieder mit Erde zudeckte. Die Geburtshelfer dort drüben würden die weißgelbe Erscheinung sehen und ein Häufchen Asche vorfinden. Nein, unter diesen Stromdrähten würde der Junge nicht durchlaufen können. Licht durchströmte seine Füße, als er wieder einen Schritt wagte, nach oben schaute und die Arme schützend über den Kopf streckte. Dort oben standen die beiden Toten in der Luft wie ein Mäusebussard, der in die Tiefe stürzt, die Maus mit ein paar Flügelschlägen nach oben zerrt und über den Heustadel der beiden Erhängten fliegt, in den Fichtenwald hinein, auf einen schwankenden Ast zu. In Ruhe und Einsamkeit wird er die verletzte Maus quälen, bis die beiden Toten vom Strick genommen worden sind. Jakobs und Roberts Fingerspitzen waren blau. Ihre Gesichtsfarbe ätzend weiß. Wie zwei weißgeschminkte Clowns hingen sie, nur Publikum hatten sie noch keines. Ihre Gesichtsfarbe wechselte in ein adernsprengendes Rot und wurde langsam vom Leichengelb überschlagen. Laßt uns einander im Dorf vernichten, dann leben wir alle gemeinsam in Eintracht und ohne Streit und Haß. Das Unglück schenkt uns den Frieden. Der Draufluß rauschte, der Junge hörte das Geplätscher der Wellen über die Steine oder das dumpfe Pochen des Wassers an eine Steinwand. Wie ein Stimmband mit der unbeschreiblichen Natursprache, in der Fische und Krebse und Frösche Geräusche verursachen. Eingekerkert zwischen den Stromdrähten über seinem Kopf und der geschwollenen Ader des Flußes drehte sich der Junge im Kreis, schrie über die Getreide- und Kukuruzfelder hinaus, Jakob und Robert sind tot. Schreien, bis ich die Sprache wieder verliere? Mit Blut im Kopf schritt der Junge unter den Stromdrähten hindurch und betätschelte aus Wut und Trauer über den Tod der beiden Jungen die rostigen Stacheldrähte. An jeder seiner Fingerspitzen hing ein Tropfen Blut, so marschierte er aufs Haus zu. Als ich von ihrem Tod erfuhr, saß ich in einem Büro der Universität. Ich krümmte mich wie ein Wurm, vollgeklebt mit winzigem Sandflitter aus dem Heimatdorf. Die Nachricht verbreitete ich in mehreren Büros. Das dachte ich doch, daß die Jungen aus Ihrem Heimatort stammen. Ich habe es schon gelesen. So ein Unglück. Das Wohlgefühl der Trauer und des Mitleids rann durch ihre Adern. *Jugendtragödie in P. Zwei 17jährige gingen in den Tod (Ausführlicher Bericht Seite 7). Sie waren Freunde bis in den Tod. Eltern und Kriminalisten rätseln um Tod zweier 17jähriger Freunde. Auch im Abschiedsbrief kein Motiv für Doppelselbstmord! 2 Freunde suchten gemeinsam den Tod.* Mitleid nicht ohne heimliche, tiefe Verachtung für eine Liebe, die bis in den Tod gegangen ist. Diese Notiz möchte ich gern in einer Kärntner Tageszeitung sehen: Suche Würger. Trage rote Krawatte am parfümierten Hals. Zuschriften an den Chefredakteur. Hinter den Stromdrähten zieht der Draufluß die Grenze zwischen den Dörfern K. und F. Die Fähre wurde aufgelassen, und wir konnten nur mehr sehnsüchtig auf die andere Seite des Ufers blicken, wo die Fährenfrau beim Wäscheaufhängen war. Wir beneideten die Fischreiher, die sich mit ein paar Flügelschlägen hoben, schwebten und ans andere Ufer stießen. Die Kälber tranken aus dem Fluß und holten sich Krankheiten, die in den Schlachthäusern auskuriert wurden. Versuchte eines, die Drau zu überqueren, wurde es von Stromwirbeln zerkleinert. Am seichten Ufer lag der scheckige Körper mit offenen Augen. Die Zunge hing ihm aus dem Maul, wie den beiden Toten. Eine halbe Nacht und einen Tag hingen Jakob und Robert am Strick, bevor sie entdeckt wurden. Hätte ich sie gefunden, ich hätte sie in eine Gletscherspalte verschleppt. Ein Sarg aus Glas. Eine Totenmaske hätte ich von ihren Gesichtern abgenommen, ihre Kleider würde ich herumtragen, aber mir ist nichts geblieben als vor dem frischen Grabhügel zu stehen. Warum die beiden Jungen gestorben sind, wissen am besten die Priester und Psychologen. Wenn ich als Kind vor dem Gitter des Beichtstuhles saß und erwartungsvoll den Kopf ins Angesicht des Priesters hob, begann er, meine Sünden aufzuzählen. Du hast Vater und Mutter nicht geehrt. Ja. Du hast Tiere gequält. Ja. Du hast gestohlen. Ja. Gelogen hast du. Ja. Du hast den Namen Gottes verunehrt. Ja. Immer bejahte ich, wenn ich mich auch nicht erinnern konnte, die aufgezählten Sünden begangen zu haben. Selbst im Beichtstuhl habe ich gelogen. – Warum ich Robert schreibend vernachlässige? Ich bin ihm neidig, daß er den Freitod mit Jakob gewählt hat. Ich vollziehe Jakobs Freitod noch einmal mit mir. Ich werde ihn aus dem Grab holen. Stützen werde ich ihn wie einen alten Mann, während wir den Weg zum Pfarrhofstadel hochgehen.

Nach dem Tod der beiden Frauen ließ der neue Priester Haus und Heustadel dem Erdboden gleichmachen. Zwei Jahre vor ihrem Tod ging Frau B. als Dorfirre in die Geschichte K.s ein. Sie vergaß alles. Zweimal oder gar nicht holte sie beim Vater Jakobs die Milch ab. Die Menschen, mit denen sie noch Kontakt hielt, behandelte sie wie die Kälber, kraulte ihre lockigen Köpfe und begann mit ihnen zu flüstern und Hände zu streicheln. Sie wußte nicht mehr, was sie sagte, kaum hatte sie etwas ausgesprochen, sagte sie es wieder und stellte dieselbe Frage nocheinmal, die ihr beantwortet worden war. Man konnte sie beschimpfen, wie man wollte, die Kinder neckten sie, im Augenblick ärgerte sie sich darüber, einen Augenblick später hatte sie es wieder vergessen, und man konnte zu ihr kommen, sie um Schokolade und Honigzuckerln bitten. Für eine Bemerkung war sie aber noch scharfsinnig genug: *Was hat denn ein Selbstmörder auf unserem Friedhof verloren.* Der Körper der anderen Frau wurde von der Gicht beherrscht. Tagtäglich schmückten sie die Gräber ihrer Verwandten und Unbekannten. Die verlassenen und verwahrlosten Gräber, auf denen der Zorn des Priesters lastete, schmückten sie mit brennenden Kerzen, Schnittblumen aus dem Garten wurden nur auf den Gräbern der Verwandten in Vasen aufgestellt, nicht aber auf einem anonymen Grab: Wiesenblumen standen dort in einer zerbrochenen Schale. Wie zwei Soldaten gingen sie inspizierend durch die Reihen der Gräber. Am Grab sieht man den Charakter des Menschen, der es zu schmücken hat. Wir halten zu den

Lebenden und nicht zu den Toten. Ihr Haus stand der Kirche und dem Friedhof am nächsten, wer auf den Friedhof oder in die Kirche wollte, mußte am Fenster ihres Hauses vorbei. Jetzt aber, da Haus und Heustadel abgerissen worden sind, ist Jakobs Vaterhaus dem Friedhof am nächsten. Immer dichter rücken die alten Häuser zusammen. Das Dorf reduziert sich zu einem faulen Getreidekorn.

Die Altäre meiner Kindheit sind mit Moos überwachsen, manchmal wischt eine kindliche Handbewegung es zur Seite und stellt einen Kelch drauf. Acht Jahre lang kniete ich als Ministrant im Gotteshaus vor dem Altar. Ich stand hinter dem Mesner und blickte auf seine knochigen Finger, die über die Tastatur der Kirchenorgel glitten. Der Priester schlang sich den weißen Strick um seine Hüften. Immer wieder, als sähe ich ihn zum erstenmal, blickte ich erstaunt auf diesen Strick, ließ ihn durch die Hände gleiten und legte ihn andächtig über die Stuhllehne. In die schwarzen Kirchenbänke ritzte ich die Namen meiner Freunde und ihre Geburtsdaten mit einem Fingernagel, den ich wachsen ließ. Eine Unzahl von schwarzen Särgen stand in der Mitte der Kirche. In schwarzen Ministrantenkleidern standen mein blonder Cousin und ich neben dem schwarzgekleideten Priester. Maßlos bewunderte ich die Schönheit geschmückter Bräute vor dem geschmückten Altar Gottes. Öffnete der Priester den Tabernakel, stellte ich mich auf die Zehenspitzen und blickte neugierig ins Innere. Ich wollte die glitzernde Monstranz umarmen, sie küssen, den großen Leib Christi aus dem Ziborium nehmen oder dem Priester aus der Hand reißen, denn nur der Priester aß die große Hostie aus der Monstranz, den Ministranten und Gläubigen legte er die kleinen auf die heraustretende Zunge. In den linken Bankreihen sitzen die Männer, in den rechten die Frauen, vorn die Kinder und ganz hinten die Gläubigen, die bald auf vier Schultern von vier Lebenden in die Nähe des Altars getragen werden.

Ich sehe hier, im Karner, Schaufel und Pickel, die der Totengräber herausgenommen hat, um Jakobs Loch aufzustanzen, ein paar Knochen und eine Anzahl kindergroßer, rostiger Kruzifixe lehnen in den Ecken. An die Friedhofsmauer neben dem Karner grenzt der zweite Gemüsegarten meiner Mutter. Oft sah ich, wie sie mit einer Schürze aus diesem *Kirchenfeldgarten* kam, wollte ihr entgegenlaufen, den Knoten der Schürze aufreißen, sehen, ob sie auch ein totes Kind mitbrachte. Über dem Dach des Karners hängt ein Schirm reifen Wacholders. Wacholderkugeln fallen auf das Dach des Karners und rollen von dort auf ein Grab. Sah ich den Totengräber an unserem Haus und an mir vorbeischreiten, atmete ich erleichtert auf und blickte ihm vorsichtig nach, um zu sehen, welches Haus er betreten würde. Ging er aber auf unser Haus zu, um vielleicht das Geld für seine Arbeit zu holen, lief ich zur Haustür hinaus auf den Stall zu und erwärmte mich am Atem der lebenden Tiere.

Meine Augenlider schlossen sich halb, und ängstlich blickte ich, im fahrenden Omnibus sitzend, auf die vorbeiziehenden Felder. Mit Johannes fuhr ich ins Dorf. Ich wachte vor seinem Gitterbett, das im Großelternzimmer aufgestellt wurde, bis er einschlafend meinen Finger verlor, mit dem er gespielt hatte. Leise zog ich mich zurück. Manchmal wachte er auf und rief meinen Namen. Antwortete ich, schlief er sofort wieder ein. Antwortete ich nicht, stand er auf, erblickte mich und verschwand wieder. Ich hörte das Knistern seiner Bettwäsche, und langsam wurde sein Atem regelmäßig. Der Spiegel an der Wand reflektierte das Gitterbett mit dem schlafenden Kind. Nehmt das Totenkleid der Großmutter aus dem Kasten des Zimmers, ich kann nicht einschlafen. Alles, was mich an meine Kindheit erinnerte, bedrohte mich. Ich wollte Wasser trinken, stand auf und ließ meine Beine einen Augenblick lang über dem Boden schweben. Die Nägel könnten meine Füße verletzen. Nein, der Fußboden ist doch vor ein paar Monaten erneuert worden. Das Holz lag weiß und glatt auf dem Betonboden und roch nach Tischlerwerkstatt, nach Leim und frischem Holz. Nichts sollte mich mehr an die Kindheit erinnern, aber gerade die Retuschierung, die frisch gemalten Wände und die erneuerten Fenster erinnerten an die frühere Zeit. Ich lauschte den regelmäßigen Atemzügen von Johannes und versuchte, in seinen Rhythmus zu kommen. Die Hand der Großmutter griff zum toten Großvater herüber. Ich wehrte die Hand ab, aber ich schlug auf etwas Hartes, auf einen Buchdeckel. Schreiend erwachte Johannes. Wie zwei Stöcke standen die Händchen von seinem Körper. Ich hob das Kind aus dem Gitterbett und ging zum Fenster, streichelte seinen strohblonden Kopf, und beide blickten wir in die schwarzblaue Nacht. Leises Plätschern des Dorfbaches, kein Totenvogelkrächzer. Dort oben, wollte ich ihm sagen, haben sich die beiden Jungen erhängt, aber er kann mich noch nicht verstehen, er ist zwei Jahre alt. Auf diese Straße, wollte ich ihm sagen, habe ich einmal einen Haselnußstecken geworfen, als gerade ein Auto vorbeifuhr, er traf die Windschutzscheibe, während ich mit klopfendem Herzen hinter einem Heustadeleck verschwand. Von dort kamen wir mit einem kleinen holzgeflochtenen Körbchen, Erdbeeren für die Mutter, Schwarzbeeren für den Vater. Dort oben wohnen die ärmsten Kinder des Dorfes. Dort oben, an der Biegung des Schlangenweges brach der Priester das erstemal auf die Knie, das zweitemal im Gewölbe des Pfarrhofes, das drittemal im Krankenhaus, dann war er tot, und wir standen in der Kirche vor seinem Sarg und blickten durch ein Guckloch auf sein Gesicht. Die Pfarrerköchin starb ebenfalls in einem Krankenhaus. Sie war über sieben oder acht Jahre meine zweite Mutter. Weiter unten wohnte Hanspeter, aber dieses Haus sehen wir von hier aus nicht. Keinem Millionär bin ich neidisch. Neidisch bin ich einem Tier. Einem Maulwurf. Er kriecht zu den jungen Toten und bettet sich in ihre Stirnhöhle. Von hier aus organisiert er sein Leben. Manchmal glaube ich den Herzschlag eines Totenvogels an meiner pochenden Schläfe zu spüren, dann schütze ich mit den Händen meine Schläfen. Von einem Flugzeug aus blickte ich auf das Drautal und suchte das Dorf. In diesem Wirrwarr von Siedlungen am Rande der Drau konnte ich das Dorf nicht finden. Weiterfliegend stellte ich es mir vor. Linker, rechter und lotrechter Balken, Kirche unten, Pfarrhof ganz oben, dort steht das Elternhaus, und vom Großelternzimmer aus blicken Johannes und ich in die Dunkelheit hinaus. Während Johannes seine Hände um meinen Hals schlingen und sich für den Schlaf an mir festhalten wollte, legte ich ihn ins Bett zurück. Die Hexe hält ihre Hand zwischen die Stäbe, um Hansels Fleischzuwachs zu prüfen. Die Eltern sagen, daß sie nicht wissen, was die Zukunft bringt, und dem Kind wird allmählich klar, daß alles möglich ist. Noch haben wir eine Schwester, die Schneewittchen werden könnte. Unsicher ist, ob nicht doch auf die ärmsten Kinder des Dorfes die Sterntaler fallen, ob nicht ein Brei das Dorf erstickt. Während dieser Niederschrift schlage ich eine *Volkszeitung* auf. *Kärntner Landjugend beginnt die Zeit der Erntedankfeste.* Junge Mädchen und Burschen schließen einen Kreis um die Erntedankkrone, ohne Jakob, ohne Robert, ohne Hanspeter und ohne mich. Mit dem Segen Gottes scheint die fruchtbare Sonne zur Reifezeit. Mit dem Segen Gottes gehen die Hagelkörner zu Boden, tritt die Drau aus ihrem Bett. Mit dem Segen Gottes wird die Ernte in die trockene Scheune gebracht. Man dankt Gott und bittet ihn um ein neues, ernereiches Jahr. Manchmal apfelgrün, manchmal blättergrün zieht der Fluß wie ein wallender Teppich in seinem Bett dahin. So schön er jetzt ist, so grausam wird er sein, wenn er anschwellend Menschen und Tiere, Äcker, Wiesen und Felder des Dorfes bedrohen wird, dann wird in den Träumen der Bauern ein dorfgroßer Krebs über den Häusern schweben und beim Schrei eines Kindes aus dem Schlaf schreckend mit seinen Fühlern ein wenig zittern.

Muttersprache

Christus scheint kraft eines göttlichen Instinkts immer den Sünder geliebt zu haben, weil er der menschlichen Vollendung am nächsten kommt. Sein höchster Wunsch war nicht, die Menschen zu bessern, so wenig, wie es sein höchster Wunsch war, Leiden zu lindern. Er trachtet nicht, aus einem interessanten Dieb einen langweiligen Ehrenmann zu machen. Von der »Gesellschaft für entlassene Strafgefangene« und ähnlich modernen Einrichtungen hätte er wenig gehalten. Die Bekehrung eines Zöllners zum Pharisäer wäre ihm keineswegs als löbliches Werk erschienen. Nein, auf eine Weise, die von der Welt noch nicht begriffen worden ist, betrachtet er Sünde und Leiden als etwas an sich Schönes, Heiliges und als Varianten der Vollendung. Dieser Gedanke *klingt* sehr gefährlich. Und er ist es auch. *Alle* großen Ideen sind gefährlich. Daß Christus an sie geglaubt hat, steht über jedem Zeifel. Daß dieser Glaube der wahre ist, daran zweifle ich nicht.

Oscar Wilde, De Profundis

Ich war blau und schrie, bis ich rot wurde, Gebt mir meine Strohpuppe. Noch voller Blut und Schleim, spürte ich schon die Haut der Strohpuppe und atmete ihren Geruch ein. Sofort erzählte sie mir, wie sie auf die Welt kam, erzählte von ihrer Mutter, ihrem Vater, erzählte, daß ihre Geburt unblutig und trocken war. Wie eine Indianerin, die im Hocken ihr Kind auf die Welt bringt, stand ihre Mutter in der Mitte der Steppe und zog unzählige Kindertotenmasken aus ihrem Unterkörper hervor, bevor sie die Puppe gebar. Kaum geboren, sagte sie, ging sie von Kinderhand zu Kinderhand. Wenn ich sterbe, wird ein Totenvogel seinen Kopf durchs Ei stoßen. In einem menschengroßen Ei möchte ich begraben werden. Aufpassen werden die Totengräber müssen, erstens, daß der Sargstrick nicht von der glatten Eischale rutscht, zweitens darf die Eischale nicht zerbrechen. Einmal, da stand ich mitten im Heustadel, meine Hände zu Fäusten geschlossen, den Kopf erhoben, und spürte, wie zwischen meinen Fingern Dotter und Eiweiß rannen, wie die zerbrechenden Schalen in meinen Händen knisterten. Ich gehe ins Haus und suche nach einer Puppe. Sie hat blaue, offene Augen. Ich fasse sie an und lege sie in meiner Handschale auf den Bauch. Ich könnte ihr Liebhaber sein, denke ich, während ich auf ihre halbnackten Füße starre. Ich öffne die beiden Knöpfe auf ihrem Rücken und lasse die Spitze meines rechten Zeigefingers ihre glatte Haut fühlen. Während ich sehe, daß ihr Rücken gespalten ist, trocknen meine Augen. Ich nehme ihre altmodische Haube vom Kopf und lasse meine Finger durch ihre Haare streichen. Den Hinterkopf ansehend erschrecke ich, da er mich an die Schwester denken läßt, der ich, hinter ihr gehend, auf den Kopf starrte. Während ich sie in den Händen halte, pendeln ihre Füße über meinem Handrücken wie meine Füße über das Fensterbord im zweiten Stock. Längst bevor ich Federico Fellinis *Casanova* mit einer Puppe tanzen sah, hatte ich mir eine lebensgroße Puppe gekauft. Während die Kinobesucher gerade bei der Szene, in der Giacomo Casanova mit einer Puppe im Bett liegt, am meisten gelacht haben, sind mir die Tränen aus den Augen gekommen. Als Giacomo sich in ihr erfüllte, als sein Oberkörper sich wie ein Sandsieb schüttelte, dachte ich an meine Vergangenheit. Der Körper meiner Puppe roch nicht nach Schweiß, sondern nach Plastik, der, je heftiger meine Bewegungen wurden, stärker und stärker wurde, bis auch mein Körper nach Plastik roch und ich verzweifelt, weinend den Hals der Puppe würgte, um aus ihr eine lebendige Frau zu machen. Ich weinte, bis ich einschlief, strampelte mit meinen nackten Füßen die Puppe zum Bettende, bis sie aus dem Leinen fiel und verkehrt, mit dem Gesicht zu Boden, auf dem Teppich lag. Mit einer Puppe unter dem Arm gehe ich wie Giacomo Casanova in den Fluß. Ich stehe in der Mitte und sehe, wie sich um meinen Bauch wie Nabelschnüre die grünen Wellen des Flusses winden. Ich tanze mit ihr über das Eis des Weihers, blicke zu Boden und sehe wie ein Raumschiff die Leiche meiner Mutter unter dem Eis schwimmen. Ich schnalle der Puppe Schlittschuhe an die Füße und fahre mit ihr den Weiher auf, den Weiher ab. Manchmal gleite ich aus, und sie fällt mit mir, und ich liege auf ihr. Schnell erhebe ich mich. Hier am Weiher soll ich sie lieben und ermorden, mit der Hacke ein Loch ins Eis schlagen, sie hineinstampfen und die Eisplatte wie einen Sargdeckel über ihren Kopf schieben. Wenn die Milchstraße meines Samens durch ihren Körper läuft, vergrößern sich ihre Augen, ihr Oberkörper hebt sich und auf ihrer Stirn stehen Schweißperlen. Ich kann aus keiner *Plastik*schüssel essen. Ich beginne sofort zu schnaufen, und meine Augen tränen. Als ich mir diese Puppe kaufte, einundzwanzig Jahre alt war ich, sagte der Verkäufer, er hätte noch eine bessere, eine mit Originalschamhaaren, ihr Plastik ist besser, fast fleischlich, sie fühlt sich besser an. Nehmen Sie diese, sagte er, während seine Finger durch die Schamhaare glitten. Fühlen Sie ihr Fleisch, tasten Sie sie ab. Nein, ich nehme diese, die billigere, wieviel kostet sie? Fünfhundert Schilling. Und wieviel würde die andere mit den Originalschamhaaren kosten? Fünftausend. Nein, ich nehme die billige. Er verpackte sie in einen Karton braunen Papiers. Schnell, als ob ich sie gestohlen hätte, legte ich das Geld aufs Pult und ging, draußen stand mein altes, schwarzes Damenfahrrad. Soll ich die Puppe auf den Gepäckträger spannen oder soll ich sie unter den Arm nehmen und nach Hause fahren? Nein, ich nehme sie unter den Arm, es wäre unmenschlich, wenn ich ihr ein Eisengerüst über den Körper spannen würde. Es regnete. Das Wasser rann mir über das Gesicht und tropfte auf meine Brust. Ich stellte das Rad in einem Geräteschuppen ab, es fiel um, und ich ließ es liegen. Über die Stiege des Hauses hinaufgehend blickte ich scheu rechts und links. Wird mir jemand das Paket aus der Hand reißen? Ich müßte mich sofort umbringen, man würde ein ganzes Leben lang über mich lachen, aber nein, es ist niemand da, ich gehe ins Zimmer und verriegle die Tür. Ich packe sie aus, ähnlich wie meine Mutter bonbonierte Geschenkpackungen öffnet und ihre Hände über die Schokoladekugeln, Schokoladerechtecke, Schokoladequadrate, Schokoladezylinder und Schokoladerhomben gleiten läßt. Schnell kehrt sie ihr Lächeln nach innen, so daß man ihrem Gesicht nicht die geringste Rührung ansehen kann. Ich öffne die Schnüre des Pakets, hebe den Deckel der Schachtel ab und sehe vor mir meine Lebensgefährtin, zerknittert, schmal und niedlich, aber sie atmet, sie will meine Hüften sehen, sie will spüren, wie es ist, wenn sich ein Oberkörper mit schlagendem Herzen über einen Oberkörper beugt, der kein Herz im Brustkorb hat. Ich spitze meinen Mund und pumpe Luft in die Öffnung, sie wird groß und größer, ich fasse ihr Fleisch an und entdecke, daß es genauso weich ist wie meines, ich lächle und pumpe weiter, noch ein paar Lungenstöße und die Puppe ist rund und mollig. Es ist Spätherbst und die Blätter der Bäume kleben auf dem Asphalt. Ich beginne mich zu entkleiden, ziehe Strümpfe, Leibchen und schließlich die Unterhose aus, lege mich zu ihr, zuerst die Decke zurückschlagend, fühle an meinem Körper ihren Leib, fasse mit meinen Handflächen ihre Schulterblätter, schaue vor mich hin und stoße weinend mein Glied in ihren Unterkörper. Stand ich einem Mädchen oder einer Frau gegenüber, begann ich am ganzen Leib zu zittern. Ich habe euch mit einer Puppe betrogen. Ich wohnte bei einer alten Frau, die mich, wie man so sagt, wie ihren eigenen Sohn umsorgte, ging tagsüber in den Bürodienst der Hochschule für Bildungswissenschaften und besuchte die Abendhandelsakademie. Sie verkaufte Karten in den Klagenfurter Kammerlichtspielen, blonde, lockige Haare trug sie, Lippenstift, man mußte bereits die zweite Klasse der Volksschule hinter sich haben, um die Falten in ihrem Gesicht zählen zu können. Sie richtete das Bett, staubte das Zimmer ab, brachte meine Schriften und Bücher in Ordnung, so daß ich jedesmal ängstlich mein Zimmer betrat. Ich litt unter ihrer Fürsorge. Oft saßen wir im Garten und betrachteten ihre Rosenzucht. Jedesmal wenn man ins Haus oder aus dem Haus ging, stieß man mit dem Kopf einer Rose zusammen. Ihr Lippenstift war rosenrot. Auf ihren Kleidern blühten rote und gelbe Rosen. Öffnete sie morgens ihre Augen, gingen unter ihrer Stirn zwei blaßrote Rosen auf, ihr Mund öffnete sich und rief nach mir, Frühstücken! der Kaffee ist fertig, während sie nach einem zweiten, kurzen Morgenschlaf aus dem Bett steigend genüßlich den Geruch ihres Körpers und die Wärme des Bettes einatmete. Im Sarg ihres Lebensgefährten lagen ringsherum Rosen, rote, gelbe und weiße. Im Kinoschalter hing ein Bild von Sophia Loren, die eine rote Rose in der Hand hielt. Ich hörte die Spülung des Klosetts, eine Tür, die auf- und zuging, streckte meinen Fuß aus dem Leinen und berührte etwas, das mir bekannt vorkam, zuckte zurück und erschrak, denn es war das Plastik der Puppe, ihre Hand sah unter dem Bett hervor. Ich stieß sie weiter unter das Bett, wie man eine Katze von sich stößt, und öffnete die Tür. Daß die Frau früher oder später mit einem Besen unter das Bett fahren, auf etwas stoßen wird, das sie herauszieht, um den Staub zu entfernen, kam mir nicht in den Sinn. Vom Bürodienst nach Hause kommend, betrat ich zuerst die Küche und sah ihr spitzbübisches Lächeln. Mir kam vor, als wollte sie mir sagen, ich solle in mein Zimmer gehen, aber ich blieb in der Küche, öffnete den Kühlschrank, ließ das Messer über den Brotlaib reiten, aß, blätterte mit der linken Hand in der Zeitung und sah, wie sie mich immer wieder anlächelte. Dieses Lächeln verwirrte mich nicht, weil ich wußte, daß es nicht bösartig, höchstens in

Zuneigung geschah. Schließlich öffnete ich die Tür meines Zimmers, wollte eintreten und blieb an der Türschwelle erschrocken stehen, aufgeblasen lag die Puppe, bekleidet mit einer meiner Unterhosen, auf dem Bett. Ich hörte ihr Lachen, sie hörte mein Lachen, hörte das Schließen der Tür, während ich wieder zurück in die Küche ging, wo wir uns, einander gegenüberstehend, beinahe umarmt hätten. Einen Menschen töten ist mir noch nie in den Sinn gekommen, der Gedanke, eine Puppe zu töten, hat mich schon oft beschäftigt, nur war es manchmal so, daß ich zwischen Menschen und Puppen nicht unterscheiden konnte. Die Dämmerung brach ins Zimmer, die Fensterscheiben zitterten, erschrocken hob ich meinen Kopf und drehte mich zum Fenster, den Kopf der Puppe hob ich ebenfalls, sie soll sehen, was ich sehe, dann muß ich ihr nicht mehr erzählen, was ich gesehen habe. Ich stand vom Bett auf und stellte mich mit ihr nackt ans Fenster. Während ich aufs Kukuruzfeld blickte und an meinen Vater dachte, umschlang ich ihre Taille. Auf die Weide gehend rief er von weitem die Namen der Kühe, Kälber und Pferde. Die Tiere traten an die Umzäunung und leckten rötliches Viehsalz aus seinen Händen. Lächelnd kraulte er ihren Kopf und betätschelte ihre Wangen. Am Bein eines heranlaufenden Kalbes hielt sich ein Sumpffrosch fest. Wie die Funken der Sternspritzer preschten die Heuschrecken auseinander, wenn er sich niederbückte und die Hand auf einen Hügel trocknen Heus legte. Durch das Kukuruzfeld gehend schleicht sich eine Puppe aus Glas an den Vater heran, lauthals schreiend ahmt sie das Geräusch eines ratternden Maschinengewehrs nach. Die Menschen haben die Puppen jahrhundertelang nach ihren Köpfen geformt und hergestellt, jetzt werden es die Puppen sein, die die Menschen nach ihren Köpfen formen und herstellen werden. Es ist so leicht, mit der Puppe zu reden, sie hört mir wohlwollend zu, als wollte sie alles, was ich über sie sage, über mich sagen. Die Puppe sitzt an der Schreibmaschine, und ich liege auf dem Tisch. Ich bin etwas kleiner als sonst, nicht so gesprächig, nicht so beweglich, aber wenn man mich aufhebt, lasse ich sofort einen Arm, den zweiten und die Beine nach unten hängen, um zu zeigen, daß ich mich bewegen kann. Im Gegensatz zur Puppe gehen mir die Haare aus, dafür reiße ich die Puppe an den Haaren. Siehst du, sage ich zur Puppe, wie schnell sich der Kugelkopf dreht, bei jedem Anschlag vorzuckt, wie der Kopf eines Buntspechts in Holz schlägt, aus dem eines Tages Papier wird, das der Kugelkopf meiner elektrischen Schreibmaschine vorzuckend beschreibt, ähnlich wie der Buntspecht seinen Schnabel ins Holz schlägt, aus dem eines Tages Papier gemacht wird. Der Brustkorb meiner Puppe ist gläsern, und man kann erkennen, wie der Kugelkopf meiner elektrischen Schreibmaschine sich als Satellit um ihr Herz dreht.

Uns Puppen verdrehen die Kinder die Köpfe, und keiner der Erwachsenen sagt etwas, ganz im Gegenteil, die Erwachsenen verdrehen oft die Köpfe der Puppen, mit denen die Kinder spielen, wenn sie die Köpfe der Kinder verdrehen wollen. Manchmal schauen sie dabei uns Puppen, manchmal den Kindern ins Gesicht, und das Kind denkt sich sofort, daß es besser gewesen wäre, den Kopf des Kindes ein wenig zu verdrehen als den Kopf der Puppe umzudrehen und dabei dem Kind in die Augen zu schauen. Man wird zum scharfen Beobachter von Bewegungen, wenn einem zu jeder Tages- und Nachtzeit der Kopf, die Beine und die Hände verdreht werden. Wenn Kinder den Erwachsenen Puppen schenkten, würden wir anders aussehen, hätten wir andere Gesichtszüge, wir wären nach der Fantasie der Kinder und nicht nach der Fantasie der Erwachsenen geformt, deshalb wundert es uns nicht, wenn manche Kinder den Puppen den Hals umdrehen. Stirbt ein Kind, legen uns die Erwachsenen neben dem toten Kind in den Sarg, weil wir im Leben das Lieblingsspielzeug der Kinder waren, aber das soll wohl nicht heißen, daß wir im Tod auch ihr Lieblingsspielzeug sind. Es wäre für uns Puppen besser, in andere Kinderhände zu kommen, als mit einem toten Kind begraben zu werden. Die Schmerzen, bis wir neben dem toten Kind bei lebendigem Leib in der Erde vermodern, sind größer als die Schmerzen, die uns das nächste Kind im Handumdrehen zufügt. Als Menschenpuppen stehen wir mit den Tierpuppen im Kampf, wie die Menschen mit den Tieren. Nachts, wenn die Kinder schlafen, schlachten wir mit Stoffmessern die Plüschleoparden, die Plüschlöwen und Plüschelefanten, die Plüschhunde und die Plüschkatzen essen wir beim Morgengrauen auf. Wenn ein Kind lacht, weinen wir, wenn ein Kind weint, lachen wir, aber unsere Gesichtszüge verändern sich nur innerlich, kein Kind kann es sehen. Nachts gehen wir zum Dorffriedhof und suchen nach Kindergräbern. Es gibt weniger Kindergräber als Gräber von Erwachsenen. Das tut uns leid. Findet eine Puppe ihr Kind, schreit sie auf. Sie fällt am Grab des Kindes zu Boden und ruft das Kind bei seinem Kosenamen. Fünf Puppen, mit Kindertotenmasken auf ihren Gesichtern, begeben sich zur gefallenen Puppe und helfen ihr auf die Beine. Wir halten ihr Friedhofserde unter die Nase, dann erwacht sie aus ihrer Ohnmacht. Wir suchen die Friedhöfe nach Fleischblumen ab, riechen daran, lachen und füllen damit unsere Knopflöcher. Eine von einem Kind ermordete Puppe vergruben wir in einem Kindergrab und beobachteten hinter einem Grabstein hockend ein auf dem Friedhof umherirrendes Kind, das seine Puppe suchte. Der ermordeten Puppe setzten wir eine Kinderlebendmaske auf und begruben sie mit gefalteten Händen. Ein Heiligenbild, das einen Schutzengel zeigt, der eine Puppe über eine Brücke begleitet, steckten wir zwischen ihre Finger. Die Nabelschnüre, die von uns Puppen in städtischen Kreißsälen gesammelt wurden, verlängerten wir und verwendeten sie als Sargstricke. Liegt irgendwo in der Nähe eines Kindergrabes ein Plüschlöwe auf der Friedhofserde, begraben wir ihn bei lebendigem Leib. Findet eine Puppe einen Kinderknochen, so schlägt sie sofort damit in die Trommel. Puppen suchen ihren Freitod bei den Kindergräbern. Sie erschießen sich mit Stoppelrevolvern, die Kinder am Kirchtag kaufen. Eine Puppe warf sich am Friedhof vor einen rollenden Kinderwagen und starb noch am Unfallort. Eine andere kroch unter die Kränze eines frischen Kindergrabes und erstickte. Eine dritte legte sich ans Grab ihres verstorbenen Spielkameraden und verendete dort wie ein Hund. Steht ein Mann oder eine Frau von den Toten auf, so schlägt die wachehaltende Puppe sofort mit dem Kinderknochen in die Trommel. Der Auferstandene verdreht schwerfällig seinen Kopf, als suche er das Geräusch, während er seine Brustwarzen streichelt. In einem solchen Augenblick verbarrikadieren wir uns hinter einem Grabstein und warten, bis er den Gulter der schwarzen Friedhofserde über seinen Leib zieht, mit unzähligen Fleischblumen ist seine Bettdecke verziert. Sehen wir eine Hostie im Stechschritt die Gräberreihen abmarschieren, knien wir augenblicklich nieder und beten mit geschlossenen Händen. Unser tägliches Brot gib uns heute. Das Gerippe einer verhungerten Puppe stopften wir mit Fleischblumen aus, die auf den Gräbern der Kinder wachsen, und gaben ihr das letzte Geleit. Wie die Menschen, die sich umgebracht haben, wurden auch die Puppen, die Hand an sich legten, zuerst außerhalb, später innerhalb der Friedhofsmauer begraben. Während im Jahre 1737 der Scharfrichter von Montigny den Verurteilten exekutierte, führten die Fischhändlerinnen der Markthalle eine Puppe mit, der sie den Kopf abschlugen. Nachts hörten wir einmal eine scheintote Puppe aus dem Mund eines delirierenden Kindes schreien. Wir erkannten ihre Stimme, wir wußten genau, daß es ihre Stimme ist, liefen auf den Friedhof und exhumierten sie. Fünf Jahre später äußerte sie auf dem Totenbett den Wunsch, einem sterbenden Kind auf die nackte Brust gelegt und nicht mehr ausgegraben zu werden. Mit Fotoapparaten auf unseren Puppenbrüsten gehen wir ins Kindertotenmaskenmuseum und bestaunen und fotografieren die neugierigen Mütter genauso wie die Kindertotenmasken. Die Mütter und Väter müssen Eintritt bezahlen, während wir Puppen Freikarten bekommen. Eintritt für Kinder strengstens untersagt, steht auf einem Schild an der Tür des Kindertotenmaskenmuseums. Vor dem Museum stehen die Kindertotenmaskenbildner und rufen das Alter der verstorbenen Kinder aus, von denen sie die Totenmasken abgenommen haben. Die Preise der Kindertotenmasken schwanken zwischen tausend und fünftausend Schilling. Den einen Teil einer in der Mitte auseinander gebrochenen Kindertotenmaske trug eine Puppe nach Westen, den anderen Teil trug eine andere Puppe nach Osten. Um dieses Bild zu ergänzen, schlug eine Puppe eine Kindertotenmaske in der Mitte auseinander und ging mit der einen Hälfte nach Norden, während die andere nach Süden ging. Vor den Kinderschaufensterpuppen stehen die Kinder und lecken an kleinen Zukkertotenköpfen. Steht ein Kind mit der Lebendmaske einer Puppe von den Toten auf, so umringen wir es und beginnen im Kreis zu tanzen. Kinder, die mit Puppen begraben worden sind, exhumieren wir, um unsere Brüder und Schwestern heimzuholen. Ist die Puppe aber vermodert, so nehmen wir das Brustbild des Kindes vom Grabstein und kleben das Brustbild der vermoderten Puppe drauf. Finden wir einen Kindertotenkopf, so überziehen wir ihn mit Plastikfolie und bringen ihn den ballspielenden Kindern. Stirbt ein Kind am Heiligen Abend, so räumen wir das Jesukind aus der Krippe und stopfen es in den Bauch einer Puppenmutter. Am Faschingdienstag setzen alle Puppen die Lebend- oder Totenmasken ihrer Kinder auf. Am Karfreitag tragen wir Puppen die Totenmaske Jesu Christi, unsere Kinder binden uns die fingerringgroßen, dornenkronenartigen Erntedankkronen auf den Kopf. Die am schönsten leidende Puppe wird am Ostersonntag nach der Auferstehung Jesu Christi prämiert. Das größte Gift ist der menschliche Samen, denn wir wissen, daß daraus Kinder entstehen, die uns vergewaltigen, wie sie von ihren Eltern vergewaltigt worden sind. Wir Puppen sind die besseren Pädagogen. Kommt eine Frau nachts auf den Friedhof und sucht nach ihrem Geliebten, so blicken wir, hinter einem Grabstein hockend, auf ihren Bauch, um zu sehen, ob sie schwanger ist, ob wir wieder Arbeit bekommen oder nicht. Ist sie schwanger, verkleidet sich eine Puppe als Hebamme und hockt sich in Gebärstellung hinter einen Grabstein. Hebammen beten in der Gebärstellung vor dem händefaltenden Priester. Schwangere Frauen träumen davon, daß nachts die Puppen ihren Bauch abtasten und mit einer Taschenlampe in ihren Bauch leuchten. Mit Vorliebe machen wir in Wien Exkursionen ins Anatomische Museum und betrachten stundenlang die Embryos in den Glasbehältern. Erregt stehen wir vor den Froschkopfembryos und vor den siamesischen Zwillingen. Kopfnickend bedanken wir uns beim Embryowärter und verlassen das Anatomische Museum im Gänsemarsch.

Soll ich mein Spiegelbild ermorden? Vor dem Spiegel mein Spiegelbild im Spiegel des Spiegelbildes im Spiegelkabinett sehen, bis ich wie ein Stein in den Wasserspiegel eintauche und in mir selber verschwinde? Vor Jahren, so erzählte mir der Kunstmaler Georg Rudesch, hat Kokoschka vor seinem Haus im Garten ein Grab ausgestochen und eine Puppe hineingelegt, zugegraben und den schwarzbraunen Erdhügel mit Blumen geschmückt. Die Polizei ist drauf aufmerksam geworden, hat das Grab in der Hoffnung geöffnet, eine menschliche Leiche zu finden. Der Polizist schlägt mit seiner Stirn das morgendliche, noch warme Frühstücksei auf. Die Frau des Polizisten schüttet Kaffee in die leere Eischale. Sie haben die Puppe Kokoschkas ausgegraben und sind erbost, eine Arbeit für nichts und wieder nichts geleistet zu haben. Entschuldigen Sie, Herr Polizeipräsident, wenn noch kleine Erdbröckchen von meinem Haar auf Ihren Teppichboden fallen, entschuldigen Sie, wenn ich schmutzig bin, aber noch bin ich nicht verfault, noch können Sie meine weichen Stoffhände küssen, vor mir auf die Knie fallen oder mich in eine Polizeimontur stecken. Die rhetorische Kunst des Polizeipräsidenten verhaspelt sich in ein elegantes Stottern, denn er hat nicht erwartet, daß eine Puppe exhumiert worden ist, er sagt, Wir lassen uns nicht foppen, wir sind ja keine Lausbuben, und besteigt im selben Atemzug wieder das hohe Roß seiner Amtssprache. Das ist Irreführung der Polizei. Ich stellte mir das Aufbäumen der Leiche des *Revierinspektors in Ruhe* in seiner Polizeiuniform im Krematorium und das plötzliche Zerfallen seines uniformierten Leichnams und seiner Polizeiauszeichnungen vor, als ihn das Feuer erfaßte. Er war Angehöriger der Leichenverbrennungsgesellschaft *Die Fackel.* Seine Lebensgefährtin, die meine lebensgroße Puppe unter dem Bett gefunden hatte, hat die sterblichen Überreste seiner Asche zu sich genommen. Einen Teil, so erzählte sie mir, habe ich in eine Urne gefüllt und auf seinen Grabstein gestellt, den anderen Teil habe ich mit nach Hause genommen und in die Kredenz gegeben. Meine Hand um die Schulter der mädchengroßen Puppe gelegt, hockten wir am Ufer der Satnitz und sahen, wie sich bei Einbruch der Dämmerung der Nebel über dem Wasserspiegel verdichtete. Als ein Junge vorbeiging, schlug ich einen Jutesack über meiner und über meiner Puppe Schulter, verdrehte den Kopf und blickte auf seine Hinterbacken, auf seine leicht behaarten Oberschenkel. Einen Grashalm zwischen den Zähnen ging er weiter das Flußufer entlang. Gerne wäre ich vor ihm niedergekniet, gerne hätte ich seine Oberschenkel abgetastet, aber während ich auf seine Hinterbacken blickte, legte ich meine flache Hand auf den Unterkörper der Puppe, als wollte ich ihr Geschlecht vor mir selber verstecken. Einmal ging ein Mann mit einem Hund auf der Böschung vorbei. Ich legte schützend meinen Arm um ihre Schulter. Der Hund lief heran und schnüffelte an den Plastikbeinen der Puppe. Verschwinde, flüsterte ich ihm zu, verschwinde. Vielleicht hätte ich aufspringen und dem Mann die Puppe zeigen sollen, Da schauen Sie, da! Schämen Sie sich und gehen Sie zu Ihrer Frau nach Hause, ich will hier am Ufer des Flusses alleine mit der

Puppe sitzen, verschwinden Sie. Damals teilte ich mein Zimmer in der Waldhorngasse mit einem Bäckergesellen. Einmal lag er nackt auf dem Bauch und schlief. Meine Puppe lag zusammengefaltet unter dem Bett. Zur Tür hereingekommen, legte ich die Schulsachen der Handelsakademie auf den Tisch, zog meine Kleider aus, kniete vor seinem Leib und betrachtete den Flaum seiner blonden Haare auf seinen Oberschenkeln und Hinterbacken. Er darf nicht wissen, daß ich so eine Sau bin, er erzählt es womöglich den Vermietern, dann wird mir das Zimmer gekündigt, dann muß ich wieder ins Gesellenheim zurückgehen. Nachdem meine weißen zittrigen Hände auf dem Schoß eines Mädchens gelegen hatten, habe ich eines Nachts die Puppe in die Holzhütte runtergetragen, aufgeblasen, über den Holzbock gelegt und mit der Hacke zerstückelt. Wild schnaufend bin ich raus, über den knirschenden Sand das Flußufer entlanggegangen und habe die Puppenteile in einem Getreidefeld vergraben.

Wenn ich abends durch die Stadt gehe, weiß niemand, daß an meiner nackten Brust mit vier roten Gazestreifen das lächelnde Gesicht der Totenmaske der Else Lasker-Schüler klebt. Die Tarviserstraße gehe ich entlang, verborgen halte ich sie unter meinem Mantel, gestern knisterte das Laub unter meinen Füßen, heute ist es feucht geworden und faul. Ich gehe ins Germanistikinstitut, setze mich in einen leerstehenden Hörsaal wie früher in leerstehenden Kirchen. Ich öffne meinen Mantel, ziehe den Pullover hoch, knöpfe das Hemd auf, ziehe das Unterleibchen hoch und taste das lächelnde Gesicht dieser Totenmaske ab. Die Totenmaske zittert, da mein Herz schneller schlägt. Wenn man mich doch ins Krankenhaus brächte! Der Arzt oder die Krankenschwester würde mein Hemd aufknöpfen, das Leibchen hochziehen und drei, vier Schritte zurückgehen, ehe sie den roten Klebestreifen von meiner Haut lösen und das lächelnde Gesicht der Totenmaske entfernen würden, Platz da für das Werkzeug der Chirurgie. Durch den aufkommenden Nebel der kilometerlangen Tarviserstraße wate ich, begegne wieder dem hinkenden Hund, dem wahrscheinlich ein Auto die rechte Vorderpfote abgefahren hat, sehe auf seinen defekten Fuß und blicke dem Mann, der seit drei Jahren hinter diesem hinkenden Hund hergeht, in die Augen. Schön hinkt Ihr Hund, will ich ihm sagen, aber er würde mich mißverstehen. Seit drei oder vier Monaten trage ich Totenmasken unter meiner Gesichtshaut. Die Totenmaske des Vaters eines Kunstmalers und ehemaligen Lehrers an der Handelsschule von mir probiere ich auf. Sie ist mir etwas zu groß, aber wenn ich eine Schnur durch das linke und rechte Ohrläppchen ziehe, wo Frauen Ringe tragen, und einen Knoten am Hinterkopf mache, paßt sie mir wie angegossen. Nachts, wenn alles schläft, gehe ich durch die Stadt, die Totenmaske auf meinem Gesicht, weite Bögen schlage ich um wachehaltende Polizisten, gehe durch beleuchtete Straßen, stelle mich vor Schaufenster mit nackten Puppen. Auslage in Arbeit, lese ich. Wenn ich morgen wiederkomme, werden die Puppen Kleider tragen. Die Blätter hängender Äste streifen meinen Kopf und den oberen Rand der Totenmaske. Georg Rudesch ist Landschaftsmaler. Er liebt die Menschen, aber malt sie selten. Also gehe ich mit der Totenmaske seines Vaters durch die Landschaften, die er auf Ölbildern fixiert hat. Die Totenmaske schälte er, als ich ihn besuchte, aus einem knisternden Seidenpapier. Es war die erste wirkliche Totenmaske, die ich sah. Bringen Sie mir die Totenmaske Ihres Vaters, ich will sie sehen.

Mein Herz schlug schneller, automatisch griff ich zu Messer und Gabel und aß hastiger Schinken, Käse, Wurst und Essiggurken, mehr schwarzes Brot bitte, und noch ehe eine neue Schnitte Schwarzbrot auf dem Tisch lag, hob er den Deckel einer Schuhschachtel, zog das Seidenpapier wie den Vorhang einer Kinderwiege auseinander und hob die Totenmaske heraus. Krumm die Nase, fast geschwollene Lippen, Stirnfalten, die von meinen Fingerspitzen ängstlich berührt wurden. Ich drehte sie um und blickte in die ausgebuchtete Rückseite. Mehrere Haare der Augenbrauen klebten im Gips fest. Mit einem Male verzogen sich die Gesichter aller Faschingslarven, die ich auf den Straßen und in den Schaufenstern gesehen hatte, in mir. Er hat seinen Vater geliebt, in unzähligen Briefen, die er mir zeigte, vor allem aus seiner Studienzeit, las ich es. Vaterliebe! Welch ein Wort. Wahrscheinlich sind es zwei- oder dreitausend Landschaftsbilder, die in seinem Keller und im Hinterzimmer aufgestapelt liegen. Was soll das blutige Kind im Kessel von Macbeth? las ich in seinem Tagebuch. Befleckte er sich, schrieb er seinem Vater einen Reuebrief und sprach von der Versuchung des Teufels. Als ich in kindlicher Spielerei die Totenmaske seines Vaters wie eine Faschingslarve an mein Gesicht maß und hinter der Maske ein leises Kichern hören ließ, begann er zu weinen. Ich gab ihm die Totenmaske zurück, das Seidenpapier knisterte, er rückte den Stuhl nach hinten, stand auf und verbarg sie im Nebenzimmer. Ich blickte in sein bleich gewordenes Gesicht und sah seine Totenmaske. Als er den Kopf verdrehte und die Lippen öffnete, um ein Stück Fleisch in den Mund zu nehmen, wollte ich sagen, Bleiben Sie ruhig, verharren Sie in diesem Gesichtsausdruck. Das Vertrauen, das er zu mir hat, entwürdigt ihn. Ich bin seiner Menschlichkeit nicht gewachsen. Falls er vor mir sterben sollte, werde ich seine Totenmaske abnehmen. Falls ich vor ihm sterben sollte, wird er mein Gesicht einsalben und Gips drüberlöffeln. Ich sehe, wie er hinter mir steht, mein Kopf liegt in einer Schale, er hebt das Kinn an, um bequemer mit den Gesten einer Kosmetikerin seine Handinnenflächen über mein Gesicht zu streichen. Während ich aufgebahrt bin, wird er sich nicht rasieren, wird seine Toilette vernachlässigen, mit auseinandergebreiteten Beinen, die Hände liegen auf den Kniescheiben, wird er auf seinem Bett hocken. Kein Körper mehr, der sich nach der Selbstbefleckung in seine embryonale Lage zurückkrümmt. Aus dem Spiegelbild meiner Eitelkeit trete ich und helfe dem Maler bei der Verschönerung meines Leichnams. Meine Fingernägel sind auch gewachsen. Schneiden wir sie ihm ab? Hol die Schere. Wenn du den Mittelfinger meiner rechten Hand hochhebst, wirst du hinter dem Mittelknochen eine verbrannte Stelle sehen. Eine Kindheitserinnerung, werde ich dir, der ich vor meinem Leichnam stehe und dir in die Augen sehe, sagen. Wenn du nicht mehr willst, daß ich dir helfe, meinen Leichnam zu schmücken, dann stich mir das Messer ohne Klinge, dem der Griff fehlt, in das Spiegelbild meiner Eitelkeit, dein Mund wird sich ruckartig öffnen, die Augen werden brechen, Glasscheiben auf einem Stück Asphalt, aus dem Grünzeug wächst, werden zersplittern, ein Klappsessel wird sich auf deinen Schoß setzen wollen, und du wirst am Boden liegen mit Blutflossen zwischen deinen sich jetzt im Todeskampf auseinanderspreizenden Fingern. Indem du das Spiegelbild meiner Eitelkeit tötest, stirbst du selber, und am Boden liegend nimmt dein Gesicht meine Gesichtszüge an. Der Nebel und das Regenwasser, später wird es der Schnee sein, der wie Watte unter meinen Zehen leise knirschen wird, bis er im Schweiß meines schnellen, aber nie zielsicheren Ganges zu Wasser schmilzt, und zehn Eiszapfen werden an meinen Zehen klirren. Ich werde die Spitzen der Eiszapfen mit einer Nagelschere vom Fleisch trennen. Blau sind die Totenschuhe, erfroren, man wird sie amputieren müssen. Die Totenschuhe laufen in den Schnee hinaus, ich hinterdrein, mit nackten Füßen laufe ich durch den immer heißer werdenden Schnee, um meine Totenschuhe einzuholen. Nach dreihundert Metern sind sie erschöpft. Sie keuchen. Vielleicht haben sich die Totenschuhe eine Lungenentzündung geholt, dann in den Sarg damit, der Enznopa ist an Lungenentzündung gestorben, nein, kein Wort der Widerrede, da hilft nur Sterben. Liefen wir doch damals, mein Bruder Michl und ich, lachend vor dem Schmerz der Kälte, am Heiligen Abend vor der Geburt Christi und der Geburt meines Vaters mit bloßen Füßen über den weißen Flaum der Dorfstraße bis zum Friedhof hinunter, der Abschluß und Ende dieses Dorfes bildet. Schreiend, mit nackten Füßen liefen wir stampfend hinunter, konnten nicht mehr unterscheiden, ob der Schnee brennendheiß oder eiskalt war, Lichter gingen hinter den dunklen Fenstergittern an, Köpfe erschienen, verschwanden wieder mit den Lichtern und hie und da sah man im ersten Stock oder im Parterre pompös geschmückte Tannen- und Fichtenbäume, weggezogen sind an diesem Abend die Vorhänge, sonst nie, aber an diesem Abend soll jeder Passant die Schönheit und glitzernde Pracht der Zimmer, den Turm der Weihnachtspakete sehen. Wir waren am Friedhof angekommen, der Michl und ich, niemand war in der Kirche, aber der Corpus war zu Ehren der Geburt Christi erleuchtet, Glühlampen im Bauch meiner Mutter, in dem bereits unser jüngster Bruder wächst, wir wollen

sehen wie er aussieht. Heiß ist der Schnee unter den
Füßen, zwischen den Grabsteinen ein paar flackernde
Kerzen, dort, wo die jüngsten Toten liegen, schreien wir
vor Schmerz. Hochgekrempelt sind die Hosenbeine bis
zu den Knien, manchmal rutscht ein Bein wieder hinunter, und dieses Hinaufkrempeln, dieses Stehen im Schnee
bringt mich zum Tänzeln. Vor dem Grab des Enznopas
stehen und auf eine Lungenentzündung hoffen. Die
beiden Lungenflügel des Bruders klatschen zusammen
wie Hände, die den Schnee von den Fäustlingen klopfen,
sie applaudieren, es ist vollbracht. Schön waren die
Schmerzen, schön und grausam. Wenn ich heute nicht
verletzt werde, muß ich mich selber verletzen, um
weiterleben zu können. Nicht dort, wo ich gezeugt
worden bin, soll mein Totenbett stehen, nein, dort wo ich
liebe, möchte ich sterben. Niemand denkt hartnäckiger
an den Tod als die jungen Leute, auch wenn sie aus Scham
nur selten darüber reden, sagt Paul Nizan.
Einige Monate ist es her, seit ich in Venedig in der
Aufbahrungshalle eines Krankenhauses vor der violetten
Bahre eines Toten stand und sah, wie sich die Angehörigen küssend von ihm verabschiedeten. Seine Wangen
waren hohl, wie in eine Schale mußten sie ihm den Kuß
auf die Wangen geben. Die Totenmaske deines lächelnden
Mundes küssend verabschiede ich mich von meinem
Zorn, Else Lasker-Schüler. Groß habe ich den Kopf
deiner Totenmaske vor mir liegen, größer als meiner ist
er, manchmal stütze ich versehentlich meinen Ellenbogen
drauf, erschrecke und zucke zurück, frage mich, warum
ich erschrak, und lege die ganze Hand über dein Gesicht,
als wollte ich es streicheln, als wollte ich es schlagen, weil
ich es streicheln muß. Keinen Toten besuche ich auf dem
Friedhof, ich suche ihn in mir und grabe ihn aus. Der

Kameramann schwenkt seinen Kopf. Dort ist die venezianische Friedhofsinsel, Igor Strawinsky liegt irgendwo unter diesen Toten, sage ich zum Regisseur. Der violette Sarg wird wie auf einem Gepäckwagen ans Ufer eines Kanals chauffiert. Drei große Blumenbuketts haben die Bestatter auf das Dach des Schiffes geworfen, die Nelken und Rosen zittern unter der Wucht des Aufschlages. Ich lasse keinen Blick mehr von den Leichenbestattern. Schwarz sind sie gekleidet, goldene Streifen an den Armen und an den Hosennähten wie Schiffsoffiziere. Admiral Leichenheini. Leichenheini, sagten wir Kinder zum Dorftotengräber. Noch ehe der Priester seine Rede beendet hatte, wurde der Schiffsmotor eingeschaltet. Totengräber haben es eilig. Der Kameramann fixiert den Sarg und meine Gestalt. Ich spiele den Beobachter, vergesse aber aufs Spiel und erschrecke im Augenblick meines Ernstes, daß es kein Spiel mehr ist. Die Trauergäste, die vorhin in der Leichenhalle den Toten küßten, mit ihren Lippen sein Gesicht und seine Hände berührten, küssen nun einander und übertragen den Totengeschmack von der einen Lippe auf die andere. Ob ich den Toten hasse, weil ich selber nicht sterben will? Ob ich ihn liebe, weil ich schon einmal gestorben bin? Das lächelnde Gesicht der Totenmaske liegt nun auf meinem Kopfpolster, ein paar Haare, während ich nachts im Traum meinen Kopf links und rechts warf, sind zurückgeblieben. Ich setze mich vor das Bett, als wäre sie krank, und gebe der Totenmaske die Vitamintabletten, die ich vor einer halben Stunde geschluckt habe. Bis zum Kinnansatz ist sie mit einem blaukarierten Bettuch zugedeckt. Als wollte ich ihr in Kürzeln erzählen, warum ich über den Tod schreiben muß, blicke ich ihr ins Gesicht. Sie nickt mir zu. Drei Jahre war ich alt, als mich meine kinderlose

Tante, die Tresl, unter den Achseln faßte, hochhob und mir auf der immergrüngeschmückten Bahre die tote Mutter meiner Mutter, die Aichholzeroma, zeigte. Das hätte sie nicht tun sollen, sagte meine Mutter, als ich davon kürzlich erzählte, einem Kleinkind zeigt man keinen toten Menschen. Genau bis zu diesem Augenblick, bis zu diesem unter den Achseln gefaßt werden, kann ich mich zurückerinnern. Mein erster Mensch ist eine tote Frau, nicht Adam oder Eva oder ein Menschenaffe. Der Novembernebel lag über den abgeernteten Feldern, als das österreichische Fernsehen über den Tod Robert F. Kennedys berichtete. Der Fernsehapparat stand im Zimmer des Aichholzeropas. Seine Füße an meinem Rücken, lag er im Sterben. Die Füße des Sterbenden strampelten gegen das Bettbrett, abwechselnd blickte ich auf den Bildschirm und in die Gesichtszüge des sterbenden Vaters meiner Mutter. In einem venezianischen Hotel hörte ich, zum Schlaf vorbereitet, das Schnaufen eines Mannes durch die Wand. Er atmete tief und schwer. Ich versuchte, mit seinem Atem in meinem Atemrhythmus mitzukommen, um schlafen zu können, aber immer wieder entgleisten meine Atemzüge. Die Nacht lag ich wach und horchte auf Tausende und Abertausende von Atemzügen. Ich hockte in der Ecke des Bettes, die Beine auseinandergebreitet, die Hände auf den Kniescheiben, manchmal rutschte die Hand über die glatten Oberschenkel und lag müde und schwer auf dem Geschlecht. Meine Hand legte ich auf die Brust und spürte den Herzschlag, während mein linkes Ohr, neugierig geworden, die Atemzüge des Schlafenden nebenan abhorchte. Ich stand auf und ging zum Fenster. Kein Boot auf dem Canale Grande, die Rialtobrücke menschenleer. Ruhig und gespannt liegt das Wasser. Möwenschreie, immer wieder Möwenschreie, wenn nicht draußen, so in mir, in meinem Kehlkopf. Könnte ich jetzt schreien, hier in diesem Hotelzimmer, wie eine Möwe schreien, würde der Mann nebenan aufwachen, und ich könnte einschlafen und auf meine kurzen, manchmal langgezogenen Atemzüge horchen. Und er würde wie eine Möwe schreien und ich würde aufwachen, er könnte einschlafen und ich müßte meinen Kopf an die kalte Wand legen und seine Atemzüge abhorchen, wie der Landarzt seinen Kopf auf meine Kinderbrust legte, noch immer rieche ich seine Kopfhaut. Und er würde wieder, sobald ich meine regelmäßigen Atemzüge vernähme und die Gewißheit hätte, daß ich schliefe, wie eine Möwe aufschreien, und ich hebe meinen Kopf und schlafe mit Vogelblut in meinen Fäusten für kurze Zeit ein. Wieder stehe ich auf und gehe zum Fenster. Jemand bindet einen Vaporetto los, wie der Vater das Pferd von einem Baumast. Er steigt ins Boot, und für mehrere Minuten unterhalten mich seine Ruderschläge. Am Fenster stehend höre ich den Mann nebenan schnaufen, etwas leiser als wenn ich auf dem Bett hocke, das an der Wand steht. Ich gehe wieder ganz nahe heran, um es in vollen Zügen zu genießen. Von meinem Herzschlag, den ich synchron mit seinem Atem höre, gleitet meine Hand auf den Bauch, blind findet der Zeigefinger den Nabel. Sein Herzschlag, sein Atem, mein Atem, mein Herzschlag, alles pocht in meinen Schläfen, links und rechts. Ich weite den Gummi der Unterhose, hebe mein Becken, streife sie über meine Oberschenkel, strampelnd treten sie die Füße über den Bettrand. Ich sehe die rotbraunverbrannte Haut der Oberschenkel und des Bauches, das weiße Becken, das während meiner Strandläufe von einer roten Badehose eingehüllt war. Lange blicke ich hin, vergleiche die

Farben rotbraun und weiß und lausche dem Schnaufen des Mannes, so leise wie möglich versuche ich zu atmen, um sein Schnaufen noch deutlicher und klarer zu hören. Ich lege mein Ohr an die Nase des lächelnden Gesichts der Totenmaske, drehe den Kopf und sehe ihr wieder ins Gesicht, lauter als vorher atme ich, als wollte ich ihr den Odem des schlafenden Mannes in Venedig einflößen. Diese dünne Wand, könnte ich sie mit meiner Faust durchstoßen wie ein Spinnennetz. Soll ich mit Vogelblut das Wort Schlaftabletten auf die Spiegeloberfläche schreiben? Soll ich den Spiegel zerschlagen und die Scherben in das Kopfpolster füllen, damit mein nächster Traum den todesähnlichen Schlaf ins Zimmer des Schnaufenden reflektiert? Während meine Hand auf meinem Glied liegt, sehe ich mich ins Meer hinauslaufen, Wellen stoßen an meine Stirn, schlagen mich zurück, auf dem Rücken liegend kralle ich meine Finger in den Meeressand und lachend im flüssigen Glas des Meerwassers richte ich mich wieder auf, um nach Luft zu schnappen. Eine Kopfbewegung nach rechts, um das Wasser von meinen Haaren zu werfen. Beine und Arme ausgestreckt, auf meinem Rücken liegend wie auf einem trabenden Pferd, versuche ich lachend die Sonne ins Auge zu fassen, und noch ehe sich meine Gesichtsfalten wieder glätten, ist die Haut trocken. Von weitem sehe ich die Messerschneide einer Welle herankommen. Ich blicke ihr wie einem Feind in die Augen. Näher und näher kommt sie, aus der Messerschneide wird eine Schaumwalze, die meinen Kopf überrollen wird. Wieder öffne ich unter Wasser die Augen und versuche zu lachen. Hoch tasten sich die Hände über die Schamhaare, den Nabel, Brustwarzen links und rechts, alles ist noch da, und wieder versuche ich in den Rhythmus der Atemzüge, die durch die Wand dringen, zu kommen, nach zehn oder zwanzig Zügen verliere ich die Synchronie. Mein Gesicht verzerrt sich zur Mimik eines weinenden Kindes. Wieder gehe ich ans Fenster und blicke aufs ruhige Wasser des Canale Grande.

Heute, während ich schreibe, ist Allerheiligen. Meine Mutter steht am Grab ihrer Eltern. Der Vater zehn Schritte davor, am Grab seiner Eltern. Rechts, nahe der Kirchenmauer ist ein Grab, auf dem vielleicht fünf, sechs oder zehn Kerzen brennen. Das Grab eines Siebzehnjährigen. Gestern abend schlug ich die Mappe wieder auf, in der die Kärntner Tageszeitungen vom ersten Oktober Neunzehnhundertsechsundsiebzig liegen, aber plötzlich wurde aus der Langeweile Interesse, und immer wieder die Schlagzeilen lesend, als verstünde ich sie heute noch nicht, blickte ich auf den blauumrandeten Partezettel und auf eine abgerissene Kranzschleife weißer Farbe. Ich schnalle das lächelnde Gesicht der Totenmaske auf meinen Kopf und träume von diesem siebzehnjährigen Toten. Das Turiner Schweißtuch umhüllt seine Hüften. Jesus steigt wieder vom Kreuz und segnet ein österliches Schokoladekruzifix. Ich sehe in den Spiegel, und er blickt zurück. Seit drei Jahren bist du tot. Ich schäme mich, daß ich noch am Leben bin. Deine Hand, die mich umbringen könnte, ist verfault. Ich wünschte, daß dich meine Hand töten könnte. Dann wärst du am Leben. Dein gläserner Sarg, und niemand stolpert, kein roter Apfel fällt aus deinem Mund, kein Apfel, in den ich krachend beiße und den ich wegwerfe, weil ich einen Wurm sehe und dabei an die Würmer denke, die seit drei Jahren deinen Körper erobern. Wenn jeweils der letzte Tote eines Dorfes Gott wäre, hätte man dich lange anbeten müssen. Auf meinem Schreibtisch liegen zwei Kugelköpfe neben einer Ledermappe, der eine mit seiner Zackenkrone nach unten, der andere nach oben. Seitenverkehrt liegt neben der Totenmaske eine Werbezeitung, in deren Mitte, von Buchstaben wie eingerahmt, der Kopf Hubert Fichtes. Lange blicke ich ihm in die Augen und sehe in seinen Pupillen die aufzuckenden Scheinwerfer des Blitzlichtes. Geh in den Wald, Jakob, bring deiner Mutter eine Waschschüssel voll blutiger Erdbeeren, die Waschschüssel, in der frühmorgens ein paar Haare von ihrer Gesichtswäsche zurückbleiben, laß das Wasser zu Eis frieren, und du wirst die Gesichtszüge deiner Mutter auf der Oberfläche des Eises sehen, wie man auf dem Schweißtuch Jesu Gesichtszüge identifizieren kann, geh zu deinem Freund Robert, und ihr beide sollt dieses Eis, das in einem Leichenhaus konserviert wurde, im Spätsommer vor eurem Totenfest im Pfarrhofstadel auflecken, rauh ist die Oberfläche, aber glatt ist die untere Seite des Eises und am Boden sieht man einen Kreishöcker, denn in der Waschschüssel, in der noch heute deine Mutter ihr Gesicht in klarem, eisenreichem Wasser säubert, in dieser Waschschüssel war in der Schlinge eines Kreises eine kleine Vertiefung, deshalb der Ring an der Unterseite dieses Schweißtuches aus Eis. Mit Eiszapfen an den Fingern hebe ich meine Hand über den Altar der Dorfkirche, donnernd fällt sie auf das Altartuch, knapp neben eine Hostie. Eine Erntedankkrone auf das Haupt eines Selbstmörders, links und rechts, festgebunden an der Krone hängen die Nabelschnüre zweier Geschwister, zwei Hände greifen nach den pendelnden Schnüren und verknoten sie unter dem Kinn. Nun sitzt die Erntedankkrone fest. Hätte man dich eingeäschert, würde ich die Phiole deiner Asche stehlen, alles Tierfleisch, das ich in Zukunft esse, mit deiner Asche salzen, deine Asche bis aufs Blut lieben, denn du bist tot. Vor deinem Grabhügel werfe ich mich nieder, winters lieber als im Sommer, maulwurfartig bewege ich mich, bauchtief im Schnee steckend, auf dem Dorffriedhof vorwärts. Fingergroße Erntedankkronen liegen in der Schublade meines Nachttisches. Ich nehme sie heraus und verziere meine zehn Finger damit, während ich schreibe. Der Priester des Dorfes erzählte mir, daß er den gemeinsamen Freitod von Jakob und Robert wie alle anderen Geschehnisse in die Dorfchronik eingetragen hat. Wie und was haben Sie geschrieben? Erzählen Sie mir davon. Wie sahen die beiden Jungen aus, als man sie auf dem Diwan des bäuerlichen Elternhauses ausbreitete. Sie haben Jakob den letzten Segen gegeben. Wenn sie ihre Brust abhorchten, was hörten Sie? Der Scheitel seines Haares, links oder rechts? Die Zunge, links oder rechts im Mundwinkel, weißer eingetrockneter Schaum an den Lippen? Gesichtsfarbe? Seine Hüften, urinfeucht? Kotstellen? Eine große hervorstehende Ader in seiner rechten Kniekehle, dort, wo seine Schußkraft liegt? Ich erinnere mich, wie sein Lederball an meine Stirn stieß und mich zwei, drei Zentimeter vom Boden hochhob, so hing er am Strick, und ich auf den Rücken fiel, einen Fuß angezogen hockte ich schmerzhaft lächelnd zwischen den Haselnußstangen des Tores, seine Hand glitt über mein Gesicht und streichelte die gerötete, schmerzhafte Stelle. Ich habe nur das Todesdatum und das Ereignis als solches, wie es in der Zeitung steht, in die Dorfchronik eingetragen, sagte der Priester, über die anderen Dinge redet man nicht. Also rede ich nur mehr über die anderen Dinge und lasse die Dinge, über die man redet, aus oder notiere sie kurz und bündig, wie ich sie gehört habe. Leere und volle Coladosen liegen in Jakobs Totenzimmer herum.

Eine eingebeulte nehme ich in die Hand und zerdrücke sie vor dem Angesicht des Todes, eine andere öffne ich, Schaum tritt aus der Öffnung, ein Schuß Schaum, und während ich die Dose an die Lippen führe und trinke, schiele ich nach unten auf seine spitze, von der Totenfäulnis angeschlagene, bläuliche Nase. Später werde ich in die Küche gehen und vorgeben, daß ich Hunger habe, Gebt mir Brot und Fleisch und ein Messer, Schnaps, wie es sich bei der Totenwache gehört, gebt mir dazu, ein wenig Alkohol brauche ich, der mir Mut machen soll. Das Messer werde ich in meiner Jackentasche verschwinden lassen und ins Totenzimmer gehen. Als Kind glaubte ich, wenn man einen Toten abermals tötet, wird er lebendig. Noch irre ich zwischen den flirrenden Kerzen des Totenzimmers umher, rieche an Nelken, an Rosen, an Immergrün, rieche an Tannen- und Fichtenreisig, rieche an den Körnern der Erntedankkrone, sie riecht eher nach Blut als nach dem Duft der Felder unter der Mittagssonne, rieche an seinen Totenschuhen, an seinem schwarzen Anzug, an der Haut seiner gefalteten Hände und entdecke, daß ich angesichts seiner Totenfäulnis den Geruch der Duftblumen verachte. Das schwarze Tuch der Trauerdekoration ziehe ich vom Fenster, der helle Schein der Sonne erschreckt mich, schön ist es, erschreckt zu werden, schön ist es, jemanden zu erschrecken, wenn ich auch nur, indem ich das Tuch wieder über das Fenster stülpe, die Fliegen, die sich im Totenzimmer Jakobs auf ihren herbstlichen Todeskampf vorbereiten, erschrecke. Nach seinem Tod ging ich, den Zeitungsausschnitt seiner Gestalt mit roten Gazestreifen auf die Brust geheftet, durch Klagenfurt. Niemand ahnte, daß ich einen Toten unter meinem Hemd verborgen hielt. Einem Polizisten blickte ich frech in die Augen, und er blickte schuldbewußt zurück. Nach hundert Metern, da mir sein Blick unwahrscheinlich vorkam, ging ich zurück, blickte im Vorbeigehen dem Polizisten nun schuldbewußt in die Augen, während er frech zurückblickte. Heute ist es das lächelnde Gesicht der Totenmaske der Else Lasker-Schüler, das auf meiner Brust klebt. Wenn ich weine und mit meinen Händen das Gesicht verberge, denke ich an ihr Lächeln auf meiner Brust, schnell trocknet sie, die Mutter meines kommenden Todes, meine Tränen. An seinem Fußende sehe ich, knapp unter den Totenschuhen, einen blauumrandeten Partezettel. Wieder und wieder lese ich ihn. Blindenschrift des Todes. Kraftfahrzeugmechaniker, lese ich, durch ein tragisches Geschick im blühenden Alter von siebzehn Jahren von uns gegangen, lese ich, anschließend findet die feierliche Beisetzung statt, lese ich, und ich lese alles wieder und wieder, als könnte oder wollte ich es nicht verstehen. Ich will den Partezettel wegnehmen und zerreißen, aber man würde mich aus dem Totenhaus jagen. Oder man würde mich umarmen und sagen, Wer will seinen Partezettel nicht zerreißen, wer nicht? Nie vorher wurde sein Name gedruckt, nie, kein Setzer nahm sich die Buchstaben seines Namens zur Hand und schrieb in Kurrentschrift, wie Vater und Mutter schreiben, seinen Namen. Wer verbietet es mir, eine Coladose auf dein Haupt zu stellen, dich zu krönen mit dem Getränk der Jugend, Seht, in aller Welt trinken sie an den Bahren junger Toter, in Amerika, in Frankreich wie in Österreich trinken sie Cocacola.

Stehe ich mit dem einen Bein auf dem linken, mit dem anderen Bein auf dem rechten Gleis und erwarte mit ausgestreckten Händen einen Zug, drehe ich den Kopf rechts, links, schließe die Augen, lächle, schneide Gri-

massen, reiße die Augen auf, springe, ehe der heran-
schwirrende blaue Blitz des Zuges mit seiner Schnauze
meine Stirn trifft, zur Seite und laufe in den Wald hinein.
Ich höre die Räder des Zuges, hundert Meter oder
zweihundert Meter weiter bleibt er stehen, der Lokführer
geht mit der Gewißheit, einen Toten vorzufinden, das
Gleis entlang. Immer wieder bückt er sich, manchmal
läuft er, weil er hofft, daß ich noch am Leben bin, blickt
vor und wieder zurück, aus Angst, meine Leiche übersehen zu haben, läuft weiter, während ich auf einem
Baumstumpf stehe und das Geschehen beobachte. Gierig
sehe ich zu, wie man meine Leiche sucht. Ich muß
gefunden werden. Wehe er ist noch am Leben. Ohne zu
wissen, was ich im Mund habe, kaue ich an einem
Tannenzapfen, Harz zwischen den Zähnen, braune Blätter kleben an meinen Lippen. Ich beuge mich etwas vor,
um besser sehen zu können. Ein Fichtenast verdeckt mir
die Sicht. Ein hackender Blick genügt und der Ast kracht
zu Boden. Lachend laufe ich über das Moor. Mein Tod
schwitzt Blut. Die Hände wie zum Gebet hochgeworfen,
ein Hackbeil dazwischen, das lächelnde Gesicht der
Totenmaske der Else Lasker-Schüler als Larve um meinen
Kopf gebunden, stehe ich auf Zehenspitzen. Der Herz-
muskel pumpt. Cocacolaschaum steigt aus meiner Nase
und rinnt über das Kinn. I can get no satisfaction von den
Rolling Stones im Ohr, Jakobs Lieblingsplatte, die zur
Hostie verkleinert der Priester den Trauergästen, die sich
über den schwarzen Leib Christi wundern, auf die Zunge
legt. Noch schwebt die Schneide des Hackbeils zehn
Zentimeter über dem weißen Trauerschleier des Sarges,
der seine Gestalt zudeckt. Jakobs verlorengegangener
Bruder reißt im Einsiedeglas des Anatomischen Museums
die Augen auf. Der Blick auf ein eingesticktes, goldfarbe-

nes Kruzifix auf der schwarzen Leinwand über seinem toten Haupt läßt mein Herz schneller schlagen. Weil du dich umgebracht hast, töte ich dich, damit du wieder am Leben bist. Solltest du nicht wieder auferstehen, hole ich aus dem Zimmer deiner Schwester eine hundert Meter lange rotweißrote Mullbinde und fasche deine Wunde ein, niemand soll sehen, daß ich dich liebe, niemand soll es wissen. Dein Tod und dein Leben werden in meinem Überleben verborgen bleiben, bis ich tot und an deiner Stelle in der Bahre liege. Ich kaufe alle im Kiosk erhältlichen Tageszeitungen, meine Totenmaske ist gierig und braucht jeden Tag frisches Futter neuer Katastrophenmeldungen, neue Tote, neue Sterbenskranke, neue Unglücke, sie ist hungrig danach, und je mehr sie liest, desto weniger wird sie satt. Eine rotweißrote Mullbinde um den Kopf geschlungen taste ich mich am österreichischen Nationalfeiertag, dem sechsundzwanzigsten Oktober, blind am Lendkanal entlang. Meine Stirn stößt an einen Baumstamm. Mit auseinandergespreizten Beinen, den Oberkörper vorgebeugt, erbreche ich kleine gelbrotweiße Fahnen aus Fleisch und Blut. Die Hunde der Kärntner Heimatdienstangehörigen schwänzeln hinterher und lecken sie auf. Die Stirn prallt zurück. Noch während der Soldat mit der Lanze den Brustkorb Jesu aufbricht, reißt er im Traum meine Augen auf. Erschrokken blicke ich auf die Lanze in meiner Brust, ein Freund will sie herausziehen, aber bösartig blicke ich ihn an, sage, daß ich ihn liebe, umklammere mit der rechten Hand die Schneide der Lanze, spüre keine Schmerzen mehr, wie einen Fisch, der mit einer venezianischen Fischerhand aufgeschlitzt wird, öffnet die Schneide die Innenfläche meiner Hand, auf der mir weise Frauen mein Leben voraussagten, und mit meiner letzten Kraft stoße ich die Schneide tiefer in die Brust. Wenn du mir das Leben rettest, um dich in mir zu lieben, laß mich bitte sterben, falte deine Hände und blick mir ins bleierne Gesicht. Das Haupt senkt sich auf meine Brust. Die Erntedankkrone fällt zu Boden und rollt vor die Füße meiner Mutter. Langsam, mit tränenden Augen und mit einem roten Fleck in der Hüftgegend, geht sie, Weizenkorn für Weizenkorn kauend, den Berg hoch. Sie wird den Gekreuzigten mit dem Brot Gottes füttern. Sie wird Jesus den Leib Christi, als Hostie verkleidet, zwischen die Lippen schieben. Lege ich ein Ohr auf die Schienen, höre ich den Zug von weitem, schlafe ich dabei ein, höre ich im Traum das immer lauter werdende Schnaufen der greisen Kinder Gottes, schrecke hoch, und hinter meinem Nacken spüre ich den Luftzug eines vorbeidonnernden Zuges, zum zweitenmal schrecke ich hoch und blicke in der Dunkelheit um mich, meine Hände tasten nach dem Polster, der Bettwäsche, den Leinenüberzügen. Es war nur ein Traum, gottseidank nur ein Traum. Einschlafend beginne ich wieder wie eine Lokomotive zu schnaufen, einschlafend eilt die Mutter den Berg hinunter, ohne Jesus mit dem Leib Christi gesättigt zu haben, er ruft, hört ihn, der Jesus von Bangla Desh hat Hunger, paßt auf, euer Schnitzel brennt an, legt diese Prosa zur Seite und sättigt euch, wieviel Körbe Brotrinden werden in den Mülltonnen übrigbleiben? Beim Einschlafen zittert wieder das lächelnde Gesicht der Totenmaske zehn Zentimeter über meinem Gesicht, löst sich auf und erstarrt, löst sich auf, einschlafend überholt mein Schnaufen, das den Brustkorb hebt und senkt, den schwerfälligen Schritt einer Strohpuppe, die ihren Kopf aus Angst vor dem heranfahrenden Zug nach hinten verdreht, einschlafend ist es Jesus, der seine drei Kreuzigungsnägel erbricht, einschlafend gehe ich den Schlangenweg des Pfarrhofes hinauf und klopfe an der Tür des Pfarrhofstadels um Einlaß, bin Hexe, Hänsel und Gretel in einer Person, hocke mir selber als schwarzer Rabe meiner über das Weizenfeld schwirrenden Todesanzeige auf meiner rechten Schulter. Der Strahl der Taschenlampe beleuchtet zuerst ein Paar Schuhe, dann zwei Paar, sie schweben wie die violetten Engel meiner Kindheit mit Totensocken an den Beinen über der Stirn eines Kinderhauptes. Erschrekken? Nein, das fällt mir schwer, nicht erschreckt werden ist schlimmer. Heb den Daumen und den kleinen Finger hoch, die drei anderen Finger laß wie Greise mit müden Köpfen nach unten hängen, die Spanne, die dazwischen liegt, ist zehn Zentimeter lang, aber es genügt, der Weg in den Tod ist kilometerlang und millimeterbreit, und in der Mitte zittert das Herz dessen, über dem das Hackbeil zwischen meinen Händen schwebt, der schließlich auf seinen Leib niedersacken wird, um ihm zum Leben zu erwecken.

Daß ich der Zwillingsbruder Jesu bin, wissen wir bereits, daß mein Vater am vierundzwanzigsten Dezember Geburtstag hat, wissen wir auch. Ich wünschte, Jakob und Robert hätten sich manchmal gehaßt, dann wären sie vielleicht nicht gemeinsam in den Tod gegangen. Ich erinnere mich nicht, einmal die Vorstellung, mit meinem Bruder in den Tod zu gehen, gehabt zu haben. Nun aber stelle ich es mir vor. Wir wählen einen anderen Ort als den Pfarrhofstadel, mein Bruder Michl und ich, aus einer höhlenartigen Hütte in einem Keller schleppen wir gemeinsam überwinterte Erdäpfel in Plastik- und Eiseneimern nach Hause. Kein Licht, kein elektrisches, eine Kerzenflamme zittert auf einem morschen Balken, der in einer Ecke lehnt. War es eine Ratte oder eine Maus, die über meine nackten Füße schwänzelte? Die Vorstellung, daß es eine kleine, zierliche Maus war, macht mich zärtlich, die Vorstellung, daß ich eine langschwänzige Ratte in dieser kleinen zärtlichen Maus meiner Gefühlswelt hätte töten können, macht mich aggressiv. Bald wird der Augenblick kommen, wo mein Lächeln das lächelnde Gesicht der Totenmaske der Else Lasker-Schüler überblenden wird. Komm, öffne die Tür der Hütte, Spinnweben, unzählige Spinnweben. Uns bückend, denn die Tür ist niedrig, bereits als Kinder bückten wir uns, gehen wir hinein. Immer noch derselbe Geruch. Keimt mein Nabel? Michl! Du erinnerst dich sicherlich noch, als wir beide, damals, die heustadelwandgroßen Zirkusplakate vom Bretterverschlag lösten und manche schon vor der Vorstellung in diesen Keller zerrten? Mit einer Kerze in der Hand bestaunten wir zwischen den keimenden Erdäpfeln die farbigen Seiltänzer, die grauen Elefanten mit goldenen Kronen auf den Köpfen, die aufgerissenen Rachen der Tiger. Sie waren geschmeidig gezeichnet, katzenähnlich, in einer schwarzen Hauskatze sah ich einen tötungswürdigen Panther, aber es ist die Lieblingskatze des kleinsten Bruders, des Adam, der liebt sie mehr als mich. Ich müßte die Katze töten, er soll mich lieben und nicht die Katze. Die Sehnsucht ist größer als die Erfüllung. Lassen wir sie leben, das Weinen meines kleinen Bruders hat mich nicht glücklich gemacht, manchmal sah ich mich, zehn Jahre jünger, weinen, dann weinten wir gemeinsam und hielten uns umschlungen wie Affenmutter und Affensohn, aber lange wagte ich es nicht, ihm in Anwesenheit anderer einen Kuß zu geben. Als er in der Wiege lag, schlich ich oft in das Schlafzimmer der Mutter, um den kleinen Bruder zu küssen. Einmal sah ich aber auch dich, Michl, als ich zum Fenster hinausblickte und den Unbeteiligten spielte, wie du im Fenster unserem neugeborenen Bruder einen Kuß auf die Stirn gabst. Schnell drehte ich meinen Kopf, den Seidenvorhang noch in der Faust, in Richtung Wiege. Ich blickte dir in die Augen. Scheu, als hättest du ein Verbrechen begangen, blicktest du mir in die Augen, forschend, als hätte ich dich bei frischer Tat ertappt, blickte ich zurück. Manchmal rauften wir um den kleinen Adam, Nein, er gehört mir, heute, morgen und übermorgen. Die Schmerzen, die ich in meinem Körper spürte, als mir auffiel, daß dieser jüngste Bruder deinem Fleisch und Blut näher sein mußte als meinem, du bist zwei Jahre jünger als ich und acht Jahre nach dir ist unser Bruder Adam auf die Welt gekommen, zehn Jahre nach mir. Aber es waren acht Jahre dazwischen, das beruhigte mich, unser jüngster Bruder hat mit deinem Fleisch und Blut nichts zu tun, gut so. Gratiskarten haben wir von den Zirkusplakatierern erhalten, Gratiskarten, da unsere Heustadelwände vollplakatiert worden sind, Gratiskarten für fünf Bauernkinder. Zum erstenmal in meinem Leben sah ich Liliputaner, durch Feuerringe springende Löwen, geschmückte Reitpferde, eine Riesenschlange um den Hals einer über und über geschmückten Frau, die Seiltänzer kamen, und ich hoffte, daß eine der Seiltänzerinnen tödlich abstürzen würde. Ich schlug der Schwester die Faust auf die Knie, Ruhe, sonst reiß ich an deinen Zöpfen, und in mich hineinmurmelnd vollendete ich den Satz, sie braucht Ruhe vor dem Sprung in den Tod. Mein Herz flatterte wie die regennassen Flügel einer Schwalbe, Sekunden bevor sie sich auf den Heustadelbalkon setzt. Trommelwirbel. Die Schwalbe sitzt und starrt. Die Regentropfen werden vom Grünzeug des Kirschbaumes aufgefangen. Die Schwalbe verdreht ihren Kopf, mitgleiten der Halsfalten. Ein Schrei aus dem Mund des Lautsprechers, um den Sprung in die Herzgruben der atemanhaltenden Zuschauer zu dramatisieren. Die Frau hechtet, zieht die Beine an den Bauch heran, eine Rolle, sich plötzlich ausstreckende Hände und Beine, verfängt sich in den Händen eines Trapezkünstlers und läßt ihren Körper unter der Zirkuskuppel ausschwingen. Die Schwalbe hebt ihren Kopf, der blutigrote Zylinder ihres Rachens wird sichtbar. Aufrauschender Applaus, Bravorufe aus dem Mund des Lautsprechers, glänzende Schwesteraugen. Ich hätte sie gerne sterben sehen. Enttäuscht verlasse ich das Zirkusgelände, Schwesterhand an meiner Hand, kratze ihre Haut ein wenig wund. Scheiß Liliputaner, scheiß Trapezkünstler, scheiß schwarzer Panther, jetzt wird es Zeit, daß Kleinbruders Lieblingskatze stirbt. Wieder öffnet sich der rote Zylinder des Schwalbenmaules, sie hebt sich vom Heustadelbalkon und verschwindet im Dickicht der Regenfäden. Ich stellte mir vor, wie die tote Seiltänzerin von einem Clown geschmückt wird. Er windet ihr einen Kranz Fleischblumen um die Stirn und steckt ihr blutstillendes Grünzeug in den Mundwinkel. Vier Liliputaner tragen ihren Leichnam. Der Clown schreitet mit einem Kurzifix voran. Der Zirkusdirektor hält eine Dose Cocacola in seinen Händen und umschließt sie mit den Fingern zum Gebet. Während er das Gegrüßtseistdumaria murmelt, liest er den Werbetext auf der Coladose, verliert die Gebetsätze und betet nun im Werbetext der Limonadenfabrik weiter. Ein schwarzer Panther mit einer Dornenkrone auf dem Haupt windet sich am Kreuz.

Eine Schneeflocke schreitet mit einem Regenschirm über die weißbedeckte Asphaltstraße. Scharf wie Rasierklingen ist die Luft, wenn ich das Fenster kippe und aus dem

Spalt in den Himmel auf das weiße Flimmern des Schnees schaue. Totentrommeln hörte ich in meinen Kinderträumen. Medizinmänner kamen und schlossen Schläuche an meine Halsschlagader, Mame, Mame, rief ich, töt mich du. Du hast das Recht mich zu töten, ich habe die Pflicht zu sterben. Karl May wird irgendwo im Hintergrund stehen, während mein toter Leib aus dem Elternhaus gesegnet wird, mit geschlossenen Händen und niedergeschlagenen Augen. An meiner offenen Bahre wird er stehen, seine warmen auf meine kalten Hände legen. Bleistiftspitzen statt der Fingerspitzen. Ist dein Bleistift stumpf, so öffne meinen Mund, blaß sind meine Lippen, aber meine Zähne sind noch scharf, dreh dreimal den Bleistift zwischen den Schneidezähnen, dann wird er wieder spitz sein. Zieh ihn heraus, mach es heimlich, niemand darf es sehen, ich habe auch so vieles heimlich gemacht, Geld gestohlen, damit ich deine Bücher lesen konnte, heimlich habe ich auf dem Plumpsklo onaniert, zugedeckt habe ich das Glas der Fensterscheibe mit Partezetteln und zerrissenen Zeitungen. Während mein Schnaufen allmählich stärker wurde, blickte ich auf die Schlagzeilen der Verkehrsunfälle, der Mörder und Selbstmörder, niemand hat mich gesehen, aber ich konnte mir schon denken, daß jemand am Fenster vorbeigehend die Schlagzeilen an der anderen Seite der Fensterscheibe las und an der Mauer dem Geraschel des Zeitungspapiers lauschte. Den roten Reifen vom Rand des Klos tastete ich an meinen Hinterbacken ab. Mein Cousin, der Ewald, größer gewachsen als ich und stärker, er zwölf, ich elf Jahre alt, hat mir gestern unter den schwankenden Fichtenästen im Wald sein Glied gezeigt. Mein Schoß ist noch unbehaart, seiner behaart, viel größer ist sein Glied auch. Er stieß seinen Samen in die Handschale und zeigte

ihn mir, Tropfen für Tropfen fiel auf den fichtennadel-
übersäten Waldboden. Er lachte schallend in den Wald
hinein, als er meinen unbehaarten Unterkörper und mein
kleines Glied sah. Du wirst zum Arzt gehen müssen, dein
Schwanz ist ja krumm, sagte er. Ausgepolstert mit den
Tageszeitungen und Partezetteln ist das Klofenster. Niemand soll sehen, wie ich mit einer Rasierklinge und der
Rasierseife des Vaters meine wenigen Schamhaare entfer-
ne. Sie sollen schneller wachsen. Als ich einmal neben
meiner Mutter Haare von meinem Unterarm mit der
Schere schneide, warnt sie mich davor, daß sie schneller
wachsen, daß sie länger werden als ich sie haben will. Der
Mutter wie ein Dieb in die Augen blickend verlasse ich
das Zimmer und suche nach Rasierklinge und Seife, einen
kleinen Spiegel nehme ich mit, einen Becher lauwarmes
Wasser, niemand sieht, wie ich die Klotüre öffne, niemand sieht, was ich in den Händen halte. Blutspuren
blieben zurück, feine Schnitte von einer unachtsam
geführten Rasierklinge. Mullbinde um den Unterleib,
niemand darf es wissen, wenn es auch schmerzt, aber die
Gewißheit, daß die Schamhaare schneller wachsen werden, läßt die Schmerzen ertragen. Mit übereinandergeschlagenen Beinen, die Hände an den Unterleib gepreßt,
hocke ich vor der Mutter. Ich sage ihr, daß ich Schmerzen
habe. Was tut dir denn weh? Der Kopf, sage ich, während
sie mir musternd in die Augen blickt. Sie legt den
Handrücken an meine Stirn und prüft, ob ich Fieber
habe. Tränen rinnen über die Wangen. Ich blute am
Unterleib, will ich ihr sagen, mit deiner Mullbinde habe
ich ihn eingefascht, will ich ihr sagen, aber ich sage nichts.
Willst du jetzt mit mir in den Tod gehen oder nicht? will
ich sie fragen, aber ich sage, daß meine Schläfen pochen.
Gehen wir zum Friedhof hinunter, die Blumen gießen,

die aus dem toten Leib deiner Mutter wachsen, will ich ihr sagen, aber ich sage, daß die eingefrischten Blumen im Herrgottswinkel schön sind. Mit einer Rasierklinge habe ich es getan, will ich ihr sagen, aber ich sage ihr, daß sie mir ein Stück Brot abschneiden soll. Den Hosenschlitz will ich öffnen, aber ich öffne den Hemdknopf des rechten Arms und blicke mit ihr gemeinsam auf eine geschorene Stelle. Der Ewald hat mir sein großes Glied gezeigt, will ich ihr sagen, aber ich sage, daß wir Fußballspielen waren. Was wir auch immer spielten, nie fragte meine Mutter nach einem Sieger, nie nach einem Verlierer. Fieber hast du keines, sagte sie, aber ich heftete wie ein Blutegel meine Lippen an ihre Hände, erschrak, als ich den kalten Ring ihrer rechten Hand mit dem Mund berührte, erschrak, als die Zähne auf das Metall stießen. Angeschwollen und blau ist mein Glied vom ersten Wichsversuch, will ich ihr sagen, aber ich sage, daß ihr Daumen doppelt so dick ist wie ihr kleiner Finger. Ich gehe auf den Friedhof Blumen gießen, sage ich ihr, ich gieße immer nur das Grab der Aichholzeroma, selten das Grab des Enznopa, und wenn ich es gieße, dann widerwillig, zornig, aus Mitleid zu den verwelkten Fleischblumen vielleicht. Schwerfällig ist mein Gang, die Mullbinde behindert mich, manchmal laufe ich hüpfend die Dorfstraße hinunter, damit niemand meinen krüppelhaften Schritt erkennt. Ich hüpfe zum offenen Friedhofstor hinein und begieße die tote Mutter meiner Mutter, bis sie in mir wächst. Dort, in der äußersten Ecke des Friedhofs, wo man vom Sakristeifenster auf die Friedhofsmauer blickt, ist ein verwahrlostes Grab, niemand weiß mehr, wer dort liegt, aber ich hole Feldblumen und schmücke es, ich schreite zu einem anderen Grab, das mit Blumen überhäuft ist, nehme zwei Rosen, zwei Tulpen, zwei

Nelken, dazu Immergrün und trage sie zum verwahrlosten Grab. Ich muß es schmücken, jeden Tag werde ich zu dir kommen, dein Grab muß das schönste werden, den Leib Christi werde ich dir zum Essen bringen, in der Sakristei sind in den Schachteln noch Reste von handtellergroßen Hostien, ich bring sie dir, verlaß dich drauf. Das Blut an der Mullbinde wird schon nach außen gedrungen sein, Flecken zeichnen sich an der Hose ab, ich werde sie wechseln müssen, ich werde mich in eine dreckige Regenlache legen und der Mutter sagen, daß ich ausgerutscht und hingefallen bin, während ich auf dem Grab der Aichholzeroma die Blumen gegossen habe, die Kanne war so schwer und ich bin zu Füßen der toten Aichholzeroma gefallen und habe mir die Knie wundgestoßen, aber gib mir bitte kein Jod mehr auf die Kniescheiben wie damals, als ich zur Hintertür hinauslief und auf die Steine fiel, das schmerzt mehr als die Wunde selber. Wenn du mir das Jod über die Wunde gießt, dann sage ich dir nie mehr, wenn ich mich irgendwo verletze, nie mehr. Es kann dann sein, daß ich verblute und noch auf dem Totenbett sage ich, Das Jod hat die Schuld, das Jod hat die Schuld, Jod für die Ferkel, wenn sie krank sind, Jod in den Abfalleimer, zwischen die Essensreste, die Erdäpfel- und Birnenschalen, in den Kaspeleimer mit dem Jod, wo alte Milch und abgestandener Kaffee hineingeleert werden, dorthinein, wo das Fressen für die Ferkel gesammelt wird, aber nicht auf mein verwundetes Knie. Ich ziehe einen Stacheldraht um die kleine Jodflasche. Sie steht in der Sauküche auf dem Fensterbrett. Wenn vom Dampf der heißen Erdäpfel die Sauküche in Nebel gehüllt war, habe ich blindlings nach der Jodflasche gegriffen, die Augen geschlossen gehalten und mich über den Rieseneimer dampfender Erdäpfel gebeugt. Soll ich es trinken oder auf die Hand gießen? Wenn ich es trinke, ersticke ich. Man würde an mir in der Sauküche vorbeigehen, ohne zu merken, daß ich tot oder mit Krämpfen am Boden liege. Der Dampf ist dicht, selbst die Finger meiner ausgestreckten Hand kann ich nicht entziffern. Hand in Hand stand ich mit der Mutter am Fenster der Sauküche. Sie hob ihren Kopf und blickte auf die zitternden Flügel einer Schwalbe am Heustadelbalkon. Mein Blick sank aufs Fensterbrett, auf den Verschluß der Jodflasche, auf das Gewinde des Flaschenkopfes, auf das Etikett, zwei übereinandergelegte Knochen unter dem Abbild eines Totenkopfes, sieht aus wie eine Fliegenkrawatte, Mame, so würde ich auch dort liegen, mit dem schönsten Anzug und einer Fliegenkrawatte im Sarg. Schwarz hat man meine Haare gefärbt, die Haut einer Klapperschlange um meine Stirn gewunden, mein Kopf liegt auf einer Decke, die Ntschotschi ein paar Stunden vor meinem Tod geflochten. Mokassins als Totenschuhe, Größe: 36. Soll ein Adler oder ein Flugzeug mit Adlerkrallen das Dach des Totenhauses abheben, damit Schnee auf meinen Sarg fällt. Schnee auf den weißen Totenschleier, Schnee auf mein bronzefarbenes Gesicht, Schnee auf den Rosenkranz, den mir die Mutter mit der Singernähmaschine gesteppt, und auf den Gekreuzigten, den sie an meinen roten Brustwarzen festgebunden hat. Sollen die Süßwarenfabriken zur Weihnachtszeit das Jesukind in Lutscherform gießen und zu Ostern den Gekreuzigten, damit die Kinder an der Dornenkrone und an den Nagelwunden lutschen können. Meine Kindertotenmaske sollen sie aus Marzipan formen und auf die Torte legen, wie eine rote Rose, und Marzipanblätter rundherum. Was wohl in den Zeitungen stehen würde? Tod eines Kindes durch Jodgenuß! Mame, ich esse lieber deine Schlaftabletten, deine Kopfwehtabletten, deine Herztabletten, deine Kreislauftabletten als das Bauernbrot. Oft habe ich mitgenascht. Öfter habe ich zu dir gesagt, daß ich Kopfweh habe, dann hast du mir eine Kopfwehtablette gegeben. Ich liebte den pharmazeutischen Geschmack der Tabletten, hingegen hat mein ältester Bruder, der den Hof übernehmen sollte, bereits eine einzige Kopfwehtablette wieder erbrochen, er vertrug keine Tabletten, während meine Mutter und ich aßen und aßen, bis wir krank wurden. Ich habe mir erzählen lassen, daß ein junger englischer Dichter sein kurzes Leben lang ein Fläschchen Gift bei sich in der Hosentasche trug. Ständig klammerten sich seine Finger ans tödliche Gift. Dadurch überlebte er. Keine Strohpuppe, keine klerikalen Heiligenbilder in meinen Sarg, nur Bilder derer, die meine Fantasie heiliggesprochen hat, Bilder von Winnetou, Old Shatterhand, Dr. Sternau, Kara Ben Nemsi. Ntschotschi soll Totenwache halten. Ich kann über meinem Gesicht kein Rattenmaul brauchen, meine Totenmaske als Rattenfalle, rundherum Roggenkörner, wenn man geschickt ist, schnappt die Falle zu und die Ratte erstickt unter meiner Totenmaske. Gemeinsam mit dem Heer der Apachenkrieger und Old Shatterhand ging ich auf die Suche nach Ntschotschis Mörder, manchmal habe ich ihn des Nachts in mir selber gefunden. Ich habe Ntschotschi geliebt, deshalb mußte ich sie hin und wieder umbringen, nun aber bin ich auf der Suche nach Winnetous Mörder. In meinen Kinderträumen war ich einmal Winnetous Mörder, war gleichzeitig der sterbende Winnetou und Old Shatterhand, der ihn stützt und mit seiner Hand das Blut, das aus der Lunge des Sterbenden dringt, stillen will, ich weine um ihn, aber nicht mehr lange wird er zusehen können, wie ich um ihn weine, sein Kopf wird auf meine Brust sinken, meine rechte Hand werde ich auf sein Haar legen, meinen Kopf der untergehenden Sonne zuwenden und grausame Klageschreie von mir geben, aber da ich gleichzeitig Winnetou bin, werde ich nicht mehr lange zusehen können, wie ich beweint werde, mein Kopf wird auf seine Brust sinken, langsam fahre ich mit der Hand über das Gesicht, um Winnetous Augen zu schließen. Der Bronzehauch verschwindet aus meinem Gesicht. Noch einen Tag bleibe ich im Elternhaus aufgebahrt, drei Tage lang ehrt man die Toten im Sterbehaus eines Dorfes. Kirchenblätter hat der Bub ausgetragen, jeden Samstag, jahrelang hat er dafür die Samstagkrapfen bekommen, die einen schmeckten besser als die anderen, die einen waren fettig, die anderen staubtrocken. Mit einem Stoß Kirchenblätter in der Hand gehe ich von Haus zu Haus, den Krapfen vor der Tür fertigessen, den Staubzucker vom Mund wischen, niemand darf es sehen, Grüß Gott, ich bringe die Kirchenblätter, zuerst fünfzig Groschen, ein paar Jahre später muß ich einen Schilling verlangen, wieder ein paar Jahre später kosten sie bereits einen Schilling und fünfzig Groschen und man sieht mir vorwurfsvoll in die Augen. Das Kirchenblatt, rufe ich in der Mitte des Dorfes stehend aus, das Kirchenblatt. Später höre ich in Venedig auf einem belebten Platz einen Zeitungsverkäufer *Il Gazzettino* rufen. Il Gazzettino! rufe ich ihn nachahmend neben einem Freund im Gasthaus sitzend in den Raum, Il Gazzettino! Mich selber nachahmend stelle ich mich wieder in die Dorfmitte und rufe das Kirchenblatt aus, bis niemand kommt, denn alle Kirchenblätter waren namentlich gekennzeichnet, keines wurde zum freien Verkauf angeboten. Der Totengräber steht im Dorf mit einem Stoß Zeitungen in den Händen. Il Gazzettino! Ein junger Toter wirft den Hügel seiner Friedhofserde zurück, wie ich die Bettdecke zurückwerfe, und geht kurz entschlossen auf den Totengräber zu und nimmt ihm die Zeitungen weg, Geh graben. Heute nacht sind in mir wieder ein paar Tote auferstanden. Ohne daß ich es merkte, hatte ich einen Samenerguß. Die jungen Toten nehmen in meiner Gehirnschale Platz und betteln um Almosen. Nachts gehe ich zum Bahnhof und suche einen jungen Bettler, dem ich etwas schenken kann. Zwanzig Schilling. Zwei Bier, sagt er und grinst dabei zahnlos wie der Enznopa, der sich im Traum über mich beugt, bis ich mit den Füßen zuckend, die Hände hochstreckend die Decke von meinem Körper werfe. Man könnte ein Totenkleid aus Buchseiten von *Winnetou III* schneidern, die Stelle, drei oder vier Seiten sind es, wo Winnetou stirbt, auf die Brust bitte. Er soll mein Herz schlagen hören. Steckt schwarze Rosen in meinen Mund, meine Ohren und in meine Augen. Hatte einmal Samen im Mund, durch die Zähne rann er, auf dem Gaumen klebte er, auf der Zunge lag er, als wären es Blütenblätter einer Rose, an denen ich kaute, und da mein Mund voller Samen war, rang ich nach Luft, bis er in die Speiseröhre rann. Schweißnaß ist die Stirn des Jungen. Schneller sein Herzschlag, schneller als meiner. Glühendrot die Wangen, und die Fingerspitzen zittern noch. Hatte einmal Blütenblätter von Rosen im Mund, von roten, weißen und schwarzen Rosen, sie klebten am Gaumen und an der Zunge, ich spuckte sie aus, ein paar Blätter blieben im Mund kleben, mein Zeigefinger fuhr hinein und holte sie raus. Hoffentlich habe ich keine Biene miterwischt. Als vor etlichen Jahren im Dorf jemand starb, erzählte der Vater, fand man am nächsten Morgen, als der Tote in seinem Zimmer im Haus aufgebahrt lag, einen Kothaufen vor der Haustür. Einer seiner Feinde hat ihm nach Bekanntwerden seines Todes regelrecht vor die Haustür geschissen. Es erfüllt mich nicht gerade mit Stolz, daß mehrere Menschen im Dorf mit meinem Tod spekulieren. In verzweifelter Zuneigung zu Jakob schreibe ich meine Bücher. Man hat mich mißverstanden und man wird mich nach wie vor mißverstehen, wie auch Jakob mißverstanden worden ist. Er ist aber tot, und ich bin am Leben. Seit drei Jahren wird sein Grab geschmückt. Seit drei Jahren wächst der Roggen auf dem Feld seines Vaters, wie er vorher gewachsen ist. Seit drei Jahren schält seine Mutter Ferkel aus dem Tierleib wie damals vor seinem Tod. Gott hat ihn bestraft, würden die Dorfleute sagen, Gottes Mühlen mahlen langsam, aber *un*sicher, der Zufall wollte, daß ich sterbe. Mein Grab drei oder vier Meter neben Jakobs Grab. Hier und dort stehen die Angehörigen mit verschlossenen Händen. Gebete für die Toten. Almosen für die Reichen. Schielend treffen sich die Blicke meiner Eltern und die Blicke der Eltern Jakobs. Zwei Tote heben ihre Köpfe. Auf der Bettdecke ihrer Erde stehen die Lebenden. Die beiden Gräber murmeln. Donner in der Erde. Blitz in den Wolken. Regen auf die Häupter. Ein Maulwurf spaziert mit einem Schirm vorbei, Morgen wird wieder gewühlt, morgen gibt es wieder Maulwurfhügel auf dem Friedhof, klitschnaß ist mein glänzendes Fell, feucht die Augen vom Regen, gestern bin ich einem Kinderfuß entkommen, morgen wird wieder gewühlt. Kotig sind ihre Schuhe von der feuchten Friedhofserde, so kann man Friedhofserde nach Hause tragen. Friedhofserde essen hilft gegen ein gefährliches Fieber, sagt der Volksmund. Die sechzehn Stufen unserer Stiege lief ich hinauf. Irgendetwas muß ich der Gote sagen, etwas Wichtiges, die Mame hat es mir aufgetragen.

Zehn, dreizehn, vierzehn, ein Sprung und sechzehn. Die tote Enznoma liegt in dem Zimmer, dessen Tür ich öffnen werde. Ich drückte die Klinke und trat einen Schritt vor, blickte ins Zimmer, wollte den Mund öffnen und der Gote sagen, was mir die Mutter aufgetragen hatte, aber erschrocken trat ich wieder zurück, schloß die Tür und lief die Stiege hinunter. Ich werde noch zehn- oder zwanzigmal beschreiben, wie ich die Stiege hinauf- und hinunterlief, wie ich die Tür öffnete und wieder schloß, aber was ich sah, werde ich verschweigen. Ich werde dieses Geheimnis so lange verschweigen, bis es in mir zu sprechen beginnt.

Die Magd sitzt auf dem Bett, hält den Rosenkranz in den Händen, das Haupt gehoben in Richtung Herrgottswinkel, und betet den Gekreuzigten an, während der lange Rosenkranz auf ihrem Schoß liegt wie eine Nabelschnur aus gefärbtem Elfenbein. Ein Kind hat sie nie bekommen, sie wird kinderlos sterben. Sie hat einen Bruder, der Priester geworden ist, und es ist ihr Bruder ihr Gott, ihr Geliebter, ihr Alles, und die Ratten sind ihr Nichts. Ratten mit Rosenkränzen um die Hälse schleifen ihre Nabelschnur über den Tennboden. Es kratzt, hackt, quietscht und die Bretter zittern. Die Nägel, mit denen sie zusammengehalten werden, befreien sich und werfen ihre Speere nach den Ratten, hie und da klebt eine an der Mauer mit aufgespreiztem Maul, mit auseinandergebreiteten Beinen, als wollte sie ihren Tod den Rattenbrüdern und Rattenschwestern verkünden. Unsere Magd, die Pine, kniet in der Ecke ihres Zimmers, und Gott betet. Sie öffnet und schließt die Augen. So viele Wunden hat sie in der Seele, daß Jesus am Kreuz neidig wird, niemand darf mehr leiden als er. Die Pine war ja meine erste lebende nackte Frau, die ich gesehen habe. Mein ganzes

Leben wird mich ihr nackter Leib verfolgen. Damals trugen der Michl und ich Holz in die Sauküche, um den Wasserkessel einzuheizen. Mame bring das Feuer, komm mit Holzspänen und Zündhölzern, öffne die Gatter des Ofens, über dem wie eine große Handschale der Kessel angebracht ist, dort drinnen, stellte ich mir vor, vom heißen Boden des Kessels immer wieder hochhüpfend zu baden, zu schreien, das heiße Wasser verbrennt meine Körperhaare, nackt ist mein Schoß, wie kahlgeschoren sieht er aus. Ich will die Hände heben, aber es sind dicke Dampfsäulen, die sich hilferufend wie zwei Hände hochstrecken. Vater, Mutter und meine Brüder tanzen um den Kessel, die Ratten und Mäuse, selbst die Schwalben und Fledermäuse sind zum offenen Fenster hereingekommen, überall hocken sie, auf meiner Schulter genauso wie auf meinem Kopf. Am Wasserhahn ist ein totes Küken festgebunden, Köpfchen nach unten, Füßchen nach oben, und das Gebirgswasser rinnt aus seinem Schnabel, wenn man ihm den Kragen wie einen Wasserhahn umdreht. Mein Körper schrumpft im Kesselwasser wie das Schwalbenkind in meinen Fäusten, das ich zusammendrücke, bis Blut über meine Finger läuft, Schau, Mame, ich blute, und während ich die Hand öffne und die Mutter nach Verbandszeug sucht, versuche ich zu fliehen, aber meine Schwester, die Martha, wird mich zurückhalten, sie wird dafür sorgen, daß ich in der Küche bleibe und meine Wunde verbunden wird. Ich will mich ihr entreißen, nein, ich darf euch nicht zeigen, daß ich schwindle, es ist nur Schwalbenblut, laß mich los, sonst beschmiere ich dich mit dem Blut des Schwalbenjungen, laß mich los, sonst färb ich deine Zöpfe rot und winde die Beine der Schwalbe in deine Zöpfe, verknote sie und jag dich über die Dorfstraße. Laß mich los, oder ich sag der Mame, daß ich gestern in deinem Bett Blutflecken sah, laß mich los. Während die Mutter mit Verbandszeug und Zwirn, einer Mullbinde und Leukoplast erhobenen Kopfes langsam mit dem Stolz einer Chirurgin, die weiß, daß sie fähig ist, Menschenleben zu retten, auf mich zukommt, schwillt mir der Kopf vor Zorn und Verachtung, Laß mich los, aber schon ist es die Mutter, die mich am anderen Arm festhält, Nein, ich will nicht verbunden werden, laß mich bluten. Laßt mich allein, ich will mit der Schwalbe allein sein. Gestern noch habe ich Steine geworfen, heute ist der Tag, wo ich Wunden verbinde, morgen werde ich wieder morden, um wieder heilen zu können. Du und die Mullbinde. Ich und das Kruzifix. Am Weihnachtstag wirst du ihn auf die Welt bringen, Mame, ich werde dich mit roten Fleischblumen begrüßen und dir einen Kuß auf die Stirn und auf den Mund geben, aus Dank, daß du mein Jesukind auf die Welt gebracht hast.

Es ist jetzt, während ich schreibe, Vorweihnachten, und in jeder Jahreszeit versetze ich mich in die Jahreszeit meiner Kindheit und Jugend und schreibe der Vergangenheit entgegen. Ich sehe die Kinder in den Sandkästen spielen. Ich stelle mir vor, wie ich zu ihnen gehe. Das eine Kind will mich verjagen, und das andere will, daß ich mitspiele. Dem Kind, das mich verjagen will, möchte ich von der Aichholzeroma erzählen. Ich will ihm sagen, daß ich damals drei Jahre alt war, so wie du jetzt drei Jahre alt bist. Stell dir jemanden vor, der dich jetzt in die Höhe hebt und dir in einem immergrüngeschmückten Sarg deine Großmutter zeigt. Stell dir vor, daß dich jetzt deine Mutter in die Höhe hebt, und du erblickst mich in diesem immergrüngeschmückten Sarg liegend. Du willst mich aufwecken und sagen, Gehen wir Sandspielen, bauen wir Burgen und Schlösser und lassen dann und wann, wenn uns niemand zusieht, eine Handvoll Sand in den Mund verschwinden, kauen den Sand und hören das Knirschen, das uns ein wenig Angst macht, und deshalb spucken wir einen Teil aus, den anderen Teil aber wollen wir hinunteressen, und die langen dünnen Finger der Speiseröhre werden in unseren Mägen Burgen und Schlösser bauen. Ich erzähl dir die grausigen Märchen, die mir erzählt worden sind. Ich erzähl dir die Sage vom Rübezahl, den ich verachtete, weil er groß war. Alle die groß waren, verachtete ich, nur die Kleinen, den Däumling und die Zwerge und die Liliputaner, liebte ich, auf sie hörte ich, sie nagten an den Wurzeln und wußten mehr als einer, der die Häuser des Dorfes mit einem Ausscheren des Fußes überschreiten konnte. Ich erzähl dir von Hänsel und Gretel, die sich in den Wald verliefen. Ich vertraue dir meinen Wunsch an, daß die Hexe den Hänsel essen möge, damit ich die Hexe ermorden kann. Ich schleiche ins Kreißsaalzimmer meiner Mutter und sage ihr, daß sie die Beine öffnen soll, sie hat einen Bauch wie der Wolf, der die Großmutter fraß. Schwer atmend, wie der Wolf, liegt meine Mutter im Bett. Die Gote sagte mir, daß in ein paar Tagen der Storch kommen wird, daß er ein Kind in den Rauchfang fallen lassen wird. Rußgeschwärzt wird sein Gesicht sein, heiß seine Haut wie die Ziegel im Inneren des Schornsteins. Ich werde den kleinen, lieben Neger vom Staub des schwarzen Rußes befreien, sein Sklave will ich werden, ihm die Füße, Hände und den kotbeschmierten Arsch säubern. Aber ich glaubte der Gote nicht. Ich hatte im Stall eine schwangere Kuh gesehen. Ich hatte geholfen, den blutigen Strick zu ziehen, und plumpsend hatte das Kalb vor meinen Kinderfüßen gelegen, vor den Füßen meines Vaters, der aus Freude weinte, vor den Füßen der Pine, die nach hinten auswich, ein wenig erschrocken, aber auch ihr, die nur das Kruzifix und die Tiere liebte, rannen die Tränen über die Wangen. Ein Kalb ward uns geboren. Mein Bruder Michl ist Melchior. Ich bin Kaspar. Der Siege ist Balthasar. Wir werden der Kuh Weihrauch und Myrrhe bringen und Goldschätze aus der Brieftasche des Vaters. Das Kalb, das sich nun am Boden wälzt und dem allmählich Schleim und Blut auf dem scheckig braunen Fell trocknen, schlägt die Augen auf und erblickt mich als ersten Menschen. Ich möchte sagen können, wie mich das Kalb, als es seine Augen öffnete, sah, Ich erblickte ein neugeborenes Kind, das starb und in einem zündholz-schachtelgroßen Sarg in die Erde gelassen wurde, nein, nicht mit einem Kalbstrick, den der Totengräber in seinem Rucksack verborgen hält, mit den Nabelstricken, lang genug, um ein neugeborenes Kind in die Erde hinunterzulassen. Das Ewige Licht gib uns heute, steht auf der Zündholzschachtel seines Sarges, Fiammifero luce santa. Auf der linken und rechten Seite sind die Reibflä-chen, damit zu jeder Todesstunde das Ewige Licht angefacht werden kann. Die Zündholzschachtel brennt, und eine Phiole Asche kommt aus dem Ofen. Ein Kreuz am Aschermittwoch auf unsere Stirn aus der Asche eines toten Kindes. Die Phiole leert sich. Blasiussegen des Priesters. Ich hielt die übers Kreuz gelegten Kerzen in den Händen und gab mit Hilfe des Priesters den Gläubi-gen den Blasiussegen. Er sprach lateinische Worte, und ich nickte wohlwollend dazu. Die Flamme verbeugte sich vor dem Priester und seiner Sprache. Blasiussegen für die Lebendigen, Blasiussegen für die Toten, Blasiussegen für die Haustiere, Blasiussegen für alle. Den Leib Christi für alle, langsam auf der Zunge zergehen lassen, er geht sofort ins Blut über, Weihwasser für alle, für die Tiere und für die Menschen. Ich trank damals Weihwasser. Aufbewahrt wurde es dort, wo Essig und Öl, wo manchmal eine halbvolle Flasche Wein stand, wo die Büffelpaste für den neuen Boden aufbewahrt war und die vom eingetrockneten Fett erstarrten Putzfetzen. Eingefettet habe ich den Boden, fettig gemacht in der Hoffnung, daß jemand ausrutscht und ich in jener Sekunde zur Stelle bin und denjenigen auffange und er sich bedankt, Hättest du mich nicht aufgefangen, ich hätte mir vielleicht das Bein gebrochen oder die Hand oder den Hals. Weihwasser trank ich und glaubte an die Kraft Gottes, ich bat ihn, daß er meinen Leib und meine Seele mein ganzes Leben gesund erhalten möge, aber manchmal wünschte ich mir umgekehrt, bald zu sterben, um endlich geliebt zu werden. Immer nur soll ich mich in die Strohpuppe, ins Kruzifix, in die Maria, die ihren toten Sohn Jesus auf dem Schoß hält, verlieben, immer nur in die toten Gestalten, in die Hostien soll ich mich verlieben, in sie hineinbeißen. Ich soll mich wundern, warum kein Blut herausrinnt, obwohl ich in meinen Träumen die Vorstellung habe, daß aus diesem weißen Mehlblatt das Blut Christi herausrinnt, und ich spüre seinen Geschmack auf meinem Gaumen und an meiner Zunge, wache auf und schreie nach der Mutter. Auch meine Mutter trank Weihwasser und blickte lange vor sich hin. Sie ißt so viele Tabletten, jeden Tag, mehr als Brot, vielleicht bittet auch sie weihwassertrinkend den Herrgott, daß er ihr einen gesunden Leib und eine gesunde Seele schenken möge. Vielleicht denkt sie aber auch an ihren großen Bauch und wünscht sich wenigstens ein gesundes Kind, wenn auch ihr Körper von Tabletten verseucht und krank ist. Hat meine Mutter den Wolf aus dem Märchenbuch gefressen, weil sie einen so großen

Bauch hat? Der Priester hat von einem Paradies gesprochen, vom Leben nach dem fleischlichen Tod, es soll so schön dort sein, es ist für mich wohl besser, ich gehe hinüber zu den anderen, die mich lieben, wenn ich am Leben, und nicht erst, wenn ich tot bin, Mame, ich geh rüber auf die andere Seite, geh du ein Stückchen mit, gehn wir rüber auf die andere Seite der Drau, wo die Fischer am Ufer stehen und unter ihren grünen Stiefeln das seelendünne Eis klirren lassen. Darunter ist ein grüner Frosch, und der grüne Fischerstiefel tritt auf den grünen Frosch, und zwei Farben liegen platt übereinander. Der Frosch spreizt sein Maul und verschluckt die Erdkugel, auf der wir, meine Mutter und ich, leben. Fischer! Tritt fester, er darf die Erdkugel nicht verschlingen, ich will nicht im Bauch eines Frosches leben, bring ihn um, töte das Tier, wenn es den Menschen verschlingen will, töte den Menschen, wenn er das Tier verschlungen hat, nein, töte ihn nicht, die Seele des Menschen stirbt, wenn er ein Tier im Magen hat, nur wenn du Hunger hast, bist du fähig, wirklich grauenvoll zu denken und zu leben. Ja, sie wollen das schönste Kind des Dorfes zu Grabe tragen. Alle würden sie spenden, alle brächten meiner im Blau der Kindertrauer gekleideten Mutter Zucker, brächten ihr Salz, brächten ihr vor allem Lindekaffee, den Kaffee, auf dessen Probepackung ein Herzkaspar abgebildet ist, denn zuviel Kaffeetrinken tut nicht gut. Mein Bruder, der Michl steht in der Dorfmitte und ruft, Spenden für das Totenkleid meines schönen Bruders, Almosen! denn das Totenkleid, das aus reiner Seide und mit Goldnähten verziert ist, war teuer, der Kopf eines Stiers ist dafür gefallen, lange wurde er gefüttert, lange schlug man auf ihn ein, bis er tot war. Wer sah einen Stier sterben, wer ein Kalb, wer eine Kuh, wer ein Pferd, wer ein Kind, wer den Enznopa, wer die Enznoma, wer seinen Vater, der noch lebt, wer sah seine Mutter alles überleben, wer sah den Stier, wie er auf die Knie fiel mit seiner zentnerschweren Last, wer sah seine gelben Augen und wer seinen mit Speichel und Blut gefärbten Schaum, der aus seinem Mund drang, und wer die Augen, die immer weiter aus den Höhlen traten, er konnte nicht schreien, nein, er schrie nicht, sondern ging wieder und wieder zu Boden, das ist das Schmerzhafte bei diesem Anblick, das Tier sterben zu sehen, aber nicht schreien zu hören. Während die Keule hochgeht und niederfährt, der Stier immer noch kniet, steigt Jesus vom Kreuz, nimmt die Hacke und führt den tödlichen Schlag, und dann steigt er wieder auf sein Kreuz, setzt sich den Heiligenschein auf den Kopf und leidet weiter für alle im Dorf. Für den Stier leidet er auch, auch das Totenkleid bezahlt er mit seinem Leben, er steigt noch einmal herunter, aber die Seele des Stiers jagt ihn hinauf, Bleib oben, dort ist deine Heimat, am Verkehrsknotenpunkt der Toten sollst du noch einmal gekrönt werden mit einer Schlangenhaut, aus der Giftzähne von Klapperschlangen und Brillenschlangen und von Kreuzottern Gift sickern lassen. In den Kelch im Tabernakel greif ich, denn dort ist eine handtellergroße Hostie, die ich dir bringe, du sollst dich selber aufessen. Iß, sag ich dir, man hat mich am Elterntisch auch oft zum Essen gezwungen, bis ich nach außen aufs Klo gegangen bin und alles fette Schweine- oder Ochsenfleisch auf die Fäkalien der Hofmenschen gebrochen habe, da hast du es wieder, erzwungen kann in mir überhaupt nichts werden, weg damit. Damals bat ich meine Mutter, daß sie mir Brot geben sollte, Bauernbrot, noch ein Stückchen, Mame, noch eines und noch eines und dann ist es gut, ich zerbrösle alles auf meinem Schoß, unzählige Brotbrocken warf ich auf den Boden, der Boden unter meinen Füßen war mit Brotbrocken übersät. Der Vater verließ die Küche, die Brüder ebenfalls, die Martha wird nach dem Essen wie jeden Tag kehren, sie wird die Brotbrocken finden und wird es der Mutter sagen, aber die Mutter wird es dem Vater nicht sagen. Sie rief mich in die Küche, nahm mich an den Ohren, aber ich stritt es ab, Nein, Mame, das habe ich nicht getan, das kann nur der Michl gewesen sein, ich esse das Bauernbrot, ich habe es nicht getan, bitte glaub meiner Lüge. Die Martha füllte die Kehrichtschaufel mit den Brotbrocken und ließ sie im Klo verschwinden, der Vater hat nichts davon erfahren. Einmal warf ein Knecht des Enznopas einen Samstagkrapfen in den Herrgottswinkel und verwünschte den Gekreuzigten. Der Enznopa stand auf, hob die Hand, spreizte den Zeigefinger in Richtung Tür, der Knecht wußte, daß er aufstehen und das Haus für immer verlassen mußte. Und ich stelle mir nach dieser Erzählung des Vaters vor, wie ich einen Samstagkrapfen in den Herrgottswinkel werfe, der Vater steht auf, hebt die Hand, spreizt den Zeigefinger in Richtung Tür, der Sohn muß gehen, der Sohn weiß, daß er aufstehen und das Haus für immer verlassen muß. Meine Mutter hockt weinend in der Ecke und verflucht heimlich den Gekreuzigten, den sie genauso liebt wie mein Vater, sie zerreißt einen Samstagkrapfen und wirft beide Teile in den Herrgottswinkel. Der Vater steht auf, hebt die Hand, den Zeigefinger spreizt er in Richtung Tür, seine Frau muß gehn, und meine Schwester ist es, die dem Beispiel der Mutter folgt, sie aber zerreißt den Krapfen nicht, denn er ist angebissen, ohne dem Vater in die Augen zu sehen, der sich wieder niedergesetzt hat, wirft die Schwester den Krapfen in den Herrgottswinkel. Der Vater steht auf, hebt die Hand, den Zeigefinger spreizt er in Richtung Tür, seine Tochter muß gehen, seine Tochter weiß, daß sie aufstehen und das Haus für immer verlassen muß. Der Siege, der zwei Jahre älter ist als ich, nimmt aus der vollen, fettigen Krapfenschüssel einen Krapfen und wirft ihn in den Herrgottswinkel. Der Vater steht auf, hebt die Hand, den Zeigefinger spreizt er in Richtung Tür, sein zweiter Sohn muß gehen, der Siege weiß, daß er aufstehen und das Haus für immer verlassen muß. Der Michl reißt dem Vater einen angebissenen Krapfen aus den Händen und wirft ihn in den Herrgottswinkel hinauf. Der Vater steht auf, hebt die Hand, den Zeigefinger spreizt er in Richtung Tür, sein dritter Sohn muß gehen, der Michl weiß, daß er aufstehen und das Haus für immer verlassen muß. Nun ist es der älteste Sohn unseres Vaters, der Gustl, der zukünftige Hoferbe, der ihm gegenübersitzt, in die Krapfenschüssel greift und mit forschem Blick dem Vater einen Krapfen in die Hand drückt. Der Vater weiß, was er zu tun hat, der Vater wirft den Krapfen in den Herrgottswinkel, und der Gustl, der Hoferbe, steht auf, hebt die Hand, den Zeigefinger spreizt er in Richtung Tür, der Vater weiß, daß er aufstehen und das Haus für immer verlassen muß. Die Krapfen, die vom Herrgottswinkel auf die Bank gefallen sind, frißt allesamt der Gustl, eine halbe Stunde lang vor sich hinstarrend, auf. Satt geht er in den Stall, er weiß, daß die Tiere Hunger haben. Obwohl er satt ist, spürt er den Hunger der Tiere, er hat sein ganzes Leben von und mit diesen Tieren gelebt, er kennt ihren Rhythmus besser als ich, ich kann mit den Tieren nicht umgehen, auch mit den Menschen nicht. Es war sehr schön, mit dem Leben und Tod der Tiere zu spielen. Einen Käfer zu töten, ist genausoviel wert wie einen Stier zu töten, es ist nicht wichtig, wie groß oder wie klein das Tier ist, wichtig ist zu erkennen, daß in diesem Leben Leben war und daß jetzt in diesem Leben der Tod ist. Würden wir eine Kuh verschleppen, mein Bruder und ich, der Vater würde es merken und anzeigen. Um nicht sich selber oder einen anderen Menschen umzubringen, richtete ein Junge den Lauf des Gewehres auf das Herz einer Kuh. Ich weiß, daß dieser Junge einen sadistischen Vater hat, ich habe seine Angst in der Schule vor dem Lehrer als die Angst vor dem Vater wiedererkannt. Wir waren uns ähnlich, deshalb verabscheuten wir einander. Wenn sich unsere Blicke trafen, färbten sich zwei Schneemänner rot, mein Blick glitt von ihm ab, ich war der schwächere, und ehe es zu einem Kampf kam, gab ich auf. Das Dorf war in Aufruhr, und die Kunde, daß jemand eine Kuh ermordet hatte, ging über alle Lippen. Alle Ecken und Winkel, alle Schatten, die Fichten oder Häuser warfen, sahen kriminell aus, selbst das Brunnenrohr. Wir Kinder schlichen umher und wollten Töter finden. Wer hat einen blutigen Gewehrlauf versteckt, wer eine blutige Kinderhand, wer eine blutgefleckte Jeans, wer schreitet wie Elvis Presley über den asphaltierten Dorfbühnenstraßenboden und ist ein Kuhmörder. Wo ist die Gitarre, aus deren Lauf eine Kugel das Herz einer Kuh traf, wo sind die Weizenähren hinter den Ohren eines Jungen, der durch den Nebel schreitet wie durch eine spinnwebendünne Wand und dem Tod Paroli bietet, wer ist es, dessen schwarze Pupillen sich wie die Schallplatten der Kinks und der Rolling Stones drehen, und während sich die Kuh im Stroh zum Sterben hinlegt, singt er sentimentale Lieder von Leonard Cohen, Liebeslieder, die das Tier in den Tod wiegen, so schön spielt er, und die Kuh stirbt vor seinen Beinen, und das Heu knistert, und der Vater reckt seinen

Kopf im Bett, das Leinen knistert ähnlich dem Heu, man hat einen Schuß gehört und man hört die Gitarrenklänge, und ein Schuß und wieder ein Schuß und noch einer. Ich bin glücklich darüber, daß es einen Mörder im Dorf gibt. Lange denke ich nach und habe Mühe, nicht mich selber als Täter zu entlarven. Wir wollen den Mörder nicht suchen, es ist besser, die Kuh ist tot und die Menschen leben. Der Mörder stand ohnehin verlegen vor seinem Opfer, das er umgebracht hat. Der Mörder soll nicht gefunden werden. Jeder soll in sich den Mörder finden.

Vor ein paar Tagen ging ich im Schneetreiben mit einer Matratze durch die Stadt, es war Mitternacht, mit einem weißen Volkswagen schlichen die Polizisten hinter mir her, warteten, bis ich an ein Tor ging, das ich öffnete, und ehe ich den Schnee von der Matratze gewischt hatte, gingen zwei Polizisten auf mich zu und fragten mich, wo ich denn diese Matratze so schnell herhabe, Was heißt, so schnell, sagte ich, ich bin eine halbe Stunde damit unterwegs, ausgeborgt habe ich sie, ich will in diesem Haus hier schlafen. Ihre Mühe ist umsonst, es gibt ohnehin zu wenig Verbrecher, deshalb müssen Sie in Ihrem Übereifer Verbrecher suchen. Ein paar Tage später ging ich nach Mitternacht auf der Bahnhofstraße in Richtung Fischlsiedlung, und derjenige Polizist, der das Gebäude der Landesregierung in der Bahnhofstraße bewachen mußte und dem verständlicherweise langweilig geworden war, kam von der anderen Straßenseite entschlossen auf mich zu, Wohin gehen wir denn so spät? fragte er. Was geht Sie das an, antwortete ich, warum halten Sie mich überhaupt auf? Werden Sie nicht frech, sagte er, wir haben heute eine Personenbeschreibung erhalten, und die paßt genau auf Sie. Sie lügen, sagte ich, das nächstemal sagen Sie es in einem glaubwürdigeren

Ton und mit einem glaubwürdigeren Augenausdruck. Ein paar Tage später ging ich wieder um dieselbe Zeit die Bahnhofstraße lang. Von weitem sah ich denselben Polizisten vor der Landesregierung stehen. Ich blickte geradeaus und ging entschlossen weiter. Im Augenwinkel sah ich, daß er wieder die Straße überquerte, ohne mich zur Seite zu drehen ging ich weiter. Ich erinnere mich, einmal ging ein Mann aus dem Nachbardorf betrunken in den Wald und stürzte über eine hohe Böschung in die Tiefe. Wie eine Forelle, die an Land gezogen wird und sich im trockenen Sand zu Tode wälzt, krümmte sich der Mann auf dem Rücken, bis er am eigenen Blut erstickte. Die Polizei war mit Scheinwerfern und Taschenlampen ausgerüstet. Das halbe Dorf war nachts auf den Beinen. Er muß gefunden werden, besser tot als lebendig, viele haben Angst, daß sie einen Lebenden antreffen, ihr Weg wäre umsonst gewesen, nur ein Toter rechtfertigt den langen Weg vor Mitternacht. Hinauf gingen sie den Schlangenweg, der in das Gebäude des Pfarrhofstadels führt, verschlossen ist das Tor, niemand wagt es, durch die Ritzen des Heustadels zu blicken. An allen Ecken und Enden stehen die Heiligenfiguren. Geht der Priester vorbei, salutieren sie. Sie verwandeln sich in Fleisch und Blut, sobald sie von einem geweihten Menschen fixiert werden. Im Auge des Jungen ist es immer derselbe Blick, mit dem die Statuen aus ihrer Askese blicken, aber in den Augen des Priesters wechselt dieser Blick, einmal ist es sein eigener, einmal ist es der Blick der Pfarrermarie, einmal ist es der Blick des letzten Toten, einmal ist es der Blick eines soeben auf die Welt gekommenen Kindes, das schreit und seine Augen aufreißt. Im ersten Stock des Pfarrhauses, hinter einem vergitterten Fenster, wo die Ranken der Weintrauben sich um die rostigen Eisenstäbe schlingen, greift manchmal, ohne daß man Kopf oder Gestalt sehen kann, eine fünffingrige Hand nach außen, tastet nach reifen Weintrauben und zerrt einen gebrochenen Zopf nach innen. Ich sagte fünffingrige Hand, da mein Vater an der rechten Hand nur vier Finger hat. Als er zwei Jahre alt war, hat ihm den kleinen Finger eine Maschine im Heustadel abgerissen. Als er es zum erstenmal erzählte, stellte ich mir vor, auf seine linke Hand blickend, daß ich zärtlich an seiner nach Erde oder Mist, nach Heu oder Silo riechenden Hand herumlutschen und schließlich den kleinen Finger abbeißen würde. Meine Milchzähne bleiben in seinem Fingerknochen stecken. Er blutet am Finger und ich aus dem Mund. Weinend gehe ich zur Mutter und lege meinen Kopf auf ihren Schoß, um das Blut zurückspucken zu können in die Spalte, die sich vor Jahren weitete und mich, blau wie ich war, rot wie ich wurde, weiß wie ich bin, gelb und schwarz, wie ich eines Tages aussehen werde, aus ihrer Öffnung ließ. Ich war, wie meine Mutter zu sagen pflegte, in eine falsche Welt hineingeboren worden. Ich habe nicht begreifen können, daß ich ein Bauernkind bin. Ich habe mir immer wieder vorgestellt, daß ich einen Lehrer als Vater, die Frau eines Lehrers, die vielleicht selbst Lehrerin ist, zur Mutter habe. Ich wollte zwischen Tinte und Löschblatt, zwischen Heften und Buchdeckeln und den Bröseln des Tintenradiergummis aufwachsen. Ich habe diese andere Welt, in die ich wuchs, nie begreifen können. Ich habe gegen sie gekämpft, ich habe sie, so gut es ging, vernichtet. Ich machte mich zum Lieblingskind des Priesters. Acht Jahre lang war ich sein Ministrant, als Diener des Dieners Gottes Gott näher als den Menschen des Dorfes, näher als jeder andere Mensch im Dorf. Ich war Gott näher als ein Sterbender in seinem Todeskampf.

Seinen Kämpfen auf dem Totenbett schaute ich zu. Ich sah die Grimassen seines Gesichtes. Ich stand neben dem hängenden Spiegel und blickte zwischendurch mein Gesicht im Spiegel an, um die Gesichter, die ich geschnitten hatte, mit den Grimassen des Sterbenden zu vergleichen. Unter seinem Bett stand die Prunzkochel, Schieb die Kochel raus, gib sie her. Halb angefüllt mit tiefgelbem Urin, zog ich die Emailschüssel unter dem Bett hervor, den Kopf zur Seite gewandt, um nicht den ätzenden, fremden Urin einatmen zu müssen, und trug die Prunzkochel der Enznoma aufs Klo. Das Gekreische des Emails, während der Topf unter das Bett geschoben wird, ein Schüttelfrost durchläuft meinen Körper. Masken setzte ich auf, während jemand starb. Zur Faschingszeit entblößte ich mein wirkliches Gesicht und ging unbekleidet über die Dorfstraße. Einmal war es eine gelbe Bananenmaske, die ich herstellte, ein exotisches Gesicht sollte ich haben, weg von dieser Bauernwelt. Die Tropfen der Todesanstrengung standen mir auf der Stirn, während ich mit der Larve vorsichtig, jeden Schritt kontrollierend wie eine Zofe, die den frischgemachten Morgenkaffee an die Tür stellt, damit die Schwaden des Aromas durch die Türritzen und durch das Schlüsselloch dringen und die Köpfe der Herrschaften durch den Geruch des Kaffees sich halb aufrichten und Zofe! rufen, mit langgezogenem E-Laut Zofe!, über die Dorfstraße gehe, und Zofe! rufe ich, während ich an einem vergitterten Fenster das verweinte Gesicht einer jungen Magd sehe. Die Angst reißt mir die Larve vom Gesicht. Ich möchte mit meinem fiebrigen Gesicht über die Dorfstraße gehen und in alle offenstehenden Fenster rufen, daß unser Knecht, der Maier, im Sterben liegt. Seit zwei oder drei Jahren hat er die Gebärden des Enznopas angenommen, während er früher seine Hände hochheben und senken konnte, wann immer das Hackbeil hacken und das Holzscheit seine splittrigen Beine spreizen und knisternd wie Mädchenhaar im goldgelben Feuermeer des Ofens brennen wollte. Gebrochen ist der Stock des Knechts, es war ein Erbstück des Enznopas, gebrochen liegt sein schweißiger, dicker Körper auf dem Bett. Mit der gelben Fieberlarve auf dem Gesicht klopfe ich an die Tür, höre sein Murmeln, drücke die Klinke und blicke in sein erbleichtes, mit Haarstoppeln bewachsenes Gesicht. Müde wie ein Huhn, das aufrecht auf einer Stange stehend mit geschlossenen Augenlidern schläft, durch die man wie hinter einem Milchglas den kleinen Augapfel des Tieres sehen kann, blickt mich der Knecht an. Du wirst sterben, will die Maske sagen, aber sie fragt, ob er einen Pfefferminz- oder Kamillentee trinken will. Der Faschingsumzug hat begonnen. Es wird dein Leichenbegängnis sein. Stirb bitte lieber heute am Faschingsdienstag als morgen oder übermorgen, stell dir vor, wenn wir Kinder mit den Larven, der eine mit der Bananenlarve, der andere als Hexe verkleidet, der dritte als weinender Clown, der vierte eine Totenmaske um den Kopf gebunden, der fünfte mit einem Babygesicht und den Furchen eines alten Mannes auf der Stirn und die sechste, die junge Magd, als Prinzessin verkleidet mit den raschelnden Puppenkleidern und einer kleinen, winzigen Erntedankkrone auf dem Kopf die Bühne des asphaltierten Dorfspielplatzes verlassen haben, stehen wir vor dir und bereiten dir mit unseren Larven und Gewändern ein letztes Schauspiel, bevor du stirbst. Ich weiß nicht, ob Ntschotschi schon im Sterben liegt, ob sie im Atem des Knechts röchelt, ob ihrem Vater ein Klumpen Gold in der Faust zerrinnt und sein geschmeidiger Körper ebenfalls am Boden liegt und sich zu den nackten Füßen des sterbenden Knechts wälzt. Du kannst jetzt in aller Ruhe sterben. Maier, Larven haben wir auf dem Gesicht wie du. Deine Schweißperlen wird die Prinzessin nehmen und in den Schmuckkasten legen, es ist immerhin ihr Totengeruch darin, wenn schon sonst nichts. Ich hätte damals meine Mutter am liebsten geschlagen, als sie auf meine Bitte, mir ein Kasperlbuch zu kaufen, sagte, Das wäre noch schöner, dafür haben wir kein Geld. Weinend lief ich zur Tür hinaus. Wie Buchseiten legte ich meine dünnen Hände an die linke und rechte Wange, und zwischen meinen Fingern rannen die Tränen, werde also nie ein Buch bekommen, kann nichts lesen, was mir gefällt, der Lehrersohn gibt mir kein Buch, meine Hände riechen nach Stall und Stroh, er will nicht, daß sein Buch nach Bauernhof riecht, seine Bücher riechen nach Tinte oder Bleistift, nach dem Parfum seiner Mutter, die eine halbe Stunde in das Kinderbuch ihres Sohnes hineinliest, es riecht nach den Kreidehänden seines Vaters, des Lehrers, der an der Tafel steht und weiße oder farbige Kreide in den Händen hält und einen großen Buchstaben auf die Tafel zeichnet. Buchstabe so groß wie ich, ich soll mich mit ihm identifizieren und an der Tafel auf einem Höcker stehend den Buchstaben nachzeichnen, wie ich mit einer Kreide den Konturen meines Leibes nachfahren würde, Zehen, Schienbein hoch, Oberschenkel, Mitte des Gliedes, die Nabelgrube mit roter Kreide füllen, weiter hoch fahren, die Brustwarzen mit schwarzer Kreide einzeichnen, die hervorstehenden Rippen besser kennzeichnen, ebenfalls mit schwarzer Kreide, hoch zum Kinn die Kreide, hoch damit, Doppelkinn wie mein Vater, und die Lippen mit schwarzer Kreide bemalen, rote Ränder um die Augen, ein paar Stirnfalten schwarz und die Wange mit weißer Kreide schmücken, die Kreideschachtel auf den Boden fallen lassen und in dieser Bemalung mit einem Hackbeil in der Hand, das an seiner Schneide das eingetrocknete Blut von gestern kleben hat, schreite ich auf die Mutter zu und sage ihr, Was ist jetzt mit dem Kasperlbuch, bekomme ich es, oder bekomme ich es nicht, ich will lesen, ich möchte die Geschichten der Enznoma mit den Totenvögeln, sie sah nichts als Totenvögel, nicht mehr hören, die Geschichten von den verkleideten Teufeln, die am fünften Dezember durch das Dorf schleichen und die Kinder wundschlagen, laß dich nicht erwischen, paß auf, an diesem Tag hat die Dorfbrutalität Narrenfreiheit, maskiert ist sie mit der roten Larve des Teufels, mit langen Fingernägeln und Hörnern, mit Kettengerassel und an der Haut klebenden Weidenruten, mit einer schwarzen Hand und einer fast auf die Brust hängenden Zunge, so steht er vor dir und versperrt dir den Weg. Meine Großmutter war keine märchenerzählende Großmutter, meine Großmutter erzählte aus dem Leben, wenn sie schon einmal erzählte und nicht wie ein Roß im Totenbett schnarchte und ihre dicken Beine spreizte, ihr Haar, das die weiße Farbe von Kirchhofblumen hat und nach Veilchenöl riecht, nein, die Geschichten der Großmutter möchte ich nicht mehr hören, die Geschichten vom Kasperl und dem Krokodil, die Geschichten von den Sterntalern, von Hänsel und Gretel möchte ich lesen, vor allem die Geschichte von den sieben Geißlein, deren Mutter im Wald Früchte sammelt, und dem Wolf, der mit Fistelstimme, nachdem er die Kreide unseres Lehrers gefressen hat, die Geißkinder dazu verlockt, die Tür zu öffnen, und alle, bis auf mich, alle meine Brüder frißt. Mit dem Hackbeil in der Hand stehe ich hinter dem Rücken der Mutter und will ihr die Schürze öffnen, wie ich sie der

Schwester lachend im Vorbeigehen immer wieder geöffnet habe. Am Saum des Kittels will ich meine Zähne wundbeißen, mit ihren schwarzen, wenn sie das Haar nicht hochgebunden und zu einem Knödel geflochten hatte, nach unten hängenden dichten Zöpfen will ich meine Tränen aus den Augen wischen, ich will das Kasperlbuch haben, Mame, ich will es, es kostet nicht mehr als zehn Schilling, laß mich ein paar Tage nicht essen, laß mich lieber verhungernd noch auf meinem Totenbett das Kasperlbuch lesen, lieber ein Kasperlbuch als einen Totenkranz, bitte das Kasperlbuch, oder, da schau dir die Schneide der Hacke an, du weißt, daß ich die Hühnerschenkel lieber habe als die Hühnerbrust und, ohne mich ein zweites Mal zu fragen, gibst du mir gleich die Hühnerschenkel, aber ich will jetzt keine Hühner, und wenn du das Hackbeil nicht willst, mit dem der Kopf des Huhns vom Bock fällt, dann gib mir das Geld, mit dem ich mir das Kasperlbuch kaufen kann, ich gebe das Geld dem Lehrer, und der wird dem Buchklub einen Brief schreiben, und der Buchklub wird mir dieses Buch schicken, ich muß es haben, Mame! Ich brauch dich, also kauf mir das Buch. Mit den Masken stehen wir vor dem Totenbett des Knechts. Der Struwwelpeter unserer Kindheit streicht leicht mit den langen Fingernägeln über die Brustwarzen des Knechts, die behaart sind, die Augenlider des Knechts zucken, die langen Fingernägel des Struwwelpeter federn. An den Händen beiden ließ er sich nicht schneiden seine Nägel fast ein Jahr, und jetzt kämmt der Struwwelpeter mit diesen Fingernägeln die Brusthaare des Knechts. Das Clowngesicht hebt seine Larve im Sterbezimmer an und läßt den Gummi zurückschnalzen, er geht zwei, drei Schritte zur Seite und krümmt sich in einer Ecke vor Schmerzen.

Von Klagenfurt nach Hause gerufen, ging ich, während die Martha hochaufgerichtet im Bett saß, ununterbrochen im Großelternzimmer auf und ab. Ich nahm nicht mehr an, daß sie überleben würde. Ununterbrochen schrie sie. Wer bist du denn? sagte sie zu mir. Wer bin ich denn, fragte ich mich. Dein Bruder bin ich, der Seppl, sagte ich zu ihr. Die Tantehertha kam, weinend lief sie zur Tür mit einem Strauß Blumen herein und wollte die Martha, sich über das Bett beugend, küssen. Die Martha stieß sie von sich. Verschwinde! sagte sie, verschwinde! Starr vor Schreck, aber nur deshalb, weil ich als Kind und Jugendlicher ebenso meine Verwandten, wenn nicht direkt, so in meiner Verachtung, die ich für sie übrig hatte, von mir stieß, stand ich vor dem Bett. Als Kind schon, sagte ich mir, in den Spiegel der Fensterscheibe blickend, habe ich sie von mir weggejagt, du, meine Schwester jagst sie erst jetzt weg, wo du verrückt bist. Zu spät, Martha, zu spät. Tränen traten mir in die Augen, während ich wie damals beim Tod des Enznopas, als ich acht Jahre alt war, am Fenster stand, glücklich einen toten Großvater im Haus zu haben, dieselben Tränen traten mir in die Augen, als ich mir den Tod der Schwester vorstellte. In *Abschied von den Eltern* beschreibt Peter Weiss den Tod seiner Schwester. Sie starb durch einen Verkehrsunfall. Dasselbe Buch nahezu zehn Jahre, nachdem ich es das erstemal gelesen hatte, aus dem Regal nehmend fällt mir auf, daß ich gerade die Stellen, wo Weiss den Tod seiner Schwester beschreibt, angestrichen habe. Ich sah in ihrem Tod den Tod der Martha. Ich stellte mir vor, wie sie auf der Bundesstraße von einem Lastwagen getötet wird. Der Vater trägt sie über die Straße. Ihre Hände pendeln über seine Arme. Ihr langes Haar schlägt leise an seine Kniescheiben und flimmert in der Sonne, brünett ist es, und langsam wird es kalt. Ich werde es angreifen und davor erschrecken. Den Umschlag dieses Buches habe ich mit einer selbstklebenden Plastikhülle in Schutz genommen. Ich beschützte dieses Buch wie mein Leben. Überall schleppte ich es hin. Mit diesem Buch vollzog sich der Abschied von meinen eigenen Eltern. Wie ich besuchte Peter Weiss die Handelsschule, wie er hätte ich zu einem Kapitalhüter ausgebildet werden sollen, aber ich schloß diese Schule nicht ab. Die ersten Sätze dieses Buchs kannte ich auswendig. »Ich habe oft versucht, mich mit der Gestalt meiner Mutter und der Gestalt meines Vaters auseinanderzusetzen, peilend zwischen Aufruhr und Unterwerfung. Nie habe ich das Wesen dieser beiden Portalfiguren meines Lebens fassen oder deuten können. Bei ihrem fast gleichzeitigen Tod sah ich, wie tief entfremdet ich ihnen war. Die Trauer, die mich überkam, galt nicht ihnen, denn sie kannte ich kaum, die Trauer galt dem Versäumten, das meine Kindheit und Jugend mit gähnender Leere umgeben hatte.« Wenn mir ein Schulkollege eine Frage beliebiger Art stellte, gab ich die ersten Sätze dieses Buches zur Antwort. Ein Verrückter, sagten sie, ein Verrückter. Einen Satz von Solschenizyn auf einem Werbeplakat des Verlages hefteten damals der Deweishermann und ich auf die Südwand des Heustadels meines Vaters, wo auch die Werbetafeln der Bunten Illustrierten festgenagelt waren. Die vorbeigehenden Bauern blieben stehen und lasen: »Eine Literatur, die nicht den Schmerz und die Unrast der Gesellschaft wiedergeben kann, die nicht rechtzeitig vor den moralischen und sozialen Gefahren warnen kann, verdient den Namen Literatur nicht.« Auch der Vater stand damals unzählige Male vor diesem Satz und ließ ihn sich durch den Kopf gehen, aber jetzt geht er in meiner damaligen

Vorstellung mit der getöteten Schwester am Heustadel vorbei. Plötzlich füllen sich die Fenster der Häuser mit Köpfen. Alle wollen sie sehen, wie der Vater seine tote Tochter über den Hügel ins Haus trägt, noch einmal fällt er unter der Last der toten Martha zu Boden und erhebt sich, meine Mutter Maria eilt zur Tür hinaus und will dem Vater helfen, besinnungslos vor Trauer sagt er, Laß mich mit ihr allein. Der Fuß der Martha schleift auf dem Boden, aufgerissen sind ihre Strümpfe, aufgerissen ist ihr Unterleib. Grauenhafte Bilder stellte ich mir vor. In ihnen fühlte ich mich wohl. Sie hielten mich am Leben und meine Seele in Atem. Die asphaltierte Dorfstraße, die schwarze Zunge, über die jeder Traktor fuhr, jedes Kind lief und über die schwer schnaufende Rinder trotteten, bewegte sich und lallte, Die Martha ist tot, die Martha ist tot. Wir müssen jetzt das Totenbett herrichten. Mein Bruder Michl und ich. Komm! Was? Du willst nicht. Mame! Er will schon wieder nicht, gestern wollte er das Holz nicht ins Haus tragen, und heute will er das Totenbett der Martha nicht herrichten. Mame, gib ihm die Rute, er soll mir helfen, ich will nicht immer allein Holz in die Küche tragen, alle wärmen sich am warmen Ofen, jeder soll sich das Holzscheit, das ihn wärmt, selber ins Haus tragen. Diese tausend oder abertausend Holzkörbe, die ich schon getragen habe. Immer mit dem leeren, geflochtenen Bastkorb in den Holzschuppen gehen und mit dem gefüllten, schweren Korb ins Haus zurückkommen und dabei immer auf die Scheite des Holzes blicken. Manchmal schlug die Mutter die Kante eines Scheites auf den Kopf des Huhns, das sofort zusammensackte, und stieß ihm das Messer in den Kragen, wühlte in ihm, wie der Vater in ihrem Schoß. Den *Abschied von den Eltern* kaufte ich mir mit Geld aus

Vaters Brieftasche. Manche Karlmaybücher kaufte ich mit Geld, das ich aus der Brieftasche der Oma nahm. Als sich ihr Tod ereignete, wurde jedem der Enkelkinder ein Geldbetrag von fünfhundert Schilling überwiesen. Sie schrieb in ihr Testament, daß ihr Bargeld zum Erbe der Enkelkinder werden sollte. Jeder der Geschwister hatte ein Sparbuch. Ich sah, wie nach einem Jahr vielleicht der Vater die Sparbücher der Brüder aufblätterte, ich sah, daß mein Sparbuch unter dem Sparbuch der Schwester lag, er wird es als letztes sehen. Angst stieg in mir auf. Ich verließ die Küche. Ich verkroch mich im geschwisterlichen Schlafzimmer. Der Vater wird erbost sein. Ich habe mein eigenes Geld gestohlen. Unter dem Bett meines Bruders lag ich und zitterte. Ich hörte Michls Schritte über die Stiege kommen, nein, es war nicht das Getrippel einer Ratte, es waren die geschmeidigen Schritte des Bruders, beflügelt von der Lust, mich vor den erbosten Vater zu zitieren. Sepp, rief er, du sollst zum Tate in die Küche kommen. Ich kroch heraus. Die Tür stand offen. Wäre sie geschlossen gewesen, hätte ich wenigstens die Klinke nach unten drücken können, und wieder wäre Zeit vergangen. Soll ich jetzt sterben? Über den Balkon könnte ich hinunterspringen, wenn ich nur den Fuß breche, wird er mich dafür sicherlich nicht schlagen, er müßte dafür Sorge tragen, daß ich ins Krankenhaus käme. Spatzen würden erschrocken zur Seite springen, dann wie Knallkörper hochfahren. Es ist mein Geld, ich kann mit meinem Geld machen, was ich will, er wird von diesem Diebstahl aus meiner eigenen Tasche nicht auf einen Diebstahl aus Vater- und Muttertasche schließen, im Gegenteil, weil ich mein Geld von meinem eigenen Konto abgehoben habe, wird er nicht annehmen, daß ich auch aus seiner Brieftasche Geld gestohlen habe. Ich hatte ein Argument gegen meinen Sturz über den Balkon gefunden. Also ging ich, wie betrunken betrat ich die Stiege, hielt mich fest am glatten Geländer, die Zwischentür, die vor dem Stiegenaufgang hängt, wird groß und größer, durch die Fensterscheibe sehe ich bereits die Haustür des Hinterausgangs, die Zwischentür quietscht, und ich stelle mir vor, wie die Kücheninsassen auf meine Schritte lauschen. Jetzt bekommt er Schläge, geht es der Martha durch den Kopf und sie blickt dem Vater auf die runzelnde Stirn, Schläge bekommt er, denkt sich der erste, Schläge bekommt er, denkt sich der zweite, Schläge bekommt er, denkt sich auch der dritte Bruder. Nicht schuldbewußt, denn ich habe mein eigenes Geld gestohlen, öffne ich entschlossen die Tür. Was ist denn? frage ich, als ob ich nicht wüßte, worum es geht. Wo ist dein Geld? Mein Geld? Ich habe mir damit Karlmaybücher gekauft, Durch die Wüste, Old Shurehand, Von Bagdad nach Stambul und so weiter. Ich hatte mich in meinem Vater getäuscht. Statt daß er mich schlägt, sagt er, Jetzt hast du also kein Geld mehr, und entrüstet wendet er sich der Mutter zu und sagt wieder, Sein ganzes Geld hat er heimlich abgehoben! Noch stehe ich zitternd vor ihm, aber allmählich legt sich meine Ängstlichkeit, hätte sich nicht ausgezahlt über den Balkon zu stürzen, sage ich vor mich hin, in einer Haltung, die dem Vater den Eindruck von Reue machte, aber gerade weil er mich jetzt nicht schlug, verachtete ich ihn. Umsonst stand ich vor der weißen Balkontür mit dem großen, glotzigen Fenster und fragte mich, ob ich einen Schritt vor oder einen Schritt zurück gehen solle. Schlag mich, da hast du die Rute, dort liegt der Kalbstrick, schlag mich, sonst bring ich mich um. Einmal kaufte ich mir außer einem Karlmaybuch eine Hautcreme, wie sie meine Schwester verwendete. Sie war grün, roch parfümiert, und als ich sie in meinem Gesicht verteilt hatte, war es eine farblose, angenehme, hauchdünne Fettschicht, die über meiner empfindlichen Haut lag. Ich will keinen Stallgeruch auf der Haut. Ich will keinen Pferdeschweiß unter den Achseln. Ich stehle Geld, um mich parfümieren zu können, einen Deospray kaufte ich mir ebenfalls bei der Apothekerin in der Marktgemeinde, eine Sonnencreme kaufte ich mir, alle sagen, daß ich katzenbleich bin, der Blutarme, das war mein Beiname, nicht Adlerauge, Kirchenblätter bringt er uns samstags, Kirchenblätter, aber irgendwann wird er mit diesem Stoß Blätter auf dem Boden liegen bleiben, der Wind wird die Blätter vor die Kirche hintreiben und anklopfen, Macht auf, ein Kindersarg wird folgen, macht auf, eingekleidet ist dieses Kind in weiße Blätter, voller Buchstaben sind sie, überallhin hat sich dieses Kind Wörter gemalt, auf die Unterarme, in die Handinnenflächen, auf die Fußsohlen wie in die Genitalgegend, überallhin malte ich mit Tinte oder Tusche Wörter, zusammenhängende oder unzusammenhängende, unzusammenhängende waren mir lieber, was ich nicht verstand, hielt mich in Atem, was ich verstand verachtete ich. Also Apothekerin, geben Sie mir die Pizbuinsonnencreme, die bessere bitte, ich will schnell braun werden. Schlecht siehst du aus, sagte die Apothekerin, hast schon wieder Ränder unter den Augen. Der Mesner soll achten, daß an die Totenglocke ein neuer Strick kommt, er wird reißen, wenn meine Leiche eingeläutet wird, er ist sehr dünn, und wenn nach wenigen Schlägen plötzlich die Totenglocke verstummt, was ist dann? Ein neuer Strick muß her, Almosen für den Glockenstrick, ich halte den Hut des Vaters und gehe von Haus zu Haus, ich bin bleicher als die Hostie, denn in ihr ist das Blut Jesu.

Augenschatten hat er, seht euch das einmal an, er onaniert zu viel, im Stroh unter dem Leib eines Pferdes, unter den Zitzen einer Milchkuh oder am Grab eines toten Kindes, im Beichtstuhl genausogut wie in der Sakristei oder oben hinter den Pfeifen der Kirchenorgel, und seinen Samen möchte er am liebsten in den Tabernakel stellen, und der Priester soll ihn herausnehmen und erschrecken. Apothekerin, gib mir auch etwas gegen meine Augenschatten, ich will nicht, daß man jeden Tag zu mir sagt, daß ich zuviel onaniere. Ihre Töchter haben so schöne Hautfarben, ich bin in der achten Stufe der Dorfvolksschule, und Ihre Töchter gehen in die wievielte Klasse des Gymnasiums? Später erfuhr ich, daß sich die Apothekerin mit dem tiefbraunen Gesicht an einem Kalbstrick erhängt hat. Mein bester Freund, der früher Winnetou war, geht auch ins Gymnasium, aber seit er ins Gymnasium geht, ist die Zeit vorbei, wo er Winnetou und ich Old Shatterhand waren. Ich bin zwar Old Shatterhand geblieben und ich habe eine Schmetterfaust und wenn Sie mir die Creme für meine schöne Gesichtshaut und für die Augenschatten nicht geben, so lasse ich Sie im Karlmaybuch nachlesen, wozu diese Schmetterfaust fähig ist, immer nur auf die Schläfe, und der Mann fällt wie ein Stück Holz, geben Sie mir bitte das Mittel gegen meine bleiche Haut, im Fernsehn des Nachbarhauses, dort, wo die hungrigen und zerlumpten Kinder fernsehen, habe ich es gesehen, es kostet nicht viel, und wenn es mehr kosten würde, ich habs, es ist zwar gestohlenes Geld, ich habs der Oma vom Totenbett weggenommen, ich bin in ihr Zimmer geschlichen, als ich hörte, daß sie im Sterben liegt, ich sah hinein, bevor ich einen Schritt über die Schwelle trat, wollte ich ihr zuwinken, Grüß dich, Oma, dein Dieb kommt, nicht um deine Seele zu stehlen, ich bin nicht Gott, der an sich reißt, was er liebt, ich brauche Geld für ein Karlmaybuch, ich möchte jetzt *Winnetous Erben* lesen, wenn du jetzt stirbst, so ist Winnetou längst schon begraben, ich habe um ihn geweint, wie ich wahrscheinlich um dich nicht mehr weinen werde können, im Gegenteil, ich wäre froh, wenn du sterben würdest, verzeih mir, aber ich möchte weiterleben, und Winnetous Erben wird gelesen, ob du es willst oder nicht, auch ich bin ein Erbe Winnetous, wenn auch nur sein geistiger, ich weiß nicht, ob ich einen Menschen mehr geliebt habe als den leiblichen Winnetou in dem Buch, das aus Fleisch und Blut ist, er kämpft für den Frieden, er ist gegen die Ungerechtigkeit, hier auf dem Bauernhof und im Dorf erfahre ich mehr und mehr Ungerechtigkeit, daß ich den, der Gerechtigkeit liebt, lieben muß, ist klar, daß ich den, der das Feuer des Unrechtes schürt, töten will, ist genauso klar, ich will hundert Schilling von dir, dann gehe ich wieder, ich fahre mit dem nächsten Omnibus nach Spittal und werde Winnetous Erben kaufen und vielleicht noch ein anderes Buch dazu. Ich sehe die Falten im Gesicht der Großmutter. Ich sage ihr die Uhrzeit, obwohl sie nicht danach fragt. Ich erzähle ihr vom Regen und vom Wind, obwohl sie nun im Sterben liegend nicht mehr weiß, daß es die Meteorologie der Froschphilosophie ist, die ich aus den täglichen Radionachrichten übernommen habe, der kleine grüne Tierzwerg mit den großen Augen und dem kopfbreiten Mund steigt über die kleine Leiter im Einsiedeglas und prognostiziert aus dem Mund des Radiosprechers das letzte Wetterleuchten meiner Kindheit, der Frosch rutscht auf der Leiter aus, fällt und bricht sich im Einsiedeglas das Kreuz, ausgerutscht und zu Boden gefallen ist er, meine Liebe, wenn du auf einem

glatten Heiligenbild ausrutschen wirst, werden die gefie-
derten Engel meiner Kindheit mit dem Gekreuzigten
über die An- und Abwesenheit Gottes philosophieren.
Wenn ich ohne Schutz und Schirm im Regen über die
geländerlose Holzbrücke gehe und der Fluß mit einer
Eisschicht bedeckt ist und ich von oben traumverloren
auf zwei eingeglaste Forellen blicke, wird mich, bevor ich
auf dem Schneebrett ausgleite, mein Invalidenschutzengel
unter dem Arm fassen und mich ans andere Ufer
begleiten. Ich werde vor deinem Totenkleid, das dort
hängt und raschelt, nicht erschrecken, nicht in deinem
Totenkleid ist Geld, sondern in dem Kleid, das du
sonntags immer trugst, wenn du in die Kirche gegangen
bist, um Opfergeld in den Opferbeutel zu werfen, rot ist
der Beutel mit einer langen Stange dran, und ich war der
Erzministrant, der den Mesner, wenn er krank war, beim
Geldeinsammeln vertrat, ich ging von Reihe zu Reihe, bei
den Kindern sagte ich natürlich kein Wort des Dankes,
sondern blickte ihnen nur ins Gesicht, wenn sie ein paar
Groschen fallen ließen, sie hatten das Geld wie ich
ohnehin nur von den Eltern bekommen, um es in den
Klingelbeutel zu werfen, Reihe für Reihe ging ich ab, wie
der Vater die Rinderreihen im Stall kontrollierend auf
und ab gegangen sein mag in Gedanken an das Geld, das
ihm die Tiere einbringen würden, weiter ging ich mit dem
Klingelbeutel zu den Erwachsenen und schenkte auch
denjenigen, die ich verachtete, kein Wort des Dankes, nur
diejenigen, die ich achtete, brachen mir das Wort *Ver-*
geltsgott von den Lippen. Als mir der Pfarrer Franz
Rheinthaler sagte, daß ein Gasthaus, ein Raum ohne
Gott, *renoviert* werden kann, die Kirche aber *restauriert*
werden muß, glaubte ich den Unterschied zwischen den
beiden Wörtern verstanden zu haben, aber ich weiß

nicht, manchmal bin ich skeptischer als Gott, wenn er vor einer Kinderleiche steht und seinen Bart krault und sieht, was er angerichtet hat, Opfer für das Jesukind will ich rufen, jede Geburt und jeder Tod kosten Geld, Opfer für das Kreuz zu Ostern, wenn jemand als Jesus verkleidet bei den Passionsspielen des Dorfes über die schwarz asphaltierte, pestartige Dorfzunge gehen wird, mit einer Dornenkrone auf dem Kopf. Jeder, der Jesus spielen durfte, war stolz drauf, er träumte in der Nacht davon, der Gekreuzigte zu sein, er träumte von großen Reden und Revolutionen der Menschlichkeit, wenn auch nur ich es war, der davon träumte, als Jesus verkleidet über die Dorfstraße zu gehen. Wer wird denn heuer die Mutter Maria spielen, meine Schwester am besten, denn ich will nicht, daß meine Mutter zu Boden fällt und sich für ein Passionsspiel blutig schindet, die Schwester wird es leichter ertragen, die Mutter hat schon genug Blut verloren, sechs Kinder hat sie, und was ist mit den anderen, den weißen Schmerzen der Seele, die unblutig sind? Und wenn heuer ich den Jesus spiele, dann bleibt das Passionsspiel in unserer Familie, der Gustl soll der Pilatus sein, er wird mich auspeitschen, er haßt und verachtet mich ohnehin, und jetzt zur Osterzeit im Passionsspiel hat er gute Gelegenheit, mich öffentlich an den Pranger zu stellen, Ans Kreuz mit ihm, ruft das Volk des Dorfes, Ans Kreuz mit ihm, er hat der Oma vom Totenbett weg Geld gestohlen, um Winnetous Erben lesen zu können, Ans Kreuz mit ihm, er hat beim Onkelraimund Geld für ein Buch gestohlen, er hat gelesen und gelesen, während er auf den Heuaufzug wartete, er hat gelesen, während er die Rinder, Kühe und Pferde auf den uneingezäunten Feldern hüten mußte, während wir Heu mit der Gabel auf die Fuhre hoben und den Schweiß von den Stirnen wischten, während wir auf einem Feld hockend den ranzigen Speck aßen, hat dieser Arbeitsscheue Geld gestohlen, Bücher gekauft und sich in eine andere Welt versetzt, wo eine Kugel in den Stamm drang und Old Shatterhand im letzten Augenblick den Kopf zur Seite schob, als Winnetou von weitem einen Fremden in ihm vermutet hatte, der ihn töten wollte, haarscharf ist die Kugel am Stamm vorbeigegangen, es wäre ein Schuß mitten in die Stirn gewesen, entsetzlich, Winnetou hätte seinen besten Freund getötet. Als Winnetou seinen Freund erkannte, gingen sie aufeinander zu und umarmten einander, und ich roch das schwarze zu einem Schopf auf dem Hinterhaupt zusammengebundene Haar, und ich sah die Lederhaut der Klapperschlange auf seiner Bronzestirn und seine Augen, die Liebe ausstrahlten, ja ich verwandelte mich über Jahre in immer andere Gestalten, meistens war ich Old Shatterhand, der Winnetou liebte, der in ihm Gerechtigkeit und Schönheit, indianische Würde und die bedingungslose Wahrheit der Sonne verehrte. Nicht die väterlichen Zugpferde im Stall, nein, die Indianerpferde verehrte ich als Tiere, nicht die Fähre, nein, die Kanus sollten meine Mutter und mich über die Drau zum Arzt bringen, und Indianer sollten uns aus dem Boot heben, als wären wir Häuptlingssohn und Häuptlingsfrau, die immer, wohin sie auch reiten, von mehreren Kriegern begleitet und beschützt werden, vor dem Arzt sollen sie mich beschützen, er will mir einen Milchzahn reißen, das wird weh tun, aber ich habe ja ein Karlmaybuch bei mir, ich werde meine beiden Zeigefinger fest zwischen die Seiten klemmen, bis die Finger in die Buchstaben bluten, dann werde ich nichts mehr spüren, ich werde lachen, wenn mir der Arzt den Zahn gezogen haben wird. Der Gustl wird mir die Nägel in meine Hand schlagen, andeutend, aber Andeutung ist schlimmer als die Wirklichkeit, meine Finger werde ich spreizen, als ob er wirklich in die Hand geschlagen hätte, vor Schmerzen werde ich brüllen und alle werden sagen, daß ich auf eine Schauspielschule gehen sollte, ich sollte mein ganzes Leben nichts als Figuren der Bibel nachspielen, nie eine andere Rolle annehmen, dann wird mich der Papst heiligsprechen, wer wollte nicht angebetet werden? Selbst Gott will angebetet werden, man verehrt ihn mehr als die Menschen, und man verachtet ihn nicht einmal, wenn er einen Menschen sterben läßt. Der Mann aus dem Volk weiß, daß Gott den Verstorbenen zu sich genommen hat, er sagt, daß es Gottes Wille war, und er glaubt an Gott bis zu seinem Tod, und seinen letzten Atem haucht er Gott ein, von diesen Millionen und Milliarden letzter Atemzüge lebt Gott. Willst du Tee, fragte ich die Oma, willst du Kaffee oder willst du deinen Enziankäse, von dem ich immer ein bißchen essen durfte? Sie sagt kein Wort. Getrost kann ich die Kastentür öffnen. Sie wird quietschen, und gleich wird der Geruch von Mottenpulver ins Zimmer strömen. Wie reagiert eine Sterbende auf Pulver gegen Ungeziefer? Sie rührt ein wenig ihre Stirnfalten, es ist die Schlacht mit Gott, beide haben sie jetzt soviel miteinander zu tun, daß sie nicht aufpassen kann und er schon gar nicht. Ich kann das Geld getrost aus dem Kasten nehmen. Ich werde Weihwasser trinken und meine Ungeheuerlichkeiten beichten. Gott wird mir verzeihen. Bring ihr jetzt Pfauenfedern und leg ihr die schönen, blauen Augen auf die Lider, sie schläft. Wenn der Vater zur Tür hereinkommt, wird er vor ihren Pfaufederaugen erschrecken und die Tür schnell wieder schließen, ehe er die Tür neuerlich öffnet und entschlossen, aber vorsichtig auf sie zugehen wird. Während der

Rechenaufgaben, die mir schwer fielen wie kaum etwas anderes in der Schule, saß ich in ihrer Nähe und ließ mir die Lösungen diktieren, aber sie rechnete falsch, jede Und- und Wenigerrechnung war falsch, jede Multiplikation oder Division war falsch. Es hilft dir nicht, daß die Oma einsagt, höhnte die Martha, das meiste ist falsch. Und wenn es falsch ist, so kann ich in der Schule zum Lehrer sagen, daß es die Enznoma errechnet hat, nicht ich.

Abgöttisch wurde der Michl vom Enznopa geliebt. Immer noch sehe ich, wie er auf seinem Schoß sitzt, immer noch sehe ich die Bilder, die damals der Onkelfranz schoß, immer war es mein jüngerer Bruder, der Michl, der auf dem Schoß des Großvaters saß. Auf den Bildern stehe ich meistens in der Nähe des mütterlichen Schoßes. Auf einem Bild bin ich ein Jahr alt, und sie hält mich im Mutterstolz auf ihrem Schoß, während ich mit meinen Fingern spiele. Alle Verwandten liebten den Michl mehr als mich, er wurde vom Opa bis auf das Totenbett hin gehätschelt und verehrt. Der alte Mann war der Speichellecker eines Kleinkindes. Man brachte mir bei, wie ich den jüngeren Bruder zu verachten hatte. Alle Verwandten sagten, Du bist also Opas Liebling. Ich war Opas Bösling. Er spürte meine Fantasien. Er verachtete mich, er ging grob mit mir um. Als er schon halb gelähmt war, stand ich ein paar Meter vor ihm und wollte mich fangen lassen, aber bevor mich seine erstarrten Hände erreichen konnten, glitt ich zurück und lachte. Mein Vater war sein drittältester Sohn. Der Hoferbe benimmt sich wie einer, der zum Chef aufrücken, der das Geschick der Familie lenken wird. Er wird seinen Vater nicht enttäuschen. Vielleicht sagte er ihm noch am Totenbett, Vota, du kannst es nicht mehr erleben, aber ein sechstes Kind wird noch kommen, ich werde gleichviel Kinder haben wie du. Nein, er enttäuschte ihn selbst am Grab nicht. Lachend sagte der Vater, als das sechste Kind, der Adam, noch gar nicht auf der Welt war, Es muß ja nicht das letzte sein. Siegesgewiß sagte aber die Mutter, Jetzt will ich kein Kind mehr, nein. Eine Vogelscheuche kann der siebente Bruder sein, draußen auf dem Feld, und die Raben vom Stehlen abhalten. Du stiehlst wie ein Rabe, sagten sie zu mir. Eine Stroh- oder eine Plastikpuppe kann er sein, die irgendwo im Gestrüpp des Dorfbaches hängengeblieben ist. Wie freute sich doch der Vater, als auch ihr sechstes Kind ein Sohn und keine Tochter war. Wieder ein billiger Knecht. In privaten Hofkleidern überbrachte ich der Enznoma die Nachricht vom Tod Papst Johannes XXIII. Ich hätte in die Kirche gehen, die roten Ministrantenkleider anziehen und die Nachricht in Vertretung des Priesters feierlich überbringen sollen. Ich stelle mir vor, selbst auf dem Feld bei der Heu- und Getreideernte in Ministrantenkleidern neben meinen drei schwarzen Turnhosen und weiße Leibchen tragenden Brüdern zu arbeiten. Einmal, ich hatte Hunger nach Süßigkeiten, nach Schokolade oder Bonbons, die ich mit meinem jüngeren Bruder teilen wollte, öffnete ich wieder in der Speisekammer eine Schublade, wo das Geld meiner Mutter verborgen war. Es war der Tisch, auf dem sie die Jause, den Speck und das Brot, den Käse auseinander- schnitt und in die Küche trug. Ich nahm zehn Schilling. Michl traf ich beim größten Dorfbrunnen und sagte zu ihm, Paß auf, vielleicht finden wir jetzt irgendwo beim Brunnen zehn Schilling, dann gehen wir zum Deutsch und kaufen uns Schokolade. Er sagte kein Wort und folgte mir. Ich sah um mich und beobachtete seine Blicke. Da! rief ich, und schnell, ohne daß er es merkte, zog ich das Zehnschillingstück aus der Hosentasche und legte es auf den Rand des Brunnens, Schau, zehn Schilling, damit können wir uns ein paar Tafeln Schokolade kaufen, komm, laufen wir. Ich habe hier beim Brunnen schon öfter etwas gefunden, sagte ich zu ihm, während wir zum Kaufmann gingen. Er wußte, daß es gestohlenes Geld war. Er verschwieg es eine Zeitlang, aber wenige Wochen später bei einem Streit erzählte er es der Mutter, die gerade Vorbereitungen für unser gemeinsames Bad traf. Er lügt, sagte ich zur Mutter. Die Mutter glaubte meinem Bruder, aber sie widersprach mir nicht. Sie sah mir in die Augen, sah, wie ich errötete und mit gesenktem Kopf zum dünnen Faden des Wasserstrahls ging, der in einen Eimer plätscherte. Dieses gemeinsame Baden, samstags, wenn wir stritten und einander verachteten! Michl urinierte ins Wasser, und mich ekelte vor dem Badewasser. Ich urinierte ins Wasser, und ihn ekelte vor dem Badewasser. Gemeinsam, einander gegenübersitzend urinierten wir ins Badewasser, der Urin vermischte sich und war neben der Terpentinseife unser Badezusatz. Ich blickte ihm in die Augen, während er wie in sich selbst versunken im Wasser saß und etwas schwerer schnaufte, Jetzt schifft dieses Schwein, sagte ich zur Mutter. Ich will nicht mehr gemeinsam mit Michl baden, Mame, ich will nicht mehr, laß mich raus. Mein jüngerer Bruder und ich. Wir haßten und liebten uns. Wir teilten alles, wir teilten das Badewasser, wir teilten jahrelang das Bett, Butterbrot und Schokolade. Aber wann lag schon Schokolade in unseren warmen Händen und zerfloß zwischen den Fingern? Weihnachten, wenn der Christbaum behangen war. Einmal, am Weihnachtsabend, rief jemand über die Stiege nach einer Schere. Wie vom Blitz getroffen drängte ich mich in die Küche an die Schublade, stieß den Michl zur Seite, holte die Schere heraus und ging andächtig und leise zur Küchentür hinaus, die eiskalte Schere in meinen warmen Kinderhänden, die Stiege hinauf. Ich werde an die Tür klopfen. Jemand wird sie mir öffnen, aber nur einen Spalt, denn es ist gerade der Engel im Zimmer, er schmückt den Weihnachtsbaum, er braucht die Schere für die Pakete, er braucht die Schere für die kleinen Schokoladeschnapsflaschen, für die Schokoladelämmer, für die Schokoladesonne und für den Schokolademond, für die Schokoladeschweinchen und für die vielen Schokoladeengel, er braucht die Schere für die Schokoladehufeisen und für den Schokoladerauchfangkehrer, für das Schokoladevierklee, das uns im neuen Jahr Glück bringen soll, der Engel braucht die Schere für die goldenen Schnüre, damit auch die grünen Schokoladenfrösche an den Ästen der Fichtenzweige festgebunden werden können, damit die blonden Watteengel, die Sternspritzer und die Kerzen befestigt werden können. Unter dem Christbaum muß eine kleine Krippe stehen mit Ochs und Esel, mit dem Jesukind, das noch voll Schleim und Blut ist, ein Embryo aus dem Mutterleib mit auseinandergebreiteten Armen, der kleinste Bruder, der im Juli auf die Welt kommen wird, ist in ihrem Mutterleib gerade angewachsen und groß genug, um herausoperiert und in die Weihnachtskrippe gelegt werden zu können, aber es wurde ein Jesukind in die Wiege gelegt, das ich aus Stroh geflochten hatte. Ich klopfte also an die Tür des Großelternzimmers, und jemand öffnete sie, ich streckte meine Hand mit der Schere aus, den Blick zu Boden gesenkt, um dem Engel, der mir öffnete, nicht in die Augen zu blicken, wie auch Zofen mit niedergeschlagenen Augen vor ihren Herrschaften stehen. Ich berührte seine Hand, während er die Schere übernahm, aber es war keine seidenweiche, blutlose Hand wie sie ein Engel haben mußte, es war eine Hand, die der Schwesterhand ähnlich war, es war die Schwester, die an die Tür kam, der Engel hatte mit den Geschenken zu tun, der Engel schmückte den Christbaum. Wäre ich in Staub zerfallen, wenn mir der Erzengel erschienen wäre? Die Schwester ist die älteste und größte, die Schwester darf dem Engel helfen und ich nicht. Sie trug Geheimnisse mit sich herum. Sie redet öfter mit der Mutter über Dinge, die, wie sie sagt, uns nichts angehen. Aber ich will alles wissen und alles sehen, mir darf nichts verborgen bleiben. Ich öffne alle Türen selber, und wenn ich sie nachts durch Geheimgänge schleichend aufbrechen muß. Verbarg jemand vor mir etwas, reizte er mich bis aufs Blut. Ich stellte mir den Engel groß und schlank vor, mit langen, weißen, geschminkten Flügeln, die seine Schultern verbreiterten, Flügeln, die Nähte an der Wirbelsäule hatten, dort wo der Flügel aus dem Fleisch gewachsen war. Manchmal streift der Flügel des Engels die Schulter der Schwester, die ihm hilft, den Christbaum zu schmücken, Entschuldige, sagt die Schwester höflich, und der Engel nickt ihr lächelnd zu, während er ein goldenes Band von einem zum anderen Fichtenast bindet. Wo ist der Vater? Im Stall, sagt die Mutter. Wann ist der Engel fertig, wann können wir ins Zimmer gehen? Bald, sagt die Mutter. Wird der Engel im Zimmer bleiben? Nein, er wird irgendwoanders gebraucht, vielleicht geht er dann zum Aichholzer runter. Mit den bloßen Hausschuhen an den Beinen gehe ich zur Hintertür, heute ist Weihnachtstag, heute liebt mich der Tate, heute liebe ich meinen Tate auch. Ich gehe über den Hof, der in der Mitte von einem Brett, das ein wenig vom Eis geglättet worden, getrennt ist. Zur linken und rechten Hand liegen wie hochgehende

Wasserflügel an der Schnauze eines Schiffes die Schnee-wächten, dazwischen, gerade um einen halben Kopf größer als die beiden riesigen Schneehaufen, laufe ich über das Brett und gelange zum Eingang des Stalls. Ich sehe noch Licht. Heute riecht es im Stall nach Weihrauch und Myrrhe, heute ist ein großer Tag, heute wird das Jesukind auf die Welt kommen, Meine Mame, meine Mame, rufe ich den Tieren im Stall in die Augen blickend entgegen, meine Mame wird das Jesukind auf die Welt bringen. Feierlich riecht es im Stall nach dem Kot der Tiere. Obwohl es nach Kot und Urin riecht, heute ist Weihnachtstag, heute ist es ein feierlicher Geruch. Myrrhe und Weihrauch müssen es sein, den Tieren tropft das Weihwasser, dicke Fäden spinnend, von den Lippen, es fallen die Tropfen ins Stroh, aber auch das Jesukind wird im Stroh geboren. Ich möchte dem Jesukind mein Leintuch geben, sage ich zum Vater. Schneller kämmt er die hängende Mähne seines Lieblingspferdes, lächelt, und ich stehe spitzbübisch hinter seinen großen Beinen und blicke auf seine Schulter hoch. Manchmal geht er ein wenig gebückt, er hat öfter Kreuzschmerzen, wie Jesus. Ich gehe in den hinteren Stall und sehe dem Ochsen ins Auge, Einer deiner kleineren Brüder steht in der Krippe unter dem Christbaum, er paßt aufs Jesukind auf. Tate! Ist der Ochse böse? Geh nur nicht zu nahe ran! Wird er das Jesukind aufessen? Ängstlich blicken die Kinderaugen auf die tröpfelnde Schnauze des Ochsen und auf seine Nase. Hat der Ochse einen Nasenring, weil die Mame und die Martha Ohrringe haben? Er hat den Ring, damit er angebunden werden kann. Er tänzelt hin und her, will sich losreißen, aber es gelingt ihm nicht, es schmerzt in seinen Nasenlöchern, er wird ruhig bleiben, von den Schmerzen wird er lernen. Niemand im Dorf hat einen

Esel. Dann also keinen Esel an der Krippe des Jesukindes, unser Zugpferd, die Onga, soll verkleinert unter dem Christbaum stehen, ja, die Krippe ist das Wichtigste, lehrte uns der Pfarrer, ein Christbaum ohne Krippe ist kein Christbaum, ist ein bloßer, wohl aufgezuckerter Tannen- oder Fichtenbaum, aber noch lange kein Christbaum. Der fallende Schnee verstärkte die Idylle des Weihnachtsabends. Friede war im Haus. Friede. Aber ich wollte in diesem Augenblick Unruhe im Haus haben, ich begann zu weinen, zu schreien, ich forderte Schläge, ich konnte diesen scheinheiligen Frieden nicht ertragen. In ein paar Tagen, wenn die heiligen Tage vorbei sein werden, beginnt wieder der alltägliche Trott hinter den Tieren her, dann ist der Ochse nicht mehr der Ochse unter dem Christbaum, dann ist er wieder der verachtungswürdige Büffel, der draußen im Stall steht und mit der Kette rasselt. Wie verachtete ich später die scheinheiligen Meldungen vom Waffenstillstand im Nahen Osten am Tag der Geburt Christi. Gerade an solchen Tagen sollen sie sich gegenseitig erschlagen, wenn das neugeborene Jesukind noch blau ist und irgendeine Nabelzündschnur vom Explosionsfaß getrennt wird. Diese Verschnaufpausen der Mörder unter dem Christbaum! Heute mit Sternenaugen auf den leuchtenden Christbaum blicken, die Hände falten, beten und morgen im Namen Gottes und im Namen der Diktatur weiter morden. Den Friedensnobelpreis für die indianische Friedenspfeife, für das Kalumet des Friedens! Immer wieder erzählte der Vater von seinen eigenen Kriegserlebnissen, wenn er vom Vietnamkrieg Meldungen hörte. Die Vietnamesen, sagte er, und die Amerikaner, ergänzte er. Als ob zwei Mächte am Heiligen Abend bei Waffenstillstand im Blut sich paaren und den Kriegsgott zeugen. Bei jedem Fest drehst du durch, sagte die Mutter, immer dasselbe, schrie sie mich an. Ich saß auf dem Klo, wo der Reif an den Rändern wuchs, die Unterseiten meiner Oberschenkel waren eiskalt, und entleerte meinen Darm, die Augen schwollen vor Anstrengung, die Kinderfüße pendelten über dem Betonboden. Bald wird es soweit sein, bald wird uns die Mame rufen, der Christbaum wird glitzern und glänzen, winzige Flammen werden hochzüngeln, und manche Äste, die verbrennen, werden den Geruch im Zimmer verstärken und alles noch schöner machen. Aber immer, wenn ich an pendelnde Füße über dem Holzboden denke, sehe ich die Füße von Jakob und Robert vor mir. Drei Monate nach Jakobs Tod sagte sein Vater zu mir, Heuer hatten wir grausame Weihnachten. Manchmal weiß ich nicht, was schön und was grausam ist. Manchmal bin ich wie ein Verlorener zwischen meinen Bildern und keuche. Alles hat sich verschoben, alles hat sich geändert oder nichts hat sich geändert, der Kehrwert dreht sich wieder um und der Reziprokwert ist wertlos geworden. Ich denke an den Geruch der verbrannten Zweige am Christbaum, an den Geruch der Sternspritzer, ich denke nicht nur daran, nein, ich rieche es jetzt. Ich sitze neben der Mutter, und der Vater betet, zum glitzernden Christbaum aufschauend wie zum Kruzifix, für den heuer verstorbenen Enznopa. Der Vater beginnt zu weinen, der Vater dankt dem Herrgott für den schönen Tag und bittet ihn um eine schöne Nacht. Der Vater dankt dem Herrgott mit den Worten, die er vom Enznopa gelernt hat, er hat ihm die wichtigsten Gebete beigebracht, die Tischgebete, die unser Vater meinem Bruder, dem Siege weitergab, die er mittags aufsagte, bis ich ein neuerlerntes Gebet nach Hause brachte und zum Vorbeter wurde, zumal ich Erzministrant war und den

Priester im Elternhaus vertrat. Der Vater betet für die armen Seelen im Fegefeuer, und ich weiß nicht, was das sind *Arme Seelen*, ich weiß nicht, was das ist *Fegefeuer*, aber wenn er ängstlich betet, muß es etwas Bedrohliches sein, also muß ich mitbeten, es kann ja sein, daß mein Leib eine arme Seele ist, die im Fegefeuer verbrennen wird. Er betet für eine gute Ernte, für die Tiere und für die Kinder, aber nicht gegen den Krieg, aber auch nicht für den Frieden. Schamvoll schaute ich ihm in die Augen und schmückte die Bilder, die er immer wieder aus dem Krieg erzählte, mit meiner Fantasie aus. Fällt eine Plastikfigur unter dem Christbaum, wenn der jüngere Bruder an das Tischbein stößt, wälzt sich ein Kamerad des Vaters im Blut. Die taube Pine sitzt zur rechten Seite des Vaters, die Mutter zur linken. Die Enznoma liegt im Bett, die Fingerspitzen ihrer gefalteten Hände sehe ich, sonst eigentlich nichts. Ob es der Engel an der Spitze des Baumes ist, der so schnauft und atmet? Ich blicke hoch und konzentriere mich auf seine Nasenflügel, aber sie bewegen sich nicht, scheu, fast vorwurfsvoll drehe ich meinen Kopf zur Seite und sehe die bebenden Nasenflügel der Oma. Ihre Fingernägel sind voller Schmutz. Sie betet. Sie erhöret Gott und Gott erhöret sie. Sie spricht mit ihrem heuer verstorbenen Mann, dem Enznopa, Das sind die ersten Weihnachten ohne dich. Die Kinder sind gewachsen, und ich werde bald an deiner Seite liegen. Über sechzig Jahre lagen wir nebeneinander, schmückten den Christbaum, und heuer auf einmal nicht mehr. Der Onga geht es nicht gut. Sie bäumt sich oft am Futterbarren auf, zerrt am Strick, Blutfäden spinnt sie aus dem Maul. Blutigen Hafer frißt sie. Es ist schön warm hier. Die Kinder stehen alle um den Christbaum und um mich herum, die Pine und der Oswald sind auch da, alle beten.

Wenn ich den Kopf ein wenig anhebe, sehe ich viele Weihnachtspakete, für dich ist keins mehr dabei. Ununterbrochen blicke ich tags im Bett liegend aus dem Fenster und sehe dem fallenden Schnee zu. Manchmal sehe ich den Pfau auf der Bachbrücke. Der Fichtenbaum ist nicht so groß wie im Vorjahr, aber er ist heuer üppiger, mehr Sternspritzer sind oben. Was mir wohl das Christkind gebracht hat. Der Jogl wird die Geschenke austeilen. Es riechen die Kerzen gut, wäre ich nicht halb gelähmt, ich käme natürlich heute zu deinem Grab und stünde nach der Christmette davor, aber ich kann nicht gehen. Man müßte mich mit einem Rollstuhl über die Dorfstraße fahren. Stell dir vor, der Jogl schiebt mich mit dem Rollstuhl durch den Tiefschnee. Oft würden wir steckenbleiben, bis wir mit einer halben Stunde Verspätung in die Mitternachtsmette kämen. Den Gekreuzigten halte ich auf die Brust, und um Mitternacht wird er in der Kirche geboren, ich muß ihn dann von der Brust nehmen, eine Krippe in meinen Händen wiegen. Stürz ich aus dem Rollstuhl, rufe ich dem Jogl zu, daß er besser aufpassen soll, aber vielleicht verliere ich die Krippe, und die Strumpfbänder reißen, wenn ich im Tiefschnee herumirre und nach dem Jesukind suche. Die Enznoma entfaltet ihre Hände, läßt sie auf der Bettdecke liegen. Ein Ast beginnt zu brennen, und die Schwester ist schnell zur Stelle, spitzt ihren Mund und bläst, bis sie wieder fast wollüstig, unter Atemnot, Luft in die Nase zieht. Was sie gibt, nimmt sie sich wieder. Der Sauerstoff atmet. Die schweren, abgearbeiteten Hände des Knechts liegen zum Gebet nebeneinander. Schau, Mame, Oswald kann auch beten. Seinen Namen schreiben kann er nicht, aber die Gebete versteht er. Drei Kreuze in die punktierte Unterschriftenzeile, so unterzeichnet er die Schriftstücke mit seinem Namen, wenn der Briefträger ein Formular auf den Tisch legt. Drei Kreuze, drei Kruzifixe, das ist sein Name. Die Pine aber, die kann mit ihrem wirklichen Namen unterschreiben. Ihr ganzes Leben lang las sie die Bibel und die Kirchenblätter. Der Vater steht auf, geht zum Christbaum und nimmt das erste Paket in die Hand. Mühsam entziffert er einen Namen, er hat seine Augengläser nicht bei sich. Michl! ruft er. Michl steht auf, nimmt das Paket und bedankt sich. Dann ruft er den Gustl, den Siege, die Pine, die Martha, die Mame, den Seppl, die Oma, den Oswald, und auf einem Paket steht sein Name, verlegen sagt er, Tate, und legt das Paket auf seinen Sitzplatz. Schnell packen wir die Geschenke aus, heuer habe ich ein Flanellhemd, eine lange warme Unterhose und ein paar Strümpfe bekommen, der Michl hat auch ein Hemd und ein paar Strümpfe und eine lange warme Unterhose bekommen, der Gustl zwei Hemden und der Siege auch. Wir tragen die Geschenke in unser Zimmer und legen sie aufs Bett. Dann gehen wir in die Küche hinunter, die Mutter wird den Rosenkranz beten, danach bekommt jeder ein Paar Würstchen mit Krenn, drauf wird das Weihnachtsgebäck gegessen und Glühwein dazu getrunken. Nach dreiundzwanzig Uhr gehen wir in unsere Zimmer, ziehen das neue Hemd, die neue Unterhose und die neuen Strümpfe an und bereiten uns auf die Christmette vor.

Wer von meinen Brüdern stürzte nicht einmal über unsere Haussteige und schlug sich das Gesicht, Beine und Hände wund? War es nicht die Gote, die mit Waschschüssel und blutigen Tüchern diese sechzehnstufige Stiege auf und ab hetzte, als wir geboren wurden? Ich lief diese Stiege in Stunden der Langeweile hinauf und hinab, bis ich erschöpft war und langsamen Schrittes ins Schlafzimmer ging und mich schwer keuchend aufs Bett legte, zufrieden, wenigstens etwas getan zu haben, mich wenigstens bis zur Erschöpfung angestrengt zu haben. Diese Stiege hat Geschichte. Cäsar und Kleopatra liebten sich auf ihr. Mattheu und Anders. Kriemhild stolperte mit dem blutenden Haupt Hagens über diese Stiege. Der Wolf kam und die Großmutter ging. Ich sah und siegte. Lief jemand über sie, so sprach sie von Eile. Ging jemand langsam hinauf, so keuchte sie. Sie war immer in Bewegung, denn damals, als noch alle lebten, waren wir zu elft mit den Großeltern, der Magd und dem Knecht, und es kamen die Ratten dazu, die auf und ab hopsten, ja, diese Stiege hat Geschichte. Einmal flog mir auf dieser Stiege eine Ratte mit aufgerissenem Maul entgegen, ich schrie und schlug die Tür vor ihr zu. Dieses Erschrecken und diese Angst haben mich mehr erschöpft als die ganztägige Arbeit auf dem Feld. Ich muß mich wieder hinlegen, die Mutter wird mich rufen, wird mich suchen, wird mich schlafend im Zimmer ertappen und wird sagen, Jetzt schläft er schon wieder. Steh auf und trag Holz, geh auf den Acker und hol einen Eimer Erdäpfel. Als die alte, dicke Enznoma schwer keuchend mitten auf dieser Stiege stand und nicht mehr weiter konnte, rief sie nach ihrem Sohn, Jogl, Jogl hilf mir, ich kann nicht mehr weiter. Jogl, Jogl. Sie rief so lange, bis jemand kam und sie an der Achsel faßte und langsam mit ihr hochging. Aus Angst urinierte sie. Schwer keuchend setzte sie sich in ihrem Zimmer auf den Diwan, lauwarm rann der Urin über ihre Strümpfe. Wenn sie alleine im Zimmer saß und nicht mehr die Kraft hatte, auf den Leibstuhl zu gehen, rief sie wieder, Jogl, Jogl hilf mir. Hörte sie niemand, urinierte sie auf den Diwan. Wenn man nach frisch ertappter Tat ihr Zimmer betrat, verschlug es einem Atem und Stimme.

Mit mitleidheischendem Blick hockte sie auf dem Diwan, den Kopf zur Tür gedreht, während der Urin vom Diwanrand auf den Linoleumboden tropfte. Wie eine alte Königin, dick und breit, mit einer Erntedankkrone auf dem weißen Haupt, hockte sie auf dem Thron und ließ Kotpatzen für Kotpatzen in den rostigen Eimer fallen. Wieder rief sie um jemanden, der ihr helfen sollte, den Arsch zu putzen. Einmal ging die Schwester mit zerknülltem Zeitungspapier in ihr Zimmer und säuberte ihren Arsch, einmal die Mutter, einmal der Vater, einmal die Gote. Oft trug ich den rostigen Koteimer aufs Klo und spülte ihn danach in der Schwarzen Küche aus. Als ihr Todestag näherkam, weckte sie um vier Uhr morgens den Vater auf, Jogl, rief sie, Jogl. Der Vater warf die Bettdecke zurück und trat mit seinen nackten, schmutzigen Füßen über den Linoleumboden, ging über den Flur, in ihr Zimmer, Bleib bei mir Jogl, ich muß sterben, bleib bei mir. Vor zwei Jahren schon hatte der Tod das Bett des Enznopas entleert, dorthinein legte sich der Vater und schlief mehrere Nächte bei seiner Mutter. Währenddessen schlief ich wieder im Bett des Vaters neben meiner Mutter. Sie wußte, daß der Tod ihrer Schwiegermutter bald eintreten würde. Beide gingen sie, der Vater zuerst, dann die Mutter, die Stiege hinunter, in den Stall hinaus. War seine Stallarbeit beendet, ging er winters, wenn Eis über den Brunnen gewachsen war, mit einer Axt hin und schlug ein Loch ins Eis, legte die Axt zur Seite und griff mit beiden Händen ins Wasser wie in einen Sack Getreide, hob es hoch und wusch sein Gesicht. Wie eine kalte, flüssige Maske rann es von ihm ab, zwei-, dreimal dieselbe Geste, dann schüttelte der Vater das Wasser von den Händen und ging aufs Haus zu, Wasser tropfte von seiner Nase, Wasser tropfte von seinem Kinn, Wasser rann über seine glühend heißen oder kalten Wangen, Wasser rann auf seine vorwärtsschreitenden Beine. Selten wusch er seine Hände mit Seife, und die Spuren des Schmutzes konnte man jeden Morgen am Handtuch sehen. Wenn er am Vormittag hinter seinem Pflug herging, konnte man auf dem Tisch das Handtuch ausbreiten und mit dem Zeigefinger auf seine Finger- und Gesichtsabdrücke deuten, Hier, hier und hier, die Maske seiner Arbeit, das ist sein Kameringer Schweißtuch. Ich blicke auf die Tastatur meiner ersten mechanischen Schreibmaschine, die mir der Vater, als ich in die Handelsschule ging, gekauft hatte. Er wußte nicht, daß diese mechanische Schreibmaschine mein erstes Werkzeug sein sollte, das mir half, wie ein Mineur einen Stollen zu erarbeiten, einen Berg zu durchbrechen, um an der anderen Seite ein neues Licht zu erblicken, das mich anfangs blenden und meine Hände automatisch an die Stirn und vor die Augen werfen würde, die Schreibmaschine wies den Weg in die Freiheit, sie konstruierte den Abschied von den Eltern Anschlag für Anschlag, Zeile für Zeile, Seite für Seite, Buch für Buch. Ich wünschte, das Papier könnte sich aufbäumen, wenn ich etwas Falsches sage. Ich war sehr glücklich, wenn der Vater mit zahnlosem Mund auf dem Misthaufen stand und die gelben Hahnenfüße ordnete, seine Oberkieferprothese war bei einem Zahnarzt tagelang in Reparatur. Er konnte nicht schreien, er wagte kaum zu lachen, er wollte nichts reden, er kaute versteckt an seinen Lippen, er war in diesen Augenblicken fast zärtlich. Was schenkst du deinen Kindern zu Weihnachten, hörte ich einmal jemanden meinen Vater fragen. Der Vater zuckte die Schultern und sagte, Sie haben ohnehin alles, was sie brauchen, was sollen wir ihnen schenken. Wenn jemand am ersten Tag des neuen Jahres zur Mittagszeit unser Haus betrat, so glaubte der Vater, daß jemand im Laufe des Jahres im Haus sterben würde. Wütend schimpfte er vor sich hin, als tatsächlich jemand am Neujahrstag zu Mittag kam, Warum muß denn dieser Trottel gerade jetzt seine Milch holen, warum gerade jetzt. Ich sah Vaters Zugpferd, die Onga, mit Maschinenbeinen im Hof stehen, während dem Traktor statt der Räder vier Pferdebeine montiert waren. Ich sah, daß der Vater im engen Flur am Milchkannentisch sein Nachtmahl, Milch mit Polenta, einnahm, ich fragte ihn, warum er nicht in die Küche gehen und essen wolle, Es gefällt mir hier, sagte er. Soll ich es wagen, meinen Vater zu fragen, ob ich einmal seine Totenmaske abnehmen darf? Werde ich die Erlaubnis des ältesten Bruder, des Hoferben, des Verwalters des Vaterleichnams einholen müssen? Ich erinnere mich noch, wie ich, als die Mutter verschwitzt mit dem Pferd am Dorfbrunnen stand, unter dem Hals des Pferdes, das ebenfalls verschwitzt war, hindurchschlüpfte und zur Mutter, der ich vor ein paar Tagen angekündigt hatte, daß ich nicht mehr alles Einser haben werde, mit dem Zeugnis in der Hand triumphierend sagte, Mame, ich habe schon wieder alles Einser. Während die Mutter das Pferd am Zügel zum Bauernhof führte, nahm ich ihre Hand und tänzelte daneben her, Wieder alles Einser, sang ich vor mich hin, wieder alles Einser, ich bin doch brav, Mame, oder nicht? Ja, sagte sie und drückte meine Hand fester. Auf den klebrigen Butterbroten, die die Mutter in das Volkszeitungspapier einwickelte, las ich die Schlagzeilen, holte einen kleinen Spiegel, hielt ihn aufs Brot und las, was drauf stand. Ich fraß die Buchstaben, die am Brot kleben blieben. Erst später, als ich in die Handelsschule ging, wickelte sie die Jausenbrote in Fettpapier ein, nicht mehr in die blutrünstigen Tageszeitungen. Einmal sagte die Tantenane zu meiner Mutter, Der Seppl wird ein Gelehrter werden, er trägt immer einen Bleistift mit sich herum. Mit meinen Fingernägeln kratzte ich am Eisblumenfenster die neugelernten Buchstaben ein, ich schrieb sie auf die Bettwäsche, auf die Heiligenbilder malte ich die Buchstaben, auf die Augen der Pfauenfedern, ich schrieb sie auf meine Haut, auf meinen Fuß, der nackt war und reflexierte, wenn ich mit meiner Faust auf die Kniescheibe schlug und dabei lachte. Ich schrieb die Buchstaben auf die Flanken der schwarzen Onga. An drei Pferde kann ich mich erinnern, an ein braunes und an sein Fohlen, das der neuangekommene Traktor verkauft hatte, aber die Onga ließ der Vater im Stall sterben, denn es war ein Erbstück des Enznopas, und dessen Tier wollte der Vater nicht verkaufen, aber eines Tages lag es tot im Stroh. Alle weinten um die tote Onga, die Pine, der Vater, die Mutter, die Enznoma und die Kinder. Ob die Enznoma auch deshalb so gerne den Enzian-Schmelzkäse gegessen hat, weil der Name des Vaterhauses *Enz* ist. Oft sagte sie zu mir, Nimm zehn Schilling aus meiner Brieftasche, geh zum Deutsch und bring mir eine Schachtel Enziankäse und ein paar Semmeln. Der Hausname Enz war auf der Flanke der Onga eingebrannt. Einmal hob der Gustl den Fuß der Onga hoch, und der Schmied, der aus dem Nachbardorf kam, säuberte mit einem Eisenhaken die Fußsohle, schlug ein neues Hufeisen an, und ich stand wie immer, wenn am Hof zwischen den hochflatternden Hühnern etwas passierte, in der Sauküche und blickte aus dem Fenster. Ich sah, wie der Michl Schläge bekam, und freute mich darüber. Ich sah, wie die Schwester mit einer blutenden Hand über den Hof lief und nach der Mutter rief. Ich sah, wie der Vater und der

Gustl gemeinsam mit einem Kalbstrick ein Schwein aus dem Saustall zogen. Das Schwein roch sein eigenes Blut. Alles zur Seite, rief der Vater zeremoniell, den Buffer in den Händen. Er machte noch Witze dabei, Witze über das Sterben waren immer schön und sind noch heute die einzigen Witze, über die ich hellauf lachen kann. Das Schwein rutscht im eigenen Blut aus, und Schwalben fliegen wie Trauerfahnen über die kleine, blaue Wunde am Hals. Eine Mücke reißt erschrocken ihr Mäulchen auf. Steif steht der Vater mit dem Buffer da und lockert sich erst wieder auf, wenn das Schwein gefallen ist. Es ist eine längst zu Tode geschundene Anekdote, daß ein Schwein mit einem Messer im Hals über den Hof läuft, aber einmal sah ich tatsächlich ein Schwein mit einem Messer im Hals über den Hof laufen und den Bauer hinterherhetzen. Heute weiß ich, daß Tiere keine Seelen haben, oder besser, daß die Seele des Tieres mit seinem Körper stirbt, und noch besser, daß die Armen Seelen im Fegefeuer Schweinefleisch braten, denn für uns gab es immer nur Schweinefleisch, das ich noch heute am liebsten esse. Über achtzehn Jahre wurde mein Magen auf dieses Schweinefleisch dressiert, und mein Hunger springt durch den Feuerring, und das tote Schwein bekommt ein Stück Zucker und zerbeißt es krachend. Als in der Volksschule der Pfarrer beim Religionsunterricht aus der Bibel erzählte, daß Josef von seinem Vater zum Verkauf angeboten worden ist, stellte ich mir sofort vor, wie mich mein Vater, einen Strick um meine Taille haltend, am Paternioner Herbstmarkt zum Verkauf anbietet. Wer wird mein neuer Vater, meine neue Mutter sein? Ich werde meine Mutter, die ich liebe, oft besuchen, dem Vater Ackermann gebe ich dann, wenn ich reif bin, eine Handvoll meines Samens zurück. Ist mein Vater einmal ans Meer in den Urlaub gefahren? Nach Ibiza, Caorle, Dubrovnik oder Mallorca? Hat mein Vater vielleicht um sechzehn Uhr Dienstschluß? Um vier Uhr nachmittags beginnt sein Kampf mit den brüllenden Tieren im Stall. Beginnt vielleicht mein Vater um acht Uhr morgens mit seiner Arbeit wie ein Bürokrat? Nein, um acht Uhr morgens beginnt der Bürokrat mit der Arbeit nicht, er blättert die Tageszeitung auf, trinkt seinen zweiten Kaffee und holt sich im täglichen Katastrophenmitteilungsblatt den Gesprächsstoff für den Dialog mit den Kollegen. Um fünf Uhr morgens steht der Vater auf und geht in den Stall, abends um neun hört er zu arbeiten auf. Dann erst blättert er die Volkszeitung auf, die, seit ich auf der Welt bin, ins Haus geliefert wird. Neuerdings sitzt er vor dem Fernsehapparat, bis seine Augen müde werden und sein Kopf auf die Brust herabsinkt. Seine Bartspitzen berühren seine Brusthaare, wenn sein Hemd einen Spalt offen ist. Während er heute den Kampf mit der Erde beginnt, beginne ich meinen Kampf mit der Sprache. Ich war noch nicht schulpflichtig, als ich vom Landarzt eine Penicillinspritze in den Hintern bekam und *Schleich dich* sagte, als er die Nadel an die Backe setzte. Immer wieder erzählte der Vater diese Familienanekdote, immer wieder lachte er dabei hellauf und rief, Schleich dich, schleich dich. Meine Übungen auf der mechanischen Schreibmaschine respektierte er. Oft streckte er die Hände aus, trippelte mit den Fingern in der Luft und lachte. Von diesem Augenblick an sagte er nur noch selten, daß ich nichts kann, nichts wert bin. Ich konnte wenigstens maschinschreiben, was er nicht konnte, was er immer nur staunend bewunderte, oft legte er die Zeitungsflügel auf den Tisch und betrachtete mein Gesicht und meine Hände, während ich die

Typengabeln ins Papier hackte. Den einzigen Marillenbaum am Hof, den mir der Göte geschenkt und an der Pferdestallwand eingesetzt hatte, sägte der Vater, als der Baum schon hochgewachsen war und Früchte trug, ohne ein Wort zu mir zu sagen, ab. Der Marillenbaum mußte einem Sandhaufen Platz machen. Jeden Morgen goß ich diesen Baum, betrachtete die Blüten und heranreifenden Früchte. Eigenhändig erntete ich die Marillen, niemand durfte mir helfen. Als ich an der Hintertür stand und auf die leere Pferdestallwand blickte, erschrak ich, als hätte er mir ein Bein oder eine Hand amputiert. Ich habe gesehen, wie er mit seiner Hand auf die Hinterbacken der Pine klopfte. Sie lachte dabei, während die Mutter mit einem Messer wütend in die Speis ging, Speck abschnitt und dem Vater und der Pine ein Stück brachte. Er kannte die Geburtstage seiner Tiere im Stall genauer als die Geburtstage seiner Kinder. Nachdem sich Jakob und Robert erhängt hatten, sagte er, So etwas passiert in einem Dorf im Jahrhundert nur einmal. Ich erinnere mich jetzt, wie der Vater vor dem Misthaufen stehend im Kot der Tiere herumstocherte und zu mir sagte, Du kannst über mich schreiben, was du willst, aber laß die beiden toten Buben in Frieden, laß sie in Ruh, du richtest nur Unheil im Dorf an. Als der Onkelraimund sagte, Der Sepp hat wohl den Teufel in sich, antwortete der Vater, Den Teufel hast wohl du in dir, du fluchst ja dauernd. Ich stand vor seinen kotigen Schuhen, blickte auf seine blaue Arbeiterhose und wollte sagen, Vater, die Zeiten sind vorbei, wo du mir befohlen hast, ich kann mir jetzt von dir nicht auch noch einen Roman diktieren lassen, aber ich sagte kein Wort und blickte nur verlegen auf seine kotigen Schuhe. Niemals werde ich die beiden Buben in Ruhe lassen, weil ich sie nicht in Ruhe lassen kann, aber eigentlich sind es die Buben, die mich nicht in Ruhe lassen. Wir stöbern uns gegenseitig immer wieder auf. Jakob taucht in meinen Träumen auf und will, daß ich zu ihm komme. Solange ich lebe, wird ihr Tod durch mein Tagebuch geistern, als wäre es mein eigener. Ich habe Jakob im Traum angeschrien, Ich lasse mich von keinem Toten küssen, aber insgeheim war ich froh, daß er erschienen und mir einen Kuß geben wollte. Was mich abstößt, fasziniert mich. Aus dem Fenster in die schneebedeckten Fichtenbäume blickend sehe ich jetzt ein Kruzifix, auf dessen Kreuz sich nicht Jesus, sondern ein Menschenaffe windet. Selbst die Tiere im Stall hörten Liszt, Beethoven und Bruckner. Mein Elternhaus war das einzige Bauernhaus im Dorf, aus dem klassische Musik zu hören war. Die Mutter sagte immer wieder, daß ich das Radio leiser stellen oder überhaupt ausschalten sollte. Ich kämpfte um meine Rockmusik und um die klassische Musik, während die Eltern um ihre gräßliche Kärntner Volksmusik kämpfen mußten. Nach meinen Widerspenstigkeiten sagte der Vater einmal, Warte nur, bis du zum Bundesheer kommst, dort werden sie es dir schon zeigen. Allerdings brachte ich einen Offizier und ein paar Unteroffiziere zum Zittern und sah nach einer Kompromißhandlung von einer Anzeige beim Militärgericht ab. Der Vater erzählte, daß er sich im Lazarett in der Gefangenschaft nackt ausziehen mußte und daß seine Taschen nach Wertgegenständen und Geld untersucht wurden. Er klemmte die Geldscheine zwischen seine Arschbacken. Als der Arzt *bücken* rief, versuchte er noch krampfhaft, seine Arschbacken zusammenzuhalten, aber die Arschbacken gingen auseinander, und das Geld fiel zu Boden. Die Ärzte rauften sich um die Geldscheine. Das Lied von der Lili Marleen sangen wir im Krieg oft, sagte er, Vor der Kaserne, vor dem großen Tor. Du hast dem feindlichen Soldaten eine Salve Gewehrkugeln entgegengeschickt, seine Brust mit rotem Lack versiegelt und den Stempel des Vaterlandes draufgedrückt. Ein Engländer wollte dir in der Gefangenschaft mit einer Schafsschere die Haare schneiden, und du hast deine Hand zur Faust gemacht. Du hättest ihm eines reingeschlagen, sobald er deine Haare angefaßt hätte, aber ein Befehlshaber hat im letzten Augenblick den scherehaltenden Engländer und deine Faust gesehen, ihm befohlen, deine Haare nicht anzufassen. Allmonatlich hast du gegen meinen Willen mit einer schlechtgeschmierten Haarschneidemaschine dem Michl und mir die Haare geschnitten, während der Gustl und der Siege bereits zum Friseur Ripl nach Paternion fahren durften. Auch ich habe manchmal, als die beißende Maschine über meinen Hinterkopf ratterte, die Hand zur Faust gemacht, ich wollte dich dabei an den Engländer erinnern, aber ich machte wie immer keinen Muckser, ich blieb still wie ein Grab. Natürlich habe ich mich als *Schwarzes Schaf* in die Negerkinder verliebt. Viel las ich über das Gemetzel der Weißen, das sie unter den Schwarzen angerichtet haben. Ich freute mich jedesmal, wenn dann einmal ein Schwarzer einen Weißen umbrachte. Starb ein Boxer beim Schwergewichtskampf, freute ich mich, starb ein Autorennfahrer am Ring, freute ich mich ebenfalls, die beiden Sieger bekamen den Lorbeer- und die beiden Verlierer den Totenkranz mit Lorbeerblättern. Der Fischerhelmut schlug die Hacken zusammen, streckte die Hand aus und schrie, Heil Hitler! in den Klassenraum hinein, wenn der Lehrer im ersten Stock bei seiner Familie saß und das Mittagsbrot zu sich nahm. Ringsum standen wir, lachten und feuerten ihn an, Heil Hitler! Am zehnten Oktober, dem Tag der

Kärntner Volksabstimmung, steckten die Kärntner Fahnen zwischen Schulterblatt und Holzkreuz Christi. Hitler kommt zur Osterbeichte in mein Heimatdorf, geht im Stechschritt auf den Beichtstuhl zu, Heil Hitler! murmelt der Priester und nimmt ihm die Millionen toter Juden ab. Seine Seele reingewaschen, geht er zur Hintertür der Kirche hinaus, der Vater und der Christebaueradam öffnen ihm das Tor. Hitler blickt am Friedhof auf das Kriegerdenkmal. Er schämt sich, weil nicht mehr als dreißig Gefallene auf der Tafel stehen. Hitler nimmt auf dem Bauernhof das Abendmahl ein. Die Mutter gibt ihm kein besseres Essen als den Kindern, er bekommt warme Milch und Polenta. Die Fahne des Hakenkreuzes hängt am Stalltor unter Vaters Kreideaufschrift, Kaspar, Melchior und Balthasar. Der Vater zeigt ihm den Viehbestand, auch die Fledermäuse zeigt ihm der Vater. Hitler grinst verschmitzt, während er im Vorbeigehen uns Kindern in die Augen sieht. Hitler bekreuzigt sich vor dem gekreuzigten Hitler in der Dorfmitte und verläßt den Ort, ohne zu grüßen. Die toten Soldaten, die Brüder meiner Mutter, strecken unter der Erde ihre Hände und rufen, Heil Hitler! Hitler hält sich die Ohren zu, er kann diesen Gruß nicht mehr hören. Nachdem die Priester im Krieg dem Kanonenfutter, wie es der Vater nannte, den Absolutionssegen erteilten, sagte ein Soldat, Nein! Mir geben Sie keinen Segen, du sollst nicht töten, heißt das sechste Gebot. Wenn wieder ein Krieg kommen sollte, sagte der Vater, werden die Priester die Waffen genauso segnen, wie sie es im ersten und zweiten Weltkrieg getan haben. Als er in englischer Gefangenschaft war, wollten mehrere Offiziere, daß er die englische Staatsbürgerschaft annähme, Ich bin und bleibe ein Österreicher, antwortete der Vater. Wäre das Land den Befehlen meines Vaters unterworfen, hätte man mir als Embryo schon das Generalsabzeichen auf die Brust geheftet. Irgendein Militärchirurg hätte den Eingriff vorgenommen. Ich schlafe wie ein Bär, sagte er, während seine Frau die halbe Nacht wachliegend den schlafenden Mann betrachtet. Wacht er auf, macht sie ein Kreuzzeichen und schließt die Augen. Die Schlaftabletten sind die einzigen Drogen, die der Vater nicht mißachtet, denn auf dem Nachttisch seiner Frau liegen täglich neben einem Glas Wasser zwei Schlaftabletten. Er verachtet die Zigaretten und den Alkohol. Wenn er in einer Woche zwei Bier trinkt, ist es viel, wenn er in einem Monat drei Achtel Wein trinkt, ist es viel, wenn er in einer Woche drei Stamperl selbstgebrannten Schnaps trinkt, übertreibe ich. Ich sehe jetzt die Warntafel in der Volksschule vor mir, Alkohol und Nikotin führen dich zum Friedhof hin. An alles, was sich reimte, glaubte ich, aber ich bin auch ohne Alkohol und Nikotin fast täglich auf den Friedhof gegangen. Über den Großelternbetten hing das Heiligenbild der Muttergottes, die aus dem eingerahmten Glas auf die Leiche des Enznopas blickte, auf den Kopf der Gote, als sie die nackte, tote Enznoma wusch. Die Hinterglasmuttergottes blickte auf die wirren Haare der schreienden Schwester, sie blickte Zeile für Zeile auf den *Untergang des Hauses Usher*, als ich aufrecht sitzend im Bett, wo der Vater gezeugt und geboren worden ist, wo der Enznopa starb und die Martha wahnsinnig wurde, Edgar Allan Poe las. Alles sieht die Hinterglasmuttergottes, alles, sagte die Gote. Alles sieht der Herrgott, alles, sagten die Pfarrermarie und der Pfarrer, aber meine Mutter sagte niemals, daß die Muttergottes und der Herrgott alles sehen. Kann sein, daß sie sagen wollte, Die Hinterglasmuttergottes sieht nichts und der Herrgott noch viel weniger, aber meine Mutter hat niemals gesagt, daß die Muttergottes nichts und der Herrgott noch viel weniger sieht, genausowenig wie sie gesagt hat, daß die Hinterglasmuttergottes und der Herrgott alles sehen, was wir im ausgestorbenen Großelternzimmer tun oder nicht tun. Dieses Zimmer, das wahrscheinlich das entsetzlichste im ganzen Haus war, liebte ich trotz allem oder gerade deswegen. Eifersüchtig blickte der Vater zur Seite, als er mich zu Allerheiligen und Allerseelen am Grab meines Götes und nicht mehr am Grad des Enznopas sah. Der Tod führte uns zusammen, und der Tod trennte uns. Er war unser einziger Gesellschafter, sonst gab es keinen Dialog zwischen uns. Meine Mutter stand zu diesen Zeiten immer am Grab ihrer Mutter, fast nie am Grab der Eltern meines Vaters, aber sie pflegte beide Grabanlagen. Meine Brüder standen dort, wo mein Vater stand. Meine Schwester stand dort, wo meine Mutter stand. Ich konnte mir niemals vorstellen, daß mich mein Vater gezeugt hat. Jahrelang habe ich ihn beobachtet, sein Gesicht, seine Hände, seine Brustwarzen, seine Augen. Ich habe im Laufe der Prüfung entdeckt, daß ich ihm nicht ähnlich sehe, daß ich mit ihm überhaupt nichts zu tun habe, daß weder ich sein Sohn, noch er mein Vater sein kann. Ich wollte ihm die Polentaschüssel vom Tisch wegnehmen und sagen, Du bist nicht mein Vater und ich nicht dein Sohn. Wenn du willst, daß ich dich am Leben lasse, dann sag, daß du nicht mein Vater bist. Wenn ich im Heustock lag und den Vater über die Stadelstiege gehen hörte, habe ich mich unter den Spinnweben des Dachfirstes totgestellt. Einmal ist der Vater, während ich auf dem Nebensitz des Traktors saß, vor der Paternioner Kalbstrickseilerei stehengeblieben. Mit ein paar Stricken ist er wiedergekommen und hat sie in den Anhänger des Traktors geworfen. Ich blickte mich um und sah, wie sich die Hanfstricke noch bewegten und zuckten. Danach ist er in die neben der Kalbstrickseilerei stehende Bäckerei gegangen und hat mir ein paar Zuckerbrezeln gebracht. Alle Bauern aus der Umgebung kaufen ihre Stricke in der Kalbstrickseilerei. In der sommerlichen Hitze trugen wir oft eine schwarze Turnhose und ein weißes Turnleibchen. Wie Kindersträflinge in Turnkleidung standen wir neben dem Vater, der Magd und dem Knecht auf dem Feld, brachten die Erdäpfel, das Kraut, das Heu, die Gerste, den Weizen, den Roggen, den Türken nach Hause und hüteten die Kühe und Kälber auf dem uneingezäunten Anger. In schwarzer Turnhose und weißem Turnleibchen stand der Gustl am Morgen auf der Wiese und mähte mit der Sense das Saugras. Mit derselben schwarzen Turnhose und dem weißen Turnleibchen lagen wir, Michl und ich nebeneinander in einem Bett, der Siege im Nebenbett, der Gustl im Fensterbett und die Martha auf dem Diwan, der neben dem Ofen stand. Mit derselben schwarzen Turnhose und dem weißen Turnleibchen liefen der Michl und ich in der Schule, während der Turnstunde, um die Wette. Mit derselben schwarzen Turnhose badeten wir in den Tümpeln der Drau. Mehrere Male hat der Vater meinen ältesten Bruder, den Gustl, mit dem Kalbstrick außer Haus gejagt, bis er auf einen anderen Hof geheiratet hat, auf dem sich, ein paar Jahre vorher, der Sohn im Gefängnis und der Vater im Heustadel aufgehängt hatten. Fünf Söhne hat der Enz, sagen die Dorfleute, und niemand übernimmt den Hof, niemand außer der Mutter hat es bei ihm ausgehalten. Als Buße dafür hat sie mit der Stummheit bezahlen müssen. Den *Grauen Star* hat sie inzwischen auch bekommen. Sie kann keine Zeile mehr lesen. Mit Vaters altem, zerfetztem Rock und Hemd stand die Vogelscheuche auf dem Feld, als hätte er eine Karikatur seiner selbst aufgestellt. Sah ich am Kleiderkasten eines anderen Hauses im Dorf keine Rute, so fragte ich nach der Rute mit dem roten Band. Oder habt ihr keine Kinder? Niemals hat der Vater, wenn er auf dem Klo saß, die Tür abgesperrt. Er las in der Volkszeitung und blickte nicht auf, wenn jemand die Klotür öffnete und überrascht wieder schloß. Seelenruhig saß er auf dem Plumpsklo und las mit zusammengekniffenen Augenlidern einen Katastrophenartikel. Oft bin ich in den Garten gegangen, wenn ich auf dem Plumpsklo die Exkremente meiner Geschwister und Eltern nicht riechen wollte. Der Vater ging viel lieber in den Stall als aufs Plumpsklo. Er entleerte sich oft bei den Tieren. Die Mutter entleerte sich nie bei den Tieren. Als Kind wollte ich oft ein anderer Mensch sein. Ich wollte aber selten ein anderes Kind sein, sondern ein anderer Erwachsener, der ich noch nicht war. Im Kind, das ich war, ist das Kind, dessen Vater ich sein könnte, längst gestorben. Meistens entwickeln sich die verwahrlosten Kinder zu eigenständigeren, für diese Gesellschaft gefährlichen Menschen, während die anderen seriös in die Masse eingegliedert werden und bis zu ihrem Tod nicht mehr auffallen. Als ich während einer Himbeersuche auf einer Bergwiese die Zinnkanne an einen stromgeladenen Draht stieß, bekam ich einen elektrischen Schlag in den Oberarm und glaubte augenblicklich, daß es der Teufel wäre, der sich durch die Adern in meinen Oberarm einschleuste und ausschlug, Der Teufel, rief ich vor mich hin, der Teufel, schüttelte den Arm und lief von Angst getrieben in den Wald hinein. Als ich mit dem Gustl in den Auen eislief, kamen ein paar Keuschlermädchen aus dem Dorf und verspotteten den Bauernstand. Woher, sagte mein Bruder, kommt denn das Brot, als von den Bauern? Wenn es die Bauern nicht gibt, dann habt ihr kein Brot mehr, verspottet uns nur. Ging ich eisschuhlaufen, kommentierte ich mit der Mikrophonstimme eines Reporters meinen Tanz. Fuhr ich Schi, lief vor meinen Augen der Sekundenzeiger. Spielte ich Fußball, hörte ich die Jubelschreie tausender Menschen, wenn der Ball zwischen den beiden Haselnußstecken über die Linie rollte. Als ich damals, noch nicht siebzehnjährig, mit Nietzsches Zarathustra vom Wald kam und mich an den Brunnenrand setzte, sagte der Gustl, Paß auf, daß du nicht noch einmal verrückt wirst. Der Michl und ich ahmten die Schreie der Vögel im Heustadel nach, die Geräusche des Traktors und der Dreschmaschinen. Ich saß auf seinem Rücken. Seine Ohren waren das Lenkrad. Zog ich links, kroch er auf den Ferkelstall zu, zog ich rechts, gingen wir, während ich meine Fersen an seine Hinterbacken schlug, auf den Pferdestall zu. Aus der Speisekammer stahl ich Zuckerstücke und fütterte sie der Onga, streichelte ihren Kopf und verjagte die Bremsen und Fliegen, die wie zwei kleine, schwarze Totenkränze um ihre eitrigen Augen hockten. Ich sagte zum Michl, daß ich meinen toten Körper der Wissenschaft zur Verfügung stellen möchte. Als wir über den Tod sprachen, sagte ich im Beisein meiner Mutter einmal, Der erste werde wohl ich sein. Oft sangen wir, Oh, du lieber Augustin, alles ist in Kamering hin. Auf dem Nachttisch der Martha steht eine kleine Holzkiste, die wie ein Sarkophag mit kleinen schwarzen Ziernägeln aussieht, dorthinein legt sie ihren Schmuck. Oh, du liebes Jesukind, komm und laß dich grüßen, alle Engel, die hier sind, fallen dir zu Füßen . . ., sangen wir am Heiligen Abend im Chor. Jeden Sonntag sangen wir, Großer Gott, wir loben sich, Herr, wir preisen deine

Stärke. In der Schule sangen wir, Da Herrgott hat glocht, wias Landle hot gmocht, hat sich selber recht gwundert über gor soviel Procht. »Du hast zu fressen, was auf den Tisch kommt«, der Vater. »Du hast die Gescheitheit wohl mit dem Löffel gefressen«, der Vater, die Mutter, die Schwester. »Der Herrgott schimpft mit den Dorfmenschen, wenn es donnert und blitzt«, die Enznoma. »Beug dich nicht zu nahe über den Feuersalamander. Wenn er die Flüssigkeit aus seinen gelben Flecken spritzt, kannst du erblinden«, die Mutter. »Wenn ich meinen Kaffee und meine Zigaretten nicht hätte!« der Universitätsdirektor. »Die schwangere Katze darfst du nicht berühren, du mußt ihr ausweichen, sie ist unberechenbar«, die Mutter. »Die Leute reden manchmal über dich wie über einen Toten«, die Schwester. »Wenn du soviel Wasser trinkst, werden Frösche in deinem Bauch wachsen«, die Mutter. Wenn der Vater früher vom Krieg erzählte, richtete er sich nie an mich, sondern an meine Brüder oder an die Cousins oder an den Onkel. Jetzt aber richtet der Vater seine Erzählungen an mich. Er sagt, Hör mir zu. Oder er sagt, Hab ich dir diese Geschichte schon erzählt? Ich habe den Eindruck, daß er mir für und gegen sich Material liefern möchte, während sich die Mutter in ihren Erzählungen nach wie vor distanziert verhält, Du schreibst ja alles auf, sagt sie. Am Abend sah ich mit meinem jüngsten Bruder die Bilder aus unserer Kindheit und Jugend an. Der Vater war dabei. Er fand die Kriegsbilder und begann sofort davon zu erzählen. Er deutete auf einen uniformierten Mann und sagte, Das bin ich! Er sagte nicht, Das *war* ich. Er zeigte mir ein braunweißes Brustbild, auf dem er ungefähr dreißig Jahre alt ist, grinste mich verschmitzt an und sagte, Kennst du den? Wir stießen auf die Todesanzeige seines Vaters,

Schau der Opa, sagte ich. Heuer waren es zwanzig Jahre, seit er tot ist, sagte der Vater. Ich fragte ihn, ob er sich noch an die Totenrede des Pfarrers am offenen Grab Opas erinnern kann. Seit der Enznopa und der Aichholzeropa tot sind, trage ich die Totenreden des Pfarrers und des Ökonomierates Sodat in meiner Brieftasche, sagte er. Niemals ist der Enznvater beim Dorfkruzifix vorbeigegangen, ohne daß er den Hut hob und ein Kreuzzeichen machte, zitierte er aus der Rede des Pfarrers. Als wir auf die Todesanzeige des Dorfpfarrers stießen, sagte der Vater, Du weißt ja, daß er in Offenhausen in Oberösterreich, in seinem Heimatort begraben ist. Der Onkelerwin, der Simonbauerjogl, der Kreuzbauergottfried und ich, wir Bauern sind mit dem Frühzug nach Offenhausen gefahren und haben den Pfarrer zu Grabe getragen. Neunundzwanzig Jahre lang war er Pfarrer in Kamering. Ich war plötzlich glücklich, als ich hörte, daß auch mein Vater den Sarg des Pfarrers, bei dem ich jahrelang ministrierte, getragen hat. Vater! Ich habe Lust, dich nachträglich mit blutigen Lorbeeren zu bekränzen.

Mutter! Ich werde den Kampf mit der Sprache beginnen, wenn du den Kampf mit den Hausgeräten und mit den Tieren im Stall beginnst, wenn sich der Vater neben dir aus dem Schlaf streckt, dich wachrüttelt und du mit Kopfweh aufwachst. Auch ich beginne und vollende die Tage oft mit Kopfweh, aber ich ertrage diesen körperlichen Schmerz viel leichter als den seelischen Schmerz. Wenn ich körperlich leide, denke und schreibe ich sehr viel. Durch die Sprache arbeite ich gegen den Tod, und wahrscheinlich werde ich mein ganzes Leben über den Tod schreiben müssen, um leben zu können. Am intensivsten lebe ich, wenn ich schreibe, du wahrscheinlich auch, wenn du arbeitest. Schweigend hast du die Hähne getötet, schweigend hast du uns Kinder geliebt, schweigend hast du mir die mit einem roten Band umflochtene Rute auf den Arsch gehauen. Lügen und Stehlen waren wohl die Hauptsünden meiner Kindheit, sei es Schokolade, sei es Geld gewesen, das ich stahl, oder die Schinkenwurst in der Speis, die du für dich gekauft hattest. Ansonsten haben wir zwei Jahrzehnte lang die selbstgemachte Wurst, den selbstgemachten Speck gegessen, deshalb war ich sehr gierig auf ein paar Blätter Schinkenwurst, die in einem weißen, knisternden Fettpapier meistens in der Speis in einem Kasten lagen. Wenn du mich beauftragt hast, zum Deutsch zu gehen, Schinkenwurst, Zucker und Salz zu kaufen, habe ich auf dem Rückweg einige Schinkenwurstblätter herausgenommen, aber so sorgfältig wieder verpackt, daß du nichts bemerken konntest. Ich wollte von deinem Fleisch essen. Nur einmal habe ich soviel Schinkenwurstblätter gegessen, daß du es gemerkt und die Wurst abgewogen hast. Du hast mir dabei in die Augen geblickt, aber kein Wort gesagt. Du hast dich schuldig gefühlt, weil dein Sohn dir Wurst gestohlen hat, die du immer nur für dich gekauft hast. Einmal hörte ich auch von dir, Hosen hinunter! Dieses Hosen hinunter war einer der schrecklichsten Befehle, die ich in meiner Kindheit von dir erhalten habe, ich stand da, die Hände zu Fäusten gemacht, alle Muskeln meines Körpers angespannt und spürte die Haselnußrute, die du vom Kirchenfeld, nach einem Friedhofbesuch, mitgenommen hast, auf meinem nackten Kinderarsch. Schon als Kind sagte ich zu dir, daß ich niemals ein Haus besitzen, eine Familie gründen werde, daß ich einmal in einer Dachbodenkammer neben einem Haufen Bücher unter einer Leselampe hocken werde und daß man mich eines Tages mit meinen Büchern aus der

Dachbodenkammer hinaustragen und begraben wird. Während ich die Reinschrift dieses Manuskriptes anfertige, lebe ich auf einem Bergbauernhof, der über unserem Heimattal liegt. Morgens und abends gehe ich in den Stall und helfe den Bauern. Oftmals, und das muß ich zu meiner eigenen Beschämung sagen, fühle ich mich bei der Stallarbeit wohler als bei der Romanarbeit, aber ich kann natürlich die Stallarbeit ohne die Romanarbeit und die Romanarbeit ohne die Stallarbeit nicht mehr machen. Mit einer Scheibtruhe radle ich den Mist auf den Misthaufen, der wie eine Schanze hinter dem Heustadel und dem Stall angebracht ist, kippe sie um und sehe, wie der Tierkot die Schanze hinunterrutscht. Manchmal bleibe ich auf dem Misthaufen stehen und blicke auf mein Heimatdorf hinunter. Ich kann das Elternhaus zwar nicht deutlich von den anderen unterscheiden, aber ich kann mir vorstellen, wo es ist. Ich weiß, daß du zur selben Zeit mit zwei leeren Milchkannen über den Hof, in den Stall gehst. Ich weiß, daß der Vater die Melkmaschine an den Euterzitzen der Kühe anschließt, während ich auf dem Bergbauernhof von Trog zu Trog gehe und den Tieren den Silo vorwerfe, das Heu, den Stall auskehre, die Hühner, die auf dem Misthaufen noch immer die Fleischreste im Kot der Kühe und Kälber suchen, in den Stall treibe. Manchmal bleibe ich vor einem Huhn, das auf dem Fensterbrett hockt, stehen und sehe ihm lange in die Augen. Als Kind stand ich lange auf dem Misthaufen und betrachtete die abgehackten Hühnerköpfe. Die Tierhändler, die die Rinderreihen wie die Bischöfe in der Kirche die Bankreihen auf und ab gehen, grüßen mich nicht. Vielleicht aber haben die Tierhändler den Knechten und Mägden gegenüber, die die Tiere pflegen, Schuldgefühle und gehen schnell an ihnen vorbei, ohne sie zu beachten.

Ich nickte mit dem Kopf, während ich einen Eimer Silo zum Barren trug, und sagte Grüß Gott, aber der Tierhändler erwiderte meinen Gruß nicht. Manchmal wünsche ich mir, daß eine Kuh oder der Stier mit seinem Hinterbein nach mir schlägt, mich trifft, so daß ich auf die Schnauze in den Dreck fallen kann und eine Zeitlang liegen bleibe. Gestern, als ich auf dem Misthaufen stand, überlegte ich mir, ob ich hinunterspringen sollte, aber ich hatte Angst, daß ich mir den Kopf oder die Hände verletze, gerne hätte ich mir den Fuß gebrochen oder verknackst. Als hätte ich ihn noch nie gesehen, betrachtete ich den beschneiten Kalbstrick, der auf dem Hofboden lag. Einmal kein blutiger, einmal ein beschneiter Kalbstrick, dachte ich. Wie ich dir damals unzählige Holzkörbe in die Küche getragen habe, trage ich sie heute in mein Zimmer und heize den Ofen ein. Ich höre, während ich schreibe, *Die Unvollendete* von Franz Schubert. Der Bauernjunge hat mir aus Villach von Giacomo Rossini die Ouvertüre zum Wilhelm Tell gebracht, die ich unzählige Male anhöre. Manchmal stellen wir das Tonband auf den Balkon und hören uns die Schicksalssinfonie von Ludwig van an, so laut, daß diese Musik auch auf den Bauernhöfen ringsum hörbar ist. Hahnenschreie, das Bellen der Hunde und Blöken der Schafe mischen sich dazwischen, während der Bauernjunge und ich auf die beschneiten Fichten und auf das breite Nebelfeld im Tal blicken. Während ich als Kind die Stallarbeit so gut ich konnte verweigert und mich davor gedrückt habe, habe ich jetzt durch die Literatur in den Stall zurückgefunden und hole auf einem anderen Bauernhof die Stallarbeit nach, die ich als Kind verweigert habe. Wenn ich irgendwo als Knecht enden sollte, so weiß ich, daß ich nichts anderes tue, als meine Literatur radikal fortzusetzen, selbst dann, wenn ich nichts mehr schreiben oder überhaupt verstummen sollte. Nicht befreit, neuerlich geknechtet hat mich die Beschreibung meiner Kindheit und Jugend, denke ich, während ich im Stall Mistschaufel für Mistschaufel hochhebe und schnell zur Seite trete, wenn eine Kuh ihren Schwanz hebt und zu prunzen beginnt, daß es ringsum spritzt. Die Bilder, die ich mit dem Material meiner bäuerlichen Kindheit und Jugend entworfen habe, fordern mich jetzt wieder zurück. Wenn ich in ein ausländisches Kloster gehe, so in eines, in dem die Mönche von der Landwirtschaft leben. Komme ich in ein Gefängnis, so wünsche ich nach Rottenstein zu kommen, in dem die Sträflinge im Stall und ringsum auf den Feldern arbeiten. Gescheiterte Bauernsöhne sind die Wärter und Sträflinge in diesem Gefängnis. Auf der Enznhube, meinem Elternhaus, habe ich Genet gelesen und war restlos fasziniert davon. So etwas Grausliches, sagte meine Schwester, als sie einmal einen Blick in das *Totenfest* warf, das ich auf der Fensterbank liegengelassen hatte. Etwas Schöneres habe ich noch nie gelesen, sagte ich, nahm ihr das Buch aus der Hand und legte es wieder auf die Fensterbank zurück. Einmal besuchte mich im Elternhaus der Laberfredi und fand ebenfalls auf dem Fensterbrett ein Buch von Jean Genet. Zu meiner Überraschung sagte er, daß er *Notre-Dame-des-Fleurs* gelesen habe, So etwas habe ich noch nie gesehen. Bücher von Genet habe ich auch auf den Bergbauernhof mitgenommen. Wenn ich auch monatelang keine Zeile darin lese, so trage ich sie ständig mit mir herum, wie meine Eingeweide, die ich nicht sehe, aber ohne die ich nicht leben kann. Stundenlang bin ich als Kind in der Speis gesessen, um möglichst lange das geräucherte Fleisch zu riechen. So oder ähnlich stellte ich mir den Odem des Todes vor, deshalb fühlte ich mich unter dem hängenden Fleisch in der Dachbodenkammer wohl. Dort hockte ich bauchtief im Getreide und stocherte nach den Mäusen. Manchmal stellte ich mir vor, auf dem Dachboden ein Mansardenzimmer zu bekommen, um mich vor dir wie vor dem Vater und vor den Geschwistern für eine Zeitlang zurückziehen zu können. In einem Streit mit dir sagte einmal der Vater, Ich richte mir auf dem Dachboden ein Zimmer ein und schlafe nicht mehr bei dir. In der Dachbodenkammer kramten der Michl und ich nach den Überbleibseln des Krieges, fanden einen Säbel des Großvaters, mit dem er in den ersten Weltkrieg zog und zurückkam. Wir fanden Vaters Pistolen, die er um seine Hüften gürtete, als er in den zweiten Weltkrieg zog und zurückkam. Niemals habe ich die Bilder der Soldaten andächtig betrachtet, immer nur böse und spöttisch. An der Mauer der Dorfkirche ist eine ganze Liste von gefallenen Soldaten aus dem Dorf eingemeißelt. Immer stachen mir die Namen deiner drei gefallenen Brüder in die Augen. Jedes Jahr zum Kirchtag legten die Zechburschen einen Kranz voller Lorbeerblätter mit Sprüchen auf den goldenen Schleifen unter diesem Kriegerdenkmal nieder, Kameraden! Es grüßen euch die Zechburschen. Ich stand in meinen Erzministrantenkleidern neben dem Pfarrer beim Kriegerdenkmal, wie immer das Weihrauchfaß oder die Weihwasserkanne in den Händen, und wartete ungeduldig auf das Ende seiner Ansprache. Waren die Lorbeerblätter vertrocknet, so wartete ich darauf, daß sie auf den Friedhofsmisthaufen geworfen wurden, meistens von den beiden alten Kirchendienerinnen, die im Mesnerhaus lebten. Die Brüder des Vaters richteten ihre Gesichter nach der Visage Hitlers her, trugen dieselben Mäntel und dieselben Bärtchen und

Stiefel wie ihr Führer, nicht aber deine Brüder. Diejenigen aber, die Hitler nachahmten, überlebten, die anderen, die ihn nicht nachahmten, starben auf den Schlachtfeldern. Sehe ich Kriegsbilder oder höre ich den tagtäglichen Katastrophenmeldungen aus dem Radio zu, denke ich an den Vater und sehe, wie er damals, als der Vietnamkrieg ausgebrochen war, den Kot der Tiere noch an seinen Stiefeln, zum Fernsehapparat gehetzt kam, um die Berichte zu sehen. Das Fernsehen brachte diese Berichte malerisch und unterhaltend genug, so daß auch ich als Kind eine gewisse Faszination dem Krieg abgewinnen konnte. Ob ich jetzt durch die Sprache die eigene Familie und das Dorf unterdrücke, wie ich körperlich und seelisch unterdrückt worden bin? Jeden Samstagnachmittag hast du frische Blumen in den Herrgottswinkel gestellt. Im Frühjahr waren es Schneeglöckchen, die ich aus den Sümpfen der Auen holte. Ich erinnere mich daran, wie ich von Grasvase zu Grasvase sprang, auf einem Bein balancierte, mich bückte und die Schneeglöckchen aus dem Sumpf riß, den einen Buschen nach dem anderen nach Hause brachte und unter den Herrgottswinkel stellte oder in der Nähe des Sumpfes mit meinem Cousin Ewald auf die Straße ging und, die Schneeglöckchen in der Hand, den Autofahrern zuwinkte. Manche hielten an, gaben uns fünf Schilling und fuhren mit dem Buschen Schneeglöckchen weiter. Sahen wir ein Polizeiauto, liefen wir sofort in den Sumpf zurück. Wir gingen ein zweites Mal in den Sumpf hinunter, und vielleicht ein drittes Mal, um sie auf den Friedhof zu tragen, ans Grab deiner Mutter oder an das verwahrloste Grab in der äußersten Ecke des Friedhofes vor dem Sakristeifenster, das mein Lieblingsgrab war. Grauenhaftes Wort, Lieblingsgrab, oder nicht, Mutter?

War es das Grab des Unbekannten Kindes? Ich frischte an diesem Grab die Schneeglöckchen ein, wahrscheinlich ist es das Grab eines Selbstmörders, denn die Totengräber und Priester wiesen doch früher den Selbstmördern einen Sonderplatz auf dem Friedhof zu, manche wurden außerhalb der Friedhofsmauer beerdigt. Vielleicht roch ich als Kind vor diesem verwahrlosten Grab stehend das Blut eines Selbstmörders und brachte ihm meine Gaben. Die pharmazeutischen Produkte meiner Mutter hätte ich am liebsten wie Süßigkeiten gegessen. Oft öffnete ich die Ampullen und roch daran. Der Gustl erbrach fast jedesmal, wenn er ein paar Tabletten schlucken mußte. Der Vater nahm denkbar wenig Tabletten in seinem Leben zu sich. Die Mutter nahm so viele Tabletten ein, daß man überspitzt sagen könnte, sie ernährte sich geradezu von Tabletten. Manche Tabletten, die ich aufbrach, strömten Leichengeruch aus. Abends saßen wir einmal alle rings um den Tisch, als die Mutter zu weinen begann und sagte, daß wir von ihr bald Abschied nehmen müßten, Ich werde bald sterben. Ich faßte nach der Hand der Schwester und hielt sie fest. Die Hand Michls suchte unter dem Tisch nach der anderen Hand der Schwester. Der Vater begann zu schreien, Was fällt dir ein, wir haben Kinder, du darfst nicht sterben, wir brauchen dich. Der Vater nahm seine verschmierten Augengläser vom Gesicht, warf sie auf die Tischplatte und begann zu zittern. Er griff nach der Hand der Mutter und hielt sich an ihr fest. Mit feuchten Augen hockten wir, der Vater, die Schwester, meine Brüder und ich neben der weinenden Mutter unter dem Glühbirnenlicht, Polenta stand auf dem Tisch, die Löffel lagen wie nach allen Himmelsrichtungen ausgelegt in den leeren Milchschüsseln. Ich versteckte mich im elterlichen Schlafzimmer unter dem Bett des Vaters, als der Arzt zu meiner Mutter kam. Die Matratzen über mir knarrten, als sich meine Mutter hinlegte und der Arzt mit verschiedenen Geräten hantierte, ihren Puls und Kreislauf prüfte. Als der Arzt weg war, kroch ich wieder unter dem Bett hervor. Sie schimpfte mit mir, aber gleichzeitig rötete sich auch ihr Gesicht aus Scham. Ich wollte die Mutter vor dem Arzt schützen. In der Wäschekammer zog ich einmal die Kleider meiner Schwester an, ihren Busenhalter, ihre Unterhose, ihre Strümpfe und ihr Oberkleid, ich hatte einen steifen Schwanz und blickte aus dem Fenster. Ich glaubte, die Wäschekammer abgeschlossen zu haben, aber ich irrte mich. Die Tür ging auf, die Mutter stand an der Schwelle und grinste, schloß aber sofort wieder und ging über die Stiege hinunter. Ich schämte mich zu Tode. Ich wollte mit den Mädchenkleidern den Balkon hinunterspringen, habe aber die Kleider ausgezogen und bin am frühen Nachmittag ins Bett gegangen. Ihr Lachen hat mich an diesem Tag krank gemacht. Es war kein bösartiges, kein spöttisches Lachen, aber ich wollte augenblicklich in den Erdboden verschwinden. Am nächsten Tag sagte sie in Anwesenheit des Vaters und der Schwester, In dir ist wohl ein Mädchen schiefgegangen. Es wäre doch schön und grauenvoll gleichzeitig gewesen, wenn ich mit den Mädchenkleidern über den Balkon gestürzt wäre, eine Zeitlang liegengeblieben, danach wieder aufgestanden und mich noch einmal blutend über die sechzehnstufige Stiege geschleppt hätte, um noch einmal hinunterzustürzen wie der Transvestit in Roman Polanskis *Mieter*. Als ich in den Mädchenkleidern, die Hände auf dem Schoß, aus dem Fenster blickte, dachte ich an den Aichholzerfriedl, er soll mich vergewaltigen, sonst vergewaltige ich ihn, denn ohne Gewalt gab es im Dorf keine Liebe. Schön war es zu sehen, wenn meine Mutter ihren Kittel über ihre Oberschenkel zog, die weiße, geschmeidige Haut entblößte, um den Abschluß ihres Nylonstrumpfes am Mieder zu befestigen. Die Scham war es, die eine offene Zärtlichkeit verdrängte. Wenn ich sah, daß mein Vater der Mutter einen Kuß gab, so blickte er verlegen zur Seite, auf uns Kinder. Heimlich, als führe er ein Verbrechen aus, hat er sie geküßt. Prüfend las sie eine Seite im *Halbblut*, legte das Buch wieder weg und sah mich forschend an. Ängstlich wich ich ihrem Blick aus, ich dachte, sie würde mich fragen, woher ich das Geld für dieses Buch genommen habe. Aber auch später, als ich schon eine größere Anzahl literarischer Bücher auf einem selbstgebastelten Bücherregal im Schlafzimmer der Großeltern hatte, fragte sie mich nie danach. Sie hatte Angst zu erfahren, daß dieses Geld gestohlen war. Als ich einmal die Tür vor ihr zuschlug, holte sie mich zurück, zog mich an den Ohren, so daß ich auf Zehenspitzen vor ihr stand und sagte, Ich werde nie wieder die Tür vor dir zuschlagen. Oft hörte ich die Selbstgespräche meines jüngeren Bruders in seinen Träumen, selten aber verstand ich ein Wort. Es war, als überschlage sich seine Zunge im Rachen, ich hörte nur ein Geschwurbel, als fahre man mit dem Anzeiger eines Radios schnell links und wieder rechts. Wenn ich als erster zu Bett ging, betete ich oft überlaut zur Muttergottes und zu den Engeln, besonders dann, wenn ich durch die Zwischenwand die Mutter in ihrem Schlafzimmer herumkramen, einheizen hörte. Ich wußte, daß sie am nächsten Tag zum Michl sagen würde, Siehst du, der Seppl betet jeden Abend sogar laut, und du überhaupt nicht, nimm dir ein Beispiel an ihm. Einmal log ich sie an und sagte, Michl hat heute nacht aufschreiend, Vater du Schwein, gerufen. Weinend verneinte der Bruder. Jawohl, er hat es gesagt, Mame, du weißt ja, daß ich einen seichten Schlaf habe und alles höre, was die Brüder und die Schwester im Traum sagen. Sie legte schützend die Hand auf Michls Schulter und blickte mir ins Gesicht. Ich verbeugte mich vor ihr und ihrem Sohn und ging meines Weges. Ausgeburt der Hölle, nannte mich öfter der Michl, wenn wir uns stritten, Bist selber eine Ausgeburt der Hölle, antwortete ich. Das Kruzifix bekam auch Schläge, wenn ich unter dem Herrgottswinkel hockte und die Rute der Mutter auf mich eindrang. Sie war so lang, daß sie hin und wieder auch den Gekreuzigten traf. So bekamen wir beide Schläge, Jesus und ich. Schreiend zog der kreißende violette Engel kleine Schokoladeengel aus seinem weiblichen Geschlecht und umwickelte sie, während er den nächsten gebar, mit verziertem Silberpapier. Er sagte, daß ich die neugeborenen Engel in die Konditorei tragen solle. Aber wir haben im Dorf keine Konditorei, die nächste Konditorei ist in Paternion. Dann bring sie ins Kaufhaus. Morgen wird die Mutter Schokoladeengel kaufen und am Christbaum aufhängen. Später hingen neben den Schokoladeengeln auch zwei Schokoladezwerge mit den Gesichtszügen von Jakob und Robert am Christbaum. In die Mozartkugelschachtel legte sie ihr Nähzeug hinein, die Nadeln, den Fingerhut und die verschiedenfarbigen Garne. Sie blickt auf das Veilchenölfläschchen, stülpt es um, läßt ein paar Tropfen auf die Handschale fallen, stellt das Fläschchen wieder auf den Wäscheschrank, verreibt das Öl in ihren Händen und fettet das schüttere weiße Haar der Enznoma ein. Manchmal rieb auch ich mein Haar mit ihrem Veilchenöl ein. So hockten wir nebeneinander auf dem uringetränkten Diwan und blickten aus dem Fenster, während die Enznoma ihre Totenvogelgeschichten erzählte, Ein Wunder, seht ein Wunder, ruft der Totenvogel ins Dorf hinunter, als er zwei Junge gebar. Oft sagte die Enznoma, Unser Kotz hot Katzlen ghobt, siebene, ochte, neune, ans hot kane Tatzlen ghobt, steck mas wieder hinten eine. Zur Aichholzerlore sagte ich, Du hast dieselben krummen Fingernägel wie der Aichholzeropa. Das werde ich dem Opa erzählen, sagte sie, und ich bekam augenblicklich Angst und sagte, Ich gebe dir fünf Schilling, wenn du ihm nichts davon erzählst. Im Beisein meiner Geschwister sagte ich zu meiner Mutter, Ich gehöre nicht in dieses Haus, ich bin kein Enz, ich bin nicht der Enznseppl, ich bin der Aichholzerseppl. Und als ich den *Untergang des Hauses Usher* las, stellte ich mir dabei mein Elternhaus vor, ich war Roderick und meine Schwester die Madeleine Usher. Hat mich die Mutter mit der Rute gewichst, bin ich einmal auf den Friedhof gegangen und habe die Tulpen der Aichholzeroma, ihrer toten Mutter, geköpft. Sie wurde eifersüchtig, als ich nach Jakobs Tod mit einem Blumenstrauß auf dem Bauernhof aufkreuzte. Sie sah, wie ich diese Blumen zur Tür hinaus trug, auf den Friedhof ging und sie dem toten Jakob brachte. Während ich über die Dorfstraße ging, reckte ich ihr die Zunge. Meine Mutter liebten die Dorfleute mehr als meinen Vater, die Mutter war schwach und krank, der Vater stark und gesund. Er hatte im Gegensatz zur Mutter, die vollkommen weiß war, ein tiefbraunes, ausgemergeltes Gesicht. Mit vierzig sah er aus wie ein Sechzigjähriger. Jetzt mit fünfundsiebzig sieht er immer noch wie ein Sechzigjähriger aus, hat aber noch die Kraft eines Vierzigjährigen. Zehn Jahre war ich alt, als ich einmal über ein Inserat der Landwirtschaftszeitung *Der Kärntner Bauer* von den Eltern auf Erholung geschickt wurde. Die

Mutter begleitete mich bis zum Villacher Bahnhof, wo die Sammelstelle der Erholungsbedürftigen war. Zum Abschied drückte sie mich weinend an sich. In der letzten Woche meines Aufenthaltes im Erholungsort brannte ein Wirtschaftsgebäude bis auf die Grundmauern nieder. Schadenfroh blickte ich in die verweinten Augen des Bauern. Tote, halb verkohlte Ferkel lagen umher. Einen in meinem Zimmer einquartierten siebenjährigen Knaben küßte ich so oft, bis er mich mit seinen Fäusten schlug. Die Mutter des Försterrudl hat mir in der Volksschule eine Ohrfeige gegeben, nachdem ich im Auftrag des Lehrers die Rechenhefte ihres Sohnes korrigiert hatte. Am nächsten Morgen, als die Frau Förster ihren Sohn wieder über den lotrechten Balken des Dorfkruzifixes in die Schule begleitete, trat meine Mutter auf die Dorfbrücke hinaus und sagte, Rühr meinen Buben ja nicht mehr an. Eine Frau will mir nicht glauben, daß, wie man so sagt, meine Mutter ein durch und durch guter Mensch ist. Sie erwartet von mir, daß ich etwas Böses über meine Mutter sage, aber ich kann es beim besten Willen nicht. Ich vollende nichts, ich schließe nichts ab, was ich sage, ist immer nur fragmentarisch, Blitzlichter sollen es sein, die die Landschaft meiner Kindheit und Jugend erleuchten, aber sofort wieder ins Dunkle hüllen. Ob mein Schreiben nichts anderes ist, als das lebenslange, nun aber ausgeformte Schweigen meiner Mutter? Haben mich die Berichte in der Bunten Illustrierten von den Geköpften deshalb so erschreckt und fasziniert, weil ich immer wieder sah, wie die Mutter im Stall ein Huhn über den Holzbock legte? Nicht nur Hühnern wird der Schädel abgeschlagen, auch Menschen. Die Hühner essen wir, aber was machen sie mit den Menschen, dem ein Henker den Kopf abgeschlagen hat? Kommt er bei einem Fest der hohen Staatsdiener auf den Tisch? Mischen zynische Köche das Fleisch der Geköpften in die Fleischspeisen? Ich las in den Berichten der Illustrierten, daß ein zum Tode Verurteilter sich in der letzten Nacht ein beliebiges Essen wünschen kann. Sofort zählte ich der Mutter meine Lieblingsspeisen auf. Meine Mutter hat mir das Entsetzen vorgekaut und schließlich in den Mund geschoben. Ist es vermessen, wenn ich sage, daß ich dieses Entsetzen geschluckt habe? Zeitlebens hatte meine Mutter ein Tuch um den Kopf gebunden. Selten sah ich ihr schönes, kohlrabenschwarzes Haar auf der Schulter liegen. Manchmal waren es zwei, drei Tücher, die ihren Kopf schützen sollten, wenn sie besonders starke Kopfschmerzen hatte. Nach dem Mittagessen legte sie oft ihr Haupt auf den Tisch und schreckte jedesmal auf, wenn jemand zur Tür hereinging. Oft blieb ich deshalb vor der Tür stehen und überlegte mir, ob ich nun eintreten sollte oder nicht. Vor ein paar Monaten fuhr sie nach Baden zu einer Kur. *Wie ein geschlagener Hund,* erzählte die Schwester, saß sie auf der Bank unter dem Familienbild, ihre grüne Tasche in der Hand, den Koffer neben den Füßen. Sie hatte Angst vor der Reise, Angst vor der vollkommenen Umstellung, Angst, ihrem mehr als vier Jahrzehnte langen Arbeitstrott mit Mensch und Tier nicht mehr nachgehen zu können. Aber der Vater, sagte die Schwester, hat sich kurzentschlossen angekleidet, ist mit ihr in den Zug gestiegen und hat sie bis zum Kurort begleitet. Gehe ich in meine Kindheit zurück, stößt meine Stirn an die morschen Bretter eines Obstbottichs, der zu einem immergrüngeschmückten Sarg umfunktioniert worden ist. Gehe ich vor, soweit ich kann, stößt meine, vom lächelnden Gesicht der Totenmaske verdeckte Stirn an meinen nagelneuen Sarg. Was nicht verwest, was nicht den Geruch des Todes in sich verbirgt, interessiert mich nicht. Ist eine Blume aufgeblüht, riecht sie bereits nach Tod. Nicht umsonst blühen die roten und weißen, nach menschlichem Fleisch duftenden Fleischblumen auf den Gräbern meines Heimatortes. Als ich einen ägyptischen Sarkophag sah und in sein Inneres blickte, murmelte ich leise vor mich hin, Da will ich hinein, während mir ein Speicheltropfen über die Unterlippe gleiten wollte, den ich aber im letzten Moment in den Mund zurückzog, Da will ich hinein. Die Pine war die erste Frau, die mich im pubertierenden Alter nackt gesehen hat, und sie war die erste lebendige, nackte Frau, die ich gesehen habe. Die erste nackte Frau, die ich gesehen habe, war ja die Enznoma, als sie während der Totenwäsche auf dem Totenbett lag. Wir badeten immer Samstagabend oder vor einem Feiertag. Im Winter nur alle drei oder vier Wochen, da der Vater Angst hatte, daß wir uns verkühlen, eine Lungenentzündung bekommen könnten. Die Pine und ich haben immer zum Schluß gebadet, wenn meine Brüder, Vater und Mutter schon fertig waren. Manchmal ist sie in mein schmutziges Badewasser gestiegen, manchmal bin ich in ihr schmutziges Badewasser gestiegen, so haben wir uns vereint. Wenn ich in der Sauküche im warmwassergefüllten Holztrog saß, legte sie manchmal ihre Hand auf meine nackte Schulter. Ich verdrehte dabei meinen Kopf, daß die Wassertropfen von den Haaren auf ihren nackten Arm flogen. Verlegen blickte sie mich an, wenn ich aus der Badewanne stieg. Sie zog sich aus, während ich meinen dampfenden Körper mit einem alten, groben Bettleintuch trocken wischte. Ich habe ihren kleinen Körper gesehen, ihre kleinen herabhängenden Brüste, ihre runzeligen Arschbacken. Meinen steif gewordenen Schwanz versteckte ich unter dem großen Leintuch. Während sie ein Bein hob, um in die Badewanne zu steigen, blickte ich auf den schütteren, grauen Pelz zwischen ihren Beinen. Manchmal bin ich so lange in der Sauküche geblieben, bis sie aus dem Wasser stieg, so langsam wie möglich habe ich mich trockengewischt, das weiße Turnleibchen und die schwarze Turnhose angezogen. Ich sah, wie zuerst das Wasser von ihren Schamhaaren rann, ich hielt ihr das feuchte Leintuch zum Abtrocknen hin. Manchmal ging ich vors Klo, nicht aber ohne vorher die dunstig gewordene Sauküchenscheibe abzuwischen, und blickte von draußen auf ihren nackten Leib. Entdeckte sie an der Sauküchenfensterscheibe mein bleiches Gesicht, lachte sie, und ich verschwand in der Dunkelheit. Ich lief in den Obstgarten raus und ging langsam, mit schneller schlagendem Herzen wieder zurück. Die Mutter trug ein Huhn aus dem Stall. Das Huhn starrte vor sich hin, groß waren seine Augen. Manchmal öffnete es seinen Schnabel wie eine zahnlos gähnende alte Frau. Sie hielt das Huhn hinter den Flügeln wie sie einen violetten, brünstigen Engel halten und mir ans Bett bringen könnte und meinen Bruder darum bitten, daß er eine halbe Stunde das Zimmer verlassen möge. Die Muttergottes hat meinen Schutzengel geboren, blutig war er, als er auf die Welt kam. Während der Engel den Geburtsschrei ausstieß, bewegte er seine Flügel wie eine Schwalbe unter dem Dachfirst, die ihren Körper vom Regenwasser befreit. Mußt aufpassen, mein Kind, daß nicht ein Finger im Maul des Pferdes bleibt, grünen Schaum hats im Mund und große, gelbe Zähne, Fliegen umkränzen seine Augen. Sei brav in der Schule und lerne recht viel, wenn du was werden willst, dann mußt du was können. Gib acht auf die, die dir helfen wollen, denn meistens sind sie es, denen geholfen werden muß. Ich sehe, wie sich das Haar ihrer Weisheit grau färbt, wie ihre Bewegungen langsamer werden, der Blick schal, die Hände zittrig, die Mutter stirbt und ihr Gott beginnt in mir den Kampf. Öfter sagte meine Mutter *Kindele* zu mir, wenn ich eine Frage stellte. Sie stöhnte und sagte, Kindele, das weiß ich nicht. War nicht ich es, der die Mutter bat, in einer Nacht, wenn der Vater in Klagenfurt bei seinem Bruder schlief, neben ihr liegen zu dürfen? Ich schlief mehr in der Mitte, näher, meine Mutter, zu mir, näher zu mir. Wenn ich plötzlich vom Bett aufstehe und mich hochstreckend aus dem Fenster in den Blätterwald des uralten Baumes blicke, denke ich an einen schwarzen Panther, der sich zum Sprung auf dich streckt. Wir werden das Herz des Todes vereisen, denn meine Mutter ist herzkrank. Er wird ein Ziehen im Herzen spüren, als hätte man in seinem Innersten Fäden an Widerhaken verflochten, an denen nun vier Pferde ziehen, sie bäumen sich auf, das Herz des Todes ist wuchtiger als eine vierpferdestarke Kraft. Aber ich brauche keine Angst zu haben, meine Mutter wird nie sterben, an eine Frau wie sie reicht kein Tod heran. Schnell ging ich als Zwanzigjähriger am Kinderwagen vorbei. Es lag doch nahe, daß ich als Zwanzigjähriger ein neugeborenes Mädchen umbrachte. Mein Vater war zwanzig Jahre alt, als meine Mutter auf die Welt kam. Als ich mit dem Adam im Zimmer des Großvaters vor dem Fernsehapparat saß und ein Auto direkt auf die Kamera zufuhr, begann mein Bruder zu schreien und drängte zur Tür hinaus, Aber Adam, das Auto kann ja nicht aus dem Fernsehapparat fahren, du brauchst keine Angst zu haben. Der sterbende Aichholzeropa hatte mit seiner Urinflasche zu tun, die an seinen Genitalien befestigt wurde. Stand er vom Bett auf, stützten wir ihn, während die halbvolle Urinflasche zwischen seinen Beinen pendelte. Mein kleiner Bruder und ich sahen während seines mehrwöchigen Todeskampfes regelmäßig das Kasperltheater der Wiener Urania Puppenbühne. Danach sah ich alleine die Abenteuerfilme, Nur für Jugendliche ab vierzehn Jahren, sagte der Ansager, aber ich blieb dennoch sitzen und sah, wie ein Knochengerüst mit einem Schwert in der Hand aufmarschierte, sein Herr den Finger ausstreckte und auf den jungen Helden deutete, Töte, töte, töte ihn, sagte der Herrscher zum Knochengerüst mit einer Stimme, die mir noch heute geläufig ist. Ich fieberte, denn ich sah im Helden mich selber. Ich mußte überleben, ich verließ aus Angst das Fernsehzimmer, lief zum Dorfplatz, ging dort ein paarmal im Kreis, und kehrte zurück, als der Film aus war. Und jetzt, meine Damen und Herren, empfehlen wir Ihnen die Seife Lux, der amerikanische Filmstar Raquel Welch benützt diese Seife, ebenso die Gina Lollobrigida und Brigitte Bardot. Ich fragte meine Mutter, ob ich sie denn nicht auch die Seife Lux kaufen könnte und ob wir die Terpentinseife auf den Misthaufen werfen könnten, Nein, die Terpentinseife ist gut genug, sagte die Mutter, die andere ist viel zu teuer. Siehst du, will ich in einem Brief an meine Mutter schreiben und auf das beiliegende Bild aus der Illustrierten mit dem Antlitz der Virginia Woolf verweisen, siehst du, die Gesichter der Aichholzeroma und der Virginia Woolf sehen sich ähnlich, findest du nicht auch? Ich blättere in der Illustrierten und horche dem Knistern zuerst von nah, dann von fern, ich stelle mir vor, ich wäre weit weg und hörte in der Ferne ein Knistern, kann nicht sagen, ob es Zeitungsgeraschel ist oder das Flüchten eines Wildhasen im Gebüsch, denn ein Jäger steht davor und schießt sich für den nächsten Krieg ein. Wenn du was werden willst, dann mußt du was können, reiß das Gewehr herum, denn es raschelt jetzt hinter dir. Rechts, hörst du, nach links reiß das Gewehr, reiß es nach oben, nach unten. Dreh dich mit dem Gewehr und schieß, dreh dich so schnell wie eine Schiffsschraube und schieß, laß dich in den Himmel schrauben und wenn du oben bist, dann beruhige dich wieder und ziele sorgfältig zwischen die Schulterblätter, damit Kugel und Herz aus meiner Brust fliegen, leg an, blick ins Korn, schließ das eine Auge, während sich das andere von selbst öffnet. Ich falle auf das Katzensilber meiner Kindheit, dort unten am Ufer der Drau. Eine Mulde habe ich am Hinterkopf, ja eine Mulde. Ich glaube, daß ich eine Zangengeburt bin. Mein invalider Schutzengel begleitet mich mit Krücken über eine geländerlose Brücke. Eine Krücke zerbricht, und er stürzt zu Boden. Ich fasse ihn unter den warmen Flügeln, helfe ihm auf und begleite ihn über die Brücke. Ich bin das Schutzkind meines Invalidenengels. Auf der linken Wange hatte ich einen eitrigen Ausschlag, den ich so gut wie möglich zu verdecken versuchte, entweder mit einer hautfarbenähnlichen Creme oder mit einem hautfarbenähnlichen Pflaster, aber immer wieder wuchs dieser Ausschlag, immer nur aus der linken, nie aus der rechten Gesichtshälfte. Während der Pubertätszeit heilte dieser Hautausschlag lange nicht. Ich versuchte ihn abzukratzen, bis ich blutete. Durch die Blutung entstand eine neuerliche Wunde, die länger nicht heilte als der bloße Eiterausschlag, der mir lange den Beinamen *Das Krätzengesicht* einbrachte. Der Hautarzt sagte, daß es nur ein Fieberausschlag ist, heute weiß ich aber, daß die Hälfte meines Kopfes im Dorf und in der Familie zu faulen begann. Einmal war ich monatelang in einem fieberartigen Zustand, der Eiter rann über mein Kinn und fraß sich am Kragen des Hemdes fest. Der Ausschlag entstand jedesmal in der Nacht. Aufwachend spürte ich ein Prickeln auf der Haut, tastete im Dunkeln meine linke Gesichtshälfte ab und wußte, daß vor dem Aufstehen die ersten eitrigen Stellen aufbrechen werden. Während des Tages wuchs und wucherte der Ausschlag und entwickelte zu Lebzeiten die eine Hälfte meiner Totenmaske. Ich hatte Angst, daß diese Krätze, die wieder aufbrach, als ich schreibend in mir meine Kindheit wiederauferstehen ließ, die linke Gesichtshälfte so verunstalten würde, daß ich später eine runzelige alte und eine glatte junge Gesichtshälfte haben würde, wie die Pine. Oft zeigte sie mit ihrem abgearbeiteten Finger auf die eine Gesichtshälfte und sagte, Das ist meine alte Seite, deutete auf die andere Gesichtshälfte und sagte, Das ist meine junge Seite, und wir beide, die Pine und ich, lachten heftig. Als mir damals auch die Nägel meiner großen Zehen ins Fleisch wuchsen, hätte ich zu einem Chirurgen gehen und eine Korrektur anbringen lassen müssen, aber ich ging nicht. Jeden Tag ging ich den langen Weg vom Villacher Bahnhof zur Handelsschule, mit jedem Schritt sanken die ins Fleisch wachsenden Nägel weiter ein, jeder Schritt wurde zur Qual, aber ich liebte die Qual. Schritt für Schritt vollzog ich, wie in einem Passionsspiel, den Leidensweg nach. Ich konnte das Dorf nicht verlassen, ich schleppte es mit mir herum, die Nägel sanken ins Fleisch, die eine Gesichtshälfte angefault, Frauenkleider unter meinem Hemd und unter der Hose, gelbbraun war mein Gesicht, da ich eine Selbstbräunungscreme auf die Gesichtshaut schmierte, ein kleines silbernes Kruzifix auf der Brust, so machte ich meinen Weg. Jesus hockte in mir wie wir alle in seinem dorfgroßen Corpus. Diese ins Fleisch gewachsenen Nägel waren ein Erbstück meiner

Mutter. Auch sie ging, als sie jung war, mit diesen ins Fleisch sinkenden Nägeln Schritt für Schritt die Dorfstraße, den lotrechten Balken des Dorfkruzifix entlang und küßte zu Ostern in der Kirche die Füße des Gekreuzigten. Nach zwei Jahren ging ich schließlich doch in Villach zu einem Militärchirurgen.

Der barocke Rahmen eines Aufbahrungszimmers im Bauernhaus läßt nichts zu wünschen übrig. Kahl hingegen sind die Aufbahrungshallen in den Gemeinden ringsum, erschütternd kahl, hier ist der Tod zu Gast und sonst niemand, er allein ist der Herrscher, kein Kranz Margeriten um das kahle Haupt eines toten Kindes, keine roten Rosen in den Augen des toten Kindes, das zu Lebzeiten blind war, nichts. Mit dem Enznopa starb damals auch mein Name, denn er hatte denselben Ruf- und Familiennamen wie ich. Vor seinem Sarg stehend, blickte ich auf den Partezettel, der zwischen zwei brennenden Kerzen stand. Groß und deutlich stand mein Name auf dem schwarz eingerahmten Papier, das von Hand zu Hand ging. Alle lobten die Sauberkeit des Enznopas auf dem Totenbett, Tante und Onkel, nur der Vater sagte kein Wort dazu, er war es gewöhnt, den Kot der Tiere als Schmuck an seinen Händen, Füßen und an seiner Kleidung zu tragen. Er trug niemals die stolze Kleidung der Bauern, die Lodenhosen, die braunen oder grauen Leinenhosen, nein, er war der einzige Bauer im Dorf, der die blaue Montur der Fabrikarbeiter trug. Deutlich hörbar wird der Regen, wenn er auf die Friedhofserdoberfläche fällt und die Tropfen zerplatzen, hochzucken und langsam einsinken, die anderen Tropfen nachstoßen, bis einer auf der Oberfläche eines Sarges liegt, ins morsche Holz sickert und auf die Augenlider des toten Enznopas fällt. Der Tote wischt sich das

Regenwasser aus den Augen. Ich konzentriere mich, wenn ich schachspiele, auf die Bauern und stelle sie Dame und König gegenüber. Ein Glücksgefühl durchstreicht meinen Körper, wenn die Bauern ihren Siegeszug antreten und Dame und König bis zum bitteren Ende in Schach halten. Will haben, daß die Butler auf ihre Grafen herabblicken und lächelnd um die sauberen Schuhe bitten. Will haben, daß Gott käme und sich endlich dem Menschengericht stellte. Will haben, daß die Häuser in den Menschen wohnen. Will haben, daß die Wörter Zahlen werden, damit die Rechnungen endlich stimmen. Will haben, daß die Zahlen Wörter werden, damit sich kein Kind mehr verrechnen kann und dafür Schläge bekommt, Hände auf den Tisch! Der Stock saust nieder, und die Hand zuckt zurück, der Stock geht wieder hoch und die Hände vor, der Stock saust nieder, aber die Hände zucken im selben Augenblick zurück. Die Hände gehen hoch und der Stock zuckt zurück. *Nullkommajosef* weißt du, sagte der Lehrer, als ich auf seine Prüfungsfragen keine Antworten geben konnte. Es war für mich jedesmal wie ein Spießrutenlauf, wenn wir mit dem Lehrer zu Fuß durch den Wald an den Getreidefeldern vorbei nach Paternion ins Freibad gingen und mich der Lehrer fragte, wie diese oder jene Getreidesorte heißt, Er ist ein Bauernbub und kann nicht einmal zwischen Roggen, Weizen und Gerste unterscheiden. Während des ersten Schulausflugs in die Landeshauptstadt fuhren wir auch nach Gurk, um die Kirche anzusehen. Jeder meiner Schulkollegen setzte sich in der Krypta auf den Wunschsessel der Heiligen Hemma. Heilige Hemma von Gurk hilf mir, daß ich ein guter Schüler werde, flüsterte ich schnell vor mich hin. Mit zwei kreuzartig auf meinem Rücken gebundenen Weidenruten gehe ich die Dorfstraße lang. Neben mir geht meine Schwester Martha, die mir das Schweißtuch reicht. In der linken Hand halte ich eine Weidenrute und peitsche ein Schokoladeosterlamm vor mir her. Der Gekreuzigte zieht mit seinem Mund die Nägel aus der linken und rechten Handfläche, spuckt sie aus und faltet seine Hände zum Gebet. Wenn Jesus aus Fleisch und Blut wäre, würde ich ihn in Holz verwandeln. Ich kann es nicht ertragen, daß es Menschen gibt, die über mir stehen oder unter mir sind. Jakob geht, als Kardinal verkleidet, mit einer Wasserkanne auf sein Grab zu und gießt die Fleischblumen, spritzt Weihwasser drüber und faltet seine Hände. Danach geht er in den Stall, holt einen neuen Kalbstrick, den sein Vater in der Paternioner Kalbstrickseilerei gekauft hat, und peitscht die Friedhofserde seines Grabes. Ein Totenvogel spazierte am Kopf seines Leichenzuges. Bei jeder Kreuzweggabelung schrie er. Der Tote im Sarg reckte seinen Kopf hoch und stieß mit der Stirn an den mit violettem Plüsch gepolsterten Sargdeckel, dennoch rann weiße Flüssigkeit aus seiner Stirnhöhle. Der Herrgott wird dir Knittel schmeißen, sagte die Gote öfter zu mir. Ich hätte nicht den Mut gehabt, brennende Holzknittel in den Herrgottswinkel zurückzuwerfen, obwohl ich mir oft vorstellte, wie ich einen brennenden Holzknittel nach dem anderen aus dem Herd zog, zu einem Kreuz zusammennagelte und in den Herrgottswinkel schleuderte. Oft blickte ich ängstlich in den Himmel, hob schützend die Arme in die Höhe, weil ich glaubte, daß der Herrgott Knittel schmeißen wird. Heute habe ich zwar nicht die Vorstellung, daß mir der Herrgott meiner Kindheit Knittel schmeißen könnte, aber ich habe Angst, daß ein Stück Eisen oder der Ast einer Fichte auf meinen Kopf fallen könnte. Manchmal habe ich nicht den Mut unter einer Brücke durchzugehen, lange bleibe ich davor stehen und überlege mir, wie ich diese Brücke umgehen könnte, es kann doch sein, daß sie in dem Augenblick, wo ich durchgehe, zusammenbricht. Als ich in einem Gebetsbuch nachsah, wie man *Mea maxima culpa* schreibt, fand ich ein altes Vierklee zwischen den Buchseiten. Die Dorfschneiderin ist eine kleine, bucklige Frau, hantiert ständig mit Schere, Nadeln oder Bügeleisen, ich kann mich kaum erinnern, daß ich sie nicht mit einem dieser Gegenstände in den Händen sah, wenn ich ihre kachelofenwarme Stube betrat, Grüß Gott, nie Guten Tag sagte, denn ich trug die Kirchenblätter auf meinen Händen. Wenn Sommerfrischler aus Deutschland oder Holland in unser Dorf kamen und der eine oder andere meinen Gruß mit Guten Tag erwiderte, besserte ich ihn aus und sagte, daß man in diesem Dorf Grüß Gott und nicht Guten Tag sagt. Manchmal sah man eine Frau mit einem Kleid über dem Arm den ausgetretenen Schneeweg entlanggehen. Man wußte, daß sie zur Schneiderin ging, ihr Kleid umarbeiten ließ. Mit diesem Kleid würde sie am Sonntag in die Kirche kommen, würde am Rande einer Bank sitzen und ihr neues Kleid zeigen wollen. Wenn ich zu Ostern, am Auferstehungstag in die Kirche ging, trug ich den neuen Anzug, den mir die Gote geschenkt hatte, und blickte oft auf meine Ärmel, auf die Brust, die Beine oder die neuen Schuhe und stellte mir vor, wie man mich anblickte, wie ich allen, die ringsherum saßen und standen, gefallen mußte. Oft ging ich vom Chor zur Kommunion, nur um meine neuen Kleider vorzuführen. Mit einer Hostie im Mund machte ich die Kehrtwendung vom Kommuniongitter und ging, links und rechts blickend, mit hallenden Schritten den Kirchencorpus zurück, dorthin, wo der Aichholzerfriedl, der Wengereman, der

Albertkarli, der Posseggersepp und der Laberfredi standen. Wenn die Blöchingerlise, die Kirchendienerin, vor Ostern den Kirchenputz machte, seifte sie auch die Füße des Gekreuzigten ein. Während der Karwoche gingen die Bauern und Bäuerinnen, Knechte und Mägde in den Beichtstuhl. Wenn der Pfarrer manchmal vergebens auf einen Sünder wartete und den Beichtstuhl wieder verließ, kam er mir sehr traurig vor. Bei jeder Hochzeit ministrierte ich, nicht aber bei jedem Leichenbegängnis, denn bei jeder Hochzeit bekamen wir vom Brautpaar und von den Hochzeitsgästen Geld, das ich sofort zu einem Karlmaybuch umtauschte. Vom Pfarrer erhielten wir für jedes Totenfest, das wir, der Aichholzerfriedl und ich, in den schwarzen Ministrantenkitteln mitgestalteten, ein Zehnschillingstück. Mein *Mit*leid soll das heißen, nicht mein *Bei*leid, rief der Pfarrer von der Kanzel, wenn er von den Begräbniszeremonien sprach. Eine übermütige Braut hat einmal vor dem Kirchentor eine Tasche voll Kleingeld, lauter Zwei- und Fünfgroschenstücke, ausgestreut, die hätte sie behalten können, trotzdem bückten wir uns und lasen Stück für Stück auf, hoben nach jedem Groschen die Köpfe, als dankten wir dem Himmel für den Groschensegen. Der Pfarrer blickte mich am Altar böse an, als ich verspätet zu einer Hochzeit in die Kirche kam und mich neben einen anderen Ministranten stellte, nur um nach der kirchlichen Zeremonie am verschlossenen Friedhofstor stehen und das Geld einsammeln zu können, das die Brautleute und die Hochzeitsgäste als Passierscheine gaben. Während der Firmung war einmal der Bischof Köstner in der Dorfkirche. Wie eine Braut wurden an diesem Tag das Innere und Äußere der Kirche geschmückt. Wir Ministranten beteten im Chor das Confiteor. So etwas habe ich noch nie erlebt, sagte der

Bischof. *Unseres Absterbens Amen,* lautete der Schluß vieler Gebete. Später wurde der Schlußsatz zu *Unseres Todes Amen* umgetauft. Manche Leute in der Kirche hörten nie auf, Absterbens Amen zu sagen, aber ihr Gemurmel ging im Unseres Todes Amen unter. Stolz war ich, als ich sah, daß die Pfarrermarie die Milch von unserem Bauernhof holte. Sie hätte genauso vom Christebauer, Kreuzbauer, Aichholzer, Kofler oder vom Simonbauer die Milch holen können. Wenn sie zum Monatsende zur Mutter kam, um die Milch zu bezahlen, hockte ich oft hinter dem Tisch und hoffte, daß die Mutter der Pfarrermarie die Milch schenken würde. Manchmal sagte sie zur Pfarrermarie, Ihr braucht die Milch diesen Monat nicht zu bezahlen. Ich grinste unter dem Herrgottswinkel, blickte zum Gekreuzigten hinauf, als wollte ich ihm Dank dafür sagen, aber im Grunde genommen wollte ich, daß die Mutter dem Pfarrer und der Pfarrermarie die Milch immer schenkte, daß sie niemals für Brot, Fleisch oder Speck bezahlen müßten, denn sie hatten doch mich als Erzministranten aufgenommen. Er gibt doch auch der Oma und dem Opa den Segen, die Lebens- und Sterbesakramente. Er sagt doch, Gelobt sei Jesus Christus, wenn er unser Haus betritt und ich mit einer brennenden Kerze im Flur stehe, In Ewigkeit Amen antworte und ihn in das Großelternzimmer begleite. Wurde ein Schwein geschlachtet, gab mir die Mutter ein Stück frisches Fleisch, das ich der Pfarrermarie brachte. Sie verpackte es in Fettpapier, umwickelte es noch mit der Volkszeitung und gab es mir in die Hand. Ich ging den Schlangenweg hinauf, läutete an der schrillen Glocke und gab es der herauskommenden Pfarrermarie, Das schickt die Mame, sagte ich. Die Pfarrermarie bedankte sich und gab mir ein paar Zuckerln oder Kekse mit, dann lief ich den schlangenförmigen Weg wieder hinunter und blieb keuchend, links und rechts blickend, vor der Bundesstraße stehen. Backte die Mutter Brot, ging ich wenige Stunden später mit einem noch warmen Brotlaib wieder den Schlangenweg hinauf und läutete am leuchtenden Klingelkopf. Oft ging ich mit der Pfarrermarie nach einem Regen in den Wald, um für sie und für den Pfarrer Pilze zu suchen. Alleine, sagte sie, kann ich nicht gehen, ich habe Angst vor Schlangen, man weiß auch nicht, was sich für ein Gesindel noch im Wald herumtreibt. Wurst, Käse, Kaffee, Brot und Süßigkeiten nahm sie immer mit, wenn wir einen ganzen Tag in den Wäldern herumstrichen, Parasole, Herrnpilze und Eierschwämme pflückten. Am liebsten, so sagte sie, hat der Herr Pfarrer die Herrnpilze. Stießen wir in den Nadelwäldern auf Herrnpilze, spürte ich, wie sie nervös Herrnpilz um Herrnpilz aus der Erde löste. Man darf den Herrnpilz nicht samt der Wurzel ausreißen, sagte sie, man muß ihn ganz unten abschneiden und die Wunde mit Moos und Erde zudecken, damit auch im nächsten Jahr an derselben Stelle ein Herrnpilz wächst. Noch ehe ich Weizen von Roggen und Gerste unterscheiden konnte, kannte ich eine große Anzahl von Pilzen. Mit ihr ging ich durch den grünen, feuchten Fichtenwald, wenn es donnerte und blitzte, und mit ihr ging ich über die heißen Bergwiesen, um Parasole und Kräuter zu suchen. Am Heiligen Abend, nach der Christmette, schenkte mir die Pfarrermarie vor dem Friedhofstor zwei in Weihnachtspapier eingewickelte Karlmaybücher, Durch das Land der Skipetaren und Im Sudan. Steck sie schnell ein, sagte sie, steck sie schnell ein. Fünf Jahre war ich alt, als ich morgens um halb sieben aufstand, mich aufs Fensterbrett der Küche hockte und wartete, bis die Pfarrermarie den Kurvenweg herunter kam, um in die Frühmesse zu gehen. Mit dem bloßen Schlafanzug und nackten Füßen lief ich in den Schnee hinaus und wollte mit ihr in die Kirche gehen, aber die Schwester lief hinter mir her und zerrte mich wieder ins Elternhaus zurück, Ich will mit der Pfarrermarie in die Kirche gehen, laß mich, Aber du hast ja keine Schuhe und kein Gewand an. Von diesem Tag an wußte die Pfarrermarie, daß ich an ihrer Seite und an die Seite des Pfarrers gehörte. Der Pfarrer erfuhr es, und ich bekam einen Sonderplatz in der Kirche, bald danach wurde ich sein Ministrant und stieg zum Erzministranten auf. Um diese Stellung als Erzministrant halten zu können, tyrannisierte ich manchmal meinen besten Freund, den Aichholzerfriedl, der vor dem Altar, bis ich mich auf diesem Posten behauptete, eigentlich mein Konkurrent war. Ich gab ihm falsche Anweisungen und er läutete wochenlang die Ministrantenklingel mit den fünf kleinen, zusammengeschweißten Glöckchen in dem Augenblick, wenn der Pfarrer das Blut Christi trank. Entrüstet schüttelten der Pfarrer und ich den Kopf. Von da an wurde meine Position unumstritten, der Aichholzerfriedl und die beiden anderen Ministranten, die manchmal am Altar neben uns knien durften, hielten sich an meine Anweisungen. Während samstags der Briefträger die Bauernzeitungen von Haus zu Haus trug, brachte ich die Kirchenblätter in die kachelofenwarmen Bauernstuben. Ich war im Dorf zum Boten und Vertreter des Pfarrers avanciert. Es gab niemanden im Dorf, der keinen Respekt vor mir hatte. In den roten Ministrantenkleidern lief ich im Schneetreiben über den lotrechten Balken des Dorfkruzifix, die Hostien an die Brust haltend, die der Pfarrer im Pfarrhof vergessen und die mir die Pfarrermarie herausgab, damit ich sie dem Pfarrer in die Sakristei brachte. Ich war mir bewußt, daß ich mit dem Allerheiligsten, dem Leib Christi, unseres Herrn, über den lotrechten Balken des Dorfkruzifix lief. Am größten Kruzifix, das gegenüber der Schule steht, machte ich halt und schlug mit der rechten Hand, in der ich den Leib Christi hielt, ein Kreuzzeichen auf meine Stirn, auf meinen Mund und auf meine Brust. Ein junger Priester, so erzählte uns der Pfarrer während des Religionsunterrichtes in der Schule, wurde, als er in der Nähe von Stockenboi über die Brücke eines Baches zur Kirche gehen wollte, von zwei Männern zurückgehalten. Er trug über seiner Herzgegend eine Ledertasche mit einer Zinnschatulle, in der eine Anzahl großer Hostien verborgen waren. Die beiden Männer stachen den Priester nieder, der aber die Schatulle mit dem Allerheiligsten so fest ans Herz drückte, daß die Räuber selbst dem Toten die Schatulle mit dem menschenblutverschmierten Leib Christi nicht mehr aus den Händen reißen konnten. In einer anderen Geschichte fuhr der Erzähler als junger Pfarrer in eine abgelegene Gegend, um einer alten Frau die Letzte Ölung zu geben. Die bäuerliche Familie war auf dem Feld, die Haustür stand sperrangelweit offen, Fliegen schwammen in der Luft, dicke, haarige Fliegen. Ich erinnere mich noch, wie er immer wieder ausführlich auf die Fliegen hinwies. Er ging in die Küche, niemand war zu sehen, klopfte an einer anderen Tür, aber nichts rührte sich. Auf einem Haufen ungewaschenen Geschirrs hockten unzählige Fliegen. Er ging über die Stiege, klopfte an die eine und andere halboffenstehende Tür, nichts rührte sich. Er klopfte an die Dachbodentür, drückte die Klinke nieder, öffnete die Tür und blieb erschrocken an der Schwelle stehen. Im Bett der Dachbodenkammer lag die schwerkranke, sterbende Mutter mit offenem Mund, links und rechts hingen ihre Arme herab. Er ging auf die schweratmende Frau zu und sah, wie um Augen und Mund Fliegen hockten und an ihren Lippen leckten. Er wollte mit diesem *Mütterchen* sprechen, aber sie brachte kein Wort mehr hervor. Er schmierte ihr das geweihte Öl auf die Stirn, faltete ihre Hände, zeichnete ein Kreuz auf ihre Stirn, und noch ehe er sich im Zimmer umsehen konnte, erblickte er in einer Ecke auf einer Bauerntruhe ihren Sarg. Man stelle sich vor, sagte er, uns aufmerksamen Schülern zugewandt, noch bevor das Mütterchen tot war, haben ihr die Bauern den Sarg gekauft, halb verhungert und halb von Fliegen zerfressen lag sie im Sterbebett. Ich habe gewartet, bis die Bauern vom Feld zurückgekommen sind, dann habe ich ihnen ihr Verbrechen vor Augen geführt. Im Arbeitszimmer des Pfarrers hingen die selbstgemalten Heiligenbilder. Ein Elfenbeinkruzifix stand auf dem Schreibtisch. Hatte der Pfarrer die Briefe an seine Freunde und an den Bischof geschrieben, die Geburts- und Sterbeurkunden ausgefüllt, stieß der Elfenbeinchristus mit seiner Stirn aufs Blatt, um die Schriften mit dem Stempel seiner Dornenkrone zu bestätigen. Die unzähligen Heiligenbilder, die er malte, ließ er auf Lesezeichenformat vervielfältigen und gab sie den Gläubigen als Andenken an ihre Osterbeichte noch im Beichtstuhl in die Hand. Diese Heiligenbilder waren die Lesezeichen der Gebetsbücher. Manchmal lag ein Mensch mit dem Heiligenbild des Pfarrers in den Händen im Sarg. Oft habe ich gesehen, wie jemand ein Heiligenbild des Pfarrers ins Grab steckte. Nach einiger Zeit war der untere Teil des Heiligenbildes von der Erde angefressen. Winters stand ich täglich mit dem Aichholzerfriedl in der kalten Gruft der Kirche und wärmte mich beim Aufheizen des Weines. Der Pfarrer hatte neben dem Altar eine

Nische anbringen lassen, in der ein Kocher stand. Dort wurde der Wein gewärmt. Ich brachte ihm das warme Blut Christi an den Altar. Am Kirchtag hörten wir die Böllerschüsse des Dorfschußmeisters. Um vier Uhr morgens zuckten die Kinderkörper im Bett zusammen und lauschten auf den nächsten Schuß, weckten einander auf und warteten händehaltend auf den nächsten Schuß. Über die frischgekehrten Beine des Dorfkruzifix gehend, schleusten wir uns zwischen seinen Zehen in die Kirche hinein. Der Pfarrer sagte während seiner Predigt, daß heute nicht der *Kirchtag,* sondern das *Kirchweihfest* gefeiert wird, zu Ehren der Kirche feiern wir diesen Tag. Aber dieses Kirchweihfest artete zu Saufgelagen, Böllerschüssen, Tänzen, zu einem Rummel im Gasthaus aus, an dem außer dem Pfarrer und der Pfarrermarie alle teilnahmen. Meistens gab uns der Pfarrer das Ministrantengeld am Samstag. Wenn er darauf vergaß, standen der Aichholzerfriedl und ich etwas länger in der Sakristei herum, entstaubten ein Kruzifix oder ordneten die Ministrantenmäntel im Kleiderkasten, bis er das weiße Priesterkleid hochstülpte und in seine klimpernde Hosentasche griff.

Ich träumte, daß ich mit Michl und der Mutter in einem Fluß watete. Unter Wasser versteckte ich Jakobs Leichenteile. Habe ich ihn umgebracht? Warum klagen mich meine Träume immer wieder als seinen Mörder an? In bestimmten Ländern lassen sich am Karfreitag manche Gläubige ans Kreuz schlagen. Mönche züchtigen sich bis aufs Blut. Frauen bluten an den Innenflächen ihrer Hände. Der Heilige Ignatius legte Wert darauf, daß die wilden Tiere von seinem Leib nichts übrig ließen. Zuerst muß ich in der Hölle den Teufeln die Köpfe abschlagen, bevor ich im Himmel an einem Heiligen den Herzstich vornehmen kann. Nicht aus dem Kopf werden die

Hörner meines Dämons wachsen, aus meinen Brustwarzen werden sie stechen. Wenn sich dieses kruzifixartig gebaute Dorf doch tatsächlich zu einem Riesenchristus personifizieren, sich aufstellen, die Beine ausstrecken und mit einem Kreuz und all seinen lebenden und toten Bewohnern auf dem Rücken aus der Geographie des Landes Kärnten trotten könnte. Der Traum, daß mein Körper, festgehalten von Kalbstricken, gegen die Strömung der Drau von vier flußaufwärtsschwimmenden Pferden durchs Heimatland gezogen wird, ist bis heute ausgeblieben. Man sagt, daß Jesus für uns Menschen am Kreuz gestorben ist. Das mag sein. Für mich aber ist er nicht am Kreuz gestorben. Wenn die Letzten die Ersten und die Ersten die Letzten sein sollen, gibt es erst recht wieder Erste und Letzte, Erniedrigte und Erhöhte, dann also muß das ganze Tingeltangel noch einmal von vorne beginnen. Mit meiner Mutter ging ich über die Dorfstraße, vorbei am Haus des toten Jakob. Ich begann sofort zu laufen, als ich die Eltern Jakobs sah. Vor meinen Füßen aber breitete sich ein Netz aus. Ich versuchte den Schlingen zu entgehen, trat hoch und höher, streifte die Stricke von den Füßen, solange ich nicht hilflos wie ein Fisch an einem Widerhaken befestigt war, heraus. Meterlang zog ich feinstgesponnenes Netz aus dem Mund, aber es schien nicht enden zu wollen, der Knäuel in meinem Mund wurde immer dicker. Ich drohte zu ersticken. Weit öffnete ich den Mund und zog am Netz, bis es mir gelang, den Knäuel zu entwirren. Ich benutzte meine Hände als Schere und schnitt das Netz an meinen Lippen ab. Mit dem Gefühl, den Widerhaken und ein Stück Netz im Mund zu haben, wachte ich auf und blickte, aufrecht im Bett sitzend, vollkommen verstört vor mich hin, ehe ich mich besinnen konnte. Hellauf lachte ich, als ich hörte, daß der Friedhof meines Heimatdorfes vergrößert worden ist. Sie wollen mir Platz machen, obwohl ich keinen brauche. Im Berliner Tagesspiegel vom vierten November Neunzehnhundertachtzig las ich, daß sich zwei Homosexuelle von einem Kind erschießen ließen. Das Gerede der Mitbürger ihres sizilianischen Heimatortes Giarre bei Catania hat zwei befreundete Homosexuelle in den Tod getrieben. Sie ließen sich von einem zwölfjährigen Jungen in einem Wald erschießen. Die Tat blieb zwei Wochen lang unentdeckt. Die Polizei hatte am Wochenende die eng umschlungenen Leichen des fünfzehnjährigen Antonio Galatolo und des fünfundzwanzigjährigen Giorgio Agatino gefunden, die vor vierzehn Tagen gestorben waren. Wir können nicht mehr leben, weil unsere Existenz von dem Gerede der Leute abhing, heißt es in einem Abschiedsbrief, der neben den Toten lag. Da die Todesursache unklar war, verhörte die Polizei den zwölfjährigen Jungen, der die beiden zuletzt gesehen hatte und mit einem der Toten auch verwandt ist. Nach mehrstündigen Vernehmungen gestand der Junge, Sie haben mich gebeten abzudrücken, und ich habe das auch getan. Sie sagten mir, ich solle keine Angst haben, da ich wegen meines Alters nicht ins Gefängnis kommen kann. Zum Dank schenkte einer der Homosexuellen dem Kind seine goldene Uhr. Jakob und Robert. Ein bäuerliches Trauerspiel. Ob die beiden Buben glaubten, daß sie sich in einer besseren Welt wiedersehen werden? Außer der Welt meines Heimatdorfes haben sie noch die Welt der Arbeit in einem Mechanikerbetrieb und auf einer Baustelle gesehen. Hat Jakob an ein Wiedersehen nach dem Tod geglaubt? Hat er geglaubt, was ihm sein Großvater und seine gläubigen Eltern erzählt haben? Mit meinen Büchern will ich ihnen Grabsteine mit Inschriften setzen.

Dem Mann bin ich neidig, der Jakob vom Strick genommen, seinen Körper über seine Achseln gelegt hat, während sich der über die Schulter hängende Kopf Jakobs bei jedem Schritt bewegte, als nicke er mir zu. Eines Tages wird Jakobs heranwachsender jüngerer Bruder die Kleider des Toten tragen, die eigentlich mir zustehen. Jakob! Ich sage dir, stehe auf. Jakob erhebt sich und schlägt mir die Faust ins Gesicht, Ich weiß schon, warum ich mich umgebracht habe. Wenn ich wahnsinnig werde, hänge ich mir das Kruzifix mit den Gesichtszügen Jakobs auf meine Brust, und Jesus und ich gehen im Irrenhaushof im Kreis. Es hätte zu Jakobs schönem Körper nicht gepaßt, wenn er sich mit Schlaftabletten getötet hätte. Da er nun einmal ein schöner Mensch war, mußte er sich im Tode körperlich verstümmeln. Sie hätten seinen Bauch öffnen, die Eingeweide herausnehmen und ihn einbalsamieren müssen. Wie einen Heiligen hätten sie ihn behandeln müssen, aber sie haben ihn so schnell wie möglich unter der Erde verschwinden lassen. Ob die Mutter Jakobs seinen Leichnam aus Verzweiflung noch einmal geschlagen, ihn angeschrien, sich auf ihn gelegt, ihn geküßt und an den Haaren gerissen hat? Sie hebt seinen rechten Arm in die Höhe und bleibt mit dem Tuch in der Höhlung seiner Achseln stecken, blickt auf seine unveränderten Gesichtszüge und hat während der Totenwäsche das erstemal in ihrem Leben den Mut, Gott, zu dem sie ein halbes Jahrhundert gebetet hat, zu verachten. Aber wo und wer ist Gott? Wo kann ich ihn finden? Außer im toten Sohn, dessen hochgehobenen Arm sie auf die nackten Hüften legt. Wir holten alle Blumen von den Gräbern und schmückten das Innere der Kirche, vor allem den Altar, unsere Liebesstätte. Ich goß den vorgewärmten Meßwein auf Jakobs nackten Leib, während er Hostien zerbrach. Mit Weihwasser habe ich seine Füße gewaschen. Mit dem höchsten Glücksgefühl, mit Jakob die Kameringer Kirche geschändet zu haben, wachte ich auf. Ich habe Angst, daß sich jemand in Jakob verkleiden, seine nachgebildete Lebensmaske aufsetzen, auf mich zukommen und mich töten könnte. Ich halte ihm seine Totenmaske entgegen, wie man einem Vampir ein knoblauchparfümiertes Kruzifix entgegenhält, und sehe zu, wie er zärtlich mit seiner Hand über sein Totenmaskengesicht streicht und mit den Gipslippen zu spielen beginnt. Als ich in der Tarviserstraße wohnte, warf mir eines Traumes jemand ein totes Reh durchs geschlossene Fenster ins Zimmer. Ein anderes Mal sah ich mein Bild in der Tageszeitung, als ich bei einem Verkehrsunfall tödlich verunglückt war. Ich ging mit einem Freund die Tarviserstraße lang, schlug die Zeitung auf und zeigte ihm mein Gesicht unter dem demolierten Auto, Siehst du, das ist *er*, sagte ich. Ich werde Jakobs Totenkopf in einen Globus hineinstopfen und mit einer Glühbirne ausleuchten. Dort sollen die Augen seines Totenkopfs leuchten, wo sich am Globus Österreich befindet, das Land Kärnten. Der Leichenzug eines Selbstmörders windet sich durch die tiefverschneite Landschaft. Ich höre das Murmeln des Priesters. Zu seiner linken und rechten Flanke, dicht hinter dem Sarg, gehen die schwarzgekleideten Ministranten. Diejenigen, die den Trauerzug abschließen, gestikulieren heftig. Während der Einsegnung fiel soviel Schnee auf den schwarzen Sarg, daß nach wenigen Minuten das goldene Kruzifix auf dem Deckel des Sarges verdeckt war. Der Erzministrant befreite mit dem Weihwasserwedel das Kruzifix vom Schnee. Selten legt ein Selbstmörder Hand an sich. Längst bevor er sich umgebracht hat, haben andere Hand an ihn gelegt. Roberts Bruder ging in den Wald. Er öffnete seine Maurertasche und blickte auf das Gewinde des Stricks. Er stieg auf einen Fichtenbaum und der Fichtenbaum auf ihn, bis zur Konstellation der Sterne hinauf stiegen sie übereinander. Die Äste der Fichte hoben und senkten sich wie die Flügel einer Krähe, wenn sie über das Weizenfeld fliegt. Die Fichte schlang sich den Strick um den Hals, stürzte in die Tiefe und blieb am wippenden Oberarm von Roberts Bruder hängen. Die umherstehenden Bäume und Sträucher rissen ihre Augen auf. Sie beteten zu ihrem Gott. Eine Schlange richtete sich auf und leckte die Fußsohlen des Erhängten. Sieht die Mutter, die nun zwei erhängte Söhne hat, wenn sie zum aufgeputzten Christbaum blickt, nicht den Bruder Roberts, der sich an einer ungeschmückten Fichte erhängt hat? Ich lege den schweren Hammer auf den Holzblock und halte das Holzkreuz in die Höhe, betrachte es, wie ich mich betrachte, wenn ich in den Spiegel schaue, und winde mich, als hätte man mir, der ich vom Kreuz nach unten schaue, einen großen Spiegel zu Füßen gelegt. Ich sehe meine Fußsohlen zuerst, dann die Hoden und die Spitze des Gliedes. Darüber nickt mein Kopf. Einmal schlugen der Michl und ich eine Strohpuppe an ein zusammengebasteltes Fichtenkreuz, Schlag fester, denn du bist kraftvoller als ich, schlag tief den Nagel ein, er ist aus der Werkstatt des Vaters, schlag ihn so tief, daß man den Widerhall im pochenden Herzjesu in der Kirche hören kann. Der Michl stößt seinen Samen ins Heu, glaubt, daß er Leben zunichte gemacht hat, fühlt sich als Mörder und träumt nachts davon, der Gemordete zu sein. Jahrelang fragte ich mich, aus welchem Material wohl ein Heiligenschein besteht. Vielleicht ist er aus Holz, aus Eisen oder aus Plastik, vielleicht aber ist es der

Rauch des Ewigen Lichts, der sich um den Kopf des Heiligen windet. Du sollst stehlen, wenn du kein Geld, aber Hunger hast. Du sollst den Namen Gottes verunehren, wenn du acht Jahre lang seine hölzernen Füße geküßt hast. Du sollst Vater und Mutter verunehren, wenn sie dir nicht jeden Abend und jeden Morgen statt des Abend- und Morgengebets zeigen, daß du ein Mensch bist wie sie. Du sollst Unzucht treiben, wenn dir ein Junge lieber als ein Mädchen ist, du sollst den Jungen lieben wie dich selbst. Du sollst töten, wenigstens ein Tier töten, wenn dich dein Vater schlägt. An einem Freitag wurde Jesus gekreuzigt, und freitags darf kein Fleisch gegessen werden, sagte der Pfarrer und erzählte von einem Kind, das trotz Verbot an einem Freitag eine Wurstsemmel gekauft und, während es einen Bissen im Mund hatte, von einem Auto niedergestoßen und getötet wurde. Ob sie mich, wenn ich gestorben wäre, in meinen roten Ministrantenkleidern begraben hätten, wie Päpste in roten Kleidern begraben werden? Die Trauerfarbe der Erzministranten ist rot. Wenn ich als schwarzgekleideter Ministrant vor dem offenen Grab neben dem Priester stand, hatte ich, besonders wenn es regnete und die Erde feucht und glitschig wurde, Angst, daß ich ausrutschen und ins Loch, auf den Sarg fallen könnte. Aus Scham wäre ich unter den Sarg gekrochen. Vor dem Kommuniongang sprachen wir im Chor, O Herr, ich bin nicht würdig, deinen Leib zu empfangen. Im Grunde genommen ist er nicht würdig, auf unsere menschliche Zunge gelegt, geschluckt und in unser menschliches Fleisch und Blut gebunden zu werden. Zwanzig Kreuzottern sollen aus unseren Wäldern kommen, sollen sich vor dem Kommuniongitter aufreihen, ihre gespaltenen Zungen herausstrecken und den Leib Christi empfangen. O Herr, du bist meiner nicht mehr würdig. Tausendfach würden sich die Gekreuzigten voreinander erschrecken, wenn man alle Kruzifixe dieses Dorfes in ein Spiegelkabinett hängen würde, vom Kreuz steigen und sich gegenseitig erwürgen. Die Hostie ist die größte Prostituierte Österreichs. Der Widerhall der Zehn Gebote Gottes, wenn ich durch die leere Kirche schreite. Ich stellte mir vor, wie der Vater die Hand hebend durch den Stall geht und die Milch in den Eutern der Kühe zu Wein verwandelt. Ich habe Gott erschaffen. Jesus will eine Totenkerze anzünden, die Flamme erfaßt seinen hölzernen Körper und verbrennt ihn. Am schönsten waren die Gewitter, wenn sich wie eine schwarze, lange Schlange ein Leichenzug, der Gekreuzigte voran, gehalten vom Mesner, über die Dorfstraße zog und wenn im selben Augenblick die Hagelschlossen aufs Kruzifix des Sarges fielen, vom Sargdeckel abrutschten, auf den Boden fielen und von den Rädern des Leichenwagens zermalmt wurden, wenn die Ministranten statt des Weihrauchfasses einen schwarzen Schirm hielten, um den Kopf des Priesters zu schützen, die Hagelkörner auf die Schultern der Ministranten fielen und wenn auf den Hüten der Bauern und der trauertragenden, dicht hinter dem Sarg hermarschierenden alten Frauen die Hagelkörner lagen und schmolzen. Es ist egal, wie parfümiert man außen ist, sagte der Pfarrer Franz Rheinthaler, wichtig ist, daß der Mensch innen schön ist. Der Pfarrer hatte einen schönen braunen Sarg aus Edelholz und war in der Kirche aufgebahrt worden. Kein anderer Toter im Dorf wurde in der Kirche aufgebahrt. Während dieser Tage war das Kirchentor offen, jeder konnte aus und ein gehen, wann immer er wollte. Sein Sarg hatte ein Guckloch. Ich blickte ihm, der mich fast ein Jahrzehnt geliebt hat, ins Gesicht.

Seine Nase war eigenartig krumm geworden. Lange wollte ich sein Gesicht betrachten, aber ich wurde von der Menschenschlange der Dorfleute weitergedrängt. Sie gingen im Kreis um den Leichnam, Kinder wurden hochgehoben und blickten auf das Totenantlitz. Die Erwachsenen beugten sich ein wenig vor und blickten in das Guckloch, als wollten sie vor seinem Leichnam eine Verbeugung machen, aber ihre Geste hatte mehr mit der Neugierde als dem Respekt und der Hochachtung vor einem Toten zu tun, der jahrzehntelang in diesem kruzifixartig gebauten Dorf der Vertreter Gottes war. Immer wieder sehe ich, wie sich Jakob und Robert im Pfarrhofstadel im Heu wälzen, wie Jakob auf Robert einschlägt und schreit, Robert, du darfst nicht sterben. Ich stelle mir vor, wie ihn Robert überwältigt, auf ihm liegt, Speichel in Jakobs Gesicht rinnt, während er sagt, Du kannst zuschauen, wie ich vom Balken springe, aber du kannst auch mit mir sterben, wenn du willst. Ich will nicht mehr jeden Tag den Maurerkübel von Baustelle zu Baustelle tragen, ich will nicht mehr vom Vorarbeiter angebrüllt werden. Ich will mir in der Berufsschule nicht mehr sagen lassen, daß ich nicht rechtschreiben, daß ich nicht rechnen kann, nichts mehr will ich mir sagen lassen. Wegen meiner roten Haare werde ich seit meiner Kindheit verspottet, ich will nicht mehr ausgespottet werden. In meinem Kopf haben sich Jakob und Robert der Realität ihres Lebens im Dorf längst enthoben. In meinem Kopf wachsen sie langsam zu Kunstfiguren heran, während sie auf der Erde tot, in ihr begraben sind. Meine Wut hat nachgelassen, ich bin ruhiger geworden, seit ich niedergeschrieben habe, was ich im Augenblick der Niederschrift wußte und fühlte. Obwohl ich spüre, im Grunde genommen versagt zu haben, setze ich fort, verirre mich in einem Labyrinth, bis es keinen Ausweg mehr gibt. Ich möchte in diesem Labyrinth gefangen sein, denn ich will nicht mehr zurückkehren, diese Kunstfiguren beginnen jetzt mit mir zu spielen, wie ich mit ihnen gespielt habe, als ich ihre Körper aus den Larven ihrer Totenkleider herausgelöst und nackt vor mir liegen hatte. Robert, siebzehn Jahre alt, lag im Sarg mit roten Haaren, dunklem Anzug, gefalteten Händen, ein Fingernagel war gebrochen, Margeriten um die tödliche Kalbstrickhalswunde, das Kinn von einem kleinen Porzellanzylinder hochgehalten, schwarze Totensocken an seinen bleichen Füßen. Blicke ich auf das Bild mit ihren Särgen, warte ich stundenlang, bis einer von den beiden den Deckel abhebt, heraussteigt und den Sargdeckel seines Freundes öffnet, eine Hacke holt und auf ihn einschlägt, ihn zerfleischt wie ein Bluthund, der im Mondschein seinen Kopf über die Leiche einer Katze hebt und zu brüllen beginnt. Könnte ich nur meinen Kopf chirurgisch öffnen und alle Bilder, die sich unter meiner Kopfschwarte verbarrikadieren, herausnehmen, sie verheizen, so daß ich mich nicht mehr an Vater und Mutter, an meine Kindheit und Jugend, an Hanspeter, an Jakob und Robert, die drei Gekreuzigten dieses Dorfkruzifix erinnern kann, an nichts mehr möchte ich mich erinnern, alles wegwerfen, alles. Sie warfen den Kalbstrick um den Balken, prüften seine Festigkeit, umarmten sich und einander ins Fleisch beißend fielen sie in die Tiefe, zwei schnell abgebrochene Todesschreie, ein fürchterlicher Ruck, der das Dorf aus der Angel gehoben hat, gebrochene Augen, Blut schäumt aus den Mündern, langsam lösten sich ihre Hände voneinander, ihr Herz hörte allmählich zu schlagen auf. Rote und weiße Kerzen stecken die Angehörigen zu Allerheiligen und Allerseelen in die Augenhöhlen von

Jakobs Totenkopf. Ein Kind wird die Kerzen anzünden oder der Junge, der als nächster im Dorf geopfert wird. Bevor Jakob in Spittal in einer Mechanikerwerkstätte in die Lehre ging, machte er die Aufnahmeprüfung für das musisch-pädagogische Gymnasium, aber man ließ ihn durchfallen. Ich kniete vor deinem Grab nieder. Regen vermischt mit Friedhofserde rann in meine Herrgottsschlapfen zwischen meine nackten Zehen. Mein Gesicht beschmierte ich mit deiner matschigen Friedhofserde. Ich aß von dieser schwarzen Erde, ich spürte das Knirschen der Sandkörner zwischen meinen Zähnen und spie vor deinem Grab alles wieder aus. Mit den Handschalen fing ich den strömenden Regen auf und spülte meinen Mund aus. Mit schwarzem Gesicht und roten Augen, den Geschmack deines Blutes in meinem Mund, sah ich mich auf dem Friedhof um. Habe ich mich früher vor jedem Blitzschlag erschrocken, so bin ich damals vor deinem Grab stehengeblieben und habe sehnsüchtig zu den Wolken hinaufgeschaut. Mit dieser Totenmaske aus dem Material deiner Friedhofserde schritt ich das Dorfkruzifix ab. Man könnte ihn exhumieren und als Menschenscheuche aufstellen, niemand soll mehr unser Feld betreten, niemand den Acker überqueren, mit niemandem wollen wir noch etwas zu tun haben. Tatsächlich isolierte sich seit dem Tod Jakobs die Familie noch mehr. Für niemanden sollte ihr Schmerz das Wundpflaster sein. Die Mutter des toten Sohnes führt eine Hostie in ihre Scheide, legt die Beine übereinander, so daß die linke Kniekehle auf der rechten Kniescheibe liegt. Sie beginnt heftig zu lachen, bis ihr Lachen in Weinen überschlägt und das Weinen wieder in Lachen zurückschlägt. Wenn ich seinen immer noch bei mir liegenden Kalbstrickteil verlängere und in den Pfarrstadel gehe, den Strick am

Hals festbinde und vom Trambaum springe, werden die Dorfleute Jakobs Auferstehung feiern. Einmal ging ich mit der bloßen Badehose bekleidet über die Dorfstraße, beim Christebauer vorbei, stand die Christebaueroma, die noch heute lebt, an der Ecke dieses Bauernhauses und sagte, Aber Seppl, du sollst doch nicht mit der bloßen Badehose durchs Dorf gehen, das ist doch grausig. Aber Christebaueroma, der Christebauerpeter geht doch auch mit bloßer Badehose im Dorf herum. Der Christebauerpeter ist doch schon erwachsen und du nicht. Hatte im Dorf jemand eine körperliche Krankheit, wurde er bemitleidet, manchmal geradezu bewundert. Hatte aber jemand eine seelische Krankheit, so zeigte man mit dem Finger auf ihn. Fasziniert sah ich auf Bildern, daß die Verbrecher neben Jesus am Golgathahügel mit Kalbstrikken, wie ich damals meinte, aufs Kreuz gebunden und nicht aufgenagelt wurden. Als ich damals schulterlange Haare trug, nannten sie mich den *Reservechristus*. Oft sagen sie zu mir, Du Jude. Jude ist im Dorf ein Schimpfwort wie Tschusch ein Schimpfwort ist. Ich will dieses Dorf vom Schmutz befreien, indem ich es beschmutze. Die Kartenspiele haßte ich, wenn ich im Gasthaus sah, wie die Bauern um Leib, Leben und Hof die Trümpfe ihrer Karten auf den Tisch knallten, so daß die Weingläser wackelten. Ich knie im Getreidefeld nieder und möchte das Brot Gottes erwürgen. Ich nehme die Ähren, eine links und eine rechts in die Fäuste, aber anstatt daß ich sie zerdrücke, beginne ich zärtlich mit ihnen zu spielen. Warum ekelt mich in Kärnten so vieles an, was ich in Italien liebe? Ich hasse die Kärntner Volksmusik, ich liebe die italienische Volksmusik. Immer wieder hörte ich im Dorf, Die Italiener, diese Katzelmacher, sie arbeiten nichts, betteln nur herum. Die Städter fahren zum Wochenende aufs Land, um sich zu erholen. Fahren vielleicht die Bauern am Wochenende in die Stadt, um auf einem Platz unter einer Statue *Picknick* zu machen? In der Schule hörte ich vom großen Bären, vom kleinen und großen Wagen, aber die Sternguckerwissenschaft interessierte mich nicht. Wenn ich nachts auf dem Balkon stand und in den Himmel blickte, wollte ich meine eigene Fantasie spielen lassen, ob das der große oder der kleine Wagen war, war mir gleichgültig, meine Fantasien und Träumereien waren mir wichtiger als das Einmaleins. Gingen der Aichholzerfriedl und ich auf den Tennboden, schrie der Pfau erschrocken auf und flog über unsere Köpfe hinweg auf den Misthaufen hinunter, wo der Aichholzerpoldl, der Knecht, am Eingang des Ferkelstalles mit einer kotbehangenen Mistgabel stand. So lang sind die Arme des Todes, daß er sie zweimal um meinen schmalen Oberkörper winden kann. An meiner Wirbelsäule schließt er die Hände zum Gebet und erdrückt mich. Warten die tödlichen Kalbstricke im bäuerlichen Heimatmuseum in einer Glasvitrine auf ihre Bewunderer, auf die Sommerfrischler? Oft hörte ich, wie der Kniebauer und Hanspeter, den sie den Giftzwerg nannten, stritten, ich sah, wie der Bauer mit einer kotbehangenen Mistgabel dem Buben nachlief, hörte, wie Hanspeter die ganze Welt in den Tieren, die er zu füttern hatte, verfluchte. Wenige Jahre nach dem Freitod des Giftzwerges starb auch der Kniebauer im Villacher Krankenhaus. Vor seinem Tod besuchte ihn der Vater. Als er nach Hause kam, blieb er an der Tür stehen und steckte seinen Hut auf einen Pfropfen des Kleiderkastens. Er wird es nicht mehr lange machen, sagte der Vater mit Tränen in den Augen. Ein paar Tage später bügelte die Mutter Vaters Leichenanzug. Mit Waschschüssel, Seife und Rasierzeug kam er zur Küchentür herein, setzte sich an den Tisch und stellte vor seinem Gesicht einen Vergrößerungsspiegel auf. Wenige Jahre danach ging auch der Vater des Giftzwergs in den Freitod. Jakob steigt aus seinem Grab und schleppt seine sterblichen Überreste über den lotrechten Balken des Dorfkruzifix hinauf. Er geht am Pfosten des Zaunes vorbei, wo der Pfarrer das erste Mal seine verkrampfte Hand ans Herz preßte, niederkniete und sich selber die Sterbesakramente erteilte. Jakob blickt sich um, um zu sehen, ob ihn jemand verfolgt, stellt sich auf Zehenspitzen und blickt von weitem über die Friedhofsmauer das aufgestanzte Loch an, aus dem er seine sterblichen Überreste geholt hat. Die Angehörigen stehen rund um dieses Loch, Regen fällt hinein, das Loch füllt sich mit Wasser, und Jakobs Mutter, Vater, Schwester und Bruder baden darin, während er mit der Last seiner sterblichen Überreste weiter hinaufgeht und den Kopf des Dorfkruzifix füttert. Gierig verschlingt Jesus das Menschenfleisch, wenn es auch schon ein wenig blau, wenn das Blut dieses siebzehnjährigen Jungen auch schon kalt ist. Ich nehme Schere und Skalpell in die Hand und lege mich auf einen Seziertisch. Über mir sehe ich einen Spiegel, indem ich beobachte, wie ich meinen Leib öffne, wie das Blut dieses Dorfes aus mir herausrinnt und das Fleisch – es ist mehr totes als lebendiges unter der Haut – offengelegt wird. Die weißgekleidete Hebamme, der Pfarrer und der Totengräber warten, bis ich dieses zu einem schrecklichen Eiterballen in mir zusammengeschrumpfte Dorf herausgenommen habe. Ich werfe es in einen Hygienekübel, wo blut- und eitergetränkte Wattebäusche liegen, und halte mit zwei Fingern meiner rechten Hand die Wunde zu. Die blutstillenden Wattebäusche werfe ich auf den herausoperierten Abszeß des Dorfes, das wie im Novembernebel von Watte umhüllt ist.

Vorbei ist die Zeit, als du mit deinem Bruder über die Dorfstraße liefst und ihm ein Bein stelltest, wann immer du wolltest. Die Zeit der Fledermäuse, die wie reife Pflaumen an den Wasserleitungen im Stall hängen und Mensch und Tier ängstigen, ist vorbei. Vorbei ist die Zeit der schwarzen Schwalben, die ihre Mäuler aufreißen, in die Pyramiden ihrer roten Rachen blicken lassen und Insekten auf ihren Zungen kleben haben. Vorbei ist die Zeit, als du am eisigen Rand des Plumpsklos gesessen hast und die Eisblumen an deinen kindlichen Hinterbacken wuchsen, Eiszapfen an deinen Zehennägeln klirrten. Vorbei ist die Zeit, als du in den Kirchencorpus gingst und ein Kreuzzeichen auf Stirn, Mund und Brust des Gekreuzigten schlugst. Kein Lehrer der Volksschule mehr, der knapp an den Fingerspitzen vorbei mit einem Haselnußstock auf die Bank schlägt und Ruhe, Ruhe gebietet und eine Stunde später im Chor mit den Schülern Gott für den schönen Unterricht dankt. Vorbei ist die Zeit, als du die Rute mit dem roten Band vom Kleiderhaken genommen und in den Stall hinausgegangen bist, um den Kalbstrick zu peinigen. Vorbei ist die Zeit, als der Vater mit dem Strick von links, die Mutter mit der Rute von rechts kamen, du in der Mitte standest und am waagrecht und lotrecht übereinanderliegenden Vater- und Mutterkörper mit Kalbstrick und Haselnußrute ans Kreuz geschlagen worden bist. Vorbei ist die Zeit, als du gestikulierend durch ein reifes Weizenfeld gegangen bist und den Vogelscheuchen Mut zugesprochen hast. Vorbei ist die Zeit, und sie entsteht in dir wieder, als du dich selber zeugen und gebären wolltest. Vorbei ist die Zeit, als sich der blutgefüllte Körper deines kruzifixartigen

Heimatdorfes in Agonie aufbäumte, als der Nerv des Stricks zuckte und zwei tote Jungen als Geschwür den Lebenden erschienen. Die Zeit ist vorbei, als ich im Schneetreiben mit bloßen Füßen das Kruzifix des Dorfes abgelaufen bin, an den Nagelwunden haltgemacht und das Vaterunser gebetet habe. Die Zeit ist vorbei, als der Michl und ich aus dem ersten Stock des Hauses nach dem Tod der Großeltern in den Schnee hinuntersprangen. Vorbei ist in mir die Zeit der Hochzeiten und Totenfeste, der Jungen und Mädchen mit den geflochtenen Getreideringen um Finger und Zehen, die sich im feuchten Moos des Waldes oder unter den Spinnweben und Fledermäusen im Heu auf der Pranta liebten. Vorbei ist die Zeit, als die Hahnen- und Pfauenschreie frühmorgens die Kinderköpfe hochschreckten. Vorbei ist die Zeit, als die sterbende Enznoma die Hand ausstreckte, Lockbewegungen mit dem Zeigefinger machte und den Ruf des Totenvogels, Komm mit, komm mit, komm mit, nachahmte. Ich habe, als die Amerikaner das erste Raumschiff auf den Mond schossen, gehofft, daß sie Gott versehentlich treffen und töten, ich habe gehofft, daß die Schnauze des Schiffes in das Herz Gottes dringt. Haben Sie, Herr Armstrong, die Hungerschreie in Kambodscha und Bangla Desh gehört, während Sie auf die Erde runterblickten, wo die Kinder auf die Welt kommen und noch blau nach einem leichten Handkantenschlag ins Genick mit dem ersten Lebensschrei den ersten Hungerschrei ausstoßen? Manche Kinder verhungern schon im Mutterleib, die anderen auf der dürren Erde. Du sättigst die Satten und läßt die Abgemagerten verhungern. Du hast dich, lieber Gott, zeitlebens auf die Seite der Stärkeren geworfen. Deine Priester haben im ersten und zweiten Weltkrieg die Waffen gesegnet. Ich brauche keinen Gott mehr, keinen klerikalen, keinen atomaren und auch nicht den Robengott der Legislative, nicht seine Geschworenen, die ihre Ärsche hochheben und herzeigen, was sie gebrütet haben, Verbrecher haben sie gezüchtet, und jetzt klagen sie ihre eigenen Produkte an. Sollen die Richter mit den Moralverbrechern kurzen Prozeß machen und die Prozesse derjenigen, die durch ihren Diebstahl von der Hand in den Mund leben und ein wenig für Besitzausgleich sorgen, auf die lange, lange Bank hinausschieben. Ich sah, während ich in die Handelsschule ging, den Western *Hängt ihn höher*, in dem zwei siebzehnjährige Pferdediebe nebeneinander aufgehängt wurden. Als ihnen der Priester den letzten Segen gab, schrie einer der beiden, Ich will nicht sterben, laßt mich runter, ihr Schweine, ich will nicht sterben. Die beiden Jungen, die Brüder waren, wollten sich noch einmal umarmen, aber sie waren gefesselt und die Schlinge des Stricks hing bereits um ihren Hals. Unter dem eigens für die Hinrichtung von acht Verbrechern hergerichteten Holzgestell stand der Henker, der an einem Hebel zog und alle Verbrecher mit einem Ruck, wie man so schön sagt, ins Jenseits beförderte. Acht Stricke zuckten auf einmal. Einen halben Meter über dem Erdboden stießen die pendelnden Füße der beiden blonden Jungen zusammen. Ich sammelte Filmprogramme, führte ein Filmbuch, in dem ich peinlich genau die Namen des Regisseurs, der Darsteller, der Totenmaskenbildner und des Kameramannes aufzeichnete. Der Kinosessel war der einzige, auf dem ich klebte, alle anderen, die Sessel der Schulen, die weicheren Sessel der Bürokratie verließ ich mit zwei lachenden Augen. Ich ging vorwiegend in Kinotoiletten. Ich aß vorwiegend in Kinohallen. Über ein Jahr wohnte ich bei einer Frau, die im Schalter eines Kinos saß. Ich bekam Gratiskarten und sah viele schlechte und gute Filme. Kam sie spätabends nach Hause und war ich von der Abendakademie erschöpft zurückgekommen, erzählte sie von ihren Kinogesprächen. Gerne hätte ich meine Lebensgefährtin, die Puppe, die sie unter dem Bett herausgezogen und aufgeblasen hatte, mit ins Kino genommen, um mit ihr einen Marionettenfilm anzusehen. Eine Platzkarte hätte ich für die Puppe gelöst, auf die Toilette wären wir gemeinsam gegangen, auf der Fensterbank in der Vorhalle hätten wir Platz genommen und die ankommenden Kinogäste fixiert. Die Billeteurin machte mich mit dem Filmvorführer bekannt. Ich möchte auch einmal Filmvorführer werden, sagte ich zum Herrn Hackner und hatte dabei den Gedanken im Hinterkopf, daß ich alle Filme sehen könnte, daß ich in meiner Stube über den Köpfen der Zuschauer an meiner Maschine hocken, den Lichtstrahl vom Objektiv des Projektors auseinanderfließen und schließlich an der Leinwand ausgebreitet wiedersehen könnte. Ich höre das Surren der Maschine, hebe die Filmrollen aus den Silberschatullen, Mußt achtgeben, damit du nicht die falsche Filmrolle aus der Schatulle nimmst und in den Projektor einspannst, sagte der Herr Hackner. Stell dir vor, der erste Teil zeigt *Hängt ihn höher* mit Clint Eastwood und der zweite Teil einen Jerry Cotton-Film mit Nadja Tiller, die Bilder überschneiden sich, und zum Schluß liegt der Clint Eastwood nicht bei der blonden Frau im Freien, sondern bei der schwarzhaarigen Nadja Tiller im kugelsicheren Schließfach einer Weltbank. In der Handelsschule erzählte ich von *Hängt ihn höher,* erzählte, daß gleich zu Anfang des Films aus der Froschperspektive die über dem Erdboden pendelnden Füße eines Erhängten gezeigt werden, daß brüllende Rinder über den Fluß getrieben wurden und daß der

Cowboy ein kleines Kalb, das im Fluß liegengeblieben war, aufhob und ans Ufer trug. Es war der größte der Schulkameraden, der Manhartkarl, der mich im Vorbeigehen an den Ohren hochzog und dabei, Hängt ihn höher, rief. Ich stand auf den Zehenspitzen, aus Scham und vor Zorn wurde mein Kopf hochrot, und ich versuchte, seinen Arm zu fassen, um mich zu befreien, aber er zog mich weiter hoch, und ich stand wie ein Ballettänzer auf den Zehenspitzen, links und rechts liefen aus meinen Augenwinkeln die Tränen, wieder schrie er in die Schulklasse hinein, Hängt ihn höher.

Die Eingeweide der Bauern und Bäuerinnen schimmern durch ihre gläsernen Körper. Ich sehe das Schlagen ihrer Herzen und die leichten Bewegungen der Lungenflügel. Ich schreite über die gläserne Friedhofserde und blicke in die vielen bekannten und unbekannten Gesichter der Toten. Ich blicke einer schwangeren Frau auf den gläsernen Bauch und erschrecke vor meinem Gesicht. In meinem kleinen Lieblingsgrab sehe ich meinen gläsernen Kindheitstotenschädel. Der gläserne Leib Jakobs und der gläserne Leib Roberts liegen in einem gläsernen Doppelsarg. Ich sehe ihr durchsichtiges Gesicht und unter dem faulenden Fleisch ihre Totenköpfe. Ich blicke auf Jakobs gläsernen Brustkorb und sehe, daß sein Herz pocht, ich stelle mir vor, wie ich nach einem Hammer greife und den gläsernen Brustkorb zerschlage, um das Herz herauszunehmen, aber im letzten Moment, bevor die Spitze des Hammers den Brustkorb durchdringt und die Splitter des Glassarges in Zeitlupe ringsum fliegen, zucke ich zurück. Ich habe Angst, daß er die Augen öffnet, wie Dracula seine Augen öffnete, als ihm ein spitzer Holzpfahl ins Herz geschlagen wurde. Ich sehe, wie Dracula über eine Mauerbrüstung auf einen Friedhof stürzt und von einem mannsgroßen Kruzifix aufgespießt wird. Nichts hat mich damals, als ich die Handelsschule schwänzte und vormittags im Apollokino in Villach saß, mehr fasziniert als die blutrünstigen Vampirfilme und brutalen Western, *The Wild Bunch, Leichen pflastern seinen Weg, Django, Hängt ihn höher.* Als ich einmal am späten Nachmittag die Edgar Allan Poe-Verfilmung *Die Schlangengrube und das Pendel* gesehen hatte und erst um halb sieben abends mit dem Omnibus nach Hause zurückkehrte, kam der Vater mit schnellen, entschlossenen Schritten vom Stall in die Küche und hielt mir den Kalbstrick unter die Nase, Da, schau her, sagte er, schau ihn dir gut an, wenn du noch einmal so spät nach Hause kommst, dann kriegst du ihn zu spüren. Ich saß über der Katzenschüssel beim Nachtmahl, zitterte am ganzen Körper, während ich den Kotgeruch des Kalbstrickes einatmete. Lange wagte ich es nicht mehr, außerhalb der üblichen Zeit nach Hause zu kommen, bis ich zwei Jahre später die am Nachmittag stattfindenden Computerkurse in der Handelsschule besuchte. Von diesem Augenblick an entglitt ich der Aufsicht der Eltern. Zwar fanden diese Kurse nur zweimal wöchentlich statt, aber ich gab vor, neben dem Computerkurs auch den Französischkurs am Nachmittag zu besuchen, dabei hockte ich in Kinos und in Caféhäusern, wo ich moderne Literatur las. Wie ein roter Faden, der von Kino zu Kino führte, zeichnete sich meine Fährte in dieser Stadt ab. In Edgar Allan Poes Erzählungen fand ich die Entsprechung zu meinem Leben in der Familie im Dorf, wie ich später, als das Dorf und die Familie in mir zu wuchern begannen, in den Romanen von Jean Genet und Hans Henny Jahnn die Entsprechungen zu dem fand, was dieses Dorf und die Familie, die Bildungsstrafanstalten der Handelsschule und der Handelsakademie,

die neue Umgebung von Klagenfurt und das Bildungs-
zuchthaus der Hochschule für Bildungswissenschaften
aus mir gemacht hatten. Im Elternhaus habe ich Unruhe
gestiftet, in den Bildungsstrafanstalten habe ich Unruhe
gestiftet, in der Molkerei habe ich Unruhe gestiftet, in der
Verwaltung der Hochschule habe ich Unruhe gestiftet,
immer und überall werde ich Unruhe stiften. Was ich
schreibe und denke soll ebenfalls Unruhe stiften. Die
Unruhe soll mein ganzes Leben lang in mir wühlen und
mich aufrechthalten. Wenn ich in anderer Gesellschaft
war als unter Bauern, versuchte ich meine bäuerlichen
Gebärden und Sprache zu verstecken. Fragte mich jemand, ob ich ein Bauernsohn bin, lief mein Gesicht rot
an, ich schämte mich, ein Bauernsohn zu sein. Aber ich
war jedesmal stolz, wenn jemand von den deutschen oder
holländischen Sommerfrischlern bei uns Milch holte, sich
die Gesichter der Kinder, ihre Sprache und Gebärden
ansah und sagte, daß ich ganz anders bin als meine
Brüder, daß man mich mit der Schwester nicht vergleichen kann, mit dem Vater und mit der Mutter nicht, ich
habe ein anderes Gesicht, ich rede und bewege mich
anders, dann lief ich aus dem Stall in den Garten hinaus
und hätte in diesem außerordentlichen Glücksgefühl am
liebsten die Hacke vom Holzblock genommen und aus
reiner Genugtuung, nicht wie ein Bauernsohn auszuse-
hen, statt einem Stück Fichtenholz meinen Schädel
gespalten. In diesem vor meinen Augen ablaufenden Film
meiner Vergangenheit sah ich, während ich die Hacke in
den Händen hielt, um entweder das Holzscheit oder
meinen Kopf zu spalten, die tränenden Augen der Pine,
während sie erzählte, daß auch sie gerne ein Kind gehabt
hätte, aber sie war doch taub und halbblind und arbeitete
ihr Lebtag als Magd, zuerst beim Aichholzer und dann

jahrzehntelang beim Enz. Ich hörte dabei das Schnaufen des Vaters unter den Augen der Pfaufedern im elterlichen Schlafzimmer, ich hörte das leise Stöhnen der Mutter unter dem Heiligenbild. Ich sah die rosaroten Ferkel, die in einem Bastkorb lagen, und die Hände meiner Mutter, die diese Tierköpfchen streichelten, ganz sanft, wie sie öfter meinen Kopf unter dem Vorwand, mein Haar zu ordnen, gestreichelt hat. Ich sah meinen jüngsten Bruder hinter einem Pflug hergehen, der unser aller Kinderleben in der Familie nachvollzog, als billiger Knecht mißbraucht und geschlagen wurde, und indem ich an ihm die Vergangenheit meiner Brüder und meine eigene sah, forderte ich mich auf, Schluß zu machen mit dieser Familien- und Dorfgeschichte, die Toten und Lebendigen hinter mir zu lassen und aus diesem Dorf zu verschwinden, bevor ich krepiere oder genüßlich zusehe, wie andere krepieren. Ich sehe die Schultern von vier Männern, die sich links und rechts, vorne und hinten aufstellen und nach einem Zeichen des Priesters den Sarg auf ihre Schultern heben und davongehen. Im letzten Wetterleuchten meiner Kindheit sehe ich ein rotes Glühen, rieche Asche und Rauch. Ich sehe, daß ein Stück des Waldes brennt, ich höre die Sirenen der Feuerwehr, von überall kommen sie her, aus Paternion, aus Feistritz und aus Ferndorf. Die Ferndorfer haben das beste *Menschenmaterial in Feuerwehruniform,* sie werden durch den Wald schreiten und den Feuerteufel mit Leichtigkeit verjagen. Aber ich hoffte, daß sich der Brand ausbreitet, daß ein großes Waldstück zugrunde geht, denn dieses Stück Natur gehörte einem Bauern, den man fragen mußte, ob man sein Grundstück betreten und die Herrenpilze, die Eierschwämme und Parasole ernten dürfe. Je reicher die Bauern wurden, desto unmenschlicher und spöttischer verhielten sie sich gegenüber den Knechten, Mägden, den Keuschlern und den Armen im Dorf. Mit großem Genuß sah ich diesem Waldbrand zu. Ich verstand nicht, warum sich die Leute über die Wald- und Heustadelbrände so aufregten, die mir gefielen, wenn sie auch alles vernichteten, das Feuer erregte mich, und das genügte mir. In diesem letzten Wetterleuchten meiner Kindheit sehe ich das weiße Haar des Pfarrers, seine Augen, die langsam hin- und hergleiten, wenn er eine segnende Handbewegung über der Stirn eines Toten und gleichzeitig in diesen sich überschneidenden Bildern über der Stirn eines Neugeborenen macht. Ich sehe, wie sich leicht, aber bedrohlich der Wipfel der Fichte über dem Engelmaierhaus bewegt, der Wind wird stärker und man hört das Krachen des Holzes im Inneren der Fichte. In diesem Krachen fällt das Holzscheit, das ich vor mir auf dem Holzblock liegen habe, auseinander. Aus Freude habe ich es auseinandergeschlagen, weil einer der deutschen Sommerfrischler im Stall neben meinem Vater und der Mutter, neben dem Knecht, der Magd und den Tieren gesagt hat, daß ich nicht wie ein Bauernjunge aussehe, daß ich aussehe wie ein Städterjunge. Man hat mich nur auf den Bauernhof geschmuggelt. Ich war das Findelkind, das zwischen Schilf und quakenden Fröschen gefunden wurde. Ich war nicht das Kind von Jakob und Maria Winkler, vulgo Enz in Kamering, nein, ich war gefunden worden von meiner jetzigen Ziehmutter, als sie ihre schwarzen Seidenstrümpfe auszog, ihre fast auf die Knie reichende Unterhose hochkrempelte, um ins Wasser zu gehen und Seerosen zu pflücken, dort fand sie mich in einem Bastkörbchen schwimmend, im Schilf zwischen den sich aufblasenden Fröschen, sie schob die Schilfstangen auseinander, hob mich hoch und gab mir einen Kuß, ohne zu fragen, woher und wohin mit diesem Menschen-kind. Das nächste Holzscheit auseinanderspaltend schrie ich, daß ich nicht der Sohn eines Bauern und schon gar nicht der Sohn dessen bin, der meinen Leib und meine Seele verwaltet, unbürokratisch, ohne ein Formular aus-zufüllen, indem das Für und Wider des Kinderzüchtigens abgewogen wird, bevor er mich schlägt.

Solange noch Zeit ist, sollte man vom sinkenden Venedig eine Totenmaske abnehmen. Hunderte Flugzeuge müß-ten diese Totenmaske hochheben. Vielleicht sah ich in dieser Nacht, in diesen wenigen Stunden des Halbschlafs mehr von Venedig als in den folgenden Tagen, wo ich auf venezianischem Boden war, denn in dieser Nacht sah ich die venezianischen Bilder, die sich im Laufe der letzten Jahre in mir gesammelt hatten. Die letzten vier Weih-nachten habe ich alleine in Venedig verbracht, auf den Stränden, am Boot, am Markusplatz, in einer Gasse, wo Katzen über meine Füße krochen. Ich denke an die leere Weihnachtskrippe am Lido in einer Kirche, als halb Friaul unter dem Beben der Erde zusammenbrach, dort hatte man das Jesukind aus der Krippe genommen. Zuerst denke ich an die Blasphemie eines Priesters oder eines Mönchs, vielleicht ist es aber nur ein Kinderstreich, der von mir sein könnte. Ich setze mich in die erste Reihe und warte auf vorbeigehende Geistliche. Werden sie bemerken, daß die Krippe leer ist? Ein zerlotterter Stadel steht auf dem Altar, als wäre auch er vom Erdbeben heimgesucht worden. Ich sehe, wie ein Geistlicher nahe der entleerten Krippe Kerzen anzündet, und trete fragend auf ihn zu, Weil während des Erdbebens in Italien viele Kinder gestorben sind, sagte er, haben wir das Jesukind aus der Krippe genommen, heuer feiern wir Weihnachten mit leeren Krippen. Ein Fisch blickt mich an und schlägt aus Scham die Augen nieder, weil er nur ein Tier ist. Niemand wagte es in Venedig, den Fisch während seines Todeskampfes zu kaufen. Es sind die Bauern und Handwerksleute, die unter Peitschenhieben eine venezianische Gondel über den Schnee schleifen. Jemand geht mit einer Peitsche neben den Bauern her und schlägt sie auf ihren Rücken. Ich sehe die unrasierten Gesichter der Gepeinigten, die Augen, die anschwellen, wenn sie die Gondel über den Schnee schieben, in dem ich nun mit klitschnaß gewordenen Haaren stapfe, mit einem Stock stöbere ich im Dickicht der Fichtenäste. Der Schnee fällt auf den Mantel meiner Schulter, die schwer wird, als trüge ich die Last eines Kindes auf mir, das hinter meinem Kopf lebt und mit seinen hin- und hergleitenden Augen die Schneeflocken verfolgt, aber ich bin alleine, stapfe vorwärts und atme lauter als ein Pferd, das schäumt und sichtbar die Luft aus den Nasenlöchern stößt. Ich trage Schnee auf den Augenlidern, Eiszapfen an den Fingernägeln, lang sind sie wie die Fingernägel Nosferatus, aber wenn ich meine Hände auf die Oberschenkel lege und auf einer Rasenbank sitze, kann ich zusehen, wie die Mittagssonne langsam die Eiszapfen an den Fingernägeln schmilzt. Ich blicke über das tiefverschneite Moor und sehe die Bauern und Handwerksleute, die für die Herrschaften unter Peitschenhieben eine venezianische Gondel über den Schnee nach Deutschland schleppen. Manchmal blicke ich von der Mattscheibe weg, links und rechts, um die Studenten zu sehen, was sie tun, außer Gläser heben und mit intellektuellen Formeln ringsum werfen. Während dieser Fernsehfilm über Molière, den wir gnadenhalber im studentischen Kommunikationsraum in der Universitätsstraße ansehen durften, lief, sagte der langhaarige Student, daß wir die Klubmitgliedskarten ausfüllen und jeder zehn Schilling zahlen müssen, Später, erwiderte ich, wenn der Film zu Ende ist. Nachdem Molière tot war, schrieb ich meinen Namen in einen Vordruck, legte zehn Schilling auf den Tisch, grüßte aus Bosheit, ging die Stiege eilig hinunter und hörte noch, wie hinter mir die Popmusik wieder lauter wurde, Heiligenschein um einen Totenkopf, dem armen Toten besorgen wir vier Bretter, eines links, eines rechts, eines drunter und drüber, einen Sechzigernagel im linken Mundwinkel, einen im rechten und das Weltkind in der Mitte, den vierten halten wir in der linken, denn mit der rechten Hand zücken wir Hammer und Sichel und schlagen zu, wir, die Verfemten, die aus Thronen Holzsessel zimmern wollen. Im Traum saß ich in einem Flugzeug, das dicht über den Schornsteinen der venezianischen Häuser flog. Ich sah den Leuten auf den Kopf, auf ihre ausschreitenden Beine und auf ihre im Gehen schlendernden Arme. Ihre aus der Vogelperspektive zu Zwergen verkürzten Körper schritten über Stein- und Holzbrücken, führten Kinder an der Leine und trugen Schoßhündchen auf den Armen, hantierten an den Obst- und Fischständen mit Geldscheinen und Münzen. Unzählige Fäuste öffneten und schlossen sich. Spitze Schuhe zuckten vor, helle Fersen leuchteten auf, wallendes Haar auf den Schultern der Frauen, klein wie Bücher sahen die aufgeschlagenen Exemplare des *Gazzettino* aus. Während ich am Lido über die Straße ging, bekam ich plötzlich Angst überfahren zu werden und sah mich schreiend und mit kleinen Plastikautos spielend in einem Rollstuhl sitzen. Soll ich vielleicht mit einem Rollstuhl am Ufer des Meeres hocken und zusehen, wie die Sonne auf- und untergeht? Hinter meinem Rücken zückt jemand seinen Fotoapparat und macht ein idyllisches Bild von einem bei Sonnenuntergang am Lido sitzenden Rollstuhlfahrer. Als ich im Zug nach Venedig einer Illustrierte lesenden Frau gegenübersaß, hoffte ich, daß sie mir die Illustrierte anbieten würde, damit ich sie ablehnen könnte. Die Brieftasche im Rock des Mannes im Café Florian blickt mich an, als ob sie mich stehlen wollte. Der Fleischhauer am Corso hielt einen blutigen Bleistift in den Händen. Einen Touristen sah ich, der bei allen Kiosken stehenblieb, um Venedig auf den Ansichtskarten zu sehen, Venedig in Venedig sieht er nicht. Auf einem Friedhofrasenstück arbeiteten vier Männer in blauer Montur mit Sensen. Ich dachte an den personifizierten Tod meiner Kindheit. Das Knochengerüst marschierte, eine Sense über der Schulter, über die Röchelnden hinweg. Jetzt sind es die Arbeiter in den blauen Monturen, die mähend über die Toten auf der venezianischen Friedhofsinsel hinwegschreiten. Auf vielen Grabkreuzen kleben Farb- und Schwarzweißfotos. Die Farbfotos erschrecken mich, schwarzweiß paßt besser zu einem Toten.

Der Papst auf der Titelseite der Illustrierten *L'Europeo* im Sportdreß. *L'atleta di Dio* lautet die Schlagzeile. Zwei Nonnen mit einem Kruzifix am Schlüsselbund und ein Arbeiter mit nacktem Oberkörper, eine Bibel unter den Arm geklemmt, gehen auf den Petersplatz zu. Auf der Stiege, die zur Peterskirche führt, sah ich zwei Bienen während ihres Todeskampfes zu. Ich setzte mich auf die Stufe und wartete mehr als zwei Stunden, bis sie sich nicht mehr rührten. Zwei Neger gehen vor mir in die Gruft der Päpste. Mit gefalteten Händen steht ein rotgekleidetes Mädchen vor dem Grabmahl Papst Johannes XXIII., der rotgekleidet im Sarkophag liegt. Rosen, deren Stiele in Silberpapier eingewickelt sind, liegen auf dem Sarg. Mit einem Schnuller im Mund hockt ein Kind in den Armen des Mannes vor dem Sarg und betrachtet die Rosen. Mehrere deutsche Frauen führen ihre Lippen an den Sarg von Johannes Paul I. Eine Frau küßte ihre Fingerspitzen, mit denen sie den Sarg abtastete. Ein achtzehnjähriger Junge kniet vor dem Sarkophag nieder und küßt die Steinplatte. Ein Kind stellt sich seitlich an den Sarg Johannes Paul I. und hält sein Ohr dran. Gott ist größer als das, was über ihn gesagt und geschrieben wird, lautet der Titel eines Vortrages, der heute in Rom stattfindet. Den Mann, der mir auf der Straßenkreuzung am wenigsten ansprechbar schien, fragte ich nach der Piazza del Popolo. Ich hatte mich geirrt, er wartete darauf, jemandem behilflich zu sein. Vor dem Jeansgeschäft in der Straße, die in die Piazza del Popolo mündet, wischt sich eine Frau mit einem Papiertaschentuch das Blut vom Bein. Ein Polizeiwagen mit einem Totenbukett auf dem Dach fährt vorbei. Eine Frau reißt im Auto die Arme in die Höhe, die Reifen quietschen, das vordere und hintere Auto bleiben ruckartig stehen, und ich bin entsetzt, weil nichts passiert ist. Wenn ich mich manchmal glücklich fühle, dem Tod nahe zu sein, so spüre ich doch die ungeheure Lebenskraft in mir, wenn ich mit der äußersten Anstrengung meiner Beinmuskeln springend einem quietschenden Auto an der Viale Bruno Buozzi entfliehe. Meiner Mutter schickte ich eine Karte mit einer Aufnahme der Peterskirche. Eingekreist schwebte der Kopf des Papstes über der Kuppel der Kirche. Ich ging in den Borghesepark und sah an den Pfeilern und Pfosten die Strichjungen stehen. Taxis und Privatautos umkreisten sie. Ich sah ihre ausgemergelten Gesichter, ihre femininen Bewegungen, ihr Augenblinzeln, ich sah das betonte Vorstrecken ihrer Beine, wenn sie ein paar Schritte weitergingen oder den Standplatz wechselten.

Ein Auto fuhr auf mich zu, ein Mann streckte mir seine Zigarette entgegen, Fiammifero? Purtroppo signore! Er steckte seine Zigarette wieder weg. An seiner abgegriffenen Zigarette sah ich seine Verzweiflung. Über seine Fehde mit dem Vater sagte Pasolini, daß es so lange Haß war, bis er schreibend erkannte, daß dieser Haß eigentlich nichts anderes als versteckte Liebe war. Die eigenartige Dunkelheit dieser römischen Gasse! Ist es ihre Hautfarbe? Zwei blutjunge Neger hocken links und rechts am Eingang dieser Gasse auf den Straßensteinen. Im Negerviertel sah ich eine weiße Frau, die mit einer Negerpuppe unter dem Arm die Straße entlangging. Während sich meine Hand um eine Eisenstange klammerte, tastete im Dunkeln mein Daumen die vier Fingerspitzen ab. Der Kellnerjunge verjagte mich, als ich diese Notizen machte, mit einer Handbewegung, mit der man Fliegen verscheucht. Er mußte ständig Befehlen gehorchen, jetzt zur Sperrstunde darf er selber befehlen. In diesem einen Befehl sammelte er alle an ihn während des Tages und Abends herangetragenen Befehle.

Wie andere Faschingslarven um ihr Gesicht binden, binde ich das lächelnde Gesicht der Totenmaske um meinen Kopf und gehe nachts in die Stadt. Die Polizisten halten mich an und fragen, ob Fasching ist. Sie fragen, wer ich bin und was ich tu. Sie fragen, wohin ich geh und geben mir Begleitschutz, Wenn Sie mich, einen braven Bürger, bei seinen Nachtspaziergängen nicht in Ruhe lassen, wenn Sie mich noch länger belästigen, dann gehe ich mit Ihnen zur Polizei. Wo haben Sie das Ding her, was ist das? Das ist eine Totenmaske, und sofort zieht er die Antenne seines Gerätes hoch, und schon jagt ein weißer Volkswagen mit Blaulicht hinter mir und dem lächelnden Gesicht der Totenmaske her. Ich trage an meinem Oberarm, links und rechts, gelbe Streifen mit drei schwarzen Punkten, wenn ich an der Schreibmaschine sitze, ich schreibe blind. Eine Blinde sah ich im Autobus. Ich weiß nicht, ob sie ihr Haar selber frisiert und dabei vor dem Spiegel gestanden hat wie andere, die sich im Spiegel sehen können. Aber vielleicht halten sich die Blinden ständig einen Spiegel vor, vielleicht sehen sie, wie die Sprichwörter sagen, mehr als die Sehenden. Wir saßen beengt und ich mit zwei Koffern, da sagte ein Mann, als ich ausstieg und zum zweiten Autobus ging, Schwer was? Die Zöpfe und Kittel mehrerer Mädchen flatterten auf der Straße hoch, als der Omnibus an ihnen vorüber über die Brücke fuhr. Sie sollten doch den blinden Schlangen eine gelbe Schleife mit drei schwarzen Punkten um den Hals binden und sie so in die Zirkusarena kriechen lassen. Ein Kind war es, das der Blinden sagte, wo sie aussteigen mußte, Die nächste Haltestelle ist es, Endlich, sagte sie. Wie an ein rettendes Geländer klammerte ich mich an die Haltegriffe meiner beiden Koffer. Ich reise nicht ab, nein, ich bin nur unruhig und ziehe mit meinen Koffern voller Manuskripte und Kleider die Straße auf und ab und wieder zurück, ich muß in Bewegung sein, sonst verfaule ich bei lebendigem Leib. Als die Blinde ausstieg, wollte ihr niemand helfen, sie ekelten sich vor ihrem Haar. Schwer was? will ich zur Blinden sagen, aber sie rempelt mich von hinten, Geht, geht, schrie sie mich an, Ich will raus da, geht. Vorbei an mir marschiert, während ich an einem Kopiergerät stehe und das grüne Licht der Kopierstäbe vor- und wieder zurückflitzt, der Germanist, der einen Band von Hofmannsthal zwischen Oberarm und Brustkorb klemmt, im Hörsaal wartet, bis die Geräusche sich räuspernder und blätternder Studenten verstummen. Während ich das lächelnde Gesicht der Totenmaske im Universitätsfoyer vervielfältige, hebe ich den Kopf und sehe, wie der letzte Student die Tür des Hörsaales schließt. Ich gehe mit meiner schwarzen Tasche, die Totenmasken wie in einem Aktensarg verborgen, zum Buffet und bestelle einen Kaffee. Fest halte ich die Tasche mit den Totenmasken, ich habe Angst, daß sie mir zu Boden fällt und die Blätter herausrutschen, ich müßte mich der Länge nach über die vervielfältigten Totenmasken werfen, damit sie niemand sieht. Der Philosophieassistent blättert am Pult des dritten Hörsaals stehend in einem Buch, er weiß, daß hundert Augen auf die Ästhetik seiner Eitelkeit blicken, und hebt schließlich, zuerst seine Betrachter musternd, den Kopf, bevor er sie mit einem Zitat begrüßt. Ich gehe auf den Ausgang, auf die breite Glastür zu, die wie ein Landschaftsaquarium aussieht, statt der Fische bewegen sich draußen die Studenten, Professoren, Verwaltungsbeamten, Assistenten und die Autos, die langsam an die Parkplätze heranfahren, Autos wie Zierfische in allen Farben, die nebeneinander zu stehen kommen. Ein Fußballspiel der Taubstummen sah ich hinter der evangelischen Kirche. Ich sah, wie ein Taubstummer ein Tor schoß, ich sah wie sie sich umarmten, wie sie schreien wollten und wie sie aus Freude über das Tor auf dem Fußballfeld Purzelbäume schlugen. Sehe ich den Ball im Netz zappeln, reiße ich am Gitter stehend die Hände in die Höhe. Der Schiedsrichter, der ebenfalls ein Taubstummer ist, deutet mit dem Zeigefinger auf den Elfmeterpunkt, empört gestikulieren die einen, die anderen klatschen in die Hände und auf die Oberschenkel. Am Gitter stehend rinnen mir die Tränen aus den Augen über die Wangen und tropfen von meinem Kinn auf die Turnschuhe. Ich sehe, wie der Taubstumme mit der

Nummer neun den Namen seines Freundes rufen will, er winkt, er hüpft und klatscht in die Hände. Im Gänsemarsch laufen die Taubstummen in die Kabinen, dort werden sie sich duschen und umkleiden. Ich sehe, wie der taubstumme Junge im Klagenfurter Kolpingheim unter der Dusche nach der Seife greift und sich umdreht. Er zeigt mir seinen Rücken, seine Hinterbacken, seine Wirbelsäule. Er dreht sich wieder um, und ich blicke auf seinen Schwanz. Glatt liegt sein schwarzes Haar an seinem Kopf, er ist jugoslawischer Gastarbeiter und wohnt im Gesellentrakt des Kolpingheimes. Er zieht die Vorhaut seines Schwanzes zurück, seift die Eichel ein und läßt einen Wasserstrahl drüber gleiten. Mit dem Schwung einer schnellen Kopfbewegung schüttle ich das Wasser von meinen Haaren, das ihm ins Gesicht klatscht. Er seift meinen Oberkörper ein und ich verstecke die Seife unter seiner Achsel.

War es die Totenmaske der mit einem Herzschrittmacher in der Brust lebenden Tante des Kunstmalers, die heute nacht zu mir sprach? Einmal öffnete sie ihre Bluse und deutete auf ihre gewölbte Brust, Da drinnen ist der Herzschrittmacher, sagte sie, diese kleine Maschine erhält mich am Leben. Der Maler saß ihr gegenüber. Ich blickte auf seine dicken, fast ein wenig klumpigen, behaarten Hände. Jedes Haar fixierte ich einzeln, hob es mit meinem Blick hoch, riß es aus, nähte es wieder an. Mit Stelzen an den Beinen, das lächelnde Gesicht der Totenmaske um meinen Kopf gebunden, gehe ich auf dem Friedhof von Kindergrab zu Kindergrab und lese Inschriften. Ich habe nicht einmal den Mut, mit einem Lächeln auf den Lippen zu leben, und einer von den zum Tode Verurteilten schreibt in seinem letzten Brief, daß er mit einem Lächeln auf den Lippen in den Tod gehen wird. Der Erfinder des Schafotts, Dr. Guillotine, spricht von einer *humanisierten* Hinrichtung. Er sagt, daß der Delinquent, wenn das Messer seinen Hals durchschneidet, nichts als ein angenehmes Gefühl der Erfrischung verspürt. Ich kenne einen zum Tode Verurteilten, der auf dem Weg zum Schafott seinen Richter von der Sünde, ihn zum Tode verurteilt zu haben, freigesprochen hat. Er bat Gott, daß dieser Richter noch viele Menschen zum Tode verurteilen möge, damit er im Himmel oder in der Hölle in Gesellschaft von lauter zum Tode Verurteilten ist. Sonst, sagte er, würde ich mich einsam fühlen, denn unter denen, die eines normalen Todes gestorben sind, kann ich weder im Himmel noch in der Hölle leben. Konnte er doch schon auf Erden nicht mit ihnen zusammenleben. Nicht umsonst hatte er einen dieser Erdenmenschen umgebracht, *bestialisch* natürlich, im Sinne der Tageszeitungsschlagzeilen. Eine Totenmaske hat mich heute nacht aufgeweckt, ich weiß nicht mehr welche, ich habe fünfzig oder sechzig, ich muß sie schreibend suchen, vorher kann ich nicht einschlafen, meine Hände sind gebunden, wie die Hände eines Toten gefaltet sind, wenn ich die Totenmaske eines Embryos im Mutterleib betrachte. Der Fernsehapparat ist mit einem Kabel an die Halsschlagader der Leute angeschlossen, es ist ihr Herzschrittmacher mit Farbbildern und zwei österreichischen Programmen. Sie sehen den Homosexuellen, der junge Mädchen umbringt, mit dem einen Finger, so beschreibt es der Kommissar, in die Scheide und mit dem anderen in den After fährt und mit aller Kraft zusammendrückt, bis das Mädchen tot ist. Das Zimmermädchen der reichen Familien verpackt auf Befehl der Mutter des geistesgestörten Mädchenmörders die Mädchenleichen in einem Jutesack, beschwert sie noch mit Steinen und versenkt sie im Fluß. Die Figuren meiner Träume steigen nachts aus meinem Mund und betten sich unter meine Bettdecke. Morgens wachen sie mit mir auf und stehen als Plastikpuppen auf meinem Schreibtisch. Ich zerschneide eine Schere, ich erschieße das Gewehr, ich gehe in die Anatomie, hole Hautfetzen und schreibe Liebeslieder drauf. Ich denke an den Gekreuzigten, den ich beschwor, vom Kreuz zu steigen und sich zu mir zu legen. Er soll den Lendenschurz zurückwerfen, die grausame Dornenkrone vom Haupt nehmen, damit ich seinen blutenden Kopf mit meinen Lippen stillen kann. Denkt doch an die Kinder, die zusahen, wie der Arzt mit Geräten an der Mutterbrust hantierte, denkt an die Kinderfaust, die eine Scheibe durchbrach und nach den zersplitterten Augengläsern des Vaters rief. Denkt an die beiden dicken Nabelschnüre im Pfarrhofstadel, dort stieß niemand einen Geburtsschrei aus, dort wuchsen keine goldenen Getreideähren aus dem Mund der Geburtspatronin, der Maria Schrei, dort wurde kein Kalb mit den Beinen voran an ein Pferd gespannt und über den Schlangenweg geschleift, kein blutiger Engel aus meiner Kindheit bewegte dort seine Flügel, es war auch nicht der Blitz, der sich zu Füßen des Pfarrstadels niederkniete und zu beten begann. Ein Briefträger trug Schlagzeilen von Haus zu Haus, eine Kreuzotter vergiftete sich selbst, bevor eine Biene in ihren Kopf stach und am Stachel, den sie verloren hatte, starb. Ich süße den Zucker und salze das Salz, ich gebe dem Wasser zu trinken und dem Tierfleisch werfe ich Menschenfleisch vor die unruhigen Beine. Die Mutter hält zwei Hühnereier in den Händen und spürt, wie die Wärme der Eier durch ihre Adern rinnt. Alle Fichten meines Vaters sehe ich im Wald auf einmal zusammenschrumpfen. Den Kochlöffel koche ich und die Gabeln spieße ich auf.

Plastikpuppen zeuge ich, damit meine Eltern, wenn sie sich wieder zu Kindern zurückverwandeln, ein Spielzeug haben. Der verlorene Sohn wird den Vater in sich finden und zurückkehrend auf seine offenen Arme zugehen. Das Getreide wird sich ernten, das Reh wird auf das Geweih im Jägerhaus schießen, die Huren werden mit den Kleidern von Nonnen an den Straßenecken stehen. Am wenigsten Christ muß der Papst sein, um die Nähe Gottes spüren zu können. Alle Sätze in der Bücherei werden sich wieder verkörpern, alles nachspielen, was geschehen, und vor allem, was nicht geschehen ist. Das Opfer verurteilen wir zu lebenslangem Zuchthaus, den Mörder beweinen wir und schenken ihm Fleischblumen. Embryos werden Mütter gebären. Aus den Haarspitzen werden glatzige Köpfe wachsen. Die Fische werden die Netze nach den Menschen auswerfen. Der Menschenfischer wird den Gott in sich suchen und in mir finden. Das alles wird eintreffen, wenn die Menschenfresser nicht mehr Menschen, sondern Tiere fressen werden.

Die Armstümpfe des Hackenverkäufers zittern wie die Fühler einer Schnecke, er kann seine beiden Armstümpfe einziehen und ausstrecken wie die Schnecke ihre Fühler. Weil ich keine Hände habe, verkaufe ich Hacken ohne Stiel. Wenn jemand nach einem Holzstiel fragt, werfe ich die leeren Ärmel meines Hemdes links und rechts im Rhythmus der niedersausenden Hacke aufs Pult. Wenn einer sagt, Die Hacke, die Sie mir verkauft haben, ist stumpf, grinse ich ihm entgegen und sage, Ich verkaufe mich in meinen Gegenständen als der, der ich bin, und nicht als der, der ich sein will. *Ein alter Mann mit Stützstock tritt vor.* Ich bin Schmetterlingsammler. Alle Schmetterlinge, die getötet werden wollen, fliegen mir zu. Mit gefalteten Flügeln beten sie um ihren Tod. Ich habe kein Mitleid, ich lasse sie länger leben, als sie leben wollen. *Der Nächste sei aufgerufen, er möge ans Pult treten und sprechen.* Ich verkaufe keine Hacken, ich sammle keine Schmetterlinge, ich liebe das Holz über alles, ich bin der Herrgottsschnitzer des Dorfes. Ich lasse die Leute zu mir kommen. Da zweihundert Menschen in diesem kruzifixartig gebauten Dorf leben, schnitze ich zweihundert Jesus mit den Gesichtszügen dieser Menschen, dann ist mein Werk getan. *Es komme der Nächste, wer immer er sei, Kruzifixzimmermann, Schmetterlinglarvensammler oder Puppenverkäufer, er ist aufgerufen zu sprechen, es kann nicht oft genug gesagt werden, was wahr und was falsch ist.* Ich bin Dichter von Beruf. Vor wenigen Nächten träumte mir, daß ich ein Buch schriebe, das mehr Menschen dahinrafft als die Pest. *Es möge der Nächste kommen. Sei er Leichenbeschauer oder Gelehrter, sei er Bienenzüchter oder Tierarzt.* Ich bin einer, der keinen Beruf hat, obwohl ich zwei Hände habe wie jeder arbeitende Mensch. Ich blicke mein ganzes Leben auf meine leeren Hände, weil ich arbeitslos bin. *Ein Mann mit silberemailliertem Haar und einer Maske auf dem Gesicht tritt vor.* Ich bin Totenmaskenbildner von Beruf. Ich gehe in den Leichenschauhäusern aus und ein, stehe vor den Prosektursälen, bis man mir Einlaß gewährt. Manchmal ruft mich jemand aus einem Dorf, wenn ein Kind oder ein alter Mensch gestorben ist. Kommen Sie unverzüglich! Gips haben wir zu Hause! Ich stehe am Bett und blicke den Toten zuerst lange an, bevor ich meine Doktortasche öffne und die durchsichtigen Plastikhandschuhe überstreife. Ich fette sein Gesicht mit Niveacreme ein, manchmal auch mit Schweinsfett, besonders, wenn ich bei Bauern bin, bevor ich den Gips suppendünn über sein Antlitz löffle. Die Bauern wissen natürlich nicht, daß ich an einer Philosophie der Totenmasken arbeite, wenn ich vor einem frischen Schweinskopf knie und meine durchsichtigen Chirurgenhandschuhe über meine Hände streife. Ich vermute, daß ich der einzige Totenmaskenbildner im rotweißroten Land bin, der nicht nur von Menschen, auch von Tieren, Schweinen, Hühnern, Pfauen, Papageien, Katzen und Hunden Totenmasken abnimmt. Von einem Zirkusdirektor wurde ich gerufen, um einem in der Arena aufgebahrten Liliputaner die Totenmaske abzunehmen. Er lag in einem weißen Kindersarg. Seine Kindertotensocken waren ein bißchen zu groß, ich sah es an ihren hohlen Spitzen. Links und rechts des Sarges standen zwei große rote Kerzen. Das Kerzenwachs fiel auf die Sägespäne, die unter dem Sarg ausgestreut waren. Bei jeder Vorstellung, so erzählte mir der Zirkusdirektor, trug er eine rote Rose in seinem Knopfloch. Nachdem ich sein Gesicht mit Niveacreme, die mir die siamesischen Zwillinge gaben, eingefettet hatte, löffelte ich einen rosarot gefärbten Gips über sein Antlitz. Als ich die Totenmaske von seinem Gesicht hob, kamen die siamesischen Zwillinge mit einem feuchten Tuch und entfernten die Gipsreste von seinem Gesicht, vor allem von den Augenbrauen. Ich fragte die siamesischen Zwillinge, ob ich ihnen eine Lebendmaske abnehmen darf, der eine Kopf bejahte, der andere verneinte. Kaufe ich in einem Laden einen Kilo Gips, kann ich den Verkäufer nicht daran hindern, daß er mir auch Farben und Walzen mit den allerneuesten Mustern anbietet. Nein, ich will für heute nur einen Kilo Gips. Für heute, sage ich dazu, denn ich hoffe, daß er mir das nächstemal wieder etwas anbietet, was ich nicht brauchen kann, denn jedesmal, wenn mir jemand anderer sagt, was ich kaufen oder tun soll, weiß ich ganz genau, was ich will. Die Leute wissen nicht, daß der Totenmaskenbildner schneller als ein Arzt handeln muß. Die Gesichtszüge des Toten verändern sich von Minute zu Minute. Habe ich von jemandem die Totenmaske abgenommen, höre ich mir die Schicksalssinfonie von Ludwig van an. Daß wir Totenmaskenbildner weder sozial- noch pensionsversichert sind, versteht sich für die Politiker von selbst. Einmal hat mich eine Frau gebeten von ihrem ausgestopften Papagei eine Maske abzunehmen, Aber der ist doch ausgestopft, sagte ich, der ist doch weder tot, noch am Leben. Ich habe die Maske trotzdem abgenommen, aber wir konnten uns nicht darauf einigen, ob es eine Lebend- oder eine Totenmaske ist, die ich auf den Spiegeltisch legte. Bevor ich Totenmaskenbildner wurde, war ich Lebendmaskenbildner, aber um weiterleben zu können, mußte ich Totenmaskenbildner werden. Als ich noch Lebendmaskenbildner war, beobachtete ich in der Stadt einen jungen Mann, der die Taschenbuchausgabe von Kafkas *Hochzeitsvorbereitungen auf dem Lande* gekauft hatte. Ich habe ihn in mein Zimmer gebeten. Er hat sich auf den Zahnarztstuhl gesetzt, den ich mir übrigens bei einer Versteigerung des Gutes eines verstorbenen Zahnarztes, dem ich die Totenmaske abgenommen, erworben habe, und den Kopf in die Schalenmuschel gelegt. Das Kinn des jungen Mannes habe ich ein wenig angehoben und das Gesicht mir zugedreht, wie ein Vater, der dem weinenden Kind in die Augen blicken und fragen möchte, warum es nicht zu weinen aufhört. Verstehen Sie, sagte ich zum jungen Mann, während ich Gips über sein Antlitz löffelte, ich nehme von Ihnen jetzt deshalb eine Lebendmaske ab, weil Sie die *Hochzeitsvorbereitungen auf dem Lande* gekauft haben, sonst wären Sie mir gar nicht aufgefallen, sagte ich, während ich schon die Hälfte des Gesichts vergipst hatt, ich will von Ihnen eine Lebendmaske abnehmen, *bevor* Sie die Hochzeitsvorbereitungen auf dem Lande gelesen haben, und *nachdem* Sie die Hochzeitsvorbereitungen auf dem Lande gelesen haben werden, möchte ich Sie noch einmal auf meinen Zahnarztstuhl bitten. Dann wollen wir die Gesichtszüge der beiden Masken vergleichen. *Es komme der Nächste, die Reihe der Nächsten ist lang.* Ich bin Fleischhacker von Beruf. Ich habe alle Tiere, die ich getötet habe, geliebt, aber ich bin eben Fleischhacker von Beruf und muß Tiere töten, denn die Menschen leben von den toten Tieren. Wenn ich Tierblut sehe, dann steht ein Mensch aus dem Grabe auf. Er ist der Sohn Gottes, der mir ein Haßgedicht ins Ohr flüstert. Ich sehe, wie ein Pferd einen großen Schlitten toter Fohlen über das Schneefeld zieht. Töte ich ein Lamm, so ist es nachts die weiße Taube, die ich als Kind im Heiligen Geist kennenlernte, die auf mich mit ihrem Schnabel einhacken will. Ich sage dem Heiligen Geist, daß es nicht das letzte, das Verlorene Lamm ist, das ich töte, es ist nur eines aus dem Rudel, das verschwinden kann, ohne daß es jemand merkt. Wenn ich eine Katze töte, miaue ich, um ihren Todesschrei zu überhören. Da die Menschen nicht in allen Ländern dieser Erde unter Naturschutz stehen, töte ich gegen die Natur, töte ich auch Tiere, die unter Naturschutz stehen. Sonntags in der Kirche sehe ich aus den Wundmalen des Gekreuzigten das Blut einer Gazelle hervorrinnen. Es tropft auf den Kirchenboden. Ich denke daran, wie ich mit hocherhobenen Armen bete und gleichzeitig die Hacke auf den Hals der Gazelle niedersausen lasse. Falte ich meine Hände zum Gebet, um mit Gott zu sprechen, so faltet der Gott im Tier, das als nächstes sterben wird, seine Füße zum Gebet, um mit mir zu sprechen.

Mit Gabelzweigen hielt ich die Hinterbeine eines Frosches fest, während sich die Vorderbeine vergeblich bemühten, den weichen Körper mit den großen Augen vorwärtszuschleppen. Das Fröschchen in die damalige Kinderhand nehmen, die Hand zur Faust schließen, so daß ein Hohlraum entsteht, den Kopf heben und in die Landschaft hinauslächeln, während das unruhige Tier in der Faust kitzelt. In *Neunzehnhundert* von Bernardo Bertolucci sah ich einen Jungen mit einem Kranz lebender Frösche auf dem Haupt. Wenn ich dann und wann in den Auen die Frösche mit den weißen Blasen sah, so hockte ich vor ihnen nieder und blickte ihnen in die Augen, sie hoben die Köpfe und sahen mich an, als verstünden wir einander. Meinem Vater habe ich ein ganzes Kinderleben lang nicht in die Augen blicken können. Entweder schlug er oder ich die Augen nieder. Selten setzte ich mich vor ihn hin, er brauchte ja nur den Kopf zu heben und mich anzusehen. Sitze ich aber links und rechts von ihm gleichzeitig, die eine Hälfte dort, die andere Hälfte da, so kann ich das Drehen seines Kopfes registrieren und rechtzeitig die Augen niederschlagen. Einem Frosch in den Auen habe ich so lange auf die Pupillen geblickt, bis wir beide Tränen in den Augen hatten. Töten die Menschen deshalb soviel Tiere, weil sie glauben, daß der Mensch von Gott und nicht von den Tieren abstammt? Oder töten sie die Tiere, weil sie glauben, daß der Mensch vom Tier abstammt? Die Richter sollen doch einmal einen Menschenaffen auf den elektrischen Stuhl setzen. Er hat das größte Verbrechen begangen. Aus dem Menschenaffen ist der Mensch geworden. Danach haben die Menschen Gott nach ihrem Ebenbild geschaffen und die Menschenaffen in Käfige gesperrt. Ich denke an die Hirschkuh, die gestorben wäre, wenn sich nicht der Jäger die Kugel selber gegeben hätte. Ich höre das Tier in mir atmen. Morgen werde ich im Gasthaus Hirschragout bestellen. Es ist mein Totenschmaus. Wenn die Tiere doch mit Geld in den Fleischhauereien Menschenfleisch kaufen könnten, wie die Menschen Tierfleisch kaufen. Das Fleisch der toten Tiere, das die Kinder essen, wächst in ihnen weiter. Seit ich keine Tiere mehr streichle, töte ich auch keine mehr. Ist jemals ein Tier heiliggesprochen worden? Ob der Totenvogel unter Naturschutz steht? Ein lachender und in die Hände klatschender Irrer sitzt auf dem toten Stier, der von einem Pferd aus der Arena geschleift wird. Was mich bei den Stierkämpfen stört, ist die Tatsache, daß der Stier auf jeden Fall als Toter die Arena verläßt. Die Spitzen der Hörner stoßen in die Brustwarzen des Toreros. Wenn er ihr in den Tigermantel hilft, lächelt sie dankend, während er einen enthäuteten Tiger durch den Busch laufen sieht. Aber was sie begehrt, das schenkt er ihr, selbst die Handschuhe und die Toilettentasche aus Pythonhaut hat sie bekommen. Mit dem Hermelinschwanz wärmt sie winters ihre parfümierte Halsschlagader. Ich hörte, daß der Mensch sein eigenes Fleisch nicht essen könnte, daß er es immer wieder erbrechen würde. Daß bei einer Expedition in einer Wüste oder auf einen Berg, wenn das Essen ausgeht, sich nicht jeder bei Hand oder Fuß beginnend aufessen könnte. Wir werden die Erde, diese Bestie, schon noch bändigen, sagte der Erdbebenforscher, während wir über den Heiligengeistplatz gingen, und ballte dabei seine Hände zu Fäusten. Er hielt sich, während er die Erde umschrieb, immer wieder an die Worte *Bestie* und *bändigen*, die er noch ein paarmal ausrief, während er die Fäuste zum Himmel hochhob. Was wohl die Erde mit denen, die während ihres Lebens bei der Zerstörung der Natur mitgeholfen haben, macht, wenn sie tot, in die Erde gehüllt sind? Ich stelle mir vor, daß die Arme der Baumwurzeln den Toten würgen. Wahrscheinlich lassen sich die meisten Naturzerstörer in weiser Voraussicht verbrennen. Ihr meine tapferen Krieger, ihr meine eingekleideten, uniformierten Frösche, du meine Kröte General und du mein Rekrut Laubfrosch, habt Acht! Die Frösche salutieren auf. Der Filmregisseur Jodorowsky verdreht scheu lächelnd seinen Kopf. Alte Kröte General mit dem Glasfiberstab in den Pfoten, einer kugelsicher gepanzerten Landkarte vor den Froschaugen. Alte Kröte General mit den zwei Bleikugeln in den Hoden, Oberbefehlshaber der Toten beider Weltkriege. Wie lange wäre die Schlange der getöteten Menschen beider Weltkriege? Ginge sie einmal oder zweimal um den ganzen Erdball? Weiß gekleidete, mit Margeriten geschmückte Kinder gehen zwischen den umherhüpfenden Laubfröschen Hand in Hand im Fronleichnamszug. Wenn sich die Blüten in den Glashäusern schließen, die Blumen Samen strotzen, werden wir Frösche fangen, in maßgeschneiderte Uniformen der österreichischen Soldaten stecken und in einer Reihe aufstellen. Dreihundert Hunde werden es sein, die ans Kreuz genagelt und von Mönchen durch die blütenweißen Straßen des Vormittags getragen werden. Den Zug führt der Papst mit einem gekreuzigten Lamm an. Weihrauchschwenkende Ministranten gehen neben dem Heiligen Vater. Die uniformierten Frösche, Herr General, was sagen Sie dazu? Gehen Sie mit dem Mikrophon etwas weiter von meinem Mund weg, bevor ich Ihnen dazu etwas sage. Warum? Herr General. Man soll nicht merken, daß der, der hier spricht und zum Problem der uniformierten und zahnlosen österreichischen Militärfrösche Stellung nimmt, keine

Zähne hat. Glauben Sie, man könnte für die uniformierten Sumpffrösche ein Zahnlaboratorium bauen und ihnen die Zähne derer einsetzen, die in den beiden Weltkriegen starben? Was sagen Sie dazu, Herr General, Dr. phil., Mag. theol. Philipp Kröte, außerordentlicher Professor für Schlachtfeldbotanik an der Militärakademie in Wien. Einmal vorweg gesagt, möchte ich zu Protokoll geben, daß ich Feuerfunken sprühe, wenn ich uniformierte Polizisten sehe. Ich kann nur diejenigen ertragen, die aus derselben Uniform gebacken sind wie ich. Wenn sich ein Militäroffizier und ein Polizeioffizier gegenüberstehen, treten hinter dem einen und dem anderen ihre Rekruten in Kampfstellung, aber die Muskeln tausender Polizei- und Militärrekruten haben sich umsonst angespannt, denn der Militäroffizier und der Polizeioffizier umarmen sich. Nun, Ihre Frage. Wenn ich mich recht erinnere, haben wir in Auschwitz die Goldzähne und teuren Prothesen der Häftlinge gesammelt. Es gäbe genug Zahnmaterial, das wir den uniformierten österreichischen Bundesheerfröschen vom Rekrut bis zum General einsetzen könnten. Ich für meine Teile würde eine Zehntausendmannkompanie im Sommer zur Verfügung stellen, alles auserlesene Rekruten, die wir auf die Felder, Wiesen und Wälder schicken könnten, um noch Kröten, Laub- und Sumpffrösche zu sammeln, jedem einen Einberufungsbefehl zu schreiben und sie in die maßgeschneiderte Uniform unseres Heeres stecken. Rekrut! Jawohl, Herr General. Schlagen Sie die Füße zusammen, bevor ich Ihnen eine Frage stelle. Am Heben meines Kopfes sollten Sie längst bemerkt haben, daß ich Sie ansprechen möchte. Rekrut! Jawohl, Herr General. Holen Sie mir den Naturgeschichtslehrer meiner Gymnasialzeit herbei. Er soll mir die Fröschegattungen aufzählen, damit ich mich vor dem Mikrophon nicht blamiere, denn ohne Vollständigkeit der Ordnung können wir vom Militär vor dem Volk nicht aufsalutieren. Wir leben von ihren Steuern und leisten mehr als nichts, manchmal und das sage ich mit Augenzwinkern, leisten wir sicher weniger als nichts. Aber Herr General, jedes Militär ist gut, das nichts leistet. Rekrut! Jawohl, Herr General. Ich bin im Grunde genommen der Oberbefehlshaber des österreichischen Bundesheeres. Der eigentliche Oberbefehlshaber, so steht es im Bundesgesetz, ist zwar der Bundespräsident, aber wenn ich mit meinem Fünfzigtausendmanngefolge und mit den Panzern auffahre, während aus den Fenstern aller Häuser die rotweißroten Fahnen hängen, salutiert auch der Bundespräsident im Schatten seiner Frau vor mir und meinen Friedensmaschinen auf. Holen Sie jetzt den Gymnasialprofessor, ich möchte die Froschgattungen in mir auffrischen. Es sind sicherlich auch Gymnasiasten, die Radio hören, und wenn ich eine Froschgattung nicht mehr weiß oder eine falsche aufsage, dann bessern mich die Gymnasiasten vor ihren Eltern, die den zweiten Weltkrieg miterlebt haben, aus und sagen, daß sie mehr wissen als der General. Ich habe eine blonde Perücke auf dem Kopf. Ich werfe, wenn ich in der Wiener Hofburg sitze, Prinz Eugen vom Pferd und setz mich drauf, dann kommen meine Zofen, die Rekruten, sie sind männlich und befriedigen meine weiblichen Teile. Holen Sie jetzt die Gymnasialdoktrin, ich werde diesem Magister das Notengeben mit Lipizzanerpferdepeitschen austreiben. Wahrscheinlich bin ich General und Oberbefehlshaber geworden, weil ich den Befehlen in der Schule und in der Militärakademie widerstandslos Folge geleistet habe, aber dafür leisten Sie jetzt mir widerstandslos Folge. Gehen Sie weg mit dem Mikrophon, was die zahnlosen Militärfrösche betrifft, reden wir später weiter. Kommen Sie morgen nachmittag wieder. Am Vormittag bin ich mit meiner Frau auf dem Soldatenfriedhof, man muß nämlich die Soldaten feiern, wie sie fallen. Am Grab des Unbekannten Soldaten hocken als Bischöfe und Generäle verkleidete Sumpffrösche, die in den Massengräbern laichten.

Ich habe die Einzelteile meines Kopfes in meinen Händen liegen und weiß nicht mehr, wie ich sie zusammenfügen soll. Welche Nummer habe ich gewählt, weil es in mir zu läuten begann? Ich gehe auf die Straße, wenn bei Regen die vielen Schnecken und Frösche über den Asphalt kriechen und lautlos überfahren werden, versuche ein Auto zu stoppen, ich halte an und nehme mich mit. Ich habe gelächelt, als ich ihn am Kreuz sah, und er auch. Mit den Augenlidern hat der Märtyrer gezwinkert, dann schrie er, Vater, vergib den Schaufensterpuppen, denn sie wissen, was ich tu. Ich bin der schizophrene Onkel und die Antidrepressiva ist meine Tante, die ich ficke, bis in der leeren Medikamentenflasche ein Embryo schwimmt, den ein professioneller Naturgeschichtslehrer im Hörsaal hochheben und seinen geistigen Nachkommen zeigen wird. Ich bin einer von denen, die die Welt in Erinnerung haben, denn die Welt gibt es schon lange nicht mehr. Ich höre Musik und sehe Nägel tanzen, glaubt mir, sie haben ihren Rhythmus. Wenn ich nicht schlafen kann, dann reiße ich den Schlaf aus mir heraus, richtig, ich erwische ihn wie einen Hasen bei den Ohren und zerre ihn aus meinem Leib, hol ein Messer, stech ihn ab, zieh ihm das Fell meiner Menschenhaut über und leg ihn in den Kühlschrank. Morgens esse ich meinen Schlaf, er ist mein Frühstück. Wenn ich aber schlafe, dann träume ich, daß ich nicht einschlafen kann. Manchmal laufe ich meinem

Schatten nach, um ihn am Kragen zu fassen, aber es gelingt mir nicht recht, bin erschöpft, falle zu Boden und entdecke, daß ich auf meinem Schatten liege, dann bleibe ich am Boden liegen, damit er nicht mehr aufstehen und mir davonlaufen kann. Wird die Muttergottes, die eine Kathedrale im Bauch trägt, die Turmspitze oder die Gruft zuerst gebären? So ist es, das Kind wieder sein müssen, damit man es los wird, damit es stirbt und verfault, damit man es im erwachsenen Leib zu Grabe tragen kann. Vater und Mutter weinen um dieses Kind, aber ich, der ich dieses Kind war, feiere seinen Tod, wie in manchen Ländern des Ostens der Tod gefeiert und die Geburt beweint wird. Wie die Araber bei der Trauer weiße Kleider tragen, so auch ich. Die Erde ißt und ißt, bis sie Hunger hat, nicht bis sie voll ist, je mehr sie ißt, desto weniger wird sie satt. Die vier jungen Selbstmörder tanzen zehn Zentimeter über dem Erdboden um die Erntedankkrone. Ich verbleibe bei Jakobs Grab und ernähre mich von der Friedhofserde, bis ich Magen-krämpfe bekomme und die Würmer dieser Friedhofserde in mir wachsen. Denk an seine Rute und halt sie in der Hand wie ein Zepter, schreie über deinen Thron hinaus, halt die Kugeln seiner Hoden in der anderen Hand und laß leprakranke Hunde an den Wunden deiner Füße lecken. Laß die Papyrusrolle ausbreiten und lies vor, was du morgen sagen wirst. Ich habe es satt, hinter den Schaufenstern zu stehen und zu grinsen, während mir ein neuer Mantel um die Schulter geworfen wird, morgen wieder einer und übermorgen wieder einer, aber dann und wann trete ich wie ein Vampir aus der Scheibe. Kokett hebe ich meinen Kopf, die Scheibe weiß, was sie zu tun hat, sie splittert und läßt mich durch. Ich gehe raus und hole mir die Mäntel wieder, aber nicht nur die

Mäntel allein, auch die, die Mäntel tragen. Als ich mich umdrehte, wußte ich, daß niemand an der Tür steht, ich wollte nur mich selber durch diese plötzliche Wendung erschrecken. Morgen werden wir die Zähne eines Totenkopfes plombieren, es ist der Kopf einer politischen Persönlichkeit, der aufrechterhalten werden muß, damit sich das Volk wieder beruhigt. Die Hexe steht an der Wiege Dornröschens und kündigt mit hocherhobenem Zeigefinger einen hundertjährigen Schlaf in der Intensivstation an. Der Kadaver der Maschine. Ich kann nicht leben und kann nicht sterben. Ich bin eine Kreuzung aus Kind und Greis. Ich werde eine leere Medizinflasche in Narkose versetzen. Der Vater peitscht eine rote Ameise aus seinem Wald zur Schlachtbank. Daß mich die Schwalben lieben! Längst wartet eine Schwalbe auf meiner Schulter, daß ich den Arm hebe, damit sie den Kopf unter meine Achseln stecken und die Jungen füttern kann. Gott ist von Seelen umstellt. In die Phiole, die meine tödlichen Schlaftabletten enthält, werde ich meine Asche füllen und nach Venedig überführen lassen. Chromosomen! Gehet hin und vermehret euch! Alle Menschen dieser Erde, die nach mir auf die Welt kommen, sind meine Nachkommen.

Ich sah große Fingernägel unmittelbar vor meinen Augen, ich roch Kalk, aber ich konnte das Gesicht desjenigen, der mir die Totenmaske abnahm, nicht erkennen. Auf dem Rücken eines Pferdes sitzend ritt ich mit meiner Totenmaske vor dem Gesicht den lotrechten Balken des Dorfkruzifix entlang. Im elterlichen Hof Jakobs verlor ich die Totenmaske. Sie lag vor der Haustür, ich wollte hineinlaufen, sie wieder wie eine Faschingslarve aufsetzen, aber ich hatte Angst, daß jemand hinter der Stalltür mit einem Knüppel wartet, Ich soll die Toten in Ruhe lassen, aber ich kann die jungen Toten in diesem Dorf nicht in Ruhe lassen, sonst kann es sein, daß ich selber ein junger Toter werde. Jakobs Totenmaske lag neben meiner. Ich sprang vom Pferd, faßte die Totenmaske an den Rändern, hob sie hoch, schwang mich wieder auf den Rücken des Pferdes und ritt zum Tor hinaus, die eine Totenmaske warf ich dem daherreitenden Jakob zu, die andere schnallte ich auf mein Gesicht. Jakob auf einem weißen, ich auf einem schwarzen Pferd, so reiten wir durchs Dorf, drehen am Friedhof um und galoppieren den lotrechten Balken des Dorfkruzifix wieder hoch, an meinem Elternhaus vorbei, den gewölbten Brustkorb dieses Dorfkruzifix hinauf, ich schere links aus, Jakob rechts, und beide galoppieren wir, der eine den linken und der andere den rechten Arm entlang. Jakob will das Haus, in dem Robert auf dem weizenährendekorierten Totenbett lag, noch einmal sehen. Angekommen bei den Fingern der rechten Hand, galoppiert er wieder auf mich zu, und ich galoppiere auf ihn zu. Die beiden Totenmasken starren einander ins Gesicht. Wir galoppieren die Dorfstraße wieder hinunter, kehren am Friedhof um und galoppieren die Dorfstraße hinauf, die Arme des Dorfkruzifix entlang, wieder zurück und über den gewölbten Brustkorb hinunter, drehen am Friedhof vor seinem Grab um und galoppieren noch unzählige Male dieses Dorfkruzifix, angefangen bei den Fingern, bis zum Kopf und vom Kopf bis zu den Zehenspitzen auf und ab, bis die Pferde erschöpft sind, bis ihnen Schaum vor dem Maul steht, bis sie nebeneinander mit blutunterlaufenen Augen unter den beiden Totenmaskenträgern zusammenbrechen.

Das Brot war das heiligste Lebensmittel. Ich sah es am Zorn des Vaters, wenn mir einmal ein Stück Brot vom

Tisch fiel oder wenn mir überhaupt der ganze, mit drei Kreuzen versehene Brotlaib auf den Boden fiel, dann blieb ich wie gelähmt am Tisch neben dem Vater sitzen und begann zu weinen und hatte nicht mehr die Kraft, mich bei ihm zu entschuldigen, Ich werde nicht mehr so unvorsichtig mit dem Brot umgehen, hab keine Angst, Vater, ich weiß, daß es heilig ist. Ich mache ein Kreuzzeichen, damit der Vater mich nicht mehr so böse anblickt oder mich gar schlägt, weil mir das Brot hinuntergefallen ist, denn wenn ich ein Kreuzzeichen schlage, so wagt es der Vater nicht, mich zu schlagen, denn dann schlägt er einen bekreuzigten Kindeskörper, und dann wird Jesus seinen Hals im Herrgottswinkel so weit verrenken, daß er mit dem Mund einen Nagel aus der Hand ziehen und mit der befreiten Hand den anderen Nagel herausziehen kann. Er muß nur aufpassen, daß er nicht kopfüber vom Kreuz fällt, da seine Füße noch angenagelt sind, aber nein, anstatt, daß er mit der befreiten linken Hand den Nagel aus der rechten Hand zieht, zieht er zuerst den Fußnagel heraus und steht schließlich auf Zehenspitzen in der Nische des Herrgottswinkels und bemüht sich um den zweiten Nagel und Jesus, der sooft am Bauernhof zu mir gehalten hat, wirft dem Vater das Kreuz auf den Rücken, und seither tut meinem Vater das Kreuz weh. Tausende böse Blicke hat er mir geschenkt, kein Wunder, daß sich mein eigener Blick auf das Böse dieser Welt richtet, kein Wunder, daß ich selber einen bösen Blick bekommen habe, kein Wunder, daß ich zuerst das Böse und erst viel später das Gute sehe. Manchmal habe ich beim einen oder anderen Hof im Dorf Arbeiten verrichtet, beim Heuen oder beim Stallputzen geholfen, nur um eine Jause zu bekommen, einen anderen Speck, ein anderes Brot, eine andere Wurst und einen anderen Käse, tagelang hätte ich für eine einzige Jause gearbeitet, nur um wieder einmal nach Wochen oder Monaten ein anderes Brot essen zu dürfen. Gerne habe ich dann und wann bei der Gote ein Stück Bäckerbrot genommen, es war für mich wie eine Delikatesse, denn ich habe das eigene Bauernbrot gehaßt, immer gehaßt und hasse es noch heute. Ich habe mich gewundert, warum die Sommerfrischler dieses Bauernbrot so verehrt haben, während ich es zwei Jahrzehnte lang gehaßt habe. Vielleicht habe ich dieses Brot deswegen gehaßt, weil ich wußte, solange Brot im Hause ist, kann ich nicht verhungern, aber trotzdem bin ich manchmal in Hunger- streik getreten, habe mich zu Essenszeiten einfach nicht blicken lassen, war in der Kirche, im Wald oder am Fluß, aus Protest gegen den Hof und gegen das Bauernbrot, aber wenn ich spürte, daß der Hunger wie Feuer aus meinem Rachen loderte, wenn ich gebückt, die Hand auf dem Bauch, nach Hause gekommen bin, dann habe ich das Brot doch wieder gegessen. Einmal habe ich tagelang nichts als Hostien gegessen, sie einfach in der Sakristei aus den braunen Schachteln gestohlen, nachdem ich den Ministrantenmantel um meine Schultern geschlagen oder die Totenglocke gezogen hatte. Niemals habe ich zur Mutter gesagt, daß ich dieses Bauernbrot hasse, ich habe das Stück Brot in die Hände genommen und andächtig betrachtet, als käme es von ihrem eigenen Leib. Ich habe mich aber auch vor dem Bauernbrot gefürchtet, denn ich wußte, daß es heilig ist, und vor allem, was heilig ist, habe ich mich gefürchtet, es hat mir Schrecken und Angst eingejagt, hat mich aber auch beruhigt, besonders dann, wenn ich den Schrecken und die Angst haben wollte, wenn ich danach wieder Sehnsucht hatte, denn auch heute kann ich ohne Schrecken und Angst nicht leben.

Siehst du, spottete der Gustl, ich habe schon einen Bart, du aber nicht, du wirst nie einen Bart bekommen, du *Halbweib*. Halbweib war ich also und half der Mutter bei den Hausarbeiten. Seppl, kehr die Labn aus, und Seppl ging und griff nach dem Besen, der in der Ecke am äußersten Ende der Labn stand, zog ihn nach sich und begann ganz oben, am Eingang des Hauses, hörte ganz unten, am Ausgang des Hauses auf und ließ einen Haufen Schmutz zurück, der nicht rauchte, denn es war nur der Staub, die Strohhalme, es waren kleine Sandkörner und kleine Erdklumpen, die ihr, meine Brüder, vom Feld, vom Stall, vom Hofboden in die Küche mitgenommen hattet, und ich mußte euren Dreck wieder nach außen schaffen, den Dreck der Pine, des Knechts, des Vaters, der Brüder, ich kehrte und kehrte, bis alles sauber war. Ich war das *Kindermädchen*, denn ich zog mit meinem neugeborenen Bruder über die asphaltierte Dorfstraße, ich ging mit ihm auf die Felder, und Raben flogen über unsere Köpfe, über seinen kleinen, fast kahlen Kinderkopf und über meinen doppelt so großen Bubikopf, und wir gingen und staunten den Fischen in ihre sich öffnenden Mäuler, und nachts keuchten sie in meiner Seele, wenn ich mich ängstlich an den Rücken meines Bruders klammerte, der mit mir länger als ein halbes Jahrzehnt das Bett teilen mußte, ich steckte dann und wann meinen Kopf ins Maul des Fisches und brachte mit meiner Zunge die Schwanzflosse zum Wedeln. Ich war das *Waschweib*, denn ich hatte einen weißen Fetzen um den Bauch gebunden und half meiner Mutter beim Säubern des Geschirrs, die Schwester war zu dieser Zeit in der Haushaltungsschule Litzlhofen und kam nur selten nach Hause. Ich räumte die abgenagten Hühner- und Schweinsknochen von meines Vaters Teller, vom Teller der Brüder, der Pine und des Knechts, und aus der Katzenschüssel räumte ich die säuerlich gewordene Milch. Ich war das Waschweib mit dem kleinen Bruder an der Brust, und wir gingen die asphaltierte Straße hinauf und wieder hinunter und wieder hinauf, aufs Elternhaus zu, denn ich muß jetzt wieder, mein lieber Bruder, Vaters Geschirr säubern, der Brüder Geschirr säubern, *es ist*, wie sie sagten, ein *Mädchen in ihm schiefgegangen*, und außer mir lachten alle. Die eingekleidete russische Puppe in mir, die ganz kleine, die niemand sehen, geschweige denn fühlen kann, begann zu kichern, Ein Mädchen ist in mir schiefgegangen, murmelte es aus meinem Magen herauf, ein Mädchen, und ich gehe mit dem Besen durchs Haus, mit dem Bruder über die Stoppelfelder, ja, da laufen wir, laufen allen davon, obwohl uns niemand verfolgt, aber wir laufen und laufen, und irgendwo im Dickicht entkleide ich mich. Ich zeigte meinem kleinen Bruder mein *Wibele*, so nannten wir das Kindergeschlecht, und sagte zu ihm, Ein Mädchen ist in mir schiefgegangen. Wie der Vater die Ferkel schneidet, so wird er auch mich schneiden, weg mit dem Wibele, denn ich will ein Mädchen sein. Ich hockte am Ufer der Drau und zerrte an meinem Geschlecht, ich wollte es ausreißen und das blutende Loch in meinen Hüften meiner Mutter zeigen und sagen, daß nun ein Mädchen aus mir geworden ist. Die Mutter würde mir die übriggebliebenen Kleider der Schwester aufs Bett legen, und ich würde abends als Bube einschlafen und morgens als Mädchen aufwachen. Gehen wir weiter, hinunter in die Auen am Ufer der Drau entlang, dort sind wir allein, du und ich und die Heuschrecken, die wir manchmal töten, und die Frösche. Wenn sie sich aufblasen, streck ich meine Hand und sage, Schau, siehst du, wie sich der

Frosch aufbläht, hörst du sein Quaken, schau in seinen zahnlosen Mund, Vater hat auch keine Zähne mehr. Ich zeig dir die Kaulquappen, siehst du, wie Spiralen schwänzeln sie dahin, stiften Unruhe an der Oberfläche des Wassers, und unruhig kreisen unsere Augen die Schlingen ein, die sich mehr und mehr ausdehnen, denn auf des Frosches Kopf ist ein Steinchen gefallen. Vielleicht fiel es aus meiner linken Hand, die manchmal ausholt, um den Vaterfrosch abzufotzen. *Fotze* nannten wir die Ohrfeige, und der Lehrer sagte einmal forsch zu seinem Sohn, Du bekommst gleich eine Ohrfeige, und siehe da, ich zuckte zusammen, fuhr mit meinem Kopf einen halben Meter nach hinten und sah, wie der Lehrer seinem Sohn, dem Wernigerich, eine Fotze gab, und nickte wissend mit meinem Kopf, das also ist eine Ohrfeige. Du kannst froh sein, daß du auf der Welt bist, sagte der Vater, daß du auf zwei gesunden Beinen stehen kannst und daß du lernen darfst. Sei froh, daß du ein paar Hände zum Beten hast, damit dir das tägliche Brot geschenkt werde, denn arbeiten kannst du sowieso nicht, du Waschweib, du Kindermädchen. Der Pfarrer soll dich adoptieren, du schwänzelst ohnehin dauernd hinter ihm her, du Erzministrant. Wir gehen weiter, wir verlassen die Kaulquappen, die unfertigen Frösche, die wir im Frühjahr neben den Köpfen der Sumpfdotterblumen bewunderten und quälten, die wir fingen und im heißen Sand, wo eine Sandviper ihre Eier hinterlassen hatte, hinlegten und sterben ließen. Ich weiß, daß wir im Mutterleib gelegen haben, komm nur einmal raus in den Stall und schau in die Augen einer Kuh, wenn Schleim und Blut und dieser eigenartige Sack aus der Scheide treten, komm mit, wenn der Vater, der Knecht, die Pine und die Brüder rufen, Die Kuh kälbert, dann ahnst du, woher wir gekommen sind, niemand sagte es uns, der Lehrer und die Mutter nicht, der Pfarrer und die Pfarrerköchin nicht, alles müssen wir selber erforschen. Einmal, da lagst du in Paternion im Gebärhaus, in einem kleinen Bastkorb neben vier oder sechs anderen Knäblein, und da fragte mich die Hebamme, die Frau Patterer, welches von diesen Kleinen nun eigentlich mein Brüderchen sei, und ich blickte euch ins Gesicht, alle schliefen, du auch, und ich hob den Zeigefinger und sah die Hebamme an und sagte, Dieses! Nein! sagte sie, Das ist es, das ist dein Brüderchen, und ich blickte auf dein Gesicht und verglich es mit einem anderen und schrie, Nein, Frau Patterer, das ist mein Brüderchen und nicht dieses hier, das ist mein Brüderchen, ich habe richtig geraten, das muß mein Brüderchen sein. Ich blickte dich lange an und ging zu unserer Mutter, die im Wochenbett lag, über die Stiege hinauf und blickte ihr ins Gesicht. Ich fragte die Mutter, Wird sie dir wohl das richtige Kind mitgeben? Sie deutete auf einen anderen Babykorb, und ich weinte und schrie, Nein, Mame, das kann nicht sein. Ich zerre dich aus dem Wochenbett in die Stube, und wenn du stirbst, ich zerr dich runter, ich will wissen, welches mein Brüderchen ist. Wenn du überlebst, dann helfen wir dir, ich und mein Brüderchen, in der Küche beim Fleischzubereiten und beim Milchkaffeemachen, abends und morgens und mittags helfen wir dir beim Aufkochen des Polenta, den wir alle nicht lieben. Gerne hätte ich gesagt, daß wir den Polenta lieben, aber wir lieben ihn nicht, wir bereiten ihn dem Vater zu, wir wärmen ihn auf und führen selber einen Löffel nach dem anderen zum Mund und stopfen unsere Mäuler voll und gehen dann wie so oft aufs Scheißhaus und spucken wieder alles hinunter und ziehen dem Vater und den anderen Brüdern, dem Gustl, dem

Siegfried und dem Michl die leere Polentaschüssel unter der Nase weg und waschen das Geschirr ab. Im Namen des Vaters und der Brüder, der Pine und des Knechts räumen wir den Dreck außer Haus. Komm, Mame, gehen wir runter und zeig mir das Brüderchen. Vielleicht hat die Hebamme das Kind ausgetauscht, als du vor Schmerzen schriest. Blut tropfte auf die Plastikunterlage, dort, wo dein nackter Unterleib lag, du hast deine Hände zu Fäusten gemacht, den Schmerz zwischen den Zähnen zerbissen, vielleicht warst du ohnmächtig, und die Frau Patterer, die alle freundlich grüßen, die, man möchte es glauben, alle liebten, alle hatten Angst und Respekt vor ihr, wie vor dem Priester, sie waren die Schlüsselfiguren in der Gemeinde, hat dir ein falsches Kind gebracht, es lag doch noch eine andere Frau in deinem Zimmer aus der Nachbargemeinde, vielleicht hat sie die Kinder ausgetauscht, vielleicht wollte sie mein Brüderchen haben. *Untersteh dich und mach das noch einmal,* sagte meine Mutter zu mir, wenn sie mir irgendetwas verbieten wollte. Untersteh dich und nimm das falsche Brüderchen mit nach Hause, dann ist der Teufel los. Warte nur, bis der Vater kommt und deine Schandtaten sieht, dann ist der Teufel los, sagten meine Brüder und meine Schwester. Als ich schon erwachsen war und tun und lassen konnte, was immer ich wollte, sagte der Vater, *Mach uns keine Schand,* und wenn der Vater eine Schandtat begangen hat, dann sollen meine Brüder und meine Schwester zu ihm sagen, Warte, bis der Sepp nach Hause kommt, dann ist der Teufel los. Dann bekommst du Schläge, bis du blaue Würste am Arsch haben wirst. Als ich einmal, nachdem ich beim Onkelerwin Briefmarken gestohlen hatte, von meiner Mutter über den Stuhl gelegt worden war, da zogen meine Brüder und meine Schwester, als wir schlafen gingen, die Unterhose vom Leib und riefen, Er hat blaue Würste am Arsch, seht seine blauen Würste am Arsch, und ich schrie, daß ich keine blauen Würste am Arsch habe, daß ich die Briefmarken, obwohl ich sie gestohlen, nicht gestohlen habe. Wenn ich Briefmarken sehe und Briefmarkensammler in die Augen blicke, sehe, wie sie sehnsüchtig die Fotografie einer blauen Mauritius betrachten, dann denke ich noch heute an meine blauen Würste am Arsch. Eine dieser ungestempelten Fünfziggroschenbriefmarken hatte ich dummerweise, und das war es, was mich verraten hatte, an eine Herdplatte geklebt, und als mich der Onkelerwin fragte, wer denn diese Briefmarke auf die Herdplatte geklebt hat, sagte ich, Die Aichholzerlore war es, dieses Luder, sie ist frech, schlag sie, bis sie blaue Würste am Arsch hat, sie soll keine Briefmarken stehlen und auf die Herdplatte kleben, nein, das soll sie nicht tun, und wenn sie es tut, dann soll sie nicht sagen, daß ich es getan habe. Jetzt noch sehe ich die Mutter vor mir, wie sie die Rute mit der roten Schleife vom Kleiderhaken nahm, den Stuhl in die Mitte der Küche zog, und, Leg dich drauf, sagte. Ich stand aber sofort wieder auf und lief zur Tür hinaus. Kommstduher! Hierher! Hosenhinunter! Ich ging hin und sie legte mich mit dem bloßen Arsch über den Stuhl, ohne zu fragen, ob ich denn wirklich diese Briefmarken gestohlen habe. Ich wollte auf sie zuschreiten und sagen, Mame, der Onkelerwin, ich habe von ihm ... Ich wollte ihr beichten, denn wenn man beichtet, werden einem alle Sünden verziehen, dann soll die Mutter vor mir niederknien wie vor dem Priester, der ihr die Sünde, mich auf die Welt gebracht zu haben, abnimmt. Aber ehe ich meine Sünde beichten konnte, legte sie mich über den Stuhl. Das Fürchterlichste dabei war das Aufknöpfen der Hosenleiter, das Aufknöpfen des Hosenschlitzes und das Hinunterziehen der Über- und Unterhose. Sofort legte ich mich über den Stuhl, damit sie mein Geschlecht nicht betrachten konnte. Der Pfarrer schlägt mich doch auch nicht, wenn ich ihm sage, daß ich Vater und Mutter nicht geehrt habe, sondern sagt zu mir, Bete zwei oder drei Vaterunser, dann wird dir Jesus verzeihen. Sage ich zum Pfarrer im Beichtstuhl, daß ich den Vater verunehre, freut er sich insgeheim, denn Vater und Priester verachten einander, heben höchstens die Hüte und nicken freundlich, wenn sie aneinander vorbeigehen. Ich verunehre den Vater, ich möchte, daß ihn Gott zu sich nimmt, ich möchte mit meiner Mutter alleine sein, ich möchte mit meiner Mutter auf dem Dachboden des Pfarrhauses leben oder im Glockenturm der Kirche, hilf mir, Herr Pfarrer, ich will nicht mehr des Vaters, des Knechts, der Pine und der Brüder Dreck aus dem Haus tragen, ich will nicht mehr die Prunzkachel der Enznoma aufs Klo tragen, ich will ihr nicht mehr vom Leibstuhl helfen und den rostigen Eimer, in dem ein paar ihrer Kotpatzen liegen, aufs Klo tragen und den Eimer in der Saukuchl auswaschen, wo die Pine unter dem verkehrt aufgehängten Melkeimer sitzt und ein Gebet spricht, bevor sie zu den Tieren in den Stall geht. Ich will nicht mehr das dreckige Waschweib und das Kindermädchen sein, ich will nicht mehr meinen kleinen, neugeborenen Bruder mit mir herumschleppen, in den Wald hinauf und in die Auen hinunter. Oft, Herr Pfarrer, bin ich mit meinem kleinen Bruder, dem Adam, in den Wald hinauf, beim Pfarrhof vorbeigegangen und habe die eingezäunten mageren Hühner gesehen, sie hoben ihre Köpfe, wenn wir stehenblieben. Ich habe euer einziges Schwein im kleinen Stall grunzen gehört und zum Adam gesagt, Hörst du, das ist das Schwein des Pfarrers und der Pfarrermarie. Sie haben nur ein Schwein, aber viele Hühner. Ich bin mit meinem kleinen Bruder in den Wald gegangen und habe von einem Hügel aus auf deinen Hof geblickt. Ich habe gesehen, wie du mit gefalteten Händen vor der selbstgemalten Madonna auf dem Hausrücken niedergekniet bist. Ich habe deine Lippenbewegungen beobachtet, wenn ich schon das Gebet, das du sprachst, nicht hören konnte. Mein kleiner Bruder hat mein Hemd, das voller Kinderschweiß war, denn mein Herz schlug heftig, als ich dich beim Beten und bei deinen Malereien beobachtet habe, geöffnet, er nahm meine linke Brustwarze in den Mund und wollte Milch rausziehen. Er zog und zog an meiner linken Brustwarze und versuchte, nachdem er keinen Tropfen auf seine Lippen bekam, die rechte Brustwarze in den Mund zu nehmen, aber ich sagte zu ihm, Da geht keine Milch raus, ich habe keine Muttermilch, aber er verstand mich nicht, er war erst ein paar Monate alt. Schau runter, siehst du den Pfarrer, er malt jetzt wieder ein Kinderbild. Oft fand ich in den Gesichtern seiner gemalten Kinder meine eigenen Gesichtszüge. Einmal sah ich mich sogar doppelt, in den Gesichtszügen eines Kindes, das über die Brücke schritt, und in den Gesichtszügen des über diesem Kind schwebenden Schutzengels. Ich habe gesehen, Herr Pfarrer, wie die Pfarrermarie aus dem dunklen, kühlen Gewölbe des Pfarrhofes kam und dir einen Kaffee brachte, während mein Bruder zu schreien begann, weil er keinen Tropfen Milch auf die Lippen bekam. Ich habe ihm, Herr Pfarrer, den Mund zugehalten, er sollte uns doch nicht verraten, ich wollte dich und die Pfarrermarie beobachten. Ich habe meinen kleinen Bruder gestreichelt, eine Ameise über meine Hand laufen lassen. Als er sie sah, hörte er zu schreien auf und beobachtete das krabbelnde Tier auf meiner Haut, während ich meinen Kopf hob und auf deinen Rücken und auf deinen Hinterkopf blickte und auf die Bewegungen deiner zwischen Daumen und Zeigefinger herausstehenden Pinselspitze. Manchmal bist du zurückgetreten und hast von links und rechts dein Heiligenbild betrachtet. Das Schreien der Hähne habe ich auch auf dem Pfarrhof gehört, Und abermals krähte der Hahn, sagte ich dann zu meinem kleinen Bruder, der auf meinem Schoß hockte und mit seinen Fingern spielte. Manchmal, und ich beichte jetzt wieder, Herr Pfarrer, wollte ich meinen kleinen Bruder über den Wasserfall unseres Bergbaches werfen, ich wollte ihn loswerden, denn ich sah, wie die anderen Kinder fußballspielten, ich sah wie sie als Indianer verkleidet mit einem Holztomahawk am Pfarrhof vorbei in den Wald gingen, ich wollte dabeisein, aber ich mußte auf meinen kleinen Bruder aufpassen. Ich wollte dem Kreuzbauerjakob beim Bau unserer Indianerhütte helfen, ich wollte endlich meine aus Jutesäcken zusammgeschneiderte Old Shatterhand-Kleidung fertigbringen, aber ich mußte zusehen, wie mein kleiner Bruder, wenn er auf meinem Schoß hockte, immer wieder mit seinen Lippen nach meinen Brustwarzen suchte. Hätte ich ihn über den Bergwasserfall hinuntergeworfen, wäre ich wahrscheinlich nachgesprungen oder ich wäre vielleicht nach Hause gegangen und hätte zur Mutter gesagt, Ich bin oben beim Wasserfall ausgerutscht und habe mich noch im letzten Moment an einer Fichtenborze festhalten können, aber der Adam ist hinuntergefallen, er ist tot. Vielleicht hätte ich den Leichnam meines Brüderchens aufgehoben und nach Hause getragen und wäre auf dem Melkschemel gesessen, klageschreiend, eine Pietà. Der Vater hätte mich aufs

Kreuz genagelt, denn er liebte unseren kleinen Adam, er war unser lebendiges Spielzeug, und all unsere Liebe stopften wir in ihn hinein. Aber ich wäre nachgesprungen und man hätte mich und meinen kleinen Bruder nach Tagen und Nächten mit zertrümmerten Schädeln im Bachbett, zweihundert Meter ober dem Engelmaier aufgefunden. Ich will nicht mehr, Herr Pfarrer, dem Vater und den Brüdern helfen, die Eingeweide aus dem offenen Leib eines toten Schweines zu zerren. Ich will nicht mehr die Hahnenköpfe aus dem Stall räumen, einen in der linken, einen in der rechten Hand, und zum Misthaufen tragen. Ich will nicht mehr rückwärtsgehen, mich schnell umdrehen und davonlaufen, wenn ich den Vater sehe, ich will nicht mehr. Meinen roten Ministrantenmantel hatte ich um meine Schultern geschlagen und hockte vor dem Kleiderkasten, aß und aß die Hostien aus den kleinen braunen Schachteln, die unter dem Saum der Ministrantenmäntel im Ministrantenkleiderkasten lagen. Manchmal habe ich meinen Kopf gehoben und zur Seite geblickt, um zu sehen, ob du, Herr Pfarrer, mir dabei zusiehst. Einmal hatte ich den Eindruck, daß du mich ertappt hast, aber du hast kein Wort gesagt. Es war doch keine Sünde, den Leib Christi hundertmal vor der Messe zu essen. Wirst du auch einmal von meinem Leib eine Hostie anfertigen lassen und die Dorfleute zur Kommunion rufen? Die Mutter legte mich über den Stuhl und schnalzte mir die feine Rute über die Arschbacken, die sofort glühten, und ich schrie, Nein, Mame, ich werde es nicht mehr tun, und sie schrie, Wirst du das noch einmal machen? Nein, ich werde es nicht wieder tun, und sie schrie wieder, Wirst du das wohl nicht mehr machen, und sagte diesmal schreiend das Wort *wohl* dazu. Nein, Mame, ich werde vom Onkelerwin keine Briefmarken mehr stehlen, und murmelte dabei in mich hinein, Ich erschlag diese Sau, wegen ein paar Briefmarken zeigt er mich bei der Mame an und bezichtigt mich im Dorf als Dieb. Ich schrie wieder und wieder, Nein, Mame, nein, hör jetzt auf. Wirst du das wohl nicht noch einmal tun? Nein, Mame, nein, und sie hörte endlich auf, und ich zog meine Hose hinauf und hielt die Hände auf meine Hinterbacken und ging auf Zehenspitzen, als hätte ich Scheiße in der Hose, in mein Zimmer hinauf, legte mich nieder und begann, träumend die Hand meiner Mutter zu liebkosen und in sie hineinzubeißen. Ich lege meinen Kopf auf die Mutterhand, sie riecht nach frischen Erdäpfeln, sie riecht nach Zwiebeln, und wenn die Mutter Zwiebeln schneidet, weint sie über ihre Seelenschmerzen, nicht nur über den in den Augen ätzenden Zwiebelgeruch. Nach diesem Briefmarkendiebstahl habe ich das Bauernhaus Onkelerwins wochenlang nicht mehr betreten. Auch die Frau des Lehrers hat mich am nächsten Tag wieder gefragt, Du kannst doch mir sagen, ob du die Briefmarken gestohlen hast oder nicht, ich erzähle es ja niemandem weiter. Ich erinnere mich genau, wie wir im Garten auf einem Holzblock saßen. Nein, ich habe die Briefmarken nicht gestohlen. Ich hielt zwischen meinen kleinen Händen das Butterbrot meiner Mutter, wie zum Gebet waren die Hände geschlossen, dazwischen hielt ich das Brot des Herrn, das er uns jeden Tag aus den Mutterhänden gab, und biß davon ab, während mich die Frau Berghuber unablässig quälte und sagte, Du hast doch die Briefmarken gestohlen, sags mir nur, ich erzähl es niemandem weiter, aber ich bin hart geblieben, bis zum heutigen Tag, Nein, ich habe die Briefmarken nicht gestohlen. Denke doch einmal nach, du warst doch gestern beim Aichholzer, du bist doch in Onkelerwins

Schreibstube gegangen, du hast doch die Lade aufgemacht, das Papier herausgenommen, hast Briefmarken herausgenommen, und eine Briefmarke hast du auf die kalte Herdplatte geklebt, und die anderen Briefmarken hast du dem Lehrerklaus geschenkt, der ein Briefmarkensammler ist. Ich schüttelte den Kopf und war es längst müde zu sagen, Ich habe die Briefmarken nicht gestohlen. Ich stand vom Holzblock auf und lief unter die anderen umhertollenden Kinder, denn ich hatte mein Pausenbrot gegessen, jetzt kann ich laufen und springen. Jetzt kann ich mich nicht mehr verschlucken, jetzt habe ich mein Butterbrot bereits im Magen, jetzt kann mir nichts mehr passieren, jetzt kann ich den Mund öffnen und spüren, wie der Wind in meinen Magen dringt und die Brotbrocken durcheinanderbringt. Nein, ich habe keine Briefmarken und kein Schreibpapier gestohlen, keinen Bleistift und kein Geld, nichts, rein gar nichts habe ich gestohlen.

Ich erinnere mich, wie die Mutter mit eingebundenem Kopf, bleich und mit Ringen unter den Augen über den asphaltierten Dorfstraßenhügel ging, sich vorwärtstastete mit ihren schwachen Beinen, die voller Krampfadern sind. Sie kam zur Tür herein, stellte ihre grüne Plastiktasche auf die Bank und setzte sich nieder. Sie leerte die Tasche aus und stapelte die neuen Medikamente ins oberste Fach der Kredenz, das voll war von leeren und gefüllten Medizinfläschchen. Verbandszeug lag oben, Watte und Leukoplast. In diesem Fach lagen auch meine Eisentabletten, die ich täglich nach dem Mittagessen einnehmen mußte. Einmal fiel diese schlecht montierte Kredenz, vollgeladen mit Kaffee-, Teeschalen, Tellern und der Medizin, zu Boden. Meine Eisentabletten lagen unter der Medizin meiner Mutter. Alles Geschirr war zerbrochen, viele Tabletten zerbröselt. Ich liebte die

Blitze, wenn sie sich über dem Knotenpunkt des Dorfkruzifix kreuzten, so daß zwei sich über dem Dach
meines Elternhauses kreuzende Blitze wie ein leuchten-
des, blaues, kurz aufflammendes Kruzifix standen und in
den Kopf Jesu einschlugen, als der Blitz tatsächlich
einmal von der Kirchturmspitze hinunter in den Kirchen-
rumpf fuhr und ein paar Heiligenfiguren streifte. Wenn
der Blitz über den Spitzen der Fichten in Mensch und
Tier Unruhe stiftete, wenn es hagelte, wenn Vater und
Mutter betend am hinteren Ausgang des Hauses oder
Vater alleine am offenen Stalltor standen und in den
Himmel hinaufblickten, dann fühlte ich mich wohl, dann
beherrschte die Natur die Menschen und Tiere und nicht
mehr die Menschen und Tiere die Natur. Dann hatte ich
die Hoffnung, daß andere Zeiten kommen, daß es regnet
und regnet, nie mehr aufhört, alles überschwemmt ist,
Vater und Mutter ihre Söhne unter ihre Füße legen, um
ihren eigenen Ertrinkungstod hinauszuzögern. Ich fragte
meine Mutter, ob denn die Welt untergehen könnte, aber
ich fragte sie nie nach dem Weiterleben nach dem Tode,
denn ich hatte am Leben keine besondere Lust und schon
gar kein Interesse am Weiterleben nach dem Tode.
Jedesmal, was immer es war, gab mir die Mutter zur
Antwort, daß sie es nicht wisse. Der Lehrer erzählte, daß
die Menschen, bevor sie erforschen konnten, daß die
Welt eine Kugel ist, glaubten, daß unsere Welt eine
Scheibe ist, an ihren Enden mit Brettern beschlagen. Ich
sagte zur Mutter, daß wir, wenn die Erde keine Kugel,
sondern eine Scheibe wäre, die an ihren Enden mit
Brettern beschlagen ist, vor den rostigen Nägeln stehen
und zusehen könnten, wie zwischen diesen hochaufragenden Brettern das fremde Wasser des Meeres und das
bekannte Wasser aus unserem Rohrbrunnen zusammen-

fließen würden. Gerne hätte ich meine Mutter gefragt, ob ich nachts wieder zurückkommen könnte zu ihr, von woher ich vor vielen Monaten gekommen war, nur nachts, Mutter, und morgens mußt du mich neu gebären. Jeden Morgen käme die Frau Patterer, jeden Morgen käme die Gote, sie würde Geburtshilfe leisten, wie damals. Wenn du mich zehn- oder zwanzigmal auf die Welt gebracht hättest, wäre ich an deinem Schleim und Blut erstickt oder an meinem eigenen Kot, der wie eine goldene Krone von Fliegen umrandet war, wenn wir, Hinterbacken an Hinterbacken, ein zusammengedrehtes, rauchendes Häufchen unter unseren weißen Ärschen ließen.

Leicht kann ich mir vorstellen, wie ich mich in deinem Bauch wie ein Raumschiff um die eigene Achse drehte. Neun Monate lang blickte ich aus deinem gläsernen Bauch wie aus einem Fenster ohne Kreuz auf ein Fenster mit Kreuz und aus diesem Fenster, wenn du vor dem Fenster gestanden hast, wiederum auf das Fenster des Nachbarhauses, an dem die schwangere Nachbarsfrau stand und zu dir herüber blickte. Du hast das Fenster geschlossen, genickt und gelächelt, freundlich wie du immer warst, zu jedem Mensch, zu jedem Tier. Du gingst in das Schlafzimmer hinauf, und ich blickte, den Kopf senkend, auf die Stufen der Stiege und auf deine Schuhspitzen, die sechzehnmal vorzuckten. Oben angekommen, blickte ich aus deinem gläsernen Bauch auf die dunkelbraune Tür eures Schlafzimmers, in dem ich aus einem häßlichen Vatersamenkorn wuchs. Ich blickte auf diese Klinke, während du sie niederdrücktest, die Tür ging auf, und wir beide, ich in dir, gingen hinein, zu Vaters Nachttisch hin, denn dort war seine kohlrabenschwarze Brieftasche verborgen. Der Vater braucht Geld, er wird einen Sack Zucker und zwei Säcke Mehl kaufen, und ich sah, wie du den Schein herausnahmst, die Nachtkastenlade schlossest, dich umdrehtest, wie mir in dir einen Augenblick schwindlig wurde, denn deine Wendung war abrupt, und wie wir beide über die sechzehnstufige Stiege wieder hinuntergingen. Gemeinsam gingen wir am offenen Kellerloch vorbei, öffneten die Küchentür und schritten stolz, obwohl ich Kopfweh hatte, auf den Vater zu und gaben ihm den Schein in die Hand. Der Vater drehte, wie man so sagt, jeden Schilling dreimal um, bevor er ihn ausgab. Die Mutter drehte sich wieder vom Vater weg, das heißt, wir drehten uns gemeinsam vom Vater weg, sie hatte noch die Schweine zu füttern und die Hühner auch. Es waren doch auch schon meine beiden älteren Brüder und meine Schwester auf der Welt, der Siege und der Gustl und die Martha, im ersten Stock hockten der Enznopa und die Enznoma in ihren Zimmern und warteten auf die Nachmittagsjause. Aber noch bevor sich die Mutter vom Vater wandte, blickte sie ihn, der einen Hundertschillingschein in den Händen hielt, verlegen an. Sie forderte ihn förmlich zum Kuß auf, und ich sah, meine Brüder, das erste Mal in meinem Leben aus dem gläsernen Bauch meiner Mutter blickend auf den sich zuspitzenden Mund meines Vaters mit dem kleinen grauweißen Hitlerbärtchen auf seiner Oberlippe. Ich ballte meine kleinen Fäuste und bereitete sie zum Schlag auf die Hitleroberlippe des Vaters vor. Ich ließ den Faustschlag bleiben, ich senkte meine Hand mutlos wieder und ließ es zu, wie sich meine junge Mutter küssend den Vaterlippen hingab, er geht jetzt fort, er wird sich auf sein hohes Traktorroß setzen, den einen Fuß vorstrecken, die Kupplung treten und starten. Ich blickte hinauf und sah die Kinnspitze meiner Mutter, ich sah, daß sie ein wenig lächelte, es könnte sein, daß ihm etwas passiert, daß er mit dem Traktor über eine Böschung stürzt, sie muß denselben Gedanken in sich haben wie ich, denn ich bin nicht Ich, sondern immer noch sie und kann nicht weinen, wenn die Mutter nicht weint. Ich winke nun, meine embryonale Kinderhand hebend, dem Vater zu, er sieht mich nicht, er weiß nicht, daß der Mutterbauch gläsern ist, aber dennoch winke ich, und er fährt mit dem Traktor los, und die Mutter und ich bleiben eine Zeitlang am Fenster stehen und blicken auf den Rücken meines werdenden Vaters, er wird immer kleiner und ich im Mutterleib werde größer und größer, während er fortfährt. Wir blicken auf den Auspuff des Traktors, auf die kleine Rauchfahne und warten noch einen Augenblick, es kann sein, daß jetzt wieder die Nachbarsfrau am Fenster des Nachbarhauses auftaucht, und dann werde ich wieder auf den schwangeren Bauch der Nachbarsfrau blicken und erkennen, daß auch ihr Bauch gläsern ist, und das Embryo der Nachbarsfrau und ich werden einander anblicken und einander umarmen wollen. Es sind Fleisch und Blut meiner Mutter, die ich nicht durchbrechen kann, ich will sie nicht töten. Würde jemand einen Stein auf die Mutterbäuche werfen, so wäre es wahrscheinlich um uns geschehen, wie Fische aus einem kaputten Aquarium würden wir vor die Mutterfüße fallen. Wir könnten noch aufeinander zukriechen und uns küssen, und dann würden wir verenden wie die zappelnden Fische im Moos am Rande des Dorfbaches. Ich blickte aus dem gläsernen Mutterbauch auf den Wasserspiegel einer Gebirgsbachmulde und sah, wie der Vater Fisch um Fisch aus dem Wasser zog. Ich faltete meine schleimbedeckten Hände, denn jedesmal, wenn ein Mensch oder ein Tier starb, hatte ich Gott vor Augen und seine tintigen Engel, und sprach ein Gebet, das Mutter und Vater vor dem Einschlafen im Chor gesprochen haben. Ich hörte ihnen wochenlang zu, ich spitzte meine embryonalen Ohren und lernte dieses Gebet auswendig und spreche es jetzt, während ich zu Vaters Füßen Fische verrecken sehe, nach. Die Mutter wird die Fische entgräten, braten, auf den Teller legen, essen, und ich werde am Ende ihrer Speiseröhre hocken, meine Hände zu Bettlerschalen aneinanderlegen und alles, was kommen mag, hineinfallen lassen und das Vorgekaute wiederkäuen, bis daraus mein Darm entsteht. Nachts, wenn sie schlief, stand ich manchmal im Bauch meiner Mutter auf, wollte die Decke zurückwerfen, die über ihr lag. Ich wollte immer wieder das phosphoreszierende, grüne Kruzifix, das über dem Spiegel an der Wand hängt, betrachten, ich wollte sehen, welche Grimassen der phosphoreszierende Gekreuzigte schneidet, während meine Eltern schlafen. Ich wollte aufstehen und ans Fenster gehen, ich wollte auch auf den uralten Laubbaum blicken, Totenvogelaugen wollte ich sehen, nachts, wenn meine Mutter auf dem Bauch oder auf dem Rücken im leinenüberzogenen Strohbett lag. Verzweifelt wühlte ich in ihr, ich wollte ihr zu verstehen geben, daß ich in die Nacht hinaus will, wenn die Hitze im Dorf abkühlt. Die Mutter drehte sich im Bett, sie klagte über Bauchschmerzen, und ich wälzte mich und wollte ihr wieder und wieder zu verstehen geben, daß ich ans Fenster geführt werden möchte, ich will wenigstens in die Dunkelheit hinausblicken. Ich schlug mit dem Kopf gegen die Bauchdecke der Mutter, mit der Faust und dem Ellenbogen. Ich weckte meine Mutter wenigstens auf, sie sagte zum Vater, daß sie Bauchschmerzen habe, daß es ihr nicht gut gehe, der Vater griff mit seiner groben Hand unter das Nachtkleid der Mutter, das aus Seide war, und wäre es aus grobem Leinen gewesen, ich würde trotzdem sagen, daß ihr Nachthemd aus Seide und parfümiert war, und ich sah die große Hand des Vaters auf der Bauchdecke der Mutter. Ich zählte seine groben Finger und wie sollte ich anders als grinsen, denn ihr erinnert euch, an einer Hand hat er nur vier Finger. Er strich mit dem Krüppel seiner Hand über den Bauch meiner werdenden Mutter. Auch ich spürte ein wenig diese Zärtlichkeit und beruhigte mich allmählich, in seine Handschale wollte ich flüstern, daß ich nur einmal in die tiefe, dunkle Nacht blicken wollte, tief und dunkel, so umschrieb die Mutter die Nächte, und deshalb bleibt mir nichts anderes übrig als zu sagen, daß die Nächte tief und dunkel sind. Ich will diese tiefe und dunkle Nacht sehen, mein Vater, ich will auf das phosphoreszierende Kruzifix blicken, das ein Hausierer meiner Mutter verkauft hat. Nehmen Sie dieses Kruzifix, es ist schön, nehmen Sie es, gnädige Frau. Meine Mutter ist keine gnädige Frau, meine Mutter ist eine Bauersfrau, ich will nicht, daß sie eine Gnädige ist, denn ich will kein gnädiger Herr werden. Sie kaufte es ihm ab, aber nur, weil es meine Mutter niemals gewagt hätte, ein Kruzifix, das ihr mit allen Schikanen angeboten worden ist, abzulehnen. Sie hätte niemals sagen können, Nein, ich kaufe Ihnen kein Kruzifix ab. Der Gekreuzigte kostet nicht mehr als hundertsiebenundfünfzig Schilling, Sie hängen ihn in den Herrgottswinkel, gehen jeden Tag dreimal hin, legen eine Hostie auf seine Lippen und beten ihn an. Während ich aus dem gläsernen Mutterbauch blickend seine Gesichtszüge fixiere, sieht der Gekreuzigte in mein embryonales Gesicht und nickt mir Menschen zu. Ich sehe noch heute, wie der Hausierer der Mutter dieses Kruzifix verkaufte, das noch heute in meinem elterlichen Schlafzimmer über dem Spiegel an der Wand hängt und grün leuchtet. Hätte der Hausierer meiner Mutter irgendetwas anderes angeboten, eine Waschschüssel oder einen Krug, so hätte meine Mutter gesagt, Wir haben, mein Herr, genug Krüge, genug Waschschüsseln, genug Löffel, Messer und Gabeln, genug Besen und Kehrichtschaufeln haben wir, und nun singt sie ihn bereits an, Wir haben genug Teller und Kaffeetassen, die unsere Kinder zerschlagen können, wir haben auch zwei Leibstühle für den Enznopa und für die Enznoma, genug Mistgabeln haben wir, genug Heurechen, genug Traktoren haben wir, denn es gab eine Zeit, da hatten wir sogar zwei Traktoren, einen für den Gustl und einen für den Vater, und während der Bruder nach Aifersdorf in die Kühlanlage fährt, wo alle Bauern in einem riesengroßen, wohl unterteilten Kühlfach ihre Fleischteile liegen haben, fährt der Vater nach Rothenthurn ins Lagerhaus, und der Vater bringt Mehl und Zucker, der Bruder gefrorenes Kalbfleisch nach Hause, niemals stießen sie mit den Traktoren zusammen, obwohl sie manchmal aufeinander zufuhren, sie wichen einander aus, wohl aber stießen sie manchmal ihre Köpfe aneinander, aber davon später. Wir haben auch genug Heuwender, wir haben genug Sensen, die der Vater über das Schlüsselbein legen und die Dorfstraße herunter tragen kann, wir haben auch genug Kinder, da seht, Siege, Gustl und Martha sind draußen am Feld, und Seppl ist hier im Bauch, sehen Sie, da drinnen ist Seppl, er wird Seppl heißen, wenn es ein Knabe wird. Genug Stühle und Sessel haben wir, für die Pine und für den Knecht. Sie brauchen uns nichts mehr zu geben, Sie können sich, wie der Vater oft wörtlich zu den Vertretern sagte, *zur Tür hinausschleichen*, wir brauchen von Ihnen nichts, rein gar nichts. Das hätte meine Mutter gesagt, aber sie wagte nicht zu sagen, Seht her, wir haben genug Kruzifixe, genug Engel, dort und da hängt ein Kruzifix. Wir sagten niemals, dort oder da *ist ein Kruzifix angebracht*, nein, dort *hängt ein Kruzifix*, wie Jakob und Robert hängen geblieben sind. In der Bauernstube hängt ein Kruzifix, in der Rumpelkammer hängt ein Kruzifix, am Klo hängt kein Kruzifix, im Keller hängt kein Kruzifix, im Stall hängt ein Kruzifix, im Sterbezimmer der Großeltern hängen mehrere Kruzifixe, in der Labn hängt ein Kruzifix, ja sogar auf dem Dachboden hinter den zerbrochenen Fensterflügeln unter den Wespenwaben stehen ein paar veraltete Kruzifixe von den Urgroßeltern, selbst ein paar Ratten können sich Kruzifixe um den Hals hängen. Die Onga, unser schwarzes Zugpferd trägt jedesmal, wenn sie eine Fuhre Heu vom Feld bringt, ein großes schwarzes Kruzifix auf ihrer Brust, der Siege und der Gustl haben es ihr um den Hals gehängt. Der Gustl geht auf der linken, der Siege auf der rechten Seite des Pferdekopfes, sie halten das Zaumzeug, und zu dritt bringen sie, Menschen und Tier, eine Fuhre Kruzifixe nach Hause. Kürzlich habe ich ein Marzipankruzifix gegessen, und das hängt jetzt dem Seppl in meinem Bauch um den Hals, es soll ihn vor dem Leichengift des Dorfes schützen, das durch all meine Körperöffnungen in meinen Leib dringt und den Buben angreifen könnte. Es beschützt ihn auch vor dem nächtlich in meinen Schoß dringenden Glied seines werdenden Vaters, wenn ich unter dem Heiligenbild liege, ihn empfange und die Maske meines und die Maske seines Schweißes von unseren Gesichtern wische. Wenn sein werdender Vater zu tief in meinen Schoß dringt, ballt der Seppl die schleimbedeckten Hände zu Fäusten, reißt die Augen auf, öffnet und schließt den Mund wie ein Fisch im Aquarium und will mir etwas sagen. Bevor ich in den Schlaf sinke, höre ich sein Jammern, wieder ist er von der Gliedspitze seines werdenden Vaters verletzt worden. Schon im Mutterleib hat er unerträgliche Verletzungen erleiden müssen, wahrscheinlich wird es ein seelenkrankes Kind werden, aber ich will ihn trotzdem auf die Welt bringen. Das Kruzifix, das ich geschluckt habe und das um seinen Hals hängt, beschützt ihn jeden Abend unter dem Heiligenbild vor dem Ertrinken. Während der Schwanz seines werdenden Vaters in mir steckt, höre ich sommers bei offenem Fenster die Pfauenschreie vom Hof des Aichholzeropas. Ich rieche den Stallmist, von dem er sich selten befreit, den Geruch des Klees inhaliere ich, der in seinen schütteren Haaren hängengeblieben ist. Ich lege meine Hände auf seine schweißtriefenden Hinterbacken und sage, daß er vorsichtiger sein soll, daß er das werdende Kind nicht verletzen darf. Ich lege meine Hände auf seine breiten, sich wie Maschinenteile bewegenden Schulterblätter und mache ihn noch einmal darauf aufmerksam, daß er vorsichtiger sein soll. Vor dem Einschlafen höre ich wieder das Würgegeräusch meines werdenden Kindes. Der Seppl spuckt den Samen seines werdenden Vaters aus dem Mund, er schließt seine Hände zum Gebet und spricht zum Marzipankruzifix, er bittet es darum, daß diese Qual bald ein Ende haben möge, er will nicht mehr Nacht für Nacht die Gliedspitze seines werdenden Vaters sehen, die schleimbedeckten Hände vors Gesicht halten und seinen Samen abwehren. Ich werfe meinen schwarzhaarigen Kopf nach links und rechts und spüre, wie die Tränen aus meinen Augen spritzen. Sein werdender Vater glaubt, daß es eine Gebärde der Lust ist, wenn ich meinen Kopf links und rechts werfe, dabei ist es eine Gebärde der Verzweiflung und des Schmerzes, den ich im werdenden Kind spüre. Manchmal mache ich Essigsauretonerdeumschläge um meinen Kopf und sage zu ihm, daß ich fürchterliche Kopfschmerzen habe, dann berührt er meine Lippen mit seinen Lippen und läßt mich in Ruhe, wünscht mir eine Gute Nacht, nachdem wir gemeinsam das Nachtgebet gesprochen haben. Ich weiß, daß ihn mein werdendes Kind bösartig anblickt, wenn er sich über mich beugt, vielleicht sogar sein Ohr an meinen Bauch hält, mir vielleicht einen Kuß auf den Bauch gibt und damit sagen will, daß er unser werdendes viertes Kind liebt, daß er sich auf seine Geburt freut. Falte ich die Hände, so faltet sie auch mein werdendes Kind, lache ich, so lacht auch mein werdendes Kind, weine und esse ich meine eigenen Tränen auf, so schluckt mein werdendes Kind meine Tränen, die sein einziger Durstlöscher sind. Schrecklich muß es für mein werdendes Kind sein, wenn ich aufs eiskalte Plumpsklo gehe und mich auf die eisumwachsenen Ränder setze. Schrecklich muß es für ihn sein, wenn ich im Saustall die Schweine füttere und die eine oder andere Sau mit ihrer Schnauze an meinen Bauch stößt. Schön muß es für ihn sein, wenn ich auf dem schwarzen Zugpferd sitze und wir beide, der Seppl und ich, mit dem Pferd über die unasphaltierte Dorfstraße galoppieren, wenn links und rechts von uns die Höfe, Bauern, Hühner und Kinder, selbst dann, wenn die Sensen und Sicheln vorbeiflitzen. Schön muß es für ihn sein, wenn ich in einem Tümpel der Drau ein Bad nehme, wahrscheinlich blickt er auf meine verschwommenen Füße im blaugrünen Wasser, auf die Fische, die zwischen meinen Füßen haltmachen, wenn ich lange ruhig im Wasser stehenbleibe, allein schon wegen des Gedankens, daß sich der Seppl die Fische ansehen kann, bleibe ich ruhig im Wasser stehen. Gehe ich in den Wald hinauf, hocke ich neben einem Ameisenhaufen nieder, wie ich es als Kind gerne getan habe. Hie und da krabbelt eine Ameise über meine Füße, zu den Oberschenkeln hinauf, ich möchte sie entfernen, weil sie so unangenehm kitzelt, aber ich denke daran, daß sie der Seppl betrachten kann, daß er vielleicht sogar mit seiner Stirn an den Kopf der großen Ameise stoßen wird. Frühzeitig soll er von den Tieren lernen, ich war auf meines Vaters Hof die Kuhmagd, ich habe gelernt mit Tieren umzugehen und kann jetzt Menschen führen. Einmal, als ich über einen Tannenast schritt, hatte ich das Gefühl, daß mich mein werdendes Kind zurückhalten wollte, ich blieb augenblicklich stehen, blickte auf den Boden und sah den Tannenast, vielleicht hatte ihn jemand verloren, Tannen sind selten in unseren Wäldern. Ein paar Minuten lang blieb ich stehen und ließ mein werdendes Kind den Tannenast betrachten. Meistens führe ich einen knorrigen Stecken bei mir, wenn ich im Wald rumgehe, ich habe Angst vor den Kreuzottern, die in unserem Wald häufig sind, gerade an Plätzen, wo ich mich gerne niederhocke, bei den Erdbeeren, wo viel Sonne, wo ringsum das Gras von der Hitze abgedörrt ist. Vielleicht hat er einmal auf den Kopf einer Kreuzotter geblickt und dabei seinen embryonalen Kopf erschrocken gehoben oder er hat ihr die Zunge gereckt, wie die Kreuzotter mit ihrer Zunge lispelt. Schön muß es für ihn sein, wenn ich sonntags in der kühlen Kirche vor dem Seitenaltar niederknie und wir beide auf den Heiligen Sebastian blicken, während ich bete. Schön muß es für ihn sein, die unzähligen Kerzen auf dem Friedhof gerade zu Allerheiligen und Allerseelen zu betrachten, wenn ich von Grab zu Grab gehe, wenn niemand mehr auf dem Friedhof ist, und mir die Grabdekorationen ansehe. Ob er die frischen Toten unter der Erde riecht? Den Seppl unter meinem Herzen gehe ich oft auf den Friedhof. Herzkrank bin ich auf der Enznhube geworden. Schrecklich muß es für ihn sein, wenn sein werdender Vater, eine Hacke in den Händen, die sich in seinen embryonalen Augen spiegelt, im knirschenden Schnee neben mir herschreitet. Schrecklich muß es für ihn gewesen sein, wenn ich ein Huhn auf den Holzblock legte, die Hacke hob und das Blut auf meinen Bauch spritzte. Schrecklich muß es für ihn gewesen sein, von meinem Mutterleib aus auf die weinenden Gesichter seiner Brüder und Schwester zu blicken. Hat einer geweint, so haben alle zu schreien begonnen, und an den Bewegungen im Bauch habe ich gespürt, daß auch mein werdendes Kind mit den anderen drei Geschwistern schrie. Schön muß es für ihn gewesen sein, wenn ich über die unasphaltierte Dorfstraße zum Aichholzeropa, meinem Vater, ging und wir beide im Schatten auf einer Rasenbank saßen und den Pfau mit Türkenkörnern fütterten. Ob ich einmal Mordgelüste hatte? Störche sah ich in meinen Träumen oft verbluten. Störche, so belehren die Alten im Dorf die Kinder, bringen die Kinder auf die Welt, werfen sie in den Rauchfang oder fliegen zum offenen Fenster herein. Immer wieder habe ich von den blutenden Störchen geträumt. Heute träume ich manchmal davon, daß ich damals, als ich den Siege, den Gustl und die Martha im Bauch trug, von verblutenden Störchen geträumt habe. Aber ich träume nicht mehr, daß die Störche verbluten, nur, daß ich von ihnen geträumt habe, aber indem ich träume, daß ich von verblutenden Störchen geträumt habe und diese Störche im wiedergeträumten Traum verbluten sah, träume ich auch heute noch, wo ich den Seppl in meinem Bauch trage, von verblutenden Störchen.

Dabei hocken sie in der Fremdenverkehrswerbung so schön auf dem Dachfirst oder haben sich ihr Nest auf dem Rauchfang gebaut, wo es im Herbst herausraucht und die Tiere wärmt. Daß in der Werbung auch auf dem Bauernhof alles so schön aussieht, ist mir schon aufgefallen. Seit es die Fernsehwerbung gibt, wissen wir Bauern, daß Butter durch nichts ersetzt werden kann. Oft spreche ich im Stall, wenn ich die Euterzitzen einer Kuh drücke, die Werbesprüche nach und sage, daß Butter wirklich durch überhaupt nichts ersetzt werden kann. Schön muß es für mein werdendes Kind gewesen sein, wenn ich im Winter mit meinem Mann Hand in Hand auf dem Eis spazierte und wir alle aufs durchsichtige Glas des Eises blickten, die Farne und die Fische sahen. Lange habe ich einmal ein Vierklee gesucht, aber nicht gefunden, man sagt, daß ein Vierklee Glück bringt, ich hätte es gegessen, es hätte meinem werdenden Kind sicher gut getan. Schön muß es für ihn gewesen sein, die Rinderherde, die von der Alm kam, zu betrachten. Jedes Tier hatte einen Blumenkranz um den Hals, und sie gingen, angetrieben von meinem Mann und dem Schwiegervater, die Straße entlang, manch eines brüllte. Die Blumen bewegten sich auf ihren Hälsen, manche Blüten fielen ab. Die Tresl und ich haben diese Blumenkränze geflochten, stunden- und tagelang haben wir nebeneinandergesessen und haben Grünzeug um Grünzeug aus dem Korb genommen und in den Zopf des Kranzes eingeflochten. Schön muß es für mein werdendes Kind gewesen sein, als wir schwarze Trauerschleifen um diese Kränze geflochten haben, denn damals wurden drei Kälber vom Blitz erschlagen. Es war ein düsterer Tierleichenzug, der sich die Straße lang ins Dorf hinunter bewegte. Stundenlang sind der Jogl und der Enznopa hinter diesen trauertragenden Tieren mit einem schwarzdekorierten Haselnußstecken hergegangen und haben dann und wann einem Tier, wenn es störrisch stehenblieb, auf den Rücken geschlagen. Das Tier zuckte zusammen, seine Augäpfel vergrößerten sich, rasch ging es weiter. Vater und Sohn haben leise Klageschreie ausgestoßen. Als sie im Dorf ankamen und unsere Feinde sahen, daß unsere Tiere Trauerschmuck trugen, spürten wir ihr Lachen hinter den Fensterscheiben. Wir haben niemanden gesehen, alle verschwanden von der Dorfstraße, als der Tierleichenzug kam, aber ich kann mir nicht vorstellen, daß sie weniger schadenfroh sind als wir. Schnell haben wir die Tiere in den Stall getrieben. Das werdende Kind in meinem Bauch hat gesehen, wie ich die schwarzen Schleifen wieder abnahm und über meine Schulter hängte, während ich von Tier zu Tier ging. Erst am nächsten Tag sollten die Kränze abgenommen werden, dann bekränzen sich die Kinder mit diesen halbverblühten und halbverfaulten Blumen, die anderen werfen wir auf den Misthaufen, wie auch die verfaulten Kränze auf dem Friedhof über die Kirchenmauer auf einen Misthaufen geworfen werden, dort liegen sie dann vereint, die Kränze des einen und anderen Grabes. Schön muß es für mein werdendes Kind gewesen sein, wenn ich meine Hände auf den Bauch legte und es ununterbrochen meine Fingerabdrücke betrachten konnte. Schrecklich muß es für ihn gewesen sein, wenn ich ohne zu denken das Ofentor öffnete und ein heißer Luftschwall meinen Bauch traf. Wahrscheinlich hat der Seppl mit seinen schleimbedeckten Händen sein Gesicht geschützt und hat seither Angst vor dem Feuer. Jeden Abend habe ich die schwarze Bibel an meinen nackten Bauch gehalten, damit er das goldene Kreuz auf dem Buch sehen konnte. Das Marzipankreuz auf seiner embryonalen Brust und das goldene Kreuz auf der Bibel überschnitten sich. Wir brauchen keine Kruzifixe mehr, ruft die Mutter dem Kruzifixverkäufer zu, selbst im Stall, wenn die Fledermäuse mit ausgestreckten Flügeln knapp unter der kotbespritzten Stalldecke dahinfliegen, sehen sie aus wie über den braunen Rindern schwebende, schwarze Kruzifixe. Jedes einzelne Fenster hat Kruzifixgestalt, selbst das Gitter vor dem Fenster ist kreuzförmig, alles ist mit Kruzifixen und Kreuzen abgesichert. Jesus im Herrgottswinkel hängt ein kleines Kruzifix um den Hals. Das Dorf ist kreuzförmig gebaut, wir leben in einem Kruzifix, wir brauchen tatsächlich kein Kruzifix mehr, Sie können Ihre Kruzifixe behalten, niemand im Dorf braucht mehr ein Kruzifix. Die Toten nehmen ihre Kruzifixe mit ins Grab, dem neugeborenen Kind wird ein Kruzifix auf die nackte Brust gelegt, wenn es den ersten Schrei ausgestoßen hat. Auf den Feldern liegen die Wegkreuzungen. Unzählige große und kleine Kruzifixe stehen oder hängen in der Kirche. In manchen Kruzifixen leben wie russische Puppen kleine und immer kleiner werdende Kruzifixe. Manchmal überkreuzen sich die Kondensstreifen zweier Düsenjäger über dem kruzifixartig gebauten Dorf, und wir sehen darin ein über uns schwebendes Kruzifix und denken daran, daß uns Gott ein Zeichen gegeben hat, wir müssen vorsichtig sein, mehr beten und auf die Kinder aufpassen. Vor dem Sonnenuntergang tanzt ein Schwarm Mücken wie auf einem lotrechten und ein anderer Schwarm Mücken wie auf einem waagrechten Balken, kreuzförmig, am Weiher. Sie können, mein Herr, wenn Sie wollen, eine Anzahl Kruzifixe mitnehmen, aber kaufen wollen wir keine mehr, denn das Dorf erstickt in Kruzifixen. Niemals hätte meine Mutter gewagt zu sagen, Wir haben, mein Herr, genug Kruzifixe, behalten Sie Ihre

Kruzifixe, wir kaufen Ihnen diesen milliardenfach vervielfältigten Herrn am Kreuz nicht ab, das Original würden wir anbeten, aber nicht die hundertmillionste Kopie. Jeder kann sich an ein Kruzifix klammern, die Martha, der Gustl und der Siege, der Jogl und ich und die Enznoma und der Enznopa, die Pine und der Oswald, wir haben also wirklich genug. Nein, meine Mutter wagte nicht zu sagen, daß wir dieses phosphoreszierende Kruzifix, das jahrzehntelang im dunklen Schlafzimmer grün leuchten wird, nicht brauchten. Wieviel kostet das phosphoreszierende Kruzifix, fragte sie den Herrgottsverkäufer. Hundertsiebenundfünfzig Schilling. Sie gab ihm das Geld aus Vaters schwarzer Brieftasche. Danke und Auf Wiedersehen. Nein, er sagte nicht Auf Wiedersehen, er sagte Grüß Gott, denn er hatte meiner Mutter ein Kruzifix verkauft. Er lebte vom Verkauf der Kruzifixe, und ich wäre an den Kruzifixen beinahe gestorben.

Große und kleine Dornenkronen habe ich in den Auen geflochten und auf die Häupter toter Karpfen und Hechte gebunden. Einmal habe ich eine selbstgeflochtene Dornenkrone auf einen Brotlaib gelegt. Bevor die Mutter die Dornenkrone wegnahm, um das Brot zu teilen, hat sie den Laib hochgehoben und das mit den Dornen gekrönte Brot betrachtet. Sie sagte kein Wort, blickte mich an und schmunzelte, Unser tägliches Brot gib uns heute, sagte ich. Als sich der Michl beim Miststreuer an der Hand schwer verletzte, warf sie ihre Hände in die Höhe, jammerte, sagte aber kein verständliches Wort. Bis der Christebaueradam kam und meinen verletzten Bruder mit seinem Auto ins Krankenhaus fuhr, saß sie neben ihm, hatte ein Tuch um seine Hand gebunden, streichelte den Kopf des Kindes, bis es auf ihrem Schoß vor Schmerz in einen ohnmachtsähnlichen Schlaf fiel. Der Vater streichelt den Bauch der Mutter, und ich beginne mich allmählich zu beruhigen. Noch läuft mir die Geschäftemacherei des Kruzifixverkäufers durch den Kopf, ich runzle die Stirn meines embryonalen Hauptes, meine schleimbedeckten Hände mache ich zu Fäusten, schließe die Lippen, und das Blut des Kruzifixgeschäftemachers rinnt aus meinem Mundwinkel heraus, spucke auf meine nackten Beine und sehe träumerisch zu, wie der Speichelfaden in das Innere des Mutterbauches fällt. Die Hand des Vaters entfernt sich und verschwindet unter seiner eigenen Bettdecke. Oft wache ich auf, weil meine Mutter künstlich, mit Schlaftabletten schläft, aber ich will ihr keine Schmerzen bereiten, ich verhalte mich so ruhig wie möglich, denn ich liebe sie doch, aber manchmal bereite ich ihr Schmerzen, gerade weil ich sie liebe. Oft sah ich, wie die Schweißtropfen an ihren Oberschenkeln und auf ihrem Bauch glänzten, und oft blickte ich auf ihre schweißigen Hände, wenn sie Heu hochhob, wenn sie mit einem Pferd am Zügel den Anger entlangging, Fliegen und Bremsen von ihrem und vom Gesicht des Pferdes verjagte. Wenn sie ihren Vater besuchte, klopfte ich an die Bauchinnenwand, wollte zu ihrem Herzen hochgreifen, ihr sagen, daß ich hinaus wollte, ob es stürmte oder schneite, ob der Himmel voll Wolken, die Erde voll Streit war, ich wollte den Pfau sehen, wenn er die Türkenkörner aufpickte. Immer wieder blickte ich auf seine schöne Krone, auf seinen kleinen, diskusartigen Kopf. Ich stieß meine schleimbedeckten Hände gegen ihre Bauchwand, ich drückte auf ihren Nabel, ich fügte ihr Schmerzen zu, wenn sie vor dem Aichholzeropa saß und ihm die Geschichten von ihrem neuen Leben erzählte, von der Martha, von Siege und von Gustl. Sie erzählte von den Schwiegereltern, vor allem von der Schwiegermutter. Immer wieder wollte die Oma meiner werdenden Mutter sagen, wie sie die Nudeln anzufertigen habe, wie die Krapfen aussehen, wann wir Polenta bekommen sollten und wann nicht, wieviel Liter Milch an die Oberkärntner Molkerei abgeliefert, wieviel Liter an die Keuschler abgegeben werden müßten, die jeden Abend oder Morgen kamen und Milch holten. Manchmal spritzte der Vater lachend aus der Euterzitze der Keuschlerfrau die Milch ins Gesicht. Ich hockte verwundert im Bauch der Mutter und blickte auf die hin- und hertänzelnden, kotbehangenen Schwanzbüschel der Kühe und Kälber. Ich blickte auf die Euterzitzen und sah, wie der Vater oder die Pine diese Zitzen zusammendrückte und wie die Milch herausrann. Ich wollte zu den Mutterbrüsten hinauflangen und Milch trinken, die Keuschlerfrau bekommt doch auch Milch, warum kann ich keine frische Muttermilch kriegen. Ich will die Muttermilch jetzt, und ich versuchte mit meinen kleinen Händen zu den Mutterbrüsten hochzulangen, die Eihaut zu durchstechen und an der Wirbelsäule hochzuturnen, aber es gelang mir nicht. Neidisch sah ich zu, wie die Kuhmilch klirrend in den Boden der Milchkannen der Keuschlerfrauen spritzte und, als die Kanne halb gefüllt war, geräuschlos weiterrann. Alles erzählte die Mutter ihrem Vater, und der Aichholzeropa nahm sich vor, meinem werdenden Vater alles zu erzählen, denn der Aichholzeropa war neben dem Pfarrer die eigentliche Autorität im Dorf. Er war im Krieg Offizier, er war streng, aber gerecht, das sagte er immer wieder von sich selbst, und das bestätigten immer wieder die Mutter und ihre Geschwister. Er war einer der besten und gutmütigsten Menschen im Dorf, und nicht umsonst hatte meine damals vierjährige Schwester den Vater meiner Mutter lieber als ihren eigenen Vater. Die

Mutter saß vor dem Aichholzeropa und klagte ihr Leid, aber ich stieß meine schleimbedeckten Fäustchen immer wieder gegen ihre Bauchwand, ich wollte zur Hintertür gehen, ich wollte sehen, wie der Pfau unter dem Reineclaudenbaum eine blutige Feder verliert, ich wollte diese schöne Pfauenfeder aufheben, aber ich war der Gefangene der Muttereihaut und schrie, wenn sie über die Pfaufeder hinwegschritt, ohne sie aufzuheben und nach Hause, ins elterliche Schlafzimmer zu tragen, wo ich des Nachts immer wieder die Decke zurückwerfen wollte, um in die Augen der Pfauenfedern zu blicken und um das phosphoreszierende Kruzifix zu sehen. Ich klopfte und schrie, Nimm die Pfaufeder mit, Mutter, nimm sie mit, ich bitte dich, ich will Pfaufedern sammeln, wie andere im Dorf Briefmarken und Abziehbilder sammeln. Sie hörte mich nicht, sie spürte wohl die Unruhe in ihrem Leib, aber die Schuld an dieser Unruhe gab sie ihrem kränklichen Körper, und sie ging weiter und schritt über die Pfaufeder hinweg. Ich drehte mich um, sah nun aus ihrem gläsernen Rücken auf ihre sich bewegenden Hinterbacken und blickte auf die Pfaufeder. Ihre Wirbelsäule verstellte mir manchmal die Sicht, denn durch die Mutterknochen, ob Becken oder Wirbelsäule oder Schulterblätter, konnte ich nicht sehen, nur durch das Fleisch und durch die Kleider sah ich alles. Während sie die Dorfstraße wieder hinaufging, vorbei an einem schnaufenden Pferd, das seine Beine in den Boden stampfte, drehte ich mich wieder um. An den Immergrünstauden ging sie vorbei, hob die Hand und betätschelte die Blumen, ging wieder um eine Ecke und den Weg zu meinem Vaterhof hinauf, vorbei an dem menschengroßen Kruzifix, an dem niemand vorbeiging, ohne den Hut zu heben oder in Zickzackgebärde ein Kreuz auf die Stirn und Brust zu schlagen. Auch ich bekreuzigte mich, als ich sah, wie die Mutter die Hand hob, auf der Stirn ein Kreuz, auf ihrem Mund das zweite Kreuz und das dritte Kreuz auf ihrer Brust mit der Daumenspitze machte. Ich hob meine kleine schleimbedeckte Hand, an der noch immer keine Fingernägel gewachsen waren, und machte ein Kreuz auf der Stirn meines embryonalen Kopfes, blickte dabei nach rechts, auf die Stirn des mannsgroßen Gekreuzigten, zeichnete dasselbe Kreuz mit meiner Daumenspitze an die Brust und auf meine Lippen. Die Mutter ging weiter, vorbei am Schulhaus, und ich sehe nun, nach rechts blickend, die rote Aufschrift *Schule* und weiß von den Erzählungen aus ihrer Schulzeit, daß auch ich dort eines Tages einen Bleistift halten, einen Schwamm in meine fertigen Hände nehmen und die Kreide von der Tafel löschen werde. Über der schwarzen Tafel werde ich auch dort ein Kruzifix sehen, über der Nebentafel das Bild des Bundespräsidenten. Damals war es das Abziehbild des Adolf Schärf, das in jedem Klassenzimmer wie das Kruzifix hing. Man konnte sich auswählen, wen man anblickte, das Kruzifix oder den Bundespräsidenten, wenn wir die Hände falteten und Gott um einen guten und schönen Unterricht baten. Kam die Religionsstunde, blickten wir nicht mehr dem Bundespräsidenten, sondern dem Kruzifix in die Augen. Habe die Hoffnung, daß ich eines Tages gesteinigt werde, habe die Hoffnung, daß man mir mit Eisenstangen eine Dornenkrone aufs Haupt drückt, habe die Hoffnung, daß mich Judas, mein jüngerer Bruder verrät, wenn ich von der Mutter für Schleckereien Geld gestohlen habe, habe die Hoffnung, daß ihm der blonde Aichholzerfriedl ein Ohr abschlägt, habe die Hoffnung, daß sich der Bruder aufhängt, da er Jesus verraten hat, der von den Römern und Kelten unseres Heimatlandes ans Kreuz geschlagen wurde. Der Lehrer machte uns im Geschichtsunterricht immer wieder auf die noch erhaltenen Wege der Kelten im Heimatland aufmerksam. Stein für Stein haben sie gelegt, sagte er, diese Mühe macht sich heute niemand mehr, aber diese Straßen halten dafür Jahrhunderte, und die modernen Asphaltstraßen werden alle paar Jahre erneuert, Mulden entstehen von den schweren Traktoren, und dann kommen wieder die Maschinen und die Arbeiterhände, die voller Teer sind, und der grausame, menschenunwürdige Teer erstickt das ganze Dorf. Die Kinder stehen rings um die Arbeiter, die Teerflecken an ihren Hosen haben, herum und sehen den dampfenden, heißen Teer wie er über die Schaufel rinnt und aus den schwarzen Teereimern geleert wird, sehen in die dunklen, verschwitzten Gesichter der Straßenarbeiter, und das eine oder andere Kind, das in der Schule gepeinigt worden ist, denkt sich die Zukunft eines Teerarbeiters aus, weil Teerarbeiter ins Dorf gekommen sind, um den lotrechten Balken des Dorfkruzifix zu asphaltieren. Habe die Hoffnung, daß ich mit den Kalbstricken meines Heimatdorfes gefesselt werde, daß die Lederpeitschen wie graue Blitze an meinen Schulterblättern aufzucken. Habe die Hoffnung, daß man mich vom Kopf dieses Dorfkruzifixes weg mit dem Kreuz auf meinen Schulterblättern über die neuasphaltierte Dorfstraße peitscht, hinunter zum Friedhof, hinein in die Kirche, wo der Priester und ich gemeinsam am Karfreitag die an der Wand hängenden Bilder der Leidensstationen abschreiten. Ich halte den Weihwasserwedel mit der Weihwasserkanne, die aus Bronze ist, oder ich halte das Weihrauchgefäß und stoße dann und wann den Weihrauch aus den Nüstern des Gefäßes. Habe die Hoffnung, daß man mich auf den

Golgathahügel hinaufführt und daß das Volk des Dorfes hinter mir herschreitet und im Chor, Ans Kreuz mit ihm, ans Kreuz mit ihm, ruft. Wieder zuckt der Blitz einer grauen Lederpeitsche auf meinen Rücken. Ich brülle wie ein Tier, das zur Schlachtung geführt wird, aber ich will ja, daß man mich schlägt, Maria Magdalena, meine Schwester, geht hinter mir her und hilft mir, wenn das Kreuz mit mir zu Boden fällt, wieder auf, aber auch sie bekommt dafür die Peitsche. Der Christebaueradam, der einmal der grauslichste Krampus des Dorfes war, der mehr als zwanzig Jahre später den toten Robert und den toten Jakob vom Strick nehmen wird, der stärkste Mann des Dorfes, Erzfeind meines Vaters, Verächter aller Schwachen, geht mit der Lederpeitsche hinter mir her und schlägt auf meinen blutenden Rücken. Ich schnaufe und stoße den Atem aus meinen Nüstern, blicke mich manchmal um, dem Bergerkarli, dem Stotterer in die Augen, Du bist also auch einer von meinen Peinigern, du bist also auch einer von den Sündigern, die ihr ganzes Leben beten werden. Nur der Wernigeman und der Aichholzerfriedl wollen nicht, daß ich ans Kreuz komme, aber sie sind der Übermacht des ganzen Dorfes nicht gewachsen. Der Kreuzigungszug geht an der Bienenhütte des Kreuzbauern vorbei, wo ich immer wieder erstaunt vor den winzigen Särgen der Bienenwaben gestanden und stundenlang auf die Königin der Bienen gewartet habe. Der Lehrer hat uns von dieser Bienenkönigin erzählt, und wir blickten einfach aus dem Fenster des Klassenzimmers und sahen die Bienenstöcke, hörten die Bienen summen, wenn sommers die Fenster offenstanden. Viele Bienen kamen zum Fenster hereingeflogen und setzten sich auf die Blüten der Blumen, die auf dem Lehrertisch standen, und ich fragte mich immer wieder, ob die

Bienenkönigin dabei sei. Ich stand auf und ging hin. Der Lehrer sah mich befremdet an, Wie kannst du es wagen, aufzustehen, ohne gefragt zu haben oder aufgerufen worden zu sein. Ich ging dennoch hin und blickte allen Bienen, die am Lehrertisch in den Blütenkelchen hockten, auf den Kopf, um zu sehen, ob eine die Krone aufhatte. Vorbei kommen wir am offenen Tor des Schulhauses und sehen, daß Kinder herauslaufen, die augenblicklich, da sie den Kreuzigungszug sehen, stocken und die Hände falten, wie sie aus dem offenen Schultor liefen, stockten und die Hände falteten, als ein Leichenzug vorbeikam. Ich hebe mein Haupt und blicke auf die Schüler und spüre wieder das Aufzucken der Lederpeitsche des Christebaueradam, der einen Helm trägt. Ich sehe ein Kind mit zerlumpten, geflickten Hosen, das so blaß ist, wie ich es war, das meiner Mutter ähnlicher sieht als meinem Vater, das meiner Schwester ähnlich sieht, die lange, lange Zöpfe trägt, und bei genauerem Hinsehen sehe ich, daß ich dieses Kind bin, das unter den anderen Schülern steht, und ich nicke ihm lächelnd zu. Die anderen Kinder, die Jausenbrote halten, die mehr nach Butter und Schmalz als nach Fleisch riechen, blicken sich nach dem Kind, das ich war, um, und ich gehe mit meinem Kreuz auf der Schulter weiter und hoffe, daß mich wieder und wieder der graue Blitz der Krampuspeitsche trifft, während ich mich, unter den Schülern stehend, ebenfalls ein Butterbrot in den Händen, rufen höre, Ans Kreuz mit ihm, ans Kreuz mit ihm, und wieder glaube ich das Aufzucken der Peitsche zu spüren, aber es war nicht die Peitsche, die über meinen Nacken zuckte, es waren die Worte, Ans Kreuz mit ihm, ans Kreuz mit ihm, aus meinem eigenen Kindermund. Die Schüler werden in den Schulhof hinauslaufen und Ringelreihen spielen, sie werden einen goldenen Ball, den ihnen der Froschkönig aus dem Tümpel holt, vor sich herschießen, sie werden den ärmsten Kindern des Dorfes, der Engelmaiergerte, dem Engelmaierhansl und dem Engelmaiersiegfried, die kaum reden können, die Butterbrote schenken, wieder nach Hause laufen und zur Mutter sagen, Gib uns noch ein Stück, wir haben es schon aufgegessen, aber sie werden nicht sagen, daß sie diese Brote an die armen Kinder verteilt haben. Sie werden auf den Nußbaum kraxeln, und der eine wird auf der Schulter des anderen stehen, die Mädchen werden die mutigen Buben bewundern, und die Buben werden noch mutiger, wenn sie sehen, daß sie von den Bauernmädchen bewundert werden. Sie werden vom Baum springen und werden sich keine Füße brechen, sie werden mit blauen Flecken und verknacksten Füßen davonkommen, mit Verstauchungen, die wir allabendlich an unseren Beinen registrierten, das alles wird sich abspielen, während der Kreuzigungszug seinen Leidensweg fortsetzt. Manchmal hebe ich mein Haupt und rufe irgendetwas gegen den Himmel, das ich aber selber unter den Schmerzen schwer verstehen kann, denn ich rede im Fieber mit dem Embryo in mir, der aus einem gläsernen Mutterbauch blickt wie ein Astronaut aus seiner Raumkapsel, und ihr wißt, daß ich in meinem embryonalen Bauch den toten, altgewordenen Enznseppl in mir trage, wie meine Mutter das unfertige Kind, das Enznseppl während seiner Kindheit und . . ., wenn er erwachsen ist, heißen wird, mit sich herumschleppt. Der Kreuzigungszug setzt seinen Weg fort, vorbei an den spitzen Stecken der Schulgatter, auf das mannsgroße Kruzifix zu, vor dem noch immer die Mutter mit dem Kind in ihrem gläsernen Bauch steht, das ein Kreuz auf die Brust schlägt. Die schleimbedeckten

Hände des Embryos erstarren im Mutterleib, als er den Gekreuzigten sieht, der er selber ist, er zieht sich so weit wie möglich im gläsernen Mutterbauch zurück, Ich will mein gekreuzigtes Ich nicht sehen, rufe ich im Mutterbauch, ich will nicht sehen, was aus mir werden wird, und schlage mit meinen Händen wieder an die Wände, bis sie zu bluten beginnen und die Mutter Schmerzen unter ihrem Herzen spürt. Die Mutter glaubt, daß sie sofort vor dem mannsgroßen Gekreuzigten niederknien muß, von dem sie als Kind die Spinnweben entfernt hat, die Spinnerin hat sie entweder getötet oder aus der Steinhöhle gejagt, sie hat die verfaulten Blumen aus den Vasen genommen und frische Blumen unter die genagelten Beine gestellt, auf die lackierten Zehennägel hat sie ihm geblickt, ist wieder aufgestanden und weggegangen, vor diesem mannsgroßen Gekreuzigten will sie jetzt ein Gebet sprechen, wie sie oft für den Siege, den Gustl und für die Martha gebetet hat, als die noch in ihrem Bauch waren, so spricht sie jetzt für mich und für sich vor dem Gekreuzigten das Vaterunser und das Gegrüßtseistdumaria, die du hinter dem Jesus herschreitest. Ich möchte in ihrem Bauch die Augen schließen, um nicht zu sehen, was aus mir geworden ist, aber es sind mir noch keine Augenlider gewachsen, und ich beginne wieder zu schreien, Ich will diesen Leidenden dort vorne mit der Dornenkrone auf dem Haupt nicht sehen, schafft ihn mir aus den Augen, er trägt die Larve meines zukünftigen Gesichtes, Mutter, geh zurück ins Elternhaus, ich will nicht, daß mir dieser Jesus mit meinen zukünftigen Augen in meine embryonalen Augen blickt, während wieder und wieder der Christebaueradam die Peitsche über seinen Rücken sausen läßt und Vorwärts, schreit, vorwärts, auf den Golgathahügel zu, und Jesus blickt nun im Vorübergehen meiner Mutter auf den Bauch und mir ins unfertige Gesicht. Ich nicke mit meinem embryonalen Kopf und sage, Grüß Gott, ich lächle ein wenig und mache meine Kinderfinger zu Fäusten, ich sehe das Blutgerinnsel in seinem Gesicht, das bleich ist wie immer, und sehe auf Jesus brünettes Beatleshaar. Da er weitergeht, sehe ich nun sein Gesicht im Profil und rufe, an den Stäben des Mutterbrustkorbes rüttelnd, Ans Kreuz mit ihm, ans Kreuz mit ihm. Ich wünsche mir diese langen Struwwelpeterfingernägel, damit ich die Eihaut aufritzen, damit ich auf den warmen, von den Römern und Kelten gemachten Asphalt fallen, auf den Christebaueradam zuschreiten und ihm die Peitsche wegnehmen und auf meinen Rücken schlagen kann, Vorwärts, ans Kreuz mit dir, und der eine oder andere Peitschenhieb drückt die Dornenkrone noch fester in den Kopf des Geschändeten, Vorwärts, rufe ich und schreite mit dem Römerhelm auf meinem embryonalen Kinderkopf weiter, die Mutter hängt noch an meiner Nabelschnur, ich schleife sie mit, Vorwärts, und peitsche wieder auf den Rücken Jesu, aber da kommt der Christebaueradam und stößt mich und meine Mutter zur Seite, reißt mir die Peitsche aus der Hand, er will mich schlagen. Der stotternde Bergerkarli schreitet auf den Christebaueradam zu, reißt ihm die Peitsche aus der Hand, holt aus und ruft stotternd, Ans Kreuz mit ihm, ans Kreuz mit ihm, und ich spüre wieder, wie ich zu seinen Füßen kniete und ihm die Grundregeln der deutschen Sprache beibrachte, aber der Christebaueradam reißt dem Bergerkarli die Peitsche aus der Hand, der Christebaueradam ist und bleibt der stärkste Mann des Dorfes, er hat mehr als zwanzig Jahre später die beiden ineinanderverkrallten Erhängten, den Robert und den Jakob vom gemeinsamen dreimeterlangen Kalbstrick genommen. Er hat das erstemal seit Jahren vor Schmerzen geschrien, als er die beiden toten Buben vom Strick genommen hat. Die Mutter Jakobs ist mit einem Schrei auf den Lippen in Ohnmacht gefallen, als sie erfuhr, daß sich Jakob und Robert aufgehängt haben. Jakobs Bruder, Vater, Schwester und Großvater haben schreiend ihre Hände zum Gekreuzigten hochgehoben und gerufen, Warum hast du uns das angetan, warum? Alle Tiere blickten in den Herrgottswinkel des Stalls, als der Strick zuckte. Die Hostien im Tabernakel begannen zu bluten. Die Löwenzähne schlossen ihre gelben Köpfe. Die übrigen Kalbstricke verwandelten sich zu Kreuzottern und verließen giftsprühend den Hof. Die Selbstmörder in den Gräbern klatschten in die Hände, aber niemand konnte ihr Händeklatschen hören. Wie eine Schiffsschraube drehte sich in derselben Nacht meine Seele im Leib. Der Gekreuzigte ging vor Papst Johannes Paul I. auf die Knie und küßte seine Beine. Über dem Dorf verknüpften sich zwei Blitze zu einem Kalbstrick. Das Dorfkruzifix hob seinen rechten Arm und bekreuzigte sich an der Stirn, wo Jakob und Robert hingen, an seinem Mund und an der Brust, wo mein Elternhaus steht, und zeichnete ein Kreuzzeichen auf die Stirn meiner schlafenden Mutter. Die Herzen aller Toten des Dorfes lagen auf einem Haufen hinter der Friedhofsmauer und pochten im Rhythmus, so daß man in diesem Augenblick im Dorf ein überlaut pochendes Herz hören konnte. Verschlafene Gesichter hoben ihre Köpfe von weißen und verzierten Kopfpolstern und blickten in die Dunkelheit. Meine Mutter blickte dem phosphoreszierenden Kruzifix ins Gesicht, zog ihre Hand unter der Bettdecke heraus und schlug ein Kreuz auf ihre Stirn, auf die Lippen und auf die Brust. Der Pfau schlug ein Rad und zeigte geziert seine Federn. Den Stahlhelm auf dem Kopf, die Peitsche in der Hand, ruft der Christebaueradam, Heil Jesus, während ein grauer Blitz auf meinen Rücken zuckt, und ich werfe mein dornengekreuzigtes embryonales Haupt auf die Seite, klammere mich an die Gitterstäbe des Mutterbrustkorbes und blicke auf meine Hände. Noch habe ich keine Fingernägel, noch kann ich ihre Eihaut nicht aufritzen, aber wenn in den nächsten Monaten wieder ein Kreuzigungszug über die asphaltierte Dorfstraße schreitet und wenn wieder einer ausgepeitscht wird, dann wird mein Fingernagel rasiermesserscharf die Eihaut öffnen.

Meine schleimbedeckten Hände zittern, wenn hinter dem Rücken meiner vor dem mannsgroßen Kruzifix stehenden Mutter ein Pferd, an einen Heuwagen gespannt, vorbeigeht. Ich blicke auf den nickenden Kopf des Pferdes, auf seine Mähne, auf die glänzenden Schulterblätter, auf die Flanken, auf den buschigen, schwarzen Schwanz und sehe das Aufblitzen der silbernen Hufe im Sonnenlicht. Ich reckte meinen embryonalen Kopf ein wenig in die Höhe und sah das Wasser aus der grünen Plastikgießkanne herausfließen, bis der Blumentopf bis zum Rand gefüllt war. Ich entdeckte an der Wasseroberfläche einen undeutlichen Spiegel, ich wollte mein Gesicht sehen, aber die Mutter ging schnell zur nächsten und übernächsten Blume, bis alle satt waren. Ich fragte mich, ob die Fleischblumen, die unter den Beinen des Gekreuzigten, am Friedhof und im Elternhaus blühen, auch Schweins- und Kalbfleisch zu essen bekämen wie meine älteren Brüder und meine Schwester, denn von Wasser, das wußte ich, kann niemand leben. Ich würde verhungern, wenn meine Mutter nichts äße, nur Wasser tränke, und das wäre für den Anfang meines Lebens gar nicht so schlecht. Alles, was am Fleisch lebt, braucht Fleisch, um leben zu können, rufe ich und rüttle an den Stäben ihres Brustkorbes, so daß ihr Herz schneller schlägt, aber sie hört mich nicht, sie hat mich nie erhört, wenn ich meine Wünsche, Sehnsüchte und Lüste vorgetragen habe. Wenige Stunden nachdem sie die Blumen überall gegossen hat, geht sie von Zimmer zu Zimmer und sieht ihnen zu, wie sie atmen, wie sie welken, wie sie sterben und wie sie aufblühen, riecht an den Blüten, und ich versuche, meinen embryonalen Kopf hochzurecken, denn auch ich will die Blüten der Fleischblumen, des Efeus und der Lilien riechen, immer nur rieche ich das Fleisch und das Blut und die Eingeweide der Mutter. Es sei denn, meine Mutter beugt sich über eine Lilie und öffnet dabei erstaunt den Mund, wenn die schwangere Nachbarsfrau mit dem gläsernen Mutterbauch sie grüßend überrascht hat. Während ihr Mund offen ist, strömt der Geruch der feuchten Lilie in ihren Rachen. Wenn sie den Gruß erwidert, öffnet und schließt sie den Mund, und der Strom des Duftes wird unterbrochen. Meistens lächelt sie, wenn sie jemanden grüßt, dann lächle ich auch, aus Zuneigung zur Mutter. Den toten, alten Enznseppl, den ich in meinem embryonalen Bauch mit mir herumtrage, bringe ich nicht mehr zum Lachen, er blickt vor sich hin, sagt kein Wort, liegt erschöpft in meinem Bauch, seine Hände sind gefaltet und mit einem schwarzen Rosenkranz umwunden. Wenn meine Fingernägel gewachsen sind, dann werde ich den Herzstich vornehmen, ich habe Angst, daß er nur scheintot ist, daß er in mir aufwacht, bevor mich meine Mutter auf die Welt bringt. Am liebsten steht die Mutter vor den aufgeblühten Lilien, hält ihre Hand an den Blütenkopf, wie sie ihre Hand an die Stirn meiner Brüder hält, wenn sie fiebrig im

Bett liegen. Lange sitzt sie am Bettrand und blickt auf ihre kleinen Kindskörper, auf die feuchte Stirn des Gustl, auf die Nasenspitze des Siege, die kleine Martha hockt ihr auf den Oberschenkeln, und ich bin in ihrem Bauch und blicke ebenfalls auf die fiebrige Stirn meiner Brüder. Auch ich bin müde und möchte schlafen, aber die Mutter wird wieder aufstehen, wird über Stock und Stein gehen und mich aufwecken, sie sollte mehr schlafen, sie sollte weniger arbeiten, aber sie geht zu den Ferkeln, während ich im Bauch wachse und von ihr zehre, und gibt ihnen das lebenswichtige Futter, gibt Jod zu den heißen Erdäpfeln, damit die Ferkel gesund bleiben. Sie geht in den Kuhstall, sie füttert die Hühner, sie geht aufs Feld, vorbei an den Sonnenblumen, an den Krähennestern und Vogelscheuchen. Erstaunt blicke ich um mich, wenn ich die Sonnenblumen sehe. Den Pflanzen bin ich näher als den Menschen, denn ich wachse noch, ich bin in meiner Mutter verwurzelt, ich nähre mich von ihrem Fleisch und Blut, wie sich die Sonnenblumen von der Erde ernähren. Alles sehe ich mit dem Blick eines werdenden Menschen. Es wundert mich, warum die Mutter nicht einmal gesagt hat, welche Blumen sie am liebsten auf ihrem Grab haben möchte. Geschrien hätte der Siege, der Gustl und die Martha, wenn sie damals erfahren hätten, daß unsere Mutter sterben könnte wie jeder andere Mensch im Dorf, wie jedes Tier. Ich kenne ihre Lieblingsblumen genau, neun Monate lang gossen wir gemeinsam die Nelken und die weißen Lilien, die Maiglöckchen und die dunkelblauen Veilchen. Die hellblauen Veilchen nannte sie Hundsveilchen, Siehst du, das sind Hundsveilchen, die riechen schlecht. Entdecke ich, daß meine Mutter, über das Feld schreitend, Hundsveilchen zusammentritt, beginne ich in meine schleimbedeckten Hände zu klatschen und zu rufen, Die Hundsveilchen sind tot, die Hundsveilchen sind tot. Ich beginne im Mutterleib zu tanzen, bis ich schwindlig werde, habe Angst, daß ich stranguliert werde und blicke vorsichtig auf diese dicke blaue Schnur, die mich am Nabel festhält. Ich tanze augenblicklich in die Gegenrichtung, um die zusammengedrehte Nabelschnur wieder zu glätten. Einmal sah ich, wie am Hals einer Marionette eine Schnur riß, augenblicklich fiel der Kopf des Kasperl auf die Brust, die Kinder schrien, sprangen von den Sesseln, der Vorhang ging zu, und eine Stimme sagte, daß nun eine kleine Pause eintreten müsse, Kasperl hat sich verletzt, der Krankenwagen muß kommen. Ähnlich würde es mir ergehen, wenn die Nabelschnur kaputt ginge, kein Wort könnte ich sagen, die Mutter nicht anrufen, Hol den Krankenwagen, die Nabelschnur ist gerissen, ich würde in ihr verfaulen und würde meine Mutter mit meinem Leichengift töten. Ich möchte darum bitten, daß man mich dann aus dem Mutterleib herausoperiert. Ich möchte neben und nicht in meiner Mutter begraben werden. Ein kleines Särgchen, oh ja, ein bißchen größer als eine sargförmige Bienenwabe. Wenn mein Särgchen auch nur ganz winzig ist, so habe ich doch den Wunsch, daß man auch mich auf einen Heuwagen lege, daß man Kränzchen um mein Särgchen drapiere, Viele Grüße, soll draufstehen, wir hatten dich lieb, bevor du auf die Welt kamst, jetzt, wo du auf der Welt und tot bist, tragen wir dich auf unseren Zwergschultern zu Grabe. Spannt zwei weiße Schäfchen an den kleinen Heuwagen. Ich erinnere mich noch genau an diesen Heuwagen. Keine Gummiräder hatte er, Holzräder mit Eisenreifen, das Heu stach zur linken und rechten Seite aus den Stäben, wie Kinderhände, aus den Kindergitterbettstäben langend, den Schwanz einer Katze erwischen wollen oder die Mutterbeine, die groß und dick davorstehen. Ja, die Schäfchen spannt vor den Heuwagen, die wir damals aus dem Kleefeld in den Kreuzbauerstall getrieben haben. Der Michl stand an der südlichen, ich an der nördlichen Hausecke, wir hielten Haselnußruten in den Händen und paßten auf, daß nicht eines dieser blökenden Schafe die Straße hinunter- oder hinauflief, in den Kreuzbauerstall sollten sie gehen. Der Gustl soll auf dem Rücken eines Schafes sitzen, seine Zügel halten und das Tier langsam vorwärtstreiben. Wenn es stockt, wenn es am Rand des Weges die saftigen Gräser wegfressen will, soll er es vorantreiben, rhythmisch soll der Leichenzug sein. Wir werden die Vier Jahreszeiten von Vivaldi hören, der Frühling bringt Blumen, der Sommer bringt Klee, der Herbst, der bringt Trauben, der Winter bringt Schnee und tock, tock, tock werden die Schäfchen den kleinen Heuwagen zum Friedhof hinunterziehen, und neben mir wird noch ein größeres Fuder mit dem Leichnam der Mutter daherfahren, ein schwarzes, über und über mit Weizen- und Roggenähren, mit Hafer und Sonnenblumen geschmücktes Pferd, unsere Onga, wird drangespannt sein und kopfnickend unter den Peitschenhieben des Siegfried, der auf ihrem Rücken sitzt, das Fuder ziehen. Zwischen den Schäfchen und dem Pferd mögen die Trauergäste gehen in dem Rhythmus, der vom Pferd bestimmt wird. Hinter dem Kruzifixträger sollen die ärmsten Kinder des Dorfes gehen. In der Mitte die schwarz- und weißgekleideten Frauen. Ganz hinten die Bauern. Schwarz sind diejenigen bekleidet, die meine Mutter betrauern, weiß diejenigen, die mich betrauern. Auf der linken und rechten Schulter des Priesters sollen die Totenvögel des Heiligen Geistes sitzen. Der eine wird sich mit seinen Krallen unter dem hochgehobenen Flügel kratzen, der andere wird unbeweglich wie eine Vogel-statue sitzen und auf mein sich vorwärtsbewegendes weißes Särgchen blicken. Manchmal wird er einen Schrei ausstoßen und zusehen, wie ihn die Trauergäste erstaunt anblicken. Während des Leichenbegängnisses wird Honig aus meinem Mund, aus meiner Nase rinnen. Wenn uns, meine Brüder und mich, damals eine Biene ins Gesicht stach, hielten wir stundenlang an die Stichstelle einen kalten, glatten Stein, hockten am Ende des Brunnens, träufelten Wasser drauf, wechselten die Hände, denn die eine Hand war es müde, den Stein zu halten, und träufelten wieder eiskaltes Wasser auf die Stichstelle, bis das Geschwulst zurückging, dann warfen wir den Stein ins Wasser und sahen noch zu, wie der Stein in die Tiefe sank und sich Sandkörner erhoben, eine Forelle zuckte vorbei und das Wasser beruhigte sich allmählich wieder. Geschwollenen Auges gingen wir zur Mutter, die noch Speichel draufgab und sagte, Es wird nicht mehr lange dauern, du wirst schon sehen, dann spürst du nichts mehr. Es war manchmal so, als rede sie dabei nicht mit den Kindern, sondern beschwöre die Verletzung oder die Krankheit wie Gott, an dem sie selber sterben würde. Manchmal wird das Pferd wiehern, das den Heuwagen mit dem Sarg meiner Mutter zieht, manchmal wird ein Schaf blöken, mit den Füßen den Boden stampfen, manchmal werde ich mein Köpfchen heben, mich umblickend die Häuserwände und die Fichten sehen. Jede einzelne Fichte kenne ich, jeder gab ich einen Namen, wie der Vater den Tieren Namen gab. Keinem Tier aber gab die Mutter einen Namen, kein Ferkel und kein Huhn hatte einen Rufnamen wie ihre Kinder, aber der Vater erfand zwanzig, dreißig Namen für seine Kühe, für seine Kälber, die

Ochsen und Stiere. Er rief mich, wenn er mir böse war, mit *Sepp* an, war er mir wohlgesinnt, rief er *Seppl*. Hörte ich, Seppl, öffnete ich schnell meine Zimmertür und fragte ihn, was er wolle. Hörte ich Sepp, noch einmal, Sepp, und noch drei- oder viermal, jedesmal lauter, verkroch ich mich unter dem Bett und rührte mich zwei, drei Stunden nicht mehr. Unzählige Male verkroch ich mich vor seinem Zorn, entweder im Heuschober des Stadels, oder ich ging in den Wald und legte mich ins feuchte Moos, beobachtete die Ameisen und Käfer, oder ich ging aufs Feld in unsere Engelmaierhütte, eine alte, halbverfaulte Heuhütte, in der ein paar alte Maschinen untergebracht waren, im ersten Stock verfaulten feuchtes Stroh und Heu, dorthin ging ich mit einem Karlmaybuch und blickte aus den Löchern der Bretterwand auf die Felder. Überall standen die Vogelscheuchen, auf dem Krautacker und auf den frisch angesäten Getreidefeldern. Manchmal kam der Kreuzbauerjakob mit seinem Luftdruckgewehr aufs Feld und ging durch die Reihen des tiefen Kukuruz. Näherte er sich einer Lichtung, trat er ganz leise auf, legte das Gewehr an, und Augenblicke später hörte man ein Zischen und darauf das Geräusch eines plumpen Falles. Einmal schoß er einem Vogel den Fuß ab. Er blutete, hinkte und erhob sich wieder in die Luft. Wenn er sich wieder auf die Erde setzt, wird er auf einem Bein stehend diese Bauernwelt betrachten, es sei denn, er verblutet irgendwo auf einem durchhängenden Stromdraht und fällt zu Boden. Mäuse und Ratten kommen aus ihren Löchern und fressen die Vogelleiche auf. Manchmal sah ich, wie ein Mäusebussard, quälend lange, unbeweglich in der Luft stand und plötzlich nach unten schoß, mit schweren Flügelschlägen hochfuhr und verschwand. In dieser Engelmaierhütte hockte ich stunden- und tagelang, niemand konnte mich finden, niemand wußte, wo ich war.

Großmutter hatte der Pfarrer wieder die Sünden abgenommen, Großmutter gab er den Segen, Großmutter strich er das heilige Öl auf die Stirn, während er neben ihr auf einem Stuhl am Bett saß. Auf dem Tisch brannten zwei Kerzen. Zwischen den brennenden Kerzen stand ein silbernes Kruzifix, das die Großmutter für diesen Anlaß gekauft hatte. Während ihr der Pfarrer die Beichte abnahm, mußte ich vor der Tür auf dem Gang warten. Meistens stellte ich mich zur Dachbodentür und lauschte auf das Gekrabbel der Ratten. Manchmal wachte mein Bruder auf, schüttelte mich an der Schulter und sagte, Hörst du, sie sind schon wieder munter. Es war früher Morgen. Man hörte das Trippeln der Spatzen auf dem Balkon, der Wind oder ein Vogel, der sich draufgesetzt hatte und weggeflogen war, hatte die Wäscheleine in Schwingung versetzt. Hand in Hand schliefen der Michl und ich unter den Geräuschen der krabbelnden Ratten ein, auch die Figuren des Heiligenbildes, das an der Wand über den beiden Betten hing, lauschten dem Gekrabbel der Ratten. Manchmal hatte ich Angst, daß der Nagel, der das große Heiligenbild hochhielt, nachgeben und das Bild mit seinem schweren Rahmen auf unsere Köpfe fallen lassen könnte. Oft stand ich auf, schob das Heiligenbild hin und her, schüttelte und rüttelte daran, um zu prüfen, wie fest der Nagel noch saß. Wie zwei Embryos im Mutterleib klammerten sich der Michl und ich im gemeinsamen Bett aneinander, aus Angst vor den Ratten, aus Angst vor den Heiligenfiguren, die aus den Bildern treten könnten, aus Angst vor den Spinnen in den Ecken, aus Angst vor Jesus, der mit dem immerselben schmerzverzerrten Gesichtsausdruck am Kreuz hing.

Onkelraimund, der Maurer war, erhielt vom Vater den Auftrag, jährlich die Küche auszuweißen, jedes zweite oder dritte Jahr den Flur und im Jahrzehnt einmal unser Kinderzimmer. Im Kinderzimmer fabrizierte er ein Spinnenmuster. Tausende an ihren Beinen zusammenhängende Spinnen waren an den vier Wänden, nur am Plafond nicht, der Plafond blieb weiß. So lagen mein Bruder, der Michl und ich in einem Zimmer, dessen Wände von Hunderten und Tausenden Spinnen besetzt waren. Immer wieder stellte ich mir vor, daß die Spinnen aus ihren Farbmustern, wie die Heiligenfiguren aus ihrem Rahmen, treten und über uns herfallen könnten. Wie in einem Spinnennetz wippten wir, wenn wir im Bett standen und uns von den geschmeidigen Matratzen hochfedern ließen und aufpassen mußten, daß unsere Köpfe nicht am Lampenschirm anstießen. Um die Spinnen nicht auf uns aufmerksam zu machen, hätten wir uns lieber ruhig verhalten sollen. Sah ich eine Spinne über unseren Köpfen, blickte ich verwirrt auf das Spinnenmuster und fragte mich, ob die lebendige Spinne, die aus Fleisch und Blut ist und acht Augen hat, im Spinnenmuster der Wand ihre Brüder und Schwestern erkannte, oder ob es sich vielleicht um eine Spinne handelte, die aus diesem Spinnenmuster hervorgetreten, die lebendig geworden war. Eine ist schon lebendig, sagte ich zum Michl, paß auf, es wird jede Nacht eine dazukommen. Nach zwei Monaten werden es sechzig Spinnen sein, die nachts über unseren Gulter kriechen, sich auf unsere Stirn setzen werden, wie Ratten werden wir diese Spinnen erschlagen oder mit dem Besen hinaustreiben müssen. Ich stand also vor der Holztür des Dachbodens und wartete, bis der Pfarrer der Enznoma die Beichte abgenommen hatte. Nach fünf oder zehn Minuten, manchmal dauerte es länger, manchmal kürzer, öffnete der Pfarrer, ohne ein Wort zu sagen, die Tür des großelterlichen Schlafzimmers und setzte sich wieder neben der Oma auf den Stuhl. Die geöffnete Tür war das Zeichen, daß ich wieder eintreten und den Gesprächen lauschen könnte. Manchmal hörte ich zu, manchmal blickte ich verträumt aus dem Fenster der Südseite und sah ein Engelmaierkind mit lumpigen Kleidern im Hof herumkrabbeln. Ich sah, wie die Engelmaierthrese nach dem Kind faßte und es wie eine aus Holz geschnitzte Puppe ins Haus trug. Schreiend liefen die Kinder aus dem Haus, vor allem die Mädchen, die zu Arbeitstieren hergerichtet wurden, ihre Hinterbacken haltend, denn ein Knüppel aus dem Sack ihrer Mutter tanzte darauf. Ich hörte das Kreischen des Engelmaiersiegfried, der auf ein Mädchen dreinschlug und schrie, Du sollst Heu runtermachen, du sollst Holz tragen, du sollst die Kühe füttern, und das Mädchen schrie zurück, Du sollst selber Heu heruntermachen, du sollst selber Holz tragen, du sollst selber die Kühe füttern, aber das Mädchen verrichtete die Arbeit und bekam Schläge als Dank. Als ich die zweite Klasse der Handelsschule besuchte und im ausgestorbenen großelterlichen Zimmer mein neues Domizil im Bauernhaus aufschlug, brachte ich an der Nordwand einen Spiegel an und ließ das Fenster offen. Hob ich meinen Kopf vom Schreibtisch, erblickte ich im Spiegel das Treiben auf dem Nachbarhof. Ich sah im Spiegel, wie ihr Vater sich vom Sitz des Traktors ein wenig erhob, über die Kühlerhaube reckte und links und rechts blickte, um zu sehen, ob er auf die Straße fahren könnte. Ich sah in diesem Spiegel mit schneller klopfendem Herzen, wenn ein Mädchen auf dem Geländer der Wagenbrücke saß, die Beine über den Balken warf, so daß das runde Holzstück auf ihre Scheide preßte. Ich sah, wie sie sich fester gegen den Balken drückte, wie ihre Blicke unruhig wurden, wie sie zusammenzuckte, wenn die Haustür aufging. Ich sah in diesem Spiegel, wie ein Pferd auf den Hinterbeinen auf eine Stute zutänzelte, wie sein roter, kinderarmlanger Schwanz in die Scheide des weiblichen Pferdes drang, wieder aus der Scheide glitt, das Pferd mit seinen Vorderbeinen wieder auf den Boden ging, noch einmal die Vorderfüße hochstellte und auf die Stute zuging, Kind und Hund mußten ausweichen, da der Samen des Pferdes ringsumspritzte. Ich sah in diesem Spiegel herankommende und wegfahrende Autos, Mädchen, die sich auf ihre Fahrräder schwangen, und während sie das Bein hoben, blickte ich auf ihre behaarte Scheide und auf ihre üppigen Schenkel. Ich stand vom Fenster auf, um zu sehen, wie ein Bauernmädchen mit nacktem Hintern auf dem Ledersattel über den hochgewölbten Brustkorb des lotrechten Balkens des Dorfkruzifix fuhr. Ich stellte mir vor, wie das Mädchen zu schwitzen beginnt, ihre Scheide auf den Ledersattel des Drahtesels, wie wir das Fahrrad nannten, preßt, die Feldwege entlangfährt, vorbei am Roggen-, am Hafer- und am Weizenfeld, auf ein Sonnenblumenfeld zu. In diesem Spiegel sah ich dem Schweineschlachten der Nachbarn zu, sah wie die Mädchen wannenvoll Blut ins Haus oder in den Stall trugen, sah, wie der Engelmaiersiegfried und der Engelmaierhansl einen Schweinskopf an den Ohren hielten und lachten, wie der Hund blutschnuppernd an der Kette zerrte und oh, wie wäre es schön für diese brüderlichen Sadisten gewesen, wenn einer den Schweinskopf wie eine Larve auf den Kopf der Engelmaierchrista gesetzt hätte. Niemals hat einer meiner Brüder unsere Schwester geschlagen, jetzt mußte ich zusehen, wie der Engelmaiersiegfried die Engelmaierchrista schlug und ihr mit seinen nägelbeschlagenen Schuhen einen Tritt in den Arsch gab. Mit diesem armseligen und in hundert Dorfaugen nichtsnutzigen Kuhmädchen stand ich im Wald unter den Fichten am Rande des Baches, befreite ihre Füße von den schmutzigen Strümpfen und vom alten Schuhwerk. Hinter dem Wasserfall, in der Nähe der weißen Marienstatue, preßten wir unsere nackten Leiber aneinander. Obwohl dieses Mädchen damals fünfzehn oder sechzehn Jahre alt war, hatte es Hände wie ein alter Mann, abgearbeitet und zerschunden. Aus den Furchen dieser Hände läßt sich noch heute ihre vergewaltigte Kindheit und Jugend ablesen. Der Engelmaiersiegfried und der Engelmaierhansl hielten jeder an einem Ohr den blutenden Schweinskopf und gingen über den Hof. Ihr Vater entleerte den Körper des Schweins von den Eingeweiden. Wie Lava aus einem Vulkan quollen die Gedärme heraus, in einen Trog hinein.

Es war Abend, still war es im Dorf geworden, das Brüllen der Kühe vor Hunger hatte aufgehört, das Grunzen der Schweine ebenfalls, alle waren satt, auch die Kinder. Die Mutter müde, das ganze Gewicht der Tagesarbeit hockt auf ihrem Rücken. Sie wartet darauf, daß der Vater aus dem Stall zurückkommt, überall das Licht abdreht, Vorder- und Hintertür zusperrt und ihr nach über die Stiege ins Schlafzimmer geht. Vor dem Schlafengehen macht der Vater noch seine Kontrollgänge in den Stall, krault das eine oder andere Tier am Kopf, blickt auf die Wasserleitung über den Köpfen der Tiere, wie aufgefädelt hängen die Tropfen am Rohr, fließen zusammen, fallen ins Stroh oder in den Kot der Tiere. Auf dieser Leitung hocken drei, vier Fledermäuse. Neben den Totenvögeln waren die Fledermäuse die unheimlichsten Tiere im Dorf.

Nie sah ich einen Totenvogel, aber immer wieder glaubte ich, wenn sich ein Baumast bewegte, einen Totenvogel wegfliegen zu sehen. Ging ich abends in den Stall, um in den Kot der Tiere und auf ihre Beine zu urinieren, warf ich einen Blick auf die Wasserleitung und sah den reglosen Fledermäusen zu. Sie werden nachts kommen, wir müssen das Kinderzimmerfenster schließen, denn man sagt, daß die Fledermäuse Vampire sind, man sagt, daß sie uns Kindern wie die Blutegel in den Tümpeln der Drau das Blut aussaugen können. Wenn der Vater auch die Stalltür schließt, so fliegen sie aus den zerbrochenen Stallfensterscheiben. Vielleicht setzt sich nachts eine Fledermaus an meinem mageren Kinderhals fest, hebt jedesmal, wenn sie einen Tropfen Blut aussaugt, ihre Flügel, legt sie an und hebt sie wieder, und wenn ich morgens aufwache, so bin ich doppelt so blaß wie sonst, oder ich wache nicht mehr auf, und eine Fledermaus hockt mit dickem Bauch auf meiner Brust. Wenn morgens die Mutter kommt, bin ich vielleicht schon tot, wenn es ein Feiertag ist, so kommt sie vielleicht gar nicht in mein Zimmer, um mich am Morgen aufzuwecken, sie läßt mich bis zum Mittagessen schlafen, und während sie glaubt, daß ich mich ausruhe und kräftige, hockt immer noch die Fledermaus auf meinem Hals und saugt. Wenn die Brüder aufwachen, versteckt sich die Fledermaus hinter dem Heiligenbild, bis sie das Zimmer verlassen haben, der eine geht in den Stall und der andere wird Holz tragen, er wird der Mutter helfen, die vollgefüllten Erdäpfel- und Kaspeleimer in den Saustall zu tragen, dann wird sich die Fledermaus wieder auf meinen Hals setzen und mit ihrer Schnauze die Wunde suchen. Die Mutter trägt ihre leere Kaffeeschüssel zur Kommode, Butter und Bauernbrot trägt sie in die Speisekammer, einen Muggel Speck, den der Vater übriggelassen hat, nimmt sie ebenfalls mit. Sie schließt die Speistür und geht wieder über den Fliesenboden der Küche auf die andere Tür zu, blickt noch einmal auf die Uhr und schaltet das Licht aus. Sie dreht den Schlüssel der vorderen Haustür einmal um, geht in die Bauernstube, auf dessen Tisch eine Vase mit Weizenähren steht, schließt das Fenster, das tags immer offen ist, und verläßt die Bauernstube, geht den Gang weiter und öffnet die hintere Haustür. Sie sieht, daß im Stall noch Licht ist, sie weiß, daß der Vater noch die Köpfe seiner Tiere krault. Sie steht, eingehüllt in den Mantel der Dunkelheit, auf dem Betonboden und blickt auf die undeutlich erkennbaren Stäbe des Heustadelbalkons. Hunderte Spinnweben haben sich zwischen diesen Stäben verflochten, ein paar Nachtvögel sitzen auf dem Geländer, es ruht der Motor der Lüftungsanlage. Sie atmet den Geruch des Misthaufens ein. Sie weiß, daß ein paar gelbe Hühnerfüße in der Jauche liegen, sie erinnert sich daran, wie sie mit einem Hackbeil vor ein paar Stunden diese gelben Beine vom Rumpf trennte. Traumverloren blickt sie auf die Blutspuren am Holzbeil. Mit Heu hat sie das Blut vom Eisen gewischt, manchmal wischt sie es in ihre Arbeitsschürze. Oft stand sie am Misthaufen, warf den übriggebliebenen Reis in den Kot, während ich, in ihrem Bauch hockend, in den Spiegel der Jauchenlache blickte. Ich sah mein braunes Gesicht und erschrak, wild warf ich meinen Kopf nach links und rechts. Wenn meine Brüder und ich nachts auf den Misthaufen schifften, zuckten wir vom Pfauenschrei, der durchs ganze Dorf zitterte, zusammen und urinierten dabei auf unsere Hose. Niemals sagte mein Vater, daß er mich liebt, niemals sagte meine Mutter, daß sie mich liebt, niemals konnte ich sagen, Vater, ich hasse dich,

Vater, ich liebe dich, Mutter, ich liebe dich, Mutter, ich hasse dich. Sie bekamen es zu spüren, wie ich alles zu spüren bekommen habe. Als einmal meiner schweigsamen Mutter eine meiner frechen Reden auf die Nerven ging, schlug sie ihren Handrücken auf meine Lippen. Augenblicklich schwollen meine Lippen an, und ich wandte mich von der sprachlosen Mutter ab. Niemand konnte meine Sprache ertragen. Ich begann zu schweigen, und meine Schweigsamkeit wurde noch unerträglicher als es meine Reden waren, dann begann ich wieder zu reden, und dann wurden meine Reden noch unerträglicher als es mein Schweigen war. Jetzt ist dasselbe freche Maul, das mir während der Kindheit gestopft wurde, wieder aufgebrochen, und jetzt bin ich noch frecher als früher. Mit dem geschwollenen Mund ging ich zur Tür hinaus. Ich dachte, daß ich kein Wort mehr sagen würde, auch zur Mutter nicht. Von diesem Augenblick an setzte in mir große Bitternis ein. Ich konnte nun auch dieses Werkzeug nicht mehr gebrauchen, ich konnte nicht mehr sagen, was ich dachte, aber wahrscheinlich dachte ich deshalb noch mehr über mich und über die anderen nach.

Als der Volksschullehrer im Naturgeschichtsunterricht ankündigte, daß in der nächsten Stunde nicht mehr die Kriech- und Säugetiere behandelt würden, sondern der Mensch, und dabei von einem Knochengerüst sprach, das er mitbringen würde, bekam ich solche Angst, daß ich mir überlegte, wie ich dem Unterricht fernbleiben könnte, ob ich mir in die Hand hacken oder ob ich mich am Fuß verletzen sollte. Ich wußte nicht genau, ob dieses Knochengerüst, in dem ich den personifizierten Tod sah, *lebte*, wie ich es in den illustrierten Geschichtsbüchern der Bauernkriege und schon damals in Rethels *Totentanz* sah, oder ob dieses Knochengerüst völlig harmlos, nur eine makabre Marionette war. Der verkörperte Tod hielt die Sense in seinen Händen und mähte zu, ritt auf unserer Onga daher, verletzte ein Schwein tödlich und warf es den Menschen zum Fraß vor. Da, sättigt euch, morgen und übermorgen komme ich wieder und dann noch zehnmal, dann ist die Familie ausgerottet, ihr müßt fett werden, freßt euch an, trinkt Milch und eßt Speck, ich töte für euch die Tiere, aber dafür töte ich dann die Menschen. Wäre ich im Dorf durch Gespräche von diesen Fantasien erlöst worden, müßte ich heute wahrscheinlich nicht schreiben. Es sind dieselben Fantasien, dieselben Ängste, die wiederkommen, um schreibend aus dem Weg geräumt zu werden. Ich wußte nicht, ob dieses Knochengerüst nicht tatsächlich eines Tages vor der Zimmertür stehen, ohne anzuklopfen eintreten und geradewegs auf mich zugehen und mich aus dem Bett zerren würde. Vielleicht ist es aber ein freundlicher Tod, der anklopft, und wartet, bis ich Herein rufe, auf mich zugeht, sich auf mein Bett setzt, das Fieber prüft, und im selben Augenblick, wo er das Fleisch meines Körpers anfaßt, steigt das Fieber und mir wird heiß und heißer, bis ich kalt bin. In den Religionsbüchern sah ich eine goldene Leiter, die in den Himmel führt. Weißt du, Mame, ich werde hinaufsteigen und nach jeder fünften oder zehnten Stufe werde ich auf deinen Kopf blicken und dir zuwinken. Wenn ich im Himmel bin, werde ich in einen Engel verwandelt werden, goldene Kleider tragen, ein anderer Engeljunge wird mich von den armseligen Bauernkleidern befreien, sie sind doch geflickt und voller Staub. Gemeinsam töteten der Aichholzerfriedl und ich die roten Ameisen und fingen Blindschleichen, gemeinsam gingen wir mit einer Sense auf dem Rücken aufs Feld hinaus, gemeinsam kämpften wir, wenn auch gegeneinander, auf dem Schachbrett mit den bundschuhtragenden Bauern und Pferden gegen König und Dame und holten die Hechte aus dem Auen- und die Forellen aus dem Bergbach. Jahrelang knieten wir gemeinsam als rotgekleidete und manchmal schwarzgekleidete Ministranten zu Füßen des Pfarrers vor dem Altar, und jetzt wollen wir auch gemeinsam über die goldene Leiter in den Himmel hinaufgehen und zu Engeln verwandelt werden. Später wollte ich lange an Jakobs Lippen meine Lippen heften, um an seinem Leichengift sterben zu können, aber ich stand in der Aufbahrungshalle vor seinem Leichnam und brüllte wie ein Tier, so daß der Friedhofswärter kam und seine Hand auf meine Schulter legte. Jakob ist nicht tot, sagte ich zum Friedhofswärter. Jakob ist tot, sagte der Friedhofswärter. Jakob ist nicht tot, sagte ich wieder, während ich mit der Schulter zuckte, um seine Hand, die nach Friedhofserde roch, abzuschütteln. Ich ging in Vaters Stall und sah mir die Kalbstricke an, die über den Mauerhaken hingen. Ich faßte sie an und zuckte zurück, als wären es giftige Schlangen. Ich blickte auf eine Kuh, auf ein Kalb und hätte am liebsten eines dieser Tiere ermordet, ja, das ganze Dorf wollte ich nach Jakobs Tod auslöschen. Alle und alles haßte ich. Das Wasser des Dorfbaches bedrohte mich, als wäre es Blut, das von den Bergen kommt und in die Drau fließt. Auf allen Bäumen saßen neugeborene Totenvögel. Alle im Dorf waschen ihre Hände in Unschuld, und sie werden zu Pfingsten wieder ihre Altäre vor den Häusern aufstellen, unzählige Pfingstrosen und Lilien dem angebeteten Knochengerüst am Kreuz opfern, niederknien vor den Stufen dieser auf den Feldern und vor den Häusern aufgestellten Altäre und singen. Hunderte werden es sein, die mit dem Priester und seinem

Viermanngefolge, den Ministranten, ums Kirchenfeld ziehen werden. An der Wegbiegung wird der Priester haltmachen, sich zum Feld hindrehen und das Allerheiligste, die Monstranz, in der der Leib Christi im Ziborium eingeklemmt ist, hochheben und Gegrüßtseistdumaria singen, Jesusdirlebich, Jesusdirsterbich singen, aber sie wissen nicht, daß seit dem Tod Jakobs sein in eine Hostie verwandelter Leichnam im Ziborium dieser Monstranz eingeklemmt ist und nicht mehr der Leib Christi. Sie beten den Leib Jakobs an, nehmen seine Hostie auf die Zunge, und senken andachtsvoll vor dem Kommuniongitter das Haupt, sprechen ein Gebet, stehen auf, ohne den Blick zu heben, und gehen verschlossen und mit dem Leib Jakobs in sich auf ihre Fußspitzen blickend zu ihren Sitzbänken zurück. Hunderte Birken werden für dieses Fest abgeschlagen und der linken und rechten Seite des lotrechten Balkens des Dorfkruzifix entlang in die Erde gesteckt. Jeder nimmt ein paar geweihte Birkenäste mit nach Hause und steckt sie hinter die Heiligenbilder oder hinter die Bilder seiner verstorbenen Angehörigen. Niemand reißt Äste von den Birken, die weit entfernt von den Altären aufgestellt sind, ganz nahe vom Altar werden die Äste abgebrochen, dort, wo noch die Weihwassertropfen liegen und über den grünen Birkenblättern noch immer der Segen des Priesters schwebt. Vor den Altären, die das Dorf in eine Bühne verwandeln, liegt ein roter Teppich über der bloßen Erde, den nur der Priester betreten darf. Manchmal, da wagte ich es, auf ein kleines Eck dieses Teppichs zu treten, und fühlte mich dabei, als ginge ich aufs samtene Herz Jesu zu, um es zu küssen, und der Gekreuzigte reckte seinen Kopf vor und küßte mich auf die Stirn. Vielleicht straft Gott diejenigen, die ihn anbeten. Vielleicht will er gar nicht, daß er so verehrt und verhätschelt wird. Vielleicht weiß Gott, daß er der Menschen gar nicht würdig ist, denn er war, wie der Priester erzählte, Mensch, und wir sind, was Gott einmal gewesen ist und nicht mehr werden möchte. Die Fronleichnamsprozession setzt ihren Weg fort, die Pfarrermarie betet und singt vor, die anderen beten nach und singen mit. Sie gehen weiter zum nächsten und schönsten Altar des Dorfes, der vor dem Haus des größten Bauern steht. Statt des roten Teppichs liegt eine Unzahl roter Pfingstrosenblätter am Boden, die wie die unzähligen Zungen Jesu im Dorf aussehen. Ein paar Blätter bleiben an den Fußsohlen des Priesters hängen. Wieder hebt er die Monstranz, wieder senkt er die Monstranz mit dem Leib Jakobs, wieder schwenkt er im Zeichen des Kreuzes den Leib Jakobs links und rechts. Es herrscht Stille. Alle warten, bis sich der Priester umdreht und den Gläubigen den Segen austeilt, indem er wieder die Monstranz mit dem Leichnam Jakobs im Zeichen des Kreuzes hebt, senkt und links und rechts schwenkt. In einem Takt knien die Gläubigen während des Segens nieder und schlagen schamvoll ihre Augen zu Boden. Der Onkelerwin, der Simonbauerjogl, der Christebaueradam und der Kreuzbauergottfried tragen an vier Stangen den *Himmel,* unter dem die Ministranten dem monstranztragenden Priester mit dem Allerheiligsten flankierend begleiten. Manchmal blickte ich auf den blauen Stoff dieses Himmels, auf die eingestickten, gelben Sterne. Mein Vater, der Kofleradam und noch zwei andere tragen die blauen Laternen und begleiten die Himmelsträger. Hinter den Laternenträgern gehen die weißgekleideten, zu Bräuten geschmückten Mädchen, die nun nicht mehr die Bräute Christi, sondern die Bräute des in eine Hostie verwandelten Leichnams Jakobs sind. Hinter den Bräuten Jakobs geht die Pfarrermarie mit ihren Vorbetern und Vorsängern, und dahinter trottet das Dorfvolk, vorne die Frauen, danach die Männer. Unter den Frauen sehe ich meine Mutter, sie hält ein Gebetsbuch und ihre grüne Plastiktasche, im Knopfloch ihres Rockes steckt eine rote Pfingstrosenknospe. Wir gehen auf den nächsten Altar zu, die Straße des lotrechten Dorfkruzifixbalkens hinunter, die inzwischen den Namen des verstorbenen Pfarrers trägt, vorbei an den unzähligen, links und rechts am Straßenrand eingesetzten Birken, auf das Schulhaus zu, dem gegenüber das größte Kruzifix steht. Die Himmelträger bleiben stehen, der Priester stellt wieder die Monstranz mit dem Leib Jakobs auf den Altar, legt das Gebetbuch daneben, spritzt Weihwasser auf den Gekreuzigten und bekreuzigt Stirn, Mund und Brust. Ich wundere mich, warum Jesus das Gesicht nicht verzieht, ich schrecke immer zurück, wenn mir mein Bruder Wasser ins Gesicht spritzt. Der Priester nimmt das Weihrauchfaß, blickt auf die glühenden Kohlen und stößt den Atem auf den Gekreuzigten zu. Er nimmt wieder die Monstranz, nachdem er den Gekreuzigten gesegnet hat, und segnet mit dem Heben und Senken, Links- und Rechtsschwenken der allerheiligsten Hostie Jakobs die Gläubigen. Er kniet nun vor dem größten Gekreuzigten nieder, küßt seine Füße, steht auf, dreht sich um und gibt den Himmelträgern einen Wink. Die Prozession setzt sich in Bewegung, sie gehen betend und singend beim Aichholzergarten und beim Kniebauer vorbei, denken, während sie das offene Heustadeltor passieren, an den erhängten Hanspeter und sprechen zu seinem Gedenken ein Kurzgebet. Während ich mich nach meiner Mutter umblicke, bewegt sich die Prozession auf das Friedhofstor zu, die gepflasterte Straße zwischen den Gräbern entlang, in die Kirche hinein, wo es kühl ist und sich jeder den Schweiß von der Stirn wischt. Während der Priester auf den Altar zuschreitet und den in der Monstranz im sichelförmigen Ziborium eingeklemmten Leib Jakobs in den Tabernakel stellt, bringt er die Prozession zum Stillstand. Jesus steigt vom Seitenaltar herab und bedankt sich verbeugend vor den Gläubigen und dem Priester, der seinen Leichnam durch das ganze Dorfkruzifix trug.

Der Himmelträger Christebaueradam hat ja den Robert und den Jakob im Pfarrhofstadel vom Strick genommen. Für diese zärtliche Geste möchte ich ihm tausend Dank sagen. Immer wieder stelle ich mir vor, wie der Christebaueradam zum Pfarrhofstadel hinaufgeht, eine Taschenlampe in der Hand hält und zuerst auf die vier pendelnden Füße blickt, erschrickt, den Strahl der Taschenlampe etwas höher hebt, zu den Kniescheiben, auf die Oberschenkel, langsam zu den Hüften der beiden Hängenden hochfährt, schließlich auf den Bauch und auf die Brust leuchtet. Lange leuchtet er auf den Pullover Jakobs, er, der starke Christebaueradam hat Angst, den beiden Buben ins Gesicht zu leuchten. Er, der Christebaueradam, der stärkste Mann des Dorfes beginnt zu weinen. Der Strahl der Taschenlampe zittert an Jakobs Pullover. Er schwenkt die Lampe ein wenig nach rechts, nach links, um die Ärmel und die Finger Jakobs zu sehen, aber er wagt es noch nicht, den Taschenlampenstrahl auf das Gesicht der beiden zu lenken. Er blickt auf ihre ineinanderverkrallten Hände, die sich verdreht und halb zum Gebet geschlossen haben. Wieder senkt er den Strahl der Lampe auf ihre Beine, auf die Schuhe und hebt nun die Lampe mit einem Ruck auf das Gesicht Jakobs, läßt die Lampe fallen und wirft die Hände vors Gesicht. Obwohl es im Raum dieses zerlotterten Heustadels dunkel ist, fühlt er vor seinen ans Gesicht geworfenen Hände eine zweite, tiefere Dunkelheit. Mir ist schwarz vor Augen geworden. Der Christebaueradam zieht das Küchenmesser aus seiner Tasche, schneidet den Strick ab und fängt Jakob auf, der tote Robert muß an der anderen Seite zu Boden geplumpst sein, es sei denn, es ist jemand mit dem Christebaueradam mitgekommen und hat Robert aufgefangen. Der Christebaueradam legt Jakob aufs Heu. Kein Wiederbelebungsversuch hilft. Er heftet seine Lippen an die Lippen des Jungen und bläst ihm seinen Odem in den Mund, aber Jakob hebt seine Hände nicht mehr, Jakob öffnet die Augenlider nicht. Der Christebaueradam beginnt zu beten und ruft Jesus an, er möge kommen und den Buben aufwecken, wie er Lazarus von den Toten aufgeweckt hat, aber Jesus kommt nicht, verwandelt nicht Jakobs Blut in Wein, damit alle Dorfgläubigen davon trinken und rauschig werden, wandelt den Toten in keinen Lebendigen mehr um, Jakob ist und bleibt tot, sein Leben ist im siebzehnten Jahr zum Stillstand gekommen. Der Christebaueradam kniet vor den beiden Jungen und hält immer noch seine Hände zum Gebet geschlossen. Er wird die beiden toten Buben in sein Auto verladen und aus dem schwärenden Gehirn dieses Dorfkruzifix weg über den lotrechten Balken fahren und Jakob nach Hause bringen, vorher aber wird noch die Polizei kommen, das Selbstmordwerkzeug beschlagnahmen, in einen Plastiksack verpacken, mit den Fingerabdrücken herumspielen und natürlich die Kärntner Presse und den Rundfunk benachrichtigen. Die Welt ist für Jakob verlorengegangen, und mit ihm sackt die ganze Erdkugel in die Hölle hinunter und verbrennt. Ich denke an die längst schon verwischten Kreuzzeichen auf seiner Stirn, auf seinem Mund, auf seiner Brust, auf seinem

Nabel, auf seinem Geschlecht. Ich denke an die Kreuzzeichen auf seinen blonden Oberschenkeln, an die Kreuzzeichen auf seinen Kniescheiben denke ich, an die Kreuzzeichen auf seinen zehn Zehenspitzen, und hat sie niemand gemacht, als er zur Totenwäsche auf dem weizenährendekorierten Bett lag, so mache ich sie hier auf der Haut dieses Papiers, drehe seinen Leib um und mache auf den Fußsohlen, auf den Muskeln seiner Unterschenkel und auf seiner Kniekehle dieselben Kreuzzeichen wie auf dem Oberschenkel. Ich mache dieses Kreuzzeichen auf seiner verdrehten Wirbelsäule, auf seinen beiden Schulterblättern und auf seinem verdrehten Halswirbel. Dieses Kreuzzeichen mache ich auf seinem Hinterkopf und mache noch ein Kreuzzeichen auf seiner Stirn, wo ich begonnen habe, auf seinem Mund und auf seiner Brust mache ich wieder ein Kreuzzeichen, auf seinem Nabel und auf seinem Geschlecht, auf seinen Ober- und Unterschenkeln und auf seinen zehn Zehenspitzen. Nicht vergessen darf ich, unzählige Kreuzzeichen auf seinen zehn Fingerspitzen zu machen und auf jeder seiner Haarspitzen. Wieder drehe ich seinen nackten, toten Leib um und beginne mit den Kreuzzeichen auf seinen Fußsohlen von vorne und ende an seinen Haarspitzen, aber wieder mache ich ein Kreuzzeichen auf seiner Stirn und auf seinen Zehenspitzen. Tausende Kreuzzeichen mache ich, tage- und wochenlang mache ich nichts als Kreuzzeichen auf seinem toten Leib, drehe ihn wieder und wieder um, einmal liegt er auf dem Bauch, einmal auf dem Rücken, dann wieder auf dem Rücken, dann bekreuzige ich seine zehn Zehenspitzen und danach seine zehn Fingerspitzen und die winzigen Ringe der Erntedankkronen um seine zehn zum Gebet geschlossenen Finger, tage- und wochenlang bekreuzige ich ihn, bis ich wahnsinnig werde und ein letztes Kreuz an meiner Stirn und an meinen zehn Zehenspitzen zu schlagen beginne, mich umdrehe und auf meinen Schulterblättern dieses Kreuzzeichen mache, mich wieder umdrehe und neuerlich die Brustspitzen bekreuzige. Ich werde sein Totenzimmer nicht mehr verlassen, wo ich auch bin, suche ich mir gruftähnliche Zimmer oder verdunkle die Fenster mit schwarzen Tüchern.

Die Mutter geht die sechzehn Stufen unserer Stiege wieder hinauf, und ich blicke auf das Vorzucken ihrer schwarzen Schuhspitzen. Wenn ich nicht weiß, ob es Abend oder Tag ist, blicke ich einfach auf das Vorzucken ihrer Schuhspitzen, sind es die schwarzen Schuhspitzen, so weiß ich, daß sie mit einer Mahlzeit ins Zimmer der Großeltern gehen wird, sind es die braunen, weichen Hausschuhe, so weiß ich, daß sie schlafen gehen wird. Sie geht auf die Wäschekammer zu, öffnet die Tür, zieht ihre Schuhe, die Strümpfe und den Kittel aus. Mit bloßem Busenhalter und Unterhose steht sie in der Wäschekammer und blickt aus dem Fenster, und ich hebe meinen Kopf im gläsernen Mutterbauch und blicke ebenfalls auf das Fenster des Nachbarhauses, wo die schwangere Nachbarsfrau aus dem Fenster ihres Bauernhauses auf das Fenster meines zukünftigen Elternhauses blickt und das Kind in ihrem gläsernen Bauch hebt ebenfalls den Kopf, und wir blicken wieder einander in die Augen, und ich rufe, Rasiermesser, Rasiermesser, und blicke dabei auf die Fensterscheibe, wo sich das Gesicht der Mutter widerspiegelt, um an ihren Gesichtszügen abzulesen, ob sie mich verstanden hat oder ob sie nach wie vor verloren auf die Spitzen ihrer Brüste blickt. Noch sind die Fingernägel nicht gewachsen, noch kann ich die Eihaut nicht aufreißen, ich möchte raus aus dem Mutterbauch, ich möchte über die Dorfbrücke laufen und das Kind der Nachbarsfrau im gläsernen Mutterleib näher betrachten, ich möchte raus, ich ertrage diese vielen Verletzungen nicht mehr. Die Mutter arbeitet im Stall, in der Küche und auf dem Feld wie ein Roß, hebt einen Eimer voll heißer Erdäpfel nach dem anderen auf und trägt sie über den Hof. Während sich ihr Körper verrenkt, krümme ich mich im gläsernen Mutterbauch und blicke auf die rauchenden Erdäpfel, die sie den Schweinen vorwerfen wird. Die heißen Erdäpfel dampfen und vernebeln mir die Sicht. Ich will mit meinen schleimbedeckten Händen die Scheibe freiwischen, aber ich wische und wische, und es gelingt mir nicht, die Sicht wird nicht besser. Ich hebe meinen Kopf wieder, so daß mein Kinn an den Nabel der Mutter anstößt, und will ihr zurufen, daß sie den dampfenden Erdäpfeleimer in der anderen Hand tragen soll. Ich möchte auf die Kristalle der Schneekörner blicken, ich will die Fußspuren meines werdenden Vaters betrachten, stunden-, ja tagelang will ich nichts anderes tun, als die Fußabdrücke meines werdenden Vaters betrachten. Man kann sogar noch das Muster des Schuhnagels im Schnee erkennen, und wenn es nachts kalt wird, erstarrt der Fußabdruck zu einem Relief, das ich am Morgen, wenn die Mutter wieder mit einem Erdäpfeleimer über den Hof geht, betrachten kann. Es ist das einzige Kunstwerk, das mich während dieser Zeit berührt hat. Ich habe, aus dem gläsernen Mutterbauch blickend, auf die Ölgemälde in den Nachbarhäusern geblickt, aber keiner dieser Ölköpfe hat mich mehr interessiert als die Fußabdrücke meines werdenden Vaters im Schnee. Saß die Mutter, in einen dicken Mantel gehüllt, auf der Rasenbank und blickte, während sie ihren Bauch streichelte, in den weißgrauen Schnee hinaus, so sah ich stundenlang auf den Boden, um die Fußabdrücke meines werdenden Vaters zu betrachten. Ich zählte die Nägel an seinen Schuhen, eins, zwei, drei, vier, zwölf Nägel sind es, die der Vater an seinem linken Schuh trägt und ebenfalls zwölf an seinem rechten, aber ich entdecke, daß im rechten Schuh ein Nagel ausgefallen ist. Dreiundzwanzig Nägelabdrücke betrachte ich, während die Mutter in einen schwarzen Mantel gehüllt auf der Rasenbank sitzt und in den weißgrauen Schnee hinausblickt. Weißgrau ist der Schnee, weil immer wieder der Dunst der Tiere aus der offenen Stalltür auf den Hof strömt, weil immer wieder vom Heustadel der Staub des Heus fällt. Wenn die Magd eine Gabel voll Heu aus einem Heustock reißt, staubt es, und der Staub dringt durch die offenen Stadeltüren und durch die breiten Ritzen zwischen den Brettern, fällt auf den verstaubten Balkon des Heustadels, verfängt sich in den Spinnennetzen, und der Rest, der sich nicht in den Spinnennetzen verfängt, fällt auf den Hof und überdeckt den Schnee mit einem grauen Schleier. Der Misthaufen dampft morgens und abends, denn morgens und abends chauffiert der Knecht Mist aus dem Stall auf den Misthaufen und hört, wenn er morgens begonnen hat, gegen die Mittagszeit auf, wenn die Sonne durch die Wolken gebrochen ist und das ganze Dorf durch die Millionen Schneeflocken und Schneekristalle glitzert und wenn meine Augen im Mutterleib ebenfalls wie die Schneekristalle zu glitzern beginnen und wenn wahrscheinlich auch die Augen der Mutter glitzern, wenn sie auf die unzähligen glitzernden Schneekristalle blickt und in die Fußstapfen eines Pferdes tretend über den lotrechten Balken des Dorfkruzifix geht. Am Nachmittag legt sich das Dampfen des Misthaufens von neuem und dauert bis Mitternacht an, wenn meine Mutter und ich im

Bett liegen. Ich blicke auf die rote Hülle ihres Eihautmantels, blicke auf meine wachsenden Fingernägel, stelle mir wieder vor, daß ich eines Nachts, wenn die Fingernägel lang genug und rasiermesserscharf sind, die Eihaut durchritzen und, während die Mutter schläft, aus dem Bauch steigen und über die sechzehnstufige Stiege hinuntergehen, auf das Vorzucken meiner embryonalen Füße blicken, den Haustorschlüssel umdrehen und auf den Misthaufen blicken werde, um zu sehen, ob nun gegen Mitternacht das Dampfen des Misthaufens aufhört. Ich würde in die Küche gehen, Vaters Kugelschreiber vom Radio nehmen und in ein Notizbuch meine Beobachtungen eintragen. Ich fertige genaue Zeichnungen an und beschreibe neben den Figuren des Dampfes auch meine Zeichnungen. Während ich die Veränderungen des Dampfes festhalte, blicke ich manchmal auf die vom Frost festgenagelten Fußabdrücke meines werdenden Vaters im Schnee. Schön war es, wenn die Mutter auf dem Rücken des schwarzen Pferdes saß, ihre Beine auseinandergespreizt, mit ihren Fersen dem Tier die Sporen gab, während ich aus dem gläsernen Mutterbauch auf den sich immer wieder senkenden und hebenden Nacken des Pferdes blickte, meinen Blick senkte und die auf der Pferdewirbelsäule geöffnete, schwarzbehaarte Scheide meiner Mutter sah. Schön war es, auf ihre am gläsernen Mutterbauch zügelhaltenden Hände zu blicken. Ich betrachtete abwechselnd meine wachsenden und ihre fertigen Fingernägel. Schön war es, wenn sie einen Fuß hebend vom Pferd stieg und ich aus dem gläsernen Mutterbauch auf das sich drehende Dorf blicken konnte, während sie eine Kehrtwendung machte. Schön war es, wenn die Mutter nach der Heuernte in einer Mulde hockte, ihren Unterkörper entblößte und mit ihrem

Geschlecht zu spielen begann, bis sich ihr Körper schüttelte. Mit dem Handrücken wischte sie den Schweiß von der Stirn. Den über ihre Oberschenkel rinnenden Saft saugte sie mit trockenem Klee auf, die Heuschrecken hüpften ringsum. Schön war es, als meine Mutter auf einem Grashöcker unter den Froschschreien in den Sümpfen saß und eine Sumpfdotterblume in ihre Scheide steckte, so daß die gelbe, große Blüte ihren Unterleib verdeckte. Mit Tränen in den Augen hockte sie auf dem Grashöcker, während der zahnlose Mund eines Frosches ihren Zeigefinger einzwängte. Nicht nur die Fußabdrükke meines werdenden Vaters, auch die Fußabdrücke der Heiligengestalten und die Fußabdrücke des Pfarrers und der Pfarrermarie, die Fußabdrücke der Knechte und Mägde, die Fußabdrücke der Kleinkinder und die Fußabdrücke des Pfaus, alle möglichen Fußabdrücke habe ich im Schnee gesehen und lange betrachtet. Die Fußabdrükke des Knochengerüstes mit der Sense, die Fußabdrücke Jesu und die Fußabdrücke des Teufels meiner Kindheit, der einen Tier- und einen Menschenfuß hatte, habe ich am frühen Morgen, als die Hähne noch schliefen, im Neuschnee dieses Dorfkruzifix gesehen. Als ich einmal die Fußabdrücke meines invaliden Schutzengels im Schnee sah, hatte ich schreckliche Angst vor den Fußabdrücken des Knochengerüstes mit der Sense, denn die Fußabdrücke meines invaliden Schutzengels führten neben der Fährte der Fußabdrücke des Knochengerüstes im Schnee her.

Ich hebe meinen Kopf und blicke aus dem gläsernen Mutterbauch auf die spiegelnden, in kreuzförmige Holzrahmen eingefaßten Fensterscheiben, während die Großmutter vor dem Spiegel steht und den Scheitel in der Mitte ihres weißhaarigen Kopfes zieht, links und rechts fällt ein Strahl weißen Haares. Sie hebt ihre Hände über den Kopf und verknotet die beiden zu Zöpfen geflochtenen Haarsträhnen und steckt Nadeln ins Haar, um den Knoten zu festigen, und während ich jetzt schreibe, *steckt Nadeln ins Haar*, fällt mir ein, daß ich als Kind, oder vielleicht war ich schon ein Jugendlicher, irgendwo gehört oder gelesen habe, eher gelesen als gehört habe, denn von so Dingen sprach man im Dorf nicht. Der Pfarrer dieses Dorfes sagte, daß es Dinge gibt, über die man nicht sprechen sollte, und ich stelle mir vor, nur mehr über Dinge zu sprechen, über die man nicht spricht, nur diese Dinge interessieren mich und nichts anderes mehr. Ich habe den Auftrag über Dinge zu reden, über die man nicht spricht, nicht sprechen soll oder darf, aber ich wollte eigentlich erzählen, was mir einfiel, während ich die Worte, *steckt Nadeln ins Haar*, niederschrieb, aber ich sollte nicht über Dinge reden, über die man im Dorf nicht spricht. Obwohl der Pfarrer gesagt hat, daß man über diese oder jene Dinge nicht reden soll, rede auch ich über diese Dinge nicht, solange ich nicht darüber reden will, aber jetzt will ich genau über Dinge reden, über die man nicht reden soll, denn ich will nur über Dinge reden, über die man nicht reden soll, sonst über nichts mehr. Der Pfarrer hätte nicht sagen dürfen, daß man über verschiedene Dinge nicht reden darf, denn gerade deshalb will ich jetzt über Dinge reden, über die man nicht reden soll und darf, und während ich die Worte, *steckt Nadeln ins Haar*, niederschrieb, sah ich eine Großmutter vor mir, die ihrem Enkelkind winzige Nadeln nicht ins Haar, sondern in seinen Kopf steckte, als der Schädel dieses Kindes noch weich, noch knorpelhaft war, und die Haare des Kindes wuchsen über die winzigen Köpfe der Nadeln. Mit den unzähligen Nadeln im Kopf saugt es an der Mutterbrust, ohne daß die Mutter weiß, daß dieses Kind unzählige Nadeln im Kopf hat, denn die Großmutter wollte dieses Kind töten, ich weiß nicht mehr warum, denn ich habe diese Geschichte als Kind gehört oder als Jugendlicher irgendwo in der Bunten Illustrierten oder in der Volkszeitung gelesen, eher gelesen als gehört, denn ich lebte zwei Jahrzehnte in einem Dorf, in dem man über Dinge, über die man nicht reden sollte, nicht redet. Der Pfarrer ist einer ihrer Helfer, ohne daß es die Dorfleute wissen oder auch nur ahnen, denn die Tatsache, daß man in diesem Dorf über Dinge, über die man nicht sprechen sollte, nicht spricht, ist in den Köpfen dieser Menschen so tief vergraben, daß sie nicht einmal ahnen können, daß man gerade, um zu überleben, über Dinge, über die man nicht spricht, sprechen sollte. Und für diese Dinge, über die man nicht sprechen sollte, finde ich meine Sprache, bis ich nur mehr über Dinge sprechen kann, über die man nicht spricht. Die Großmutter mit den Nadeln im schloßweißen Haar steht hinter dem weißen Särgchen neben der schwarzgekleideten, tieftrauernden Mutter, denn alle Mütter trauern tief, und wirft dem toten Kind die letzten weißen Rosen und Kußhändchen zu. Ob die Großmutter in ihrem Enkelkind ihre lange verhaßte Tochter töten wollte? War es ein Ballast für die Großmutter, noch einmal miterleben zu müssen, wie sie ihre Tochter, die sie eigentlich nicht haben wollte, mit diesem Kind wieder aufpäppeln muß? Ich kann das böse Gesicht der Großmutter zwar nicht mehr so beschreiben, wie ich es gesehen habe, aber ich könnte es so beschreiben, wie ich es jetzt sehe, und jetzt sehe ich ein völlig anderes böses Großmuttergesicht vor mir als ich es damals gesehen habe. Ich sehe nur böse Gesichtszüge einer Großmutter, aber nicht das böse Gesicht dieser Großmutter, eine böse Grimasse, eine böse Falte, eine böse Larve, aus der die Großmutter schlüpfen wird. Als Tier wird sie wiederkommen und auf meinen Handrücken springen, während meine Hände auf der Tastatur meiner Schreibmaschine wie auf einem Klavier liegen und komponieren und ich mir trotz allem das Gesicht der Großmutter, die gerade dabei ist, einem Kind winzige Nadeln in den Kopf zu stechen, schwer vorstellen kann. Ich müßte jetzt einer Puppe winzige Nadeln in den Kopf stechen und mir vorstellen, daß es kein Puppenkopf ist, in den ich winzige Nadeln steche, sondern der Kopf des Kleinkindes, das daran sterben soll, dann kann ich mir vielleicht vorstellen, wie die Großmutter ausgesehen hat, die tatsächlich winzige Nadeln in den Kopf dieses Kindes gestochen hat. Ich müßte vielleicht auf die Straße gehen und ein Kind darum bitten, daß es mich schlägt, dann könnte ich vielleicht blutend in mein Zimmer gehen, mich vor dem Kopf dieser Puppe mit den gezückten Nadeln aufstellen und mir vorstellen, daß es der Kopf dieses Kindes ist, in den ich die Nadeln steche, und nicht der Kopf einer Puppe, und vor mir steht eine Kamera, die auf mein Gesicht gerichtet ist und meine Gesichtszüge filmt, die ich von der Leinwand herunterbeschreiben kann, hundert-, ja tausendmal ansehen muß, um diese Gesichtszüge beschreiben zu können, dann kann ich mir vielleicht vorstellen wie die Großmutter, die dem Kind winzige Nadeln in den Kopf gesteckt hat, dabei ausgesehen haben muß, welche Züge ihr Gesicht angenommen hat, aber ich muß bedenken, daß es wiederum nur meine Augen sind, die begierig zusehen, wie ich den Kopf des Kindes mit Nadeln zerstochere, während ich sein Haupt wie in einem Schraubstock zwischen meine Oberschenkel klem-

me. Ich hole mir jetzt aber keine Puppe und stecke ihr
Nadeln in den Kopf, lasse mich von keinem Kind
schlagen, so daß ich mir als Widerpart zu diesen Schmerzen vorstelle, nicht in den Kopf einer Puppe, sondern in
den Kopf eines Kindes zu stechen, und dann kann ich mit
ziemlicher Sicherheit an meinen eigenen, gefilmten Gesichtszügen nicht die tatsächlichen Gesichtszüge dieser
Großmutter, die tatsächlich Nadeln in den Kopf dieses
Kindes gestochen hat, sehen, nein, meine Gesichtszüge
wären nur die mutmaßlichen Gesichtszüge dieser Großmutter, mein flackernder Blick nur der mutmaßliche der
Großmutter, meine Hände würden wahrscheinlich zittern, während sie kühl und mit Berechnung Nadeln in
den Kopf dieses Kindes gesteckt hat. Ich blicke jetzt aus
dem Fenster, als suchte ich ein Kind, dem ich tatsächlich
und nicht einer Puppe Nadeln in den Kopf stechen will,
aber da ich überhaupt keine Geschichten zu Ende
erzählen möchte und schon gar kein Geschichtenerzähler
bin, sehe ich wieder die Großmutter vor mir, von der ich
eher gelesen als gehört habe, die winzige Nadeln in den
Kopf des Kindes gesteckt hat, während ich aus dem
gläsernen Mutterbauch blicke und sehe, wie die Enznoma
vor dem Spiegel steht und den Scheitel in der Mitte ihres
weißhaarigen Kopfes zieht, links und rechts fällt ein
Strahl weißen Haares. Sie hebt ihre Hände über den Kopf
und verknotet die beiden zu Zöpfen gemachten Haarsträhnen, umwickelt sie und steckt Nadeln ins Haar.
Der Lichtschein der Hoflaterne fiel über vier, fünf Meter,
so daß gerade diese Schneeflocken in meinen embryonalen Augen und in den Augen der Mutter glitzerten. Der
Vater war noch im Stall, kraulte die Köpfe seiner
Lieblingstiere und legte eine Hand auf die Flanke des
schwarzen Zugpferdes, mit dem er aufgewachsen war,

und erinnerte sich dabei an dessen Geburt. Nachts hat ihn der Enznopa aus dem Bett geholt. Über den knirschenden Schnee ist der Vater zum Aichholzer hinuntergelaufen und hat den Onkelerwin aufgeweckt. Der Onkelerwin ist aus dem warmen Bett gesprungen, hat seine nach Stall riechenden Kleider angezogen und ist mit einer Laterne über die Stiege gegangen, hat die Tür aufgesperrt, den Schlüssel abgezogen, die Tür zugesperrt und den Schlüssel in die Hosentasche gesteckt. Sein Gang über die holprige Dorfstraße wurde immer schneller, bis er zu laufen begann und das Knirschen seiner Schritte im Schnee zu einem einzigen durchlaufenden Knirschen wurde, das erst aufhörte, als er vor der Stalltür stand, öffnete und ihm augenblicklich die Wärme der Stalluft und der Geburtsgeruch entgegenschlugen. Die Mutter, von einem Mantel umhüllt, vor der Tür stehend und auf den Vater wartend, der nun seine Hand von der Flanke des Pferdes hebt, blickt auf die dunklen Punkte der Nachtvögel am Heustadelbalkon. Sie blickt auf den Dachfirst, denkt an den Blitzableiter und sieht wieder die Nägelschläge eines vor der Stalltür ihres Vaterhauses niederkauernden Blitzes, hört die Tier- und Menschenschreie wieder, die Rufe nach der rettenden Hand der Feuerwehr und das laute Weinen des Onkelerwin, der den Hof bewirtschaftet. Während ihr krankes Herz schneller zu schlagen beginnt, sieht sie das Herz ihres Bruders, sieht, wie es zittert, sieht, wie ihm ein Speichelfaden auf den Oberschenkel fällt, und ehe dieser lange Speichelfaden seinen Kopf marionettenhaft nach unten zieht, trennt er ihn mit einer Handbewegung. Sie sieht, während sie in einen dunklen Mantel gehüllt in den glitzernden Schnee hinausblickt, den vor Angst und Staunen geöffneten Mund des Aichholzeropas, der von seiner Krankheit an den Diwan gefesselt ununterbrochen die Hände hochhebt und wieder fallen läßt. Die Schwester meiner Mutter setzt sich an den Diwanrand und sagt, daß alle den Brand löschen. Dein Stadel wird nicht abbrennen, die Feuerwehr ist da, alle Menschen im Dorf sind mit Wasserkannen gekommen, alle helfen und treiben die Tiere aus dem Stall, und der Aichholzeropa sagt zur Schwester meiner Mutter, daß sie den Pfau nicht vergessen sollen, Er muß aus dem Stall raus, er darf in den Flammen nicht umkommen, der Pfau muß raus. Die Mutter blickt, immer noch an der Rückseite des Hauses stehend und auf den tierkörperkraulenden Vater wartend, eingehüllt von der Dunkelheit der Nacht in den glitzernden Schnee hinaus. Sie tritt in die Fußstapfen meines werdenden Vaters und blickt sich nach Geräuschen um, aber kein Laut außer dem Knirschen des Schnees untermalt ihre Fantasie. Die Pupillen meiner Augen im Mutterleib glitzern wie die unzähligen Schneesplitter. Gerne möchte ich meine Augen schließen, aber noch sind mir keine Augenlider gewachsen, ich kann mich gegen diese Bilderflut nicht wehren, ich muß ertragen, was die Mutter erträgt, mitansehen, was die Mutter erblickt. Blutete ihre Seele, färbte sich mein Gesicht rot, wild schlugen meine Hände um sich. Manchmal war es ein Tier, manchmal ein Mensch, meistens aber die Enznoma, die ihr wieder sagte, daß sie dies und das falsch mache und noch viel zu lernen habe. Immer wieder blickte ich im Vorbeigehen der Enznoma ins Gesicht, hob meinen embryonalen Kopf, um ihr die Stirn zu bieten, aber sie beachtete mich nicht, sie konnte mich auch nicht beachten, denn sie wußte nicht, daß ich aus dem gläsernen Mutterleib neun Monate lang diese Welt studierte, bevor ich mir überlegte, ob ich nun auf diese Welt kommen wollte oder nicht. Ich mußte mitansehen, wie die Mutter Hühner schlachtete. Wenn die Blutstropfen auf ihren gläsernen Bauch fallen, zucke ich augenblicklich zurück, die Mutter gerät ins Schwanken und hält sich an einer Wasserleitung im Stall, die voller Tropfen ist, fest. Ihre Hand zuckt zurück, weil sie in ihrer Erregung nicht erwartet hat, daß dieser Stab, an dem sie sich festhalten will, eiskalt ist und nun ihren ganzen Körper schauern macht. Weitertaumelnd läßt sie das Hackbeil zu Boden fallen und tritt auf den Kopf des Hahns. Gänsehaut überzuckert ihren Körper, während sie den Fuß von der weichen Masse des Hahnenkopfes hebt und auf eine Milchkuh zugeht, sich mit der Stirn an die warme Flanke lehnt und allmählich spürt, wie das Blut im Körper des Tieres auch ihre Stirn wärmt. Ich drehe mich zur Seite und blicke aus dem Mutterbauch auf den zusammenge-quetschten Hahnenkopf, ein Auge ist halb aus der Höhle getreten, durchdringend blickt es mich an. Ich hebe meine schleimbedeckten Hände und rufe, Sieg, Sieg, Sieg über den Hahnenkopf, und will die Blutstropfen am gläsernen Mutterbauch wegwischen, um das Geschehen ringsum besser beobachten zu können. Die Mutter, ihre Stirn noch immer an die Flanke der Kuh gelehnt, erbricht, ihr Bauch hebt sich, und ich habe die Hoffnung, daß sie mit den Speiseresten auch mich erbrechen wird. Vielleicht wäre ich mit meinem Gesicht in den Kot der Kuh oder ins Erbrochene der Mutter gefallen und wäre erstickt. Vielleicht hätte sich die Kuh erschreckt, wäre einen Schritt zur Seite gegangen und hätte mich zusammen-mengetreten. Vielleicht wäre eine schläfrige, an der Wasserleitung hängende Fledermaus nach unten gestürzt und hätte mich aufs Schloß ihres Grafen gebracht, der, wie ich gehört habe, vom Menschenblut lebt und überall seine Diener hat, im Stall, im Pfarrhof, in der Keuschler-hütte, ja selbst in der Kirche, wo die Orgel steht, ganz nahe am Klöppel der Glocke, der über dem glänzenden, glatzigen Kopf des Mesners ins Eisen schlägt. Aus dem Stroh aufstehend wäre ich augenblicklich auf den Rücken des schwarzen Zugpferdes gesprungen und wäre mit ihm den lotrechten Balken des Dorfkruzifix hinunter aufs Feld hinausgeritten, auf meinen werdenden Vater zu, der im Roggenfeld steht und die Reife der Ähren prüft, die Ähren geradezu anlächelt, mit ihnen spricht, Ihr werdet Brot und militärisch aufgereiht in der Speisekammer stehen, wir werden euch essen, damit wir Kraft genug haben, um im Frühjahr wieder zu säen, euch wieder wachsen lassen, damit wir euch im Spätsommer wieder ernten, wieder Brot aus euch machen, damit wir uns stärken. Auf dem Rücken des Pferdes dahergaloppierend sehe ich, wie der Vater mit einer Roggenähre ringt, sie würgt, wieder hochzerrt und schreit, Damit wir euch im Spätsommer wieder ernten, wieder Brot aus euch ma-chen, damit wir uns stärken und die Kraft haben euch im Frühjahr wieder zu säen, euch wieder wachsen lassen, damit wir im Spätsommer ernten. Ich sehe, wie die Roggenähre die Geschosse ihrer Körner dem Vater auf die furchige Stirn schleudert und wie die Fäuste des Vaters wüten und wie nun beide am Boden liegend sich geradezu in einen Todeskampf hineinwälzen, einer von beiden wird liegenbleiben. Sie wälzen sich ins Feld eines Bauern hinein, mit dem der Vater verfeindet ist. Die Angst des Vaters vor der Abwesenheit des feindlichen Bauern ist größer, als es die Angst vor seiner Anwesen-heit wäre, wenn er am Rande seines Feldes stünde, die Hand ausstrecken und sagen würde, Verschwinde, ernte und stirb auf deinem eigenen Acker. Der Vater erinnert sich an die Kriegszeit, in der die Brüder seiner Frau, der eine in Rußland, der andere auf einem anderen Schlachtfeld, gefallen sind. Es gibt zwar ein Grab auf unserem Friedhof mit einem Kreuz, das ihre Namen trägt, aber ihr Fleisch ist woanders verwest. Speichelfäden rinnen aus dem Mund des kämpfenden Vaters, Speichelblasen entstehen, die das eine oder andere Wort, das er in seiner Erregung von sich gibt, verschlucken, und die Roggenähre versteht nur undeutlich, was der Vater zu sagen hat. Vaters Adern an den Händen und die Halsschlagader schwellen an, mehr und mehr Blut stößt in seinen Kopf vor, dunkler werden seine Augen, sein Haar ist zerzaust. Er würgt die Roggenähre, so daß die Körner nun tatsächlich zwischen seinen Fingern hervorspritzen. Wärend die Roggenähre stirbt, schreit der Vater, noch rauschig vom Kampf, Wir werden euch essen, damit wir Kraft genug haben, um im Frühjahr wieder zu säen, euch wieder wachsen lassen, damit wir euch im Spätsommer ernten, wieder Brot aus euren Schlossen machen, damit wir uns stärken, und die Worte, Uns stärken, ruft er so laut, daß die Getreideähren am Rande des Ackers zittern. Langsam kommt der Vater wieder zur Besinnung und blickt herrschsüchtig über die unzähligen, in der Sonne flimmernden Roggenähren. Er stellt sich vor, wie er mit der Dreschmaschine ins Feld fährt. Der Knecht füllt die aus einem Schacht fließenden Getreidekörner in Jutesäkke ab, verschnürt sie sorgfältig und läßt sie auf das gelbe Stoppelfeld gleiten. Die anderen Getreideähren, die er während seines Kampfes mit zu Boden gerissen hat, stellt er nun wieder, im Kreis gehend, auf.

Ich sah, wie sich der Vater mit den Tieren im Stall, auf dem Feld oder vor einer Sennerhütte auf der Alm unterhielt, wie er, eine Fichte umschlagend, das Hackbeil zwischen den Händen hielt und Beschwörungsformeln murmelte. Ich sah, wie er gestikulierend durchs reife Roggenfeld schritt, ich sah, wie er die Schneide der Sense auf den Amboß hielt, wie er sie mit dem Dengelhammer glattklopfte und danach mit seiner Fingerspitze die Schärfe der Schneide prüfte. Ich stand vor ihm, blickte über seine Schulter oder hockte auf dem Balkon, kniff die Augenlider ein wenig zusammen, um meinen Blick zu schärfen, während der Vater mit dem Dengelhammer klopfte und klopfte, als wolle er nicht nur die Schneide glattklopfen, sondern den Tod, der wie der Vater Acker-mann die Sense über der Schulter trägt, herbeirufen, er solle ihm Gesellschaft leisten. Manchmal war es ein Pfauenschrei, der sich zwischen diese Schläge mischte, und die Köpfe der Hähne und Hühner schreckten hoch, jeder Kinderkopf hob sich, wenn der durchdringende Pfauenschrei, den der Volksmund als Schrei des Teufels bezeichnet, durchs Dorf hallte. Ich hatte Angst, ich wollte meine Augen schließen und für heute nichts mehr sehen, aber mir waren noch keine Augenlider gewachsen, und als der Vater zur Küchentür hereinlief und mit schmerzverzerrtem Gesicht sagte, daß die Stute gestor-ben ist, seine Hände hob und wieder senkte und jammer-te, sah ich die Stute, auf der meine Mutter und ich einmal saßen und über den lotrechten Balken des Dorfkruzifix ritten, zusammenbrechen und mit ihren Hufen an die Stallplanken schlagen. Ruckartig erhob sich die Mutter und lief in ihren nägelbeschlagenen Schuhen hinter dem Vater her in den beschneiten Hof hinaus und in den Stall hinein. Ich blicke auf den Bauch der toten Stute, um zu sehen, ob sie ein Pferdeembryo unter ihrem Herzen trägt, das herausoperiert werden muß, bevor das Pferd begra-ben wird. Ich sehe die abgearbeiteten Hände des Enznopas, der den Pferdekopf streichelt. Manchmal drehe ich mich um und betrachte die Wirbelsäule der Mutter, nur um nicht schon wieder den Tod betrachten zu müssen, aber kaum dreht sich die Mutter um und erblickt die mit einem Eimer heißen Wassers herankommende Pine, die die Leiche des Pferdes waschen wird, so sehe ich wieder auf das tote Pferd, und dreht sich die Mutter einen Augenblick später wieder der Leiche zu, so sehe ich an ihrer Wirbelsäule vorbeiblickend auf die halboffene Stalltür. Der Wind treibt Schnee herein, wieder dreht sich die Mutter um, um die Tür zu schließen, aber indem sie sich umdreht, muß ich wieder auf die Pferdeleiche blicken, wieder will ich mich umdrehen, aber ich weiß, daß sich auch die Mutter umdrehen wird, wenn sie die Tür geschlossen hat, und ich habe Angst, daß ich die Nabelschnur verdrehe und mich durch mein ständiges Vor- und Zurückdrehen stranguliere. Also blicke ich wieder auf den Pferdekopf und auf die davorstehenden Beine der Pine. Sie wäscht den Kopf des toten Pferdes, der Dampf des heißen Wassers steigt hoch, sie drückt ihm die Augenlider zu und läßt das nasse Tuch über seinen Hals gleiten. Den Kranz Immergrün wird sie dem toten Tier um den Hals hängen, der Vater wird den Kopf des Pferdes mit der heraushängenden Zunge hochheben, während die Pine das tote Tier bekränzen wird, dann werden der Vater, der Opa, der Onkelerwin und der Christebaueradam das tote Tier, dem sie zwei Kalbstricke um die Waden gebunden haben, auf den großen Mistschlitten schleifen. Die Onga, die Tochter der toten Stute, wird den Schlitten mit dem immergrünbekränzten Leichnam ihrer Mutter ziehen. Der Vater wird die Zügel des Pferdes halten, während er sich immer wieder nach dem Leichnam auf dem Schlitten umblickt, und über den

lotrechten Balken des Dorfkruzifix in die Auen hinunter-
fahren. Schadenfrohe Gesichter werden an den Fenstern
der Nachbarhäuser erscheinen, Kinder zur Tür herauslaufen, dem Pferd das letzte Geleit geben, indem sie sich
auf ihre Schlitten setzen und dem großen Pferdeschlitten
nachfahren. Die Mutter wird wieder am Fenster stehen
und dem wegfahrenden Vater auf dem Pferdeschlitten
zuwinken, während ich aus dem gläsernen Mutterbauch
blickend am Fenster des Nachbarhauses die schwangere
Nachbarsfrau suchen und dem Embryo im gläsernen
Bauch der Nachbarsfrau zuwinken werde. Wieder werde
ich Sehnsucht haben, den Mutterleib zu verlassen und auf
meine wachsenden Fingernägel blicken und zu meiner
Überraschung sehen, daß sie schon schärfer und länger
geworden sind. Die Pine und der Vater fahren unter dem
Geläute der Schlittenglocke mit der toten Stute aufs Feld
hinaus. Manchmal legt die Pine ihre kalte Hand auf die
kalte, bläuliche Hand des Vaters, und gemeinsam blicken
sie sich nach der immergrünbekränzten Leiche der Stute
um. In den Auen werden sie das Tier in eine ausgeschaufelte Grube versenken, werden es an den Kalbstricken
wieder aus dem Pferdeschlitten schleifen und ins Loch
hineinplumpsen lassen. Die Stricke werden sie von den
Waden des Pferdes befreien und im Stall über den alten
Kleiderhaken hängen. Diese Stricke, mit denen die Särge
der Menschen in der Grube versenkt werden, nimmt der
Totengräber an sich. Bevor sie die Grube mit den
hartgefrorenen Erdbrocken wieder zuschütten, sprechen
die Pine und der Vater gemeinsam ein Gebet für die tote
Stute, die sie jahrelang im Sommer auf den Feldern und
im Winter im Wald begleitet, die schweren Holzstämme
über den Schnee nach Hause gezogen hat. Der Vater
bittet Gott aber auch darum, daß er ihm den Viehbestand

erhalten möge, daß er die Tiere gesund auf die Schlachtbank legen und verkaufen könne, denn nur gesunde Tiere dürfen gegessen und verkauft werden. Er bittet Gott am offenen Grab der Stute um den Frieden im Dorf und verflucht im Gebet die streitsüchtigen Dorfleute. Der Vater betet so lange zu Gott, bis er davon träumt, daß Gott meinen Vater um die Erhaltung des Dorffriedens bittet, denn auch der Vater ist am Streit beteiligt. In denselben Schneespuren fahren die Magd und der Vater mit dem leeren Pferdeschlitten beschwingter und schneller wieder über den lotrechten, tiefbeschneiten Balken des Dorfkruzifix hinauf und lenken auf die Enznhube zu. Mit ausgebreiteten Federn stößt der Pfau im Schneetreiben auf der Eisoberfläche des Brunnens stehend einen Schrei aus. Der Siege und der Gustl gehen noch immer staunend um den leeren Fleck im Stall, wo die Pferdeleiche lag, herum.

Der Pfau hackt seinen Schnabel in den zugefrorenen Brunnen. Die Splitter des Eises spritzen in alle Himmelsrichtungen. Schnee fällt auf die Pfaufederaugen. Lief der Michl am Krampustag über den knirschenden Schnee und rief zur Tür herein, Der Teufel kommt, der Teufel kommt, verbarrikadierte ich mich unter dem Herrgottswinkel. Ich wollte den Gekreuzigten herunterreißen und dem kommenden Teufel vors Gesicht halten, aber ich wußte nicht, ob jemand aus dem Dorf, der sich am Krampustag als Teufel verkleidet hatte, vor dem Gekreuzigten zurückweichen würde, wie ich es aus den Geschichten um den Grafen Dracula und seine Vampire hörte. Oft lief ich nachts, nachdem ich bei den Verwandten einen Kriminalfilm im Fernsehen gesehen hatte, den Waldrand entlang nach Hause. Laufend drehte ich mich um und blickte in die Finsternis. Noch sehe ich den

Teufel nicht, aber es kann sein, daß ich ihm in die Arme laufe, es kann sein, daß er von links aus dem Wald kommt oder daß er von rechts aus dem tiefen Türken marschiert. Vielleicht steigt er aus dem Auto, das auf mich zufährt, die beiden übergroßen, weißen Scheinwerfer sind seine Augen, aber das auf mich zukommende Auto fährt vorbei. Ich drehe mich nach einem neuerlichen Geräusch um und sehe wieder, daß ein Auto auf mich zukommt. Ich trete zur Seite, bleibe stehen und sehe den geschminkten Clown aus dem Fernsehfilm, der vor dem Schminkspiegel im Zirkuszelt ermordet wurde, mein Herz schlägt, als hätte ich zwei oder drei Herzen, die im Rhythmus in meiner Brust pochen, aber auch dieses Auto fährt vorbei. Wieder beginne ich zu laufen und drehe mich dabei um, blicke nach rechts in den Türken hinunter, nach links in den Wald hinauf, nach hinten die Straße lang, nach vorne ebenfalls die Straße lang und sehe wieder von weitem die kleinen und immer größer werdenden Augen zweier Scheinwerfer. Kalt und blutig stellte ich mir den Teufel vor. Ich wußte, daß er in der Hölle wohnt, an einem riesengroßen Feuer sitzt, ich wußte, daß er einen Pferde- und einen Menschenfuß, daß er Hörner am Kopf und ein tiefrotes Gesicht hat, im Gegensatz zu meinem. Manchmal stand ich vor der Onga und blickte auf ihre Beine, so also sieht der zweite Fuß des Teufels aus. Morgens, wenn ich aufstand, warf ich die Bettdecke zurück und blickte auf meine Beine, nein, ich habe keinen Pferdefuß, ich bin kein Teufel, ich habe Kinderfüße, wenn auch die Mutter öfter zu mir sagt, daß ich ein kleiner Teufel bin, daß mir Hörner wachsen werden, Greif nur auf deine Stirn, kleine Höcker hast du schon, Hörner wirst du kriegen, wart nur, Hörner. Wenn ich ein kleiner Teufel bin, oh meine Mame, dann komme ich dich holen, dann wirst du mich anbetteln müssen, dann wirst du sagen müssen, Laß mich leben, laß mich beim Gustelen, beim Siegelen, beim Marthalen, laß mich. Wenn du sagst, daß ich ein Teufel bin, so kann es tatsächlich sein, daß aus mir ein Teufel wird, damit dein Wunsch, daß ich engelsbrav sein soll, nicht in Erfüllung geht. Ich hole die Tiere des Vaters und brat sie in meiner Hölle. Ich hole dein Gustele, dein Siegele und dein Marthale und brat sie in der Hölle. Ich hole alle Kruzifixe aus dem Dorf und nehme sie mit in die Hölle, brat sie. Brate die Hostien und schütte Meßwein drüber, damit es zischt. Ich hole die Heilige Jungfraumaria, die wir gemeinsam zu allen heiligen Zeiten kniend angebetet haben, und zeuge ein Kind, aus dem kein Engel, sondern ein Teufel wird. Oft stellte ich mir vor, daß ich dieser Engel bin, der später von Gott bestraft, zum Luzifer verwandelt wird. Ich erinnere mich genau, wie der Aichholzeropa mit seinem spitzen Stock am Krampustag zu uns in die Küche gekommen ist und wie meine neben dem Aichholzeropa sitzende Schwester zu schreien begonnen hat, als der Krampus Christebaueradam zur Tür hereingekommen ist und die Martha hinter dem Tisch herausfangen wollte, wie aber der Aichholzeropa dem Teufel seinen spitzen Stock in den Bauch gestoßen und ihn zurückgedrängt hat. Ich sehe noch heute die Finger der kleinen Martha, die sich um den Unterarm des Aichholzeropas klammerten. Ich sehe noch heute das Pendeln ihrer Zöpfe, ihren offenen, schreienden Mund, die Tränen, die ihr aus den Augen schossen, alles sehe ich vor mir und denke daran, wie sie später, wahnsinnig geworden, im ausgestorbenen Bett des Enznopas gesessen und ähnlich, aus Angst vor einem Mann, nächtelang ununterbrochen geschrien hat, ehe sie in die Irrenanstalt eingeliefert wurde. Ich sehe noch ihre Fingerspitzen am Rock des Aichholzeropas kratzen, als hätten sie Münder und wollten sagen, Aichholzeropa, paß auf uns auf, er will uns holen. Oft hat der Vater zu mir gesagt, wenn ich nicht arbeite, wird mich der Teufel holen, dann macht er mich zu seiner Braut. Nein, der Teufel wird mich nicht holen, ich möchte bei dir bleiben, Mame, ich werde mich bessern, ich möchte beim Tate bleiben, ich werde ihm nicht mehr aus dem Weg gehen, ich werde im Stall und auf dem Feld arbeiten, ich möchte bei der Enznoma bleiben und ihr die tägliche Milch und den Enziankäse bringen, beim Enznopa möchte ich bleiben, ich werde ihm nie mehr den Spazierstock aus den Händen reißen, wenn er auf der Rasenbank sitzt. Ich trage lieber tausend Körbe Holz in die Küche, als daß ich dem Teufel in der Hölle eine Fackel reiche. Ich lasse lieber meinen kleinen Bruder, wenn wir am Waldrand den Hof des Pfarrers beobachten, an meinen Zitzen saugen, als daß ich das behaarte Baby des Teufels auf meinen Schoß nehme und mein Hemd öffne. Ich will nicht die Fingernägel des Teufelbabys schneiden, auch nicht seine Zehennägel, ich will nicht die schwarzen Haare auf seinem Kopf, an seinem ganzen Leib waschen, seine Füße, seine Hinterbacken und seinen Teufelsschwanz. Ich fahre lieber meinen kleinen Bruder im Kinderwagen das Dorfkruzifix auf und ab, ich stecke ihm den Zutz oder meine Brust in den Mund, wenn er schreit, ich kehre lieber alle Zimmer sauber, bette auf, säubere das Geschirr, lasse mich lieber zu einem Mädchen erziehen, als daß ich das Kind des Teufels auf meinen Schoß nehme und ihm ein Einschlaflied singe. Der Krampus hatte ein feuerrotes Gesicht, große, schwarze Hörner, eine schwere Kuhkette hing um seine Brust und über seine Schultern. Schwere, übergroße

Schuhe trug er und eine dumpfe Kuhglocke, mit der er, vor jedem Haus angekommen, zu läuten begann. Eingekeilt zwischen dem Siege und dem Michl saß ich am Tisch. Die Brutalität des Dorfes, verkleidet in einen Krampus, der den schönen Nikolaus mit den weißen Engeln begleitete, stand vor uns in der Mitte der Küche, während sich über meinem Kopf der Uhrzeiger drehte. Ich hielt mich an der Hose des Bruders rechts von mir und an der Hose des anderen Bruders links von mir fest. Am äußersten linken Rand saß der Aichholzeropa, rechts saß zu äußerst der Enznopa, keiner von beiden wird den Krampus zu uns Kindern hereinlassen, keiner. Der Krampus müßte sich schon über den Tisch beugen und mich herauszerren, aber ich halte mich links und rechts an den Hosen meiner Brüder fest, und meine Brüder halten sich an meinem linken und rechten Oberschenkel fest. Der Krampus müßte uns alle drei auf einmal herauszerren, aber noch kann der spitze Stock des Aichholzeropas den Krampus abwehren. Die Christebauereva, die Schwester des Christebaueradam war als Nikolaus verkleidet, das erfuhren wir erst Jahre später vom Vater. Aber als sie, die Christebauereva als Nikolaus verkleidet damals vor uns stand, glaubte ich an eine von Gott Gesandte, die uns Lebkuchen schenkte, Dir diesen Sack, Seppl, dir Siege diesen Sack, dir Gustl, dir Marthale den da, und dir Michl auch einen. Ich sah den Geschenksack vor mir, wagte es aber nicht, mich aus der Umklammerung der Hosen meine Brüder zu lösen, denn noch ist der Krampus in der Küche, es kann sein, daß uns der Nikolaus eine Falle gestellt hat. In dem Moment, wo wir nach den Geschenken greifen und hinter dem Tisch sitzen, ohne daß wir einander festhalten, faßt der Krampus nach uns und steckt uns in den Korb, den er auf dem

Rücken trägt. Sofort langten meine Geschwister nach den Geschenken, Nein, wollte ich rufen, nein, Michl, halt dich fest, das ist eine Falle, wenn wir die Geschenke nehmen, dann nimmt uns dafür der Krampus mit, steckt uns in den Korb und trägt uns in die Hölle hinunter, dort leert er den Korb aus, wie die Pine vom Stadel kommend die Sägespäne vor den kotbefleckten Beinen der Kühe ausleert, haltet euch fest. Ich klammerte mich noch fester an die Hosen meiner neben mir sitzenden Brüder, zwickte in ihre Oberschenkel, wagte aber nicht aufzuschreien, sondern harrte ängstlich der kommenden Ereignisse. Bete, sonst nehm ich dich mit, drohte der Krampus, und wir, meine Brüder und meine schreiende Schwester sagten halb besinnungslos vor Angst das Vaterunser auf, das Gegrüßtseistdumaria, Jesukindlein komm zu mir, mach ein frommes Kind aus mir. Unsere Lippen bebten, unsere Kinderseelen fielen vor dem Nikolaus und dem Krampus übereinander. Der Nikolaus fragte mich, ob ich ein braves Kind sei, und ich blickte mich scheu nach der Mutter und dem Vater um und sah dem Nikolaus in die Augen und sagte, Ja, und der Nikolaus sagte, daß ich brav bleiben soll, und der Krampus mit einer ganz tiefen, grauenerregenden Stimme erweiterte den Satz des Nikolaus und sagte, Sonst komm ich dich nächstes Jahr holen. Ich hatte ein Jahr lang Angst vor dem Krampus, am fünften Dezember nächsten Jahres wird er wiederkommen und mich mitnehmen, ich darf also nicht lügen, stehlen darf ich auch nicht, ich muß morgens, abends und mittags beten, bis mir die Lippen vom Mund fallen. Spiele ich mit meinem Geschlecht und denke dabei, daß es auch der Herrgott sieht, kleide ich mich sofort an und laufe in die Auen hinunter, bis mir das Herz zum Hals heraufschlägt, dort unten, am Ufer der

Drau entlanggehend, beruhige ich mich allmählich und vergesse den Herrgott. Ich weiß, daß es dem Jesukind weh tut, wenn ein Bauernkind mit seinem Geschlecht spielt. Vielleicht erzählt der Herrgott dem Luzifer, daß ich Briefmarken gestohlen, gelogen, mit meinem Wibele gespielt habe, dem Vater aus dem Weg gegangen, auf den Friedhof geflüchtet bin und mich hinter einem Grabstein verbarrikadiert habe, bis er den Weiherbichl hinuntergegangen, im Türkenfeld verschwunden ist. Ich stelle mir vor, daß der Herrgott einen ungeheuren Kopf haben muß, wenn er von allen im Dorf alles weiß, alles sieht, zur selben Zeit von mir und von meinen Brüdern, und auch weiß, was der Aichholzeropa zu seinem Pfau sagt, wenn sie über den lotrechten Balken des Dorfkruzifix gehen und gemeinsam vor dem größten Kruzifix mit ihren Köpfen nicken. Nachdem wir den Krampus angebetet hatten und der Christebaueradam hinter der Larve gegrinst haben mußte, trat er einen drohenden Schritt zurück. Es kann sein, daß er jetzt zum Sprung ausholt und auf mich springt, aber er räuspert sich und sagt, daß er nächstes Jahr mehr Gebete hören will, daß wir nächstes Jahr nicht stottern sollen, daß wir nächstes Jahr das Christebaueradamunser flüssiger aufsagen sollen, Sonst werdet ihr bei mir Gebete lernen. Der Krampus blickt auf meine zitternden Arme, und ich blicke auf meine zitternden Hände, die sich an den Hosen meiner Brüder festhalten, und meine Mutter blickt auf meine Lippen, von denen Speichel tröpfelt, sie sieht meine Angst und bekommt Tränen in die Augen. Wenn ich diesen Verletzungen, die mir und meinen Geschwistern während der Kindheit widerfahren sind, nachforsche und auf immer mehr und schlimmere Verletzungen stoße, wundert es mich, warum nicht einer von uns zum

Mörder oder Selbstmörder geworden ist, aber noch stehen uns alle Türen offen.

Wenn ich sage, daß ich nicht am Nikolaustag vor dem Krampus ein Gebet sprechen möchte, kann ich auch sagen, daß ich nur mehr vor dem Teufel meine linke schwarze und meine rechte weiße Hand mit den langen Fingernägeln zum Gebet falten möchte. Wenn ich sage, daß der Peiniger nicht den Kalbstrick hätte hochheben und auf den kindlichen Körper niedersausen lassen dürfen, kann ich auch sagen, daß er vor dieser Schandtat den Kalbstrick mit Storchenblut hätte tränken sollen. Am Eingang einer Entbindungsanstalt habe ich einen ausgestopften Storch gesehen. Wenn ich sage, daß ich nicht an der Schmutzwäsche meines werdenden Vaters riechen möchte, um wenigstens in den Kleidern die Liebe zu finden, die ich als Kind gebraucht hätte, kann ich auch sagen, daß ich an der Schmutzwäsche meines werdenden Vaters riechen möchte, um wenigstens in den Kleidern die Liebe zu finden, die ich als Kind sowieso nicht hätte haben wollen. Wenn ich sage, daß ich im Mutterbauch zu tanzen beginne, bis ich mich an der Nabelschnur stranguliere, wie sich Jakob und Robert dreiundzwanzig Jahre später strangulieren werden, kann ich natürlich auch sagen, daß ich mich zurückdrehe, damit sich die Nabelschnur nicht verknotet und mir die Luft absperrt, so daß ich mich tatsächlich stranguliere. Ich weiß nicht, ob ich mir die Lebendmaske oder die Totenmaske aufsetzen soll. Manchmal trage ich beide zugleich, die Lebendmaske über der Totenmaske oder die Totenmaske über der Lebendmaske. Manchmal trage ich nur die Lebendmaske oder die Totenmaske, aber eine Maske muß ich tragen, denn ohne Masken kann ich nicht leben. Wenn ich tatsächlich mit gefalteten Händen tot im Zinnsarg liege,

soll mir der Kunstmaler Georg Rudesch meine Lebendmaske aufs Gesicht drücken. Wenn ich sage, daß ich nicht
von der Gote hochgehoben in einem immergrüngeschmückten Bottich den Leichnam der Aichholzeroma
sehen möchte, kann ich natürlich auch sagen, daß ich
immerzu ein dreijähriges Kind sein und den Leichnam
der Großmutter sehen möchte, bis Eis drüber wächst wie
über das dampfende Wasser des Brunnens, hauchdünn im
Spätherbst, dicker im Frühwinter und am dicksten Mitte
Jänner, wenn an allen Häusern wie drohende, spitze
Pfeile die langen Eiszapfen unter dem Dachfirst hängen.
Wenn ich sage, daß ich nicht davon träumen möchte, auf
der Brust meiner auf einem Totenbett ausgestreckten
jungen Mutter zu sitzen und mit dem Halsband ihrer
Margeriten zu spielen, kann ich auch sagen, daß ich
davon nicht nur träumen möchte. Wenn ich sage, daß ich
nicht auf den bloßen Arsch Schläge bekommen will, so
daß meine Geschwister mit ihren Fingern auf die blauen
Striemen auf meinem Arsch zeigen, kann ich auch sagen,
daß ich mit der Krampusrute Schläge bekommen möchte,
so daß die Geschwister mit ihren Fingern auf die
Striemen zeigen, damit ich sagen kann, daß sie mich an
meinem zu blauen Würsten angeschwollenen Arsch lek-
ken können. Petrus hat einem Soldaten das Ohr abgeschlagen, van Gogh hat sich ein Ohr abgeschnitten und es
ins Prostituiertenhaus gebracht, wie ein Ballettänzer
trippelte ich aufs Kruzifix zu, als mich die Mutter nach
einer meiner Schandtaten an den Ohren in die Herrgottswinkelecke zog. Ich sehe einen Zirkel mit einem Men-
schenkopf, der in meine Brust sticht und mit Blut
unzählige Kreise über meinem Herzen zieht. Wenn ich
sage, daß ich nicht vor der Höhensonne sitzen will, bis
mein Gesicht krebsrot wird, die linke Wange aufbricht

und der Eiter über mein Gesicht rinnt, kann ich auch sagen, daß ich diese gelbe Totenmaske zu Lebzeiten tragen und mit dem Kinderwagen immerzu das Dorfkruzifix hinauf- und hinuntergehen, links und rechts ausscheren möchte. Wenn ich sage, daß ich in der lauen Abendsonne am Strand des Lido meinen Kopf auf die Brust des venezianischen Fischers legen, meinen Mund öffnen und spüren will, daß sein Herz in meinen Mund hineinschlägt, kann ich auch sagen, daß ich aus seiner Brustwunde schlüpfende Zierfische schlucke, während in der lauen Abendsonne am Meeresstrand mein Kopf auf seiner Brust liegt, denn wenn ich den jungen Fischer hinter dem Fischstand betrachte, stelle ich mir vor, daß er nicht Menschenfleisch, sondern das Fleisch von Fischen in seinem Körper herumträgt. Wenn ich sage, daß ich im Anatomischen Museum in Wien nicht vor den Gläsern mit den Embryos auf und ab gehen und sie nicht immer wieder betrachten möchte, als suchte ich jemanden bestimmten, kann ich auch sagen, daß ich gerne einem froschähnlichen Embryo eine Totenmaske abnehmen möchte. Genausogut wie ich die Wahrheit sage, lüge ich, genausogut wie ich lüge, sage ich die Wahrheit in der Lüge und die Lüge in der Wahrheit. Genausogut wie ich sage, daß ich nicht tagelang mit Frauenkleidern am Fenster sitzen und auf die Drau, die Aorta Kärntens, blicken möchte, kann ich auch sagen, daß ich tage- und nächtelang, einmal mit der schwarzen, einmal mit der blonden Perücke, Lidschatten am Auge und Lippenstift am Mund mit Frauenkleidern am Fenster sitzen, auf die Aorta Kärntens und auf das Vorzucken der schwarzen Schuhspitzen meiner die sechzehnstufige Stiege hinaufsteigenden Mutter sehen möchte. Genausogut wie ich sage, daß ich nicht in den Frauenkleidern bei Gewitter zum Gipfelkreuz gehen und mich vom Blitz erschlagen lassen möchte, kann ich auch sagen, daß ich mit einem weißen Büstenformer mit »Lochstickerei«, einer glitzernden Nylonstrumpfhose, einem Slip aus »Lycratrikot mit Glanzschattenstruktur« und in Stöckelschuhen bei Donner, Blitz und Hahnenschrei zum Gipfelkreuz gehen und vom Blitz erschlagen werden möchte. Genausogut wie ich sage, daß ich nicht einen Unfall vortäuschen will, kann ich auch sagen, daß ich einen Unfall vortäuschen will, weil ich nicht im Reigen der Selbstmörder um die Erntedankkrone tanzen möchte. Während ich mich im Mutterleib wieder im Kreis drehte, immer wieder vor- und zurücktanzte und sich meine Hände zu einem Zopf ineinander flochten, immer schneller im Kreis sich drehend wieder auseinanderwirbelten und vor meinen blutunterlaufenen Augen zu stehen kamen, sah ich einen Transvestiten unter einem Berggipfelkreuz liegen. Bauern, die wöchentlich mit ihrem Pferdefuhrwerk auf die Alm fuhren, um nach den Ochsen und Kälbern zu sehen, fanden seinen mit ausgebreiteten Armen auf dem Rücken liegenden Leichnam in den Frauenkleidern unter dem Gipfelkreuz. Wie ein durchsichtiger Schleier bedeckte leichter Schneefall seinen Leichnam. Schneeflocken fielen in seinen offenstehenden Mund. Die Adern, die er als Kind an seinem Körper nachgezeichnet hatte, traten durch den Blitzschlag wie ein Eisblumengestrüpp hervor. Sein Gesicht hatte nun eine Farbe, die er sich als Kind und Jugendlicher mehr als zweieinhalb Jahrzehnte gewünscht hatte. Die Bauern schlugen ein Kreuzzeichen und blieben, ihre Blicke starr auf den Toten geheftet, mehrere Minuten andächtig stehen. Erst als ein Bauer den Schnee vom Gesicht wischte, sahen sie, daß es keine Frau war, die tot auf den schneeüberzuckerten, spitzen Steinen lag. Sie erkannten das Gesicht des jungen Mannes wieder, der monatelang fast täglich an ihren Höfen vorbeigegangen war. Dem toten Transvestiten steckten sie die Tatze eines kleinen Fichtenastes ins Maul, wie den erschossenen Rehen und Hirschen. Einen Fichtenast steckten sie in die Krempe ihres Hutes. Sie legten den Leichnam auf einen geflickten Jutesack und trugen ihn über den knirschenden Schnee zum Pferdefuhrwerk hinunter. Das Pferd, das an einem Fichtenstamm angebunden war, kaute an einem herabhängenden Ast. Der Bauer hob die Zügel des Pferdes, als wollte er dirigieren, und begann ein Trauerlied zu summen, als er sie auf den Rücken des Tieres niederschnalzte. Der Schneeregen entschminkte das Gesicht des Transvestiten, in Strähnen lagen die Haare seiner Perücke am Kopf. Als wären es schwarze Tränen, rann die Farbe der Augenwimpern über seine Wangen, bis sein Gesicht vom Schneeregen allmählich gesäubert wurde. Immer wieder drehten sich die Bauern um und blickten auf das Aderngestrüpp auf Gesicht, Hals und Händen. Die hauchdünnen Eisblumen, die an seinen Augäpfeln gewachsen waren, lösten sich in der Zimmerwärme auf, als er bereit zur Totenwäsche auf seinem Bett lag. Der Maler Georg Rudesch nahm ihm im Lichte mehrerer Kerzen die Totenmaske ab. Bevor er dem Toten die Augenlider zudrückte und ihm einen Porozellzylinder unters Kinn preßte, heftete er seinen Mund an die kalten Lippen seines toten Freundes. Der Maler Georg Rudesch überpinselte die Augenbrauen des Toten mit Öl und löffelte Gips über dessen Antlitz. Ich tanzte im Mutterleib, um mich an der Nabelschnur zu strangulieren, drehte mich aber wieder zurück, um die Nabelschnur zu entknoten und am Leben zu bleiben, und tanzte wieder auf den Tod zu und wieder auf das Leben und wieder auf den Tod und wieder auf das Leben zu, bis mich in meinem Elternhaus am dritten März Neunzehnhundertdreiundfünfzig das Licht der bäuerlichen Welt erblickte. Während mich die Frau Patterer vom Geburtsschleim befreite und auf den nackten Leib der Mutter legte, las der Vater in der Küche in der Volkszeitung von einem Landarbeiter aus St. Veit an der Glan, der einem schreienden Baby das Bein gebrochen hatte. Sechs Wochen blieb das Kind mit unversorgtem gebrochenen Bein im Bett liegen. Von einem Volkspolizisten las er, der auf westdeutschem Gebiet einen schlagerliedersingenden Landarbeiter erschossen und durch den Stacheldrahtzaun in die Sowjetzone gezerrt hatte. Ein Transport mit zwanzig jüdischen Familien, die vor der antisemitischen Welle aus Polen geflüchtet waren, traf in Villach ein.

In meine Schläfen hat jemand zwei Sargschrauben hineingedreht. Vielleicht war es der Bestatter aus meiner Kindheit, der Herr Eisbacher, dessen Gesicht mir mein Leben nicht mehr aus dem Kopf gehen wird. Ist er es, der jetzt im Inneren meines Kopfes hockt und Sargschrauben festzieht? Irgendwann werde ich mir die Haut mit einem Skalpell aufritzen und meine Nervenstränge aus meinem Körper ziehen. Aus diesen Nervensträngen werde ich einen Strick machen, peinlich genau werde ich Strang für Strang ineinanderwinden, bis der Strick dick ist und stark genug, um mich zu tragen. Wenn ich wieder auf der Straße zu hören bekomme, Ach wie schön das Wetter heute ist, werde ich mich dafür rächen. Wenn der Regen kommt, werde ich auf die Straße laufen und laut schreien, Ach wie schön das Wetter heute ist, und ist das Wetter tatsächlich schön, werde ich mich an den Straßenrand setzen, Nadel und Zwirn nehmen und meinen Mund zunähen. Zuerst in die Unterlippe stechen, dann in die Oberlippe und den Faden durchziehen, in die Oberlippe stechen, den Faden wieder mit der Nadel durchziehen und in die Unterlippe stechen. Ich werde in die Oberlippe stechen und wieder in die Unterlippe, Oberlippe, Unterlippe, Oberlippe, Unterlippe, immer schneller und gekonnter. Ich werde versuchen, den Zwirn abzubeißen, aber das wird mir nicht gelingen, ich kann den Mund nicht mehr öffnen, die Fäden tun mir weh. Ich möchte jetzt schreien, Ach wie schön das Wetter heute ist, aber ich kann nicht mehr. Ich werde mein Gesicht weiß anmalen und vor dem Wannseebahnhof sitzen bleiben. Will man mich wegtragen, werde ich mich dagegen wehren. Ich werde um mich schlagen und sagen wollen, daß ich ein Recht habe, hier mit zugenähtem Mund, kalkweißem Gesicht und langen Fingernägeln zu sitzen, ich tue niemandem etwas. Ich schalte das Radio ein, aber nur, um es verärgert wieder ausschalten zu können. Ich blicke in den Spiegel und zeige mir mein liebstes Gesicht, selten rasiere ich mich morgens, weil ich weiß, daß sich die meisten am Morgen rasieren. Ich suche eine Zeitung, um sie verärgert wegwerfen zu können, es sei denn, ich erblicke mein Gesicht. Ich schneide das Bild heraus oder zerstöre es gerade deswegen. Es sei denn, ich erblicke jemanden, der sich umgebracht hat, sofort sehe ich im Gesicht des Toten Ähnlichkeiten mit mir, das eine Ohr ist meinem ähnlich, also schneide ich das Ohr heraus und lasse das Gesicht in der Zeitung, nur dieses Ohr trage ich mit mir herum. Ich ziehe das Ohr eines Selbstmörders wie eine Trumpfkarte aus der Tasche und stecke es in meinen Pyjama. Ich lege mich aufs Ohr, stopfe es genauso mit Ohropax zu wie das eigene Ohr, denn sonst muß ich daran denken, daß dieses Ohr eines Selbstmörders die herankommende und wegfahrende und wieder herankommende und wieder wegfahrende Berliner S-Bahn hört, und ich kann nicht mehr schlafen. Habe ich mein Ohr zugestopft, so daß ich tatsächlich kein Geräusch mehr von außen wahrnehme, so höre ich wie mein Blut durch die Adern rinnt, wie es sich einem Hechtsprung gleich vom Trapez des Herzens wegstößt, in die Halsschlagader hinauf, in die Pulsschlagader hinunter. Die weißen und roten Blutkörperchen nehmen meine Gestalt und meine Gesichtszüge an und springen vom Trittbrett des Herzens zum Trittbrett der Halsschlagader und von dort wieder auf das Trittbrett der Pulsschlagader und von dort zurück auf das in mir immerzu federnde Trittbrett des Herzens. Daß mein Herz tatsächlich federt, kann man an meiner Brust sehen, ich reiße mein Hemd auseinander, daß die Knöpfe spritzen, um mir schnell auf die Brust zu blicken, denn ich habe Angst, mein Herz steht still. Wenn im Dorf der Hahn schreit, fährt in der Stadt die S-Bahn los. Es bricht die Zeit an, wo ich mich eigentlich ausruhen möchte. Ich möchte ganz und gar gegen den Rhythmus dieser Menschen leben, nicht essen, wenn sie gewöhnlich ihre Mahlzeit einnehmen, ich beginne Kaffee zu trinken, wenn die anderen müde zum Weinglas greifen. Worüber sich die anderen freuen, ärgert mich, worüber sich die anderen ärgern, freut mich. Darf ich meinen werdenden Schlaf schildern? Zuerst sehe ich im Finstern, wie ich ausgestreckt auf dem Bett liege, auf dem Bauch oder auf dem Rücken, und sehe, wie ich unter meiner ersten Haut liege, nur etwas kleiner. Ich sehe, wie ich unter meiner zweiten Haut liege, wieder ein bißchen kleiner. Ich sehe, wie ich unter meiner dritten Haut liege, noch kleiner, bis ich so klein bin, wie ich als Embryo im Mutterleib war, und wenn ich bei dieser Vorstellung angelangt bin, habe ich die Hoffnung, daß mich der Schlaf wenigstens für ein paar Stunden ereilt. Jemand sagte zu mir, als ich ein Kind war, man hätte mich sofort nach der Geburt erschlagen sollen. Ich weiß nicht mehr, wer es war, aber ich habe mir diese Worte zu Herzen genommen. Statt eines leichten Handkantenschlages auf mein Genick hätte die Hebamme einen tödlichen Karateschlag ausführen sollen, so daß mein erster mit meinem letzten Schrei zusammengefallen wäre. Man hätte mich natürlich auch an die Hausmauer eines Bäckermeisters werfen können, und die neben mir stehende Magd hätte Gott zugerufen, Unser tägliches Brot gib uns heute. Wenn ich mich umbringe, dann sollen die Dorfleute meine Leiche vor Gericht stellen wie einen Mörder. Er hat es in seiner Haut nicht mehr ausgehalten. Seine Haut ist vollgestopft mit Tierfleisch, und ein Menschenherz schlägt darin. Ich habe ihm die Stränge seiner Nerven herausgezogen. Aus diesen Nervensträngen habe ich einen Strick geflochten, und mit diesem Strick ist er in die Kirche gegangen, er hat ihn an das Gipfelkreuz gebunden und ist vom Altar gesprungen. Man soll meinen Leichnam zum Tode verurteilen und öffentlich hinrichten. Wie die Geschichte des Selbstmordes zeigt, haben sie einen Mann gehängt, der sich die Kehle durchgeschnitten hatte, aber wieder zum Leben gebracht worden war. Sie haben ihn wegen Selbstmordes gehängt. Der Arzt hat sie gewarnt, es sei unmöglich, ihn zu hängen, da die Halswunde aufbrechen und der Mann durch die Öffnung atmen werde. Sie hörten nicht auf seinen Rat und hängten ihren Delinquenten. Die Halswunde brach sofort auf, und der Mann kam wieder zu Bewußtsein, obwohl sie ihn richtig gehängt hatten. Es dauerte eine geraume Zeit, bis die Ratsherrn einberufen waren, um zu beschließen, was nun geschehen sollte. Endlich versammelten sie sich und schnürten ihm den Hals unterhalb der Wunde ab, bis er tot war. Das erzählte Nikolaj Ogarew seiner Geliebten Mary Sutherland in einem Brief. Hätte man Jesus aufgehängt, so wäre Jakob gekreuzigt worden, so aber hat man Jesus gekreuzigt und Jakob hat sich aufgehängt und Robert dazu, und der fehlende dritte bin ich. Mein Leichnam sitzt aufgerichtet, bewacht von zwei österreichischen Polizisten und zwei brennenden Kerzen, die das Kruzifix flankieren, im Gerichtssaal. Ich schwöre beim Gott meiner Kindheit, daß ich die Wahrheit sage und nur die Wahrheit sage und nichts sage, außer der Wahrheit. Habe ich meine Ohren mit *Ohrfriede* zugestopft, so kann ich erst recht nicht mehr schlafen, weil ich das Fließen meines Blutes höre und mir stundenlang das Innere meines Körpers vorstelle. Im Traum entfleischt sich dieser Körper, und ich träume davon, wie ich als bloßes Skelett unter der weichen und wolligen Decke meines Bettes liege, mich gut zudecke, damit ich nicht kalt werde. Ich träume, daß ich in einem Sarg liege und gleichzeitig außerhalb dieses Sarges stehe, auf Zehenspitzen an meinen Sarg herantrete und mir ins Angesicht blicken will, aber der Vater faßt mich am Arm und hält mich zurück. Ich träume, wie ich in der Handelsschule in Kaufmännischem Rechnen, in Buchhaltung und Warenkunde geprüft werde, und da ich diese Gegenstände wie die Pest verachtet habe und noch heute verachte, weiß ich natürlich wieder nichts und werde mit einem Nichtgenügend belohnt und sehe den Bauernbuben, der ich war, halbeingeknickt wieder in seine Bank zurückgehen. Schlafend lege ich meine Hände auf die Brust und warte, bis die Schläge meines Herzens mit den winzigen Blutstößen in den Adern meiner Hände Kontakt aufnehmen, dann weiß ich, daß mein Herz noch schlägt, dann weiß ich, daß ich noch am Leben bin, und lege die Hände wieder zurück auf die Bettdecke. Ich werde der Zahnpasta die Zähne putzen, und die Rasierklinge werde ich rasieren. Ich werde der Odolflasche den Mund ausspülen und die Gesichtscreme einbalsamieren, den Kamm werde ich frisieren und danach Toilette machen. Langsam nähere ich mich dem Tod, langsam, aber sicher. Ich sah jemanden aus meinem Körper hervortreten, ich sah, daß es mein Ich in einer zweiten Ausfertigung gibt, die sich vor mir aufstellt und mich zu bekämpfen beginnt. Aber was ist, wenn mich dieses zweite Ich in der Nacht überfällt, wenn es ein Schwert in der Hand hält und mich mit einem einzigen Hieb zweiteilt. In der nächsten Nacht träume ich davon, wie ich wieder zusammenwachse, ich stehe auf, nehme das Schwert in die Hand und zertrenne mit einem einzigen Hieb mein zweites Ich. In der übernächsten Nacht träumt mein zweites Ich davon, wie es zusammenwächst, aufsteht, das Schwert in die Hand nimmt und mich im Schlaf vierteilt. Wenn ich den Bahnhof betrete, so betrete ich einen Teil meines Grabes. Ich sah wie der Zug heranschoß, biß die Zähne zusammen, ging einen Schritt vor, ging wieder einen zurück. Ich möchte einmal in den Tod gehen, aber nicht für immer tot sein, nein, endlich nur meinen ersten Tod hinter mich bringen, um Jakobs Tod fühlen zu können, dann will ich weiterleben, aber ich muß mich häuten wie eine Schlange, ich muß einmal im Jahr aus meiner Haut. Als ich erfuhr, daß sowohl die Berliner S-Bahn wie auch die Fernzüge streiken, blickte ich traurig vor mich hin. In den nächsten Tagen war also nichts mit dem Zugselbstmord. Im Berliner Tagesspiegel werde ich jeden Tag lesen, um zu erfahren, wann der Fernverkehr wieder beginnt. Ich denke stunden- und tagelang an den Selbstmord, und manchmal ist es ein ausgesprochener Genuß, stunden- und tagelang an den Selbstmord zu denken. Ich werde zwei Pistolen nehmen, eine links und eine rechts an meine Schläfe halten und abdrücken, die beiden Kugeln werden sich im Inneren meines Gehirns treffen und wieder auseinanderfahrend in die Rohre der beiden Pistolen zurückfedern, aber ich werde noch einmal abdrücken, und wieder werden die beiden Kugeln in meinem Kopf zusammenstoßen und hinter meinen Augäpfeln warten. Wenn ich mich bei lebendigem Leib aufessen könnte, ich würde bei meinen Fingern beginnen, damit ich nicht mehr schreiben könnte, aber aus den abgebissenen Fingerknochen wüchsen zehn Federhalter, die ich in die schwarze Tinte eintauchen würde.

Als ich im Supermarkt in der Herrnkonfektion stand, zog es mich zur Damenabteilung hin. Es war mir, als ginge ich den Weg in meine Jugend zurück und erinnerte mich an die Frauenunterwäsche, die ich damals bei Palmers gekauft hatte, augenblicklich begann ich zu schnaufen und sah mich zwischen den vielen Verkäuferinnen, Ständen, Unterkleidern, halbierten Puppen mit bloßen Oberkörpern und halbierten Puppen mit bloßen Unterkörpern gefangen und irrte wie in einem Labyrinth zwischen den Ständen hin und her, suchte den Ausgang, bis ich wieder die Herrnpuppen sah und auf sie zuging, ihre Gesichter und ihre Kleider betrachtete. Erstaunt sah mir die Verkäuferin im Damenmodengeschäft in die Augen, verlegen blickte ich zur Seite und sehe jetzt, während ich schreibe, wieder ihren staunenden Blick und habe Angst vor ihr wie damals und blicke jetzt vor der Schreibmaschine, als sähe sie mich tatsächlich wieder an, verlegen zur Seite und sage, Meine Schwester ist ungefähr so groß wie ich, glauben Sie, daß ihr dieser Büstenhalter, diese Unterhose passen könnten? Als ich den Verkaufsladen mit dem Wäschepaket verließ, blickte ich noch einmal zurück und sah, daß mir nicht nur die Frau, die mich bedient hatte, nachblickte, sondern das ganze Verkaufspersonal. Ich hocke in einer Ecke der Rumpelkammer, das Gesicht ist voller Spinnweben. Hunderte Augen beobachten die Regungen dieses absterbenden Lebens, es sind die Augen von unzähligen Spinnen. Da mehrere Fäden an meinen Augenlidern befestigt sind, reiße ich bei bestimmten Bewegungen der Spinnen die Augenlider auf. Mit fiebrigem Blick sehe ich zur aufgehenden Tür hin und erblicke das sensentragende Knochengerüst. Sofort füllt meine Fantasie das Knochengerüst mit Fleisch aus. Heute sah ich am Lido des Wannsees nackte, taubstumme Jungen. Zärtlich betastete einer seine Hinterbacken. Als er sah, daß er beobachtet wurde, klopfte er verlegen den Sand von seinen Hinterbacken. Ich bitte ihn darum, meinen Kopf auf seine Brust, auf seinen Schoß, auf seine leichtbehaarten Oberschenkel legen zu dürfen. Ich bitte ihn darum, seine Zehennägel säubern zu dürfen. Ich bitte ihn darum, seinen Kot auf den Abfall tragen zu dürfen, ich bitte ihn darum. Er ist stumm und kann mich nicht mit Worten verletzen, er ist taub und kann nicht hören, wie er mit Worten verletzt wird. Ich säubere seine Unterwäsche und trage seine Überwäsche in die Putzerei. Ich kleide ihn an und kleide ihn aus. Ich kleide ihn an, um ihn wieder auskleiden und meine Lippen auf jede nackte Stelle seines Körpers heften zu dürfen. Ich dachte dabei an die taubstummen Tschuschen im Klagenfurter Kolpingheim, wie sie unter der Dusche standen, sich liebten, bis sie das Geräusch der aufgehenden Tür hörten und wieder Seife und Bürste in die Hand nahmen. Ich habe die Sehnsucht taubstumm zu sein, schon immer wollte ich mich verstümmeln, mich kastrieren, mir eine Hand vom Körper trennen oder mit einem Auge den Sonnenuntergang beobachten, ich will stumm sein, um niemanden mehr mit Worten zu verletzen, ich möchte taub sein, um nicht mehr zu hören, wie ich mit Worten verletzt werde, ich möchte taubstumm sein. Ich möchte mit den nackten, taubstummen Jungen am Lido des Wannsees schach- und kartenspielen, obwohl ich die Kartenspiele immer gehaßt habe, aber ich würde auch kartenspielen lernen, um mit einem nackten taubstummen Jungen am Lido des Wannsees spielen zu können. Die Fußabdrücke der taubstummen Jungen im Sand möchte ich suchen. Vor diesen Fußabdrücken möchte ich niederknien, ich möchte sie lange betrachten und küssen, aber der Regen hat inzwischen alle Spuren verwischt.

Ich erinnere mich jetzt an meinen letzten Aufenthalt in Venedig, es war im Feber, während des Carnevals. Wir sahen den dreimetergroßen Tod auf Stelzen mit weißer Gesichtslarve durch die Stadt marschieren. Danach suchten wir stundenlang ein Hotel, aber nichts war frei, Venedig war während des Carnevals ausgebucht, von überall her strömten die Leute. Diese Touristen versauen die Stadt, Venedig ist nur mehr im Winter erträglich, aber wir sind doch Touristen wie die anderen, und die anderen Touristen werden über uns dasselbe sagen wie wir über sie. Ich liebe diese Stadt auch deswegen, weil ich keine Autos sehe und höre. Wenn ich aber manchmal im Auto übermüdet neben dem Fahrer saß, schloß ich die Augen und stellte mir vor, daß er nun in den Wald hineinlenken wird, jetzt möchte ich sterben, jetzt fühle ich mich wohl, jetzt bin ich glücklich, ich will nicht, daß

sich dieser Zustand ändert. In diesem Zustand möchte ich
mein Leben zum Stillstand bringen, in diesem Zustand
soll der Film, der mir durch den Kopf läuft, und glaubt
mir, ich höre das Einrasten des über ein Zahnrad
laufenden Bandes und das Knarren, dieser Film soll in
einem solchen Zustand reißen, die Filmspule wird in
meinem Kopf noch eine Zeitlang rotieren, bis sie irgendwann stillsteht. Seit langem stelle ich mir vor, daß ich
statt meines Kopfes eine Kamera montiert habe und alles
filme, was meine Augen sehen. Sehe ich jemanden mit
einer Filmkamera, so möchte ich hinlaufen, diesen Apparat zerstören und sagen, daß es nur eine Kamera gibt und
die ist in meinem Kopf. Das ist, sehr geehrter Herr, eine
Filmkamera aus Fleisch und Blut, es ist die einzige
Filmkamera aus Fleisch und Blut, und deshalb möchte
ich alle Maschinen, die nicht aus Fleisch und Blut sind,
zerstören. Betrete ich mit meinem Filmkamerakopf eine
neue Stadt, frage ich nicht nach den Sehenswürdigkeiten
auf den Ansichtskarten, sondern sofort nach den Gefäng-
nissen dieser Stadt, nach den Friedhöfen und nach den
Totenhäusern. Wo sind die Prosektursäle, wo die Lei-
chenhallen, wo vegetieren die Schwer- und wo leben die
Leichtverbrecher, wo? Wie ich nur lebenswichtige Bücher lese, sehe ich mir nur lebenswichtige Filme an. Ich
sitze in der ersten Reihe und blicke auf die Leinwand,
schwenke meinen Kopf aus reiner Eitelkeit nach hinten,
um zu sehen, ob mir jemand im Halbdunkeln auf meinen
Filmkamerakopf blickt und zu seinem Nachbarn sagt, So
etwas habe ich noch nie gesehen. Sehe ich ein Bild, das
mich erregt, so leuchtet der linke Knopf rot auf, die
Kamera surrt und inhaliert die Bilder, Wort- und Bildfet-
zen sammle ich von der Straße und trage alles tagelang in
meinem Filmkamerakopf herum. Während des Tages

verdunkle ich mein Zimmer und trete aus dem Haus, wenn es draußen dunkel ist. Ich fahre ins Kino. Ich suche mir im Autobus einen Sitzplatz aus, von dem aus ich am wenigsten beobachtet werden kann. Das ist meistens ein Platz, von dem aus ich die anderen am besten beobachten kann. Ich rede wochenlang nichts und höre wochenlang auf die Geräusche rings um mich herum. Ich will nichts mehr sehen, ich halte die Verletzungen nicht mehr aus. Wenn ich als Kind unter dem Tisch gehockt habe, ohne zu denken aufgestanden und an die klirrende Schublade, in der Messer und Gabeln lagen, gestoßen bin, habe ich mit meinen Fäusten den Tisch geschlagen, bis ich entdeckte, daß ich einem Tisch den Schmerz, den er mir zugefügt hat, nicht zurückgeben kann, aber vielleicht konnte ich einen Schmerz, den mir der Tisch zufügte, loswerden, indem ich mir einen neuerlichen Schmerz an diesem Gegenstand zufügte. Ich sitze mit meinem Filmkamerakopf, der unzählige Bilder von Verletzungen archiviert hat, vor der Schreibmaschine, bis ich eines späten Abends wieder in der Berliner S-Bahn oder im Bus sitze und ins Kino fahre, in der ersten Reihe sitze und mit meinem Filmkamerakopf auf die Leinwand starre, mich manchmal umdrehe, um zu sehen, ob ich von den hinter mir sitzenden Kinoinsassen wegen meines Filmkamerakopfes bewundert werde. Ich filme, indem ich mich umdrehe, selbst denjenigen, der meinen Filmkamerakopf bewundert. Ich archiviere das Bild vom Gesicht dieses Menschen und setze dann dieses Bild in Wörter um und blicke natürlich, wenn ich wieder in der ersten Reihe in einem Kino sitze und auf die Leinwand starre, auch in der Hoffnung nach hinten, daß mich derjenige, der meinen exotischen Hinterkopf betrachtet, so verachtet, wie mich der andere bewundert, indem er zwei Stunden damit verbringt, auf die Hinterseite meines Filmkamerakopfes zu blicken, während ich genüßlich und mit einem winzigen Lächeln auf den Lippen unentwegt auf die Leinwand starre und mich ins Bild versetze, einmal der Sterbende und der Töter bin, aber meistens der Hingerichtete, der Geschundene, kaum je der Mächtige und Befehlshaber, immer nur die Ratte, die zwischen den parfümierten Schuhen der Könige und Königinnen hin- und herhopst, bis ich wieder einmal, nach einer halben Stunde, schnell und ruckartig meinen Filmkamerakopf nach hinten schwenke. Ich sehe, wie die Gote in Zeitlupe den feuchten Fetzen hochhebt und auf die Stirn der nackt und tot im Bett liegenden Enznoma legt. In Zeitlupe preßt sie das Wasser auf der Stirn der Toten aus. Langsam rinnen Tropfen über die Nase und in den offenstehenden Mund. In Zeitlupe öffnet der Priester seine gefalteten Hände und sieht, wie eine sich in Zeitlupe teilende Hostie zur Himmelfahrt aus seinen auseinandergefalteten Händen steigt. In Zeitlupe dreht der Leichenbestatter eine Schraube in den Sarg der Martha. In Zeitlupe dreht die Martha dieselbe Schraube wieder aus dem Sarg und legt sie in Zeitlupe auf ein goldgesticktes Polster. In Zeitlupe wirft der Herrgott den schlimmen Kindern Kruzifixe an den Kopf. Ein Kind bleibt steif, durchbohrt von einem stählernen Kruzifix, als Mahnmal auf dem Dorfplatz stehen. Das gähnende Maul einer Sandviper nahe dem Sandhaufen meiner Kindheit schließt sich. Der Kameramann schwenkt in Zeitlupe seine Kamera. Die Filmspule in der Kamera dreht sich in Zeitlupe. Ich sehe, wie die nackte Pine in der dampfenden Sauküche ihr linkes Bein hebt, während ich langsam meinen Kopf verdrehe und auf das graue Dreieck ihrer Hüften blicke. Ich sehe, wie sie den zweiten Fuß nachzieht und sich langsam in der hölzernen Badewanne niedersetzt. In Zeitlupe fallen warme Wassertropfen vom Ellenbogen ihres nach einem Stück Terpentinseife ausgestreckten Arms. Immer wieder stelle ich mir vor, wie ich mit meinem Filmkamerakopf von links beginne und langsam im Zeichen des Dorfkruzifix mit meinem Filmkamerakopf nach rechts fahre, bis ich dort ankomme, wo das Haus steht, in dem Robert wohnte. Ich fahre bis zur Dorfmitte zurück und verharre einen Augenblick, dann, als höbe ich mein Haupt im Stolz, schwenke ich meinen Filmkamerakopf zum Pfarrhof hinauf. Auch in dieser Stellung verharre ich einen Moment und fahre dann plötzlich, wie man mit der Kreide einen Strich auf einer Tafel zieht, mit meinem Filmkamerakopf nach unten, als falle mein Haupt nach einem tödlichen Messerstoß auf die Brust, und verweile mit meinem Filmkamerakopf zu Füßen des Dorfkruzifix. Ich sehe mir die Zehennägel des Gekreuzigten etwas genauer an, bis ich meinen Filmkamerakopf auf den Friedhof schwenke und den Grabstein Jakobs fixiere. Es ekelt mich aber an, auf das Gold der Inschriften der Grabsteine zu blicken, und ich schwenke deshalb meinen Filmkamerakopf wieder zum Ausgangspunkt meines Elternhauses zurück, laufe zur Haustür hinein, vorbei an den Milchkannen, vorbei an der inzwischen von einer Tür abgetrennten Kellerstiege, früher konnte man dem dunklen Keller in die Arme laufen, den Flur entlang, vorbei an der offenstehenden Tür der Schwarzen Küche, laufe mit meinem Filmkamerabubikopf die sechzehnstufige Stiege hoch, an der Schlafzimmertür meiner Eltern vorbei, erstarre plötzlich und öffne meine Hände, die Bilderspule in meinem Filmkamerabubikopf läuft zurück, da das Auge meiner Kamera in die beiden Augen einer Ratte blickte und erschrak. Die Bilder in meinem

Filmkamerakopf überschneiden sich, sind über- und unterbelichtet. Tiere mit Menschenköpfen sind zu sehen und Menschen mit Köpfen von Ratten. Ich sehe eine erhängte Kreuzotter mit einer Bischofsmütze auf dem Kopf, eine kleine, blutende Dornenkrone auf dem Kopf eines Kindes. Aus zwanzig tödlichen Schlaftabletten rinnt kein Blut, sie bleiben weiß und liegen zaghaft auf dem Nachttisch. Langsam rollt die leere Tablettenphiole auf den stragulaüberzogenen Boden, zur Tür hin, und der Filmkamerakopf wird natürlich geschwenkt und verfolgt das Rollen dieser Phiole. Indem der Filmkamerakopf sich auf die Gegenstände und auf die Menschen und Tiere richtet, saugen die Gegenstände, die Menschen und Tiere den Filmkamerakopf auf, und in dem Moment, wo sich ein Mann oder ein Tier bewegt, bewegt sich gleichzeitig und gleichgültig mein Filmkamerakopf. Er ist elektronisch und gefühlsmäßig mit diesen Objekten verbunden. Ich habe längst die Herrschaft über mich und über die anderen verloren. Die Figuren haben sich selbständig gemacht und machen mit mir, was sie wollen. Bewegt sich ein Fensterflügel, dreht sich mein Filmkamerakopf dorthin, ohne daß ich auf diesen sich bewegenden Fensterflügel blicken will, denn mich interessiert dieser sich bewegende Fensterflügel überhaupt nicht. Fällt ein Tropfen Wasser in das Waschbecken, reißt der Filmkamerakopf meinen Körper hoch, und das Auge des Filmkamerakopfes, das genausogut das blinde Auge Gottes sein könnte, blickt auf den Wassertropfen, der in die löchrige Öffnung dieses Waschbeckens rinnt, und der Blick des Auges geht weiter und will mich und meinen Körper in das Rohr des Waschbeckens saugen. Ohne daß ich will, beugt sich mein Körper über das Waschbecken, und meine Stirn schlägt ans Email, meine Zunge fährt in die

Öffnung, und ich spüre im Rohr einen Saugnapf, der meine Zunge verschluckt. Noch immer über das Waschbecken gebeugt, halte ich mich mit meiner linken und rechten Hand am Rande dieses Waschbeckens fest und reiße den Filmkamerakopf in die Höhe, schwenke ihn einmal links und rechts und schnell wieder links und rechts, damit das Wasser abfällt, drehe mich zur Seite und gehe blind, wie mondsüchtig, mit ausgestreckten Armen auf die nächste Bewegung in meinem Zimmer zu. Es ist der Fensterflügel, der sich bewegt, da will wohl jemand, daß ich aus dem Fenster springe, und wahrscheinlich würde es auch meinem Filmkamerakopf gefallen, wenn er irgendwo zerschmettert läge, damit er endlich zur Ruhe käme und damit, angefangen vom Hals bis zu den Zehenspitzen, auch ich zur Ruhe käme. Mein Kopf wurde im Traum ausgetauscht, Chirurgen sah ich, Zangen, Gabeln und Scheinwerfer, die mich blendeten, so daß ich meine Hände vors Gesicht werfen mußte. Ich hörte den Geräuschen sich überschneidender Metalle zu, ich sah gerunzelte Stirnen und blitzende Augen, Filmkameras beobachteten die Operation, die mit menschlicher Haut verbunden waren, aber kein Tier schwänzelte um den Operationstisch herum, das war es, was mich störte, denn wenn es stimmt, daß der Mensch vom Affen abstammt und am Beispiel meines Filmkamerakopfes sich aus dem Menschen die Maschine entwickelt, ist es bedauerlich, daß kein Tier zu sehen war, das meiner Maschinewerdung Pate stand. Jakob sehe ich in Farbe und Robert in Schwarzweiß ineinander verkrallt noch immer hängen, als hingen sie in mir und ich in ihnen. Manchmal wechseln sich diese Farben aus, dann sehe ich Robert in Farbe und Jakob in Schwarzweiß, und ich stehe vor ihnen, die eine Hälfte meines Körpers in Farbe, die andere in Schwarzweiß. Ich gehe im Schnee auf mein zweites, stampfendes Ich zu und will es anfassen. Ich sehe, daß jemand vor mir im Schnee geht, dessen Rücken mir nicht bekannt ist, denn meinen Rücken sehe ich fast nie, vielleicht zwei- oder dreimal im Jahr, wenn ich ein neues Kleid probiere und vor dem Spiegel stehend kokett meinen Kopf verdrehe, um zu sehen, wie schön ich von hinten und dann erst recht von vorne bin, und ich laufe schwer im Schnee stapfend vor, um denjenigen, der im Schnee geht, von vorne betrachten zu können, und in dem Augenblick, wo ich mich ganz deutlich erkenne, komme ich mir so fremd vor, daß sich dieses Bild in nichts auflöst und mein Filmkamerakopf sich wieder neue Objekte sucht, oder besser gesagt sich ein Objekt auf meinen Filmkamerakopf richtet, als filme dieses Objekt meinen Filmkamerakopf und nicht umgekehrt. Das Teleobjektiv des Auges Gottes richtet sich nun auf die Einzelheit einer Schneeflocke, die vom Fichtenzweig auf die Schneedecke rieselt und glitzert, bis sich das Auge vor Schmerzen schließen muß. Alle Gottesanbeter gehen mit Blindenschleifen am Arm durch die Stadt, sie wollen diese Welt nicht sehen, sie wollen uns mit ihren Beschwörungsformeln von dieser Welt ablenken und sagen, daß wir die Hände falten sollen, aber ich falte meine Hände nicht mehr wie zwei weiße Papierblätter. Ich falte die weißen Papierblätter wie meine weißen kindlichen Hände, die ich zum Gebet gefaltet habe. Lange sitze ich vor der Totenmaske Friedrich Hebbels und murmele immer wieder einen Satz aus seinem Tagebuch vor mich hin, »Menschen haben einen Punkt, worin sie Puppen gleichen, Puppen einen Punkt, worin sie lebenden Menschen ähnlich sind, und daraus entspringen alle ästhetischen Verwechslungen.« Aus der Höhle des Filmkameratotenkopfauges schlängelt sich ein Filmstreifen, der sich am Boden häuft. Die Totenmaske Friedrich Hebbels beruhigt mich, aber ich sollte mich nicht beruhigen lassen. Ich sitze nun seit Monaten mit meinem Filmkamerakopf auf einem Platz, in einem Zimmer, aber ich will wieder hinausfliehen und kann nicht, denn ich weiß nicht, wohin ich fliehen sollte, und weiß auch nicht, wovor. Steige ich in die nächste Berliner S-Bahn, setze ich mich obendrauf und peitsche sie vorwärts, Ich will raus aus der Stadt, vorwärts, und ich möchte der S-Bahn jedesmal, wenn sie stehenbleibt, in den Hals stechen, bis sie zu Boden sackt, auf die Knie fällt und liegenbleibt, damit ich aussteigen und zu Fuß weiterlaufen kann, denn ich ertrage es nicht, wenn der Zug stehenbleibt, ich will, daß er nie mehr stehenbleibt, nie mehr, mit mir in den Tod fährt, und im Laufe der stundenlangen Fahrt überwächst die Totenmaske mein Gesicht. Bleibt der Zug in Venedig stehen, häutet sich mein Gesicht von der Totenmaske und ich verlasse den Romulus schwungvoll, knie nieder und küsse den venezianischen Boden.

Wenn ich in einem Kloster neben einem Manuskripthaufen krepiere, sollen mich die Mönche auf vier Schultern in die Hölle tragen. Das Dorf, das ich aus mir herausoperiert habe, wächst von neuem, Haus für Haus, Kind für Kind, Toter für Toter. Noch sind sie unter meiner Kopfschwarte hilflose Embryos, aber bald werden sie wieder die Kraft haben, den Kalbstrick zu schwingen und Kärntnerlieder zu jodeln. Es war gut, daß sich Robert und Jakob aufgehängt haben und Hanspeter dazu. Es war gut, daß ich vom Vater ausgestoßen wurde. Wenn ich ein Kind hätte und Bauer wäre, würde ich genauso handeln, wie mein Vater gehandelt hat. Ich würde einen Kalbstrick nehmen, ein Kind im finsteren Märchenwald zeugen, die

Nabelschnur am Kalbstrick befestigen und das Kind über die Pilze peitschen, bis es blaue Würste am Arsch hätte. Ich würde ein zweites Kind zeugen, das eine Robert und das andere Jakob nennen. Ich würde warten, bis sie siebzehn Jahre alt sind, und sie dann in den Pfarrhofstadel hinaufjagen, Rum mit der Nabelschnur um den Hals und in die Hölle mit euch. Es lebt unter meinen Söhnen einer, der mir dieselbe Abrechnung serviert, wie ich sie meinem Vater serviert habe. Er liest Karl May, wie ich Karl May gelesen habe. Er geht mit vierzehn in die Handelsschule, schließt sie nicht ab, weil er vor lauter Lesen den kommerziellen Schulstoff nicht bewältigen kann. Kaum ist er siebzehn Jahre alt, tritt er in den Bürodienst der Oberkärntner Molkerei, fühlt sich aber auch dort nicht wohl und sieht an den alten Büroinsassen, daß er nicht so enden will wie sie, glaubt etwas versäumt zu haben, geht in die Abendhandelsakademie und arbeitet während des Tages zuerst im Betrieb eines Bücherverlages, der Karlmaybücher produziert, und danach in der Verwaltung der neuen Hochschule, aber er liest weiter und findet auch im Lehrstoff der Handelsakademie keinen Sinn mehr, wieder ist es die Literatur, die ihn aus der Schule drängt. In seiner Freizeit setzt er sich in die germanistischen und philosophischen Hörsäle. Da er es gewöhnt ist, täglich vierzehn Stunden zu arbeiten, macht es ihm nichts aus, wenn er von nachmittags vier oder fünf bis in die späte Nacht hinein mit dem Germanistik- und Philosophiestudium zu tun hat, in Vorlesungen geht und mit Studenten über Literatur redet, aber wieder ist es die Literatur, die ihn aus dem Hörsaal treibt, denn gerade die professionellen Sekundärliteraten könnten ihn von der Literatur, vom Lesen der Romane und Erzählungen und vom Schreiben abbringen. Der Bauernsohn geht freiwillig zum Bundesheer, er will nicht mehr geistig, sondern körperlich unterdrückt werden. Er ist froh, daß es das Militär gibt, damit er es hassen kann. Er ist froh, daß es die Bürokratie gibt, damit er sie hassen kann. Er ist froh, daß es den Kärntner Heimatdienst gibt, damit er ihn hassen kann. Die Linken gibt es ja auch deshalb, weil es die Rechten gibt, und die Rechten gibt es ja auch deshalb, weil es die Linken gibt, sagt er. Als Vierzehnjähriger sagte er sich schon, daß er irgendwann in die Entwicklungshilfe gehen wird, Ich werde mein Ministrantenleben in einem Dorf fortsetzen, ich werde weiterhin dienen, aber der Menschheit werde ich dienen, nicht der Bürokratie und nicht diesem Staat. Ich habe das Geld immer verachtet, deshalb habe ich es genommen und wieder hinausgeworfen. Ich möchte nicht nur in der Literatur korrigieren, was man an uns Kindern verbrochen und falsch gemacht hat, ich möchte diese Korrektur in mir auch in der Realität, wenn auch in einem anderen Land, auf einem anderen Erdteil, anbringen. Auf dem Bauernhof, in der Molkerei, in den Bildungsstrafanstalten, beim Bundesheer, in der Verwaltung der Hochschule, immer und überall war ich ein Ärgernis und will dieses Ärgernis natürlich fortsetzen. Mein Sohn geht, nicht ich, denn ich spreche immer noch von dem Sohn, den ich geschlagen habe, wie ich geschlagen worden bin, den ich aufs Feld geschickt habe, wie ich aufs Feld geschickt worden bin, dieser Sohn geht zum Bundesheer, er hat in der Germanistik seine Sprache verloren und hofft, sie in der Unterdrückung wiederzufinden. Er braucht ein Ziel, um seine Waffen schmieden zu können. Er schrieb beim Bundesheer drei Tagebücher und eine größere Anzahl von Gedichten. In diesen Tagebüchern beschrieb er einen Rekruten, in den er sich verliebt hatte. Er beschrieb seine

Gesichtszüge, seine Hände und seine Fußbewegungen, alles. Hatte er einmal längere Bartstoppeln, so fixierte er diese Tatsache. Sah er ihm beim Urinieren im Wald zu, so beschrieb er es. Er beschrieb das langsame und zaghafte Aufknöpfeln des Hosenschlitzes, seine wachsamen Augen, die links und rechts blickten, bevor er seine Unterhose hinunterstülpte. Er kannte die Schuhe dieses Rekruten, seinen Stahlhelm, sein Tarnnetz besser als sein eigenes. Das Gewehr dieses Rekruten hat er schärfer bewacht als sein eigenes. Er hatte Angst, daß der Rekrut eines Tages sagen wird, daß er mit ihm nichts zu tun haben will und sagt, Schleich dich, du Sau, denn er sah, daß ein anderer Rekrut, ein Koch, der keinen Hehl aus seinen homoerotischen Neigungen machte, von der ganzen Kompanie verspottet wurde, Kurti, Kurti, riefen sie und machten dabei tuntenhafte Bewegungen. Der Junge aber, in den er sich verliebt hatte, sagte kein überflüssiges Wort und machte keine überflüssige Bewegung. Ich kann den Dienst beim Bundesheer nur ertragen, weil ich mich in diesen Menschen verliebt habe, lese ich in seinem Tagebuch, Ich stelle mir eine Revolution sämtlicher in Villach dienenden Rekruten vor. In der Uniform werden wir gegen das Bundesheer demonstrieren. Gegen die Waffengeschäfte und gegen alles, was mit Gewalt zu tun hat. Die ganze Stadt wird vor den aufmarschierenden und gegen das Bundesheer demonstrierenden Soldaten erschrecken. Alle werden wir statt des Gewehres einen Palmzweig tragen. Man stelle sich tausend marschierende Rekruten in Uniform mit dem Palmzweig des Friedens vor. Dem Bundespräsidenten, dem Mao, dem Nixon und dem Breschnew werden wir einen Palmzweig schicken. Selbst wenn am Eingang eines Zeltes jemand über das Fichtenreisig stolperte, faßte er es in Sprache. Er schrieb den genauen Zeitpunkt auf, wenn der Rekrut mit ein paar frischen Handtüchern über den Kasernenhof ging. Zeitlebens klammerte er sich an die Sprache und an die Sprachlosigkeit. Als er siebzehn Jahre alt war und das Mädchen, in das er sich verliebt hatte, sich von ihm wandte, schrieb er in einem nie abgesandten Brief, Aber ich habe noch die Literatur, allein deshalb bleibe ich am Leben, ich werde noch wichtige Bücher über das Leben und über das Sterben lesen. Bewundernd und verächtlich gleichzeitig sahen ihm die Unteroffiziere zu, wenn er auf seinem Wagen hockte und das Notizbuch auf seinen Knien lag, während er sätzesuchend in den Fichtenwald hineinblickte. Vor kurzem traf er einen Rekruten aus der Bundesheerzeit wieder, der Mechaniker und Boxer war. Er sagte zu ihm, Damals habe ich geglaubt, du bist ein Verrückter, heute glaube ich es nicht mehr. Er erzählte von seinen Boxkämpfen. Mein Sohn blickte in das durch die Boxkämpfe gemarterte und entstellte Gesicht und hatte Angst, daß auch der Boxer auf sein durch die Sprache und Literatur entstelltes Gesicht aufmerksam würde. Du warst ein guter Soldatenvertreter, wir werden dich nie vergessen, sagte der Boxer. Vielleicht sehen wir uns wieder. Für die Gesellen und Lehrlinge, für die Bauernjungen setzte er sich ein, für die intellektuelle Jugend interessierte er sich nicht. Später bittet er viel lieber einen Bauernjungen oder einen Maurerlehrling in den Diskotheken oder in den Parks um Liebe. Wissen ist Macht, und einen Mächtigen liebe ich nicht, weder körperlich noch seelisch, da hocke ich lieber unter dem blühenden Birnbaum und reiß mir eines runter. Die Neger und die Araber, die Japaner und Chinesen, die in eine andere Stadt gekommen sind, um dort ihr Unglück zu suchen, interessieren ihn. Nachdem mein Sohn beim Bundesheer war, trat er wieder in den Bürodienst der Hochschule für Bildungswissenschaften ein. Im selben Herbst macht er seine erste Italienreise, studiert einen Monat lang an der Universität in Perugia Italienisch, fährt nach Rom und betritt das erstemal venezianischen Boden. Seither fährt er immer wieder nach Venedig, verbringt die Ostern und Weihnachten alleine am Strand des Lido und kniet in der Kirche vor dem neugeborenen Jesukind nieder. Zwei Jahre später, Ende September Neunzehnhundertsechsundsiebzig, hängen Jakob und Robert im Kameringer Pfarrhofstadel am Kalbstrick. Er fährt wieder nach Venedig und beginnt im Café Florian, ständig den Tod der beiden Buben vor Augen, mit den ersten Notizen zu seinem ersten Roman. Ein paar Jahre später, als der Roman veröffentlicht ist, stehe ich hahnenfüßeordnend am Misthaufen und sage zu ihm, Du kannst über mich schreiben, was du willst, wenn es nur dir hilft, aber laß die beiden Buben in Ruh, laß Jakob und Robert in Frieden.

Ich weiß, daß ich von einem Maurerlehrling, einem Totengräber, einem Schlächter, von einem Pfarrer, einem Mönch, einer Pfarrerköchin oder von einer Bäuerin mehr für mein Leben lernen kann als von einem Universitätslehrer. Ich habe mich der Lehrmaschine entzogen. Ich habe einmal an den Gott in den Universitätsprofessoren geglaubt, damals, als ich kaum den Bauernhof als Zwanzigjähriger verlassen hatte und in die Verwaltung der neugegründeten Hochschule für Bildungswissenschaften kam, heute glaube ich an diesen Gott nicht mehr. Als ich einmal an der Hochschule Telefondienst machen mußte, trat während einer Sitzung der Rektor der Universität Wien an mich heran und bat mich um eine telefonische Verbindung. Ich rief an und stellte den Teilnehmer zu einem Apparat nebenan durch. Der Universitätsprofessor hob ab, aber in diesem Augenblick wurde die Verbindung unterbrochen. Er schrie mich an, Warum haben Sie weiterverbinden müssen, ich hätte doch das Gespräch von Ihrem Apparat übernehmen können. Mit diesem Apparat muß ich die ankommenden Gespräche übernehmen, schrie ich zurück. Er zuckte zusammen und sah mich verstört an. Nach einer sekundenlangen Pause sagte ich im Normalton, daß ich noch einmal versuchen werde, die Verbindung mit dem gewünschten Teilnehmer herzustellen. Kaum war ich ein paar Monate an der Universität, schrie ich zurück. Das erfüllte mich mit Stolz, ich hatte aber auch Schuldgefühle. Wie konnte ich es mir erlauben, einem Universitätsprofessor, der mich angeschrien hatte, zurückzuschreien. Ein Traum verwandelte den Wörthersee zu einem Gletschersee. Er war kleiner als der Wörthersee und in blaugelb schimmernde Berge, die nahezu durchsichtig waren, eingepfercht. Links und rechts, aber vierzig oder fünfzig Meter von mir entfernt, standen durchsichtige Eisschreibtische und Eisbürosessel. Eisläufer im Stil der Jahrhundertwende eilten vorbei. An den Eisschreibtischen saßen die Bürokraten der Hochschule für Bildungswissenschaften und arbeiteten emsig. Plötzlich sah ich, daß unter meinen Füßen das Eis immer dünner wurde. Ich beeilte mich vom See zu kommen, aber ich konnte mich nur drehen. Glaubte ich schneller zu laufen, drehte ich mich einfach schneller im Kreis, und mit mir drehten sich die blaugelb schimmernden Berge, die Eisschreibtische und Eisbürosessel. Ich brach schließlich ein und überlegte mir, ob ich um Hilfe rufen sollte. Da merkte ich, daß ich auf einer zweiten Eisschicht stand, die anderthalb Meter unter der ersten war. Die Hände ausgestreckt, arbeitete ich mich vorwärts und flüsterte mir selber, Hilfe, Hilfe, zu. Ich hatte Angst, von Bürokraten gerettet zu werden, nein, von euch will ich mich nicht retten lassen. Nichtsahnend und nichtssehend stolzierten die Eisläufer vorbei. Die durchsichtigen Bürokraten arbeiteten an ihren durchsichtigen Schreibtischen und bekleckten durchsichtiges Papier mit durchsichtiger Tinte. In ihren durchsichtigen Leibern sah ich das Pochen ihrer Herzen, das Fließen ihres Blutes in ihren durchsichtigen Adern. Unter der durchsichtigen Haut ihres Gesichtes sah ich das weißliche, durchsichtige Fleisch und ihren Totenkopf. Die Prothese des Universitätsdirektors ist an seinen Backenknochen mit zwei Paragraphenschlingen befestigt. Auf seinem Bauch und auf seinen Armen hat er Paragraphen tätowieren lassen. Ein anderer, auf durchsichtigem Bürokratensessel Sitzender hält durchsichtiges Geld in seinen durchsichtigen Händen. Er blickt auf seine durchsichtigen Beine und auf das durchsichtige Gletschereis, sieht die Wasserpflanzen und die Fische, die sich mit ihren Mäulern an der Eisunterseite festsaugen. Die Sekretärinnen bewegen ihre durchsichtigen Finger auf den Tasten durchsichtiger elektrischer Schreibmaschinen. Die Eisläufer tummeln sich zwischen den durchsichtigen Schreibtischen, Zeig mir die Todesspirale, bevor ich eine Eisschicht tiefer sinke und das Eis über meinem Schopf zusammenwächst. Sehen die durchsichtigen Bürokraten mein Absacken nicht oder wollen sie, daß Eis über meinen Kopf wächst? Ich will von den Bürokraten nicht gerettet werden, aber ich will leben, leben will ich, helft mir und helft mir nicht. Für die Reinschrift dieses Romanmanuskriptes werde ich Papier aus Venedig holen. Das österreichische Papier identifiziere ich sofort mit dem Bürokratenpapier, meine Abneigung davor wird immer größer. Es ist tintig und angekleckst von der Sprache der Bürokratie. Nichts ist in

Österreich verlogener und krimineller als die Bürokratie, nichts zynischer als der Bürokratenzynismus, nichts gefährlicher und für den Menschen bedrohender als diese große, über Österreich dahinschwänzelnde, giftige Natter der Bürokratie, die schon unzählige Menschen und Bürodiener zu Geisteskrüppeln gemacht hat, die wiederum ihre Untergebenen zu ebensolchen Krüppeln machen. Sie blicken aus den Augen dieses sich über ganz Österreich bewegenden Natternkopfes. In Wien lispelt die gespaltene Zunge über den rotweißroten Teppich vor den Toren der Ministerien, dort intrigieren die Handlanger und stricken die Spinnfäden. Nicht diejenigen, die wegen eines Ladendiebstahles, wegen eines Einbruchs, um von der Hand in den Mund leben zu können, in den Strafanstalten sitzen, sind die Kriminellen unserer Zeit, sondern die Bürokraten, die im Natternkopf am Schalthebel der rotweißroten Staatsmaschine sitzen und schalten und verwalten. Diene deinem Herrn, er ist dein neuer Gott, ministriere im Vorzimmer deines Chefs, bis er dich anbetet. Man lege, und das sage ich in der Sprache des Arzneimittelpathos, das Bild von einem doppelköpfigen Adler mit der rotweißroten Fahne auf den Tisch und lasse eine lebendige Krähe herankommen, lege sie über das doppelköpfige Adlerbild, spreize ihre Flügel und schlage sie mit Hammer und Nägeln fest. Man nehme Pinsel und Farbe und male ihr das rotweißrote Emblem der österreichischen Nationalfahne auf die Brust. Man hänge ihr Bauernsichel und Schmiedehammer an die Beine, während sie krächzend ihren Kopf hin- und herwirft. Der Universitätsdirektor sagte zu mir, als ich mich weigerte, an seiner Geburtstagsfeier teilzunehmen, Ich weiß, wie solche Leute enden. Ich weiß nicht, wie er enden wird, ich weiß nur, daß ich schrecklich enden werde, aber ich werde den Schrecken lieben, und ihn wird er umbringen. In den Büroräumen mancher Professoren und Assistenten hängen die Bilder ihrer Doktormütter und Habilitationsväter. Langsam betreten die Studenten die Hörsäle, schnell gehen sie nach einer Stunde wieder hinaus. Manche Intellektuelle meiner Vergangenheit schlagen einen großen Bogen um mich, nur ist ihrem Bogen ein größerer Bogen, den ich um sie geschlagen habe, vorausgegangen. Die Frau des Mathematikprofessors fragte mich an der Hochzeitstafel eines Philosophen, an welchem Institut ich als Assistent arbeite. An keinem. Ich sitze als Vertragsbediensteter in der Verwaltung, Achso, sagte sie und lachte und interessierte sich für mich nicht mehr. Als ich in der Portierloge stand, sagte ein intellektueller Suppenkasper, daß die Russen zuerst in Deutschland zuschlagen werden, dort ist der Brennpunkt, dann geht es los. Mir kamen dabei die Worte Léon Blums in den Sinn, »Vom Krieg als von einem möglicherweise eintretenden Ereignis sprechen, heißt soviel wie sein kleines Teil zum Kriegsausbruch beizutragen.« Groß und stark stand der Vater vor mir. Ich wußte immer, daß er mein Feind ist. Aber an der Hochschule wußte ich nie, wer meine Freunde und Feinde sind. Ich setze meinen lebenslangen Kampf mit dem Vater fort, wenn ich vom Militär oder von der Bürokratie rede, immer ist er miteinbezogen. Ich bin dir, mein Vater, für alles, was du mir angetan hast, dankbar, und sei auch du mir dankbar für das, was ich dir angetan habe. Ich danke dir für jeden Schlag, den du mir versetzt hast. Für jedes grobe Wort sei dir gedankt, mein Vater, denn ich habe dich in deiner Person und in mir überwunden, wenn ich dich auch nach wie vor in anderen Autoritäten bekämpfe, so kann und muß ich sagen, Das Militär muß bekämpft werden, die jedes menschliche Individuum zunichtemachende Bürokratie muß bekämpft werden. Ich bin nur einer von denen, die sich an deiner Autorität, mein Vater, den Schnabel gewetzt haben. Wie ein Schatten stehst du noch immer hinter mir. Vor meinem Absterben werde ich auf dem Totenbett mit dem Schwarzen Engel meiner Kindheit ringen. Ich freue mich auf die Schwierigkeiten und auf die Entsetzlichkeiten meines zukünftigen Lebens, auf die Schönheiten meines zukünftigen Lebens. Wenn ich in die Entwicklungshilfe gehe, mein Vater, werde ich an anderen Kindern korrigieren, was ihr, du und die Dorfleute, an uns falsch gemacht habt. Diesen Dank spreche ich allerdings nicht für die anderen Bauernbuben aus, die sich nicht befreien konnten, weder durch die Sprache noch durch ihre Handlungen. Dieser Dankesspott gilt nur für dich und mich. Diese Menschen tragen die Entsetzlichkeit ihrer Vergangenheit bis zum Totenbett mit sich herum. Selbst im Vierzigjährigen ist es noch das vergewaltigte Kind, das ihn zur einen oder anderen, wie man so sagt, schändlichen Handlung verführt. Es sind die Seelen von Ausgestoßenen und Verlorenen, die in ihnen leben, die natürlich ihrerseits wieder ausstoßen und vergewaltigen, damit sie überhaupt leben können.

Diesmal sage ich, daß du in deiner Literatur versagt hast. Wenn Jakob und Robert nicht gewaltsam gestorben wären, hättest du deine Kindheit wahrscheinlich erst später niedergeschrieben, wenn du über deinen jugendlichen Wahnsinn hinausgewachsen wärest, allein deswegen würde ich sie noch am Leben wünschen. Du sagst zwar, daß der Tod Jakobs dein eigener hätte sein können, aber das klingt mir, auch wenn es wahr sein könnte, nach einer literarischen Formel. Wer in der Wahrheit unglaubwürdig ist, der ist es auch in der Lüge, so Montaigne. Du willst unter allen Umständen diese Welt von dir stoßen, ohne zu bedenken, daß die Welt stärker ist als du und daß du derjenige bist, der von der Welt ausgestoßen wird. Nimm Jakob und Roberts ledigen Strick, den du in deinem Nachtkasten in einem gelben Plastiksack verborgen hast, verlängere ihn mit dem Wäschestrick, der am Balkon deine Spitzenunterwäsche trug. *Wegräumen, wegräumen,* sagten wir, wenn wir ein Tier im Stall hatten, das schwer krank und nicht mehr lebensfähig war, räum dich weg. Der Bumerang ist dabei zurückzuschnalzen. Er visiert deine Stirn an, entweder wird dein Kopf auseinanderbrechen oder dieser Bumerang zerspringt an deinem Schädel, das wird sich zeigen. Manchmal denke ich, daß du genug bestraft bist, nachts hockst du unter einem Laubbaum und bettelst mit gefalteten Händen einen Gassenjungen um Liebe, um Haß. Immer wieder blickst du Totenmasken an, um leben zu können. In Berlin hast du vor allem die Totenmaske des ermordeten Marat und die Totenmaske Friedrich Hebbels angesehen. Im Gesichtsausdruck der Totenmaske des ermordeten Marat sieht man den schmerzhaften Aufschrei. Auf das lächelnde Gesicht der Totenmaske blickend denkst du dir für Jakob ein schöneres Leichenbegängnis aus. Ein Totenfest mit allem Pomp, mit Beatlesmusik hätte man ihn begraben sollen. Du erkundigst dich nach Einbalsamierungsmethoden und nach den Todesriten primitiver Völker. Selbstmörder werden nun einmal schäbig begraben. Der Pfarrer konnte freilich nicht vom langen und mühevollen Leben, vom verdienten Hochfahren in den Himmel eines siebzehnjährigen Lehrlings sprechen, für den dieses Leben erst begonnen hätte. Du erinnerst dich, daß ich zu dir gesagt habe, daß du über mich schreiben kannst, was du willst, wenn es dir nur weiterhilft, aber, sagte ich, laß die beiden toten Buben im Dorf in Frieden ruhn, aber immer wieder leben sie in deinen Büchern auf, immer wieder exhumierst du ihre Leiber. Kürzlich hast du dir einen afrikanischen Graupapagei gekauft, der, wenn man den geschäftstüchtigen Tierhändlern glaubt, besser sprechen lernt, als ein Amazonaspapagei. Du dachtest dabei an deine eigene sprachlose Kindheit. Während du jetzt schreibst, sitzt er dir gegenüber und blickt dich an. Wenn du den Kopf hebst, blickst du ihm ins Gesicht. Daß du dir ein Tier gekauft hast, freut mich, ich verstehe es als eine Annäherung an deinen Vater. Ich kann mir nicht vorstellen, ohne Tiere leben zu können. Auch du bist mit Tieren aufgewachsen, vielleicht kannst auch du ohne Tiere nicht leben. Was hast du dir dabei gedacht, als du dem Tier den Namen *Unmensch* gabst? Deine kindlichen Spinnereien sind bis heute erhalten geblieben. Heute verspinnst und verknotest du dich in deinem literarischen Kokon. Dein Zimmer muß ja wie ein Horrorkabinett aussehen, ringsum Totenmasken, das lächelnde Gesicht der Totenmaske der Else Lasker-Schüler, die Totenmaske des ermordeten Marat und Friedrich Hebbels Totenmaske, die der Maler Georg Rudesch mit Ofenkohle nachgezeichnet hat. Du hast mit einer Schaufel Glut aus dem Kachelofen genommen, in den Schnee hinausgetragen und schließlich dem Maler die abgekühlten Kohlestücke auf den Tisch gelegt.

Daß Shakespeare Mörder schuf, war seine Rettung, daß er nicht selbst zum Mörder zu werden brauchte, sagt Friedrich Hebbel. Es gibt keine Verbrechen, so groß sie auch sein mögen, die zu begehen ich mich nicht an gewissen Tagen fähig gefühlt hätte, sagt Goethe. Jean Genet sagt auf eine Frage von Hubert Fichte, daß er wahrscheinlich gemordet, wenn er nicht geschrieben hätte. Als John Lennon ermordet wurde, hörte man in den österreichischen Medien Schreie des Entsetzens und der Empörung über diese Tat. Was mich dabei wundert, ist, daß auch die interviewten österreichischen Popmusiker so bitterlich geheult haben. Niemand war fähig, das Gefühl des Entsetzens und der gleichzeitigen heimlichen Freude zu artikulieren. Eine neunzehnjährige Widerstandskämpferin, die vom tschechischen Nationalgericht in Podgorica abgeurteilt und im April 1944 erschossen wurde, schrieb aus der Todeszelle in einem letzten Brief an den Vater: »Vater, sei stark, verzweifle nicht, Du würdest den Feinden, die mich heute so jung töten, nur einen Gefallen tun. Nimm von niemand Beileidsbezeugungen an. Viele werden an Deinem Schmerz teilnehmen wollen, aber in Wirklichkeit freut es sie, Dich leiden zu sehen.« Warum waren die Geschichten von Edgar Allan Poe so anziehend für einen Bauernjungen? Er hätte doch seine Seele in einem schönen Basteibergbauernroman wiederentdecken können oder in den Fernsehgeschichten um Fury und Lassie. Ich bin versucht zu sagen, daß deine Sprachgewalt weniger eine literarische Qualität als eine Form deiner Gewaltausübung ist. Gestorben bin ich an dem, was du über mich geschrieben hast, nicht. Hoffentlich stirbst du nicht an dem, was über dich geschrieben wird. Wenn dich jemand belehren kann, dann ist es dein eigenes Werk. Folge dem Fingerzeig deiner Sprache und sonst niemandem. Stell dir ruhig einen Totenschein aus, es gibt genug Leute, auch unter deinen sogenannten Freunden, die ihn gerne unterschreiben würden. Mach Flugblätter aus deinem Totenschein, verstreu sie. Wenn im Dorf ein Fremder auftauchte, hockte ich am Fensterbrett und bildete mir sofort ein Urteil über ihn. Jeden Fremden umfloß die Aura des Umheimlichen. Beim ersten Schulausflug in die Landeshauptstadt gingt ihr, du und deine Schulkameraden von der Volksschule, die Klagenfurter Bahnhofstraße hinauf und grüßtet jeden an euch vorbeigehenden Menschen, bis der Lehrer sagte, daß man in der Stadt die fremden Menschen nicht grüßen muß. Du konntest dir nicht vorstellen, daß ein Mensch an einem anderen Menschen vorbeigeht, ohne ihn zu beachten.

Die Tante des Kunstmalers trägt einen Herzschrittmacher in ihrer Brust, sie ist ein paar Jahre älter als ich, während ich noch die Arbeit eines Jungbauern leiste. Mein Herzschrittmacher war Hitler. Seit mehr als dreißig Jahren ist die Arbeit am Bauernhof mein Herzschrittmacher. Da du einen autoritären Vater hattest, konntest du dir paradoxerweise nicht vorstellen, daß du in deinem Leben noch einer anderen Autorität gehorchen mußt, der Autorität beim Bundesheer, die du verweigert hast, und der Autorität des Universitätsdirektors, der einer war, der freiwillig an die Front gegangen ist. Ich war kein feiger Hund! Diese Worte von ihm widerhallen dir seit Jahren im Kopf. Als im Krieg mein bester Kamerad getötet wurde, beugte ich mich über seinen Leichnam und schrie, Ihr Schweine, ihr dreckigen Schweine, Hitler, du Drecksau, du verdammte. Ich küßte seine Wunden, blickte hoch und sah in die Augen meiner erschrockenen Kameraden. Wie ein Blutsauger muß ich wohl ausgesehen haben, als ich meinen Kopf hob, die Lippen vom Herzblut meines Kameraden naß, und verwirrt aufs Schlachtfeld blickte. Ich faßte den Toten am Kragen und schleppte ihn ins Schützenloch. Ich sah die roten Blutflecken in den Schleifspuren im Schnee. Es gab Zeiten, da habe ich Hitler verflucht. Rück mich nicht in ein falsches Licht, sonst stößt du dich selber in die Dunkelheit zurück. Die Flugzeuge flogen Amok, die Panzer rollten Amok, die Hakenkreuzfahnen wehten Amok im Westwind, die Maschinengewehre erigierten im Amok. Ich möchte den Teil der Lust, den wir im Krieg hatten, nicht abstreiten, ich möchte aber auch das Entsetzen davor nicht verschweigen. Wir stapften im Schnee, dem Vaterland zu Ehren, mit einem nationalsozialistischen Lied auf den Lippen, mein Kamerad in den Tod und ich weiter und weiter im Tiefschnee wie über die blühenden Wiesen, bis ich nach Hause kam. Ich habe nie aufgegeben, obwohl ich manchmal nahe daran war, im Krieg wie auch auf dem Bauernhof. Ihr erinnert euch, daß ich einmal in einer mißmutigen Stunde rief, Ich nehme den Strick und gehe in den Heustadel, ich weiß nicht mehr in welchem Zusammenhang, aber diese meine Worte sind mir im Ohr geblieben. Weil ich auch meine Schwächen spürte, versuchte ich nur meine Stärken zu zeigen. Einen Vater sollt ihr doch haben, der allem widerstehen kann, Gott, dem Aberglauben, den Feinden im Dorf. Kitsch, Kitsch, sagte der Pfarrer, als er den großen Grabstein meines Vaters sah. Ich sagte, daß in der Kirche an Hauptaltar und Nebenaltären seine goldenen Kitschengel herumstehen. Kitsch, Kitsch, rufe ich während der Kommunion, bevor er mir den Leib Christi auf die Zunge legt. Manche Dorfleute verstanden es besser als ich, dem Pfarrer in den Arsch zu kriechen, ihm zu sagen, daß ich der Böse bin, Gebete in ihre Reden zu mischen, um ihre Unschuld zu beschwören. Der Michl wollte einmal nach Südafrika, je weiter vom Dorf weg, desto besser, andere gingen in den Tod, je weiter vom Dorf weg, desto besser, die Martha wollte einmal ins Kloster gehen. Die Stoxreiterwaltraud sagte, daß sie nicht so religiös geworden, wenn sie nicht in diesem Dorf unterrichtet hätte, heute besucht sie

Sträflinge, damals schenkte sie dem Aichholzerfriedl *Die Sklavenkarawane* von Karl May. Bei ihr hast du zum erstenmal die Neunte von Ludwig van und die Schicksalssinfonie gehört, stunden- und tagelang warst du bei ihr, du wolltest nicht mehr aus ihrem Zimmer gehen, du hättest am Fußboden auf dem Schafsfell geschlafen, wenn sie dir diesen Platz angeboten hätte. Sie wohnte beim Aichholzer, und es wäre dir lieb gewesen, wenn sie in deinem Elternhaus gewohnt hätte. Oft hast du davon geträumt, daß sie, die Lehrerin, im Zimmer der Pine wohnt und die Pine wieder zurück zum Aichholzer geht, woher sie als Mädchen gekommen ist. Dort hast du unter ihrem Bücherregal hockend den Béla Bartók, den Tschaikowsky und den Mozart gehört, aus diesem Bücherregal nahmst du die Bücher von Wolfgang Borchert, Camus, Saint-Exupéry, den Hemingway und vor allem den Edgar Allan Poe. In dieser kleinen Bauernstube hast du die Literatur und die Musik entdeckt. Du hattest genug Möglichkeiten, mir, dem Elternhaus und den harten Dorfleuten, ihrem Kampf untereinander und dem Kampf mit der Erde zu entfliehen. Als du siebzehn warst, bist du jeden Samstag nach Spittal zum Kunstmaler Georg Rudesch gefahren, er hat dir Kunstunterricht gegeben. Du hast die Bilder von Picasso, van Gogh, Toulouse-Lautrec, Karl Hofer, William Turner kennengelernt, dort hast du zum erstenmal die Bilder von Modigliani und Hieronymus Bosch gesehen. Der Kunstmaler Georg Rudesch hat dich in die Kunstgeschichte eingeführt, wie dich die Stoxreiterwaltraud fünf Jahre vorher in die Literatur eingeführt hatte. Während die anderen Bauernsöhne von Futtertrog zu Futtertrog gingen, hast du dich über die Bilder von Hieronymus Bosch gebeugt.

Einem, der die Sprache mehr liebt als die Menschen, steht außer der Hölle nichts mehr im Wege. Es ist eine in alle Himmelsrichtungen verlaufende Verzweiflung an der Sprache, die mich vierteilt. Es ist besser in einem Gefängnis zu landen, als sich irgendwo zu Hause zu fühlen, denn wenn ich mich wohl fühle, habe ich keine Lust zu schreiben. Wie ich als Kind mit der Sprachlosigkeit gerungen habe, ringe ich heute mit der Sprache. Ich muß mich durch die Sprache neu erschaffen. Wenn ich nicht schreiben kann, hocke ich bei meinen Totenmasken in der dunklen Zimmerecke und will mich töten, hasse alles und jeden, hasse sogar den Menschen, den ich liebe, hoffe, daß er sich umbringt, und habe gleichzeitig Angst um ihn, sage, daß ich ihn nicht lieben kann, denn ich habe die Sprache verloren und hasse alles und jeden und am meisten mich selber. Obwohl ich weiß, daß der Tod siegen wird, lasse ich mir nicht den Mut nehmen, mein ganzes Leben lang gegen ihn zu kämpfen. Es ist ein aussichtsloser, also grandioser Kampf. Ich trete morgens den Kampf mit der Sprache in der Hoffnung an, abends als Sieger das Tastenfeld zu verlassen, aber jedesmal verlasse ich das Tastenfeld als Verlierer. Die Beschäftigung mit dem Tod erhält mich am Leben, und mein Lebenswille ist so groß, daß ich selbst in diejenigen, die mich ausspotten, weil ich mich ständig mit dem Tod beschäftige, verliebt bin. Wenn mich die Sprache in Buchstaben und Wortfetzen zerrissen haben wird, wünsche ich, daß niemand mehr nach mir fragt. Meine größten Feinde sind inzwischen meine eigenen Sätze geworden. Ich streiche sie durch und unterstreiche sie. Ich lösche sie aus und hebe sie hervor. Beten ist ganz gewöhnlicher Wahnsinn, sagt Tolstoi. Schreiben ist ganz gewöhnlicher Wahnsinn. Du brauchst ja nur statt roter

Tinte Menschenblut in die Füllfeder zu füllen, wenn du mit Blut *Jesus Faktor Negativ* schreiben willst.

Menscher ist auch ein Schimpfwort für Menschen. Unsere Magd, die Pine, nannten sie oft die Menscher. Ruf die Menscher zum Essen. Die Menscher steht mit gefalteten Händen am Friedhof vor einem Grab. Warum hat die Menscher der Onga den Hafer nicht gefüttert? Vor nichts habe ich mich mehr geekelt als vor meinen eigenen Namen. Da ist mir noch lieber, man nennt mich den Menscher. Wissen Sie? fragte ich eine wildfremde Frau auf der Straße. Was? Wissen Sie, wie mein afrikanischer Graupapagei heißt? Wie denn? Unmensch, nenne ich ihn. Unmensch! Sie lachte und faßte mich an der Hand, und wir gingen Arm in Arm in die Tierhandlung und kauften Futter. Ich habe mich nach dem aufheulenden Rettungswagen auf der Straße nicht umgesehen, damit ich sagen kann, daß ich der einzige war, der sich nicht nach dem aufheulenden Rettungswagen umgesehen hat. Versteck dein Leben wie die Katze ihren Dreck, heißt ein Sprichwort. Aber ich zeige mein Leben her und verstecke meinen Dreck wie die Katze. Vor ein paar Tagen habe ich in einer Buchhandlung das Tagebuch eines Diebes gestohlen, damit ich in mein Tagebuch schreiben kann, daß ich das Tagebuch eines Diebes gestohlen habe. Der Buchhändler sagte, daß er die Bücher wie Wurstsemmeln verkauft. Verkauft vielleicht der Fleischhauer seine Wurstsemmeln wie Bücher? Ein junger Dichter beobachtete mich auf der Straße. Ich reagierte wie ein Krüppel, der stehenbleibt, um zu verbergen, daß er hinken muß. Einmal wollte ich meine Schreibhand auf die Schiene legen, warten, bis der Zug drüberfährt, und mit dem blutigen Armstumpf winken. Zum sprachfeindlichen Germanisten sagte ich, daß ich von ihm noch ein großes

Plädoyer für eine nonverbale Literatur erwarte. Über Literatur reden ist etwas anderes als schreiben, wie über den Tod schreiben etwas anderes als sterben ist. Aasgeier! Wie schmeckt dir dein eigenes Fleisch und Blut? Haben die Hunde ihre Knochen schon bekommen? Mich haben sogar schon solche ausgelacht, die keine Zähne haben. Verschiedene Wortzusammensetzungen hasse ich wie die Pest, Vater*land, Heimat*liebe; *Vater*land, Heimat*liebe*. Aber auch sprichwörtliche Redensarten wie, Das hasse ich wie die Pest, hasse ich wie die Pest. Außerdem habe ich keinen Grund die Pest zu hassen, ich habe nie darunter gelitten oder mich darüber gefreut. Der Sprachwissenschaftler erzählte, daß ein französischer Soziologe mit einem Stoß Bücher, den er umarmend an seinem Leib hielt, aus seinem Arbeitszimmer in den Tod gesprungen ist. Sofort überlegte ich mir, mit welchen Büchern ich in den Tod springen würde. Ich ging die Bücherreihen meiner Bibliothek ab.

Gehen Sie hundert oder zweihundert Meter weit von mir weg, sagt der Maler Georg Rudesch, ich kann nur malen, wenn ich alleine bin, und ich gehe und blicke mich dann und wann um und sehe, wie er sich inmitten der Landschaft zu drehen beginnt, wie er sein Motiv aussucht, wie er sich allmählich in sich kehrt und ich aus seiner Gegenwart verschwinde. Als der Staudamm im Maltatal errichtet und damit die Hälfte seines Malreviers zerstört wurde, weinte er um seine Landschaft. Kilometerweit spazierten wir am Stausee entlang. Ich sah, wie er seinen Blick melancholisch auf die Wasseroberfläche des Stausees heftete und seine unter dem Wasser liegende Landschaft sah. Seit Jahrzehnten geht er ins Maltatal und malt immer dieselben Hügel, Landstriche, Bäume und Berge. Als mein Vater erfuhr, daß ich Georg Rudesch öfter besuche, sagte er einmal bei Tisch, Er soll dich doch als Sohn adoptieren. Er wußte nicht, daß ich mich dem Maler Georg Rudesch längst näher fühlte als meinem eigenen Vater. Ich stellte mir vor, wenn dieser Kunstmaler meine Mutter geheiratet hätte, wäre ich der Sohn eines Mittelschulprofessors und Malers und nicht der Sohn eines Bauern. Nachdem wir mehr als zehn Jahre lang befreundet waren, fragte ich ihn, ob wir uns nicht duzen könnten. Die Leute, mit denen ich per du bin, mag ich eigentlich gar nicht, sagte der Maler Georg Rudesch.

Die Kurorte Seeboden und Millstatt haben keinen Friedhof, alle Toten aus der Umgebung sind hier in Seebach begraben, erzählte er mir in der Leichenhalle, als wir auf eine eingesargte Frau blickten. Die Kurgäste und die Kranken dürfen nicht auf Friedhöfen spazierengehen. Vor dem Altar stehend sahen wir, wie die Ministranten in der Sakristei ihre Mäntel auszogen und wie der Pfarrer die Geschenke scheu eintretender Bauersfrauen entgegennahm. Jede wollte in seiner Gunst stehen, jede hoffte, daß sie alleine dem Pfarrer den Osterschinken, die Ostereier und das Osterbrot bringt. Die Kirche ist vor wenigen Monaten restauriert worden, erzählte die Kirchendienerin. Diese Fresken sind erst während der Restaurierung zum Vorschein gekommen, man hatte die Mauer, bevor sie neu eingeweißt wurde, abgekratzt, und dabei tauchten diese Fresken auf. Der Maler hielt einen Zwanzigschillingschein bereit, und die Pfarrdienerin erzählte bereitwillig weiter. Sie zeigte uns den Nebenaltar, Ist er nicht schön? Dieses Kruzifix hing früher an der Kirchenmauer, aber wir haben es hereingenommen, es war der Witterung ausgesetzt und hat darunter gelitten. Das Kruzifix ist uralt. Ist es nicht schön? Der Maler und ich nickten, ohne daß wir ihr recht geben wollten. Einmal kniete ich in einer Spittaler Kirche am Speisegitter neben ihm, blickte auf seine Lippenbewegungen und auf seine kindlich gefalteten Hände. Mit Tränen in den Augen sah ich, daß dieser Mensch tatsächlich betet, Gott anruft und mit ihm spricht. Ich lese Ihre Romane einfach nicht, ich könnte Ihre Blasphemien nicht ertragen, aber das ändert nichts an unserer Freundschaft, sagte der Maler Georg Rudesch. Ich habe meinem toten Vater zum Abschied die Hand auf die Brust gelegt, sagte er, und dabei einen eigenartigen Hohlraum gespürt. Ich glaube, daß sie ihm im Krankenhaus das Herz und die Lunge herausgenommen haben, das weiß man ja nicht genau, aber ich habe mich erschrocken, als meine Hand auf seiner Brust einsank. Auf die Totenmaske seines Vaters blickend erinnere ich mich, wie der Maler nach meinen Störversuchen im Staatsbürgerkundeunterricht einmal die Linealkante auf meinen Schädel hämmerte.

Maximilian der Erste, erzählte der Maler Georg Rudesch, hat sich auf dem Totenbett die Zähne ausbrechen lassen. Er hatte genaue Vorschriften für die Prozeduren hinterlassen, die mit seinem Leichnam vorgenommen werden sollten. Seine Leiche wurde weder ausgeweidet noch einbalsamiert. Kopf- und Barthaare wurden ihr geschoren, die Zähne ausgebrochen und auf glühenden Kohlen auf dem Friedhof verbrannt. Danach wurde der Leichnam gegeißelt und schließlich zusammen mit ungelöschtem Kalk in eine dreiteilige Sackhülle gesteckt. Die erste Hülle dieses Sackes war aus grober Leinwand, die zweite aus weißer Seide und die dritte aus Damast. Zuvor wurde der Leichnam noch im Sarg ruhend dem Volk gezeigt.

Als ich ihm erzählte, daß eine große, mit vier rostigen Eisenringen versehene Steinplatte auf der Gruft von Friedrich Hebbel liegt, und ihn fragte, ob vielleicht noch ein paar Knochen vorhanden sind, sagte er, Aber Sie werden die Gruft doch nicht öffnen wollen. Er sagte, daß auf dem Bahnhof in Rosenbach ein Irrer mit einem Wägelchen herumläuft, der dem van Gogh sehr ähnlich sieht. Wir werden hinfahren und ihn ansehen, sagte ich. Er lachte heftig und sagte, Ich kann Ihnen natürlich nicht versprechen, daß er dann wieder auf dem Bahnhof sein wird, aber wir fahren nach Jesenice weiter, das ist mein Geburtsort, dort zeige ich Ihnen die Schule, in der ich war. Mein Geburtshaus ist leider schon abgerissen worden, das tut mir sehr weh.

Auf einem Bild in der Kronenzeitung sah er, wie der Leichnam John Lennons in einen Plastiksack gepackt weggetragen wurde. Zwei Milliarden Schilling hat dieser Mensch, sagte er, und dann wird er in einem schwarzen Plastiksack weggetragen. Er berichtete von einem Doppelselbstmord zweier Jungen aus Spittal, seinem Wohnort. Sie waren von Spittal nach Stuttgart gefahren und hatten auf »einem einsamen Waldweg aus Liebeskummer«, so die Tageszeitung, die tödlichen Auspuffgase ins Innere ihres Wagens geleitet. Als der Maler vom Doppelselbstmord erfuhr, rief er in Klagenfurt an und wollte mir das Ereignis sofort mitteilen, aber ich war zehn Minuten vorher außer Haus gegangen.

Während ich jetzt von der in der letzten Zeit in Kärnten ausgebrochenen Doppelselbstmordepedemie berichten und sagen will, daß sich zwei Brüder, der fünfundzwanzigjährige Arnold K. und der achtzehnjährige Herwig K., Bauernsöhne aus Dragelsberg bei Himmelberg, auf einem Forstweg in einem Auto gemeinsam mit einer »typischen Wildererwaffe«, wie es die Gendarmerie bezeichnete, erschossen haben, drängt sich immer wieder die Vorstellung dazwischen, wie ich meine weiße Gipslebendmaske aufsetze, die Clownlarve mit der roten Nase und den lockigen, blonden Haaren über das Haupt spanne und die beiden Buben durch den Wald trage. Ich trage die Brüder, wie ich Jakob und Robert durchs kruzifixartige Dorf getragen habe und tragen werde, bis mich die beiden Bauernsöhne aus Himmelberg und Jakob und Robert auf ihren Schultern über den lotrechten Balken eines kruzifixartig gebauten Dorfes tragen werden. Während ich sage, daß sich in der Nähe eines Einschichthofes im Gitschtal der dreiundzwanzigjährige Bäckergehilfe Herbert L. und seine fünfzehnjährige Freundin Sabine S. gemeinsam umbrachten, indem sie Auspuffgase einatmeten, sitzen sie im Auto und warten darauf, bis ich mit meiner weißen Lebendmaske und mit einer Clownlarve mit der roten Nase und den lockigen, blonden Haaren vors Auto trete und ihnen die Totenmaske abnehme. »Sie starben wie Romeo und Julia«, schrieb die Volkszeitung. Mit Lebendmaske und Clownlarve stehe ich in Zauchen vor dem Haus eines einundsechzigjährigen Mannes und seiner einundfünfzigjährigen Frau, die sich gemeinsam auf dem Dachboden erhängt haben. Der Mann war Kellner im Villacher Café Europa und hatte dem Maler Georg Rudesch und mir oft Kaffee und Mineralwasser serviert.

Ich habe gehört, daß sich kürzlich in der Steiermark ein Junge nach einem Streit mit seiner Mutter in Anwesenheit seiner kleinen Geschwister erhängt hat. Die Kinder liefen zur Mutter und riefen, Er hat sich aufgehängt, er hat sich aufgehängt. Die Mutter glaubte an einen Scherz und ließ ihn hängen. Erst am nächsten Morgen fand der Bauer den Jungen hängend im Heustadel.

In meiner Studentenzeit habe ich manchmal Aufputschmittel genommen, sagte der Maler. Welche Folgen, fragte ich, hat das für den Körper. Wenn man mit einem Auto ständig mit überhöhter Geschwindigkeit fährt, geht es früher kaputt als ein anderes. So ist es, wenn Sie dieses Präparat einnehmen, sagte er und ging weiter den Pfad im Fichtenwald entlang. Niemals, schworen wir einander, werden wir auch nur einen einzigen Baum umschlagen. Die Totenmaske der Landschaft! sagte der Maler Georg Rudesch, mit seinem Finger auf den Schnee deutend. Ich halte es in Wien nur mit dem Gedanken aus, daß auch Friedrich Hebbel hier jahrelang gelebt hat und auf dem Matzleinsdorfer Friedhof begraben ist, sagte ich zu ihm. So etwas dürfen Sie natürlich nur zu mir sagen, sagte er daraufhin.

Ich suche in der Stadt immer nur das Land, sagte ich, das kleine Fleckchen Erde im nächsten Park. Dort sitze ich abends, wenn es dämmert, und denke daran, wie mein Bruder und ich abends am Ufer der Drau saßen und den Vater nachäfften, schrien, wie er mit uns geschrien hatte, und mit einer Haselnußrute einen Baum schlugen, bis er nach Harz roch. Jetzt habe ich keine andere Möglichkeit, als nachts mit einer Decke in den Park zu gehen und mich für ein paar Stunden, wenn die Verkehrsruhe eingetreten ist, niederzulegen, die Erde, die Gräser und das Unkraut zu streicheln und zu würgen. Als Kind ging ich öfter mit einer Decke in die Auen und legte mich in einem Getreidefeld schlafen. Wenn ich länger in dieser Stadt lebe, beginne ich noch einmal, Erde zu essen. Ich ertrage den Stadtlärm nicht, wie ich damals im Dorf den Lärm der landwirtschaftlichen Maschinen nicht leiden konnte. Es ekelte mich jedesmal an, wenn ein Bauer eine neue Maschine gekauft hatte und wenn sonntags nach der Messe alle Bauern um diese Maschine herumstanden und sie wie eine Statue betrachteten. Hätten sie doch einmal mit solcher Neugierde ein neugeborenes Kind nach der Taufe betrachtet.

Ich werde aufs Land zurückkehren, auf die Berge meiner Kindheitsumgebung, und von dort das Heimattal betrachten, wahrscheinlich werde ich bald danach wieder für ein paar Monate in eine Stadt hineinfliehen und wieder aus der Stadt in die Landschaft flüchten und wieder in die Stadt flüchten und wieder aufs Land flüchten. Ich werde mich wie ein Raubtier jagen. Noch bin ich nicht ausgestorben. Manchmal gehe ich in den Park, um die im Schnee gehenden Krähen zu sehen, um ihre Schreie zu hören, die mich an die Krähenschreie meiner Kindheit erinnern. Als ich in Wien Ausschnitte aus dem Rossifilm *Christus kam nur bis Eboli* sah, habe ich im Fernsehzimmer eines Hotels zu heulen begonnen. Einerseits aus Freude, weil ich die Bauern und die Landschaft wiedersah, aber auch aus Wehmut, an die in die nebelige Landschaft gebundene Melancholie des Kindes, das ich war, denkend.

In Hellas, einem griechischen Lokal in Wien, brachte mir der Ober mit der bloßen Hand ein Stück Brot zum Schafskäse. So eine Frechheit, rief die Frau am Nebentisch, er bringt das Brot mit der bloßen Hand. Ich nahm das Brot, zerbrach es und führte ein Stück an der angebrochenen Stelle zum Mund. Was? Sie essen dieses Brot? Ein versoffenes Mädchen beugte sich über mich und fragte, ob ich ein paar Schilling für sie hätte. Ich gab ihr ein Zehnschillingstück und blickte dabei schamvoll zur Seite. Ich hatte Angst, daß sie sich unterwürfig bedanken wird. Die Frau, die mich heute auf der Straße im Vorbeigehen streifte, entschuldigte sich mehrmals und bat mich tatsächlich um Verzeihung. Danke, sagte ich, ich danke Ihnen, weil Sie mich berührt haben.

Sie hat dem Toten, der sich mit einem Hanfstrick erhängte, die Krawatte geöffnet, bevor sie ihn vom Strick nahm. Die Perlen hat sie in den hohlen Knochen ihres toten Mannes versteckt. Wenn ich sterbe, sagte sie, wird Jesus in mich dringen und mit meinem Fleisch und Blut das ewige Leben erschaffen. Sie, die vor fünfundzwanzig Jahren ein Embryo war, erwartet jetzt ein Baby. Er hat mich um die Freundschaft gebeten, nur damit er um mich herumschwänzeln, meine verwundbaren Stellen suchen und im richtigen Augenblick zuschlagen kann. Die für ein Künstlerleben wichtige Gefängniserfahrung gönne ich ihm nicht. Ich lege keinen Wert darauf, daß er ein Verbrechen begeht, das ihn ins Gefängnis führt. Ich weiß, daß du mich eingeladen hast, damit du mich in Anwesenheit illustrer Gesellschaft hinauswerfen kannst, aber gerade deswegen habe ich die Einladung angenommen.

Bei der Statue des Heiligen Vinzenz von Paul, der sich für einen Sträfling auf die Ruderbank setzte, habe ich in einer Wiener Kirche zwei Kerzen angezündet. Die auf einen Haufen zusammengeworfenen Goldzähne der Toten aus den Konzentrationslagern wurden geschmolzen, zu Goldbarren geformt und werden seither im Keller der Wiener Nationalbank aufbewahrt. Ich habe die Totenmasken verbrannt, die Asche in Tablettenröhrchen gefüllt und in die Donau geworfen. Eines Tages werden alle Fische in der Donau Totenmasken tragen. Den Hof des Krankenhausgebäudes überquerend blickte ich durch ein Fenster und sah aufgestapelte weiße Totenpolster. Ich ging schnell weiter, aber nach zehn Schritten machte ich kehrt, um sie näher zu betrachten. Wenn ich sterbe, werden sich alle Tiere dieser Welt in Menschen verwandeln. *Werther* nenne ich meine Pistole. Ich höre mein Herz in einer Eidechsenbrust schlagen. Heute nacht bin

ich nicht schlafen gegangen, weil ich Angst hatte, daß ich nicht mehr aufwache. Jeder Tag könnte mein letzter sein, deshalb muß ich jeden Tag alles schaffen. Wenn ich eine Pflanze werden will, wachse ich einfach aus meinem toten Körper. Nachdem ich einen Pfirsich auseinandergebrochen hatte, dachte ich, auf das Fruchtfleisch blickend, an das Innere meines Kopfes. Ich schloß den halbierten Pfirsich wieder und wickelte einen hautfarbenen Streifen Leukoplast um ihn. Manchmal sehe ich in einem bloßen beschmutzten Kaffeelöffel meinen Feind. Langsam erhebe ich mich vom Stuhl und gehe rückwärts, damit ich ihn beobachten kann, wenn er auf mich aufmerksam wird, aus der Küche. Der Staatsanwalt hebt das auf den Boden flatternde Vierklee im Gerichtssaal auf und legt es in sein Paragraphenbuch zurück. Ich sehe einen vietnamesischen Soldaten mit verzerrtem Gesicht, der ein kleines Paket in der Hand hält, auf dem steht, daß sich in diesem Paket der Leichnam eines Kindes befindet. Bei genauerem Lesen entdeckt der Soldat, daß es sein eigener Sohn ist, den er als Paket verschnürt und zur Beerdigung freigegeben in den Händen hält. Wie Efeublätter sehe ich die gespaltenen Zungen österreichischer Politiker sich um ein Gefängnis ranken. Der Paarlauf zweier Polizisten auf dem zugefrorenen Wörthersee!
Die Tanne ist gestern vor mir niedergekniet, hat ihre Äste gefaltet und mich angebetet. Ich habe eine Hacke genommen und ihr die Äste, die mich angebetet haben, abgeschlagen. Wann werden wir endlich anfangen, die Büsten toter Holzfäller in den Fichtenwäldern aufzustellen. Ein Kind, das Storchenblut trinkt. Heute nacht habe ich im Traum Judas geküßt, der Jesus verraten hat. Daß ein Zwerg einem Riesen nicht gewachsen ist, hätte der biblische David beweisen können. Der Krüppel erzählte

so rauschhaft von der Schönheit seiner Frau, daß ich selber ein Krüppel sein wollte, um eine schöne Frau lieben zu können. Plötzlich deprimiert, weil ich seit einiger Zeit keine Selbstmordgedanken habe. Was hast du mit mir vor, außer, daß du mir die Haare schneiden willst? Mir ist bekannt, daß viele Henker Friseure waren, bevor sie Staatsdiener wurden. Du darfst den Dieben nichts stehlen, Diebe waren Bestohlene, bevor sie zu stehlen begannen. Nicht der Verfolgte leidet unter Verfolgungswahn, sondern diejenigen, die ihn verfolgen. Gestern ist mein Paket mit den Lebkuchenherzen an den berühmten afrikanischen Herzverpflanzer abgegangen. Die Totenmaske Frankensteins. Auf einem Sarg, der zu Grabe getragen wurde, war eine Autonummerntafel montiert. Ich hasse Autofahrer, die glauben, daß sie stärker sind als der Tod. Vier Milliarden Menschen stehen um den Erdball Schlange. Hinter dem letzten Menschen steht das erste Tier und wartet auf mich. Neben den Hufabdrücken eines am Meeresstrand dahingaloppierenden Pferdes fand ich das Skelett eines Seepferdchens. Vor wenigen Tagen sah ich gegen drei Uhr morgens alle Menschen dieser Welt mit einer brennenden Kerze eine Straße lang gehen. Als ich das Licht längst ausgedreht hatte, glaubte ich, daß auf dem Boden und auf der Bettdecke Klapperschlangen herumliegen. Ich zuckte zusammen, aber statt daß ich meinen Körper unter der Decke versteckte, entblößte ich ihn für die Schlangen.

Die Möbel in der Wiener Wohnung warf ich um, Stuhl und Tisch, ich hatte bereits die Hacke in der Hand, um meine Schreibmaschine zu demolieren, den Kasten zu zertrümmern, in dem die Kleider hingen und wo meine Seele als Stecktuch aus dem schönsten Anzug blickte. Alles sah ich in grotesker Verzerrung. Ich wollte die

Hacke weit über meinen Kopf heben, mich auf die Zehenspitzen stellen und sie tief in dieses Manuskript hineinsausen lassen, bis Blut herausrinnt, aber ich lag am Boden und wälzte mich schreiend von der Tür zum Fenster und wieder zurück. Am Vortag war ich mit dem Maler Georg Rudesch durch die Wälder gegangen, kaum kam ich in die Stadt, begann ich in meinem Zimmer zu randalieren.

Schnee fiel, finster war es und wir tasteten uns zwischen den Schneeflocken vorwärts, den Weg, den wir seit dem Sommer des vergangenen Jahres kannten, weiter und weiter. An der Wegbiegung gegenüber dem Heustadel sahen wir, daß dem großen Kruzifix der Körper des Gekreuzigten fehlte. Ich fragte die Frau Thaler, ob man ihn heruntergenommen hat, um ihn vor der Kälte zu schützen. Sie sah mich erstaunt an und gab mir keine Antwort, sondern fluchte vor sich hin, Diese Schweine, jetzt haben sie ihn wieder, wird sich aber die gnädige Frau ärgern. Ist er denn nicht ins Haus genommen worden? Aber nein, sagte sie, er ist gestohlen worden. Wenn ich am leeren Kruzifix vorbeigehe, stelle ich mich hin, strecke die Hände und blicke mit der Erntedankkrone auf dem Kopf in den tiefverschneiten Fichtenwald hinein. Pilatus! Peitsch mich über die schneebedeckten Wiesen und Äcker, schlag mich halbtot, ich will weder ganz am Leben, noch ganz tot sein.

Die Kinder haben fürchterlich geschrien, als sie den erhängten Vater im Badezimmer sahen, erzählte mir der Kaufmann des Dorfes. Seine Frau wollte ihn wachrütteln, sie konnte sich nicht vorstellen, daß er tot war. Er sieht doch gar nicht wie ein Toter aus, soll sie gesagt haben. Sie hockte neben ihm und streichelte seine Hände, bis die Leichenstarre in seinen Körper trat. Als wir im Schneefeld auf einem Schihügel nach dem besten Platz suchten, um den Friedhof und das Geschehen während des Begräbnisses überblicken zu können, sahen wir vor dem Friedhofstor einen Lieferwagen mit lauter blutigen Knochen und Rippen stehen. Nachdem die Kirchenglocken den Toten ausgeläutet hatten, setzte sich der bunte Leichenzug in Bewegung und kam über das Schneefeld an den Friedhof heran. Der Lieferwagen mit den blutigen Rippen und Knochen entfernte sich vom Friedhofstor. Wir sahen die Kleinkinder des Toten, die lässig einen Blumenstrauß tragend hinter dem Sarg hergingen. Wir hörten die Worte des Priesters, die er am offenen Grab auf den Kopf des Selbstmörders zurief, Du sollst nicht töten, weder einen anderen, noch dich selbst.

Auf einem Spiegeltisch steht ein silberner Kerzenständer mit drei Kerzen, die linke und rechte etwas tiefer, wie auf einem Sportsockel, der Sieger in der Mitte, der zweite und dritte links und rechts. Ich beobachte das Schauspiel ihres Kleinerwerdens. Wenn sie klein und plump sind, hänge ich ihnen die verdienten Medaillen um den Kerzenhals. Der schwarze Docht ist das Zeichen ihrer Erschöpfung

Im Flur liegen auf einem großen Holztisch Kompositionen. Ein Rhythmus fehlt mir noch, sagt der Komponist, nur einer. Ich laufe im Ort herum und suche ihn. Die Vögel stören mich. Ich habe in ihrem Gesang Rhythmen entdeckt, die meine Kompositionen nicht ertragen können. Ich rede nicht mit dem Musikprofessor oder mit dem Bürgermeister, ich rede mit dem Knecht vom Nachbarhaus, ich lade ihn ein. Seine kotbehangenen Schuhe tragen Musik in sich. Dem Knecht und mir spielt er eine Mozartsonate vor. Seitlich sitzend beobachte ich den Knecht. Das geht einem in Fleisch und Blut über, sagt der Knecht. Andächtig, fast mit geneigtem Kopf steht der Knecht vor dem Klavier. Seine Augen strahlen vor Traurigkeit. Er wagt nirgendwo Platz zu nehmen. Jeder Stuhl, so glaubt er, ist zu schön für seine beschmutzte Hose.

Nachdem der Maler Georg Rudesch von meinen Gesichtszügen zwölf *Fiktive Totenmasken*, wie wir sie nannten, mit der Kohle aus dem Kachelofen angefertigt hatte, bat ich ihn darum, daß er auch von Jakob und Robert eine fiktive Totenmaske zeichnen möge. Er fragte mich, ob er auf meine Fiktive Totenmaske Lorbeerblätter zeichnen solle. Ich lachte und sagte, Nein, meinte aber, Ja, bitte. Als er vom Schneeberg abreiste, nahm er die Totenmasken mit nach Hause, Ich werde sie fixieren, dann schicke ich sie Ihnen, sagte der Maler Georg Rudesch.

Ich läutete im Prostituiertenhaus an, eine Alte kam heraus, die sofort ihre geöffnete Hand herhielt. Ich wußte, daß ich ihr zehn Schilling Eintrittsgeld geben muß. Gehns rauf, sagte sie, und ich ging die Stiege hinauf, streifte mit einer Hand die rosarot tapezierte Wand und hörte das Aufgehen mehrerer Türen. Kokett standen, noch bevor ich die letzten Stufen überwunden hatte, ein paar Damen auf dem Gang und redeten weiter, als wäre niemand gekommen. Ich nickte einer, die einen blauen Morgenmantel trug, zu und ging schnell in ihr Zimmer. Ich wollte selbst den Huren nicht zeigen, daß ich mit einer Hure schlafen werde. Eine Hure ist im Dorf etwas Schändliches wie ein Schwuler, genauso wie einer, der mönchisch asketisch lebt, alle sind sie dem Spott der Dorfleute ausgeliefert. Wenn sie nur wüßten, daß ich in Frauenkleidern auf den Schneeberg gehe und unter dem Gipfelkreuz stehend auf das Drautal und auf meinen

Heimatort blicke, wenn sie nur wüßten, daß ich als Transvestit durch den Schlachthof gehe und auf Friedhöfen rumsteige, in einer Bar auf dem Klo vor einem jungen Transvestiten knie und seine Strümpfe aus den Knöpfen seines Mieders löse, seine Frauenunterhose runterziehe, meinen Kopf auf seinen Schoß lege und in der Toilettenzelle zu heulen beginne. Sie sollen es wissen. Ich werfe ihnen meine Existenz wie ein Stück Kalbfleisch auf den Tisch.

Während der Pubertätszeit wollte ich mir einmal Arsenik kaufen, da ich hörte, daß magere Tiere mit Arsenik gefüttert und davon dicker werden. Ich wußte aber auch, daß eine Überdosis Arsenik tödlich sein kann. Ich wollte zur Apothekerin gehen und sagen, daß der Vater für ein mageres Tier Arsenik braucht. Oft stand ich vor ihr und ihrer silbernen Apothekerwaage, als ich für die Mutter die Medizin holen mußte, und überlegte mir, ob ich sie nach dem Arsenik fragen soll oder nicht. Später habe ich mir Muskelpräparate, die ich in Pillenform einnahm, aus Deutschland bestellt. In Villach mußte ich aufs Zollamt gehen und eine Unbedenklichkeitsbescheinigung, wie es das Zollamt nannte, vorlegen, aber ich hatte nicht den Mut, einen Arzt danach zu fragen. Sah ich auf der Straße gutgebaute Jungen, blickte ich mich nach ihnen um, bis ich mich in einen Jungen verliebte. Ich schämte mich meines mageren Leibes und ging deshalb jahrelang in kein Freibad. Jahrelang trug ich den roten Ministrantenkittel. Ich wollte diesen roten Ministrantenkittel auch auf dem Feld bei der Heuernte tragen. Ich wollte mit diesem roten Ministrantenkittel die Kirchenblätter von Haus zu Haus tragen. Ich wollte den schwarzen Ministrantenkittel zu meiner Werktagskleidung machen. In der Kirche saß ich als Vorbeter auf der Frauenseite, neben der

Pfarrermarie. Man wird nicht als Homosexueller geboren, sagt Sartre, aber man kann, je nach den Ereignissen und den Reaktionen darauf, ein Homosexueller werden. Alles hängt davon ab, wie man auf das antwortet, was einem von anderen angetan wird. Homosexualität, so Sartre, ist etwas das von einem Kind in einem entscheidenden Moment, einem Moment des Erstickens, entdeckt oder erfunden wird. Meine Eltern haben das Wort Homosexualität nie gehört. Sie wußten nicht, wer ich als Kind war, und sie wissen nicht, wer ich heute bin. Es war schön, von Männern geliebt zu werden, die meine Väter hätten sein können. Läge doch der Samentropfen, aus dem ich wurde, wie ein Tautropfen auf einem japanischen Kirschzweig.

Warum sollte ich nicht zu Boden sinken, wie ich als Kind einmal willig, einmal widerwillig auf die Knie ging, die Füße des Gekreuzigten geküßt habe, und jetzt deine Füße küssen. Sie riechen nicht nach Jesu Blut. Vielleicht riechen sie nach Schweiß, dann nehme ich Jesu Schweißtuch und säubere sie. Einmal wollte ich mir während des Laufes, aus Freude über meine Liebe zu dir, in der Hitze der Bewegungen ein Messer in die Brust stoßen. Während ich mich vor deine Füße werfe, hoffe ich, daß mich im Fallen ein hervorstehender Fußbodennagel ins Herz trifft, für meine Unterwürfigkeit werde ich mit dem Tod bestraft. Ich sah, daß ein Neger das noch zuckende Herz einer getöteten Ziege auf seine herausgestreckte Zunge legte. Warum sollte ich einen toten Menschen, den ich liebe, nicht aufessen. Die Tiere fressen sich untereinander doch auch auf, wenn sie sich auch nicht lieben. Wenn du ein Tier mehr liebst als einen Menschen, dann will und kann ich dir nicht mehr helfen, dann sollst du am Tier sterben. Bist du mir böse, wenn ich dir manchmal den

Tod wünsche? Bewundernd bleibe ich vor dem Pferd, das seinen Kopf im Lauf senkt und hebt, stehen. Sein Rücken ist wie ein schwingendes Wellblech. Erdbrocken fallen von seinen Hufen. Wie verkehrt stehende Federkiele, von denen schwarze Tinte rinnt, stehen die Fichten am Waldrand. In einer unfrequentierten Straße sind wir gegangen, um uns ungesehen umarmen zu können. Neidig bin ich den Mädchen und Jungen, die im Freien auf einer Bank sitzen und sich umarmen, sagte er. Hand in Hand gingen wir in Assisi unter den Olivenbäumen den Feldweg entlang. Der Mann im vorbeifahrenden Auto schlug seine Hand an die Stirn und kicherte über die beiden, aber wir gingen weiter. Der, den ich liebe, hat mir die Lebendmaske abgenommen, ohne ihn würde ich nicht mehr leben, sagte er.

Als ich die rauhe Stimme des Transvestiten hörte, dachte ich an ein rauhes Papier, auf das ich ein Liebesgedicht schreibe. Die Feder kratzt, die Schriftzüge werden dikker, Papierfasern haben sich in der Feder verfangen. Ich fühle wie eine Frau, sagte der Transvestit. Aber wie fühlt eine Frau?

Einmal habe ich einen Strichjungen mit nach Hause in die Tarviserstraße genommen. Er war vollkommen betrunken, so daß ich ihn, während wir im Regen die Straße entlanggingen, stützen mußte. Zu Hause angekommen, fiel er sofort aufs Bett. Während er schon schlief, kleidete ich ihn aus und deckte ihn zu. Da ich nur ein Bett hatte, schlief ich auf dem Fußboden. Aus dem Kasten nahm ich die Schmutzwäsche, um eine bessere Unterlage zu haben. Ich war vollkommen glücklich, auf dem Boden schlafen zu können, während er in meinem Bett lag.

Bevor ich dich an irgendetwas hindere, gehe ich lieber mit bloßen Füßen auf einem Rasierklingenfeld spazieren, sagte er heuchlerisch zu dem Jungen, dessen nackter Leib auf dem kalten Altarstein einer halbzerfallenen Kirche lag. Er preßte meine Lippen fest an seinen Oberschenkel, damit er kein Wort mehr sagen konnte.

Ich blase oder wichse den Schwulen nur eines runter, sagte der Strichjunge, dann verschwinde ich wieder mit ein paar Hundertern. Was soll ich sonst tun. Glaubst du, ich geh arbeiten. So verdien ich mein Geld leichter, wenns auch manchmal ein grausiger Job ist. Kommst mit, fragte ihn eine Prostituierte am Naschmarkt, ich will dich verwöhnen, kommst mit. Dreihundert Schilling und ich verwöhne dich. Ich will nicht verwöhnt werden. Du bist der erste, der nicht verwöhnt werden will, sagte sie höhnisch und drehte sich von mir weg. Mit Michael ging er einmal Arm in Arm aufs Moser-Verdino zu, an dessen Ecke eine Hure stand und sie ansprach. Wir sind schwul, sagte er. Die Hure lachte und sagte, Dann ist o.k.

Der Transvestit zieht sich die Unterhose so aus, wie sie ihm ein anderer, der vor ihm hockt, ausziehen würde, dann glaubt er, daß er nicht mit sich alleine ins Bett gehen muß, er greift mit der linken Hand nach seinem Schwanz und sucht mit der rechten nach dem Stiel der Hacke. Wenn ich nach einem Besuch in der Bar alleine nach Hause gehe, mache ich aus Enttäuschung die quälende Handbewegung, bis mein Bauch feucht und warm ist, sagte er. Aus einem weißen Blatt Papier habe ich eine männliche Gestalt herausgeschnitten und mit schwarzer Tinte ein erotisches Gedicht draufgeschrieben. Rosen habe ich gegen die Liebe gekauft und meinem Feind geschickt, weil Rosen die Liebe verkitschen. Er zählte mir ein paar Namen von Schwulenlokalen auf, Alfies Goldener Spiegel, Tazio, Dorian Gray, Petit Fleur, Kleist-Casino, David Club, George Sand.

Während eines Films von Buñuel, in dem es um eine Prostituierte ging, onanierte ich, weil meine erste Frau eine Hure war. Ich erinnerte mich an die Zeit, wo ich auf der Villacher Bahnhofstoilette saß und die Klopfzeichen der anderen Jungen, der Lehrlinge und Schüler beantwortete, durch die Löcher der Holzwand blickte und jeden Abend einen anderen Jungen sah, der auf der Klomuschel saß, die Beine gespreizt und den Schwanz in der Hand. Die löchrigen Holzwände sind inzwischen durch Eisenwände ausgetauscht worden.

Auf den Zweigen eines Christbaumes, der noch Mitte Jänner im Schaufenster beleuchtet war, hingen die ausgesuchtesten Busenhalter, Damenunterhosen, Nylonstrümpfe und Mieder. Frohe Weihnachten stand auf einem Schild, das an der Christbaumspitze von einem Engel gehalten wurde.

Im Supermarkt frage ich einen neben der Rolltreppe stehenden Verkäufer, wo die Damenabteilung ist. Als ich erkannte, daß es kein Verkäufer, sondern eine Puppe war, die ich angesprochen hatte, wollte ich im ersten Schrekken schreiend aus dem Supermarkt laufen. Nehmen Sie diese Unterhose, sagte die Verkäuferin, die ist ganz entzückend. Hat ihre Freundin dieselbe Größe wie ich? Jedesmal zittere ich, wenn ich ein Damenwäschegeschäft betrete. Wenn ich allzulange in der Wäsche herumkrame, rufe ich entrüstet, Sie soll sich doch selber ihre Kleider aussuchen, ich weiß ja nicht, was sie will.

Gegen seine Blutarmut verschrieb ihm der Arzt Eisentabletten. Nach und nach schluckte er die Hälfte der Tabletten, den Rest ließ er verfaulen. An ihren Flecken sah er, daß diese Eisentabletten tatsächlich rostig wurden. Er legte schon als Kind keinen Wert darauf, gesund zu werden, er wollte blutarm bleiben. Er hatte Angst, daß sein Vater verunglücken könnte. Wer wird mir Angst machen, wer wird mich ausstoßen und züchtigen? Ich brauche die Angst und die Züchtigung. Ohne Angst und Schmerzen kann ich nicht leben.

Er hat ein weißes, wie sie sagten, *blutloses* Gesicht, dafür war sein ältester Bruder braun und rot im Gesicht. Vielleicht, so dachte er manchmal, hat mein Bruder zuviel, was ich zuwenig habe. Ein Pferd im Dorf nennen sie das *Vollblut*. Einen Mestizen nennen sie das *Halbblut*. Mich nennen sie den *Blutarmen*.

Sah er in der Bunten Illustrierten das Bild von einem Ermordeten, blickte er zuerst auf die Blutlache, bevor er das Gesicht des Toten näher betrachtete. Fand er auf der Straße einen Blutflecken, ging er ängstlich davon, als habe er, wie er es öfter nannte, den *leibhaftigen* Tod gesehen.

Bring *Blutorangen* mit nach Hause, flüsterte ich der Mutter zu, wenn sie nach Villach zum Nervenarzt fuhr, Blutorangen, Mutter.

Die Tante des Blutarmen blätterte die Zeitung von hinten auf, um zuerst die Todesanzeigen zu lesen, bevor sie sich über die aktuellen Greueltaten informierte. Schlug er ein Gesundheitsbuch auf, so suchte er als erstes die Beschreibungen unter dem Stichwort *Blut*.

Nachdem er in einem Naturgeschichtebuch las, daß die Schlangen Kaltblüter sind, träumte er oft von ihnen. Er träumte aber selten von Schlangen, die in den Auen und Wäldern seiner Heimat lebten, meistens von Kobras und Brillenschlangen. Manchmal wachte er erschrocken auf, wenn ein Kaltblüter über seinen warmblütigen Leib kroch, manchmal schlief er mit glücklichem Zucken um den Mund weiter und streichelte die Schlange.

Das blutarme Kind band sich zwei dicke Weidenruten, mit denen es gezüchtigt worden war, auf den Rücken und ging, in der Vorstellung, die Soutane des Priesters zu tragen, weihrauchschwenkend den Draufluß entlang, Ich segnete die Fische. Manchmal bat er den zwittrigen Engel seiner Kindheit um Liebe, besonders dann, wenn die Todesangst sein Herz schneller oder langsamer schlagen ließ, beugte er sich über die Brust des Engels, schob die schwarzen Federn zur Seite und suchte mit geschlossenen Augen die Zitzen seiner Brust. Der Mann, der ihn peinigte, warf den Kalbstrick über die Schulter und ging mit flatternder Hose im Wind über den Hof.

Er kaufte sich Anatomiebücher, schnitt die abgebildeten Lungen, Herzen, Leber und Blutbahnen heraus und aß sie auf. Blutsuppe konnte er keine sehen, geschweige denn essen. Wenn er die Wörter Blutsuppe oder Blutwurst hörte, erfaßte ihn Brechreiz. Alle Adern, die er auf seinen Beinen und Armen sah, zeichnete er mit einem roten Filzstift nach.

Schlug ihm der Peiniger seine nach Tierschweiß riechende Hand ins Gesicht, blutete er heftig aus der Nase. Sofort verschmierte er das Blut im Gesicht und lief mit dieser roten Maske aufs Feld hinaus, in die Auen hinunter und machte erst Rast, wenn er am Ufer der Drau angelangt war. Er setzte sich auf einen Stein und blickte stundenlang verloren in die strudeligen Wellen des Flusses.

Eine Phiole mit Menschenblut sah er auf dem Schrank in der Intensivstation, als er zu einer Blutuntersuchung ins Krankenhaus kam. Wie magnetisiert ging sein Körper auf die Blutphiole zu, aber die Krankenschwester versperrte ihm den Weg und deutete mit dem Zeigefinger auf das Schild, Eintritt verboten.

Wenn er jemandem ins Gesicht blickte, der Ringe unter den Augen hatte, erschrak er zuerst und blickte verlegen weg, um ihn mit seinem Blick nicht zu verletzen. Oft sagten sie zu ihm, Du hast schon wieder Ringe unter den Augen, du hast wohl schon wieder onaniert. Als er einmal vor einem nackten Mädchen stand, die ihre Arme um seine nackten Schultern legte, erbrach der Blutarme. Über ihre Brüste und ihren Bauch rann das Erbrochene. Sie aber wandte sich nicht von ihm ab, sondern heftete ihren Mund an seine Lippen. Gerade die Burschen, sagte er, verspotten mich auf der Straße, die sich für bares Geld von mir und anderen Männern im Park den Hosenschlitz öffnen lassen.

Manchmal stellt er sich den Samentropfen vor, der er war, und sieht zu, wie er wächst, so schnell wächst, daß sich innerhalb weniger Minuten aus dem Samentropfen der viermonatige Embryo entwickelt und aus dem Embryo ebenso schnell das entbundene Kind. Wenige Minuten später ist in seiner Vorstellung dieses Kind so groß und so alt wie er selbst. Er legt die eine Hand auf die andere, hebt seinen Kopf und stellt sich wieder sein schnelles Zurückschrumpfen vor. Ist er erschöpft, legt er sich aufs Bett und ruht sich in embryonaler Lage aus.

Die Fischhändlerin packte den Fisch am Schwanz und schlug ihn auf die Kante des Schlachtbrettes. Der Fisch röchelte, öffnete und schloß sein Maul. Noch während das Tier zitterte, schnitt sie ihm den Bauch auf, zog die Eingeweide heraus, wickelte ihn mehrmals in braunes Packpapier und steckte ihn in eine Plastiktüte. Auf der Straße öffnete der Blutarme das Paket und betrachtete den blutigen Fisch zwischen den links und rechts vorbeigehenden Menschen. Manche Leute, die sahen, wie er den toten Fisch betrachtete, blieben stehen und sahen dem Blutarmen verstört ins Gesicht. Er wickelte den Fisch wieder ein, ging weiter und suchte ein Kind, dem er diesen Fisch schenken könnte. Er wollte nur sehen, wie das Fischblut über die Hände der Fischhändlerin rann.

Wenn ich den personifizierten Tod in einem Tier sah, so im Blutegel eher als in der Fledermaus, sagte er. Wenn ich Fleisch esse, bin ich danach todmüde. Ob man im Blutspiegel seinen Tod sehen kann? Oft fuhr er nach Venedig, um an den blutigen Fischständen Trost zu suchen, wie er als Kind auf dem Dorffriedhof Trost gesucht hatte.

Einmal versteckte sich das blutarme Kind hinter dem Grabstein seines Großvaters vor seinem über die Schwelle der Friedhofstür schreitenden Peiniger. Er trug denselben Vornamen wie sein Großvater. Jahrelang ging der Blutarme auf den Friedhof und blickte auf seinen in den Grabstein gemeißelten Namen.

Nicht in die Urne füllte er die Asche seines Freundes, nein, in die Sanduhr füllte er sie. Nachdem Jakob mit der weißen Auferstehungsfahne nicht aus dem Grab gekommen ist, habe ich in der Bibel die Stelle, wo Jesus den Lazarus aufweckt, durchgestrichen und mit Rotstift einige Rufzeichen an den weißen Rand gesetzt.

Gierig las der Blutarme die Erzählungen von Edgar Allan Poe, den Dracula von Bram Stoker, den Frankenstein, Sterben von Arthur Schnitzler, den Tod in Venedig von Thomas Mann. Im Kino sah er am liebsten die Horror-, Vampirfilme und die blutrünstigen Western. Der Blutarme kannte jemanden, der nach einem schweren Verkehrsunfall im Krankenhaus Marquis de Sade las. Ein anderer, ebenfalls schwer verletzter junger Mann las im Nebenbett Vampirromane.

BlutweißBlut, nicht rotweißrot sind die Farben der österreichischen Nationalflagge.

Jeden Tag trug er seine Beobachtungen in ein Tagebuch

ein und sei es nur die Notiz, Heute habe ich wieder nichts gesehen, was ich hier eintragen und später lesen könnte. Ich habe soviel Angst, daß mir nichts anderes übrig bleibt, als anderen Angst zu machen, damit ich wenigstens für Stunden meine Angst loswerden kann. Solange mir nicht ein Arzt das Leben rettet, habe ich keine Lust, auf den Ärztestand zu schimpfen.

Ich habe nur einen Todfeind, sagte er, und das ist der Tod selbst. Auf den Matzleinsdorfer Friedhof bin ich gefahren, wo Friedrich Hebbel begraben ist, und habe mit einer Plastiktüte Erde von seinem Grab mit nach Kärnten genommen. Immer wieder lief mir der Satz »Ehe wir Menschen waren, hörten wir Musik« aus Hebbels Tagebüchern durch den Kopf.

Während er an der Hochschule in der Presseabteilung arbeitete, schnitt er für den Rektor die Berichte über die Hochschule aus den Tageszeitungen, daneben aber schnitt er die Berichte über die Selbstmörder aus, legte sie in eine von Monat zu Monat anschwellende Mappe, bis er einen Karteikasten mit einem Schlagwort- und einem Namenskatalog zu führen begann. Im Schlagwortkatalog führte er alphabetisch die von den Zeitungen genannten Todesursachen, im Namenskatalog die Zu- und Vornamen der Selbstmörder seines Heimatlandes.

Während einer Zugfahrt betrachtete er eine schwangere junge Frau, als sie ihren Bauch streichelte, tief durchatmete, die Hand ihres Mannes an sich zog und sie auf ihren Bauch legte. Der Mann umfaßte den Bauch seiner Frau wie eine Weltkugel, lächelte und legte sein Ohr auf ihren Nabel. Sie kamen, wie er aus einem Gespräch erfuhr, von einem mehrtägigen Osterurlaub aus Venedig. Er stellte sich vor, wie die schwangere Frau in Begleitung ihres Mannes über den mit spiegelnden Wasserlachen belegten Markusplatz schritt. Da sie ein Kleid trug, hat sie beim Ausschreiten ihrer Beine über eine spiegelnde Wasserlache wahrscheinlich ihren schwangeren Bauch von unten sehen können, dachte er, mit zusammenge-kniffenen Augenlidern aus dem Fenster des fahrenden Zuges blickend.

Wenn er als Kind von einer Krebskrankheit erfuhr, stellte er sich vor, wie im Körper des Kranken tatsächlich ein Bachkrebs gewachsen ist, der ihm aus den Augen blickt. Auf seinen eitrigen Gesichtsausschlag blickend sagte die Pfarrermarie einmal zu ihm, Vielleicht hast du Krebs. Wenn der Kalbstrick auf dem Rücken kleben bleibt, biegt sich das gepeinigte Kind durch, fällt auf die Knie, während der Peiniger noch einmal ausholt, um auf das in Gebetsstellung hockende Kind zu schlagen.

Als Junge habe ich einmal meinen frühen Samen in eine kleine Plastiktüte gefüllt, auf den Holzblock getragen und zerhackt. Wild habe ich mit der Hacke um mich geschlagen und geschrien, Du Bettelstudent, du Jude, du Nutzloser Fresser, du Gespieene Gerste, du Kindermäd-chen, du Menscher, du Waschweib, du Blutarmer, du Krätzengesicht. Alle Embryos in den Bäuchen der wer-denden Dorfmütter haben sich dabei erschreckt und wild um sich geschlagen.

Der Peiniger schlägt das Kind mit einem armgroßen Kruzifix. Das Kind blutet aus den Handwunden des Gekreuzigten. Der Gekreuzigte schreit mit der Stimme des gezüchtigten Kindes, während das Kind lächelnd auf das aus den Nagelwunden rinnende Blut blickt. Die Todesangst hetzte den blutarmen Transvestiten durch die Straßen, bis er, seine Lippen auf die nackte Brust eines Jungen heftend, wieder zur Ruhe kam.

Von seinem Gesicht ließ er mit Gipsbinden Lebendmasken anfertigen, verstärkte den Rand an den Ohren und zog ein Rexgummi durch. Nachts zog er seinen grünen Trainingsanzug an, schnallte sich die weiße Lebendmaske aufs Gesicht und ging durch die Stadt, bis ihm die Polizei den Weg abschnitt. Die männlichen und weiblichen Prostituierten blickten ihn verblüfft an, wenn er am Naschmarkt mit Trainingsanzug und Lebendmaske seine Erkundigungen im Außenseitermilieu machte. Eine vor Belustigung kreischende Hure stampfte mit ihren Stökkelschuhen in den Asphalt.

Während Papst Johannes Paul II. angeschossen wurde, erzählte er mir, ist an meiner linken Gesichtshälfte das Geschwür wieder aufgebrochen. Ich saß im Café Eiles, als ich das Prickeln wahrnahm. Als ich nach Hause kam, betrachtete ich bereits das heraustretende Geschwür.

Eine Käseplatte vorbereitend habe ich, während er die Festkerzen anzündete, das auf den Boden gefallene Stück Käse schnell gegessen, damit nicht er das schmutzige Stück in den Mund nimmt. Sein Mißtrauen gegenüber dem elektrischen Licht, sein Vertrauen zum Kerzenlicht ist mir aufgefallen. Ich kann nicht verstehen, warum in einem Totenzimmer links und rechts von der Bahre statt der Wachskerzen die kerzenförmigen elektrischen Leuchter stehen. Haben sie Angst, daß der Tote Feuer, das erste Element, fängt?

Warum habe ich immer nur den Drang, mich selber zu töten, selten jemand anderen. Vielleicht könnte ich den töten, der mich in meinem Leben am meisten verletzt hat. Ich war es selber, sagte er resigniert, der mich am meisten verletzt hat. Ich habe keine Wahl. Unbehagen, wenn ich daran denke, daß vier Schultern vom Gewicht meines Leichnams nach unten gedrückt werden. Unter vier Milliarden Menschen wird der Tod auf mich aufmerksam und verdreht seinen Kopf. Wenn er auch in El Salvador genug zu tun hat, er hört mein lästiges Schnaufen.

An lebensgefährlichen Manövern habe ich deshalb öfter teilgenommen, erzählte er, weil ich hoffte, daß es mir doch einmal gelingen werde, meinen Selbstmord als Unfall vorzutäuschen, damit man mich nicht in die Kategorie der *Selbstmörder* einreiht und von mir als von einem spricht, der *Hand an sich gelegt* hat.

Manchmal, sagte er, streiche ich die Schaufenster medizinischer Fachhandlungen entlang, bleibe einen Augenblick vor dem Schaufenster, in dem ein Totenkopf liegt, stehen und gehe erschrocken weiter. Nach zehn oder zwanzig Schritten aber besinne ich mich, gehe zurück und bleibe lange vor dem Totenkopf stehen.

Die Bäuerin vom Bergbauernhof erzählte, wie sie als dreizehnjähriges Kind mit einem Pflug hinter einem Ochsengespann hergehen mußte, ihr jetziger Schwager trieb sie und die Ochsen mit einer Peitsche vorwärts. Im Krieg hat dieser Schwager, ein ehemaliger SSler, den Arm verloren, mit dem er die junge Russin schlug. Heute sitzt er abendlich im Gasthaus, seine schwarze Hand liegt neben dem gelben Bier und einer Spielkarte auf dem Tisch. Zwei eingenähte Totenköpfe trug er auf dem Rock seiner Uniform.

Vor Jahren schon hat sie eines ihrer Kinder verloren. Der älteste Sohn war Maurerlehrling und fiel vom Gerüst, brach sich die Beine und drehte seither durch, wenn er Alkohol trank. Sie sagte, daß er eine Gehirnblutung hatte, die sich im Laufe der Jahre ausbreitete und ihn schließlich tötete. Er hätte damals nicht aufs Gerüst steigen dürfen, da er noch Lehrling war und Lehrlinge nicht auf Gerüsten arbeiten dürfen, die mehr als anderthalb Meter hoch sind. Er erhielt den Auftrag, auf ein achtmeterhohes Gerüst zu steigen. Er fiel, stürzte in ein Kellerloch und brach sich beide Beine. Sein Chef kam ins Krankenhaus und sagte, Ich geb dir hundert Schilling, wenn du niemandem sagst, daß du auf ein hohes Gerüst gestiegen bist. Der Junge nahm die hundert Schilling, und als die Krankenschwester die Aufnahme machte, sagte er, daß er von einem niedrigen Gerüst gefallen ist. Aber noch heute, sagte die Bäuerin, weicht mir dieser Lehrherr aus, er hat Schuldgefühle, durch ihn habe ich einen Sohn verloren.

Auf dem Fernsehapparat steht ein Farbbild ihres toten Sohnes neben einem Strauß frischer Schnittblumen. Eine halbabgebrannte Kerze auf einem Schmiedeeisenständer steht daneben. Darüber, an einem Schüsselkorb, hängen drei Lebkuchenherzen und Medaillen von Schimeisterschaften.

Er fragte, warum ihre Söhne nicht auch in russischer Sprache aufgewachsen sind. Sie sagte, daß sie zwar dem ältesten Sohn, der später verunglückt ist, Russisch beigebracht hat, aber man hat es ihr verboten. Im Bergdorf sprachen die Leute ohnehin verächtlich von der Russin. In ihr personifizierte sich der Russenhaß, vor allem der Leute, die vom Krieg wieder ins Bergdorf zurückkehrten.

Gemeinsam standen sie vor dem Grab ihres Sohnes. Ihm fiel auf, daß auf dem Grabstein das gleiche Foto angebracht war. Das eigentliche Grab für ihren Jungen hatte sie auf dem Fernsehapparat errichtet. Während sie abends neben ihren Näharbeiten, neben dem Brotbacken und Butterrühren auf die bläuliche Mattscheibe des Fernsehapparates sieht, blickt sie oft ein paar Zentimeter höher auf das farbige Brustbild ihres toten Sohnes.

Acht Menschen sind in diesem Haus gestorben, sagte sie.

Siebenmal hat am Vorabend der Totenvogel geschrien, nur bei ihrem Sohn nicht, der aber in der Intensivstation eines Salzburger Krankenhauses starb. Ich wollte ihn noch einmal sehen, ich wollte ihm das Sterben erleichtern, aber die Ärzte ließen mich nicht in die Intensivstation, weil alle Patienten nackt drinnenlagen. Auch im Sarg habe ich ihn nicht mehr gesehen, ich weiß nicht einmal genau, wen wir da begraben haben. Jeden Tag bete ich zum Herrgott für meine Kinder.

Wenn der Totenvogel wie ein Kind weint, so kündigt er die Schwangerschaft oder die Geburt eines Kindes an. Als sie einmal am Balkon stand und das Weinen des Totenvogels hörte, tastete sie ihren Bauch ab. Ein paar Tage später ging sie zum Arzt, der ihr die Schwangerschaft bestätigte.

Zwei Kinder hat sie während ihrer Schwangerschaft verloren. Es wären wahrscheinlich Mädchen geworden, aber Mädchen konnte ich keine tragen. Einmal überanstrengte ich mich bei einer Arbeit und spürte dabei ein eigenartiges Platzen in meinem Körper. Dann rann Blut über meine Oberschenkel. Ein anderes Mal streckte ich am Herd stehend meinen Körper durch und spürte dieses Platzen wieder.

Sie erzählte von einer Magd, die bis zur Geburt ihres Kindes ihre Schwangerschaft versteckte, indem sie ihren Leib schnürte. Mit breitgedrücktem Gesicht kam das Kind auf die Welt und lebte, bevor es im Gitterbett starb, sechs Jahre, ohne daß es einmal auf seinen eigenen Beinen stehen konnte.

Ihr erstes Kind brachte sie auf dem Bergbauernhof auf die Welt. Um neun Uhr vormittags hatte sie Preßwehen bekommen, geboren wurde das Kind erst um halb zwei Uhr nachmittags. Um halb zwölf hat der Kopf des

Kindes bereits herausgeschaut. Wieder rann das Blut von mir weg. Die Hebamme hat mit den bloßen Händen das Blut von der Plastikunterlage aus dem Bett geschöpft. Vierzehn Tage lang hatte das Kind einen länglichen Kopf und vereiterte Augen. Ins Krankenhaus wollte ich nicht gehen, aus Angst, daß sie mir das Kind vertauschen.

Hatte sie ihre Betten aufgebettet, setzte sie in die Mitte eine große, mit roten Seidenkleidern eingeschnürte Puppe. Mein Patenkind hat mir diese Puppe geschenkt, sagte sie. Waren ihre Betten unaufgebettet, lag die Puppe auf dem Diwan oder im Gitterbett, das neben ihrem Nachttisch steht.

Ein eingetrocknetes, jahrzehntealtes Vierklee fand er in einem Büchlein mit russischen Schriftzeichen. Mit schwerfälliger Kurrentschrift steht *Warwara Wassiljewna* auf der Rückseite dieses Büchleins.

In der Mitte des Ehebettes im Parterre liegt ein Zierpolster mit einem aufgestickten Reh. »Brot hat Kraft«, steht auf einem umgekippten Mehlsack, der vor der Speisekammertür liegt. Auf einem Bild in der Küche steht, »St. Leonhard, in deine Hand empfehlen wir den Bauernstand. Breit über jedes Tier im Haus schützend deinen Mantel aus.« Und auf einem Lebkuchenherzen, das neben den Schimedaillen über dem Bild ihres toten Sohnes hängt: »Meiner Liebe kleines Zeichen, will ich dir ganz heimlich reichen.« Ein Bronzeteller mit einem eingravierten Auerhahn hängt an der Wand. Die Lupinien im Herrgottswinkel krümmen sich, als assimilierten sie die Schmerzen des Gekreuzigten.

Sie schnitt mit der Schere ein Loch in den Partezettel und steckt ihn auf einen Nagel, auf dem die Partezettel hängen. Sie sagte, daß sie die Partezettel der letzten zehn Jahre gebündelt und aufbewahrt hat. Eine tote Fliege fiel zwischen den Partezetteln aus einem Spinnennetz heraus, als er sie vom Nagel nahm, um sie näher zu betrachten. Auf dem Partezettel einer vierzigjährigen, an Krebs gestorbenen Frau las er: »Tretet her all meine Lieben, nehmet Abschied, weint nicht mehr; Heilung konnt' ich nicht mehr finden, denn mein Leiden war zu schwer.«

Als Warwara Wassiljewna vier Jahre alt war, erkrankte sie im russischen Heimatdorf, das in der Nähe von Tscherkassy, im Gebiet eines jetzigen Stausees lag, an der Ruhr. Das Hascherle wird auch sterben, sagte ein Passant, als er das Kind bleich und abgemagert unter dem Baum sitzen sah. Das Mädchen hatte nur mehr den Wunsch, saure Milch zu trinken, die ihre Mutter von der Nachbarin ausborgte. Der Darm hing mir bereits aus dem Arschloch, Fliegen klebten schon dran und wollten mich bei lebendigem Leib auffressen, aber meine Mutter hat mir mit ihren bloßen Händen den Darm wieder in den Hintern gestopft, mich warm gebadet und gepflegt. Ihren Cousin, der sieben Jahre alt war, steckte sie mit dieser Krankheit an. Der Junge starb daran. Seither war natürlich die Tante böse auf mich.

Als ihre Mutter, Nastasja neun Jahre alt war und mit den anderen Kindern in den Tümpeln des Dnjepr baden wollte, aber auf ihren kleinen Bruder aufpassen mußte, grub sie ihn bis zum Hals in den Sand ein, damit er ihr nicht davonlaufe. Während sie badete, fand ihr Onkel das eingegrabene Kind und brachte es nach Hause.

Wenn wir nichts mehr zu essen hatten, was oft vorkam, gingen wir zum Dnjepr, schlugen ein Loch ins Eis, die Fische kamen heraus, um Sauerstoff zu holen. Wir fingen sie heraus, trugen sie nach Hause und verkauften sie auf dem Markt. Im Frühjahr fanden wir unzählige verendete Fische an den Ufern des Flusses und in den Tümpeln.

Als ihre Mutter drei Nächte lang bei einem jungen Ingenieur, der bei einem Brückeneinsturz tödlich verunglückt war, Wache hielt und sie jemand fragte, ob sie alleine keine Angst vor dem Toten habe, sagte sie, Vor den Toten braucht man sich nicht zu fürchten, nur vor den Lebenden.

Ihre Mutter diente eine Zeitlang als Magd bei einem Bauern, der die Mägde nach monatelanger Knechtschaft ermordet haben soll. Allein durch den Umstand, daß in dieser Zeit ihr Vater starb, blieb sie am Leben, da sie nach der Todesnachricht ins Dorf zurückkehrte. Sei froh, sagte die Tochter des Bauern zu ihr, daß du wieder nach Hause mußt, die anderen Mägde hat er, anstatt sie zu entlohnen, ermordet.

Während der Hungersnot sollen manche Familien ihre Kinder regelrecht aufgefressen haben. In einem Heustadel hatte ihre Mutter, als sie noch ein Kind war, den Kopf eines Kindes gefunden. Sie küßte die kalte Stirn des Kindskopfes, verbarg ihn in ihrer Schürze und lief nach Hause. Drei Tage lang hatte sie unter ihrem Bett den Kopf des ermordeten Kindes verborgen.

Als Warwaras Heimatdorf und unzählige andere Dörfer dem dreihundert Kilometer langen Stausee weichen mußten, wollten alte Leute ihre Hütten nicht mehr verlassen. Mit Baggern wurden sie aus ihren Behausungen getrieben. Manche wurden unter ihrem Dach regelrecht begraben.

Um zwei Uhr nachts haben deutsche Hilfstruppen mit einem Gewehr in Warwaras Rippen gestoßen und das Mädchen aufgeweckt. Mit Kniestrümpfen, von einem Gummiband unter dem Knie festgehalten, ohne Unterhose und Unterkittel, mit einem knielangen Hemd ist sie in den Zug verfrachtet und als »Arbeitstier« nach Kärnten gebracht worden. Statt eines Kittels band sie eine Decke um ihre Hüften, die sie im Zug fand. Mit diesen Kleidern stand sie in Villach mit ihrer Schwester und anderen Russen am Bahnhof und ließ sich fotografieren.

Als sie im April 1943 das erste Mal auf den Bergbauernhof kam, war ihr erster Gedanke, Wie kann hier am Berg ein Mensch überhaupt leben. Als sie mehrere Wochen auf dem Bauernhof gearbeitet hatte, sagte sie zur Bäuerin, Ich ein Jahr hier, dann ich gehn kaputt. Nein, Warwara, du nicht gehn kaputt, sagte die Bäuerin. Und jetzt bin ich schon mehr als dreißig Jahre am Hof, sagte Warwara Wassiljewna.

Bald darauf aber ist diese Bäuerin, ihre zukünftige Schwiegermutter gestorben. Als der damals fünfzehnjährige Bauernjunge von der Alm kam, trat er ins Totenzimmer, faßte die schwarzgekleidete Frau an ihren kalten Zehen an und sagte, Nein, das gibt es nicht, die Mame ist nicht tot. Ihr Sarg wurde auf einen Heuwagen gestellt, vor den ein Pferd gespannt war. Links und rechts vom Pferd gingen Kinder und trugen Kränze mit Hakenkreuzen an den schwarzen Schleifen auf ihren Schultern.

Als sie bereits Magd auf dem Kärntner Bergbauernhof war, las sie *Effi Briest* von Theodor Fontane. Er fand das Buch in einer Lade des Schminktisches. Zweimal, sagte sie, habe ich die Effi Briest gelesen. Im selben Schminktisch fand er auch eine russische Kinderbibel, in der Adam wie eine Tarzanfigur unter schreienden Tieren und Eva wie eine Filmschauspielerin dargestellt war.

Mädchen aus ihrem Heimatdorf, die 1943 der Verschleppung nach Deutschland entgehen wollten, wurden bei Kiew in Häuser gelockt, wo sie regelrecht abgeschlachtet, in einem Gasthaus verwertet und den Gästen als Schnitzel und Gulasch aufgetischt wurden. Fleisch war damals rar wie nichts anderes, jeder war froh, einen Happen Fleisch bekommen zu können.

Während der Kriegszeit wurde ein Pole im kruzifixartig gebauten Paternion öffentlich aufgehängt, weil er eine Kärntnerin geschwängert hatte. Der Frau wurde das Kind abgetrieben. Sämtliche Ausländer mußten zur Abschreckung bei dieser Hinrichtung dabeisein. Warwara Wassiljewna ging nicht zur Hinrichtung.

Im Bergdorf hängte sich eine alte Magd, von vielen verachtet, in dem Augenblick auf, als jemand in ihrem Haus, der ihr wohlgesinnt war, eine Reparatur an einer Wasserleitung vornahm, die vom Nachbarn, der ihr die alte Keusche teuer verkauft hatte und sie billig wieder zurückhaben wollte, mutwillig zerstört worden war. Ihr Enkelkind soll die Magd in der Küche gefunden und durchs Dorf laufend geschrien haben, Die Oma hat sich aufgehängt, die Oma hat sich aufgehängt. Als der neugierige Nachbar das Haus betreten und die Erhängte sehen wollte, trat der Installateur an die Schwelle und sagte, Sie betreten dieses Haus nicht, Sie haben hier überhaupt nichts zu suchen.

Eine Bäuerin ließ ihren ältesten Sohn, den sie verachtete, der aber nach Bauernbrauch den Hof hätte übernehmen sollen, von seinen beiden Brüdern mit einer Hacke erschlagen, damit der geliebte jüngste Sohn den Hof übernehmen konnte. Glaubwürdig konnten sie der Polizei und dem Gericht die Tat als Notwehr schildern. Der Sargzimmerer erzählte, er habe die Bäuerin, als sie selber dahingestorben auf dem Totenbett lag, wie einen Holzklotz in den Sarg geworfen. Er nahm Maß an der Toten, bevor er den Sarg zimmerte. Während die Bäuerin aufgebahrt war, donnerte und blitzte es so heftig, daß

Berg und Tal fast ununterbrochen bläulich erleuchtet waren. Seither, sagte Warwara Wassiljewna, kann ich nicht einmal mehr die Hühner mit einer Hacke töten. Die Frau Kobau war im ersten Stock und gab dem Vater den Kaffee, ihre Tochter hielt sich in der Küche bei der Wasserleitung auf, als der Blitz durchs Dach fuhr und die Mutter im ersten Stock und die Tochter im Parterre erschlug. Während Mutter und Tochter drei Tage lang nebeneinander auf den Bahren lagen, blitzte und donnerte es wieder so beängstigend, sagte Warwara Wassiljewna. Das Gewitter dauerte drei Tage lang an und hörte erst auf, als die beiden begraben waren.

Von einem Roßknecht erzählte sie, der neben dem Pferdestall eine unmenschliche Behausung hatte und sich in seinem Roßknechtzimmer sitzend an der Türklinke erhängte. Wie kann man sich nur an der Türklinke aufhängen!, sagte sie, deshalb ist mir wohl dieser Selbstmord nie mehr aus dem Kopf gegangen.

Die Gräfin von Millstatt, die, schon eingesargt, vom Totengräber noch einmal für sieben Jahre zum Leben erweckt wurde, als er ihr die goldenen Ringe von den Fingern nehmen wollte, aber die Ringe derart mit dem Fleisch verwachsen fand, daß er ihr die Finger abschneiden mußte. Die Gräfin richtete sich im Sarg auf und betrachtete ihre abgeschnittenen Finger.

Von einer Frau erzählte sie, die scheintot begraben wurde und im Sarg aufwachte, als das Loch bereits zugeschaufelt war. Man hörte das Klopfen im Sarg, aber niemand wagte es vorerst, das Grab noch einmal auszuschaufeln und den Sarg zu öffnen. Erst Stunden später wurde sie auf Geheiß des Priesters noch einmal ausgegraben. Die Frau lag tot, mit ausgerissenen Haaren und abgebissenen Fingernägeln auf dem Bauch im Sarg.

Nikolai wurde einmal angeschossen, nachdem einer seiner Brüder das Gewehr entladen und die Patronen entfernt, in der Zwischenzeit aber ein anderer Bruder das Gewehr wieder mit Patronen gefüllt hatte, ohne daß es der erste Bruder sah, der spaßhalber das Gewehr auf Nikolai richtete, abdrückte und ihm einen Lungenschuß verpaßte. Vollkommen verzweifelt schrie er, Ich habe meinen Bruder erschossen, ich habe meinen Bruder erschossen. Warwara Wassiljewna, die damals noch Magd auf diesem Hof war, wickelte einen dicken Verband um seinen Bauch. Schwerblutend wurde er auf den Schultern in die nächste Ortschaft hinuntergetragen, wo sie ein Auto fanden, das ihn ins Villacher Krankenhaus brachte.

Ich möchte in keine Aufbahrungshalle kommen, hier im Haus, dort drüben im Zimmer möchte ich aufgebahrt werden, sagte Nikolai. Begraben werden möchte ich im Kuhgarten, nicht auf dem Bergfriedhof. Als Jakow Menschikow sagte, daß er in Venedig begraben werden möchte, sagte Nikolai, Aber stirb mir nicht hier, ich liefere dich nicht nach Venedig.

In Innertaichen bei Arriach, erzählte Nikolai, verkleidete sich ein Pfarrer als Teufel und erschreckte ungläubige Leute, die er beim Sonntagsgottesdienst vermißte. Einer von ihnen zog erschrocken ein Messer und sagte, Bist du der Teufel, bin ich hin, bist du nicht der Teufel, bist du hin, und stach den Priester nieder.

Während der Hungersnot brachte Nikolai mit ein paar Nachbarjungen ein auf der Alm gestohlenes und mit Steinen getötetes Schaf nach Hause. Sein hungriger Vater bestrafte ihn für diesen Diebstahl und befahl ihm, den Teil des Schafsfleisches, den er nach Hause gebracht hatte, im Kuhgarten einzugraben. In dieser Hungersnot bot seinem Vater der Nachbar für einen einzigen Laib

Brot einen Hektar Wald an. Der Bauer gab ihm den Laib Brot und ließ ihm das Waldstück.

Jakow Menschikow fragte Nikolai, ob er schon einmal einen Menschen gesehen habe, der vom Blitz erschlagen wurde. Ein Tier auch nicht? Drei Kälber sind einmal in der Alm unter einem Baum vom Blitz erschlagen worden, sagte er, aber ich habe sie nicht gesehen, meine Brüder und mein Vater haben sie weggeräumt.

Die ganze Nacht bin ich heute Leich gegangen, sagte Nikolai, ich habe geträumt, daß ich in Spittal hinter dem Sarg der Frau Brugger hergegangen bin. Am nächsten Tag wurde tatsächlich die Nachricht vom Tode dieser Frau ins Haus gebracht.

Als er einmal mit seinem Fahrrad im Nachbarhof an einem Felsen vorbeifuhr, rief ein Kind schadenfroh herab, Bei dir zu Hause ist aber jemand gestorben! Er trat schneller in die Pedale und stand, zu Hause angekommen, vor dem Leichnam seines Großvaters.

Daß der Nikolaus diese *Menscher* heiratet ..., sagte seine Stiefmutter. Hätte ich gewußt, daß die Stiefmutter, die mich terrorisiert hat, ein Kind von einem Russen gehabt hat, hätte ich mich ihr gegenüber anders verhalten, sagte Warwara Wassiljewna.

Der Hund hat mich beschützt, als ich schwanger war. Als aber das Kind auf die Welt kam, wurde der Hund eifersüchtig und hat sich jedesmal verkrochen, wenn ich das Kind auf den Schoß nahm. Ich war glücklich, wenn ich die Kinder hab schlafen sehen, so friedlich wie sie dalagen.

Als sie ihrer Mutter vom Tod ihres ältesten Sohnes berichtete und ein Bild nach Rußland schickte, schrieb die zurück, Der Herrgott braucht schöne Kinder bei sich. Der Bub ist ihr vorausgegangen, er hat vorausgehen müssen, bald darauf ist ja meine Mutter gestorben, sagte Warwara Wassiljewna.

Frau spielen, nicht arbeiten, sagte ihr Schwiegervater, als sie nach einem Blutsturz nach Hause kam und ihr Kind aufhob. Das Blut rann ihr über die Oberschenkel, als sie über die Felder zu einer Frau lief, die ihr Watte und frische Unterwäsche gab. Mit dem Pferd wurde sie ins Bergdorf hinuntergebracht, wo ein Krankenwagen auf sie wartete, der sie nach Villach ins Krankenhaus brachte. Die Ärzte diagnostizierten, daß sie keinen Abortus hatte, sondern daß eine Ader in der Gebärmutter, vermutlich vom schweren Arbeiten, aufgeplatzt war. Eine Frau lag in ihrem Zimmer, der sie eine Stricknadel aus dem Schoß operierten. Als ich soviel Blut verlor, sind mir Läuse auf der Stirn gewachsen. Läuse wachsen beim Menschen, wenn man blutarm ist, sagte sie. Von ihrer jahrzehntelangen schweren Arbeit hat sie inzwischen einen Bruch bekommen.

Ich hatte nie Heimatsehnsucht, aber Sehnsucht nach meiner Mutter. Wir haben miteinander soviel gelitten, daß ich nicht begreifen konnte, daß ich sie nicht mehr sehe. In meinem Heimatdorf habe ich mit den kleinen Schweinen in den Tümpeln des Dnjepr gebadet.

In ihrem Schlafzimmer sah er in der Herrgottswinkelecke das Bild mit dem Engel, der schützend ein Kind über die Brücke begleitet. Als er das Hochzeitsbild betrachtete, sagte sie, Damals war ich nicht fesch, ich war schon aufgezehrt, seelisch und körperlich.

Manchmal sah er neben Warwara Wassiljewna sitzend einen stumpfsinnigen Fernsehfilm, aber nur, um neben ihr sitzen, ihren Schweiß riechen und ihre Hände betrachten zu dürfen. Wenn sie hellauf lachte, lachte er mit.

Selten stehen in den Bauernhäusern die Fernsehapparate

unter dem Herrgottswinkel, meistens im gegenüberliegenden Winkel, damit auch der Gekreuzigte die Katastrophennachrichten sehen und sich schamvoll wegdrehen kann. Der Nachrichtensprecher hat zwei kleine, sich immerzu drehende Weltkügelchen an den Ohrläppchen. Die Regie spielt das Erdbeben in Zeichentrick ein, während der Geologieprofessor erklärend seinen Stab hebt. Ein Politiker sagte, daß man die Selbstmörder am Selbstmord hindern solle, obwohl das makaber klinge.

Als Wassiljewna einen Film über einen Homosexuellen im Fernsehen sah, erzählte sie ihm am nächsten Morgen den Inhalt des Films. Was es alles gibt! sagte sie. Er ist auch arm, wenn er keine Frau haben kann.

Sah er einen Draculafilm mit Bela Lugosi, mußte er in der Nacht dieses sich immer wieder über seinen Körper beugende totenbleiche Gesicht mit den blutunterlaufenen Augen abwehren. Am Morgen sagte er zu Warwara Wassiljewna, daß er die halbe Nacht mit dem Dracula gerungen habe. Sie hielt ein Küchenmesser in der Hand, bog ihren Kopf in den Nacken und lachte, während sich ihre Hand fester an das Messer klammerte.

Der Tod ist modern, und solange es Menschen gibt, wird er modern bleiben, sagte ein Mann in einem Film über den Wiener Zentralfriedhof, den Menschikow mit Wassiljewna sah. Sie saß bereits im Nachthemd mit übereinandergeschlagenen Beinen auf dem Schemel. Ein Kind sagte, Die Großmutter hat mich gelehrt, daß der Tod in mir ist, wenn meine Seele als weiße Taube über das Dach fliegt. Während Warwara Wassiljewna sah, wie sich ein Sargträger vor dem Toten verbeugte, sagte sie, daß sie im Jänner nun doch nicht zur Kur fahren möchte. Ich möchte mein Ende nicht weiter hinauszögern, ich muß Platz für die junge Bäuerin machen.

Er sah, wie ein Stier mit einer Jutesackmaske über dem Kopf in einen Wagen getrieben wurde. Ein junger Mann mit einem Partezettel stand wartend bei seinem Auto und überreichte ihn Warwara Wassiljewna, als der Stier im Wagen stand. Was! Deine Mutter ist gestorben? Warte einen Augenblick. Warwara Wassiljewna ging ins Haus und kam mit einem Zehnschillingstück wieder, das sie dem Partezettelausträger gab.

Warwara Wassiljewna zeigte ihm ein Sterbebüchlein aus dem religiösen Bücherschatz ihrer Stiefmutter. Er las den Text unter der Rubrik Begräbnis bei einem Jüngling. »Pilger sag, wohin dein Wollen, mit dem Stabe in der Hand« ist ein Totenlied, das wir immer zu Weihnachten gesungen haben. Er erinnerte sich dabei an seinen Volksschullehrer, der das Kärntner Volkslied »Valosn, valosn, wia a Stan auf da Stroßn, so valosn bin i« öfter vorsang und die Geige dazu spielte.

Sie preßte den Körper des Huhns zwischen ihre Beine, bog den Kopf zurück und schnitt dem Tier die Kehle durch. Das Blut floß in einen Plastikeimer, das Tier zitterte und zappelte. Sie mußte es mit allen Leibeskräften festhalten. Das sind die Nerven, sagte sie. Während sie in die Küche ging, um warmes Wasser zu holen, bewachte Jakow Menschikow die toten Hühner. Eine Katze hatte einen gelben, im Tod verkrampften Hahnenfuß abgefressen. Hühner kamen heran, erschraken, drehten sich um und begannen heftig zu schreien. An den Beinen schwenkte Pjotr ein blutendes Huhn und wollte es Menschikow an die Brust werfen. Lange betrachtete er die gekrümmten Zehennägel der toten Hühner und dachte an die krummen Fingernägel des Aichholzeropa, blickte sich um, um zu sehen, ob ihn niemand beobachtete, während er seine eigenen Fingernägel betrachtete.

Manchmal ging er zum Holzblock, hob das Beil und zerhackte, wild um sich schlagend, die Sonnenstrahlen. Er schob ein Buch auf dem Tisch in den Schatten, als er sah, daß Sonnenstrahlen drauffielen. Er konnte die »Schönwetterperioden« nicht leiden. Als nach längerer Zeit wieder Regen fiel, streckte er die Hände in die Höhe und rief, Regen, Regen. Er erschrak, als er merkte, daß er die Hände wie zum Gebet geschlossen hatte, während er ein Unwetter beschwor. Nach den schweren Blitz- und Donnerschlägen ging er auf den Balkon und betrachtete im Hellerwerden des Tales sein Heimatdorf. Er hörte die Rufe eines nassen, auf einer Fichte hockenden Kukkucks.

Er beugte sich über den schlafenden Pjotr auf dem Diwan, um seinen Körper riechen und ihn näher betrachten zu können, als Warwara Wassiljewna zur Küchentür hereinkam. Er verharrte in dieser Stellung, da er Angst hatte, daß die Bäuerin, wenn er plötzlich wegginge, seine Hingezogenheit zum Jungen eher bemerken könnte, aber es war umgekehrt, gerade weil er in dieser Stellung verharrte, blieb sie erschrocken an der Tür stehen, aber sie hatte nicht den Mut zu sagen, Laß den Buben in Ruhe. Er ging ins Zimmer Pjotrs, schlug dessen Bettdecke zurück und suchte Spuren des Spermas.

Als er sich im Bad duschte, mied er es, die Tür abzusperren, er hoffte, daß Pjotr einmal eintreten und ihn nackt unter dem Wasserstrahl sehen werde. Warwara Wassiljewna trat ein, blickte sofort schamvoll auf den Boden, sagte Entschuldigung und schloß die Tür.

Wenn er sich mit Pjotr in seinem Zimmer aufhält, tritt sie früher oder später schnell zur Tür herein, nicht zögernd wie sonst, wenn sie weiß, daß der Junge in der Berufsschule, im Stall oder auf dem Feld ist.

Pjotr lag einmal auf dem Diwan, Warwara Wassiljewna saß daneben, erzählte eine Geschichte und spielte mit den nackten Zehen ihres Buben. Einmal hörte er ihn, der unter der plätschernden Dusche stand, spöttisch ein Jesulied summen.

Er bemerkte, daß Warwara Wassiljewna mit den Tieren zärtlicher umging, wenn sie alleine war, als wenn ihr jemand zusah oder bei der Arbeit im Stall half. Sie streichelte die Brüste der schwangeren Sau, spielte mit den Zitzen wie mit ihren eigenen. Als ich den Stall betrat, spürte ich sofort, wie Sie mit den Tieren umgehen, sagte der Tierarzt zu Warwara Wassiljewna und umarmte sie, woanders fliegen die Tiere erschrocken in die Höhe, rasseln mit den Ketten und beginnen zu brüllen, sobald nur ein fremder Mensch den Stall betritt. In derselben Nacht brachte die Sau vierzehn Junge auf die Welt, zwei waren Totgeburten. Er wollte Wassiljewna fragen, wo sie die toten Ferkel begraben habe, aber er hütete sich davor, ihr gegenüber allzuoft die Wörter *Tod* und *Sterben* in den Mund zu nehmen. Ein krankes Ferkel säugte sie mit einer Babyflasche. Vielleicht überlebt es, sagte sie und richtete dem Tier einen Platz in der Holzkiste unter dem wärmenden Herd der Küche ein. Am nächsten Morgen, als sie die Holzkiste herauszog, lag das Ferkel mit offenem Maul auf dem Rücken im Stroh. Einem anderen Ferkel, das keinen After hatte und immer dicker wurde, bis es zu platzen drohte, schnitt sie mit einem desinfizierten Messer ein Loch in sein Hinterteil. Ein paar Tage später trug sie das blaugewordene Ferkel, in einen Jutesack gewickelt, auf den Misthaufen. Ein Kind warf ein Zehnschillingstück in das rosarote Sparschwein.

Die Kuh verdrehte ihren Kopf und blickte auf das flackernde Kerzenlicht, während sie aus der großen

Zinnkanne Milch in eine Schüssel füllte. Mit dem brennenden fünffachen Kerzenleuchter ging Jakow Menschikow ein paar Schritte vor der milchtragenden Warwara Wassiljewna aus dem Stall über den knirschenden, watteweichen Neuschnee.

Während sie gemeinsam auf die Alm zu einem ökumenischen Gottesdienst gingen, fanden sie in einem Graben unweit des Weges einen Haufen blutiger Schweinsknochen und Schweinsrippen. Das Blut tropfte auf die Früchte der Schwarzbeeren. Drei- oder viermal hockte sie im Gebüsch nieder, um zu urinieren. Geh nur weiter, sagte sie währenddessen, geh nur weiter. Enttäuscht drehte sich der katholische Priester wieder um, als während der Kommunion niemand auf seine angebotene, hocherhobene Hostie zuging.

Heute habe ich von einem Pferd geträumt, sagte sie, es hat sich furchtbar im Stroh herumgewälzt. Wenn ich von einem Pferd träume, weiß ich, daß ich schwer krank werde. Dotter ist für dich gesünder als Eiweiß, Dotter bildet die roten *Blutkörperchen*, Eiweiß die weißen. Sie sagte, daß er mehr Milch als Kaffee trinken sollte, denn Milch ist besser für deine Gesichtsblässe, und Kaffee muß sie einkaufen, und Milch holt sie aus dem Stall.

Nach der Arbeit deckt sie ihre Nähmaschine, mit der sie Totenkleider genäht hat, wie einen Leichnam zu. Warwara Wassiljewna erzählte von einem rötlichen Schnee, den man den *Blutschnee* nennt, der einmal hier am Berg gefallen ist. Als sie am Morgen unter einer Holderstaude schwarze Erde hervorkratzte, rief sie zu ihm, der neugierig und fragend auf dem Balkon stand, Für ein krankes Schwein, hinauf.

Manchmal besucht sie ein zahnloser, meistens betrunkener alter Mann, der im Krieg Pilot war und unzählige

Bomben abgeworfen hat. Ich habe so viele Menschen umgebracht, sagt er, während er den Kräuterschnaps trinkt, und hebt seine hilflosen Hände, Ich habe so viele Menschen umgebracht. Immer wieder träume ich von den Bomben in meinem eisernen Vogel und von den vielen zerfetzten Menschen, die auf mein Konto gehen. Ich habe so viele Menschen umgebracht. Er bewohnt ein verpachtetes Wochenendhaus am Berg. Wegen seiner Trunksucht ist er entmündigt worden.

Wie ein Bildhauer kommst du mir vor, sagte Warwara Wassiljewna, als sie sein monatelanges Klopfen auf der elektrischen Schreibmaschine hörte. Als er ihr einmal von den Schwierigkeiten seiner Arbeit erzählte, sagte sie, Ich freue mich, daß auch du Schwierigkeiten hast.

Als Jakow Menschikow in der Zeitung las, daß ein österreichischer Bauer vor dreißig Jahren eine halbverfallene Kirche um dreißigtausend Schilling gekauft und inzwischen restauriert hat und daß demnächst in dieser Kirche die erste Messe gelesen wird, dachte er, In einer Kirche möchte ich wohnen und schreiben, meine Manuskripte auf den Altar legen und nach getaner Arbeit in den Tabernakel geben.

Während sie mit Nikolai im Wald bei Holzfällerarbeiten war und die Feuersirene hörte, dachte sie, daß ihr Haus brennen könnte. Zuallererst habe ich an dein Manuskript gedacht, das Haus und die Gegenstände sind sowieso versichert, sagte Warwara Wassiljewna.

Was du wohl über mich schreiben würdest . . ., fragte ein Mädchen. Ich habe keine Lust zu schreiben, was du über dich nicht lesen möchtest, antwortete er.

Er schnitt sich absichtlich in den Finger, er wollte, daß ihn Wassiljewna bemitleidete. Sie warf die Hände in die Höhe, schrie auf, so daß er sich erschrocken von ihrem

Schrei erst recht tiefer in den Finger schnitt. Sie brachte ihm Schere und Leukoplast.

In der stockdunklen Nacht durch die Felder gehend riß er seinen rechten Oberschenkel an einem rostigen Stacheldraht auf. Wassiljewnas Hand zitterte, als sie am nackten Oberschenkel seine Wunde mit Kräuterschnaps desinfizierte.

Als er das Licht in der Speisekammer aufdrehte, sah er sich plötzlich einer militärischen Reihe gefiederter, mit ihren Köpfen nach unten hängender gelber Hühner gegenübergestellt. Er betrachtete lange das gestockte Blut an ihren tödlichen Halswunden und die zusammengekrallten oder auseinandergespreizten Zehen der Tiere.

Warwara Wassiljewna überprüft meinen Charakter, dachte er, sie legt mir manchmal die frischgewaschenen Strümpfe ihrer Söhne ins Zimmer, aber ich bringe sie ihr jedesmal zurück, ich sage, Diese Strümpfe gehören nicht mir.

Mehrere Male wachte Jakow Menschikow in der Nacht auf und horchte in der Dunkelheit aufrecht im Bett sitzend auf das Knabbern eines Tieres. Zwei Nächte später schnappte im Morgengrauen die Rattenfalle zu, die Warwara Wassiljewna mit einer Speckschwarte unter den Diwan geschoben hatte. Am Morgen trug er den Leichnam der Ratte, den er mit einer Papierserviette am Schwanz hielt, über die Stiege hinunter, auf den Misthaufen. Als er in derselben Nacht davon träumte, daß eine Klapperschlange in seine rechte Hand biß, dachte er daran, daß es die Ratte gewesen sein könnte, die an seinem Handrücken schnüffelte. Wenn du von Schlangen träumst, lebt ein lügnerischer Mensch in deiner Nähe, sagte Warwara Wassiljewna.

Die Zehennägel rot streichen, besonders den einen, der

kaputt ist! Die Fingernägel schwarz und die Lippen blau, das Gesicht weiß und das Haar brünett, die Ohrläppchen rot, das weiße Seidenkleid, den weißen und den schwarzen Nylonstrumpf anziehen, der schwarze ist mein Teufelsfuß. So geht er unzählige Male in seinem Zimmer auf und ab, schiebt den Vorhang einen Spalt zur Seite, blickt auf sein Heimatdorf, während die Zehenspitzen seines linken Fußes über das Schienbein seines rechten, mit schwarzem Nylon eingefaßten Fußes gleiten.

Wenn ihn Warwara Wassiljewna zum Nachtmahl rief, entledigte er sich der Frauenkleider und zog seinen grünen Hausanzug an, nur die weiße, glitzernde Diskonylonstrumpfhose behielt er am Leib.

Manchmal hatte er den Eindruck, daß sich Warwara Wassiljewna vorstellen konnte, wie er die Miete für seine Vollpension aus der Brieftasche Nikolais stahl. Als sie einmal mit der schwarzen Brieftasche, die ihn an die Brieftasche seines Vaters erinnerte, aus dem Schlafzimmer kam und Jakow Menschikow im selben Augenblick über die Stiege ging und lächelte, blickte sie ihn, die Brieftasche fester haltend, böse an. Aufpassen muß ich, damit mich keiner erwischt, wenn ich ihr als Geschenk heimlich Geld in die Brieftasche stecke, dachte er.

Er zog die weiße Feinstrumpfhose über seine Beine, streichelte seine in Nylon eingefaßten Hinterbacken, legte den Kopf in den Nacken und schlüpfte, zuerst den linken und dann den rechten Arm ausstreckend, in den Busenhalter. Mit den Händen verkehrt auf den Rücken greifend schloß er den Busenhalter, zog ein seidenes, weißes Nachthemd über und schnallte die Lebendmaske Pjotrs auf seinen Kopf, die er ein paar Tage vorher unter Aufsicht Warwara Wassiljewnas abgenommen hatte.

Sein Gewehr entladend richtete ein alter Sargzimmerer

den Lauf auf den herankommenden Jakow Menschikow. Er blieb erschrocken stehen und hielt sich sofort die Hände über der Herzgegend an die Brust. Am nächsten Tag erzählte er den Vorfall der Bäuerin, die es wiederum dem alten Jäger erzählte. Hat er es dir also schon erzählt, sagte der Sargzimmerer zu Warwara Wassiljewna. Jakow Menschikow stand, als er diese Worte hörte, vor der Küchentür, drehte sich weg, ging über die Stiege in sein Zimmer und sperrte ab. Ein paar Tage später, während Warwara Wassiljewna wieder die Hälse mehrerer Hühner im Hof durchschnitt und das Blut in einen Plastikeimer tropfen ließ, spazierte der Sargzimmerer vorbei und erzählte, daß die Engelmaierthrese in Kamering fünfzig- jährig an Krebs gestorben und an diesem Nachmittag begraben worden sei. Zu Lebzeiten schon, sagte Menschikow zu Wassiljewna, wollte sie ihren Krebs aus ihrem Körper heraus auf den Rücken ihrer Töchter schlagen. Der Bruder Jakow Menschikows erzählte, daß der Engelmaiersiegfried, ihr zweitältester Sohn, in Fei- stritz in der Aufbahrungshalle den Sarg noch einmal vom Bestatter öffnen ließ, seine Hand auf ihre zum Gebet geschlossenen Hände hielt und sagte, Ist die aber kalt.

Mit schwarzen Nylonstrümpfen auf dem Bett sitzend cremte er seinen Körper mit einer *moisturizing hand and body lotion* unter dem Heiligenbild. Es war ihm, als balsamiere er sich bei lebendigem Leibe ein. Ein paar Tropfen fielen auf den verstärkten oberen Rand des schwarzen Nylonstrumpfes. In einer kosmetischen Wer- bebroschüre zeichnete er folgende Sätze an: »Extrakte der Roßkastanie sorgen für bessere Durchblutung, Men- thol erfrischt, Ginster belebt und wirkt entzündungs- hemmend ... Extrakte aus dem Ackerschachtelhalm tra- gen dazu bei, das Hautgewebe fest und elastisch zu halten.« Die Wörter *Durchblutung, Ginster und Acker-schachtelhalm* unterstrich der Transvestit Jakow Menschikow mit roter Tinte.

Er betrachtete sein im Verhältnis zu seinem schmalen Leib breites, weibliches Becken und dachte daran, wie ihm seine Mutter, als er ein Kind war, mit der Hand auf den Hintern klopfte und sagte, Was du für einen Arsch hast. Als Kind schon faschte er mit einer Mullbinde seinen Unterleib ein. Er mumifizierte seine Männlichkeit. Er dachte daran, wie er oft in der hölzernen Badewanne sitzend sein Geschlecht unter die Oberschenkel klemmte und seinen kindlichen, unbehaarten Schoß streichelte, einen Spiegel ins Wasser legte und seinen scheidenartigen After betrachtete.

Eine Schar Totenvögel mit rotweißrotem Emblem auf den Brüsten flog auf, als er das östliche Fenster öffnete, an dem die dreizehnjährige Warwara Wassiljewna unzählige Male stand, nach Rußland blickte und nach ihrer Mutter rief. Du übernachtest im selben Zimmer, in dem ich als Magd geschlafen habe, sagte sie.

Durch den Wald gehend stieß er auf nackte Sommerfrischler vor ihrer Almkitschhütte und drehte sich entschuldigend weg, als ein nackter, von Fettringen um den Bauch eingekreister Mann rief, Das ist ein Privatweg, Sie müssen zurückgehen.

Nach dem ersten Schneefall auf der Bergspitze stampfte er mit einem Freund während eines blutigroten Sonnenunterganges zum Gipfelkreuz hinauf. Aus Bewunderung über dieses, wie sie es bezeichneten, »grandiose Schauspiel der Natur« begannen sie in die Hände zu klatschen und hörten erst auf, als ihre Handinnenflächen rot waren und schmerzten.

Monatlich ein- oder zweimal ging er zu Fuß durch die

Wälder ins Tal und fuhr mit dem Zug oder mit dem Omnibus nach Villach. Meistens begleitete ihn ein Hund durch den Wald, der zuerst an seinen Beinen und an seiner Genitalgegend schnüffelte, so daß er ihn mit seiner linken Kniespitze zur Seite stieß. In der Stadt lief er vollkommen irritiert unzählige Straßen ab, kehrte in ein Damenmodengeschäft und in eine Drogerie ein, um einen neuen Büstenhalter, schwarze und weiße Nylonstrümpfe, glitzernde Strumpfhosen und Seidennachthemden, Lippenstift, Fingernägellack und Make-up einzukaufen, ging unzählige Male das Bahnhofsgebäude ab, bis er an einer Ecke einen Strichjungen sah. Wie eine Prostituierte an der Laterne hob er klischeehaft sein Bein und drückte die Fußsohle an die Mauer, als der Transvestit um die Telefonzelle herumging, um sich zu sammeln, Worte zu suchen, mit denen den Jungen ansprechen wollte. Das war sein Zeichen, dachte er, als er das ausgestellte Bein des Jungen sah. Am Ufer der Drau, im Dickicht, breitete der Junge seine Hände aus, während der Transvestit seinen Rock auszog, vor seine Beine legte, wie vor dem Altar niederkniete und den Knopf am Hosenschlitz des Jungen aus der Öse löste.

Als er im Supermarkt einen schwarzen Büstenhalter suchte und nervös, verfolgt von den Blicken der Verkäuferin, im Verkaufstrog wühlte, stellte er sich vor, wie er geschminkt und mit Frauenkleidern den Supermarkt betritt, zuerst in den Trögen herumwühlt, die Damenstrümpfe und Nachthemden zerreißt, die Büstenhalter, schwarz und weiß, auf die Lampen wirft, zu randalieren beginnt und sich zwischen den entleerten Ständen und aufkreischenden Verkäuferinnen erschießt. Sein blutender Kopf fiele weich auf einen Hügel am Boden liegender Frauenkleider.

Er dachte daran, wie er einmal seinen Schwanz in den Schoß eines Mädchens steckte, dabei an seine Mutter dachte und das Gefühl hatte, als faule ihm sein fleischlicher Auswuchs in ihrer Wunde ab. Verwirrt erhob er sich vom Leib des Mädchens, kleidete sich an, lief durch den Wald, bis er vollkommen erschöpft war, setzte sich auf einen Baumstrunk und rieb sich schadenfreudig die Hände.

In einer Schwulenzeitung, die er in der Stadt kaufte, las er, daß zu Zeiten des historischen Olympia die Knaben um das Sperma der Sieger kämpften. Diese Tatsache, so die Zeitung, ist historisch belegt, durch die »sexuelle Kommunikation« wollten sie sich die Kraft ihres Idols aneignen. Heute scharen sich die Autogrammjäger um die Olympiasieger und Weltmeister.

In einer Wiener Tageszeitung las er, daß ein Mann in Las Vegas, nachdem er von den Chirurgen in eine Frau verwandelt worden war, sechsunddreißig Selbstmordversuche unternommen und auf ihre Bitte wieder zu einem Mann zurückverwandelt wurde. Als Mann wird ihm jetzt wohl der erste Selbstmordversuch gelingen, dachte er.

Am liebsten hätte er den schönen Colliehund, der ihn einmal auf seinen Wanderungen durch den Mischwald ansprang, mit seinen Vordertatzen förmlich umarmte und Kopulationsbewegungen machte, mit einem Messer erstochen, weil ihm dieser Zwischenfall wie eine spöttische Anspielung eines Tieres auf sein schönes und schreckliches Leben vorkam.

Er hatte zwar im zweiten Stock des Bauernhauses einen eigenen Waschraum, aber er ging viel lieber ins Bad, wo sich die Bauernfamilie und der junge Holzknecht, der für drei Wochen einquartiert wurde, entkleideten und wuschen. Die Kleider des Holzknechts lagen im Bad auf dem Fliesenboden. Er schloß die Tür ab, kniete nieder und tastete seine Unterwäsche ab. Wenn niemand mehr in der Küche war, aß er die Speckreste des Holzknechts auf, obwohl er keinen Hunger hatte. Er ging ins Schlafzimmer des Holzknechts, hob die Gitarre vom Bett auf und schlug seine Bettdecke zurück. Er betrachtete die Wölbung an der Unterhose des Holzknechts, wenn er noch einmal aus dem Bad kommend in die Küche ging, um Socken zu holen oder um Gute Nacht zu sagen. Wenn er mir doch seine kotigen Schuhe brächte, damit ich sie putze. Wenn er mir doch seine Socken brächte, damit ich sie wasche. Wenn er mir doch seine Haare brächte, wenn er beim Friseur war, damit ich ein Lesezeichen habe. Ich sehe mir die Nähte seiner Schuhe genau an, ich möchte hineinweinen, damit er geschmeidiger durch den Wald schreiten kann. Manchmal dachte er an den Bauernjungen aus *Lacombe Lucien*, der auf dem Kinoplakat eine Hacke in den Händen hält. Der junge Schauspieler kaufte sich von der Gage ein Motorrad, mit dem er tödlich verunglückte.

Die Augen der Bauernjungen und Bauernmädchen richteten sich auf den in der Bergdorfdiskothek tanzenden Rollstuhlfahrer. Niemand lachte ihn aus, die Leute klatschten nach seiner Vorführung, bildeten einen Kreis um ihn und tanzten mit. Während in seinem Zimmer die Verlierergesichter, die übermalten Totenmasken Arnulf Rainers hängen, hängen in der Bergdorfdiskothek die Siegergesichter der österreichischen Schiolympiasieger, Schiweltmeister und Weltcupsieger herum. Vor dem Gasthaus steht ein riesiger hölzerner Phallus mit der Holzbüste des Schiweltmeisters. Weibliche und männliche Sommerfrischler stellen sich vor der Skulptur auf und lassen sich fotografieren.

Auf dem Balkon trat er auf einen grünen Gummihandschuh, der nur vier Finger hatte. Erschrocken ging er in sein Zimmer, sperrte ab und stellte sich vor, wie seine länger gewordenen Fingernägel an den Fingern der Gummihandschuhe weiterwachsen. Nikolai, von der abendlichen und nächtlichen Fernsehmelancholie vollends ergriffen, hebt in Zeitlupe die Hacke, um einen Holzblock in drei große Scheite aufzuteilen.

Fünfklee, so Warwara Wassiljewna, bringen Unglück. Jedes Jahr habe ich ein paar Fünfklee gefunden, vielleicht habe ich deshalb soviel Unglück in meinem Leben gehabt, erzählte sie, als er sagte, daß er in einem kleinen russischen Büchlein zwei Vierklee gefunden habe. Wohl dreißig Jahre alt sind die beiden Vierklee, sagte sie. Bei einem Vierklee hat sich ein Blatt gelöst, das andere ist noch ganz und liegt zwischen zwei Seiten auf einer Zeichnung, die eine bettlägrige Mutter und ein davor kniendes Kind zeigt. Ich habe nicht geglaubt, daß mir meine Kinder so wenig helfen werden, ich habe mehr erwartet. Meistens hockt sie abends in ihrer Küchenecke – ihre Küchenecke ist dort, wo die Anrichte steht, der Herd, die Haushaltsgeräte, während die Küchenecke des Bauern dort ist, wo der Diwan steht – auf einem Schemel, stopft Strümpfe oder ordnet sie und blickt auf den Fernsehapparat. Er hockte daneben und fragte sie, woran der Karl, der Bruder des Bauern gestorben ist, da er gestern im Nachtkästchen ein kleines rotes Büchlein, einen Taschenkalender, den man bei den Banken am Weltspartag bekommt, gefunden hat, in dem die Aufzeichnungen eines Sterbenden mit zittriger Handschrift stehen, »Hätt euch wol noch / gernä die Hand zum / Abschid gegeben / aber es geht nicht mehr / glaube ich habe ihr / von der Kilinig woll / ein Telegram erhalten /

sie haben gesagt das / Bruder am morgen / kommen wird aber / ich glaube ich werde es nicht mehr erleben / werde schon im Land / der Träume sein / Euer Karl /nix für ungutt ales / Gottes Sache ich / werde es schon Ertragen / für Euch wird es schlimm / einen Tamischen zu / haben. na ja in Gottes / Namen Sie tun ales / das ich ja den Verschtand verliere.« Ja, der Karl, sagte sie, und hatte schon Tränen in den Augen, ist am Kopftumor gestorben, sechsundzwanzig Jahre war er alt. Schon als Schüler hatte er eine Geschwulst am Hinterkopf, aber er hat sich nicht drum gekümmert, bis er einmal unerträgliche Schmerzen bekommen hat, von Krankenhaus zu Krankenhaus gewandert und schließlich in Wien, in einer Klinik, gestorben ist. Ich habe dieses kleine Büchlein absichtlich in den Nachtkasten gelegt, der im Zimmer meines Sohnes stand. Es sollte für ihn eine Warnung sein, er geht zu leichtfertig mit sich um, ißt wenig Warmes, hat ohnehin schon chronische Magenschmerzen, er sollte die letzten Worte seines Onkels lesen.

Auf dem Herd, auf ihrem Altar, über den hochzüngelnden Flammen steht meistens die weiße oder gelbe Milch, je nachdem wie alt sie ist, mit einer dicken Milchhaut auf der Oberfläche wie Eis auf dem Brunnen, Fliegen laufen über diese Haut, die runzelig ist wie das Gesicht einer alten milchtrinkenden Bauersfrau. Ich niese kleine Kindertotenmasken aus meiner Nase. Aus dem Barren fressen die Kühe und Kälber Drei-, Vier- und Fünfklee. Zehn rosarote Sparschweinchen saugen an den Zitzen einer Sau. Ferkel laufen irritiert im Geldinstitut aus und ein und suchen nach den Zitzen ihrer Mütter. Pferde mit Erntedankkronen laufen den Grat der Bergspitze ab, der Wind treibt ihnen Schneesplitter auf den weißen Bauch. Leere blaue Milchpakete der Oberkärntner Molkerei liegen zuhauf neben den Beinen der Kühe im Stall. Ein Ochse mit einem kruzifixartig gebundenen Blumenstrauß auf seinem Haupt geht auf das Berggipfelkreuz zu.

Vor den Türen touristenfeindlicher Bergbauernhäuser hocken die bellenden Hunde. Vor den Türen touristenfeindlicher Bergbauernhäuser warten die farbigen Gartenzwerge, ein ausgestopfter Auerhahn und ein ausgestopfter Fuchs auf ihre Gäste. In der Hofmitte steht ein alter, gitterbettartiger Holzwagen, über und über mit Getreidegarben geschmückt. Die Blutflecken von der Schweineschlachtung werden sofort mit Sägespänen überzuckert, sie dürfen die Sommerfrischler nicht erschrecken. Ihre nackten Füße treten morgens auf den Bettvorleger eines Schafsfells. Der Wecker, der auf dem Nachttisch steht, klingelt nicht, sondern kräht. Die Bäuerin, die zu wenig Milch für ihre zwanzig Sommerfrischler geerntet hat, gießt die blaue Paketmilch der Oberkärntner Molkerei in eine Milchkanne und geht grinsend, die Milchkanne an eine Tischecke stoßend, um Aufmerksamkeit zu erregen, an den Sommergästen vorbei. Die Schreie des Teufels sind stumm, denn der Pfau steht ausgestopft, den Kopf zu den hereinkommenden Gästen verdreht, im Flur des Hauses.

Bei seinem letzten Besuch las er dem Kunstmaler Georg Rudesch und dessen Tante Oscar Wildes Brief *Kinder im Gefängnis und andere Grausamkeiten des Gefängnislebens* vor. Zwei Blutegel setzte man an die Schläfen des sterbenden Oscar Wilde. Eine Frau wollte seinen Leichnam fotografieren, aber der Apparat funktionierte nicht, dann schloß der Leichenbestatter den Sarg.

Der Kunstmaler erzählte von einer Frau, die vor fünf Jahren in der Türkei Urlaub machte und in einem Zelt schlief. Als sie nach Hause kam, bemerkte sie eine immer größer werdende Geschwulst auf der Brust, die aufgeschnitten werden mußte. Aus der Wunde liefen lauter neugeborene Spinnen. In der Nacht legte eine Spinne, ohne daß es die Frau bemerkte, Eier unter ihre Haut. Die Frau kam ins Irrenhaus.

Wenn ich mit dem Omnibus durch Kamering fahre, ziehen mich vor allem Ihr Elternhaus und das alte, unter Denkmalschutz stehende Haus gegenüber Ihrem Elternhaus an. In diesen Häusern sind die Dämonen, sagte er.

Der Maler schenkte Jakow Menschikow einen Bildband, den er in Triest gekauft hatte, in dem das Bild von einem mit Eisenspangen ans Bett gefesselten, nackten Mädchens im *Ospedale Psichiatrico Torino* lag. Lange betrachtete er die Scheide des Mädchens. Ein Priester hob segnend die Hand vor einem tot auf der Ersatzbank eines Fußballfeldes sitzenden Rauschgiftsüchtigen. Dieser Bildband ist wie für Sie gemacht, sagte der Maler Georg Rudesch.

Als ich in der Zeitung auf das Brustbild eines Dichters blickte, dachte ich, der schaut eigentlich wie ein Mörder aus. Aus Rücksicht zu Ihnen wollte ich es zuerst nicht sagen. Wenn ich Sie in meiner Jugend getroffen hätte, wäre ich ein ganz anderer Mensch geworden.

Ein Enkel von dem Mann, der meinem Vater die Totenmaske abgenommen hat, ist jetzt mein Schüler in der Handelsakademie. Bevor ihm der Name des Mannes einfiel, sagte er, Tausend Schilling verlangte der *Totenmaskenmensch* dafür. Ich glaube, es gibt einen Tarif für Totenmasken, sagte der Totenmaskenmensch, Sepp Dobner hieß er. Mit dem Fahrrad ist er gekommen, den Gips für die Totenmaske habe ich selber eingekauft. Eigenartigerweise ist er in der Nähe meines Vaters begraben. Auf dem Villacher Waldfriedhof hat er für ein Grabmal eine Holzplastik mit aufgehängten Kindern geschaffen.

Zweimal war ich während meiner Gerichtsprobezeit bei einer Leichenöffnung, sagte er. Einmal blickte ich in den offenen Brustkorb eines Tagelöhners, der an Herzinfarkt gestorben war. In Graz sah ich die grüne Lunge eines Mannes, der an Tuberkulose gestorben war.

Als ihm Menschikow erzählte, daß im Bergbauernhaus der Fernsehapparat abends immer läuft, sagte er, daß die Mutter eines Professorenkollegen und der Mann einer Professorenkollegin an der Handelsakademie in Villach vor dem Fernsehapparat gestorben sind.

Als er mit dem Maler in einem Kaffeehaus saß, riß er aus einem Magazin die Bilder der Toten aus der Gruft von St. Michael zu Wien. Der Tote mit dem aufgerissenen Mund ist schon halb verwest, das Kruzifix, das auf seiner rechten Brustseite liegt, verwest nicht, sagte Jakow Menschikow.

Unterwegs hebt der Maler oft am Boden liegende Papier- und Zeitungsfetzen auf. Die gefallen mir besonders gut. Oft male ich die besten Bilder auf unterwegs gefundenes Packpapier.

Früher standen Tafeln mit der Aufschrift Eintritt verboten an den Waldrändern. Erst Kreisky hat die Wälder geöffnet. In den verbotenen Wäldern habe ich am liebsten gemalt. Bei seinem letzten Selbstporträt hat Böckl die Nase weiß gelassen. Ich habe gehört, daß bei einem Toten die Nase zuerst weiß wird.

Stellen Sie sich vor, sagte er, drei Hirten wurden in der Hochrindl auf dem Berg *Zu den drei Kreuzen* vom Blitz erschlagen. Der Maler schickte ihm fünfundzwanzig Paar Socken. Die schwarzen Totensocken suchte er heraus, die anderen legte Menschikow wieder in die Schachtel zurück. Einmal habe ich gesehen, erzählte seine Tante, wie in Indien eine Eidechse in einen Freiluftventilator hineingekrochen und zerfetzt worden ist. Ringsum spritzte das Blut.

Er stand auf dem Balkon, als wolle er frische Luft holen, atmete tief durch und betrachtete schnellen Blickes am Wäschestrick die Unterkleider zweier Mädchen, die sich für ein paar Tage auf dem Bauernhof einquartiert hatten. Er wehrte ab, als er einem Mädchen bei einer Schachpartie gegen Pjotr helfen sollte, Du mußt auch die Kraft haben zu verlieren, sagte er. Schäm dich, sagte er, als sie vorgab, keine Todesängste zu haben.

Während des Tages hörte er Hunderte Hahnenschreie, in der Nacht die Schreie schwangerer Katzen und die bis in die frühen Morgenstunden hinein bellenden Nachbarhunde. Hörte er Vogelschreie, ging er zu Warwara Wassiljewna in die Küche und hoffte, daß sie sagen wird, daß es Totenvogelschreie sind.

Hunderte Male spielte er in seinem Zimmer, während er in Frauenkleidern und mit geschminkten Augenlidern und Lippen am Tisch saß und auf sein Heimattal blickte, die Vier Jahreszeiten von Vivaldi, die erste Sinfonie von Ludwig van und den Peer Gynt von Edvard Grieg.

Der Berichterstatter im *Kärntner Bauernkalender* warf einen Blick ins »heutige Warenlager« der Paternioner Kalbstrickseilerei. Wie von einer Lupe vergrößerte, gebündelte Nabelschnüre sehen die zusammengelegten, nach Hanf riechenden Kalbstricke aus, die in Kärntens Dörfer verteilt werden.

Natürlich liegt es jetzt näher, daß ich mich mit einer schwarzen Nylonstrumpfhose an der Türklinke meines Zimmers aufhänge als in der Kirche mit einem Kalbstrick von Jesu Schulter springe. Wenn man von mir spricht, dann von meinem *Leichnam* und nicht von meiner *Leiche*. Leichnam ist das schönere Wort als Leiche.

Von der anderen Seite des gläsernen Sarges, in dem die Gebeine des Heiligen Antonius liegen, blickte er auf die Innenflächen der Hände der Menschen, die den Schrein berührten und ihre Finger küßten.

Am Abend sah er einen Mann mit einem blutenden Hirschkopf am Bürgermeisteramt vorbeigehen. Er fragte den Jäger, was der Fichtenzweig im Maul des Tieres eigentlich für eine Bedeutung habe, Das ist der Respekt des Jägers vor dem Toten, sagte er.

In der Zeitung las er, daß ein Mann erst nach vierzehn Tagen bemerkte, daß der Blitz in seine Hand eingeschlagen hatte, als er während eines Gewitters das Fenster schloß.

Wie ein zweiwöchiges Embryo sieht das Ohropax aus, das er sich jede Nacht in die embryonale Ohrmuschel steckt. Seine Geräuschempfindlichkeit ist so groß, daß ihn selbst sein eigener Atem lange am Einschlafen hindert.

Gegen drei Uhr morgens wacht er jedesmal auf, zündet ein Kerzenlicht an, setzt sich in seinem durchsichtigen Nylonnachthemd aufs Bett. Er trinkt ein Glas bereitgestelltes *Hohes C* und bläst das Kerzenlicht wieder aus.

Gestern träumte ich, daß ich nur mehr ein Buch bin, in dem ich im Bett liegend lese, aber keinen Körper mehr habe, kein Fleisch und kein Blut. Heute träumte ich, daß ich ohne Kopf leben müßte und mit einem spitzen Hals über das Stoppelfeld liefe. Ich fühlte mich aber sehr wohl dabei.

Während Krampus und Nikolaus durchs Dorf zogen, lag eine Tote in der Aufbahrungshalle. Auf dem Partezettel, den ein kleines Mädchen ins Bauernhaus brachte, fiel ihm derselbe Spruch auf, der auf Jakobs Partezettel stand, »Es ist bestimmt in Gottes Rat, daß man vom Liebsten, was man hat, muß scheiden.«

Sah er irgendwo am Bergbauernhof Nägel herumliegen, dachte er an Sargschrauben. Er ging auf den Dorffriedhof und suchte nach den Gräbern junger Verstorbener. Auf Zehenspitzen ging Jakow Menschikow durchs Feld, wenn er daran dachte, daß während seines Spazierganges unzählige Kleintiere unter seinen Fußsohlen sterben mußten.

Seine abgetragenen Sommerschuhe schürte er in den Ofen, betrachtete sie, bis sie verkohlten. Wie glühende, rote Totenschuhe sahen sie aus. Die weiße Strumpfhose tropfte über den glühenden Fichtenprügel.

Vor dem Schlafengehen sah er an der Wand, nahe seines Kopfpolsters eine dicke Spinne, die er in die Ecke trieb und tötete. In der Nacht träumte er von einer Spinne und vom Teufel seiner Kindheit, der ihn in der Dachbodenkammer, wo er nach den Überbleibseln seiner Kindheit herumkramte, verfolgte. Er hechtete über die steile Stiege der Dachbodenkammer, um dem Teufel entgehen zu können, aber immer wieder ging er hinauf, um den Teufel zu reizen und von ihm erschreckt und vertrieben zu werden, Er soll sich davor hüten, mich kennenlernen zu wollen.

Er konnte es nicht ertragen, in die herbstlichen Todeskämpfe der Insekten am Fensterbrett und an den Fensterscheiben verwickelt zu werden. Er tötete sie alle, die nicht mehr die Kraft hatten, sich an den glatten Scheiben festzuhalten und immer wieder abrutschten. Totenfreund heißt ein Insekt.

Wenn er den Kopf des Hofhundes streichelte, drückte er manchmal so fest auf seinen Schädel, daß er seinen Totenkopf spüren konnte. Ängstlich blickte ihn der Hund aus seinen immertraurigen Augen an. Fiel der Bäuerin ein Holzknittel aus den Händen, während sie auf das offene Herdtürl zuging, eilte der Hund hin, faßte das Holzstück mit seinem Maul und hielt es mit seinem Schwanz winkend Warwara Wassiljewna hin.

Der Triumph des Todes von Pieter Brueghel lag auf seinem Schreibtisch. Immer wieder blickte er auf das Knochengerüst, das die Maske eines Lebenden umgeschnallt hat, während es eine Wanne mit schweinekopfähnlichen Vasen umstülpt.

Mit gefalteten Händen sah er seinen Leichnam im sargähnlichen Brunntrog unter einer dünnen Eisschicht liegen. Ein Kind wischte mit einer schnellen Handbewegung den Firnschnee zur Seite und blickt ins rotbackig geschminkte Gesicht des Transvestiten.

Es gab kaum eine Nacht, in der er nicht vom Tod träumte, deshalb dachte er daran, daß es schön wäre, im Tod jede Nacht vom Leben zu träumen.

Als in einem seiner Träume unzählige todesschwangere Flugzeuge über das Land flogen, gingen Bauern und Bäuerinnen Hand in Hand, aufrecht und stolz auf ihren abgeernteten Feldern in den Tod. Während die Bomben fielen, trugen die Bäuerinnen Erntedankkronen auf ihren Häuptern. Als er nach dem Abwurf einer Neutronenbombe über seinem Heimattal wußte, daß er nur mehr vierzehn Tage zu leben habe, dachte er nur mehr daran, welches lebenswichtige Buch er vor seinem Tod noch lesen möchte. Er sah den *Fluß ohne Ufer* von Hans Henny Jahnn vor sich. Die Erde bebte vor Angst.

Sein Kopfpolster war voller schlagender Menschenherzen. Gläserne Ameisen liefen über seinen Körper. Er malte einen Totenkopf auf einen Stein, bevor er ihn über die Böschung rollte. Rote Spinnweben wickelten sich um seinen über dem Bett schwebenden, in weiße Seide gehüllten Leib. Eiszapfenartige, durchsichtige Fichtenprügel trug er in einem gläsernen Korb auf den brennenden Ofen zu. Neugeborene, schleimfeuchte Hunde liefen aus dem Karner. Aber warum soll der Tote nicht in der Kirche gewaschen und angezogen werden, schrie er, wachte auf, hob sein Haupt und blickte forschend in die Dunkelheit.

Während einer Infektion – vermutlich waren die Euter einer Kuh entzündet, von der er Milch trank – erbrach er sechs- oder siebenmal bloße Magensäure, die er mit Asche überdeckte, als ihn ein schwarz gekleidetes Mädchen aus dem Nachbardorf besuchte. Wie aufgebahrt, gelblich im Gesicht mit eingefallenen Wangen, aber frisiert lag er im Bett, nahm Kamillentee und Kräuterschnaps zu sich, die Warwara Wassiljewna ihm ins Zimmer brachte. Das Mädchen erzählte, daß sie gerade beim Begräbnis ihres sechsundachtzigjährigen Großvaters war. Er hatte sich mit einer kleinen Pistole im Heustadel erschossen. Ihr Bruder und der Bauer trugen den noch röchelnden Mann über die Tennbrücke ins Bauernhaus, wo er starb. Nachdem der Arzt die Todesursache festgestellt und den ausgefüllten Totenschein auf den Tisch gelegt hatte, erschienen die Dorfpolizisten und sagten, daß sie den Leichnam im Heustadel am selben Fleck, wo er sich erschossen hat, hätten liegen lassen müssen. Wo du bist, ist der Tod, dort sind die Selbstmörder, sagte das Mädchen. Mit auseinandergespreizten, angezogenen Beinen hockte das Mädchen auf seinem Bett. Er betrachtete lange ihre schwarzgekleideten Oberschenkel, ihre Unterschenkel und ihre Zehen, deren rotgestrichene Nägel durch das verstärkte Ende der schwarzen Nylonstrumpfhose schimmerten. Als er das Mädchen in einem scherzhaften Ton, um sie nicht zu ängstigen, fragte, ob sie mit ihm auf dem Berg sterben möchte, sagte sie, Ich habe keinen Grund zu sterben. Seine Antwort, Und ich habe keinen Grund zu leben, empfand sie wie einen Reim auf ihren Satz.

Während Wassiljewna eine Sau zum nachbarlichen Eber führte, sagte sie zur Nachbarin, daß sie ihren schmutzigen und kotbehangenen Hofhund, diesen »Saupargl« erschießen lassen möchte. Als Jakow Menschikow und Warwara Wassiljewna mit der Sau durch den Waldweg wieder nach Hause gingen, sagte er, Der Hund wird Ihnen abgehen, erschießen Sie ihn nicht, solange ich hier bin.

Mit einem Messer öffnete er die Körper der Sardinen, die ihm Warwara Wassiljewna zum Nachtmahl bereitgestellt hatte. Ich kann keine Fischwirbelsäulen essen, sagte er, ich muß sie herausnehmen, Aber die Fischwirbelsäulen sind doch das Beste, sagte Wassiljewna und aß sie nacheinander, wie er sie einzeln aus den Fischkörpern löste, auf.

Wenn er, von Warwara Wassiljewna gefragt, ob er zum gemeinsamen Mittagessen kommen wolle, spürte, daß sie eigentlich mit ihrer Familie alleine sein wollte, sagte er, daß er im Augenblick keinen Appetit habe und später kommen werde.

Er träumte, wie er mit seinen Zähnen ein ertrinkendes Kind am Schopf packte und aus dem See zerrte. Er übergab das Kind Warwara Wassiljewna. Vor Freude umarmten sie einander.

Die einzige Gerechtigkeit auf der Welt ist wohl, daß auch die Geldmenschen sterben müssen. Ihre Gesundheit können sie nicht kaufen, sagte Warwara Wassiljewna.

Als sie bei einem Spielfilm im Fernsehen Vogelrufe hörte, rief sie, Das sind Totenvögel, das sind Totenvögel. Als ein Schifahrer aus Maria Pfarr in Salzburg bei einem Abfahrtslauf seinen ersten »Weltcupsieg« landete, blickte sie ihm lange ins Gesicht auf dem Bildschirm und sagte, daß sie vor drei Jahrzehnten ein Jahr lang in diesem Ort in einem Haushalt, an den eine Fleischhauerei angeschlossen war, gearbeitet hatte. Der Fernseher hat gesagt . . ., sagt sie öfter, als sei der Fernseher ein Mann, der zu ihr spricht.

Er setzte sich im dunklen Stall auf einem Melkschemel, legte das eine Bein über das andere und betrachtete die hin- und herpendelnden, kotbehangenen Schwänze der Rinder. Die Stalluft ist gut für die Lunge, sagte Warwara Wassiljewna.

Als Nikolai mit einer Hacke den an Pfählen aufgehängten Körper des Schweins am Bauch teilte und die Eingeweide wie Lava herausquollen, hielt Jakow Menschikow ein Papiertaschentuch vor die Nase und trat ein paar Schritte zurück. Er nahm sich vor, vom Schweinskopf eine Totenmaske abzunehmen.

Als er bei der Geburt eines Kalbes zusah, trat er hinter einen Balken, damit niemand sehen konnte, wie ihm die Tränen über die Wangen rollten. Warwara Wassiljewna griff in die Scheide der Kuh und befestigte zwei Hanfstricke an den Fesseln des Tieres. Nikolai und Pjotr zogen an den beiden Stricken, bis die vorderen Beine des Tieres sichtbar wurden, die heraushängende Zunge, der Kopf und schließlich der ganze Körper des Kalbes aus der Scheide der Kuh rutschten. Wassiljewna lachte, als das Tier die Augen aufschlug und verstört den vor ihm knienden Menschikow anstarrte. Das schleim- und blutbedeckte Kalb zitterte am ganzen Körper. Wassiljewna wischte mit einem Jutesack den Körper des Tieres ab und begrüßte das Neugeborene mit kindlichen Koseworten. Während der Bauer zuerst das Blut und den Schleim mit

Sägespänen überdeckte, zu einem Haufen zusammen-schaufelte und auf den Misthaufen warf, fütterte Wassil-jewna der Kuh zwei große Schnitten Schmalzbrot. In ein paar Stunden muß ich wieder in den Stall gehen, sagte sie, dann wird die Nachgeburt schon da sein, ich muß sie wegräumen, sonst frißt sie die Kuh auf.

Er erfuhr, daß Roberts Vater zehn Jahre lang als Knecht beim Nachbarn und daß Roberts Mutter acht Jahre lang als Magd gearbeitet hatten. Warwara Wassiljewna erzähl-te, daß Roberts Vater bei sodomitischen Handlungen an einer Stute ertappt worden sei, was großes Gelächter im Bergdorf hervorgerufen haben soll. Bei den Nachbarn, die er mit Wassiljewna aufsuchte, erfuhr er, daß Roberts Bruder Kurt hieß, Bäckerlehrling in Arnoldstein war und daß er sich, während er beim österreichischen Bundes-heer diente, in Arnoldstein in einem Wald erhängt hatte. Obwohl Kurt bei seiner Großmutter aufgewachsen ist, soll sie gesagt haben, als die beiden toten Brüder, Kurt ein paar Monate nach Robert, auf der Bahre lagen, Ich möchte die Buben nicht mehr sehen. Zum Begräbnis ist sie auch nicht gegangen. Die Nachbarin erzählte, daß alle zehn Kinder vollkommen verwahrlost aufgewachsen sind und daß alle von der Fürsorge als Arbeitskräfte zu Bauernhöfen geschickt wurden. Die Gräber ihrer beiden Buben pflegt sie aber sehr schön, sagte die Nachbarin. Vielleicht pflegt sie jetzt die Gräber besser, als sie die lebenden Kinder gepflegt hat, sagte Jakow Menschikow. Am offenen Grab Kurts sagte die älteste Schwester, Die nächste werde ich sein. Als die Bäuerin fragte warum, sagte sie, Ich will bei meinen Brüdern sein. Ihr Großvater mütterlicherseits soll jemanden totgeschlagen haben.

Wenn die Natur den Bogen spannte und Blitze verschleu-derte, hockten alle auf dem Bauernhof ängstlich unter dem Herrgottswinkel. Warwara Wassiljewna sagte, daß der große Baum, der zwischen dem Stall und dem Haus steht, ihr einziger Blitzableiter ist. Vor einigen Jahren schlug der Blitz in diesen Baum ein und zuckte an der Stallecke die Wasserleitung entlang, als sie die Schweine fütterte.

Er überlegte, ob er seine Schreibmaschine wie einen Leichnam mit der grauen Plastikhülle zudecken sollte. Ich werde kein Abschiedszeichen hinterlassen, dachte er und legte die Plastikhülle wieder in den Kasten zurück.

Er blickte lange auf den gehörnten Totenkopf eines Widders über der Stalltür eines Bauernhofes. Er dachte dabei an den aufgebahrten Hirsch beim Erntedankfest, als es regnete und das Blut des Hirsches über die Bordwand des Heuwagens rann.

Er erinnerte sich an das Plastikknochengerüst, das er einmal beim Kameringer Kirchtag gekauft hatte und das monatelang auf seinem Nachttisch lag. Wenn seine Mutter die Betten richtete, hob sie manchmal dieses *Plastikspielzeug* auf, stöhnte leise und drückte das Polster ihres Kindes glatt.

Hinter der Waldgrenze pflückte er ein paar gefrorene Enziankelche, hob sein »rosenquarzfarbenes« Kleid aus »Sonnenseide« hoch und steckte mehrere Enzianblüten zwischen den verstärkten Rand seines glitzernden Nylonstrumpfes und seinen Oberschenkel.

Als er am waagrechten Querbalken des Gipfelkreuzes die Aufschrift, »Bleib unserer schönen Heimat treu« las, schrie er, Hitler von Nazareth, König der Juden.

Er riß das Gipfelkreuzbuch aus seiner Verankerung, las die großzügigen Unterschriften, die Berg- und Heimatlandsprüche und schrieb »Ich danke Gott für die Fehler in seiner Schöpfung« hinein.

Inhalt

suhrkamp taschenbücher
Eine Auswahl

Isabel Allende
– Das Geisterhaus. Roman. Übersetzt von Anneliese Botond.
  st 1676. 501 Seiten
– Mayas Tagebuch. Roman. Übersetzt von Svenja Becker.
  st 4444. 444 Seiten
– Die Insel unter dem Meer. Roman. Übersetzt von Svenja
  Becker. st 4290. 552 Seiten
– Inés meines Herzens. Roman. Übersetzt von Svenja Becker.
  st 4035. 394 Seiten
– Fortunas Tochter. Roman. Übersetzt von Lieselotte
  Kolanoske. Gebunden. st 4383. 705 Seiten
– Paula. Übersetzt von Lieselotte Kolanoske. st 2840.
  496 Seiten
– Das Siegel der Tage. Roman. Übersetzt von Svenja Becker.
  st 4126. 409 Seiten

Maya Angelou
– Ich weiß, warum der gefangene Vogel singt. Übersetzt von
  Harry Oberländer. st 4897. 321 Seiten

Friedrich Ani
– Der namenlose Tag. Roman. st 4720. 298 Seiten
– Ermordung des Glücks. Ein Fall für Jakob Franck. Roman.
  st 4931. 316 Seiten

Gerbrand Bakker
– Oben ist es still. Roman. Übersetzt von Andreas Ecke.
  st 4142. 315 Seiten

NF 266 / 1 / 01.19

– Chuzpe. Roman. Übersetzt von Melanie Walz. st 3922.
  334 Seiten

Jaume Cabré
– Die Stimmen des Flusses. Roman. Übersetzt von Kirsten
  Brandt. st 4049. 666 Seiten

Truman Capote
– Die Grasharfe. Roman. Übersetzt von Annemarie Seidel
  und Friedrich Podszus. st 1796. 208 Seiten

Paul Celan
– Die Gedichte. Kommentierte Gesamtausgabe in einem
  Band. Herausgegeben und kommentiert von Barbara
  Wiedemann. st 3665. 1000 Seiten

Marguerite Duras
– Der Liebhaber. Übersetzt von Ilma Rakusa. st 4507.
  143 Seiten

Hans Magnus Enzensberger
– Herrn Zetts Betrachtungen, oder Brosamen, die er fallen
  ließ, aufgelesen von seinen Zuhörern. st 4553. 226 Seiten
– Hammerstein oder Der Eigensinn. Eine deutsche
  Geschichte. st 4095. 378 Seiten
– Versuche über den Unfrieden. st 4626. 183 Seiten
– Gedichte 1950-2020. st 5013. 250 Seiten

Laura Esquivel
– Bittersüße Schokolade. Roman. Übersetzt von Petra Strien.
  st 2391 und it 4030. 278 Seiten

Elena Ferrante
– Meine geniale Freundin. Übersetzt von Karin Krieger.
  Roman. st 4930. 488 Seiten

– Die Geschichte eines neuen Namens. Übersetzt von Karin Krieger. Roman. st 4952. 704 Seiten
– Die Geschichte der getrennten Wege. Übersetzt von Karin Krieger. Roman. st 4953. 640 Seiten

Candice Fox
– Hades. Thriller. Übersetzt von Anke Caroline Burger. Herausgegeben von Thomas Wörtche. st 4838. 341 Seiten
– Eden. Thriller. Übersetzt von Anke Caroline Burger. Herausgegeben von Thomas Wörtche. st 4861. 473 Seiten
– Fall. Thriller. Übersetzt von Anke Caroline Burger. Herausgegeben von Thomas Wörtche. st 4927. 470 Seiten

Philippe Grimbert
– Ein Geheimnis. Roman. Übersetzt von Holger Fock und Sabine Müller. st 3920. 154 Seiten

Peter Handke
– Immer noch Sturm. st 4323. 165 Seiten
– Mein Jahr in der Niemandsbucht. Ein Märchen aus den neuen Zeiten. st 3887. 628 Seiten
– Die morawische Nacht. Erzählung. st 4108. 560 Seiten
– Wunschloses Unglück. Erzählung. st 3287. 96 Seiten

Marie Hermanson
– Der Mann unter der Treppe. Roman. Übersetzt von Regine Elsässer. st 3875. 269 Seiten
– Muschelstrand. Roman. Übersetzt von Regine Elsässer. st 3390. 304 Seiten

Hermann Hesse
– Der Steppenwolf. Roman. st 175. 288 Seiten
– Siddhartha. Eine indische Dichtung. st 182. 128 Seiten
– Narziß und Goldmund. Erzählung. st 274. 320 Seiten

– Mit der Reife wird man immer jünger. Betrachtungen und Gedichte über das Alter. st 3551. 192 Seiten

Reginald Hill
– Rache verjährt nicht. Roman. Übersetzt von Ulrike Wasel und Klaus Timmermann. st 4473. 683 Seiten

Uwe Johnson
– Jahrestage. Aus dem Leben von Gesine Cresspahl. 4 Bände. st 4455. 2150 Seiten

James Joyce
– Ulysses. Roman. Übersetzt von Hans Wollschläger. st 3816. 987 Seiten

Daniel Kehlmann
– Ich und Kaminski. Roman. st 3653. 174 Seiten

Sibylle Lewitscharoff
– Apostoloff. Roman. st 4180. 248 Seiten
– Blumenberg. Roman. st 4399. 220 Seiten
– Montgomery. Roman. st 4321. 346 Seiten

Nicolas Mahler
– Alice in Sussex. Frei nach Lewis Carroll und H.C. Artmann. Graphic Novel. st 4386. 143 Seiten
– Thomas Bernhard: Alte Meister. Komödie. Gezeichnet von Mahler. Graphic Novel. st 4579. 158 Seiten
– Der Mann ohne Eigenschaften. Nach Robert Musil. Graphic Novel. st 4483. 156 Seiten

Andreas Maier
– Das Haus. Roman. st 4416. 165 Seiten
– Onkel J. Heimatkunde. st 4261. 132 Seiten
– Bullau. Versuch über Natur. st 3947. 127 Seiten

- Wäldchestag. Roman. st 3381. 315 Seiten
- Das Zimmer. Roman. st 4303. 203 Seiten

Adrian McKinty
–Der katholische Bulle. Roman. Übersetzt von Peter
  Torberg. st 4523. 384 Seiten

Robert Menasse
- Die Hauptstadt. Roman. st 4920. 459 Seiten
- Die Vertreibung aus der Hölle. st 4863. 729 Seiten

Patrick Modiano
- Eine Jugend. Roman. Übersetzt von Peter Handke. st 4615.
  187 Seiten
- Die Gasse der dunklen Läden. Roman. Übersetzt von
  Gerhard Heller. st 4617. 160 Seiten
- Villa Triste. Roman. Übersetzt von Walter Schürenberg.
  st 4616. 142 Seiten

Cees Nooteboom
- Allerseelen. Roman. Übersetzt von Helga van Beuningen.
  st 3163. 440 Seiten
- Briefe an Poseidon. Übersetzt von Helga van Beuningen.
  st 4494. 224 Seiten
- Schiffstagebuch. Ein Buch von fernen Reisen. Übersetzt
  von Helga van Beuningen. st 4362. 283 Seiten

Amos Oz
- Eine Geschichte von Liebe und Finsternis. Roman.
  Übersetzt von Ruth Achlama. st 3788 und st 3968.
  828 Seiten
- Judas. Roman. Übersetzt von Mirjam Pressler. st 4670. 331
  Seiten
- Unter Freunden. Übersetzt von Mirjam Pressler. st 4509.
  215 Seiten

Andreas Pflüger
– Endgültig. Thriller. st 4770. 458 Seiten
– Niemals. Thriller. st 4940. 475 Seiten

Marcel Proust
– Auf der Suche nach der verlorenen Zeit. 3 Bände in
  Kassette. Übersetzt von Eva Rechel-Mertens. st 4830.
  5200 Seiten

Ralf Rothmann
– Der Gott jenes Sommers. Roman. st 4959. 260 Seiten
– Im Frühling sterben. Roman. st 4680. 233 Seiten

Judith Schalansky
– Atlas der abgelegenen Inseln. Fünfzig Inseln, auf denen ich
  nie war und niemals sein werde. st 5002. 240 Seiten
– Blau steht dir nicht. Matrosenroman. st 4284. 139 Seiten
– Der Hals der Giraffe. Bildungsroman. st 4388. 222 Seiten

Andrzej Stasiuk
– Die Welt hinter Dukla. Roman. Übersetzt von Olaf Kühl.
  st 3391. 176 Seiten
– Hinter der Blechwand. Roman. Übersetzt von Renate
  Schmidgall. st 4405. 349 Seiten

Uwe Tellkamp
– Der Eisvogel. Roman. st 4161. 318 Seiten
– Der Turm. Geschichte aus einem versunkenen Land.
  Roman. st 4160. 976 Seiten

Hans-Ulrich Treichel
– Der Verlorene. Erzählung. st 3061. 176 Seiten

Rose Tremain
– Der unausweichliche Tag. Roman. Übersetzt von Christel
  Dormagen. st 4403. 334 Seiten

Mario Vargas Llosa
– Das böse Mädchen. Roman. Übersetzt von Elke Wehr.
  st 3932. 395 Seiten
– Ein diskreter Held. Roman. Übersetzt von Thomas Brovot.
  st 4545. 380 Seiten

Martin Walser
– Ein fliehendes Pferd. Novelle. st 600. 160 Seiten

Don Winslow
– Die Sprache des Feuers. Übersetzt von Chris Hirte. st 4525.
  418 Seiten
– Kings of Cool. Roman. Übersetzt von Conny Lösch.
  st 4488. 349 Seiten
– Tage der Toten. Kriminalroman. Übersetzt von Chris
  Hirte. st 4340. 689 Seiten